Joyeux
Anniversaire

Françoise.

HISTOIRE DES FRANÇAISES

OUVRAGES DU MÊME AUTEUR

LOUIS XVII RETROUVÉ (1947)
LETIZIA. NAPOLÉON ET SA MÈRE (1949)
LA CONSPIRATION DU GÉNÉRAL MALET (1952)
LA MÉDAILLE MILITAIRE (1952)
LA CASTIGLIONE (1953)
LES GRANDES HEURES DE VERSAILLES (1954)
DE L'ATLANTIDE À MAYERLING (1954)
CET AUTRE AIGLON : LE PRINCE IMPÉRIAL (1957)
OFFENBACH, ROI DU SECOND EMPIRE (1958)
L'EMPIRE, L'AMOUR ET L'ARGENT (1958)
L'ÉNIGME ANASTASIA (1960)
LES HEURES BRILLANTES DE LA CÔTE D'AZUR (1964)
GRANDS MYSTÈRES DU PASSÉ (1964)
DOSSIERS SECRETS DE L'HISTOIRE (1966)
GRANDS SECRETS, GRANDES ÉNIGMES (1966)
NOUVEAUX DOSSIERS SECRETS (1967)
LES ROSENBERG NE DOIVENT PAS MOURIR, pièce (1968)
GRANDES AVENTURES DE L'HISTOIRE (1968)
LE LIVRE DE LA FAMILLE IMPÉRIALE, en coll. (1969)
LA BELLE HISTOIRE DES MARCHANDS DE PARIS (1971)
HISTOIRE DE LA FRANCE ET DES FRANÇAIS, 13 vol. en coll. (1970-
    1974)
BLANQUI L'INSURGÉ (1976)
LES FACE-À-FACE DE L'HISTOIRE (1977)
ALAIN DECAUX RACONTE, 4 vol. (1978-1981)
DANTON ET ROBESPIERRE, pièce en coll. (1979)
DISCOURS DE RÉCEPTION À L'ACADÉMIE FRANÇAISE ET RÉPONSE DE
    M. ANDRÉ ROUSSIN (1980)
L'HISTOIRE EN QUESTION, 2 vol. (1982-1983)
VICTOR HUGO (1984)
LES ASSASSINS (1986)
L'AFFAIRE DU COURRIER DE LYON, pièce (1987)
DESTINS FABULEUX (1987)
L'HISTOIRE DE FRANCE RACONTÉE AUX ENFANTS (1987)
LA RÉVOLUTION FRANÇAISE RACONTÉE AUX ENFANTS (1988)
LA LIBERTÉ OU LA MORT, pièce en coll. (1988)
JÉSUS RACONTÉ AUX ENFANTS (1991)
LE TAPIS ROUGE (1992)
HISTOIRES EXTRAORDINAIRES (1993)
MIL NEUF CENT QUARANTE-QUATRE (1993)
NOUVELLES HISTOIRES EXTRAORDINAIRES (1994)
L'ABDICATION (1995)
C'ÉTAIT LE XXe SIÈCLE, tome I (1996)
LA BIBLE RACONTÉE AUX ENFANTS (1996)
MONACO ET SES PRINCES (1996)
C'ÉTAIT LE XXe SIÈCLE, tome II : LA COURSE À L'ABÎME (1997)
C'ÉTAIT LE XXe SIÈCLE, tome III : LA GUERRE ABSOLUE (1998)

ALAIN DECAUX
de l'Académie française

HISTOIRE
DES FRANÇAISES

**
La révolte

PERRIN

ISBN : 2-262-01477-9

A Isabelle, ma Française

CHAPITRE I

ELLES RÉGNAIENT SOUS LA RÉGENCE

« *Citoyens ! Souveraineté populaire !* » Ainsi commence un pamphlet qui, sur-le-champ, nous fait penser aux journées révolutionnaires qui marqueront la fin du siècle. Erreur. Ces mots flamboyants sont nés de la plume de la belle-fille du Roi-Soleil. Ils ont été écrits sous la Régence.

Imaginez une femme pétillant d'esprit, remuante, fantasque. Elle est si petite que, volontiers, on la prendrait pour une naine. L'un de ses bras est atrophié. Elle parle à tort et à travers. Avec cela, dévorée d'ambition. Elle est petite-fille du Grand Condé, donc princesse du sang. A cause de sa taille, on a pris l'habitude de la désigner comme une « poupée du sang ».

A seize ans, on l'a mariée au duc du Maine, âgé de vingt-deux ans. Un bâtard mais, ce qui effaçait tout, un bâtard de Louis XIV et de Mme de Montespan. Jusqu'à son dernier jour, la préoccupation dominante du Roi-Soleil a été d'établir ses enfants naturels. Il les a accablés de richesses, de titres, de droits. Il les a légitimés. Enfin, il les a mariés. Entendez : bien mariés.

Un sage jeune homme, instruit, ayant appris les mathématiques, le latin, assez joli de sa personne : tel se présente, au moment du mariage, le duc du Maine. Malheureusement, il a un pied déformé ; on dit que c'est un accident de l'enfance. Il marche appuyé sur une canne. La Cour, évoquant la difformité du bras de la « poupée du sang », plaisantera l'union du boiteux et de la manchote. Qu'on ne croie pas cependant que la princesse naine ait rechigné devant ce mariage. Les Condés, très vite, ont joué la carte de la légitimation. La petite duchesse du Maine s'est vue tout aussitôt accédant au pouvoir quasi suprême. Pour aboutir, elle a tendu toutes ses forces, bandé sa volonté — et Dieu sait si elle en était dotée ! Le duc du Maine était d'un rang inférieur au sien ? Elle bataillerait pour le hisser jusqu'à elle et, avec lui, atteindre des hauteurs insoupçonnées. De degré en degré, le duc et la duchesse du Maine sont donc parvenus à tous les honneurs réservés aux princes du sang. La duchesse a voulu davantage et l'a obtenu : que son mari fût considéré comme un fils *légitime* du Roi-Soleil. A son beau-père vieillissant, elle a réussi à arracher un testament dans ce sens. C'était le temps des grandes hécatombes à la Cour de France. Le roi avait perdu tous ses enfants, deux de ses petits-enfants. En fait d'héritier en ligne directe, il ne restait plus qu'un marmot dont chacun guettait le souffle fragile. A la duchesse du Maine, le chemin du trône semblait ouvert.

Le duc du Maine ? Il suit. Il ne fait même que cela. Dès le premier mois du mariage, il a abdiqué devant sa terrible petite épouse. Elle mène la barque et la mène bien. Cela suffit au fils d'Athénaïs de Montespan. En 1700, il a acheté — pour sa femme surtout — le magnifique domaine de Sceaux. Cela lui a coûté la bagatelle de neuf cent mille livres.

Entre le morne Versailles des dernières années du Roi-Soleil et la petite cour effervescente de la frivole duchesse, comment ne pas se livrer à des comparaisons ? Bientôt, les courtisans se disputent les invitations de Mme du Maine. Dans ce cadre incomparable, tout semble permis. Chacun veut être de cette cour qui, bientôt, surpasse l'autre, la vraie, celle de Versailles. Sur tout cela règne cette femme que dépeint sans tendresse la princesse Palatine : « Grande comme une enfant de dix ans et pas mal faite. Pas très grosse, beaucoup de fards, beaux yeux, teint blanc. Quand elle ferme la bouche, elle n'est pas laide... Les dents mal rangées, les cheveux blonds ; avec la bonté, elle pourrait passer... Beaucoup d'esprit et d'instruction, ce qui attire chez elle les savants et les beaux-esprits. Elle flatte avec adresse les mécontents et dit du mal de mon fils[1]. »

Non contente d'avoir une cour, Mme du Maine a voulu s'attacher des chevaliers à sa dévotion. En 1703, elle a créé l'ordre de la Mouche à Miel, véritable société chevaleresque, avec trente-neuf chevaliers et chevalières qui prêtent serment à sa personne. Elle leur remet un ruban de couleur citron et une médaille. Chaque membre de l'ordre peut en porter le costume :

---

1. Le duc d'Orléans, futur Régent.

« Une longue robe de satin incarnat, semée de mouches à miel d'argent. » La coiffure est en forme de ruche. Certains se moquent de cet ordre de fantaisie. Fontenelle parle du « monde des galériens rivés à leur chaîne par l'ordre de la Mouche à Miel ». Mme du Maine prend cela extrêmement au sérieux. Elle est à deux doigts de chasser Mlle de Moras parce que celle-ci a perdu sa médaille. Heureusement, Malézieu — l'intendant du duc de Maine, son ami, peut-être son amant — la retrouve. Voilà Mlle de Moras sauvée.

Ce monde a vécu dans l'illusion d'un grand avenir, illusion vite devenue certitude pour la petite duchesse. Tout s'évanouit à la mort de Louis XIV. Son testament est cassé par le Parlement. Tout ce à quoi avait rêvé Mme du Maine est anéanti. Le pouvoir passe aux mains du duc d'Orléans. Peu à peu, on ôte au duc du Maine toutes ses prérogatives. Le testament lui attribuait le commandement de la maison militaire ? Le Parlement le transfère au duc d'Orléans. Tout ce qu'on veut bien laisser à M. du Maine, c'est le titre de gouverneur du petit roi.

Pendant toute la séance du Parlement qui le dépouillait, c'est à peine si le duc du Maine a parlé. Dès qu'il a osé ouvrir la bouche, on lui a coupé la parole, on l'a rabroué. Alors, il s'est tassé dans son coin comme un enfant pris en faute. La petite duchesse, elle, attend dans l'hôtel du président de Mesmes la conclusion de tout. Elle piaffe, va, vient, tourne sur elle-même, houspille ses femmes, a des vapeurs, croit se trouver mal, saute sur ses pieds dès qu'on la croit évanouie, court à la fenêtre, guette le moindre bruit. Enfin, voilà son mari. M. du Maine explique tant bien que mal comment l'on a été vaincu à plate couture. Sa femme lui coupe la parole :

— Grâce à votre lâcheté, le duc d'Orléans est maître du royaume !

Où sont les fêtes d'antan ? La duchesse du Maine perd le sommeil. L'humiliation la mine. Pis encore : le duc de Bourbon refuse de reconnaître aux princes légitimés leur qualité de princes du sang. Avec son frère le comte de Charolais, il signe une requête au roi pour qu'on interdise à M. du Maine et à son frère M. de Toulouse de prendre dans les actes publics la qualité de princes du sang. Tout juste veut-on bien accepter qu'ils le portent dans les salons. Pour la petite duchesse, c'est une nouvelle gifle. Le régent ne veut pas accabler les légitimés. Il leur donne un mois pour se défendre. Maine se montre une fois de plus dépassé par cette agitation. Lui, pourvu qu'on le laisse tranquille, il s'inclinerait volontiers. Capituler ? La duchesse n'y songe point. Elle bouillonne plus que jamais. Revenir sur une décision du Roi-Soleil, sur des prérogatives si chèrement acquises ? Il n'en est pas question. A Sceaux, on ne donne plus de bals, mais on étudie le droit. On se plonge dans les manuels des anciens juristes, on remonte jusqu'à Clovis. Le père Tournemine devient l'homme du jour pour avoir découvert que Sigebert III, qui partagea le trône avec Clovis II, n'était pourtant que bâtard de Dagobert.

Non seulement travaille un bataillon de plumitifs, mais la duchesse rédige elle-même de jour et de nuit. Sa charmante suivante, Rose Delaunay, nous la montre au lit, enfouie sous d'immenses volumes : ces montagnes « la faisaient, dit-elle, ressembler, toutes proportions gardées, à Encelade abîmée sous le mont Etna ». Rose Delaunay n'est pas en reste : « Je feuilletais aussi les vieilles chroniques et les jurisconsultes anciens et modernes, jusqu'à ce que l'excès de fatigue disposât la princesse à prendre quelque repos. Alors succédait une lecture que je faisais pour l'endormir ; puis j'allais de mon côté chercher le sommeil, que je ne trouvais guère. » Enfin, un arrêt du Conseil du roi nomme les juges chargés d'examiner l'affaire. La duchesse, dès lors, assiège les ministres, fait aux juges visite sur visite. Elle court chez sa belle-sœur, la duchesse d'Orléans, femme du régent. N'est-elle pas, elle aussi, fille de Mme de Montespan ? Elle la trouve au lit, se faisant faire la lecture. La duchesse naine exhale son désespoir :

— Ah ! ma sœur, que j'envie votre tranquillité ! Vous n'êtes pas comme moi attaquée dans vos droits, dans votre repos. C'est peu d'avoir été privés des faveurs que le feu roi nous accorde par son testament ; on nous conteste aujourd'hui notre rang, notre état, on veut réduire le duc du Maine et le comte de Toulouse à la plus honteuse nullité ; ils sont vos frères, leur injure vous est commune et je viens réclamer votre appui.

La duchesse d'Orléans la rassure :

— Je me serais manquée à moi-même si je n'avais défendu les intérêts de mes frères. J'ai parlé au duc.

— Qu'a-t-il répondu ?

— Il a souri ; je me suis emportée ; alors, il m'a promis d'ajourner le rapport de l'affaire au Conseil de régence.

Folle de joie, Mme du Maine. Dans son bonheur, elle va trop loin. Elle ameute les grandes familles qui ne sont pas décorées de la pairie. Pourquoi les pairs osent-ils former un corps séparé de la noblesse ? Trente-neuf gentilshommes en appellent aux états généraux. Fureur du régent. Six des signataires sont envoyés au fort de Vincennes. Ces états, la duchesse du Maine les demande elle aussi à grands cris. C'est à ce moment qu'elle écrit ces mots dont le son étonne tant en ce début du XVIIIe siècle : « Citoyens ! Souveraineté populaire ! Est-ce un prince enfant conduit en lisière par le régent qui peut, au nom de la souveraineté nationale, enlever à son oncle, le duc du Maine, l'éventualité d'un trône, au mépris de la volonté persévérante du feu roi ? » Puisque les légitimés déclarent la guerre au duc d'Orléans, il leur rendra coup sur coup. Le 8 juillet 1717, Maine et Toulouse sont dépouillés de leur qualité de princes du sang et du droit de succéder au trône.

La guerre ? La petite duchesse entend bien qu'elle est engagée. Elle la fera. Devant les ducs de la Force et d'Aumont — parfaitement ébahis — elle crie :

— Quand on a une fois acquis la qualité de prince du sang et l'habileté de succéder à la couronne, il faut bouleverser l'Etat et mettre tout en feu plutôt que de se les laisser arracher !

Est-on revenu sous la Fronde ? Mme du Maine est décidée à abattre ce régent qui lui a manqué si gravement. Il a des ennemis, ce régent. Beaucoup. Mme du Maine les cherche, les rassemble, les exhorte. On enrôle le cardinal de Polignac, le comte de Laval. Le premier, adorateur de Louis XIV, n'a pas pardonné l'abrogation du testament. Le second ne se remet point de l'abrogation par Philippe d'Orléans d'un ancien privilège réservé au chef de sa maison : celui de « précéder les juges et les officiers de la Couronne dans certaines cérémonies où assistait le roi ». Laval y a vu une insulte inexpiable. Du coup, il a juré la perte du régent. Autre recrue de Mme du Maine : le duc de Richelieu qui veut récupérer la charge héréditaire de général des galères ôtée à sa famille. Toutes les raisons sont bonnes pour cabaler. Le Père Tournemine, jésuite breton, en veut au régent parce qu'il a enlevé à la Compagnie de Jésus la direction de la conscience du roi. On réunit tout le monde à Sceaux et Mme du Maine discourt gravement :

— Philippe d'Orléans n'est que le neveu du roi Louis XIV. Le roi d'Espagne, au contraire, en est le descendant direct. La dernière volonté du feu roi n'ayant pas été respectée, il est du devoir des Français de réunir toutes leurs forces, afin que la loi la plus sacrée de l'Etat soit respectée et que la naissance du roi d'Espagne qui l'appelle à la régence ne soit pas un titre illusoire. Qui osera refuser son admiration aux bons Français qui feront venir l'héritier présomptif de la Couronne ? Le régent ne gouverne-t-il pas contre la nation ? Il fait la paix avec l'Angleterre, ennemie naturelle de la France. Il entre en guerre contre le roi d'Espagne, son parent et notre allié...

On trace des plans grandioses. On est sûr que le Languedoc se révoltera et que la Bretagne ouvrira ses portes à la flotte espagnole. Les armées de Philippe V seront partout victorieuses, la duchesse du Maine est prête à le jurer. Alors, le Parlement décernera la régence au roi d'Espagne. Et celui-ci, naturellement, déléguera ses pouvoirs au duc du Maine. Quelle revanche sur l'infâme régent !

A ces beaux projets, il ne manque que l'accord du principal intéressé : Philippe V d'Espagne. Qu'à cela ne tienne : la duchesse du Maine fera le nécessaire.

Donc, une femme a décidé de modifier en France l'ordre du pouvoir. Une autre va se charger de rendre palpable son projet. Il s'agit de Rose Delaunay, déjà nommée. Nous connaissons son rôle en détail par les Mémoires qu'elle a laissés. Esprit, intelligence, habileté, lucidité : tous ces dons, elle les a reçus. Il ne lui en manque qu'un seul, peut-être : la beauté mais sa conversation étincelante captivait tant ses contemporains que, sur l'échafaud, ils eussent juré qu'elle était belle. Au vrai, Rose Delaunay s'appelait Marguerite Cordier. Son père était un peintre fort obscur. Réclamé en Angleterre par de riches amateurs, il s'y était installé. Sa femme s'y ennuyait. Elle regagna la France où naquit Rose. Le peintre mourut. « Je n'avais jamais vu mon père, et je ne sais si je croyais en avoir un ; je lui donnai pourtant des larmes : je ne me souviens pas d'où elles partirent... » Trois phrases qui nous permettent, d'emblée, de découvrir Rose Delaunay, d'être séduit par son style. Delaunay est le nom de sa mère : elle choisit de le porter. A la mort de son mari, Mme Delaunay se réfugie dans un couvent, y fait venir Rose qui, dès l'enfance, émerveille les religieuses et leurs pensionnaires par son intelligence, sa finesse, son aplomb. La petite fille devient le centre de tout, on l'adore, on l'idolâtre. « Cette extrême indulgence qu'on avait pour mes défauts les eût fait dégénérer en vices si, heureusement, je n'eusse été bien née, et si la dévotion où je me livrai dès mes premières années n'avait réprimé mes passions naissantes avant qu'elles eussent fait quelques progrès. » Elle y gagne de bénéficier de l'éducation d'une jeune fille de qualité — et mieux encore. Elle étudie assidûment les philosophes, lit, comprend et aime Descartes. Hélas, elle n'a rien. Point de nom, point d'argent : tare inexpiable au début du XVIIIe siècle. La nature l'a dotée seulement d'un cœur passionné. Elle n'en souffrira que davantage. Elle aimera le frère de l'une de ses compagnes, M. de Silly. Que peut-elle espérer, elle, pauvre Delaunay ? Ils se séparent : « Je crus avoir cessé de vivre. Mes yeux ne regardaient plus rien. » Que l'on en soit bien convaincu : ce premier amour est chaste. Elle aimera encore, sera aimée. Elle ne cédera pas à la tentation qui, plusieurs fois, sera grande. Détail utile si l'on veut connaître en profondeur une société trop souvent vue et jugée en surface. Cette jeune fille qui, sans céder rien, traverse tant de périls alors que rien ne l'arme contre eux, vit au temps de la Régence, à l'époque des roués, des orgies du Palais-Royal, des festins d'Adam où les convives étaient nus. De tout cela, nous reparlerons mais l'historien des mœurs doit savoir que, dans le même temps, existe une Rose Delaunay.

La grande heure de sa vie sonne quand elle entre chez la duchesse du Maine. Elle qui avait plu à Fontenelle et enchanté la duchesse de la Ferté espérait être demoiselle de compagnie. On ne l'accueille que comme femme de chambre. Le siècle était ainsi. Elle loge dans une espèce de soupente, sans feu ni lumière. On lui confie des chemises à bâtir. Les autres femmes de chambre, conscientes de sa supériorité, la haïssent. Affreuse, sa solitude. Elle songe au suicide. Il lui faudra des mois, des années pour que la duchesse du Maine s'aperçoive d'abord qu'elle existe, puis fasse d'elle sa lectrice et enfin la compagne de toutes ses pensées. Elle en viendra à être l'organisatrice des nuits de Sceaux. Elle n'en reste pas moins femme de chambre. Les plus beaux esprits du temps viennent dans sa mansarde rédiger les programmes et imaginer les divertissements. Elle-même se met à aimer la duchesse naine : « Je pris un véritable attachement pour ma princesse ; et je me dévouai avec d'autant moins de réserve au soin de lui plaire qu'elle n'exigeait rien de moi qui ne fût parfaitement d'accord avec l'estime que je voulais d'elle. »

Singulier, cet attachement. Il faut qu'il soit dans la nature humaine. Rose est maltraitée. On use d'elle, on en abuse. Elle se sait supérieure, intellectuellement, à tous ceux qui l'exploitent. On la paye à peine. Et pourtant elle s'attache jusqu'à se jeter dans le complot de sa maîtresse, corps et âme, jusqu'à tout risquer y compris sa vie.

Comment sonder Philippe V ? La duchesse du Maine sait qu'il a pour confesseur un jésuite. Il suffit de faire pressentir ce jésuite par un autre jésuite. On songe alors au Père Tournemine. D'évidence, la duchesse ne peut lui parler elle-même. Rose Delaunay s'en chargera donc.

Pas un instant Tournemine n'hésite. Il offre d'envoyer en Espagne l'un de ses amis, le baron de Walef. Lequel correspondra directement avec Rose Delaunay. Entre les lignes sera rédigée, à l'encre sympathique, une correspondance secrète. Walef part, se rend en Italie — on ne sait pourquoi —, ensuite en Espagne. Au vrai, ce n'est qu'un aventurier, désireux de tirer le plus d'écus possible de cette incroyable mission. Il affirme avoir rencontré le cardinal Alberoni, ministre de Philippe V ; celui-ci serait bien disposé en faveur des projets de la duchesse. Mme du Maine voudrait des preuves plus palpables. Pourquoi ne pas s'adresser à l'ambassadeur d'Espagne à Paris, le prince Antoine de Cellamare ? Conduit par le marquis de Pompadour — aucun rapport avec la future favorite — l'ambassadeur accepte de se rendre à l'Arsenal pour y rencontrer la duchesse. On parle surtout de diplomatie, de la quadruple alliance [1]. Mais la duchesse sait maintenant à quoi s'en tenir : Cellamare est prêt à négocier au nom de Philippe V. Mieux encore, il est prêt à agir. L'idée est de Laval : pourquoi ne pas enlever le régent ? Laval jure qu'il dispose de vingt-deux colonels, « braves, forts et audacieux », prêts à tout risquer « pour la cause du roi d'Espagne ». Cellamare transmet l'offre à Alberoni qui se déclare enchanté et recrute à prix d'argent les pires aventuriers français réfugiés en Espagne. Ceux-ci, fort échauffés, passent les Pyrénées et sont mis à la disposition de Laval. Cellamare est bien d'accord : c'est au bois de Boulogne, où le régent se promène souvent sans escorte, qu'il faut l'enlever. Les « sbires » s'embusquent. A tous, on a dépeint le régent, sans le nommer pourtant. Le voici, avec

---

1. Conclue entre la France, la Grande-Bretagne, la Hollande et l'empereur pour confirmer les traités d'Utrecht contre les prétentions de Philippe V à la régence de France et à des reprises en Italie.

sa fille. Sur un signe du chef, les sbires se jettent sur un promeneur parfaitement étranger à l'affaire. On l'entraîne de force, malgré ses cris, ses protestations. Quand on s'aperçoit de l'erreur, il est trop tard : le régent est loin. Ce faux pas a l'inconvénient d'attirer l'attention du régent et de l'abbé Dubois, son conseiller intime. Désormais, Dubois ouvrira l'œil.

Alberoni, alléché par les propositions des conjurés, cherche autre chose. Nouveaux entretiens de Cellamare avec la duchesse et ses amis, Rose Delaunay notamment. De nouveau, on multiplie les écrits : petite guerre psychologique. On passe aux détails : il faudra que le roi d'Espagne fournisse « cent mille livres par escadron, autant par bataillon, une haute paye pour les soldats, quelque récompense extraordinaire pour les chefs ». Le duc de Richelieu, petit-neveu du cardinal, est formel :

— Avec cette bagatelle, dit-il à Cellamare, vous aurez toute l'armée.

Nul doute : le succès est pour demain.

Le succès ? Non. Sur les conjurés, c'est la foudre qui s'abat. Le duc d'Orléans convoque un lit de justice extraordinaire. On balaie les derniers avantages réservés par le feu roi à ses fils naturels. Le duc du Maine n'est plus rien — que le duc du Maine. Tout juste consent-on, à raison des mérites personnels du comte de Toulouse, à lui garder des prérogatives qui s'éteindront avec sa vie. Cette préférence est une nouvelle insulte pour le duc du Maine. On lui enlève la surintendance de l'éducation du petit Louis XV. Il faut même que le duc et la duchesse du Maine évacuent sur-le-champ l'appartement qu'ils habitent aux Tuileries et qui sera attribué au duc de Bourbon.

La duchesse ? Elle se change en tornade, en trombe, en ouragan. Cependant qu'on enlève les meubles, elle saute, elle glapit. Tout ce qui peut se casser, elle s'en saisit : porcelaines, glaces, petits meubles. Elle jette le tout sur le parquet, piétine les morceaux. Quand l'infortuné duc du Maine, s'appuyant plus bas encore sur sa canne, ose s'approcher pour tenter une nouvelle justification, elle le foudroie. Il murmure :

— Que voulez-vous faire contre la force ?

— Opposer du courage !

— J'ai protesté.

— Belle défense ! Il ne me reste que la honte de vous avoir épousé !

Dans sa fureur, elle demeure lucide. Elle sent que ces mesures coercitives peuvent en présager d'autres. Elle envoie Rose Delaunay à Sceaux pour brûler les papiers les plus compromettants. Quand la jeune femme revient, elle trouve sa maîtresse au lit, aussi figée qu'une statue de marbre : « Son état ne peut se dépeindre, c'était un accablement semblable à l'entière privation de la vie, ou comme un sommeil léthargique dont on ne sort que par des mouvements convulsifs. »

Elle va se cloîtrer à Sceaux, avec son mari, avec ses amis. Tantôt elle reste des heures muette, remâchant ses rancœurs, ses amertumes. Tantôt elle éclate de nouveau, couvre d'injures son mari, répète qu'il est un lâche. Le malheureux plie sous l'orage, s'enfuit de pièce en pièce, « pleure comme un veau ». Quand il souffre trop, il se rend chez la vieille Mme de Maintenon, sa vraie mère, celle qui l'a élevé. Elle le plaint, lui répète « qu'il vaut encore mieux être dégradé par la violence que de l'être de son consentement ». On pleure à Sceaux, mais on se garde bien de renoncer. Pas la minuscule duchesse, en tout cas. Elle intrigue plus que jamais, relance Cellamare, Alberoni, les conjurés. On tente de lever la noblesse de province. On cherche à recruter, sans guère de résultat, il faut bien le dire. On pressent le maréchal de Villars qui refuse. D'autres maréchaux se récusent. Les grands seigneurs protestent de leur dévouement à la duchesse, mais s'en tiennent là. En définitive, on ne trouve que des inconnus, une quarantaine d'officiers besogneux. Derechef, on accumule des textes, des mémoires, des pamphlets. Comme il faut copier tout cela, on recrute un écrivain de la bibliothèque du roi, un certain Buvat. Chaque soir, l'excellent homme — vieillissant, effacé, paisible — transcrit les mémoires que la duchesse veut faire passer en Espagne. Chaque soir, il se rend chez Cellamare, rue Neuve-des-Petits-Champs. D'abord, il transcrit sans comprendre. Puis, peu à peu — le bonhomme n'est pas bête — il s'aperçoit que, sans le vouloir, il est entré dans une conspiration. A mesure que les jours passent, les propos se veulent de plus en plus séditieux, les projets de plus en plus effrayants, les proclamations de plus en plus incendiaires. Et tout cela passe sous sa main, sa main à lui, Buvat ! Si la conspiration est découverte, il y perdra la vie, c'est sûr. Epouvanté, il finit par aller se confier au secrétaire de l'abbé Dubois, M. de la Houssaye. Il confesse :

— J'ai accepté de travailler à mes heures perdues pour l'ambassadeur d'Espagne, mais j'y vois des machinations contre le gouvernement de la Régence !

Dubois recevra lui-même Buvat. Ce Dubois qu'a dépeint Saint-Simon : « Un petit homme maigre, effilé, chafouin, à perruque blonde, à mine de fouine. » Il engagera Buvat à continuer son travail. Seulement, il devra noter tout ce qu'il sait sur les conjurés et en faire rapport chaque nuit au ministre. Ainsi le filet se resserre-t-il. Le comte d'Argenson lance ses policiers sur la piste des complices de la petite duchesse. Bientôt, on sait tout de la conjuration. On attend, pour y mettre fin, que les conjurés eux-mêmes se découvrent.

Le soir du 1er décembre 1718, une jeune personne de petite vertu, prénommée Marianne, attend chez elle son amant. Elle fait partie du personnel de la Fillon. Entendez : la plus éminente maquerelle de l'époque. Chez elle, fréquente l'élite de l'aristocratie. Le régent lui-même ne dédaigne pas avoir affaire à ses services. Sous ses ordres opère un bataillon de filles ravissantes et expertes. Marianne est l'une des plus récentes — encore assez naïve pour tomber amoureuse. C'est ce qui lui est advenu avec un jeune secrétaire du prince de Cellamare : celui qu'elle attend ce soir-là. Elle l'attendra toute la nuit, le désespoir au cœur, les sanglots à la gorge. Quand il se présente, à 10 heures du matin, il est assailli de reproches et de larmes. Il tente de s'excuser, arguë d'un travail urgent qui l'a occupé toute la nuit. Comme si elle allait croire un tel conte ! Alors, l'Espagnol donne des précisions : il s'agit d'une conspiration contre le régent. Son collègue Porto-Carrero vient de partir le matin même pour l'Espagne. Le prince de Cellamare a voulu profiter de ce voyage pour adresser au cardinal Alberoni des papiers d'une importance capitale. Il a fallu que lui, l'amant de Marianne, copie ces documents pendant toute la nuit.

Marianne, convaincue, tombe dans les bras de son amoureux. Toujours aussi naïve, elle racontera tout à la Fillon. Elle ignore naturellement que cette avisée personne fait son rapport quotidien à l'abbé Dubois. Car il se dit beaucoup de choses, il se fait maintes confidences dans les établissements de ce genre. Les rapports de la prostitution et de la police paraissent avoir été aussi anciens que la police et la prostitution. Cette fois, la Fillon a joué à coup sûr. Elle gagnera à cette révélation douze mille livres de rente et trente mille livres comptant. Ainsi enrichie, elle finira comtesse, fort estimée de la petite ville d'Auvergne où elle se retirera.

Cette fois, le régent et Dubois n'hésitent plus. On arrête Porto-Carrero, on saisit ses bagages, on trouve les papiers. Il y avait là des projets de manifestes, des lettres de la duchesse du Maine, un projet de lettre du roi d'Espagne au Parlement de Paris, particulièrement menaçant. Et, pour finir, le plan complet de la conspiration.

Cellamare sera arrêté, gardé à Blois jusqu'au mois de mars. Après quoi, on le reconduira à la frontière. Déjà la justice a sévi, la police a agi. Pompadour est arrêté le premier. Et puis les autres. La Bastille en reçoit une pleine fournée. On arrête le duc de Richelieu. A Sceaux, la petite duchesse suit tout cela avec angoisse. Elle ne redoute rien pour elle-même. Elle le dit, du moins : « Ils n'oseraient. »

Ils osent. Le 29 décembre, un détachement de gardes du corps cerne Sceaux. Le duc du Maine est prié de monter en voiture avec M. Favancourt, brigadier des mousquetaires, qui va le conduire au château de Doullens. Le malheureux ex-légitimé dira amèrement :

— Ce n'est pas en prison que l'on devrait me mettre, on devrait m'ôter mes habits et me laisser en jaquette pour m'être ainsi laissé mener par ma femme.

Sa femme ? Elle aussi a été arrêtée, conduite à Auxerre, puis au château de Dijon. On exile les deux fils du duc du Maine, on envoie sa fille à Montbuisson. On arrête Rose Delaunay. Elle aussi, on la jette à la Bastille.

Mme du Maine reconnaîtra ses torts. Elle affirmera que son mari est resté à l'écart de ses combinaisons. Ce qui est vrai. Elle ajoute d'ailleurs, avec mépris, qu'elle se serait bien gardée de mettre dans la confidence un homme d'aussi peu de caractère. Peu à peu, sa captivité s'adoucit. On la transfère à Savigny, dans un château charmant. Au début de janvier 1720, la microscopique duchesse peut enfin regagner son cher domaine de Sceaux. Son mari, libéré lui aussi, mais furieux contre sa femme, fera beaucoup de manières pour la rejoindre. Il s'y décidera enfin et pardonnera. Les conjurés sont maintenant presque tous libres. Rose Delaunay restera la dernière en prison, se refusant à faire des aveux. Mme du Maine s'agitera tant et si bien qu'elle obtiendra sa libération.

Etrange entrevue que celle qu'accorde le régent à la duchesse. Elle parle, s'explique, s'excuse, se justifie : c'est un fleuve qui ne tarit point. Le régent l'écoute et dit seulement :

— Tout est oublié.

Il lève l'audience. Il ne reviendra jamais à Sceaux. Quand Rose Delaunay regagne le château, elle croise la calèche de la duchesse. Quelques sèches paroles tombées du haut de la portière :

— Ah ! Voilà Mme Delaunay ! Je suis bien aise de vous revoir.

La calèche repart. Rose Delaunay y gagnera seulement de disposer au château d'une chambre avec fenêtre et cheminée. Elle y finira ses jours.

« Je vois bien, ma chère Louise, que vous ne connaissez pas les Françaises ; rien ne les dirige, si ce n'est l'intérêt et le goût de la débauche ; ces maîtresses ne voient que leur plaisir et l'argent ; de l'individu, elles ne donneraient pas un cheveu. Cela m'inspire un dégoût complet... »

Celle qui écrit cela, c'est la duchesse d'Orléans douairière, née princesse Palatine, veuve de Monsieur. La plus laide personne de la Cour et qui s'en fait gloire : « Ma taille est monstrueuse de grosseur ; je suis aussi carrée qu'un cube ; ma peau est d'un rouge tacheté de jaune ; mes cheveux deviennent tout gris ; mon nez a été tout bariolé par la petite vérole, ainsi que mes deux joues ; j'ai la bouche grande, les dents gâtées et voilà tout le portrait de mon joli visage. » Horrible, certes, mais lucide. Et drôle. Et spirituelle. Et sachant écrire. Ses lettres sont un des plus précieux témoignages dont on dispose sur ce temps de la Régence.

Régence : déjà, le mot fait image. D'une société à l'agonie, on dit encore qu'elle est Régence. La Régence, pour nous, ce sont les petits soupers, la licence des mœurs, les grandes dames paillardes, les courtisans fanfarons de vices. C'est le règne des roués et le temps du libertinage publiquement étalé : « Je vois bien, ma chère Louise, que vous ne connaissez pas les Françaises. » Nous sommes ici pour les connaître. L'image traditionnelle, le cliché disent-ils vrai ?

Vers la fin de 1717 et au début de 1718, Madame, duchesse douairière d'Orléans, revient sur le sujet : « La débauche générale est vraiment affreuse... Toute la jeunesse *de l'un et de l'autre sexe* mène, en France, une vie des plus répréhensibles ; leur conduite me semble celle des cochons et des truies. C'est une terrible époque que la nôtre : on n'entend parler que de querelles, de vols, de meurtres, de vices de tous genres ; le vieux serpent, le diable, a été délivré de ses chaînes... Le temps est venu où, comme dit la sainte Ecriture, sept femmes courront après un homme ; jamais les femmes n'avaient été comme à présent... Il faut dire la vérité, les femmes sont trop effrontées, surtout celles des grandes maisons : elles sont pires que celles des mauvais lieux. »

En avril 1719, Madame renchérit : « Je m'étonne que la France entière ne soit pas engloutie comme Sodome et Gomorrhe : car on ne peut se faire une idée de toutes les horreurs qui se commettent ici. »

Pouvons-nous admettre que, par la faute du seul avènement du régent au pouvoir, les mœurs des Français — et des Françaises — se soient aussi profondément modifiées ? La raison nous commande de répondre négativement. Pourtant, nous disposons d'un ensemble de témoignages qui, par leur concomitance, ne laissent pas d'être troublants. La Régence semble bien avoir été marquée par une licence rarement aperçue et quasiment générale. Au vrai, le règne précédent n'avait été qu'en apparence — vers sa fin — une époque d'austérité. Versailles s'était peu à peu plongé dans une dévote rigueur morale. Croit-on sérieusement que les débauchés avaient cessé de l'être parce que le roi était devenu aussi sourcilleux que Françoise de Maintenon ? Un connaisseur, le maréchal de Richelieu, témoigne que la volupté toujours vivante se parait « d'hypocrite pudeur » et qu'une « casuistique jésuitique » dissimulait la licence. Le dauphin, fort amoureux d'une actrice, la Raisin, exigeait qu'elle fît maigre pendant le carême. Il n'en couchait pas moins avec elle. Et comme on s'étonnait : « Je voulais bien commettre un péché, mais non pas deux. »

De la Cour de Louis XIV vieilli, Saint-Simon a dit qu'elle « suait l'hypocrisie ». Mme de Maintenon elle-même ne s'y trompait point, quand elle écrivait à la princesse des Ursins, en 1713 et 1714 : « Je me garderai bien de vous faire une description de nos mœurs présentes, il me semble que je pécherais contre l'amour qu'on doit avoir pour sa nation... Les maris s'accommodent des promenades nocturnes ; ce sont eux qui les facilitent... Les hommes sont pires que les femmes, ce sont eux qui laissent ruiner leurs maisons, qui veulent que leurs femmes prennent du tabac, boivent, jouent, ne s'habillent plus... » Louis XIV n'avait pas ignoré les débauches du duc de Vendôme, celles de Mme la Duchesse jetée dans les plaisirs « jusqu'à la dernière indécence pour son âge et pour son état ». Chacun connaissait l'amant de celle-ci, le marquis de Lassay, plus jeune qu'elle de dix ans, mais d'une vigueur qui faisait rêver les dames. Parfois, il la traînait par les pieds dans le salon du Grand Couvert. Mme de Nassau couchait notoirement avec les suisses et les palefreniers. Les amateurs fréquentaient les appartements du marquis et de la marquise de Morival, grands organisateurs de « ballets roses ». Tout cela, Louis XIV *regnante*.

La différence entre le règne finissant de Louis XIV et la Régence, c'est que, sous le premier, on se cache, tandis qu'on ne dissimule plus rien sous la seconde. On est las de l'hypocrisie. Les plaisirs défendus sont bons pour un temps. Il faut aussi songer aux dures années que l'on a vécues de 1708 à 1712 : la France en danger, la grande famine. Tout cela s'identifiait à la personne du vieux roi. Il est mort, on éprouve comme un soulagement. Durant les premières années de la Régence, « un vent de folie emportera la société française. Loin de s'apaiser, cette frénésie bestiale, éhontée, avide de scandale, s'exaspérera en 1719 et 1720, au moment du système de Law, de la refonte des monnaies et de l'agiotage [1] ». On reverra cela sous le Directoire — après la Révolution ; on le reverra pendant les « années folles » — après la Première Guerre mondiale.

Disons que le régent lui-même y est pour beaucoup. Cet homme intelligent, ce véritable homme d'Etat est un jouisseur. Les femmes, il les aime gloutonnement, sans raffinement. « Mon fils n'est ni joli, ni laid, dit la Palatine, mais il n'a pas du tout les manières propres à se faire aimer : il est incapable de ressentir une passion et d'avoir longtemps de l'attachement pour la même personne. D'un autre côté, ses manières ne sont pas assez polies et assez séduisantes pour qu'il prétende à se faire aimer. Il est fort indiscret et raconte tout ce qui lui est arrivé ; je lui ai dit cent fois que je ne puis assez m'étonner de ce que les femmes lui courent follement après ; elles devraient plutôt le fuir. Il se mit à rire et me dit : "Vous ne connaissez pas les femmes débauchées d'à présent. Dire qu'on couche avec elles, c'est leur faire

---

1. Charles Kunstler.

plaisir." » La Palatine ajoute : « Je soutiens à mon fils que de sa vie il n'a été amoureux, et que son amour ne consiste que dans la débauche ; il répond : "Il est vrai que je ne saurais être comme un héros de roman ou passionné comme Céladon, mais j'aime à ma mode. — Votre mode est d'aller comme à votre chaise percée." Il rit lorsque je lui dis cela. »

« A treize ans, dit Madame, mon fils était déjà un homme ; une dame de qualité l'avait instruit. » Vite, il a sa première maîtresse : la petite Léonore, fille du concierge du garde-meuble du Palais-Royal. Il a quatorze ans quand il lui fait un enfant. Une comédienne, la Grandval, succède à Léonore. Il part pour l'Italie, fait un fils à une jeune Lyonnaise, Mlle Pinet de la Massonnière. De retour à Paris, il rencontre la Desmares, nièce de la Champmeslé, actrice comme elle. Il semble en avoir été amoureux, se sépare d'elle deux fois et la reprend deux fois. Elle lui donne une petite fille. « Elle aurait bien voulu, dit Madame, lui mettre sur le corps un autre enfant, mais il a répondu : non, celui-ci est trop arlequin. Elle lui demanda ce qu'il voulait dire par là. Il répondit : Il est trop de pièces différentes. » Intermède : un goût pour la Florence, danseuse de l'Opéra. Il lui fait un fils. En 1706, il s'attache à une demoiselle de Séry qui, pour ne pas manquer à la tradition, lui donne un fils. Il l'enrichit, obtient du roi qu'elle soit comtesse d'Argenton. La jeune personne n'a pas froid aux yeux. Lui non plus. Le duc d'Orléans compose pour elle des vers qu'il dit publiquement à un repas donné à Saint-Cloud dans les derniers jours de 1709 :

> Sans crainte, Iris, que le monde murmure,
> Bois quatre coups de ce jus précieux,
> Et je te jure,
> Par tes beaux yeux,
> Que, quand la nuit aura voilé les cieux,
> Quatre autres coups finiront l'aventure.

A la fin de 1715 ou au début de 1716, entre en scène Mme de Parabère, fille d'une dame d'atours de la duchesse de Berry. La Palatine note scrupuleusement son avènement : « Elle est veuve, de belle taille, grande et bien faite ; elle a le visage brun et ne se farde pas ; une jolie bouche et de jolis yeux ; elle a peu d'esprit, mais c'est un beau morceau de chair fraîche. » La Palatine juge qu'elle « n'est pas désagréable, mais elle passe pour sotte.

Elle est capable de beaucoup manger et boire et de débiter des étourderies ; cela divertit mon fils et lui fait oublier tous ses travaux ». Et encore : « Mon fils dit qu'il s'était attaché à la Parabère parce qu'elle ne songe à rien, si ce n'est à le divertir, et qu'elle ne se mêle d'aucune affaire. Ce serait très bien si elle n'était pas aussi ivrognesse et si elle ne faisait pas que mon fils bût et mangeât autant. »

Il suffit de feuilleter le journal de Marais — document révélateur, ô combien ! — pour suivre de près les avatars du ménage Orléans-Parabère. On se brouille. On se raccommode. Un troupeau de femmes se bouscule pour supplanter la favorite. Avec une précision quasi scientifique, Marais note, pour le 6 juin 1721, la fin de cette liaison célèbre.

Le régent lui-même eût été bien en peine de dresser la liste de ses conquêtes. Il y avait celles à qui il avait accordé une nuit — ou une heure. Il y avait les inconnues prises après dîner et après boire, quand on emportait les chandelles et quand, dans la nuit, les corps se mêlaient. Il y avait les jeunes personnes qu'on amenait chez lui sans même les nommer. Il les prenait à partir de douze ans.

Aux fameux soupers, les femmes ne se vêtent que de gazes légères. On s'enferme dans la salle où l'on doit souper. Devant les portes, des gardes incorruptibles. Point de valets. Le dîner est tout prêt, on se servira soi-même. Mme de Sabran — surnommée dans ces circonstances *l'Aloyau* — excelle à faire sauter l'omelette. Mme de Parabère — devenue le *Petit Corbeau Brun* — s'entend fort bien à mélanger les sauces. Philippe d'Orléans s'empresse, touche à tout, improvise un plat, bat une crème, cuit un gâteau.

Le repas s'avance. Tout ce monde boit sans retenue. Au premier verre, le régent est gai ; au second, il est gris ; au troisième, il est ivre. Et il boit la valeur de six à sept bouteilles de champagne par soirée, dans un hanap cerclé d'or qui circule à la ronde. On plaisante, on médit, on s'amuse des uns et des autres. Le ton monte. « On disait des ordures à gorge déployée », jure Saint-Simon. Un soir, Mme du Brossay s'écrie :

— M. le Duc a donné la vérole à Mme de Prie ; Mme de Prie l'a donnée à M. de Livry ; M. de Livry l'a donnée à sa femme ; sa femme l'a donnée à La Peyronie et La Peyronie les guérira tous [1].

---

1. La Peyronie était un célèbre médecin de l'époque.

Un autre soir, en l'absence de cette même Mme du Brossay, on dresse une liste de ses amants. On parvient au chiffre de cinquante-deux.

Le ton monte encore. On en est aux couplets de corps de garde, aux histoires les plus graveleuses.

Certains soirs se glissent alors dans la salle les plus beaux sujets du corps de ballet de l'Opéra, de l'un et l'autre sexe. Ils sont nus. Elles sont nues. Ils forment des couples antiques. Voilà Phryné, voilà Cléopâtre, voilà Messaline. Tout cela s'entremêle avec un grand mépris de la chronologie historique. Au vrai, ce n'est pas à l'histoire que s'intéressent le régent et ses amis. Parfois, dans ce ballet, la Parabère, la Tencin — et même la duchesse de Berry — se jettent, éperdues, ayant depuis longtemps lancé à terre leurs légers vêtements. On souffle la dernière chandelle. Ce sont les soupers du régent.

Il est marié, bien sûr, ce régent. Il a épousé Françoise, seconde demoiselle de Blois, fille de Louis XIV et de Mme de Montespan. Il aurait bien voulu refuser cette bâtarde. Louis XIV lui a parlé paternellement mais avec son habituelle « majesté effrayante » : « Je ne puis mieux vous témoigner ma tendresse qu'en vous offrant ma fille dont les deux sœurs ont épousé deux princes du sang. »

Après cela, comment refuser ? La Palatine, elle — vraie princesse, et Allemande —, a poussé les hauts cris. Son fils, avec une bâtarde ! A Philippe, elle a « chanté pouille » en éclatant en sanglots. Pour s'expliquer, il a voulu la suivre chez elle. Elle lui a claqué la porte au nez. Elle était folle de colère, « criant et gesticulant comme Cérès après l'enlèvement de Proserpine ».

Au dîner du soir, en présence du roi, les larmes de la Palatine tombaient dans son assiette. Le lendemain matin, en entrant à la chapelle, Philippe a voulu lui baiser la main. Il n'y a gagné qu'un soufflet tellement sonore que personne n'a pu l'ignorer.

La fiancée avait quinze ans. Elle était « menue et blonde », charmante d'ailleurs. Elle disait de Philippe, avec sa douce voix : « Je ne me soucie pas qu'il m'aime, je me soucie qu'il m'épouse. » Après des noces quasi royales, Philippe a semblé trouver quelque goût aux charmes de sa jeune épouse. Puis il est parti faire la guerre. Au retour, il ne pensait plus qu'à ses maîtresses.

Son épouse ne semble nullement en avoir pris ombrage. Elle vivra dans une nonchalance sans exemple. Sa vie entière s'écoule sur une chaise longue. Philippe vient la voir chaque jour, même quand il est régent. Elle le reçoit allongée sur son canapé blanc et or. Là, elle lit jusqu'à l'heure des repas, attendus avec impatience. La Palatine affirme que, trois ou quatre fois par semaine, sa belle-fille s'enivrait « comme un sonneur de cloches », et elle critique férocement sa paresse : « Je suis persuadée que toutes les incommodités et les faiblesses de Mme d'Orléans viennent de ce qu'elle est toujours au lit ou sur sa chaise longue ; elle mange et boit couchée... Cette femme mange tant que l'on n'en croit pas ses yeux. Ces filles sont ainsi faites : elles mangent jusqu'à ce qu'elles rendent et recommencent après... » Pour amuser sa solitude, elle prend soudain un miroir et, avec une grande application, se met du rouge d'Espagne. Elle caquette avec ses dames, surtout avec Mme de Castries, « petite poupée manquée..., savante en tout..., pétillante d'esprit, souvent aussi de malice ».

De temps en temps, elle reçoit, on dîne, on joue. Ces jours-là, la duchesse d'Orléans montre qu'elle peut être, quand elle le veut, « libre, gaie, excitante, charmante ». Qu'on se rassure : ses réceptions n'ont jamais eu rien de commun avec les soupers de son régent de mari.

Faut-il croire que cet athéisme, ces débauches proclamées, ce vice étalé ne soient l'apanage que du régent et de ses belles amies ? Nullement. Au sommet de la pyramide, les filles du duc d'Orléans mènent la sarabande. La Palatine résume tout cela en trois lignes : « Mon Dieu ! Quel bonheur ç'eût été pour mon fils s'il avait perdu ses trois premières filles dans leur enfance ! Je ne veux pas en dire davantage. » De l'aînée, la duchesse de Berry, la Palatine reconnaît qu'elle « a de l'esprit, ce n'est pas douteux, et elle n'est pas du tout difficultueuse. Elle a la chair ferme, ses joues sont dures comme une pierre. Si elle avait été bien élevée, elle aurait bien tourné, car elle a bon cœur et de la capacité ». Mais, voilà, elle n'a pas été bien élevée. Un orgueil démesuré, un esprit supérieur, une éloquence naturelle et, dit Saint-Simon, « une justesse d'expressions qui surprenait et charmait », tout cela est gâté par un manque de cœur sans pareil et une frénésie érotique sans égale. Dès l'enfance, elle a « dompté » son père. Il a fait d'elle sa confidente, sa complice. Elle a tout su de ses plaisirs. Elle les a voulu imiter, voire surpasser. Quand elle épouse le duc de Berry, elle le trompe deux jours après le mariage. Elle prend plusieurs amants en même temps, dont elle change souvent pour les reprendre ensuite. D'abord c'est l'écuyer de la Grande Ecurie, un nommé Salvert. Puis un page du duc de Berry, La Haye ; comme elle le logera à deux pas de chez elle, on le surnommera M. *Tout-Près*. Lui succèdent le marquis de La Rochefoucauld, puis le marquis de Bonivet, le comte de Riom, amant de la marquise de Mouchy. La duchesse de Berry a prié celle-ci de le lui céder pour une nuit. La marquise, ayant consenti, a introduit la duchesse dans son lit, où Riom, ignorant tout, devait la rejoindre dans la nuit même. Il est entré dans la pièce obscure, a rejoint aussitôt celle qu'il pensait être sa maîtresse. Avec quelque étonnement, cependant. Mme de Mouchy était en effet fort svelte et la duchesse de Berry très grosse. Le lendemain, Riom dira à tout un chacun : « Voyez-vous cette Mme de Mouchy, qui a l'air grosse comme une mauviette, cela tient une place énorme dans un lit. »

Il faut croire que cette nuit a été pour la duchesse de Berry une révélation, car désormais elle ne voudra plus se passer de Riom. Ce qui scandalisera la Palatine : « Je ne puis comprendre qu'on puisse aimer ce drôle-là ; il n'a ni figure ni taille ; il a l'air d'un fantôme des eaux, car il est vert et jaune de visage ; il a la bouche, le nez et les yeux comme les Chinois ; on pourrait le prendre pour un magot plutôt que pour un Gascon qu'il est ; il est fade et n'a pas du tout d'esprit ; une grosse tête enfoncée entre de larges épaules ; on voit dans ses yeux qu'il n'y voit pas bien ; en somme, c'est un drôle fort laid ; mais on dit qu'il est monté comme un âne, cela charme toutes les femmes débauchées ; aussi la Polignac l'a-t-elle une fois enfermé deux jours avec elle. »

Chez la duchesse de Berry, Riom est devenu le maître. Bientôt, il se trouve, dit Saint-Simon, « paré des plus belles dentelles et des plus riches habits, plein d'argent, de boîtes, de joyaux et de pierreries ».

Cette princesse, l'orgueil personnifié, abdique tout entre ses bras. Pour lui, elle cède, elle s'humilie : « Peu à peu, raconte encore Saint-Simon — dont la femme était dame d'honneur de la duchesse de Berry — il la mit sur le pied de n'oser rien faire sans sa permission... Tantôt prête de sortir pour l'Opéra, il la faisait demeurer ; d'autres fois, il l'y faisait aller malgré elle... Jusqu'à sa parure, elle n'avait pas la moindre liberté. Il se divertissait à la faire décoiffer ou à lui faire changer d'habits quand elle était toute prête... Il l'avait accoutumée à prendre, le soir, ses ordres pour sa parure et l'occupation du lendemain, et le lendemain, il changeait tout, et la princesse pleurait tant et plus. » Bref, « il la traitait comme une servante, et les pleurs duraient quelquefois plusieurs jours ».

Elle finira, étant veuve, par épouser secrètement Riom. Avec la bénédiction du régent.

A-t-elle été, pour ce père, plus qu'une complice et une compagne de débauche ? On l'a dit. On l'a répété. La tendresse du régent pour sa fille était une vraie passion. Il la souhaitait sans cesse auprès de lui. Cette intimité faisait jaser. Et la Palatine d'écrire : « Mon fils et sa fille s'aiment tant que cela fait dire de vilaines choses sur leur compte... »

Le dimanche des Rameaux 1719, la duchesse de Berry est terrassée par une attaque d'apoplexie. Pendant trois heures, on la croira morte. La Palatine attribue cet accident — exceptionnel à vingt-quatre ans — à l'abus des parfums « horriblement forts » et aussi à son « affreuse gloutonnerie ». Chaque soir, « elle se met à table à huit et neuf heures, et elle mange jusqu'à trois heures du matin ».

Elle se remet. Pendant sa maladie, elle a fait vœu, si elle se rétablissait, de se vouer au blanc pour six mois. Désormais, elle se vêt de blanc, habille de blanc ses gens et commande un carrosse et des harnais d'argent. Elle demeure « incommodée de l'estomac ». Arrivée à la Muette, elle passe une nuit à vomir. Pour se remettre, elle engloutit de la fricassée, des petits pâtés, des melons, de la salade, du lait, des prunes, de la bière à la glace. Nouvelle attaque. Elle meurt dans la nuit du 20 au 21 juillet 1719.

La seconde fille du régent, Adélaïde, a choisi d'entrer en religion. Pourtant, elle est la plus jolie. La Palatine, une fois de plus, la met en scène : « Mlle de Chartres danse bien, chante encore mieux... Elle persiste à se faire religieuse, mais je ne puis croire qu'elle en ait la vocation, car elle a tous les goûts d'un garçon ; elle aime les chiens, les chevaux, la chasse, les coups de fusil. Elle ne craint rien au monde et ne se soucie nullement de ce qu'aiment les femmes. Elle ne se préoccupe pas du tout de sa figure... » Elle est entrée à l'abbaye de Chelles à l'âge de dix-huit ans. Deux ans plus tard, en 1718, ayant fait profession, elle est devenue sœur Bathilde. Disons-le : cette abbaye n'est pas trop rigoureuse. Au contraire. Le jour où Mlle de Chartres a pris l'habit, on a remis à chaque nonne cinquante livres de chocolat, de sucre et de café. Sœur Bathilde, qui raffole de musique, a donné des concerts à ses sœurs. On a vu ce lieu saint envahi par des musiciens profanes. De plus, sœur Bathilde ne pratique guère la vertu d'humilité. Elle n'oublie pas son rang. Elle prétend tout régenter. L'abbesse, Mme de Villars, furieuse, prend le parti de quitter l'abbaye, lui laissant la place. Sœur Bathilde devient abbesse. Elle célèbre sa prise de pouvoir en offrant à ses amis de la Cour un· festin de six cents couverts. Désormais, on s'occupe de tout à Chelles, même de religion. La nouvelle abbesse fait pénétrer chez elle couturières, brodeuses, coiffeuses. On recrute les meilleurs artistes pour décorer ses appartements. On décore les cours et les jardins, on établit partout des gloriettes et des statues. On installe même un théâtre où l'on joue les tragédies les plus ardentes de Racine. Qui plus est, Mme de Chelles fabrique quantité d'objets en buis. La toquade lui prend de faire des fusées volantes et de les lancer. Dans le parc, elle s'exerce au pistolet.

Certains contes licencieux du XVIIIe siècle — les couvents de religieuses deviendront le sujet à la mode — ont sans nul doute pris leur inspiration à l'abbaye de Chelles, « mondain paradis » que l'on chansonnait :

> *Vénus*
> *Nonne jolie*
> *Disant peu d'oremus...*

La vie à l'abbaye de Chelles va causer tant de scandale qu'on finira par interdire à l'abbesse ses concerts, ses représentations théâtrales et ses festins. Elle se verra réduite à n'offrir ses collations et ses soupers qu'à ses religieuses. Les contemporains jurent que « ce ne furent pas toujours d'orthodoxes mortifications ».

Charlotte, autre fille du régent, « avait le teint d'une blancheur de lis ; elle était bien faite de sa personne, et elle avait hérité comme ses sœurs, du tempérament de son père, de son inclination pour les plaisirs ».

Très jeune, elle noue une liaison avec Richelieu, le don Juan de la Régence. Elle lui écrit des lettres passionnées. Le destinataire, qui n'est pas un modèle de discrétion, les montre à tous ses amis. Chez le régent, cela se sait. La Palatine enrage : « Vous me demandez ce qui m'a récemment mise fort en colère ; je ne puis le raconter en détail, mais en gros ; c'est l'effroyable coquetterie de mademoiselle de Valois avec ce maudit duc de Richelieu, qui a montré les lettres qu'il avait d'elle, car il ne l'aime que par vanité. Tous les jeunes seigneurs de la Cour ont pu voir les lettres, où elle lui assigne des rendez-vous. » On décide de marier Charlotte au plus tôt. L'élu est héritier du duché de Modène. Elle part pour l'Italie, le 11 mars 1720, avec une suite imposante. C'est le temps de Pâques. On décide que l'escorte tout entière — anciens et nouveaux compatriotes de Mademoiselle — communiera dans la cathédrale de Moulins. Français et Italiens se rendent, coude à coude, à la sainte table. Dès qu'ils l'ont quittée, ils se mettent à jouer aux cartes. La partie dure jusqu'au soir. Bien sûr, Richelieu rejoindra secrètement Mlle de Valois à Modène.

Mlle de Montpensier, quatrième fille du régent, va épouser le prince des Asturies, héritier de la couronne d'Espagne. Il a quinze ans, elle n'en a pas encore douze. Son mari l'attend à la frontière espagnole. Il est pressé. Le chevalier de Pezé rapporte dans un message au régent que, dans la nuit du 20 au 21 janvier 1722, le mariage s'est « consommé durant une demi-heure qu'on les avait laissés ensemble au lit ». La satisfaction du régent se révèle si éclatante qu'il attribue aussitôt à M. de Pezé une gratification de quinze mille livres.

La cinquième fille, Mlle de Beaujolais, est promise à Don Carlos, autre fils du roi d'Espagne. Le mariage ne sera jamais célébré : Mlle de Beaujolais meurt de la petite vérole.

L'aristocratie et la grande bourgeoisie suivent allègrement l'exemple donné. Il s'agit, comme l'a bien vu un contemporain, le comte Alexandre de Tilly, d'une « corruption de principes, d'une ostentation d'immoralité ». La liberté des mœurs, « surtout dans les hautes classes », est devenue « plutôt un sujet de mode et de vanité que de scandale ». Tout comme le régent et ses filles, la haute société soupe : « Là, tout ce que la bonne chère peut avoir de plus recherché se joignait à la licence la plus dépravée. Lorsque le vin échauffait les têtes, et surtout celle des femmes, qui sortaient rarement de table de sang-froid, on se mettait à parler ce qu'on appelait *anglais*, c'est-à-dire qu'on tenait les propos les plus libres, en nommant chaque chose par le mot technique. Et le plus souvent, on ne se quittait point sans un tribut de complaisances mutuelles, de la part des hommes et des femmes qui allaient même jusqu'aux faveurs. Les histrions et des gens plus obscurs y avaient part, tant les rangs étaient confondus et la dissolution avait fait des progrès. » Tilly témoigne encore que l'on trouvait chez les grands seigneurs « l'appartement des *Goulottes* où l'on se faisait apporter les liqueurs ; on y buvait jusqu'à six heures du matin au milieu du dévergondage des propos sans frein et sans retenue ». Nouveau témoignage de la Palatine : « L'ivrognerie n'est que trop à la mode parmi les jeunes femmes. » Elle cite des noms : la marquise de Richelieu, fille de Mme de Mazarin ; la duchesse de Bourbon, imitée par ses filles ; la duchesse de Berry, qui boit de l'eau-de-vie la plus forte ; Mme de Montespan et sa fille aînée que la Palatine voit avaler des rasades du plus fort Rosoli de Turin, aussi aisément qu'elles auraient bu de l'eau ; et Mme de Parabère « qui boit comme un trou » ; et Mme d'Averne, Mme du Deffand, la maréchale d'Estrées.

Raffinées, les débauches de la Régence ? En juillet 1717, Mme de Gacé soupe chez Mme de Nesle, avec plusieurs jeunes seigneurs, dont le prince de Soubise, son amant. Ces jeunes seigneurs la font boire. Quand ils la voient parfaitement ivre, ils la déshabillent et la font danser. Après quoi, dit l'irrécusable Mathieu Marais, ils la livrent à des valets. Un soir de février 1721, Mme de Saint-Sulpice se rend à un souper offert par Mme de Prie, alors maîtresse de M. le Duc qui, avec le comte de Charolais, sont conviés au repas. On enivre Mme de Saint-Sulpice. Le comte de Charolais, l'ayant déshabillée, lui enfonce un pétard en certain endroit. Il y met le feu. Elle a le ventre brûlé et une profonde blessure à la cuisse. Dans l'amusement général, on l'enveloppe d'une nappe et on la reconduit chez elle. Le médecin La Peyronie lui donne ses soins et la trouve gravement atteinte. Il lui faudra longtemps pour se remettre et elle boitera pendant des mois. Naturellement, on chansonnera l'aventure :

> *Le grand portail de Saint-Sulpice,*
> *Où l'on a tant fait le service,*
> *Est brûlé jusqu'aux fondements.*

Chacun s'afflige avec justice
Que les Condé, par passe-temps,
Aient détruit un tel édifice.

C'est alors, dans le champ de la galanterie, « la carrière ouverte aux expériences, aux caprices, aux fantaisies, à l'étourdissement de l'amour-désir. Les femmes courent après les hommes, se les disputent ou se les repassent. Elles ne reculent plus ni devant le mot, ni devant la chose[1] ». Un exemple : Mme de Polignac, « cette grande putain de Polignac », comme l'appelle la duchesse d'Orléans, s'est toquée de Richelieu. Mme de Nesle lui dispute le cœur du fameux libertin. Pour les beaux yeux de leur amant commun, Mme de Polignac et Mme de Nesle décident de se battre en duel. L'affaire se passera au bois de Boulogne, « pour savoir à laquelle Richelieu resterait, si toutes les deux n'étaient pas tuées ». C'est Mme de Polignac qui a provoqué Mme de Nesle, c'est elle qui a fixé le lieu du rendez-vous, « lui déclarant qu'il fallait y venir avec un pistolet ».

Voici donc face à face ces dames, vêtues en amazones. Elles tirent chacune un coup de pistolet. On voit tomber Mme de Nesle, « dont le sein fut sur-le-champ tout ensanglanté ». Mme de Polignac regagne son carrosse. Elle crie à son adversaire :

— Va, je t'apprendrai à vivre et à vouloir aller sur les brisées d'une femme comme moi !

Un des témoins de Mme de Nesle s'interpose :

— Vous êtes vengée, il ne convient pas d'insulter au malheur de votre ennemie que vous avez blessée ; sa valeur doit vous la faire estimer.

— Taisez-vous, jeune étourdi, il vous convient encore moins de me faire des leçons.

Au vrai, la balle n'avait fait qu'effleurer légèrement Mme de Nesle au haut de l'épaule. On arrête son sang avec des orties : moyen héroïque. On la porte dans son carrosse. Ses témoins lui demandent pour quel heureux mortel elle a risqué sa vie :

— C'est le plus aimable seigneur de la Cour ! Je suis prête à verser pour lui mon sang jusqu'à la dernière goutte !

---

1. Jean Hervez.

Madame de Tencin est, quant aux origines, bien loin de Mme de Polignac. Pourtant, elle lui ressemble. Elle est née près de Grenoble, le 27 avril 1682, dans une famille de petite noblesse et fort besogneuse. Son père est président à mortier au Parlement de Grenoble. Le nom de sa famille : Guérin. Ces Guérin habitent la terre de Tencin et, selon la mode du temps, ils en ont pris le nom. Tous avides de cet argent qu'ils n'ont pas, et de ces honneurs qui semblent hors de leur portée. Dans le petit château délabré, où l'on mange les poulets de la ferme, vivent, avec leur mère, deux garçons et deux filles. L'aîné des fils, François, sera magistrat comme son père. La fille aînée, Angélique, parvient à se faire épouser par un M. de Ferriol. Le second fils, Pierre, ne trouvant d'autre chemin pour avancer que l'Eglise, prend le petit collet. La seconde fille s'appelle Alexandrine. Elle a dix-sept ans — et plaît. « Son cou long et un peu renflé, ses yeux de pervenche, son visage rond et rose aiguisaient le désir et la concupiscence[1]. » Avec cela, fort entêtée. Le jour de ses dix-sept ans, sa mère lui a notifié : « Ma fille, nous n'avons pas de fortune. Je vous donne un an pour trouver un mari. Sinon, il vous faudra entrer dans un couvent. »

Elle ne trouve pas le mari. Donc, elle entre au couvent des Augustines, à Montfleury. La religion ? Le cadet de ses soucis. Elle ne songe qu'au monde, et le monde vient à elle. Le parloir du couvent ressemble à un salon. Les galants accourent, apportant aux plus jolies des religieuses sucreries et billets doux.

Tout cela ne console pas Alexandrine d'avoir perdu la liberté. Elle intrigue pour entrer comme chanoinesse au chapitre de Neuville, près de Lyon. On l'y accepte. La résidence n'est pas obligée. Alexandrine, chanoinesse, oubliera toujours d'aller visiter son nouveau couvent.

Sa sœur, Mme de Ferriol, habite Paris. Alexandrine rêve de cette capitale où l'on vit dans les plaisirs. Elle se décide : en route ! Elle va se trouver à bonne école. Mme de Ferriol a un amant riche, le maréchal d'Uxelles. Elle tient salon : un terrain où va briller la chanoinesse. Celle-ci raconte qu'elle plaide à Rome pour l'annulation de ses vœux — ce qui est vrai. On s'empresse autour d'elle, on lui fait la cour. Parmi les galants : le général Dillon, le poète Mathieu Prior, d'autres. Et aussi le chevalier Destouches, lieutenant-général d'artillerie. Il parle de l'épouser. Il n'en a pas le temps : on l'envoie en mission aux

---

1. Maurice Rat.

Antilles. Il laisse un souvenir à Alexandrine : un gros garçon qui naît le 16 novembre 1717. Comme elle ne se soucie pas de l'élever, elle l'abandonne sur les marches de l'église Saint-Jean-le-Rond. On le baptise le lendemain sous le nom Jean le Rond. Recueilli par de pauvres gens, élevé par eux, il sera un jour Jean d'Alembert.

Les choses vont vite, en ce temps, pour une jolie femme qui, de plus, se veut rouée. Alexandrine a pris un appartement dans le Marais. Elle offre des dîners. Son frère, l'abbé de Tencin, lui présente des relations utiles, notamment Fontenelle. Il n'est pas sûr que celui-ci ait été son premier amant parisien. En tout cas, amant, il l'a été. De même que Richelieu ; de même que le régent ; de même que Dubois.

L'abbé Dubois a soixante ans. Pour « la fouine » de Saint-Simon, pour « la taupe » de Michelet, Mme de Tencin est un morceau de roi. Elle accepte tout, persuadée que, par Dubois, elle obtiendra tout. Elle a raison. Elle fera de son frère un évêque et elle-même régnera sur les affaires publiques. Autant que Dubois, elle devient toute-puissante. Tant pis pour le scandale. Elle parvient même à faire de Mgr de Tencin un cardinal. Vieillissant, elle jugera à propos de s'enrober de respectabilité. Elle deviendra protectrice des lettres, ce qui est un bon moyen pour gagner la reconnaissance des écrivains et passer, sous un meilleur visage, à la postérité.

Ces femmes que l'on nous dépeint dévergondées, lubriques, voraces à table et en amour, ont existé. Cela ne veut pas dire que toutes les Françaises aient agi à leur image. M. Edmond Pilon, historien de la vie de famille au XVIII⁵ siècle, reconnaît que cette époque a eu, en France, à son commencement, de fâcheux débuts. La Régence, c'est la « Fronde des mauvaises mœurs ». Mais M. Pilon ne pense pas que celles-ci aient été le fait de la majorité des Françaises. Albert Babeau, qui s'est attaché à l'étude de la bourgeoisie, est formel : « Ces mœurs étaient celles d'une infime minorité. » G. Lenotre partage cette opinion et conseille d'observer les tableaux des peintres. Certes, déjà, l'école qui s'épanouira tout au long du siècle a pris son élan, celle de la légèreté, de l'aimable, du joli, du sensuel, celle de Watteau, de Lancret, de Nattier, de Fragonard. Mais Lenotre invite à ne pas oublier Chardin, Bernard Lépicié, Bouchardon,

Moreau le Jeune, « tous ces sérieux artistes de la famille ». Ici, plus de salons, plus de bosquets, d'alcôves, de lits ouverts, de cotillons troussés. Voici des intérieurs recueillis, des maisons tranquilles, méticuleusement rangées, d'une propreté absolue ; des meubles que l'on sent amoureusement entretenus, qui doivent fleurer bon la cire ; voici « une desserte, un vaisselier, une fontaine ventrue d'un cuivre étincelant ». On peut s'attacher à ce père qui fait ses comptes après la journée de travail ou consigne les faits du jour dans son livre de raison ; s'attendrir devant la servante attentive au travail, devant celle qui, revenant du marché, apporte à la cuisine « un pain craquelé appétissant, des légumes cueillis du jour, du poisson frais, des châtaignes et des fruits » ; se sentir touché par cette mère qui fait lire sa fille, tout en ravaudant les habits de son petit garçon. Sur tout cela planent « la douce paix, la discrète et transparente lumière distribuée à tous les objets, enveloppant cette maison, baignant ces êtres. » Un tel cadre peut-il être propice à des mœurs semblables à celles qui triomphaient dans les hôtels des grands ?

Même des femmes qui se veulent libres ne manifestent aucun goût pour cet étalage, cette forfanterie où se complaisent d'autres. C'est Phlipotte, par exemple, la belle servante rousse du peintre Watteau. Pendant des années, elle ne quitte pas le maître qui est devenu son amant. Elle lui sert de modèle : « Il l'a peinte en danseuse, dit d'Argenville, sur un fond de paysage très frais. » Elle est faite à ravir, avec des hanches « généreuses ». Watteau la montre « dans toutes les attitudes, nue ou vêtue, un ruban de velours noir autour de son cou rond ». Quand le peintre, très jeune, commence à souffrir d'un mal de poitrine, elle est là, auprès de lui. Elle le suit à Nogent-sur-Marne, dans la maison des champs de M. Philippe Le Febvre. Le plaisir de Watteau, c'est de prier Phlipotte de s'habiller devant lui. Elle est coquette, frivole, mais douce, et aimante, et bonne. Elle chante pour lui plaire le refrain à la mode :

> *Dans les gardes françaises*
> *J'avais un amoureux,*
> *Fringant, chaud comme braise,*
> *Jeune, beau, vigoureux.*

Dans le parc, les hôtes de Watteau organisent pour le distraire des fêtes galantes qui ressemblent à ses tableaux. Phlipotte dresse des tables, ordonne des festins, rassemble des musiciens. Vient le jour où Watteau s'alite pour ne plus se relever. Phlipotte, en pleurant, étanche le filet de sang qui coule de ses lèvres après qu'il a toussé. Un jour de l'été 1721, il regarde longuement Phlipotte. Pour la dernière fois, il admire sa tendre beauté. Dans un souffle, il la prie de mettre une mouche sur sa joue. Il fait brûler quelques croquis qu'il juge trop libres et partage les autres entre ses amis. Phlipotte essuie la sueur qui imprègne son front. Elle pleure. Watteau commence à réciter un *Ave Maria*, s'arrête, murmure :

— Nogent... Cythère... S'en aller... La musique...

Il meurt dans les bras de Phlipotte qui sanglote.

Et Jeanne de Luynes ? Elle figure au nombre des « rouées » de la Régence. On cite son nom parmi celles qui se sont permis tout. D'évidence, elle n'était pas prédestinée à glisser jusqu'à de tels désordres. Elle est fille d'un des plus grands seigneurs de France, le duc de Luynes. Elle épouse le comte de Verrue, chambellan de Victor-Amédée II, duc de Savoie. Dès le lendemain du mariage, le comte emmène sa jeune femme — elle a quinze ans — à Turin, à la Cour de Victor-Amédée. Elle est belle, spirituelle, aimable. Victor-Amédée, bien sûr, tombe amoureux d'elle. Il entreprend une cour ardente, expédie le comte de Verrue en Espagne, pénètre de force dans la chambre de la jeune femme, la rassure :

— Au nom du ciel, madame, n'ayez pas peur de me voir. Je vous aime, mais ne vous respecte pas moins, et je vous demande seulement de vouloir bien m'entendre sans danger pour votre honneur même.

Il la supplie de se donner à lui. Elle refuse, trop attachée à son mari, dit que cent autres femmes, plus belles qu'elle, sont prêtes à lui faire don de leur personne.

— Hélas, madame, c'est vous seule que j'aime et que je veux. Votre refus me met au désespoir.

Le lendemain, Jeanne prétexte un mal de tête pour ne pas paraître à la Cour. Son Altesse s'en plaint à la comtesse douairière qui adresse de violents reproches à sa bru :

— Un mal de tête, si pénible qu'il soit, ne doit pas empêcher une dame de la Cour d'assister aux divertissements.

Elle écrit à son mari, toujours en Espagne, lui confie tout. Il lui répond qu'il ne faut pas déplaire au maître. Elle se voit abandonnée de son mari, de sa belle-famille. Elle tombe réellement malade. On lui ordonne d'aller prendre les eaux de Bourbonne. Elle s'y rend, appelle son père au secours. Le duc de Luynes galope jusque-là, elle lui avoue tout. Luynes, furieux, adresse des lettres sévères à la douairière et à son gendre. La douairière se fâche, le mari fait semblant de ne rien comprendre.

Jeanne repart pour Turin. L'amour de Victor-Amédée est devenu comme une furie. Devant toute la Cour, il lui crie qu'il l'aime. La famille de Verrue se ligue pour qu'elle cède. Ecœurée, ulcérée, la petite Jeanne se laisse aller enfin dans les bras de Victor-Amédée émerveillé. Il crie : « Enfin ! » Et il la couvre de baisers. Jeanne lui avoue qu'elle a cédé par mépris pour les Verrue et la lâcheté de son mari.

— Hélas ! Il n'est que mon père, M. de Luynes, que ma faute va désespérer : je vous prie de faire en sorte que je ne le revoie plus.

« Jamais la chute d'une femme, a dit un historien, n'eut un éclat plus grand que celle de Mme de Verrue. » Désormais, Victor-Amédée vit avec elle au château de Rivoli. Jeanne le conseille sur les affaires de l'Etat. « J'ai trouvé, s'exclame-t-il, mon plus sûr ami dans ma maîtresse. » Elle lui donne deux enfants qu'il reconnaît et comble de biens. Un jour, elle découvre qu'on a voulu l'empoisonner. Elle ne se sent plus en sûreté auprès du prince. Elle s'enfuit et se retrouve à Paris. M. de Savoie, galant homme, lui renverra ceux de ses bijoux qu'elle n'a pu emporter et y joindra huit millions de livres. Il ajoute qu'il pardonne son « ingratitude ». « Je lui pardonne aussi son amour », répond la comtesse.

Son mari a été tué à la guerre. Elle est veuve. Elle renoue avec les Luynes et ses neveux Chevreuse. Ainsi voit-elle venir les temps de la Régence. Elle a plus de quarante ans, mais elle est toujours belle. C'est alors que celle qui avait tant bataillé pour sa vertu subit la contagion de l'époque. Elle s'abandonne aux plaisirs. « Elle fit, dit Saint-Simon, grande chère. » On lui donna beaucoup d'amants, parmi lesquels, affirme-t-on, le Régent et Richelieu. Elle avoue qu'elle ne croit plus à rien, pas même à Dieu. Elle a des pages, des négrillons. Elle vieillit et les reçoit dans son lit. Elle accepte le surnom qu'on lui donne : « dame de volupté ». Elle compose elle-même son épitaphe :

Ci-gît dans une paix profonde
Cette dame de volupté
Qui pour plus grande sûreté
Fit son paradis en ce monde.

Elle meurt en 1736, à soixante-six ans. Son histoire n'est pas édifiante. Pourtant, il en émane — fait singulier — une sincérité, comme un souffle d'air frais au milieu de tant d'abandon au ras de la terre.

L'histoire de Mlle Aïssé est plus charmante encore. « Son nom si doux aux lèvres, a dit Saint-Victor, ne périra pas ; elle a été rejoindre au ciel idéal Héloïse, Béatrix, Laure, cette constellation de cœurs embrasés et purs. »
M. de Ferriol est ambassadeur à Constantinople. Au marché d'esclaves, il voit une petite fille de quatre ans, « jolie comme un cœur ». Est-elle à vendre ? Elle l'est. On lui dit qu'elle s'appelle Haïdé et qu'elle est d'origine princière. Ferriol l'achète un bon prix : quinze cents livres. Lors d'un congé. Ferriol l'emmènera en France avec lui, la fera baptiser à Lyon et la laissera à Paris chez sa belle-sœur. C'est là qu'elle devient Mlle Aïssé. Après quoi, Ferriol repart pour son ambassade. La petite princesse d'Asie n'est pas entrée dans une famille de tout repos. Mme de Ferriol, qui l'élève, est — s'en souvient-on — sœur de la célèbre Mme de Tencin et du cardinal du même nom. On sait que les scrupules n'étouffent ni le frère ni la sœur. Mlle Aïssé grandit en beauté et — chose surprenante dans un tel milieu — en sagesse. Saint-Victor dit encore qu'on voyait « de la dame, de la vierge et de la houri dans cette figure nuancée d'esprit, de langueur et d'ingénuité ». On la présente dans le monde. Le Régent la trouve appétissante, l'invite à dormir avec lui. Stupeur de Mlle Aïssé, indignation. De telles choses sont-elles possibles ? Elle s'enfuit auprès de ses amis Bolingbroke, près d'Orléans. Mme de Tencin, dès lors, lui en voudra mortellement. Un refus au Régent, de qui l'on peut tirer tant d'avantages ! A-t-on jamais vu pareille mijaurée ? Mlle Aïssé n'en fait qu'à sa tête. On ne peut s'empêcher de penser que, dans cette charmante figure de Mlle Aïssé, le trait qui touche le plus, « c'est d'avoir introduit avec tant de naturel et de simplicité une note pure au milieu des mœurs corrompues de ce temps aimable mais pervers [1] ».

---

1. Emile Henriot.

Mais Ferriol revient de Constantinople. Il retrouve sa chère Aïssé devenue grande. Elle a dix-huit ans et lui soixante-quatre. Il ramène avec lui une Arménienne, fort belle, nommée Fontana, sa maîtresse, liaison à ses yeux sans importance. Ce qui compte, c'est qu'Aïssé remplisse enfin le rôle pour lequel il l'a fait élever. Il lui écrit : « Le destin veut que vous soyez l'une et l'autre ma maîtresse et ma fille, ne m'étant pas possible de séparer l'amour et l'amitié, et les désirs ardents d'une tendresse de père. Conformez-vous au destin et ne séparez pas ce qu'il semble que le Ciel ait pris plaisir à joindre. » Il ajoute encore : « Vous auriez été la maîtresse d'un Turc qui aurait partagé sa tendresse avec vingt autres, et je vous aime uniquement, au point que je veux que tout soit commun entre nous, et que vous disposiez de ce que j'ai comme moi-même. Sur toutes choses, plus de brouilleries ; observez-vous et ne donnez aux mauvaises langues aucune prise sur vous. Soyez aussi un peu circonspecte sur le choix de vos amies et ne vous livrez à elles que de bonne sorte. Quand je serai content, vous trouverez en moi ce que vous ne trouveriez en nul autre, les nœuds à part qui nous lient indissolublement. Je t'embrasse, ma chère Aïssé, de tout mon cœur. »

Sainte-Beuve s'est demandé si Aïssé avait cédé au « pacha ». Maurice Andrieux répond par l'affirmative. Comment pouvait-il en être autrement ? Elle a consenti mais n'a pas livré son cœur. Beaucoup d'hommes, songeant au marché d'esclaves d'où elle vient, lui feront la cour. Ils en seront pour leurs illusions. Aïssé restera fidèle à Ferriol. Un jour, cependant, chez Mme du Deffand, elle rencontre le chevalier d'Aydie, homme de qualité dont Voltaire a fait l'éloge et à qui Montesquieu a montré autant d'affection que d'estime. Ferriol vient de mourir à soixante-quinze ans. Aïssé est libre. Aydie s'éprend d'elle. Elle l'aime tout aussitôt, « et d'un amour plus fort que la mort ». Il l'implore, elle résiste et enfin se donne. Leurs amours vont durer dix ans et feront naître le respect d'une génération. A son propos, tous les contemporains s'émerveillent, Voltaire le premier. Bientôt, Aïssé est enceinte. Elle accouche clandestinement d'une petite fille emmenée aussitôt en Angleterre par lady Bolingbroke. Le chevalier d'Aydie veut l'épouser. Elle refuse. Il est chevalier de Malte et, dans une lettre, Aïssé explique : « La nature de son bien est un sérieux obstacle. » Ce qui veut dire que la fortune du chevalier était constituée par quelque bénéfice ecclésiastique auquel, s'il s'était marié, il aurait dû renoncer.

Mlle Aïssé, fidèle à elle-même, a préféré à son propre bonheur celui de son chevalier. Son ambassadeur lui a laissé une pension viagère. Avec une âpreté sordide, la famille Ferriol la lui dispute. Va-t-elle mêler son bien-aimé à tout cela ? Dans une lettre à une amie, elle soupire à propos du mariage d'une jeune Genevoise qu'elle a connue : « Ah ! le bon pays que vous habitez, où l'on se marie quand on s'est aimé et quand on aime encore ! Plût à Dieu qu'on en fît autant à Paris ! »

Elle finira par persuader son chevalier de renoncer à elle. Il lui obéit, sans cesser de l'idolâtrer. Mais elle est malade, gravement. Elle sait qu'elle va mourir. Elle ne ressent aucune peur : « Pourquoi serais-je effrayée de la séparation de mon âme puisque je suis persuadée que Dieu est tout bon, et que le moment où je jouirai du bonheur sera celui où je quitterai ce misérable corps ?... » Elle survivra par ses lettres, témoignages sans fard sur une société et sur un cœur pur : le sien.

Une autre femme libre, certes, mais qui crut à l'amour : Adrienne Lecouvreur. Elle est fille d'un artisan chapelier. Son enfance s'est passée dans un climat d'abjection. Le père, demi-fou, a peuplé son foyer de disputes sans fin, de coups distribués à l'aveuglette. Un jour, il a même mis le feu à sa chambre. La mère d'Adrienne boit jusqu'à rouler sous la table. Les voisins l'ont appelée Tape-Dur tant elle frappait ses enfants. Un miracle, en vérité, que, dans ce climat, Adrienne ait pu s'épanouir. Elle a trouvé du secours chez les Filles de l'Instruction chrétienne. Là, tout à coup, elle a découvert la joie de dire les vers. A quinze ans, elle est à Paris. Elle réunit des enfants, des adolescents du quartier pour jouer *Polyeucte* et une comédie de Thomas Corneille, *Le Deuil*. On répète chez un épicier. Le président Du Gué entend parler de ces apprentis acteurs, veut les voir chez lui. Ils y donnent une représentation, Adrienne triomphe mais la police vient interdire ce spectacle donné *sans privilège*. Cela suffit néanmoins pour qu'Adrienne soit recrutée par le comédien Le Grand qui la fait engager au théâtre de Lille. C'est là, pendant le siège, qu'elle connaît l'amour. Un officier du Royal Picardie, le baron de Damne, s'éprend d'elle. Elle se donne — et l'adore. Quand il est tué, elle croit mourir. Ce qui la sauve c'est la passion qu'elle voue au théâtre. D'un autre officier, elle a une fille. L'officier la quitte. D'un comte de Klinglin, elle a une seconde fille. Mais ce Klinglin la quitte aussi. Elle se désespère. Elle lui écrit : « Je sais par expérience que l'on ne meurt pas de chagrin. Il est des erreurs bien douces où je ne puis plus me livrer. De trop tristes expériences ont éclairé ma raison : je suis excédée de l'amour et tentée de rompre pour toujours avec lui, car en vain je ne veux ni mourir ni devenir folle. »

En 1717, elle fait ses débuts à la Comédie-Française. Aussitôt, c'est le succès. Chaque fois qu'elle joue, elle fait salle comble. On lui découvre un talent qui ressemble singulièrement à du génie. Son jeu ? Avant tout, il est vrai. Elle refuse de *chanter* les vers, ce qui est une révolution.

Ses débuts éclatants à Paris se doublent d'une liaison qui compte : c'est à cette époque qu'elle rencontre Voltaire. Elle le reçoit dans sa maison de la rue des Marais (rue Visconti actuelle), celle-là même où est mort Racine. Elle accueille ses amis dans sa chambre à coucher qu'elle a fait tendre de velours cramoisi et de tapisseries flamandes. Chaque fois que Voltaire vient la voir, elle place un gros bouquet de violettes dans un vase d'argent : les fleurs préférées du visiteur. D'Adrienne, Voltaire dira :

> *Seule, de la nature elle a su le langage,*
> *L'amour fut dans ses yeux et parla dans sa voix ;*
> *L'esprit, le sentiment, le goût fut son partage*
> *Elle embellit son art, elle en changea le ton.*

Ces amours-là, comme les autres, prendront fin. Voltaire et Adrienne garderont l'un pour l'autre amitié et estime. Elle sera aimée encore par le jeune comte d'Argental. Il n'a que dix-sept ans. Il veut l'épouser. Elle rit et refuse. Elle le raisonne, fait tant qu'il devient son ami : « Ne vous lassez jamais, lui écrit-elle, ni d'être sage ni de m'aimer. Les sentiments que j'ai pour vous valent mieux que la passion la plus violente et la plus déréglée. » Chez elle fréquentent les plus grands seigneurs. On voit rue des Marais La Rochefoucauld, Richelieu, le duc de Gesvres, les maréchaux de Bezons et de Belle-Isle. Et, avec Voltaire, Fontenelle et Piron. Et encore la duchesse du Maine, la marquise de Lambert, Mme de Pomponne et tant d'autres. On loue presque autant Adrienne pour ses réceptions que pour son talent de comédienne.

Tout cela, pour elle, c'est l'amitié — qu'elle dit préférer à l'amour. Elle ne le dira plus quand, de nouveau, surgira l'amour. Un soir, elle joue *Phèdre* à la Comédie-Française, quand paraît le comte Maurice de Saxe, « entre deux campagnes et deux victoires ». Il est subjugué. Elle-même, quand il vient la féliciter, retient son souffle : il est *le héros*. Une femme comme Adrienne Lecouvreur peut-elle résister au héros ? Ainsi commenceront quatre années de passion réciproque. Maurice de Saxe est un soldat magnifique, mais il est sans manières, sans éducation, voire sans instruction. C'est un rustre titré. Peu à peu, auprès d'Adrienne, il se civilise. Elle l'oblige à lire, améliore son français, lui fait connaître la musique, la peinture. « On peut dire du vainqueur de Fontenoy et de sa belle amie, dit Lemontey, qu'elle lui avait tout appris, hormis la guerre, qu'il savait mieux que personne, et l'orthographe qu'il ne sut jamais. » Elle est à la fois pour lui amante et secourable. Elle l'apaise quand il entre en conflit avec son père, elle le console de ses démêlés avec sa femme. Elle lui avance quarante mille livres, vend pour lui ses voitures et une partie de ses bijoux. Elle pense que leur passion doit durer toujours. Elle a tort. Il l'abandonne pour la duchesse de Bouillon. Celle-ci a-t-elle voulu faire empoisonner Adrienne ? Mlle Aïssé, dans ses lettres, se fait l'écho de ce bruit. Un certain abbé Bouret reçoit de la part de la duchesse des pastilles qu'il doit remettre à Adrienne. Il avoue tout à la comédienne. On donne les pastilles à un chien qui crève un quart d'heure après. Quelques jours plus tard, la duchesse de Bouillon ose se présenter à la Comédie où Adrienne joue *Phèdre*. Alors, celle-ci s'avance près de la rampe et, regardant bien en face sa rivale, lance ces vers terribles :

> *Je ne suis point de ces femmes hardies*
> *Qui goûtant dans le crime une tranquille paix*
> *Ont su se faire un front qui ne rougit jamais.*

Et la salle d'applaudir.

Faut-il croire que le malaise qui la prend en scène, le 15 mars 1730, quand elle joue *Horace*, soit dû à une autre tentative d'empoisonnement ? On l'a affirmé. Ce n'est pas prouvé. Le surlendemain, elle veut jouer Jocaste dans l'*Œdipe* de Voltaire. Nouveau malaise. Elle est mourante quand on l'emporte. Un vicaire de Saint-Sulpice vient lui rendre visite. Doucement, elle lui dit :

— Je sais ce qui vous amène, Monsieur l'abbé. Vous pouvez être tranquille, je n'ai pas oublié vos pauvres.

Le vicaire la presse de confesser ses péchés. Elle montre le buste de Maurice de Saxe :

Voilà mon univers, mon espoir et mes dieux.

Le ton de la Régence — encore. Adrienne Lecouvreur est libertine. Elle le proclame. Son affirmation suscite le respect. Elle précise qu'elle ne demande aucune messe, aucune prière, aucune sépulture bénie, « mais seulement la terre que Dieu accorde à tous ».

Elle sera prise au mot. A peine est-elle morte que le cadavre est roulé dans un drap. On le porte dans un fiacre. Au bout d'une rue, sur un terrain vague non loin de la Seine, on soulève une borne, on creuse un trou, on y jette Adrienne. On replace la borne. « Elle est de celles, a dit Sainte-Beuve, qui, vivantes, ont eu le charme et, ce qui n'est donné qu'à bien peu, le je ne sais quoi du charme a survécu, il continue d'opérer après elle. »

Ce qui a marqué le plus la société de la Régence, ce n'est pas tant l'exemple des filles du Régent et de leurs émules que les effets du système de Law. Tout à coup, la révolution économique, voulue par Law et acceptée par le Régent, semble devoir assurer la fortune des audacieuses autant que des audacieux. On voit des femmes de tous les milieux se mettre à spéculer. Parfois elles obtiennent de l'argent de leur mari. Parfois elles jouent leur dot ou bien empruntent pour spéculer. A la fin de 1719 et au début de 1720, les Françaises ne parlent plus que de cela. On voit des femmes du commun accourir dans la capitale munies seulement d'un bas de laine. Elles achètent des actions de la Compagnie des Indes, attendent qu'elles montent. Or elles montent. On parle d'une grosse mercière de Namur qui, en quelques semaines, devient fabuleusement riche. Elle n'est pas la seule. Les « Mississippiens », comme on les appelle, sont les rois de la capitale. Les « Mississippiennes » en sont les reines. Hommes ou femmes, tout le monde vend bijoux, hôtels, terres pour devenir actionnaire de la Compagnie. Au milieu de cette frénésie, on perd la tête. Fêtes, débauches, désordres de tout genre deviennent choses courantes. On ne respecte même pas le carême. Le lieutenant de police doit prendre des ordonnances pour obliger les Parisiens à faire maigre. Rue Quincampoix, de jour et de nuit, une foule énorme se presse. On attend fiévreusement l'ouverture des bureaux de Law. Dans cette foule, il y a beaucoup de femmes. Quand le système s'écroule, c'est une autre bousculade. A la folie de l'achat succède, rue Quincampoix, rue de Richelieu ou place Vendôme, celle de la vente. Les femmes sont au premier rang, risquant à chaque instant d'être étouffées. Beaucoup d'entre elles seront ruinées. Dans les familles françaises, longtemps, on ne voudra plus entendre parler de banque, de crédit ni de papier-monnaie.

Au reste, la vie quotidienne de ces Françaises n'a pas été modifiée par le changement de gouvernement. La dame noble a cru, avec l'avènement du Régent, prendre sa revanche des bourgeoises du temps de Louis XIV. Illusion de courte durée. La bourgeoise a cru à l'avènement du Parlement. Elle s'est trompée. La femme de négociant, en revanche, voit sa caste continuer sa lente ascension — et s'enrichir.

Les ouvrières sont toujours fort mal traitées. Pendant la Régence, les prix montent, point les salaires. On assiste à de nombreux conflits avec les patrons, à des émeutes. La plus mauvaise année restera 1725. On croit revivre les terribles époques de la fin du règne de Louis XIV. Le commerce ne sort pas du marasme. Le prix du pain monte si haut qu'il devient inabordable. Partout éclatent des émeutes où les femmes figurent en bonne place. En réclamant du pain, ce sont leurs enfants qu'elles défendent. On voit des femmes dans les émeutes du faubourg Saint-Antoine, où des boulangers sont attaqués. On en voit à Caen, et l'intendant doit fuir devant les manifestants. Il y a des femmes dans les soulèvements de Rouen et de Lisieux. A la fin de la Régence, on constate une augmentation notable de la mendicité. Preuve que les choses, pour beaucoup, vont mal. Les grands fléaux naturels font toujours peser la terreur. Durant l'hiver de 1720, la peste s'abat sur la Provence, Marseille et Toulon. On assiste à de véritables hécatombes. C'est le retour à des heures que l'on avait crues oubliées : les maisons marquées, les chariots emportant les cadavres par dizaines, chacun tentant de fuir devant la maladie comme on s'enfuit devant l'envahisseur. Pour les femmes de Marseille et de Toulon qui survivront, la Régence ne s'incarnera pas dans les soupers de Philippe d'Orléans ou dans les folies de Mme de Polignac. Ce sera l'année terrible : la grande peste de 1720.

C'est aussi une mode qui se transforme. La coiffure, d'abord, dès 1714. Les dames en étaient encore aux échafaudages compliqués. Il fallait des heures pour édifier une coiffure. Soudain, à l'imitation des Anglaises, elles portent des coiffures presque plates : elles se font couper les cheveux à trois doigts de la tête et veulent qu'ils soient frisés en grosses boucles, comme ceux des hommes. Comme ornement, un bijou, un petit bonnet à plume. C'est ce qu'on appelle la coiffure « à la culbute ». Sous la Régence, les coiffeurs deviennent des personnages. Les dames « lancent » leur coiffeur : Mme de Prie prône Frison — au nom prédestiné — et Mme de Châteauneuf ne jure que par Dagé.

Les robes s'élargissent. Quand le Régent prend le pouvoir, elles sont « battantes », ou « volantes ». Généralement, les manches sont « en balotte » ou en entonnoir. Les corsages apparaissent ajustés sur la poitrine, laquelle se doit d'être très décolletée. Le tissu flotte sur les côtés et dans le dos. La Palatine n'apprécie guère cette mode : « On a l'air de sortir du lit. » Il faut souligner surtout une nouveauté d'importance : en 1718, on importe d'Angleterre les paniers. Ils sont de diverses formes : « à guéridon » (en entonnoir) ; « à bourrelets » (effaçant la jupe) ; ou encore « à coudes » (à hauteur des hanches, le panier dessine une sorte de point d'appui pour les coudes). Apparaissent aussi des tenues en tissu fort léger, soie ou gaze, couleur de feu ou d'eau : ce sont les négligés. On les porte dans son intérieur. La mode du XVIIIe siècle est en chemin.

La Régence, pour l'histoire de la Française, c'est bien autre chose encore. C'est l'étape capitale d'une prise de conscience et d'une prise de pouvoir. C'est alors que naît la « femme du monde » c'est-à-dire, à l'origine, une conquérante. C'est autour d'elle que s'ordonne une vie que l'on n'aurait pu imaginer sous le règne précédent. En ce temps, tout découlait de la Cour et de l'égocentrisme délibéré du Roi-Soleil. Désormais, il n'y a plus de Cour : on a quitté Versailles. Le Régent ne tient pas à ce que les courtisans s'agglutinent autour de sa personne. Où se réunir ? Autour d'une infinité de cours, donc d'une infinité de femmes. C'est ainsi que naît le « monde ». Il ne mourra plus. Quand renaîtra, à Versailles, une nouvelle Cour autour du jeune Louis XV, quand elle s'épanouira de nouveau à l'image de celle du Roi-Soleil, le « monde » continuera à vivre. Ainsi que, logiquement, les femmes du monde. Coexisteront désormais la Cour *et* le monde. Sous la Régence, naissent les grands salons qui connaîtront leur apogée au milieu du siècle. Perspective vraiment nouvelle : pour la première fois, les femmes ont « l'occasion de briller sans entraves, sans tabourets, sans préséances[1] ».

Le 2 décembre 1723, Philippe d'Orléans vient de tenir conseil dans son cabinet. Le travail s'est achevé à six heures. A Renaud, son valet de chambre, le Régent ordonne :

— Va donc voir s'il y a dans le grand cabinet des dames avec qui l'on puisse causer.

Renaud va voir et rentre :

— Il y a Mme de Prie.

Grimace de Philippe.

— Mais il y a une autre dame, Mme de Falari.

— Tu peux la faire entrer, dit Philippe avec empressement.

La belle duchesse pénètre dans le cabinet. Elle s'assied près de l'âtre. Philippe lui fait face. Ils parlent de choses et d'autres. Soudain, il devient sérieux :

— Crois-tu vraiment qu'il y ait un enfer et un paradis après cette vie ?

La duchesse n'hésite pas :

— Oui, je le crois.

— Alors, tu es bien malheureuse de mener la vie que tu mènes.

Gravement, elle réplique :

— Dieu aura pitié de moi.

Pendant près d'une heure, ils causent. Tout à coup, Philippe s'affaisse dans son fauteuil, la tête penchée vers la duchesse : il s'est évanoui. Folle de terreur, elle se dresse, appelle au secours « de toute sa force ». Personne ne répond. Elle étend le Régent sur son fauteuil, court chercher de l'aide. Elle rencontre un laquais, ainsi qu'une autre maîtresse du duc, Mme de Sabran. Le laquais s'affaire à saigner Philippe. Mme de Sabran hurle :

— Mon Dieu ! N'en faites rien. Il sort d'avec une gueuse, vous le tuerez !

---

1. Maurice Bardèche.

Les courtisans, enfin prévenus, entrent en foule. Ils ne voient plus qu'un cadavre. Mme de Falari s'éclipse. Elle commande son carrosse et part pour Paris. Avec elle, c'est la Régence qu'elle emmène.

CHAPITRE II

LE SIÈCLE DE Mme DE POMPADOUR

« Elles ont tellement pris le dessus chez les Français, elles les ont tellement subjugués qu'ils ne pensent et ne sentent plus que d'après elles. » C'est Collé qui a dit cela, un auteur dramatique du XVIIIe siècle. Il s'agit des Françaises de son temps.

Voilà un jugement catégorique. Reflète-t-il la vérité ?

A la mort du Régent, Louis XV était trop jeune pour régner par lui-même. Le duc de Bourbon — *M. le Duc* — est devenu Premier ministre. Il ne sera rien sans la femme à qui il s'est voué corps et âme : la marquise de Prie. Plus tard, sous un roi devenu adulte, s'exerce la toute-puissance de Mme de Pompadour — et cette mainmise dure vingt ans. Le règne de Louis XVI est avant tout celui de Marie-Antoinette. Dans leurs salons, les femmes donnent le ton, régentent l'opinion. La Française « fait ou défait les guerres, ainsi que les traités d'alliance, inspire les poètes et les hommes politiques, elle est la patronne des lettres, la muse et le conseil de l'écrivain ; ses applaudissements sauvent la tragédie qui va tomber, son dédain tue la comédie qui allait réussir [1]. » Elle louange un livre, et il va aux nues ; elle pousse un ministre, et il a du talent ; elle fait si elle veut « d'un sot un académicien ». Or, cette royauté — fait nouveau — les femmes la doivent plus souvent à leur intelligence qu'à leur beauté. Dans l'histoire de l'émancipation de la Française, une étape est franchie. Jamais, même au XVIe siècle, même sous la Fronde, elle n'avait atteint ce degré de liberté et surtout ce prestige.

Pourtant les lois n'ont pas changé. La femme reste une éter-

_____

1. Jules Bertaut.

nelle mineure, passant toujours de la tutelle de son père à celle de son mari. L'étonnant est ici qu'elle ait obtenu en fait ce qui lui était refusé en droit. C'est qu'elle ait fait triompher une *primauté* à peine esquissée à la fin du règne de Louis XIV.

Un Premier ministre extrêmement maigre, extrêmement long, extrêmement laid, extrêmement bête : voici M. le Duc. Au temps de Law, il a su réaliser une fortune fabuleuse. Mais M. le Duc est inséparable de Mme de Prie. Une mince et souple créature de vingt-cinq ans, avec des cheveux cendrés, une « taille de nymphe », des yeux « un peu chinois, vifs et gais », une voix « aussi légère que sa figure ». Curieux couple, en vérité, que cette ravissante personne et ce duc qui, à trente ans, avait l'air d'un vieillard, perché sur des jambes d'échassier, le dos voûté et des yeux si rouges qu'il était impossible de distinguer le bon de celui que le duc de Berry avait crevé un jour de chasse. Duclos a dit de Mme de Prie qu'elle fut pendant le ministère du duc la « *maîtresse absolue du royaume* ».

Elle est fille d'Etienne Berthelot, seigneur de Pléneuf, un traitant dont la grande fortune, affirme Saint-Simon, était rien moins que pure : « Le ministre Voysin avait fait d'Etienne Berthelot son premier commis. Recherché en 1716 par la Chambre de justice, il fit une banqueroute frauduleuse et prodigieuse. » Avant la banqueroute le marquis de Prie s'était présenté pour épouser Agnès, la fille du traitant. Riche et jolie, que lui fallait-il de plus ? Bien sûr, la jeune marquise — elle n'a que quinze ans — est présentée à la Cour. On nomme Prie à l'ambassade de Turin. Le couple y reste six ans. A leur retour à Paris, en 1719, la Régence est à son apogée. D'emblée, Agnès de Prie se jette dans la ronde infernale. Ce qui la guide avant tout, c'est l'ambition. Peut-être rougit-elle de sa naissance. Elle ressent un besoin de compenser la médiocrité de son origine par de grandes actions et regrette la fortune enfuie de son père. Elle s'offre au Régent qui la prend. Ce qui n'est guère original. Convaincue qu'elle ne restera jamais qu'un pion entre cent autres, elle jette alors son dévolu sur le duc de Bourbon. Très vite, celui-ci l'aime à la passion. Elle a un autre amant, Alincourt. M. le Duc, jaloux comme tout homme amoureux, exige son renvoi. Mme de Prie, qui ne songe qu'à renforcer ses positions, y consent. Elle a raison. Elle rencontre le duc dans une petite maison de la rue

Sainte-Apolline. Ce genre de secret ne satisfait pas l'ambitieuse. Bientôt la Cour et la ville sauront par ses soins qu'elle est maîtresse de M. le Duc.

C'en est fait : par l'intermédiaire d'un amant qui abdique tout entre ses mains, Mme de Prie règne sur la France. Elle déteste le secrétaire d'Etat à la Guerre, Claude Leblanc. Elle le fait à tort et injustement impliquer dans une douteuse affaire : il est jeté à la Bastille. Le parlement le reconnaîtra innocent. Il n'en devra pas moins s'exiler loin de Paris et ne pourra que plusieurs années après recouvrer ses fonctions de secrétaire d'Etat à la Guerre. Pourtant, d'après Duclos, c'était un ministre habile, actif, aimé des troupes et estimé du public. De même, la marquise de Prie fera conduire à la Bastille le comte de Belle-Isle, petit-fils de Foucquet, à qui Louis XIV avait donné le grade de brigadier des armées du roi. Plus tard, Belle-Isle sera maréchal de France.

Naturellement, Mme de Prie a une cour. C'est à elle que Marivaux dédie *La Double Inconstance*. Et Voltaire, malin, a tenu à devenir son ami. Les arts eux-mêmes sont sous sa domination. Si la charmante pastéliste Rosalba Carriera est à la mode, c'est que Mme de Prie l'a voulu. Si les Français raffolent de la musique italienne, c'est du fait de Mme de Prie qui l'aime passionnément. Il semble prouvé que Walpole l'ait payée grassement pour qu'elle soutienne la politique anglaise. Elle a spéculé sur les grains, elle a vendu des charges, des appuis, des conseils, des privilèges. Le président Hénault résumait cela en disant « qu'elle roulait les amants avec les affaires ».

Le règne de Mme de Prie dure trois ans, de 1723 à 1726. Elle y fait sa fortune mais vide le Trésor. Elle accomplit bien davantage : elle donne au royaume une reine de son choix.

A douze ans, Louis XV avait accueilli la fiancée que les politiques lui avaient donnée. C'était en 1722. Après la brouille entre la France et l'Espagne, le mariage du roi avec une infante, fille de Philippe V, devait tout arranger. Au Grand Montrouge, le roi était allé saluer sa fiancée. Elle avait quatre ans. Elle s'était mise à genoux devant lui, il l'avait imitée en rougissant et dit seulement :

— Madame, je suis charmé que vous soyez arrivée en bonne santé.

Depuis, on élevait la petite à la Cour de France, afin qu'elle acquière le « ton français ». Elle va sur ses huit ans, quand tout

à coup le roi tombe malade. Gravement. C'est ici qu'entre en
scène Mme de Prie. Car M. le Duc se meurt littéralement d'effroi. Vingt fois par jour, il court au chevet du jeune roi. Qu'arri-
vera-t-il si on ne le sauve point ? La couronne passera au fils du
Régent, un jeune homme effacé et dévot. M. le Duc se sait
détesté par les Orléans. Et peut-on prévoir ce que fera le roi
d'Espagne, petit-fils de Louis XIV ? La mort du jeune Louis XV
déclenchera peut-être la guerre civile ? A grandes enjambées,
M. le Duc court sur les parquets de Versailles. Ses yeux sont
plus rouges encore qu'à l'ordinaire. On le voit gesticuler, se
répéter à lui-même :

— Que deviendrai-je ?... Je n'y serai pas repris... S'il en
réchappe, il faut le marier !

Il en réchappe. Alors, tout de go, M. le Duc annonce qu'on
va renvoyer l'infante à Madrid. Attendre qu'elle soit pubère ?
Impossible, c'est un trop grand péril. On court le risque de se
brouiller avec l'Espagne ? Tant pis. Déjà la petite roule vers
Madrid où l'attend un père furibond — et l'on se demande à
Versailles qui deviendra reine de France. Mme de Prie est au
travail. Nulle hésitation : c'est elle qui doit choisir, M. le Duc
en convient le premier. Fébrilement, elle dresse la liste des partis. En Europe, elle trouve quatre-vingt-dix-huit princesses à
marier. C'est beaucoup. Elle en écarte quarante-quatre, trop
âgées, vingt-sept trop jeunes. Dix « de branches cadettes ou trop
pauvres ». Il en reste dix-sept. Le jeu de Mme de Prie se fait
serré. Elle tient essentiellement que la future reine de France soit
à sa dévotion. M. le Duc, lui, verrait avec plaisir que Louis XV
épousât sa propre sœur, Mme de Vermandois. Mme de Prie
hésite, faut-il avoir confiance dans cette sœur ? On raconte que,
sous un déguisement, Mme de Prie se serait rendue à Fontevrault
chez Mme de Vermandois. Celle-ci, sans se méfier, aurait dit
pis que pendre de la maîtresse de son frère, « cette méchante
créature ». Les contemporains assurent qu'en partant Mme de
Prie se serait écriée : « Va, tu ne seras jamais reine de France ! »
Finalement on écarte seize autres princesses pour des raisons
très diverses. On décide, par exemple, que la princesse de Hesse-
Rheinfeld ne peut être retenue, malgré ses indiscutables qualités,
pour la raison que sa mère — on en est sûr — accouche alterna-
tivement d'une fille ou d'un lièvre. Il ne reste plus en ligne que
la princesse Anne d'Angleterre. Elle est protestante et Londres
fait savoir qu'il n'est pas question d'une conversion au catholi-

cisme. *Exit* l'Anglaise. Mme de Prie a fait table rase. Il lui reste à présenter la candidate de son choix : Marie Leczinska, fille du roi détrôné de Pologne, Stanislas. Depuis 1709, Stanislas et les siens vivent tristement à Wissembourg, dans la gêne — les bijoux de la reine ont été engagés — et désespérés par l'abandon de leurs anciens sujets. La France lui verse une maigre pension. Certes la princesse Marie n'est pas une beauté, elle a des épaules carrées, elle a six ans de plus que Louis XV. Qu'importe à Mme de Prie ! Elle a la certitude que Marie, lui devant tout, saura se montrer reconnaissante. On envoie à Wissembourg la demande officielle. D'abord le roi Stanislas n'ose pas ouvrir le pli, sûr qu'il s'agit d'une mauvaise nouvelle. Quand il lit, il manque défaillir. Il court dans la chambre où brodent Marie et sa mère. Il clame :

— A genoux !

Sans savoir pourquoi, les deux femmes obéissent. Marie, devant la joie du roi, se méprend :

— Ah ! mon père, seriez-vous rappelé au trône de Pologne !

— Non, le ciel nous est plus favorable : vous êtes reine de France !

Marie va remercier Dieu de tout son cœur — qui est excellent.

— Je serais bien malheureuse si la couronne que m'offre le roi de France me faisait perdre celle que me destine le roi du ciel.

Quant à Stanislas, exilé mais réaliste, il en profite pour emprunter treize mille livres à l'ambassadeur extraordinaire de M. le Duc. Ainsi, pourra-t-il dégager les bijoux de sa femme.

A Versailles, on se gausse de ce choix :

> *Par l'avis de Son Altesse*
> *Louis fait un beau lien ;*
> *Il épouse une princesse*
> *Qui ne lui apporte rien*
> *Que son mirliton.*

M. le Duc n'en a cure. Il s'empresse même d'envoyer à Marie... la marquise de Prie. A la future reine, elle apporte en cadeau un lot de chemises. Elle dresse personnellement la liste des douze dames de la maison de la reine. Bien sûr, elle ne s'est pas oubliée. Comment Marie saurait-elle que la plupart des dames dont la marquise lui trace l'éloge sont rien moins que recommandables ?

C'est à Fontainebleau, le 4 septembre 1728, que Marie, plus morte que vive, va rencontrer le roi de France. Vêtue de brocart d'argent, Marie se jette aux pieds du roi. Louis XV la relève aussitôt, la serre dans ses bras, l'embrasse sur les deux joues et lui dit, avec une sorte de ferveur, qu'il est bien heureux de la voir. Le 6 septembre, M. le Duc écrira à Stanislas que Sa Majesté a donné pendant la nuit sept preuves de sa tendresse à sa femme : « C'est le roi lui-même qui, dès qu'il s'est levé, a envoyé un homme de sa confiance et de la mienne pour me le dire, et qui, dès que j'ai entré chez lui, me l'a répété lui-même, en s'étendant infiniment sur la satisfaction qu'il avait eue de la reine. » Versailles va s'étonner. Entre Louis et Marie c'est une vraie lune de miel.

Le 14 août 1727, moins de deux ans après le mariage, la reine accouche une première fois. Deux jumelles. Le roi, très fier, répète à tout un chacun que, l'année suivante, ce sera un dauphin. C'est une fille qui naît en juillet 1728. Marie pleure mais Louis fait contre mauvaise fortune bon cœur. Il donne rendez-vous à l'accoucheur pour l'année suivante. C'est prévoir juste. Le 4 septembre 1729, la France a un dauphin. Louis rayonne de bonheur. Avec transports, il serre Marie dans ses bras. Elle écrit : « On n'a jamais aimé comme je l'aime. » Un tel amour sous les lambris du palais qui a vu tant d'aventures royales ? Un roi et une reine qui s'aiment comme les meilleurs ménages du royaume ? Est-ce possible ?

Contre M. le Duc, le mécontentement gronde. La Cour le déteste. Les gens de commerce lui reprochent d'avoir altéré la monnaie. Les propriétaires gémissent sous les augmentations d'impôts. Les ouvriers le haïssent parce qu'il a réduit leurs salaires, les paysans parce qu'il a taxé les denrées, les pauvres gens parce qu'il les poursuit sans pitié. L'an 1726, de terribles pluies s'abattent sur le royaume, les blés sont noyés. Le prix du pain va augmenter dans des proportions effrayantes. Partout, on répète que Mme de Prie a fait stocker d'énormes quantités de blé pour le revendre très cher. C'est sans doute faux, mais on ne prête qu'aux riches. L'impopularité rejaillit sur M. le Duc.

C'est maintenant, auprès du roi, une lutte sourde entre M. le Duc et l'évêque de Fréjus, Fleury, ancien précepteur du roi, tendrement aimé de celui-ci. Chapitrée par Mme de Prie, la reine soutient M. le Duc. Mais quand il faut choisir, Louis XV fait remettre un billet au Premier ministre : « Je vous ordonne sous peine de désobéissance de vous rendre à Chantilly et d'y demeurer jusqu'à nouvel ordre. » Afin que Marie ne se méprenne plus sur la conduite à venir, le roi lui envoie Fleury avec ce simple billet : « Je vous prie, Madame, et s'il le faut je vous l'ordonne, d'ajouter foi à ce que l'ancien évêque de Fréjus vous dira de ma part comme si c'était moi-même. »

Que reste-t-il de Mme de Prie ? Une lettre de cachet l'exile dans sa terre de Courbépine où elle ne doit trouver près d'elle que son mari. En apparence, elle plastronne. Légèrement, elle promet à ses amis un prochain retour. Mais, à peine arrivée à son château, elle apprend que sa charge de dame du palais a été donnée à Mme d'Halaincourt. Décidément, il faut renoncer. Elle donne des fêtes à Courbépine, fait jouer la comédie, la joue elle-même. Tout cela n'est qu'illusion. Cette ambitieuse n'a plus de raison de vivre. Ce n'est pas M. le Duc qu'elle pleure, mais le pouvoir. Elle a un amant, un certain Anfréville. Il ne saurait remplacer les ivresses perdues. On la voit maigrir presque à vue d'œil. Ce qui la ronge, dit Argenson, c'est un chagrin si tenace, si obstiné, si violent « que les médecins n'y peuvent rien ; ils n'attribuent à son mal d'autres causes que les nerfs et les vapeurs ». Dans les miroirs, elle se trouve laide. Elle a raison. Que peut-elle encore espérer de la vie ? A ses amis elle annonce qu'elle va mourir. Elle dit adieu à Anfréville, lui remet un diamant de cent louis, fait porter à Rouen à une autre personne — dont on ignore le nom — pour plus de cinquante mille écus de diamants. A tous, elle a dit : je serai morte tel jour, à telle heure. Elle tient parole. « L'inspection du corps, dit encore Argenson, ne laissa aucun doute sur le genre de mort ; elle s'était empoisonnée et les douleurs de son agonie avaient été telles que ses pieds étaient tordus, la pointe du côté des talons. »

Demeurons à Versailles parmi les femmes. Elles observent le roi, ces femmes, et leur stupeur s'accroît au spectacle d'un roi bourgeois avant la lettre. Ce couple a d'abord attendri puis il a paru ridicule. Maintenant, il inquiète. « L'époque et le milieu admettaient mal le sentiment dans le mariage, surtout chez un souverain. Si Louis XV ne s'occupait plus que de sa femme et de ses enfants, il menaçait d'échapper à une Cour qui ne vivait que par lui[1]. » Elle piaffe, cette Cour. Sera-t-on longtemps gouvernés par Fleury, prélat incorruptible, par une reine vertueuse et un roi fidèle ? De propos délibéré, certains décident qu'il sera mis fin à une situation aussi déplorable. Celle qui, la première, va s'y employer est la comtesse de Toulouse. Née Sophie de Noailles, elle a épousé le fils légitimé de Louis XIV. Dans sa quarantaine épanouie, elle est toujours belle, avec des yeux bruns magnifiques. Surtout, elle excelle à créer autour d'elle une ambiance d'esprit, d'amitié, de douceur légère. Elle convie le jeune roi chez elle et lui fait rencontrer Mlle de Charolais, sœur du duc de Bourbon, *Mademoiselle*. Une survivante de la Régence. Longue est la liste de ses aventures, commencées alors qu'elle avait quinze ans. Un contemporain témoigne qu'elle « eût été receleuse, voleuse, ou bouquetière, si elle était née parmi le peuple ». Mademoiselle aimerait fort pouvoir ajouter le roi de France à son tableau de chasse. Elle lui glisse dans la poche des quatrains fort libres :

> *Si l'amour veut vous instruire,*
> *Cédez, ne disputez rien.*
> *On a fondé votre empire*
> *Bien longtemps après le sien.*

Elle l'entraîne au bal de l'Opéra, le fait souper au bois de Boulogne, mais elle n'est plus assez jeune, elle le comprend vite. Elle finit par borner ses ambitions à présenter à Louis celle dans les bras de qui il succombera. En 1732, à un souper au château de Madrid, alors que le vin a coulé largement, le roi lève son verre et porte un toast :

— A l'Inconnue !

Puis il brise le verre. Il y a là deux tables de chacune douze convives. L'un après l'autre, chaque hôte porte la même santé. Puis ce sont des exclamations, des questions, des supputations : qui est-ce ? On hasarde des noms, on demande si elle est blonde ou brune. Le roi se tait. Peut-être cette inconnue n'est-elle encore qu'un rêve.

Le duc de Richelieu va se mêler de l'affaire : de ce roué, cela ne surprend guère. Il a sa candidate : Mme de Tencin mais, de la réputation de cette dame, le roi a dit qu'elle lui donne « la peau de poule ». Richelieu et Mademoiselle proposent alors la présidente de Portail. Elle paraît si envahissante, elle montre tant

---

1. Pierre Richard.

d'autorité et d'exubérance qu'elle effraie Louis. Il refuse de même Mlle de Beaujolais et Mme d'Ancézune pour accepter enfin une protégée de Mademoiselle, que chaperonne la maréchale d'Estrées. On ressent un peu l'impression que tous ces gens présentent une candidate à l'une des grandes charges de l'Etat. Nul doute que, dans leur esprit, le rôle de maîtresse de roi est plus important que le poste de ministre des Affaires étrangères.

La candidate du clan Charolais s'appelle Louise de Mailly. Fille du marquis de Nesle, son père l'a mariée à seize ans à un cousin qui la traitait fort mal. Elle s'est accordée une aventure, une seule, avec le marquis de Puysieux : une de ces liaisons que la société du temps déclarait « respectable ». Quand Mme de Mailly est désignée par Mademoiselle, elle a vingt-deux ans. On ne peut pas dire qu'elle soit belle. Un de ses commensaux lui voit « le visage long, le nez de même, le front grand et élevé, les joues un peu plates, la bouche grande, le teint plus brun que blanc, deux grands yeux assez beaux, fort vifs, mais dont le regard est un peu dur ». Quant au son de sa voix, il est « rude », et la gorge et les bras « laids ». De plus elle est maigre, trop grande, sa démarche est très peu féminine, mais elle a un art infini de la toilette : nulle à la cour ne s'habille comme elle. Et puis, douce, charmante, aimable, naïve, elle ignore ce qu'est l'ambition. Elle admire le roi. Cela, le clan Charolais le sait. Louis ne se décidant point, les partisans de Mme de Mailly l'assaillent de conseils. Elle fait de son mieux. Sur un canapé, elle découvre ses jambes jusqu'à une jarretière prétendument détachée. Elle rougit de honte et lui meurt de peur. Il prend congé précipitamment. Lors d'une seconde rencontre, enfin il se fait pressant. Elle feint l'étonnement :

— Eh ! mon Dieu, je ne savais pas que Votre Majesté me fît venir pour cela ; sinon, je n'y serais pas venue !

On a prétendu que le valet de chambre du roi serait intervenu et aurait poussé son maître dans les bras de la jeune femme. Ce qui est faux, bien sûr. Mais le valet était à la porte, il a vu sortir Mme de Mailly toute chiffonnée et disant :

— Voyez, de grâce, comme ce paillard m'a accommodée !

Cinq ans. C'est ce qu'a duré la liaison Mailly. La fille du marquis de Nesle est maîtresse, elle n'est pas favorite. Le roi se cache pour l'aimer. Il se sent coupable. Elle aussi. On se quitte, le roi revient à sa femme, se confesse, communie. Et puis il retrouve Louise de Mailly, frémissante. Tout recommence. Ce n'est que le 14 janvier 1737 que Louis va dîner officiellement chez elle. Grand émoi à la Cour. Et plus grand encore quand le roi s'abstient de faire ses Pâques, quand, le Vendredi saint, il ne touche pas les écrouelles, comme le veut la tradition. Devant cette liaison affichée, son confesseur s'est montré inflexible. L'absolution, oui, mais à condition qu'il quitte cette femme. Le roi ne s'y est pas résolu.

Il faut convenir que la reine Marie n'a rien tenté pour le retenir. La différence d'âge entre eux s'accentue : Marie ne songe pas à lutter. Elle s'habille *vieux* avec des bonnets, des marottes. Elle passe de longues heures dans son oratoire. Et quand le roi s'approche d'elle, elle lui montre la tête de mort qu'elle garde auprès d'elle. Elle est horriblement frileuse, couvre son lit de plusieurs édredons et même parfois, en hiver, d'un matelas. Quand le roi la rejoint, il est étouffé, écrasé, il mouille plusieurs chemises. Il lui arrive de tomber du lit. Il part contrarié, furieux. D'ailleurs, quand ils sont ensemble, ils ne savent que se dire. Il se plaint, quand il va chez elle, d'en être réduit à « tuer des mouches sur les vitres ». Quand on rapportera au vieux Stanislas l'infidélité de son gendre, il ne s'étonnera pas : « Que voulez-vous, ma femme et ma fille sont les reines les plus ennuyeuses qu'il m'ait été donné de rencontrer ! »

A l'époque de sa première liaison, Louis XV a vingt-deux ans. Lui qui était demeuré à l'écart de son siècle, voici qu'il le rejoint. Grâce aux petits soupers du château de Madrid, aux réceptions de Rambouillet, il a respiré l'air neuf du temps. Il s'est étourdi de cet esprit léger, de cette ironie à fleur de peau, de cette sensualité feutrée qui règnent alors. Il faut croire aux proverbes : il n'est que le premier pas qui coûte. Louis se montre fort amoureux de Mme de Mailly. Cependant, quand la liaison devient officielle, il en subit le contrecoup. Il sait que l'on raille le physique disgracieux de sa maîtresse. Par le conduit d'une cheminée, il entend un jour sur elle des propos fort déplaisants. Il ne peut se retenir de se pencher, furieux, vers le tuyau indiscret et de crier : « Te tairas-tu ! » En outre, il y a la famille de Nesle, enivrée d'orgueil. Tout cela l'éloignerait plutôt de sa maîtresse. Surtout, on lui a *appris* l'infidélité. Pourquoi être fidèle dans l'infidélité ? On lui prête bien des passades pendant

le règne de Louise. La fille d'un boucher lui laisse un souvenir
fort désagréable. Il faut qu'intervienne le chirurgien La Peyronie. Echaudé, il cherche un gibier moins dangereux. La femme
du ministre Amelot succède à Mme de Beuvron, bonne amie de
Mme de Mailly. Mais Louis revient sans cesse à cette dernière.
C'est elle que l'on voit près de lui dans sa gondole, au jeu, à
ses soupers. Quand il revient de chasse, c'est à elle qu'il offre
le pied du cerf.

A la Cour, Mme de Mailly ressent l'accablante solitude des
favorites. Des amitiés ? Elle ne les voit qu'intéressées. Elle se
rapproche de sa sœur cadette, Félicité de Nesle, plus jeune
qu'elle de deux ans, alors au couvent de Port-Royal. Or celle-ci
sait ce qu'elle veut. Elle a confié à une amie : « J'irai à la Cour
auprès de ma sœur Mailly ; le roi me verra ; le roi me prendra en
amitié ; et je gouvernerai ma sœur, le roi, la France et l'Europe. »
La fragile Mailly ne soupçonne rien de tout cela. Félicité est
encore moins jolie qu'elle. Une autre de ses sœurs la juge : « elle
avait la figure d'un grenadier, le col d'une grue, une odeur de
singe ». Plus impitoyable encore, son futur mari : « Un diable
dans un corps de bouc. » On la dépeint « sans éducation, sans
acquis, sans connaissance ». Quand sa sœur l'attire à la cour,
Félicité se montre vis-à-vis d'elle d'un dévouement admirable.
Cela touche le roi. Avec lui, elle plaisante, se moque, rit, le fait
rire. Bientôt il ne peut plus se passer de ce divertissement inédit.

Félicité va épouser le petit-neveu de l'archevêque de Paris.
Ainsi devient-elle Mme de Vintimille. Au nouvel an, Mme de
Mailly découvre que le roi n'a offert d'étrennes qu'à sa sœur.
Naissance de la jalousie. Louise se fâche désormais quand le roi
parle trop à Félicité, lui offre une promenade, une place à souper. Elle lui fait des scènes. Pente fatale, tactique maladroite.
Passionnément, la Cour observe cet étrange duel. Quel bruit
quand on sait que Mailly a été trahie par sa sœur ! Quel vacarme
quand on apprend que déjà Vintimille est enceinte ! Pendant la
grossesse, le roi comble sa nouvelle maîtresse d'égards et de
prévenances. L'accouchement s'annonce difficile. Mme de Vintimille garde le lit. A son chevet, le roi retrouve Mme de Mailly
qui, apparemment, ne lui en veut pas trop. Et Mailly est là,
quand naît un garçon qui ressemble tant à son père qu'on l'appellera le demi-Louis.

Mais Félicité ne se rétablit pas. La fièvre la ruine. Le roi et
sa sœur Mailly ne la quittent pas. Louis fait arrêter les jets d'eau

et mettre de la paille sous ses fenêtres. Les douleurs s'exaspèrent. Le huitième jour, Vintimille fait appeler un confesseur. Celui-ci n'a pas le temps de l'administrer, elle succombe devant lui. Le digne homme en meurt de saisissement.

Profond, le désespoir de Louis. Lui et Mailly pleurent de compagnie. Il ressent de l'angoisse : et si Mme de Vintimille allait en enfer ? Il se fâche quand Mme de Mailly dit que cet enfer-là est « un conte de bonne femme ». Il fréquente avec assiduité les offices, il prie avec ferveur. Il dit : « Je ne suis pas fâché de souffrir de mon rhumatisme et, si vous en connaissiez la raison, vous ne me désapprouveriez pas : je souffre en expiation de mes péchés. »

Le voilà tout à fait réconcilié avec Mailly. Le désespoir les a rapprochés. Au second étage de ses cabinets, il lui fait aménager un petit appartement qu'il rejoint par un escalier intérieur. Rassérénée, Mailly veut régner de nouveau. Devant ses exigences, le roi s'irrite, cède parfois, s'emporte et finit par ne plus céder. De plus, elle, si coquette, montre de la négligence. Souvent le roi la regarde sans plaisir, voire avec dédain. Décidément, il ne l'aime plus.

Qui succédera à Mme de Mailly ? A ce faible, il faudra toujours forcer la main. Richelieu, une fois encore, s'en charge. Il met en avant Mme de la Tournelle, vingt-trois ans. Une troisième sœur de Nesle ! La première fois qu'il l'a vue, Louis XV s'est exclamé : « Mon Dieu ! Qu'elle est belle ! » Elle a épousé à dix-sept ans le marquis de la Tournelle, un provincial. S'ennuyant trop avec lui, elle l'a quitté et, munie de quarante mille livres de rente, est venue vivre à Paris chez sa tante, Mme de Mazarin. A la mort de celle-ci, sa sœur Louise l'accueille à la cour et obtient pour elle la succession de Mme de Mazarin auprès de la reine. Un véritable marché : pour arriver à ses fins, elle-même a dû se démettre de sa charge de dame du palais. Pourtant, Maurepas l'avait prévenue :

— Vous ne connaissez pas, madame, votre sœur de la Tournelle ; vous devez vous attendre à être chassée de la Cour par elle.

Louise de Mailly n'en croit rien. Trahie par une sœur, passe encore. Par deux, qui pourrait le croire ? Un jour, pourtant, l'angoisse la saisit. Elle voit entrer Mme de la Tournelle, l'entoure de ses bras, éclate en sanglots :

— Ma sœur, serait-il possible ?

— Impossible, ma sœur ! répond froidement Anne-Marie.

L'impossible n'en arrive pas moins. Stimulé par Richelieu, Louis tombe amoureux. Anne-Marie le repousse, ne répond pas à ses lettres. Habileté suprême ? Le roi raconte partout son malheur, y compris à Mme de Mailly :

— Je suis amoureux fou de Mme de la Tournelle, je ne l'ai pas encore, mais je l'aurai !

Richelieu est bien de cet avis. Avant la chute d'Anne-Marie, pense-t-il, il faut obtenir le renvoi — définitif — de Mme de Mailly. Le roi tergiverse, n'ose, consent enfin. Louise quitte Versailles en sanglotant. Le roi, lui aussi, pleure. A Mme de la Tournelle — qui n'a toujours pas cédé — il ne parle que de sa sœur. Elle s'en ouvre à Richelieu : « Sûrement Meuse vous aura mandé la peine que j'ai eue à faire déguerpir Mme de Mailly ; enfin, j'ai obtenu qu'on lui mandât de ne point revenir que quand on lui demanderait. Vous croyez peut-être que c'est une affaire finie ? Point du tout ; c'est qu'il est outré de douleur, et qu'il ne m'écrit pas une lettre qu'il ne m'en parle, et qu'il me demande de la faire revenir, et qu'il ne l'approchera pas, mais qu'il me demande de la voir quelquefois : j'en reçois une dans ce moment où il me dit que, si je lui refuse, je serai bientôt débarrassé d'elle et de lui ; voulant dire apparemment qu'ils en mourront de chagrin tous deux. Comme il me conviendrait fort peu qu'elle fût ici, je compte tenir bon. Comme je n'ai pas pris d'engagement, dont je vous avoue que je me sais bon gré, il décidera entre elle et moi... »

C'est d'un marché qu'elle traite. Pour recevoir le roi dans son lit, elle veut qu'il s'engage : elle sera favorite officielle, aura le grand appartement à treize fenêtres, une maison, dix couverts chaque jour à ses soupers, une pension de cinq cent mille écus, sa vie durant. Et le titre de duchesse. Et les enfants qu'elle pourrait avoir du roi, légitimés. Le roi trouve cela exorbitant. Mais, quand il vient gratter à sa porte, elle n'ouvre pas.

Il écrit toujours à Mme de Mailly réfugiée à Paris chez les Noailles. Des billets pleins de tendresse, mais qui ne parlent que de sa passion pour Anne-Marie. Celle-ci cédera en décembre. Orgueilleusement elle montrera le lendemain à Meuse la tabatière que le roi a oubliée chez elle. Au nouvel an, Louis offrira à Mme de la Tournelle une montre sertie de diamants. Au vrai, c'est pour Mme de Mailly qu'elle avait été faite.

La Cour admire Mme de la Tournelle : « une blancheur de

teint éblouissante. » Le roi dit à Luynes : « J'en suis amoureux fou. » Peu de temps après, la marquise de la Tournelle recevra le titre de duchesse de Châteauroux. Le duché vaut quatre-vingt-dix mille livres de rente. Le roi présentera la nouvelle duchesse dans son cabinet. La reine lui dira :

— Madame, je vous fais compliment sur la grâce que le roi vous a accordée.

Les leçons ne servent de rien. La duchesse de Châteauroux fait venir auprès d'elle sa sœur, Mme de Lauraguais. Encore une sœur de Nesle, la quatrième ! Elle est grosse, réjouie, n'a pas la langue dans sa poche. Elle amuse le roi. Et Argenson pourra témoigner : « Sa Majesté s'est trouvée quelquefois assez d'appétit pour tâter de cette grosse vilaine de Lauraguais. » Un peu plus tard, le roi lorgnera vers la cinquième sœur : Mme de Flavacourt. Une flambée. Cette fois, Mme de Châteauroux doit parler haut et fort :

— Sire, vous me chasserez si vous voulez, mais je commence par vous demander ou que cela soit sur-le-champ, ou que ma sœur le soit.

Le roi, qui tient à la duchesse, exclut Mme de Flavacourt des soupers et des promenades. Drôlement, Argenson dira qu'il reste encore, au roi, une sixième sœur de Nesle — bâtarde, il est vrai.

Au printemps de 1744, Louis part pour la guerre. Malgré le veto royal, Mme de Châteauroux le rejoindra en Flandre. Louis doit entendre chanter sous ses fenêtres :

> *Ah ! madame Enroux,*
> *Je deviendrai fou*
> *Si je ne vous baise.*

Au mois d'août, elle le rejoint à Metz. Il y tombe malade. La fièvre monte. On annonce que la vie du roi est en danger. Mme de Châteauroux ne le quitte pas. Elle le soigne avec un dévouement réel. Mais elle sent monter le péril. Un roi qui meurt est un homme qui se confesse. On ne lui donnera l'extrême-onction que s'il la chasse. Elle le sait. Elle pleure : « Est-ce le cas de me faire renvoyer ? » Louis XV sent renaître ses angoisses. A-t-il le droit de la garder auprès de lui ? Elle l'entend soupirer :

— Je crois que je fais mal !

Elle, éperdue, veut lui fermer la bouche par un baiser. Il se détourne :

— Il faudra peut-être nous séparer.

Le 14 marque le triomphe des dévots. Le roi tombe en faiblesse. On l'entend gémir : « Je me meurs. » Il faut qu'il communie le soir même.

Mmes de Châteauroux et de Lauraguais sont chassées de la chambre royale. Elles attendent dehors, voient paraître l'évêque de Soissons.

— Le roi vous ordonne, mesdames, de vous retirer de chez lui sur-le-champ.

On démolit la galerie de bois qui réunit la maison de la duchesse à celle du roi. Les deux sœurs s'enfuient en carrosse, cependant que le peuple insulte la favorite. On jette des pierres sur la voiture, la duchesse manque d'être assommée. Dans le même temps, la reine roule à toute allure vers Metz où elle arrivera le 17. Le roi, ouvrant les yeux, lui demande pardon. Marie est accourue pour un adieu ultime. Elle va assister à une résurrection. Oui, le roi va mieux et déjà certains s'interrogent : ce renvoi à grand bruit de la favorite était-il si nécessaire ?

Le roi, lui, se sent dupé. Peut-être même un peu ridicule. Il n'avait pas demandé que l'on chassât ainsi Mme de Châteauroux. Il en veut au parti dévot des affronts qu'elle a subis. Songe-t-il à reprendre la duchesse ? A Metz, la reine met du rouge. Mme de Luynes fait disposer sur son lit un second oreiller. Voilà qui ne plaît pas davantage au roi. Il a l'impression qu'on le manœuvre. Dans la nuit du 14 au 15 novembre, rue du Bac, on sonne chez Mme de Châteauroux : c'est le roi. Elle s'évanouit. Le roi s'empresse. Elle est dans ses bras et répète : « Comme ils nous ont traités ! » Elle ne consentira à rentrer à Versailles qu'après d'implacables sanctions : l'exil pour Châtillon, pour Balleroy, pour La Rochefoucauld. L'évêque de Soissons, Fitz-James, reçoit l'ordre de se cantonner dans son diocèse. Autre vengeance : Maurepas doit annoncer à la duchesse qu'elle est rentrée en grâce. Le peuple, lui, n'est pas content. On entend dire aux Halles : « Il reprend sa *guinche*, eh bien, s'il tombe malade, il n'aura pas de nous un *Pater*. »

Or, presque aussitôt, c'est elle qui tombe malade. « Une fièvre putride. » On pratique huit saignées au bras et une au pied. Elle se sent perdue, fait son testament, se confesse. Mme de Mailly accourt lui demander pardon ; la duchesse lui ferme sa porte mais se réconcilie avec Mme de Flavacourt. Le roi montre un visage qui « fait trembler ». Il interdit tout divertissement, passe son temps aux offices, supplie les médecins. Elle meurt sept jours plus tard. Elle a vingt-sept ans. Luynes va noter dans son journal : « On dit que le roi est dans un état de douleur qui fait compassion. » A Richelieu, Louis confie : « Je n'aurais jamais cru aimer si profondément la duchesse ; sa perte seule m'a révélé trop tard la violence de mon amour. Je lui marquais de l'impatience quand je lui devais des remerciements. »

Après avoir bien pleuré, il se consolera avec Mme de Lauraguais.

Mme de Mailly, elle, est revenue à la dévotion. Elle a renoncé au rouge et aux toilettes. Ses journées s'écoulent à visiter les pauvres. Elle mourra en 1751, à quarante et un ans, d'une fluxion de poitrine. On lui trouvera à même la peau un cilice. Quelque temps plus tôt, alors qu'elle entrait à Saint-Roch, en faisant du bruit, un bourgeois avait lancé : « Voilà bien du train pour une putain ! » Elle avait répondu avec douceur : « Puisque vous la connaissez, priez Dieu pour elle. »

Autres femmes qui auront compté beaucoup à la Cour : les filles du roi. On sait qu'à part trois enfants morts jeunes, il lui est resté un fils — le dauphin — et six filles. Les quatre dernières, il les a fait élever à l'abbaye de Fontevrault à quatre-vingts lieues de Paris. Elles y ont vécu douze ans. On ne peut dire que ce fut une éducation réussie. Toute sa vie, Madame Victoire restera terrifiée en songeant aux pénitences qu'elle avait subies, enfermée seule dans le caveau où l'on enterrait les religieuses. Bien qu'on ait souvent évoqué le « manque de cœur » de Louis XV, ses intentions, de toute évidence, étaient excellentes. Il pensait que cette éducation, loin d'une Cour superficielle et amorale, serait salutaire à ses enfants.

En 1739, quand l'aînée, Elisabeth, part pour Madrid épouser son cousin don Philippe, troisième fils du roi d'Espagne, le roi se montre désespéré. Jusqu'au moment de l'ultime séparation, il refuse de quitter sa fille. Il lui parle avec amour. Si bouleversants, ces adieux que « les dames présentes ne pouvaient retenir leurs larmes ». Le roi reporte toute sa tendresse sur Madame Henriette. Parfois, il fait d'elle sa secrétaire : un moyen de se séparer d'elle le moins possible. La santé d'Henriette n'est pas bonne. Quand elle crache le sang, elle interdit d'en parler au roi. Elle brûle de fièvre et pourtant accompagne son père en traîneau sur le canal. La « fièvre putride » l'emportera en quelques jours. La Cour sera stupéfaite du chagrin montré par Louis XV. Il restera « dans un état affreux jusqu'après deux heures que l'on vint lui annoncer que c'en était fait. Son bon cœur ordinaire et sa tendresse pour cette fille chérie par-dessus tout le pétri-fiaient ». On le verra, pendant des semaines, littéralement accablé, s'interdisant tout plaisir et, à la promenade allant tout seul « cinquante pas devant les autres ».

Il va reporter sa tendresse sur Adélaïde, un véritable garçon manqué. Son plaisir : jouer du cor de chasse et tourner des ronds de serviette. Tous les matins, le roi prend son café chez elle. Par une sonnette, Adélaïde avertit Victoire, qui avertit Sophie, qui avertit Louise. Elles se réunissent toutes autour de leur père. A noter que toutes les filles de Louis XV, à part Elisabeth, finiront célibataires. Voilà qui rappelle le fâcheux exemple de Charle-magne. Cet empereur comme ce roi aimèrent tant leurs filles qu'ils trouvaient toujours un prétexte pour les garder près d'eux.

Louise est bossue. A Versailles, elle habite l'appartement le plus éloigné de celui d'Adélaïde. Lors de la visite matinale du roi, elle doit courir chez sa sœur : « La pauvre princesse traver-sait le palais à toutes jambes, et, malgré son empressement, elle n'avait souvent que le temps d'embrasser son père qui partait pour la chasse. » Louis XV dispose d'un surnom pour chacune de ses filles : Victoire est *Coche* ; Adélaïde, *Loque* ; Sophie, *Graille* ; Louise, *Chiffe*.

Malgré sa bosse, Louise aime les jolies robes. Elle est coquette. Quand, un matin, Louis entre chez sa fille aînée et lui dit que Louise s'est enfuie dans la nuit, le premier cri d'Adé-laïde : « Avec qui ? » Or Louise est partie pour le Carmel. Elle y finira sa vie dans l'humilité, faisant avec joie lessives et cuisine.

La plus stupide de toutes, c'est Victoire. On parle devant elle de pauvres gens qui manquent de pain. Elle s'exclame : « Mais, mon Dieu, s'ils pouvaient manger de la croûte de pâté ! »

C'est alors que la Cour commence à parler de la nouvelle passion du roi : une certaine Mme d'Etioles.

Elle est née Poisson, cette Jeanne-Antoinette d'Etioles. Son père est fils d'un tisserand. A vingt ans, en 1704, François Poisson est devenu conducteur de chevaux pour l'armée. La chance de sa vie a été de rencontrer les frères Pâris. On retrouve ces quatre frères à tous les détours de l'histoire du siècle. Ils ont trouvé Poisson malin, et l'ont associé intimement à leurs affaires. En 1719, ce sont, semble-t-il, les Pâris qui choisissent à Poisson, déjà veuf, une seconde épouse. Elle est fille d'un commissaire de l'artillerie, M. de La Motte, également fournisseur des viandes de l'Hôtel des Invalides : charge dans laquelle on s'appauvrit rarement. Marville dit que Louise-Madeleine était « belle comme une Vénus », et Barbier confirme : « belle brune à la peau blanche, c'était une des plus belles femmes de Paris, avec tout l'esprit imaginable ». Avec François Poisson, Louise-Madeleine ne s'entend pas mal. On ne lui en prête pas moins des amants : c'est l'époque qui le veut. Même quand on est bourgeois. Même quand on habite à Paris dans le Sentier. En décembre 1721, Jeanne-Antoinette fait son entrée en ce monde. Le parrain n'est autre que Pâris-Monmartel, la marraine, Antoinette-Justine Pâris, fille du receveur général du Dauphiné. En 1725, ce sera la naissance d'Abel. La même année, les frères Pâris achètent des grains en grande quantité pour approvisionner la capitale qui souffre de disette. Les traités ont été passés par François Poisson, manifestement simple homme de paille. Les procédés dont on a usé sont parfaitement illégaux. On découvre le pot aux roses. Poisson est condamné à payer 230 000 livres, une somme tellement énorme qu'il s'enfuit en Allemagne.

Voilà sa femme seule à Paris avec deux petits enfants. Heureusement, M. Le Normant de Tournehem est là. Un fermier général et c'est tout dire. Et de plus administrateur de la Compagnie des Indes. Si ce galant homme se charge de toutes les dépenses de Mme Poisson, c'est avec une infinie courtoisie, une grâce exquise. Il raffole de la petite Jeanne que l'on appelle maintenant Reinette. Pourquoi ce surnom ? Une reinette, c'est une pomme, mais aussi une petite reine. Peut-être le sobriquet remonte-t-il à ses quatre ans. Lorsqu'elle a vu, de sa fenêtre, passer le roi Louis XV âgé de quinze ans, elle a battu des mains et crié qu'elle aimait le roi. Anecdote apocryphe ? Peut-être pas.

A huit ans on l'envoie aux Ursulines de Poissy, au bon air, près de la Seine. Il ne reste aujourd'hui qu'un des bâtiments qui abritèrent l'enfance de Jeanne Poisson : c'est la prison.

Jeanne n'est pas malheureuse à Poissy. Sa famille vient la voir. Comme elle a une jolie voix, les sœurs la font chanter. Sa mère ne s'occupe pas beaucoup d'elle.

Après huit ans d'exil, en 1733, Poisson est autorisé à rentrer en France. Il ne sera réhabilité qu'en 1739. Le ménage reprend la vie commune. Le meilleur ami du couple est M. Le Normant de Tournehem. Quant à Reinette, elle a regagné le domicile paternel. On s'en va habiter dans une grande maison de la rue de Richelieu que Poisson fera raser pour la remplacer par un bel hôtel. Par-derrière, on peut gagner directement les jardins du Palais-Royal, où Reinette a l'habitude de jouer. Pour l'éducation de la petite, on engage les meilleurs professeurs. Comme maître de chant, Jéliotte, premier grand rôle de l'Opéra de Paris. Comme maître de diction, Crébillon fils, auteur dramatique en renom. Jeanne a un maître de musique, un autre de dessin. Elle s'occupe de botanique. Surtout, on fait d'elle une femme du monde. M. Le Normant de Tournehem se considère comme le second père de Reinette. Tant mieux pour elle. Il lui ouvre les salons ; elle chante *Armide* devant Mme de Mailly qui l'embrasse. Elle est reçue chez Mme de Tencin où, de ses grands yeux, elle dévore Marivaux, Montesquieu, Fontenelle. Partout, on s'empresse autour d'elle. Elle est, dit un lieutenant des chasses du parc de Versailles, « d'une taille au-dessus de l'ordinaire, svelte, aisée, souple, élégante ; son visage était bien assorti à sa taille, un ovale parfait, de beaux cheveux plutôt châtains que blonds, des yeux assez grands, ornés de beaux sourcils de la même couleur, le nez parfaitement bien formé, la bouche charmante, les dents très belles et le plus délicieux sourire... La plus belle peau du monde ».

Les Poisson songent à la marier. C'est M. Le Normant de Tournehem qui trouve le mari : son neveu, Charles-Guillaume Le Normant d'Etioles. Certes, le jeune homme n'est pas très beau. On le voit petit et « chétif », mais son éducation se révèle parfaite et délicats ses sentiments. De plus, un rang social excellent : écuyer, chevalier d'honneur au présidial de Blois, seigneur d'Etioles, de Saint-Aubin, de Bourbon-le-Château et autres lieux. Le bon Tournehem comble les époux. Il s'engage à les loger, à les nourrir, à leur fournir cinq domestiques, des équipages, des chevaux. S'ils veulent habiter ailleurs, il les pensionnera. De plus, il promet de leur laisser cent cinquante mille livres sur sa succession. M. Poisson, lui, donne à sa fille une somme de cent vingt mille livres dont trente mille livres en pierreries, bijoux, linge et vêtements ; plus une grande maison rue Saint-Marc, estimée quatre-vingt-dix mille livres ; plus cent quarante livres de rentes viagères. On célèbre le mariage le 9 mars 1741. Le mari a vingt-quatre ans, Jeanne dix-neuf ans.

Charles-Guillaume d'Etioles va se conduire à l'encontre des maris de son temps : il tombe amoureux de sa femme, amoureux fou. Elle ? Il ne semble pas qu'elle lui ait jamais rendu la pareille. Elle est froide de corps. Peut-être aussi de tête. Dans un moment d'exaltation, Charles-Guillaume a voulu lui faire jurer qu'elle lui resterait toujours fidèle. Elle a d'abord éclaté de rire puis promis : « Je ne trahirai jamais mon mari, sauf peut-être avec le roi. » La bonne plaisanterie ! Charles-Guillaume en a ri à perdre haleine, puis il a embrassé sa femme.

L'été, il l'emmène à son château d'Etioles, au-delà de la Seine, dans la douce vallée de Corbeil. Etioles, un joli château de style Louis XIII, à l'orée de la forêt de Sénart. Un parc superbe qui s'élance jusqu'à la forêt. Durant les étés de 1741 et 1742, Mme d'Etioles règne sur cette maison. Les gens célèbres qu'elle avait connus à Paris, elle les invite. Voici Crébillon, et Fontenelle, et Montesquieu. Qu'ils se soient déplacés veut dire que Jeanne avait su mieux que les frapper : les captiver. Voltaire survient à son tour qui, de cette jeune femme, fait mille compliments : « bien élevée, sage, aimable, remplie de grâce et de talent, née avec du bon sens et un bon cœur ». Il parle de la « divine Etioles ». Le rejoint l'abbé de Bernis, si spirituel. Et aussi des gens sérieux, comme le président de Rocheret qui évoquera avec nostalgie ces merveilleux étés : « Belle, blanche, douce, ma Paméla ! Je la nommais ainsi à Etioles où je passai une partie des étés de 1741 et 1742. Nous lisions le roman anglais de *Paméla* chez M. Bertin de Blagny, mon parent, maître des requêtes et seigneur du Coudray-sous-Etioles. » Au château de Jeanne, on joue la comédie, on chante l'opéra. C'est l'oncle Tournehem — véritable providence — qui a fait aménager le théâtre, avec décors et accessoires.

Le président Hénault s'extasie : « Une des plus jolies femmes que j'aie vues... Elle sait la musique parfaitement, elle chante avec toute la gaieté et le goût possibles, sait cent chansons, joue la comédie à Etioles sur un théâtre aussi beau que celui de l'Opéra où il y a des machines et des changements. On me pria beaucoup d'aller être témoin de tout cela... »

En 1742, Jeanne accouche d'un petit garçon qui ne vivra pas. En août 1744, c'est une fille qu'elle prénomme Alexandrine. L'été 1744, toute la France est préoccupée par la maladie du roi à Metz. Quand on annonce que Louis est perdu, Jeanne « en pense mourir ». Elle le confiera à un ami. Il est sauvé, elle se rétablit. Alors son amour, retenu jusque-là, éclate « violemment, d'une inclination à la folie, qu'elle ne pouvait plus contenir ». Elle le dira à Voltaire.

Mais que sait-elle du roi ? Depuis ses quatre ans, l'a-t-elle seulement aperçu ? Oui, et plusieurs fois. A deux lieues d'Etioles se trouve Choisy. En 1739, Louis XV y a acquis le château du duc de La Vallière. Voilà pourquoi le village s'appelle maintenant Choisy-le-Roi. Louis aime cette résidence. Souvent il y vient chasser. Quand Jeanne entend les trompes, elle fait atteler son phaéton. Elle en a deux : un rose et un bleu. Quand elle choisit le phaéton bleu, elle s'habille de rose. Quand elle conduit le phaéton rose, elle se vêt de bleu. Plusieurs fois, elle a croisé la chasse du roi. On l'a remarquée. Mme de Chevreuse a dit : « Cette petite d'Etioles est plus jolie que jamais. » C'était pendant le règne de Mme de Châteauroux.

Enfui, le chagrin de Louis XV. A Versailles, il s'ennuie, s'en ouvre à son valet Binet. Or Binet est un cousin des Poisson. Voyez comme le monde est petit. Il semble démontré que Binet ait parlé au roi de la « petite d'Etioles, une personne bien connue de lui, qui avait voué dès l'enfance une passion des plus imprévues pour son roi ». Voilà de quoi intriguer un sensuel. Dès le début de février 1745, le bruit court à Versailles que Louis XV s'intéresse à une personne inconnue. Luynes note dans son journal : « On prétend qu'il a été il y a quelques jours à un bal masqué dans la ville de Versailles. On a même tenu à cette occasion quelques propos soupçonnant qu'il pouvait y avoir quelques projets de galanterie, et on croit avoir remarqué qu'il dansa hier avec la même personne dont on avait parlé. Cependant c'est un soupçon léger et peu vraisemblable. Le roi paraissait avoir grand désir, hier, de n'être point reconnu... » Le 25 février, c'était en effet le fameux bal des Ifs. Une fête masquée. Tout à coup une des portes s'ouvre : paraissent sept ifs, taillés comme ceux du parc. Comment douter que le roi, que l'on n'a pas vu encore, soit parmi ces ifs ? Or Mme d'Etioles est là. Et toute la cour observera que l'un des ifs ne la quitte point.

Trois jours plus tard, bal à l'hôtel de ville. Une foule immense. « On ne pouvait descendre ni monter les escaliers, note Barbier. On se portait dans les salles, on s'y étouffait, on se trouvait mal. » Les six buffets ont été dévalisés. Vers 2 heures du matin, le roi paraît. Un jeune colonel est témoin de la scène : « Je vis arriver Mme d'Etioles avec qui j'avais soupé quelques jours auparavant ; elle était en domino noir, mais dans le plus grand désordre, parce qu'elle avait été poussée et repoussée comme tant d'autres dans la foule. Un instant après, deux masques, également domino noir, traversèrent le même cabinet. Je reconnus l'un à sa taille, l'autre à sa voix. C'étaient M. d'Ayen et le roi. »

De loin, il l'a vue venir — et elle tremble. Elle perd son mouchoir. Un maladroit le ramasse. Louis le lui arrache, le porte à Jeanne.

— Madame, où dois-je vous conduire ?

— Chez ma mère, Sire.

Stupeur du roi, habitué en de tels cas à des simagrées. Le duc d'Ayen va quérir un fiacre. Le roi montera avec Jeanne chez Mme Poisson, la saluera, prendra congé de la mère et de la fille. Enchanté.

Certes, il est impossible qu'une personne née Poisson, puisse devenir favorite en titre. Toute la cour en est d'accord. C'est là une charge qui ne peut revenir qu'à la noblesse, la vraie.

Contre Jeanne-Antoinette va s'élever le parti des dévots, dirigé par l'évêque de Mirepoix, Mgr Boyer. Le prélat s'est renseigné : cette petite d'Etioles a pour amis Voltaire et Crébillon. Quelle horreur ! L'évêque fait appeler Binet et menace de le faire chasser s'il continue à favoriser cette femme-là auprès du roi. Binet raconte tout à son maître, lequel se montre fort fâché. Avide, la Cour observe les rebondissements de ce spectacle vécu. Quand on apprend que Mme d'Etioles demande la séparation de corps, on s'enfièvre. N'est-ce pas un signe ? Le pauvre Le Normant d'Etioles, apprenant que sa femme ne reviendra plus, s'est évanoui. Revenu à lui, il a écrit une longue lettre éplorée à sa femme. Celle-ci l'a remise au roi, croyant le faire rire. Louis XV l'a lue et, d'un air sérieux, l'a rendue à sa maîtresse : « Vous avez, Madame, un mari bien honnête homme. » Leçon méritée.

Le roi part pour la guerre. Versailles apprendra bientôt qu'il a vaincu les Anglais à Fontenoy. Du coup, Voltaire rime des vers à l'intention de sa chère Jeanne :

Quand Louis, ce héros charmant
Dont tout Paris fait son idole,
Gagne quelque combat brillant,
On doit en faire compliment
A la divine d'Etioles.

Le jour même du retour du roi, le 10 septembre, un carrosse amène Jeanne à Versailles. Jeanne qui, depuis quelques jours, est, d'ordre du roi, marquise de Pompadour. Pour Louis XV, aucune hésitation : Jeanne sera favorite déclarée. Donc, on la présentera officiellement à la reine. Et sans tarder : le 14 septembre, au début de l'après-midi. La plus effrayante des corvées, mais impossible de s'y soustraire. Comme marraine, on a trouvé — péniblement — la princesse de Conti. Elle est criblée de dettes, le roi a promis de les payer. Devant elle, l'abbé d'Aydie, qui ne sait rien, a lancé :

— Je me demande quelle est la pute qui présentera cette femme.

— Taisez-vous l'abbé, car ce sera moi !

Maintenant, dans la galerie des Glaces, la marquise de Pompadour attend. Une robe de satin broché avec, dans les cheveux, « de petites plumes blanches maintenues par des diamants ». Près d'elle, la princesse de Conti, la comtesse d'Estrades, Mme de Lachau-Montauban. Imaginez la foule qui se presse, se bouscule, s'écrase, dans la Galerie et la chambre de parade. Dans son cabinet, près de la cheminée, le roi paraît fort embarrassé. Devant lui, Jeanne plonge dans sa révérence. Louis bredouille quelques mots, à quoi elle répond par des paroles inintelligibles. Et toujours la foule, les implacables courtisans de Versailles.

C'est par l'Œil-de-Bœuf et la Galerie que la marquise doit se rendre dans la chambre de la reine. Elle tremble de peur, sans rien en montrer. Elle paraît « noble et à l'aise », dans l'admirable éclat de ses vingt-trois ans. Il y a tant de monde chez la reine que c'est tout juste si l'on peut respirer. L'entrevue avec le roi a déçu. On espérait quelque faute, quelque maladresse où « la Poisson » eût sombré. Les méchants reportent leur espoir sur la reine. Les phrases de Marie Leczinska ont été préparées. Elle ne devait parler « que de son habit, ce qui est un sujet ordinaire aux dames, quand elles n'ont rien à se dire ».

Au moment d'entrer chez la reine, Jeanne a si peur qu'en retirant son gant elle laisse tomber son bracelet de perles. Elle veut, suivant l'usage, baiser le bas de la robe de Marie. Celle-ci ne lui en laisse pas le loisir et, maligne, trompe l'espoir des courtisans. Pas un mot sur sa toilette. Elle lui parle d'une amie commune, Mme de Saissac. Jeanne étourdie de frayeur, entend à peine. Elle murmure :

— J'ai, Madame, la plus grande passion de vous plaire.

Stupeur de la Cour. On vient d'assister à une véritable conversation, Jeanne se retire dans son appartement du « haut du château ». L'épreuve est derrière elle.

Bientôt, elle fera porter sur la liste des pensions une certaine Jeanne Lebon, voyante en renom : « *six cents livres pour m'avoir prédit à neuf ans que je serais maîtresse de roi* ».

Journal de Luynes : « Il paraît que tout le monde trouve Madame de Pompadour extrêmement polie : non seulement, elle n'est pas méchante, et ne dit du mal de personne, mais elle ne souffre pas même que l'on en dise chez elle. Elle est gaie et parle volontiers. Bien éloignée jusqu'à présent d'avoir de la hauteur, elle nomme continuellement ses parents, même en présence du roi... » Voilà le ton de la Cour. Dans les premiers temps tout au moins. Quand on apprend que le roi renvoie le contrôleur général des Finances, Philibert Orry, le ton change d'un seul coup. Nul n'ignore que les frères Pâris s'étaient souvent heurtés à l'honnêteté de Philibert Orry. Plusieurs fois, il avait découragé leurs combinaisons, refusé de payer les commissions réclamées. Le renvoi du contrôleur des Finances prend pour la Cour un sens évident — et double. La Pompadour, comme on l'appelle déjà, sera, auprès du roi, l'agent des frères Pâris. De plus, elle a résolu de se mêler des affaires et a débuté par un coup d'éclat. En quelques heures, la colère d'une caste se fera jour. Les libelles et les chansons pleuvent, d'une cruauté inouïe. On les appellera les *poissonnades*, par analogie aux mazarinades du siècle passé :

> *Les grands seigneurs s'enrichissent,*
> *Les financiers s'avilissent*

Et les Poissons s'agrandissent.
C'est le règne des vauriens, rien, rien.
On épuise la finance
En bâtiments, en dépense,
L'Etat tombe en décadence.
Le roi ne met ordre à rien, rien, rien.

Quand, à la fin de l'année, Mme Poisson, mère de Jeanne, meurt d'un cancer, on rédige une épitaphe féroce :

Ci-gît qui, sortant d'un fumier,
Pour faire une fortune entière,
Vendit son honneur au fermier
Et sa fille au propriétaire.

Devant tant d'hostilité, Louis demeure impavide. Quand il monte chez sa maîtresse, il est heureux. Il lui dit :
— Ce que j'aime chez vous par-dessus tout, c'est votre petit escalier.
Avec elle, il soupe sans apparat. Pour lui, elle réunit une société privée. Des gens d'esprit. On oublie l'étiquette. Louis vit sa suprême et paradoxale ambition : être traité comme un homme ordinaire. On fait du théâtre d'amateur, comme à Etioles. La marquise recrute et joue elle-même. Ou bien elle chante. Le roi applaudit à tout rompre.
Quant à la reine, elle oscille entre la jalousie et l'indulgence. Parfois, les succès de la marquise l'irritent. Quand celle-ci veut quêter à la messe — curieuse idée — Marie s'y oppose. Plus souvent, elle se résigne. Elle dit avec philosophie :
— Autant celle-ci qu'une autre.
Si au moins toute la famille royale manifestait semblable compréhension ! Or c'est une guerre ouverte. Le dauphin hait la favorite. On jure que, le jour de la présentation, tandis qu'elle s'éloignait, il lui a tiré la langue. En juillet 1746, quand meurt la dauphine Marie-Thérèse d'Espagne, Jeanne, stratège inné, sent qu'elle doit agir. A peine la défunte est-elle en terre que l'on songe à remarier le dauphin. Quand il est question de Marie-Josèphe de Saxe, nièce du maréchal, Jeanne appuie ouvertement la candidature. A un tel mariage, tous ne sont pas favorables — à commencer par la reine qui n'oublie pas que son propre père a été détrôné et chassé deux fois de Pologne par le père de

Marie-Josèphe. Jeanne se bat et, finalement, emporte la décision du roi. Résultat : l'électeur de Saxe ordonne à sa fille de manifester sa gratitude à la marquise. Ce que confirme à la jeune princesse l'envoyé extraordinaire de Saxe à Paris : « Mme de Pompadour joue un grand rôle à la Cour. L'amitié dont le roi l'honore, l'intérêt qu'elle a témoigné pour l'alliance du dauphin avec la maison de Saxe, les insinuations qu'elle a faites au roi pour fixer son choix, tout cela obligera la dauphine *à des attentions et à de bons procédés.* » Conseils entendus : dès que Mme de Pompadour sera présentée à la nouvelle dauphine, celle-ci lui adressera un « gracieux sourire ». Bien joué. Désormais, chapitré par sa femme, le dauphin fera meilleur visage à la favorite.

Avec la même patience et une habileté identique, Jeanne gagnera, sinon l'amitié, du moins la bienveillance de Mesdames, filles du roi.

Beaucoup ne désarment pas. En tête, toujours, Maurepas et Richelieu. Le second osera dire qu'il fallait « crosser la Pompadour comme une fille d'opéra ». Premier gentilhomme de la chambre, il refuse au petit théâtre de Jeanne les costumes et accessoires des Menus Plaisirs. Jeanne, blessée, en parle au roi. Et Louis XV, aussitôt, de demander à l'éternel don Juan :

— Combien de fois êtes-vous allé à la Bastille ?

— Trois fois, Sire.

Il ne tient pas à y aller une quatrième fois. Il tourne casaque et même s'alliera à la marquise contre Maurepas. Celui-ci passe la mesure : il a prématurément annoncé le renvoi de la favorite et sûrement rimé contre la « caillette du roi » des vers ignobles :

> *Par vos façons nobles et franches,*
> *Iris, vous enchantez les cœurs.*
> *Sous vos pas vous semez les fleurs,*
> *Mais ce ne sont que des fleurs blanches.*

Or Jeanne souffre de maux intimes que la médecine ne parvient pas à guérir. Outrée, elle place le quatrain sous les yeux du roi. Aussitôt Louis ôte à Maurepas sa charge de secrétaire d'Etat. Il l'exile à Bourges, « sans voir personne que vos plus proches parents ». Une disgrâce qui durera vingt-cinq ans !

Conséquence imprévue — et capitale — du départ de Maurepas : quelques semaines plus tard, Jeanne est « admise au travail du roi ». Tout comme Mme de Maintenon. Le ministre des Affaires étrangères, plat courtisan, déclare qu'il est « du bien de son service de la mettre pour ainsi dire de moitié dans les affaires politiques ». Nouvelle étape d'une ascension. Dès lors, la marquise accueillera les ministres, les ambassadeurs. Quand on lui présentera des placets, elle dira, parlant au nom du roi et au sien : « *Nous* verrons. » D'ores et déjà, elle est une puissance. Le vrai est qu'elle n'en abuse pas.

Les libellistes du XVIIIᵉ siècle et les pamphlétaires ont longtemps troublé les historiens. On n'a longtemps voulu voir en Jeanne Poisson, marquise de Pompadour, que l'ambitieuse, avide d'argent et de pouvoir. Des esprits sérieux essayèrent même de prouver que la liaison avait été « fabriquée » par les financiers. Cet édifice, digne à peine du feuilleton, a été balayé par le vent de l'histoire. Follement heureuse de vivre un rêve éveillé, d'être aimée par l'homme qu'elle aimait, Jeanne n'a plus eu d'autre ambition que de le garder. Sentiment tout bourgeois et qu'une cour décadente et sceptique ne pouvait comprendre. On la traitait de *grisette*. Mais quoi de plus charmant qu'une grisette, si elle est sincère ? C'était le cas.

De son initiative, elle s'est attribué une charge de cour qui n'existait pas : celle de surintendante des plaisirs royaux. Sa beauté, alors qu'elle va vers la trentaine, s'épanouit. Voyons-la à travers les yeux de Boucher, de La Tour, de Nattier, de Cochin, de Drouais. Deux siècles après, son image nous émeut encore. Tantôt, on nous la montre en grand habit de soie blanche, bordé de bleu, ou en robe bleue brodée de roses et soutenue de nœuds mauves. Les paniers exaltent la finesse de la taille, le modelé du buste. Un ruban souligne la finesse du cou. Chez elle, c'est un don : elle sait l'harmonie des couleurs, l'art de confronter les étoffes et les tons. Pas seulement pour la toilette. « Sa chaise à porteurs est doublée de velours gris à ramages, sa berline de voyage de velours cramoisi. Une de ses calèches de jardin est couleur d'or, avec des coussins en soie et deux parasols à franges d'or, l'autre couleur d'argent, avec des coussins en velours vert à ramages [1]. » Qu'elle apparaisse et l'on a envie d'applaudir. Louis XV le premier. Jeanne, si elle surprend de

---

1. Pierre Gaxotte.

l'admiration dans les yeux du roi, est émue. Et ses angoisses, un instant, l'abandonnent.

Bourgeoise, elle aime les maisons. Plutôt qu'en bijoux, elle place l'argent du roi en petits châteaux dont l'aménagement devient son plaisir : La Celle-Saint-Cloud, Bellevue, Crécy, l'Ermitage, Champs, Saint-Ouen. Sa dernière dépense fut l'achat de Ménars, sur la Loire. Et n'oublions pas, à Versailles, l'hôtel des Réservoirs, à Paris l'hôtel d'Evreux — qui deviendra l'Elysée. En vingt ans, pour toutes ces demeures, Mme de Pompadour a dépensé près de sept millions cinq cent mille livres.

Au moins la postérité ne la chicanera pas sur l'Ecole militaire et la manufacture de Sèvres. C'est elle qui a voulu que le roi reprît la manufacture établie à Vincennes par l'intendant Orry, et qui périclitait. Elle l'a fait transférer à Sèvres, près de ce Bellevue qu'elle aimait tant. Mme de Pompadour mettra à la mode la vaisselle de porcelaine. Voltaire lui-même la chantera :

> *La Porcelaine et sa frêle beauté,*
> *Par mille mains habiles préparée,*
> *Cuite, recuite, et peinte, et diaprée...*

Jeanne fait mieux encore : elle propose des modèles, suggère le choix de certains artistes. C'est pour elle que l'on crée le rose Pompadour. Jusqu'à sa mort, elle ne cessera de se rendre à Sèvres, surveillant personnellement la production.

De même, l'Ecole militaire lui doit son existence. Jeanne parle souvent de Mme de Maintenon, elle lit ses lettres, étudie sa vie. Mme de Pompadour, elle, veut attacher son nom à la création d'une école pour l'instruction des jeunes gens qui se destinent au métier des armes. Elle en parle au roi qui se montre intéressé. Les fonds ? Pâris-Duverney — encore lui ! — s'offre à les fournir. A travers mille difficultés, avec une ténacité remarquable, elle fera terminer l'Ecole militaire. A un moment où l'argent manque, elle intervient de ses propres deniers.

Mme de Pompadour n'a été pleinement la maîtresse du roi que durant cinq années, de 1745 à 1750. Après, il s'éloignera d'elle. Elle deviendra son amie. Même pendant la plénitude de la liaison, jamais elle n'a été absolument heureuse. Sa santé est fragile, et très tôt elle a craché le sang. En 1749, elle écrit à une amie : « La vie que je mène est terrible ; à peine ai-je une minute à moi. Répétitions et représentations et, deux fois la semaine, voyages continuels tant au petit château qu'à la Muette. Devoirs considérables et indispensables, reine, dauphin, dauphine, trois filles, deux infantes ; jugez s'il est possible de respirer. Et plaignez-moi et ne m'accusez pas. » L'année suivante elle confiera à son frère Abel, marquis de Marigny, directeur des Bâtiments du Roi : « Excepté le bonheur d'être avec le roi et qui assurément me console de tout, le reste n'est qu'un tissu de méchancetés, de platitudes, enfin de toutes les misères dont les pauvres humains sont capables. »

Dès 1748, Argenson s'étonne de la voir vieillie, avec une mine *sucrée et malsaine*. Presque constamment la fièvre la tient. Elle tousse, suffoque, étouffe. Une angoisse secrète s'ajoute à tout cela : elle n'a jamais eu beaucoup de tempérament et redoute que le roi, lassé, ne la quitte pour une femme plus experte, plus coopérante. Alors, elle se dope. Pour résister à la fatigue, elle absorbe des excitants ; pour éveiller des sens assoupis, elle prend des aphrodisiaques. Ce qui altère davantage une santé chancelante. Tout cela, d'ailleurs, en vain. Ce qu'elle a prévu arrive, le roi s'éloigne d'elle.

La plus grande réussite de la marquise de Pompadour n'est pas d'être devenue la maîtresse de Louis XV. C'est d'avoir traversé victorieusement l'épreuve la plus périlleuse qui ait jamais menacé femme aimée. C'est, en renonçant à être maîtresse, de demeurer l'amie : de telles victoires, des épouses légitimes ont su en remporter. Très rarement des compagnes que ne protège aucun lien légal. A la face du monde, Mme de Pompadour a pu proclamer avec orgueil : « Je suis indispensable ; le roi ne peut se passer de moi. »

Le roi s'est remis à « butiner ». Il passe de l'une à l'autre, les garde quelques jours, quelques semaines. Mais il déjeune chaque jour chez Mme de Pompadour, descendue maintenant de deux étages et qui habite — symbole de son rôle nouveau — le grand appartement qui avait été celui de la Montespan, de la comtesse de Toulouse et de Mme l'Infante.

A Louis XV, son nouveau valet, Lebel, conduit de jeunes, très jeunes personnes, en général vendues par leurs parents. C'est dans la chambre de Lebel que se passent les rencontres : « L'attentif valet de chambre leur faisait accommoder les dents, baigner le corps et compléter le trousseau. » Pour d'autres

rencontres, moins brèves, il y a le Parc-aux-Cerfs. Ce n'est nullement un « grand jardin » avec bosquets mystérieux et fleuris,
pavillon enchanté, et un essaim de biches plus ou moins timides,
« poursuivies par un monarque lubrique », comme l'ont décrit
ou plutôt imaginé les pamphlétaires. Légende. Le Parc-aux-
Cerfs, c'est un quartier de Versailles où se trouve aujourd'hui
l'évêché. Là, Louis XV avait acheté la maison dite du Parc-aux-
Cerfs. Elle existe toujours, au numéro 4 de la rue Saint-Médéric.

Dans cette « petite maison » ne vit qu'une pensionnaire à la
fois, naturellement enchantée de s'y trouver. Mme de Pompadour connaît l'endroit. Nous savons qu'en une occasion au
moins elle a présidé à l'accouchement d'une des pensionnaires,
enceinte des œuvres du roi. Cette fille pensait que son amant
était un gentilhomme polonais. A la femme de chambre de
Jeanne, elle avait dit avec naïveté : « C'est un bien bel homme,
et il m'aime de tout son cœur. Il m'a promis des rentes, mais je
l'aime sans intérêt et, s'il voulait, je le suivrais dans sa Pologne. » Parmi les pensionnaires du Parc-aux-Cerfs, on trouve
Louison O'Morphy. La Morphise, comme on l'appelle : « très
jeune et très jolie », s'il faut en croire le duc de Croy. Bien plus
qu'une passade, puisque cela dure deux ans. La petite, fort naïve,
a cru Mme d'Estrées quand celle-ci a voulu la persuader qu'elle
pouvait détrôner la Pompadour. Sur ses conseils, elle a demandé
un jour au roi : « Où en êtes-vous avec votre fameuse vieille ? »

Louis XV n'a pas hésité. La belle Morphise a dû quitter le
Parc-aux-Cerfs. On l'a quand même mariée avec un officier du
régiment du Beauvaisis qui a reçu cinquante mille livres, cependant que Louison encaissait deux cent mille livres de dot et,
pour la fille qu'elle avait donnée au roi, une pension de huit
mille livres. Quant à Mme d'Estrées, sa maladresse lui a valu
l'exil. Au total, M. Joseph Valynseele a étudié soixante et un
cas d'enfants naturels attribués au roi.

Dans cette vie de contraintes et d'angoisses, il reste à Jeanne
un bonheur pur : sa fille Alexandrine. A cinq ans, on l'a amenée
à Versailles. Elle est charmante, jolie, on l'appelle « Fanfan ».
Son grand-père Poisson, son oncle Marigny l'idolâtrent. Elle a
grandi chez les dames de l'Assomption. Quand Jeanne a rêvé de
la marier au fils que Louis XV avait eu de Mme de Vintimille,
le comte du Luc, le roi s'est dérobé. Le duc de Chaulnes, en
revanche, accepte que son fils se fiance à Alexandrine. On envisage de les marier quand elle aura treize ans. Le destin en décide

autrement. Elle a dix ans à peine quand, en son couvent, le 15 juillet 1754, la petite fille est atteinte de convulsions. On la saigne. Le lendemain, elle est morte, semble-t-il, d'une péritonite foudroyante.

Jeanne voudrait mourir. Pendant deux jours, elle délire et l'on craint une issue fatale. Le grand-père Poisson, lui, ne résiste pas. Il suit de peu sa petite-fille dans la tombe. Jeanne se remet peu à peu. Il faut qu'elle fasse bon visage au roi mais le cœur est brisé. A Choiseul, elle écrit : « Tout bonheur est mort pour moi avec ma fille. »

Au cours de ces années-là, elle s'est lancée plus avant dans les affaires de l'Etat. Pourquoi ? La meilleure explication a été donnée par l'envoyé de Frédéric II de Prusse auprès du roi de France, Le Chambrier : « La marquise veut se faire valoir auprès du roi en lui développant des talents dont il ne l'a pas crue capable jusqu'à présent. La voilà donc à portée de prendre connaissance des plus grandes affaires. » Par modestie, elle ne s'y est pas trop attachée jusque-là « mais elle paraît penser différemment aujourd'hui, parce qu'elle aura peut-être réfléchi par elle-même ou par d'autres qu'il fallait qu'elle se rendit nécessaire au roi de France par ses intérêts les plus importants pour suppléer au besoin qu'il n'avait plus si fortement de sa personne pour son aisance et qu'en s'attachant à elle de cette manière il lui serait plus difficile de la renvoyer quand il voudra sincèrement écouter son confesseur ».

Jugement lucide. Quant aux effets, un éminent universitaire les analyse : « Louis XV n'a jamais gouverné, les périodes de son règne sont marquées par les noms des personnes qui successivement conduisirent la politique du royaume. Après celle du Régent, du duc de Bourbon et du cardinal Fleury, ce fut la période de Mme de Pompadour [1]. »

D'abord, la marquise ne s'intéressera qu'à la politique intérieure. On a vu comment elle a fait disgracier Orry, puis Maurepas. Pour remplacer Orry, elle fait nommer Machault, avec qui « elle lie parti ». Désormais, Mme de Pompadour se déclarera « pour la magistrature contre le clergé, pour les philosophes contre les Jésuites et, contre les Jésuites encore, pour les Jansénistes ». La politique étrangère la passionnera bien plus.

---

1. Henri Carré.

Elle fera nommer le comte de Stainville, futur Choiseul, à l'ambassade de Rome. Le roi ne le souhaitait pas, Jeanne a dû menacer : si Choiseul n'est pas nommé, elle s'en ira. Du moins Choiseul l'affirme-t-il dans ses Mémoires. Ce même Choiseul qui, sentant venir le vent, n'avait cessé de prodiguer à la favorite égards et flatteries. En 1755, Mme de Pompadour pousse à la guerre. Elle mande à son ami Choiseul : « Je n'aime pas la guerre, mais ce n'est pas le moment de le penser. Le roi est offensé. Il ne peut trop se venger. Je suis la première à l'y porter. Les ministres de vos amis pourront vous parler de mon courage. Vous me connaissez assez pour n'en pas douter. Sa Majesté se propose de faire de grands retranchements dans les dépenses : j'ai cru devoir montrer l'exemple. »

Traditionnellement, la France est l'adversaire de l'Autriche et l'amie de la Prusse. Au moment où la guerre menace avec l'Angleterre, on ignore quelle sera l'attitude de Frédéric II. Avec une incontestable audace, Mme de Pompadour — elle seule — engage un jeu périlleux : le renversement des alliances. L'Autriche souhaite se rapprocher de la France, elle mènera à bien ce rapprochement. C'est à elle que le chancelier d'Autriche adresse ses propositions. C'est elle qui les transmet à Louis XV. Dans son pavillon de Babiole, au bas de la colline de Meudon, l'ambassadeur d'Autriche vient secrètement rencontrer le représentant du roi de France, l'abbé de Bernis. Ceci, en présence d'un seul témoin : Mme de Pompadour.

Le 1er janvier 1756, un traité d'union et d'amitié est conclu entre la France et l'Autriche. Il doit rester secret et ne recevoir exécution que si la Prusse ne renouvelle pas son alliance. A cet instant précis, on publie le traité que viennent de signer la Prusse et l'Angleterre. En Europe, les ennemis de la France pavoisent. Voilà un sérieux échec diplomatique. En apparence, seulement. Le 1er mai 1756, la France et l'Autriche révèlent leur propre alliance en signant à Jouy-en-Josas le traité dit de Versailles. Ce traité, la marquise n'a pas tort de le considérer comme son œuvre propre. « Mme de Pompadour est enchantée, écrira Starhremberg à Kaunitz, de la conclusion de ce qu'elle regarde comme son ouvrage et m'a fait assurer qu'elle ferait de son mieux pour que nous ne restions pas en si beau chemin. »

Quant à Kaunitz, le 9 juin suivant, c'est une longue lettre qu'il écrira personnellement à la marquise, et elle commence ainsi : « L'on doit absolument à votre zèle et à votre sagesse, Madame, tout ce qui a été fait jusqu'ici entre les deux cours... »

L'antique tradition française d'austrophobie — elle s'est poursuivie jusqu'à Clemenceau — a censuré avec vigueur ce renversement des alliances qui surprit les contemporains. On a condamné la favorite en rappelant que ce traité franco-autrichien a valu à la France la guerre de Sept Ans, coûté un million d'hommes et plus de deux milliards. On a rappelé que l'incapacité des « généraux de salon » choisis par la Pompadour nous a valu la défaite de Rosbach et la déroute de Crefeld. Nul ne peut nier que cette guerre ait été désastreuse pour la France et les généraux nommés par Mme de Pompadour ne valaient pas grand-chose. Mais il est injuste de la rendre seule coupable des défaites, alors que, précisément, le renversement des alliances avait été fait pour les prévenir. On ne saurait méconnaître non plus l'indifférence de l'opinion française pour cette guerre qui s'est déroulée au centre de l'Europe, loin de nos frontières. Une guerre de professionnels.

Pendant que nos soldats se battent — et se battent bien — une opposition sourde et féroce s'est levée contre le roi. Les libelles osent maintenant s'en prendre au monarque et à la monarchie. Damiens frappe Louis d'un coup de canif et le Parlement décrète la grève de l'impôt. Ce ne sont pas des conditions très favorables pour conduire une guerre victorieuse.

Rien de plus étonnant que la correspondance de la marquise à cette époque. Il semble que toutes les affaires de l'Etat viennent à elle. Elle correspond avec Soubise, avec Richelieu. C'est elle qui approuve ou désapprouve les plans de combat. Les ministres la consultent pour tout ce qui les concerne. Elle a pris tout naturellement un ton de hauteur qui fait d'elle comme une seconde souveraine. Le prince de Ligne la rencontre et juge qu'elle a l'air plus reine que la vraie. C'est aussi l'opinion de l'un des opposants du Parlement, le président de Meinières. Son témoignage montre bien l'autorité que la petite-bourgeoise du Sentier a fini par acquérir. C'est Meinières lui-même qui rapporte ses propos et l'on croit écouter Jeanne :

— Je suis étonnée d'entendre parler de l'honneur de messieurs du Parlement, comme s'il y avait de l'honneur à désobéir au roi, à suspendre le cours de la justice et à mettre le désordre dans le gouvernement... Je crois que personne n'ignore combien j'honore la magistrature, mais il n'y a rien que je ne donnasse pour n'avoir point à faire un pareil reproche à ce tribunal auguste, à ce premier Parlement du royaume, à cette Cour de France qui fait d'elle-même un éloge pompeux dans tous ses écrits, ses remontrances. Quoi ! c'est cette Cour si sage qui veut sans cesse rectifier le gouvernement, qui se porte en un quart d'heure à des extrémités pareilles ! On ne suit que sa passion, son ressentiment, son aveuglement, sa fureur, et voilà les démissions parties. C'est pourtant avec ces insensés-là, monsieur, que vous avez donné votre démission, et vous mettez votre honneur à ne pas vouloir vous détacher d'eux ? Vous aimez mieux voir périr le royaume, les finances, l'Etat entier, et vous faites en cela consister votre honneur. Ah ! monsieur de Meinières, ce n'est pas là l'honneur d'un sujet véritablement attaché à son roi, ni même celui d'un citoyen.

Elle continue longtemps sur ce ton. Quoi qu'il ait été traité un peu comme un gamin, le président de Meinières ne se déclarera pas moins fort impressionné par cette femme : « J'avoue que je fus émerveillé de la facilité de l'élocution, de la justesse des formes que je ne rends peut-être qu'imparfaitement, et que je la considérai avec autant de plaisir que d'attention en l'entendant parler si bien. »

Frédéric II est mis en difficulté pour la première fois. Le duc de Cumberland, acculé à l'Elbe, doit capituler. Fort inquiet, Frédéric II cherche à obtenir une paix séparée. A qui s'adresser ? A la marquise de Pompadour. Il lui fait offrir cinq cent mille francs. Et comme elle méprise l'offre, il va plus loin. A ses envoyés, il ordonne de faire à Mme de Pompadour connaître « que la paix entre la France et moi faite, je céderai d'abord et de bonne foi, à elle, sa vie durant, la principauté de Neuchâtel et de Valengin avec toute appartenance et revenu, ne m'en conservant que le retour et le rechange en cas de sa mort ; mais aussi et en revanche, je me flatte qu'elle emploiera tout son crédit afin que les articles de la paix me soient avantageux ou du moins point onéreux et que, pour l'ultimatum, tout soit remis dans l'état où les positions étaient avant la guerre présente ».

Elle refuse encore. La défaite de Soubise sauvera Frédéric II. Jeanne ne veut pas voir la catastrophe que chaque jour Bernis lui dépeint. En politique, la sincérité paie rarement : le dévoué ministre des affaires étrangères sera sacrifié et remplacé par Choiseul, l'ami de Jeanne, celui qui lui doit tout. L'avènement de Choiseul, c'est le règne de Mme de Pompadour rendu encore plus absolu. Partout, le sort nous est contraire. Après la chute de Québec et de Montréal, le Canada est perdu pour nous. Aux Indes, les Anglais l'emportent presque partout. Ici, l'on sent la femme qui, contre tout espoir, veut se battre encore : Jeanne, de ses deniers, donne un million pour la défense du Canada. Elle arme des corsaires pour la guerre sur mer. Elle harcèle les financiers pour obtenir des subsides. Quand le roi fait porter à la Monnaie sa vaisselle plate et ses bijoux, elle l'imite aussitôt. Choiseul, lui, fait la part du feu. Il signe avec l'Espagne le Pacte de famille. Enfin, à partir de 1761, il traite pour obtenir la paix avec l'Angleterre et la Prusse. Cinq mois de négociations. Jeanne, qui a tant souhaité la guerre, veut maintenant la paix, elle la veut avec fougue : « Vous me parlez de votre fatigue, écrit-elle à Choiseul, vous vous reposerez après, mais Dieu, finissez donc ! »

On sait combien fut désastreux le traité signé à Paris le 10 février 1763. Logiquement, le poids de cette humiliation rejaillit sur Mme de Pompadour. Quand elle gagne son hôtel du faubourg Saint-Honoré, quand on reconnaît son carrosse, on l'insulte. Elle blêmit sous les huées. Chaque courrier lui apporte des lettres d'injures. Et des menaces de mort. Quelle popularité Louis XV eût retrouvée sans doute s'il l'avait alors chassée ! Il ne l'a pas fait. Jusqu'au bout il est demeuré fidèle à ce que la maréchale de Mirepoix appelait ses habitudes : « Mais les princes sont avant tout des gens d'habitude. L'amitié du roi pour vous est la même que pour votre appartement, vos entours. Vous êtes faite à ses manières, à ses histoires ; il ne se gêne pas, ne craint pas de vous ennuyer. Comment voulez-vous qu'il ait le courage de tout déraciner cela en un jour, de former un autre établissement, et de se donner en spectacle au public par un changement aussi grand de décoration ? »

Elle s'interroge et son angoisse grandit. Elle a plus de quarante ans maintenant, elle se sent vieille. Où est la beauté d'antan ? Regardons ses portraits par Drouais, peints à cette époque : elle n'est plus qu'une femme mûre et grasse, au regard désabusé. Pendant l'hiver de 1764, son état de santé s'aggrave. Elle ne dort plus, digère mal et tousse chaque fois qu'elle monte un escalier. A Mme de La Ferté-Imbault elle dit combien elle est affectée par le déplorable état du royaume, la rébellion du Parlement, les faiblesses du roi. Elle a des larmes dans les yeux. « Mais le roi ne saurait plus que faire si je le quittais. » Mme de

La Ferté-Imbault sortira de chez Jeanne « l'imagination frappée qu'il ne lui restait plus d'autre asile que la mort ».

La mort ? Elle vient. Sa maladie de cœur s'est aggravée d'une fluxion de poitrine. Elle souffre — horriblement. Louis l'assiste sans cacher son chagrin : « Je vous avoue, écrit-il à son gendre, que j'ai très peu d'espérance d'un parfait rétablissement et beaucoup de craintes d'une fin prochaine peut-être. Une reconnaissance de vingt ans et une amitié si sûre ! Enfin, Dieu est le maître et il faut céder à tout ce qu'il veut ! »

Mourir à Versailles ? L'étiquette l'interdit. Jeanne songe à se faire transporter en son hôtel des Réservoirs. Le roi intervient, interdit ce départ mais lui conseille de faire appeler un prêtre. Elle fait venir le curé de la Madeleine. Elle se confesse, reçoit l'extrême-onction. Le curé lui a demandé de se réconcilier avec son mari. Elle écrit à Charles, l'invite à la rejoindre, là, à son lit de mort. Il refuse. Le dimanche 15 avril 1764, jour des Rameaux, elle est très bas, elle ne peut plus respirer. Elle dit aux intimes qui l'entourent : « Cela approche, mes amis, laissez-moi maintenant avec mon âme, mon confesseur et mes femmes. »

Un peu plus tard, le curé de la Madeleine, la voyant assoupie, voudra se retirer. Elle ouvre les yeux, sourit : « Un moment, monsieur le curé, nous partirons ensemble. »

Avant la fin de la journée, elle est morte. On la porte aussitôt, à 7 heures et demie du soir, à travers les couloirs du château, sous « un drap si succinct que la forme de la tête, des seins, du ventre et des jambes se prononçait très distinctement ». Le surlendemain, à 6 heures du soir, dans une tempête mêlée de pluie, son cortège mortuaire partira pour Paris. Au moment où il s'engage par la place d'armes, Louis XV travaille dans son cabinet. L'heure, il la connaît. Il ouvre la fenêtre, passe sur le balcon de la cour de marbre. Des bourrasques de pluie fouettent son visage. Il regarde le corbillard qui s'éloigne au loin. Quand il rentre, son valet Champlost voit sur le visage de son maître de grosses larmes. Il murmure : « Voilà donc les seuls devoirs que j'aie pu lui rendre. »

En bien ou en mal — là n'est pas la question — une femme a donc, pendant des années, dominé la politique de la France. On n'est pas sûr qu'un homme, en de telles circonstances, eût fait meilleure figure. Faut-il oublier que, par sa beauté et son esprit, Mme de Pompadour a illuminé son siècle ? Qu'elle « a répandu sa faveur et les grâces du roi sur le monde des artistes ? [1] » Qu'elle a su donner du bonheur à un roi qui, éperdument, le cherchait sans jamais le trouver ?

La mort de Jeanne n'a pas arrêté la vie de Versailles. Enserré dans les exigences de l'étiquette et s'épuisant à suivre la cascade d'heures étroitement calculées, Louis XV peut-il longtemps pleurer la femme qu'il a aimée ?

Au XVIII⁰ siècle, un long chagrin apparaîtrait vite malséant. En particulier à tous ceux qui ambitionnent, grâce à une nouvelle favorite, de bénéficier à leur tour des faveurs royales. Les candidates ne manquent pas. Pour la duchesse de Gramont, sœur de Choiseul, l'illusion dure peu. Du coup, Choiseul pousse une Mme Mellin, femme d'un médecin. Nouvel échec. Voilà les Choiseul en mauvaise posture. Les Rohan-Soubise jouent la carte de Mme d'Esparbès. Elle a déjà été la maîtresse du roi du vivant de Mme de Pompadour. Mais Louis n'a pas été le seul ! Chamfort rapporte ce dialogue entre elle et Louis XV :

— Tu as couché avec tous mes sujets.

— Oh ! Sire !

— Tu as eu le duc de Choiseul.

— Il est si puissant !

— Le maréchal de Richelieu.

— Il a tant d'esprit !

— Monville.

— Il a une si belle jambe !

— A la bonne heure, mais le duc d'Aumont, qui n'a rien de tout cela ?

— Ah ! Sire, il est si attaché à Votre Majesté !

Sans rancune, le roi lui annonce que, le dimanche suivant, elle sera déclarée favorite officielle. Il la fera duchesse. Folle de joie, elle se confie le lendemain à une amie. Indiscrètement, elle révèle aussi certaines fatigues amoureuses du roi. Elle donne des précisions. L'amie s'empresse de tout conter à Choiseul. Un rapport est mis sous les yeux du roi qui, horrifié, découvre, noir sur blanc, les détails de ce qu'il croyait secret. Dans l'instant, Mme d'Esparbès est perdue :

— Je commence à être vieux, ce n'est pas ma faute. J'en

---

1. Edmond et Jules de Goncourt.

commettrais une impardonnable si je revoyais l'odieuse femme à l'indiscrétion de laquelle je dois une pareille diatribe.

C'est le valet Lebel encore qui, semble-t-il, introduira chez Louis XV celle qui va régner sur sa vieillesse.

« Le dix-neuvième d'Août Mil Sept Cent Quarante-Trois est née et a été baptisée le même jour, Jeanne, fille naturelle d'Anne Bécu, dite Cantigny, et a eu pour parrain Joseph Demange, et pour marraine Jeanne Birabin, qui ont signé avec nous. Signé : *L. Gahon*, vicaire de Vaucouleurs, *Joseph Demange, Jeanne Birabin.* »

Jeanne deviendra Mme du Barry.

La mère n'avait pas très bonne réputation. A Vaucouleurs, elle était couturière — et facile. Le père de la petite Jeanne ? Il s'agit, semble-t-il, d'un moine nommé Jean-Baptiste Gomard de Vaubernier, en religion Frère Ange. Cette naissance illégitime n'a pas assagi Anne Bécu. En 1747, elle donne naissance à un garçon, Claude. Pour échapper aux commérages, elle décide de quitter Vaucouleurs et, avec ses deux enfants, arrive à Paris. Elle y a des frères et des sœurs, laquais ou femmes de chambre. Une seule a échappé au sort commun. Il s'agit d'Hélène qui a épousé Bignon, bibliothécaire du roi et académicien.

Hélène va s'occuper de sa sœur. Et c'est peut-être elle qui lui trouve son mari, Nicolas Rançon, un domestique. Mais Anne garde un protecteur. Qui, en ce temps, s'en étonnerait ? Il s'agit d'un financier, nommé Billard-Dumouceaux. Celui-ci se prendra d'une vive affection pour la petite Jeanne. Il fera d'elle un portrait au pastel et tiendra à faire donner à Jeanne une bonne éducation. Elle sera admise comme pensionnaire chez les Adoratrices du Sacré-Cœur, au couvent de Sainte-Aure.

Neuf ans. C'est le temps que la petite Jeanne porte le voile noir et la robe de serge blanche. Sa beauté naissante n'en frappe que davantage ceux qui la rencontrent. On admire ses « longs cheveux blonds, un teint éblouissant, des formes encore menues mais parfaites ». Avec cela une bonne élève. Son style est celui du temps, donc excellent. Elle a appris l'orthographe, l'histoire, le calcul, le dessin, la musique, la religion.

A quinze ans, sortie du couvent, quelle carrière embrasser ? Sa mère lui fait apprendre la coiffure, mais elle entre comme demoiselle de compagnie chez la veuve d'un fermier général,

Mme Delay de la Garde. Une demoiselle de compagnie se tient au salon. Donc, on la voit. Comme elle est ravissante, on lui fait la cour. Il semble qu'elle ait cédé d'abord à un certain La Garde. Et puis à d'autres. Quand Mme Delay l'apprend — un peu tardivement, mais c'est la règle — elle la chasse.

Nous sommes en 1760, et Jeanne a dix-sept ans. Il ne manque pas de gentilshommes prêts à lui assurer le nécessaire, voire le superflu. Elle préfère s'engager comme demoiselle de magasin chez un marchand de modes, le sieur Labille, à l'enseigne *A la toilette*, rue Neuve-des-Petits-Champs. Elle présente des modèles, nous dirions qu'elle est mannequin. On sait bientôt qu'on trouve chez Labille une bien jolie personne. Le magasin ne désemplit plus. Des messieurs du meilleur monde tâchent, à qui mieux mieux, de passer à Jeanne des billets implorants. Elle ne les décourage pas tous, loin de là.

Comme on ne prête qu'aux riches, on a voulu voir en Jeanne une des pensionnaires de la Gourdan. Erreur. Jeanne est une femme qui va de l'un à l'autre, mais elle n'est pas une fille de « maison ». On connaît le nom de certains de ses amants de ce temps-là : un marchand de soieries, Buffault ; un abbé, M. de Bonnac ; un militaire, le colonel de Marcieu ; un grand commis de la Marine, Duval ; et un financier, M. de La Vauvenardière. Ils sont beaucoup, ils sont trop. Quand Jeanne sera devenue maîtresse de Louis XV, le roi dira un jour au duc de Noailles :

— Il paraît que je succède à Sainte-Foix.

— Oui, Sire, comme Votre Majesté succède à Pharamond[1].

Jeanne a vingt ans quand elle rencontre l'homme qui va changer son destin : Jean, vicomte du Barry, dit le Roué. De lui, le comte d'Espinchal affirme simplement qu'il est « un des plus mauvais sujets, un des fripons les plus avérés » de Paris.

Sa spécialité ? Rechercher des jolies filles, pour son usage et surtout pour celui des autres. On l'a vu, à Compiègne, tenter de patronner auprès du roi une certaine Dorothée. Lebel a averti le roi que M. du Barry pouvait être atteint d'un mal que Sa Majesté n'avait pas le pouvoir de guérir comme les écrouelles. Louis XV a renoncé. Du Barry a emmené sa Dorothée, mais juré de regagner le temps perdu. En découvrant Jeanne Bécu, a-t-il songé à cette revanche ?

Il semble bien que Jean du Barry ait négocié la cession de

---

1. Roi légendaire du ve siècle, que les anciennes chronologies mentionnaient comme le premier souverain français.

Jeanne avec sa mère et son beau-père. On a la preuve qu'il a meublé entièrement l'appartement des Rançon et qu'il leur a versé une rente. Jeanne ? Elle est lasse d'être vendeuse, fatiguée des amants du dimanche. Du Barry lui offre de la recevoir chez lui où elle tiendra sa maison. Cela veut dire le luxe, les toilettes, l'oisiveté, les domestiques. Elle consent à tout. Fier de sa conquête, du Barry la montre.

Dans un rapport, le policier Marais, qui suit à la trace la carrière amoureuse de Jeanne, écrit : « Le marquis du Barry a fait paraître en loge lundi dernier, à la Comédie-Italienne, la demoiselle Beauvarnier[1], sa maîtresse. C'est une personne de l'âge de dix-neuf ans, grande, bien faite, l'air noble et de la plus jolie figure. Certainement, il cherche à la brocanter avantageusement. Quand il a commencé à se lasser d'une femme, il en a toujours usé de même. Mais il faut convenir qu'il est connaisseur et que sa marchandise est toujours de débit. »

Pour le carnaval de 1765, du Barry donne un bal où brille Jeanne. L'infatigable Marais reprend sa plume : « La demoiselle Beauvarnier et le sieur du Barry vivent toujours ensemble en bonne intelligence ou, pour mieux dire, du Barry se sert de cette demoiselle comme terre qu'il afferme au premier venu en état de payer, se réservant cependant le droit d'aubaine. Car il couche tous les jours avec elle. Pour les journées, il les lui abandonne tout entières pourvu qu'elle se conduise par ses conseils et que le produit s'en rapporte à la masse et, certainement, dans ce genre, il peut passer pour le meilleur Mercure de Paris. »

Le 17 septembre 1765, Marais revient à la charge : « Jeanne est présentement assez bien en diamants, richement nippée, une voiture à la grecque très élégante. Du Barry a bonne table et soutient son train et tout va très bien. » Pas pour longtemps. Moins de trois mois plus tard, c'est la brouille : Jeanne quitte du Barry.

Cela ne dure que trois mois. Du Barry a un fils, Adolphe, et Jeanne s'est prise pour lui d'affection. Bien sûr, les chroniqueurs jurent qu'elle l'a déniaisé. C'est loin d'être certain, l'amitié de Jeanne semble avoir été plutôt maternelle. Pour retrouver Adolphe, elle consent donc à regagner la demeure de du Barry. Et tout recommence de l'entreprise commune. Jeanne reçoit tour à tour — et simultanément — deux fermiers généraux, un M. Brizard, et un M. de Cramazel. M. de Lignerac, lui, est là

---

1. Jeanne se faisait aussi appeler Lange et Vaubernier, allusion à son père naturel.

surtout, comme dit Marais, « pour satisfaire les fantaisies ». Au reste, le policier s'inquiète : « Cette demoiselle va un peu trop vite ; sa santé n'est pas assez vigoureuse pour soutenir un si grand travail ; ses yeux commencent à devenir un peu rouges et, sous peu, elle aura l'air bien fatigué. »

Peut-être. Mais ce que Marais veut ignorer, c'est qu'à fréquenter cette société, mêlée et confondue, Jeanne a gagné de bonnes manières ainsi que le grand art de ce monde : la conversation. Elle le doit à des écrivains comme Crébillon fils, Collé, Moncrif aussi bien qu'à de grands seigneurs comme Richelieu, Duras, Thiard, ou à un académicien comme Bissy. Autour d'elle, ils font assaut d'esprit et de louanges : « Etourneaux agréables, de haute volée, s'empressent autour d'elle », note un autre rapport de police. On croit deviner, en retrait, le sourire du roué découvrant les perfections nouvelles de sa pensionnaire.

D'évidence, elle est prête. Comment du Barry l'a-t-il introduite à Versailles ? On ne sait trop. Y eut-il une sorte de complot, comme le pense le duc de Castries ? Richelieu, ami et client de du Barry, aurait été chargé de faire l'article auprès du roi, voire de présenter Jeanne comme l'épouse légitime du roué. Lebel — toujours lui — aurait été l'agent d'exécution.

Le certain, c'est que Louis se fait conduire Jeanne par Lebel. Le certain, c'est que la première rencontre est ressentie par lui comme une révélation. Il confie à Richelieu : « Je suis enchanté de votre Mme du Barry ; c'est la seule femme de France qui trouve le secret de me faire oublier que je suis sexagénaire. » Et, au duc d'Ayen, il avoue qu'il a éprouvé avec Jeanne « une jouissance d'un genre tout à fait neuf ».

Une autre fois, il avouera au duc de Noailles que Jeanne lui a donné des plaisirs qu'il ignorait encore :

— Sire, répondra l'autre, c'est que vous n'avez jamais été au bordel !

En tout cas, elle revient à Versailles. Elle y revient souvent. Au début, la liaison reste cachée. Le 24 juin 1768, Marie Leczinska est morte. D'évidence, le roi se trouve tenu à une certaine pudeur. Vieux serviteur devenu chagrin et jaloux, attaché au souvenir de Mme de Pompadour, Lebel a osé formuler sur Jeanne de sévères critiques. Furieux, le roi l'a menacé des pincettes avec lesquelles il tisonnait son feu. Ahuri d'un tel traitement, bouleversé, Lebel s'est presque aussitôt alité — et il est mort. La place est libre pour la protégée de Jean du Barry. Du coup, Jeanne s'en vient habiter dans un appartement devenu libre : celui du défunt Lebel. Juste au-dessus de l'appartement du roi. Pour se trouver auprès d'elle, Louis n'a qu'un escalier privé à monter.

Dans l'entourage royal, on ne croit pas que cette liaison puisse durer. « Nous ne pensons pas, dit Choiseul, qu'une intrigue aussi basse peut avoir d'autre suite que celle de la fantaisie du moment. » Grave erreur. Car le roi ne peut plus se passer de Jeanne. On apprend à Versailles qu'il lui consacre des nuits entières. Ce qui, autrefois, lui est advenu très rarement. Songe-t-il à faire d'elle une favorite officielle ? Il fait mieux : il s'y décide. On va donc présenter officiellement à la Cour la comtesse du Barry. Car, pour le roi, nulle ambiguïté. Richelieu lui a dit que Jeanne était l'épouse de du Barry. Il le croit.

Chez du Barry, grande alarme. Va-t-on tout perdre au moment de tout gagner ? Richelieu est appelé en consultation. Bien sûr, du Barry pourrait épouser Jeanne. L'ennui, c'est qu'il est marié. Il ne voit jamais sa femme, claquemurée dans son château languedocien, mais le mariage existe bel et bien. Alors ? De Richelieu ou de du Barry, qui eut l'idée mirifique ? Tout à coup, Jean du Barry s'est souvenu qu'il avait un frère, Guillaume. Un frère célibataire ! Ancien officier aux Iles, frappé par les fièvres, il est revenu vivre en famille à Lévignac, une misérable bourgade de neuf feux. Pour seule compagnie, sa vieille mère et ses deux sœurs, célibataires elles aussi. Guillaume chasse tout le long du jour, à pied, derrière un chien d'arrêt. Sport intéressé, car le gibier viendra améliorer l'ordinaire : les du Barry sont pauvres, très pauvres. Ce Guillaume, dit l'Espinchal, est un « gros garçon, petit, mal fait, une espèce d'imbécile, borné et intéressé au point qu'il épouserait sa vachère pour de l'argent ». Ce n'est pas une vachère qu'on va lui proposer.

Jean du Barry lui écrit, l'invite à se mettre en route pour Paris sur-le-champ. Il s'agit d'une affaire « où sa fortune est intéressée » : un mariage. Guillaume obéit. Il s'est muni d'une procuration de Mme du Barry mère qui consent « à un mariage quel qu'il soit, pourvu qu'il fût revêtu de la bénédiction nuptiale, suivant les règles canoniques ». Les deux sœurs, Françoise, dite

Chon, et Jeanne, dite Bitschi, vont suivre. « Certes, a dit Lenotre, depuis d'Artagnan et depuis Cyrano, de romanesque mémoire, bien des Gascons ont pris la route de Paris, assoiffés de fortune et quêtant aventures ; mais jamais, sans doute, il n'y eut voyage comparable à l'exode des du Barry vers leurs destinées nouvelles. »

C'est rue Neuve-des-Petits-Champs, chez son frère, que Guillaume va rencontrer sa future femme. On ne s'embarrasse pas de politesses. On signe. Dans ce contrat, Guillaume n'a dû s'attarder qu'à un article, un seul : « La future épouse sera chargée de toutes les dépenses du ménage, nourriture, loyers, gages des domestiques, linge de table, entretien d'équipages, nourriture des chevaux, éducation des enfants à naître du mariage... » A peine le contrat signé, Jeanne salue son mari — et repart pour Versailles.

Et lui ? Sur-le-champ, il la déteste. Haine qui la poursuivra jusqu'au bout. En somme, il lui en veut d'être lui-même tombé si bas. A Versailles, pourtant, Françoise du Barry va rejoindre sa « belle-sœur ». Quel saut, pour Chon, que le passage de la demeure délabrée de Lévignac jusqu'au palais de nos rois ! Cette présence s'explique : montrer auprès d'elle une belle-sœur à particule véritable, c'est, pour Jeanne, se donner une manière de respectabilité. Elle a conscience d'en avoir besoin.

Quand on compare la dernière favorite du règne à celles qui l'ont précédée, il faut convenir que le parallèle n'est pas au détriment de Mme du Barry. L'ambition froide, la stratégie glacée de certaines grandes dames nous effraient. Jeanne se révèle très loin de ce machiavélisme. Au fond, elle est, comme on dit, une bonne fille. Ses adversaires eux-mêmes devront lui reconnaître un cœur excellent. Sénac de Meilhan : « Cette femme, que rien n'avait prémunie contre le vice et qui avait été entraînée par la misère et les mauvais conseils, n'a jamais fait de mal avec tout pouvoir de nuire. » Un vieux courtisan constatera : « Loin de la prendre pour la maîtresse du roi, on la croirait une petite pensionnaire qui vient de faire sa première communion. » Elle a vingt-cinq ans, et le roi cinquante-huit.

Guillaume est retourné dans ses terres, avec cinq mille livres de rente. Plus tard, il aura l'astuce de plaider en séparation contre la comtesse, son épouse. De part et d'autre, on se traitera d'*infâme*. Pour éviter le scandale, la maîtresse du roi transigera. Son *époux* rentrera à Toulouse possesseur, cette fois, de soixante mille livres de rente. Il se fera édifier sur une place de la ville un palais « dans le dernier goût de la capitale ». L'hôtel achevé ne lui plaira point ; il le fera démolir pour aussitôt en reconstruire un autre, où il donnera des fêtes superbes.

A Versailles, Jeanne a fort à faire. La Cour, déjà, avait eu du mal à admettre la Pompadour, cette bourgeoise. Qu'est-ce avec la Bécu, dont on jure qu'elle a été fille publique ! Choiseul mène le combat. Il faut perdre la du Barry. Choiseul paie des chansonniers, distribue lui-même les vers orduriers. Le roi s'en montre blessé, le lui écrit : « Vous faites bien mes affaires, je suis content de vous, mais gardez-vous des entours et des donneurs d'avis ; c'est ce que j'ai toujours haï et ce que je déteste plus que jamais. Vous connaissez Mme du Barry. Elle n'a nulle haine contre vous ; elle connaît votre esprit et ne vous veut point de mal. Le déchaînement contre elle a été affreux, à tort pour la plus grande partie... Elle est très jolie, elle me plaît, cela doit suffire. »

Choiseul ne désarme pas. Mesdames, filles du roi, le soutiennent, à commencer par Louise, la carmélite, qui fulmine du fond de son cloître. On pose des libelles jusque sur la cheminée de Jeanne. Du coup, elle, si gaie, devient triste. Ses belles couleurs s'évanouissent. Le roi s'inquiète, l'interroge. Très sincèrement, elle lui dit qu'elle souffre de le voir outragé à travers elle. Alors, pour couper court, il décide de la faire présenter officiellement.

Le plus difficile est, comme pour Jeanne d'Etioles, de lui trouver une marraine. On finit par dénicher une comtesse de Béarn, criblée de dettes, à qui on les paiera, avec un *bonus* de cent mille livres. La dame veut que ses deux fils soient officiers dans la cavalerie et dans la marine, et que ses affaires soient réglées. On y consent mais, devant le discrédit qu'elle sent peser sur elle, Mme de Béarn arguë d'une entorse diplomatique pour faire retarder l'échéance. Finalement, la présentation aura lieu en avril 1769. On lit au journal officiel de la Cour, *La Gazette de France* : « Le 22 de ce mois, la comtesse du Barry eut l'honneur d'être présentée au roi et à la famille royale par la comtesse de Béarn. » Et dans le journal intime du dauphin, témoignage effrayant de ses prouesses de chasseur, on trouve à la date du 22 avril : « présentation de Madame du Barry ». Ce dauphin deviendra Louis XVI.

C'est un événement européen.

Les contemporains attesteront que la présentation de Mme du Barry s'est faite avec plus d'éclat que celle de Mme de Pompadour. Dans le château, c'est une immense curiosité. On est accouru de Paris. Même les plus sceptiques s'inclinent devant la beauté de Jeanne, vêtue d'une robe blanche et parée des diamants envoyés la veille par le roi. On admire son aisance quand elle plonge dans les trois révérences de rigueur, qu'elle se relève et, du pied, rejette la longue queue de la robe.

Le lendemain, dimanche 23 avril, Mme du Barry assiste à la messe à la chapelle du château, là même où s'asseyait naguère Mme de Pompadour. Après l'office, elle paraît au couvert de Mesdames et à celui de M. le Dauphin. Désormais, elle aura son prie-Dieu assigné à la chapelle. Le protocole se comporte très exactement comme si elle était, aux yeux de Dieu, la compagne du roi. Elle est admise à partager le repas des enfants ct petits-enfants de Louis XV. Il s'agit « d'une espèce d'union morganatique dépourvue des bénédictions célestes, mais génératrice de droits, de devoirs, de privilèges et de charges[1] ». Mme du Barry percevra un traitement. Elle aura une véritable liste civile qui, certaines années, atteindra plusieurs millions de livres. C'est chez elle que les ministres travailleront avec le roi. L'ancienne vendeuse de boutique se verra mêlée aux secrets de la politique et aux affaires de l'Etat.

Assurément, Mme du Barry a été hantée par le souvenir de Mme de Pompadour. Ce règne de vingt années, marqué de tant d'éclat, comment l'eût-elle oublié ? Modeste, elle n'ignore pas qu'elle ne dispose pas des mêmes atouts. Eblouie, elle ambitionne de les conquérir.

Ses premières interventions — est-ce un hasard ? — seront du meilleur aloi. Elle apprend qu'on va pendre une paysanne de Liancourt dans le Vexin. La malheureuse avait été découverte alors qu'elle mettait au monde un enfant *mort*. Pour n'avoir pas fait de déclaration de grossesse elle risquait la peine capitale.

Très émue, Mme du Barry écrit à M. de Maupeou : « Je n'entends rien à vos lois ; elles sont injustes et barbares, elles sont contraires à la politique, à la raison, à l'humanité, si elles font mourir une pauvre fille accouchée d'un enfant mort sans l'avoir déclaré. Suivant les mémoires ci-joints, la suppliante est dans ce cas ; et il paraît qu'elle n'est condamnée que pour avoir ignoré

---

1. Duc de Castries.

la règle ou pour ne pas s'y être conformée par une pudeur très naturelle. Je renvoie l'examen de cette affaire à votre équité, mais cette infortunée mérite de l'indulgence. Je vous demande au moins une commutation de peine. Votre sensibilité vous dictera le reste. » La malheureuse est sauvée et Paris ne peut « s'empêcher d'applaudir à cette belle action ».

Nouvelle intervention de Jeanne, en faveur du comte et de la comtesse de Louësme qui, sur le point d'être arrêtés pour dettes, s'étaient retranchés dans leur château et s'étaient défendus en tuant un huissier et un gendarme. Condamnés à être décapités, ils font appel à la favorite. Elle se jette aux pieds de Louis XV et déclare qu'elle « ne se relèvera point tant que Sa Majesté ne lui aura pas accordé ce qu'elle demande ».

— Madame, répond le roi, je suis enchanté que la première faveur pour laquelle vous me forcez, soit un acte d'humanité.

On commentera beaucoup la grâce accordée à M. et Mme de Louësme : « L'événement fit infiniment d'honneur à la comtesse et lui concilia une partie des grandes familles du royaume... »

En moins de deux mois, elle a assuré fort habilement sa position. Les courtisans de Versailles doivent aussi lui reconnaître une aisance et une distinction qui les surprennent. En société, elle se révèle très à l'aise, parle à bon escient et se montre, en un mot, femme du monde accomplie. On s'étonne : une ex-fille publique ! C'est oublier les années passées au milieu des grands seigneurs et des beaux esprits.

Le 24 juillet 1769, Mme du Barry va bénéficier de la première libéralité de Louis XV. Ce ne sera pas la dernière. Il s'agit du domaine de Louveciennes, appelé alors Luciennes, situé au-dessus de la Seine et dominant la machine de Marly qui alimente en eau le château de Versailles. Acquis par Louis XIV, ce charmant château avait servi de demeure à l'ingénieur chargé du fonctionnement de la fameuse machine, Arnold de Ville. Le défaut de la demeure est le bruit, précisément, qui monte de l'énorme barrage, et aussi les gargouillis de l'eau dont les tuyaux passent sous le château. Louveciennes est attribué à Mme du Barry sa vie durant. Elle y entreprendra pour 138 278 livres de travaux.

Au jour de l'an de 1770, Mme du Barry reçoit pour étrennes

les « loges de Nantes », c'est-à-dire le bénéfice des droits perçus sur les boutiques entourant les remparts de Nantes, une bagatelle de 40 000 livres par an.

De plus belle, on attaque *la* du Barry : des caricatures, des chansons. Le duc de Lauraguais s'en va chercher une fille chez la Gourdan et la présente partout comme la comtesse du Tonneau : c'est que Barry peut aussi se prononcer baril. D'ailleurs, on vend une gravure qui la représente attendant au coin d'une rue, dans un baril ouvert. La réaction du roi : Lauraguais est banni en Angleterre et la Gourdan interdite de séjour à Fontainebleau. Choiseul, qui déteste toujours la favorite, n'est probablement pas étranger à cette campagne. Cette fois, il sent passer le vent du boulet.

Le roi, ennemi des discordes publiques et internes, a vraiment tenté de rapprocher le ministre et la favorite. Il les a placés face à face à un souper, à Bellevue, ancienne résidence de la marquise de Pompadour. Fort joyeux, ce souper. Pourtant les témoins ont remarqué que si « le duc de Choiseul n'avait point déployé cette sérénité qu'il porte d'ordinaire dans les fêtes, la comtesse s'était comportée avec la même aisance qu'elle avait déjà eue lors de sa présentation. Elle avait fait briller autant d'esprit que de grâce et de légèreté ».

Mme du Deffand conte que Choiseul s'afflige de ne plus être appelé pour les soupers privés du roi. Quand, d'aventure, il est convié à une partie de whist, il a droit, de la part de Mme du Barry, à « des moqueries, des haussements d'épaules, enfin des petites vengeances de pensionnaire ».

A la même époque, le médecin du duc d'Orléans, Tronchin, juge que les affaires de Choiseul « se barbouillent pour le moins autant que les joues de nos élégantes ». L'opinion générale est « qu'il ne peut pas s'en tirer ». Quel coup pour un ministre ! Devoir sa faveur à une favorite, Mme de Pompadour ; se la voir ôter par une autre, Mme du Barry !

Naturellement, on chansonne cela :

> *Jadis, je dus ma fortune aux catins*
> *Je leur devrai donc ma disgrâce !*

Seul, Choiseul se juge indispensable. La politique de la France, c'est lui. Il a mené à bonne fin les négociations du mariage du dauphin avec l'archiduchesse d'Autriche, la petite

Marie-Antoinette. Il est sûr que, jamais, le roi ne se séparera de lui.

C'est en mai 1770 qu'on célèbre ce mariage. Mme du Barry est présente à toutes les cérémonies. On la voit à la messe, dans un grand habit chargé de pierreries. La veille, elle assiste au souper offert par le roi au château de la Muette, souper auquel, dit le duc de Croy, ne se trouvent que « M. le Dauphin, Mme la Dauphine, la famille royale, quelques princes et princesses du sang, les dames des services et des charges, et quelques personnes de la haute noblesse ». Jugement du duc de Croy : « sa présence fit juger qu'elle allait achever d'écraser le parti qui lui était opposé ». C'est le temps où le roi signe un édit qui ôte pratiquement aux parlements le droit de présenter des remontrances au roi : « cet usage qui caractérise un gouvernement sage qui ne veut régner que par la justice, ne doit pas être entre les mains de nos officiers un droit de résistance... » Or c'est en présence de Mme du Barry que l'édit a été discuté. Preuve de son initiation, toujours plus grande, aux affaires.

Choiseul rêve toujours de prendre sa revanche sur l'Angleterre. Une occasion surgit. Le pacte de famille, négocié par Choiseul, allie étroitement la France et l'Espagne. Voici que l'Espagne s'oppose à l'Angleterre à propos des îles Malouines. Une guerre ? Choiseul n'y serait pas opposé. Secrètement, il négocie et même, sans en référer au roi, donne des ordres pour l'équipement des troupes. C'est Mme du Barry qui va découvrir le pot aux roses. Un certain abbé de Ville, premier commis, vient confier à la favorite ce qui se trame. Elle prévient le roi. Louis XV décide, sur-le-champ, de couper court et d'écrire au roi d'Espagne pour lui dire qu'il ne veut pas de la guerre et que les négociations engagées l'ont été à son insu. Talleyrand affirmera que c'est Jeanne du Barry qui a copié la lettre. Le lendemain, le duc de Choiseul recevra ce billet laconique, porté par M. de La Vrillière : « J'ordonne à mon cousin le duc de Choiseul de remettre la démission de sa charge de secrétaire d'Etat et de surintendant des Postes, entre les mains du duc de La Vrillière, et de se retirer à Chanteloup jusqu'à nouvel ordre de ma part. A Versailles, ce 24 décembre 1770. *Louis.* »

Triomphe de Jeanne du Barry. Certes, la disgrâce de Choiseul n'est pas son œuvre exclusive. Plus que le moteur, elle a été l'instrument. Mais celui-ci s'est révélé singulièrement actif. Désormais, elle ne trouvera que des amis au ministère :

Maupeou, l'abbé Terray, Aiguillon. Rien ne s'accomplit d'important sans qu'elle y soit mêlée, tout au moins qu'on l'avertisse. Quand le roi de Suède Gustave III vient en visite, elle le reçoit et accepte de lui un admirable collier de diamants. Au lit de justice qui condamne et supprime les parlements, elle est présente.

Surtout, le roi ne peut plus se passer d'elle. A plus de soixante ans, il est détesté. C'est cela qu'il veut oublier avec cette légère et charmante jeune femme. La trompe-t-il ? A peine. Décidément, seule compte Jeanne du Barry. Une preuve : le roi fait vendre la petite maison du Parc-aux-Cerfs, témoin de tant d'idylles et d'étreintes. Pour faire pièce à la favorite, Mesdames songent à remarier leur père. On parle d'une sœur de Marie-Antoinette d'Autriche. Louis ne dit pas non. Il demande qu'on lui dépeigne en détail l'archiduchesse Elisabeth et, dans ce but, envoie un chargé de mission à Vienne. Pendant deux ans, le roi parlera du mariage. Sans s'y résoudre. Pour que les beaux yeux de Jeanne ne s'embuent plus de larmes, il lui jure, en janvier 1772, qu'il n'épousera jamais l'archiduchesse.

L'amour de Louis pour Jeanne reste intact. Qu'elle exprime un souhait, il le satisfait. Avec ivresse, elle voit l'or couler entre ses doigts. Jacques Levron a calculé que, de mai 1768 à septembre 1774, elle a reçu comme pension environ sept millions de livres, plus 150 000 livres de rente viagère. A Louveciennes, près du château, elle a fait construire par Ledoux, au-dessus de la vallée, le pavillon ravissant où elle reçoit désormais Louis XV : une bagatelle de 350 000 livres. Elle possède un hôtel à Versailles, rue de l'Orangerie, un autre avenue de Paris. Toutes ces demeures sont encombrées d'œuvres d'art, dues — preuve de goût — aux meilleurs artistes du temps. Elle doit, sur les libéralités royales, payer sa domesticité, depuis l'intendant Morin jusqu'à son petit domestique favori Zamor, l'enfant du Bengale. Elle l'a fait baptiser alors qu'il avait dix ans. « Le nègre attaché à Madame la comtesse du Barry », lit-on au registre paroissial. Elle en raffole. Pour l'habiller, elle dépense plus de 2 000 livres par an. Elle est folle de bijoux. Sans cesse, elle s'en fait donner par le roi. Sans cesse, elle en acquiert. Probablement voit-elle là un placement pour l'avenir. De 1768 à 1774, c'est pour plus de deux millions de livres que les joailliers lui fournissent des diamants, des perles, des saphirs, des rubis, des émeraudes.

A Versailles, accourent auprès d'elle les plus célèbres couturières : Rose Bertin, Mme Sigly. Presque toujours, elle se vêt de blanc. C'est sur les formes, sur les étoffes, qu'elle raffine. Tous les contemporains se sont extasiés sur son goût pour s'habiller, un goût qui est un art. Cette robe, par exemple, « de satin blanc, rayé, plissé d'or, formant des ondes, et ornée de guirlandes en bouquets, de paillons émaillés de rubis », qu'elle a mise pour assister, un soir, à Fontainebleau, au *Devin de village* de Jean-Jacques Rousseau.

La plus belle. C'est bien ainsi que la voit le Suédois Fersen, le 1er janvier 1774. C'est elle seule qu'il regarde. Il ne remarque même pas Marie-Antoinette.

Le roi se trouve avec Jeanne à Trianon quand, le 27 avril 1774, au matin, il se lève, « la tête dolente, frissonnant, courbatu ». Néanmoins, il suit la chasse. Quand il rentre à 5 heures, il se sent fiévreux. Il se couche. Mme du Barry, fort inquiète, fait venir le médecin ordinaire, Le Monnier. Après avoir examiné le roi, il affirme que cela ne sera rien. On avertit malgré tout la famille royale. On dépêche à Trianon le premier chirurgien, La Martinière. Il ne partage pas l'optimisme de son confrère. Brutalement, il lance :

— Sire, c'est à Versailles qu'il faut être malade.

Louis et Jeanne ont compris : la maladie est grave. En carrosse, on transporte le roi au château. Jeanne s'installe à son chevet. Le lendemain, la fièvre n'a pas baissé. On le saigne deux fois. La fièvre ne cède toujours pas. Le saignera-t-on une troisième fois ? Grave problème. La tradition veut qu'une « troisième saignée doive faire recevoir les sacrements », et Louis sait, d'expérience, qu'on ne lui accordera l'absolution que s'il renvoie Mme du Barry.

A Versailles, on se souvient de Metz. Ceux qui avaient fait partir Mme de Châteauroux l'avaient payé fort cher. Alors, une troisième saignée ? Aucun des médecins présents — ils sont une ribambelle — ne veut s'y hasarder. On remplace la troisième saignée par un « lavement copieux ».

A 10 heures du soir, on voit paraître sur le front et les joues du roi de petits boutons rouges. Nul doute : c'est la petite vérole. En ce temps-là, c'est une maladie souvent mortelle. Plusieurs jours s'écoulent, et le grand débat se poursuit. Ministres, secrétaires d'Etat, dignitaires, princes du sang, évêques, chacun s'affronte. Est-il temps que le roi se confesse ? Faut-il renvoyer la du Barry ?

Le 3 mai, le roi qui ignore son état regarde ses mains :

— Mais c'est la petite vérole !

On n'ose le détromper. Sourdement, il dit :

— On n'en revient point, à mon âge ; il faut que je mette ordre à mes affaires.

Il fait venir Jeanne, lui dit doucement :

— A présent que je suis au fait de mon état, il ne faut pas recommencer le scandale de Metz. Je me dois à Dieu et à mon peuple ; aussi, il faut que vous vous retiriez.

Sans un murmure, Jeanne s'est levée. Elle a quitté cet homme auprès duquel elle vient de passer cinq années. Cet homme qui l'a aimée. Le lendemain, à 4 heures de l'après-midi, elle monte en compagnie de sa belle-sœur, Chon, dans le carrosse de la duchesse d'Aiguillon. Celle-ci la conduit en son château de Rueil, l'ancienne résidence du cardinal de Richelieu.

Le lendemain soir, le roi demandera à son valet de chambre La Borde :

— Allez chercher Mme du Barry.

— Sire, elle est partie.

— Où est-elle allée ?

— A Rueil, Sire.

— Ah ! déjà !

Sur les joues du roi, deux grosses larmes.

Le 10 mai 1774, à 3 heures et quart, on soufflera à la fenêtre du roi la bougie dont la flamme signifiait que Louis XV vivait encore. La marée des courtisans déferlera en galopant sur le parquet de la galerie des Glaces — *un bruit de tonnerre*, dit un témoin — vers les appartements de Louis XVI et de Marie-Antoinette.

Une cellule d'une absolue nudité. Des murs froids, des meubles sévères : telle est la demeure de celle qui vient de régner sur Versailles. Avant même la mort de Louis XV, les ordres ont été donnés : « Le sieur comte du Barry conduit au château de Vincennes. La dame comtesse du Barry conduite à l'abbaye de Pont-aux-Dames. » Dans ce couvent, l'un des plus austères du royaume, on l'a accueillie sans indulgence. Autour d'elle, la réprobation des religieuses. Pour ces dignes femmes,

Mme du Barry est le diable. En voyant le nouveau cadre de sa vie, Jeanne a murmuré seulement :

— Oh ! que c'est triste ! Et c'est ici qu'on m'envoie...

Interdites, les visites. Tout au plus peut-elle écrire et recevoir des lettres. En vain ses amis sont-ils intervenus : M. de Maurepas est même allé voir Louis XVI. Réponse du roi : non. La *créature* — c'est le terme dont se sert Marie-Antoinette dans une lettre à sa mère — doit payer.

Le premier adoucissement ne sera accordé qu'un an après, quand elle pourra recevoir des visiteurs : la duchesse d'Aiguillon dont le mari est tombé en disgrâce, le prince de Ligne, le duc de Brissac, ému depuis longtemps par la beauté de Jeanne et qui peut enfin tout lui avouer. Après une nouvelle intervention du prince de Ligne auprès du roi, on rend enfin à Mme du Barry la liberté mais elle doit se tenir à dix lieues au moins de la Cour et de la capitale. Elle achètera donc, entre Arpajon et Corbeil, le château de Saint-Vrain. Elle fait venir des meubles de Louveciennes, des tableaux, des œuvres d'art. Ses domestiques la rejoignent. Elle devient la bonne dame de Saint-Vrain, ouvrant son parc aux paysans, leur distribuant en hiver — c'est une époque de disette — vivres et argent.

Elle fait venir sa mère qui s'établit tout près d'elle, dans un château que paye Jeanne. Elle a vendu son hôtel de l'avenue de Paris. L'acquéreur est le comte de Provence, frère de Louis XVI. Ce qui venait des Bourbons retournait aux Bourbons. Elle voudrait pouvoir circuler librement. Maurepas, qui a accédé au ministère, s'y emploie. En octobre 1776, c'est fait. Elle retrouvera son château de Louveciennes, ses rentes sur l'Hôtel de Ville et les Loges de Nantes.

Finie, la pénitence. Elle a duré deux ans et cinq mois.

C'est à Louveciennes qu'elle reçoit, en octobre 1776, la visite de Joseph II, l'empereur d'Autriche, frère de Marie-Antoinette. Elle lui montre son parc. Joseph II lui offre son bras et, comme elle hésite :

— Ne faites point de difficulté, la beauté est toujours reine.

Son cœur parlera, deux fois encore. Pour l'Anglais Henry Seymour, à qui elle écrira : « Je vous assure que je n'avais de forces que pour penser à vous... Adieu, mon tendre ami. Je vous aime, je vous le répète, et je crois être heureuse. Je vous embrasse mille fois et suis à vous. Venez de bonne heure. »

Succède à Seymour le duc de Brissac. Elle répond enfin à

son amour. Le comte d'Espinchal la rencontre à cette époque à Louveciennes : « elle est bonne, généreuse, d'une société douce, excellente amie, très charitable et extrêmement obligeante. Elle est, chez elle et dans le public, de la plus grande décence, et démentant à cet égard tous les mensonges grossiers que la calomnie s'était plu à répandre sur elle, lors de sa plus grande faveur ».

Au vrai, elle désarme les antipathies. Talleyrand et Laclos tracent son éloge. Si le futur révolutionnaire Brissot parle d'elle, c'est avec indulgence. Mirabeau se dira sensible à sa beauté autant qu'à son esprit. Elle a conquis la paix, l'amitié, l'amour.

Le coup de tonnerre de la Révolution va mettre fin à ce bonheur retrouvé. Brissac sera massacré à Versailles, après avoir écrit une dernière lettre à celle à qui il avait voué sa vie. Jean du Barry, le roué, finira sur l'échafaud.

Jeanne du Barry, à qui l'on a volé ses bijoux, qui est passée en Angleterre pour les rechercher, rentre en France. Follement. Elle est arrêtée, jetée à la prison de Sainte-Pélagie, jugée. Le petit Zamor, devenu grand, clame sa haine devant les juges. Fouquier-Tinville prononce un terrible réquisitoire :

— Vous avez devant vous cette Laïs célèbre par la dissolution de ses mœurs, la publicité et l'éclat de ses débauches, à qui le libertinage seul avait fait partager les destinées du despote qui a sacrifié les trésors et le sang de son peuple à ses honteux plaisirs ; le scandale et l'opprobre de son élévation, la turpitude et la honte de son infâme prostitution ne sont pas ce qui doit fixer votre attention. Vous avez à décider si cette Messaline, née parmi le peuple, enrichie ou couverte des dépouilles du peuple qui paya l'opprobre de ses mœurs, descendue par la mort du tyran du rang où le crime l'avait seul placée, a conspiré contre la liberté et la souveraineté du peuple, si, après avoir été la complice et l'instrument du libertinage des rois, elle est devenue l'agente des conspirations des tyrans, des nobles et des prêtres, contre la République française !

De tous ces crimes, Fouquier-Tinville s'affirme convaincu. Il demande la peine de mort :

— En frappant du glaive de la loi une Messaline coupable d'une conspiration contre la Patrie, non seulement vous vengerez la République de ses attentats, mais vous arracherez un scandale public et vous affermirez l'empire des mœurs qui est la première base de la liberté des peuples !

Vainement, Chauveau-Lagarde plaide pour elle. Le 7 décembre 1793, à 11 heures du soir, le tribunal rend son arrêt : la ci-devant comtesse du Barry est condamnée à la peine de mort, exécutoire dans les vingt-quatre heures, avec confiscation de ses biens et affichage du jugement.

Le lendemain, l'exécution doit avoir lieu à 11 heures du matin. Voilà la petite Jeanne, si légère, si amoureuse de la vie, face à la mort. Une angoisse insurmontable la tient aux entrailles. Elle appelle, elle crie. Elle a des révélations à faire, il n'y a pas une minute à perdre. On sursoit à l'exécution. Accourt le juge Denizot. Alors, elle parle, elle parle sans s'arrêter. Elle dit qu'elle a caché des bijoux à Louveciennes. Elle indique les endroits, précise qu'il s'agit d'une chaîne de diamants, de deux chaînes d'oreille de neuf ou dix pierres, de trois anneaux en diamant blanc, un en émeraude et un en diamant blanc, de deux colliers de corail, d'un collier de perles fines, d'un collier de perles d'or, de deux ou trois chaînes d'or pour col, etc.

Elle parle pendant cinq heures. Oui, cinq heures. Elle n'oublie rien. Son incroyable mémoire lui permet de tout décrire, de préciser les cachettes avec un luxe de détails extraordinaire. C'est une fortune qu'elle donne ainsi à la Nation. On sent, sous la sécheresse du procès-verbal, l'incoercible peur qui la saisit et l'espoir dont elle se berce. Après un tel don, la fera-t-on mourir ? Le moment vient où elle n'a plus rien à dire. Elle regarde le juge, les geôliers, les aides du bourreau. Elle espère encore. Implacable, la machine se remet en marche. Elle a tout dit ? Il faut qu'elle meure. Elle a dû quitter sa belle robe blanche : sa couleur, toujours. On lui a fait revêtir le sarrau gris des condamnés à mort. On lui lie les mains derrière le dos. L'aide du bourreau, à grands coups de ciseaux, fait tomber les cheveux blonds qu'aimait tant Louis XV. On la pousse dans la charrette qui attend. Il est 4 heures et demie de l'après-midi. Il fait froid. Dans les rues, personne. Jusqu'à la charrette, il semble qu'elle ait espéré. Sûrement, quelqu'un va venir. Sûrement, on va lui apporter sa grâce. Quand les roues ont commencé à grincer sur le pavé, elle s'est effondrée. Elle est évanouie quand on arrive devant l'échafaud. Il faut que l'aide-bourreau la soulève dans ses bras, et, inconsciente, lui fasse gravir les marches. On la porte sur la machine. La lunette se referme sur son joli cou. Alors, elle ouvre les yeux. Hagarde, elle voit où elle est. Il n'est pas sûr qu'elle ait crié : « Encore une minute, monsieur le bour-

reau ! » mais elle se débat, hurle. Des cris qui glacent les spectateurs plus encore que le froid. Une plainte horrible. Un appel au
secours — déchirant. La vie, va-t-on lui ôter la vie ? Elle crie,
elle crie toujours, tente d'échapper à la lunette, à la bascule. Un
déclic. Le couteau tombe. Le silence.

CHAPITRE III

L'ESPRIT ET LES LUMIÈRES

Les salons féminins sont nés au XVIe siècle, ils se sont épanouis au début du XVIIe et sont entrés en décadence quand Louis XIV régnait. Ils vont revivre — avec quel éclat ! — au XVIIIe. Soudain, prennent leur essor une série de règnes féminins, étincelants et spirituels, tendres et superbes, qui nous font porter un regard d'envie sur ces décennies si chères à Talleyrand : « Celui qui n'a pas vécu au XVIIIe siècle n'a pas connu la douceur de vivre. »

Dès l'époque de la régence du duc d'Orléans, tout ce qui touchait aux lettres a commencé à susciter l'intérêt passionné de la société. La condition d'écrivain a acquis un prestige inconnu jusque-là. A la base d'une telle évolution, on découvre en partie cette petite femme pétillant d'esprit, remuante et fantasque, que nous connaissons bien : la duchesse du Maine. Le premier *salon* de Sceaux est né avec le siècle. Pour cause de conspiration, il a été fermé pendant cinq ans.

En 1720, le château rouvre ses grilles. Mais on n'y revoit guère les grands noms de France qui s'y pressaient naguère. Ils étaient trop à avoir payé cher les foucades politiques de la petite duchesse. Mme du Maine a tremblé : sera-t-elle seule à Sceaux ? Pour combler le vide, elle a tout à coup songé aux gens de lettres. Ceux-ci, traditionnellement amis de la richesse parce que souvent affamés, n'ont pas les mêmes raisons de refuser les invitations de la belle-fille de Louis XIV. Au contraire, éblouis de les recevoir, ils ont couru à Sceaux : Fontenelle et Piron, Marmontel et Montesquieu, et Crébillon, et Raynal, et Houdar de Lamotte. Ils ont été si bien reçus qu'ils n'ont plus ressenti qu'une envie : y revenir.

Voltaire a adoré le séjour de Sceaux. En 1746, on lui annonce l'imminence de son arrestation. Pour l'éviter, il faut fuir. Mais où ? Il pense à la duchesse du Maine qui l'accueille le mieux du monde. Elle le conduit à un appartement écarté dont elle ordonne qu'on laisse les volets fermés tout le jour. Que faire en prison, à moins qu'on y travaille ? Là, aux bougies, Voltaire compose notamment *Zadig*. Chaque soir, la duchesse écoute avec transport les pages écrites dans la journée.

Ce que préfère Mme du Maine, ce sont les vers écrits à sa louange. Elle n'a pas changé. Elle se veut à Sceaux le centre absolu de tout. Une phrase la résume tout entière : « J'aime beaucoup la société, tout le monde m'écoute et je n'écoute personne. »

Ceux qu'elle convie ne sont là que pour son agrément et sa commodité. Houdar de Lamotte le sait bien, qu'elle oblige à versifier nuit et jour. S'il veut baiser la main de la duchesse, il doit le demander en vers. Si, par distraction, il choisit la main gauche, il doit s'excuser en vers — et, en vers, demander la droite. Elle lui offre une canne, il remercie en vers. Des rubans ? Des vers. Il a soif, il voudrait du champagne ? Des vers. Fatalement, les autres se sont mis à l'unisson. On versifie, on versifie.

Mme Dreuillet, femme d'un président de chambre au Parlement, a une voix magnifique. Pour cette seule raison, Mme du Maine en fait une intime de Sceaux. Mme Dreuillet n'est plus jeune, elle est infirme. N'importe, il faut chanter, la duchesse le veut. Un soir, à souper, la duchesse exige que Mme Dreuillet chante dès le potage. Or l'infortunée est souffrante, et on le sait. Elle ne s'en exécute pas moins. Le président Hénault, qui plaint Mme Dreuillet, fait observer à la duchesse que, « devant rester quatre ou cinq heures à table », elle ne pourra aller jusqu'au bout.

— Vous avez raison, président, mais ne voyez-vous pas qu'il n'y a pas de temps à perdre et que cette femme peut mourir au rôti ?

Sceaux, pour les gens de lettres, est devenu la « galère du bel esprit ». Quelques mois avant la mort de la duchesse, Voltaire écrira à une amie : « Mettez-moi aux pieds de Mme la duchesse du Maine. C'est une âme prédestinée ; elle aime la comédie et quand elle sera malade, je vous conseille de lui administrer quelque pièce au lieu de l'extrême-onction. On meurt comme on a vécu. »

Dans ce système planétaire dont la duchesse du Maine a voulu être le soleil, Sainte-Beuve a vu l'annonce des vrais salons du XVIIIᵉ siècle. Seulement l'annonce. « Les philosophes ne sont pas encore passés par là[1]. » Dans cette cour un peu guindée, les écrivains, en face d'une si grande dame, n'osent pas encore être eux-mêmes. L'esprit du siècle, c'est ailleurs qu'il va souffler.

D'abord chez la marquise de Lambert, dont le salon, contemporain de celui de Mme du Maine, peut chronologiquement être considéré comme le premier du XVIIIᵉ siècle. Pendant vingt-trois ans, de 1710 à 1733, cette grande dame fort riche, fille d'un maître ordinaire à la Cour des comptes et veuve d'un lieutenant-général, va recevoir, dans une aile du palais Mazarin que lui a cédée le duc de Nevers, les gens les plus influents de son époque.

Dès son enfance, Mme de Lambert s'est prise de passion pour les lettres. Fontenelle dit que, très jeune encore, « elle se dérobait souvent aux plaisirs de son âge pour aller lire en son particulier et qu'elle s'accoutuma de son propre mouvement à faire de petits extraits de ce qui la frappait le plus. C'étaient déjà ou des réflexions fines sur le cœur humain ou des tours d'expression ingénieux, mais le plus souvent des réflexions ».

Un peu grave, avec un sens aigu de l'observation, beaucoup de scepticisme et infiniment d'esprit, telle se campe la marquise de Lambert devant les hôtes qu'elle accueille — privilège jalousé — au palais Mazarin. Cette femme d'ordre a préféré éviter les mélanges qu'elle appréhende de voir détonnants. Elle reçoit donc deux fois par semaine, le mercredi étant réservé aux gens du monde et le mardi aux écrivains, aux savants et aux artistes. « Chez elle, dit le président Hénault — décidément habitué des bureaux d'esprit —, c'était le rendez-vous des hommes célèbres, on y lisait les ouvrages prêts à paraître. Il y avait un jour de la semaine où l'on y dînait et tout l'après-midi était employé à des conférences académiques. Mais, le soir, la décoration changeait ainsi que les acteurs. Mme de Lambert se plaisait à recevoir les personnes qui se convenaient, son ton ne changeait point pour cela et elle prêchait la belle galanterie à des personnes qui allaient un peu au-delà. J'étais des deux ateliers : je dogmatisais le matin et je chantais le soir. »

C'est que Mme de Lambert a ses idées sur l'amour. Elles lui viennent pour une part du siècle précédent, tout en se parant

_____
1. Jules Bertaut.

d'un air nouveau. Une précieuse qui serait passée par Epicure, a-t-on dit. Elle estime que l'amour est le premier des plaisirs, la plus flatteuse des illusions. Indispensable au bonheur humain, il ne saurait être banni de la société. Au contraire, on devrait apprendre à le contrôler, à le rendre plus parfait. Il existe des écoles où l'on apprend toutes les choses de l'esprit : pourquoi n'étudierait-on point de même les mouvements du cœur ? Voilà un art négligé. A tort, car les passions sont des instruments dont seul un grand maître peut jouer.

Donc, on parle d'amour chez Mme de Lambert. Mais attention ! elle déteste ce qui est grivois, répudie le « ton grenadier ». L'élégance, pour elle, c'est la discrétion ; le raffinement, c'est la réserve dans le choix des mots. Au palais Mazarin, on déteste les idées reçues. Fontenelle devient le maître à penser qui, avec ses *Entretiens sur la pluralité des mondes,* fait naître un doute raisonné sur bien des croyances arrêtées. Le scepticisme de la marquise s'exerce notamment dans le domaine religieux. Elle est de ces grandes dames, si nombreuses au XVIIIe siècle, qui se disent en froid avec Dieu, du moins le Dieu des chrétiens. L'anticléricalisme féroce qui, à certains moments, prendra d'incroyables proportions — les prêtres n'osant plus se montrer en soutane dans les rues — a été engendré dans les salons féminins.

Aux mardis, se mêlent les prosateurs et les poètes, les compositeurs et les auteurs dramatiques : Campistron, Danchet, Rameau, Campra, Marivaux. Et des peintres célèbres : Watteau, Rigaud, Nattier. Des femmes-écrivains, telles que mesdames Dacier et d'Aulnoy, Catherine Bernard, la charmante Rose Delaunay. Et même des acteurs : Baron, Adrienne Lecouvreur. La marquise de Lambert, la première, a voulu admettre des comédiens dans son salon. Façon bien à elle de protester contre le sort inqualifiable qui est fait aux gens de théâtre par la loi et l'Église. Un autre habitué du mardi : l'abbé Terrasson, de l'Académie française et de l'Académie des inscriptions. Sceptique-né, il n'a d'abbé que le titre. A son lit de mort, il dira à son confesseur :

— Monsieur l'abbé, je ne me souviens de rien, mais je vous prie d'interroger ma gouvernante, elle sait tout.

L'ecclésiastique tente, malgré tout, de poursuivre cette difficile confession :

— Voyez, monsieur l'abbé, si vous avez été luxurieux dans votre vie ?

— Madame Luquet, ai-je été luxurieux ?

— Un peu, monsieur l'abbé.

— Un peu.

Si Fontenelle préside — chacun estime que cela va de soi — les réunions du mardi, Mme de Lambert accorde la vice-présidence au marquis de Saint-Aulaire, son éternel adorateur. Il vit en extase devant elle. Elle le récompensera, dit-on, en l'épousant secrètement.

Signe des temps : la duchesse du Maine elle-même jalousera la primauté du salon de Mme de Lambert. Elle finira par solliciter l'honneur d'être reçue aux mardis, jour des gens de lettres. On lui répond qu'elle sera reçue le mercredi, jour des gens du monde. Elle en fait presque une maladie : « Oh ! mardi respectable, mardi imposant ! écrit-elle à la marquise, mardi plus redoutable pour moi que tous les autres jours de la semaine ! Vous voulez m'en exclure en qualité de princesse, mais ne pourrais-je pas y être admise en qualité de bergère ? Ce serait alors que je pourrais dire que le mardi est le plus beau jour de ma vie ! »

On lui fait cette grâce : la duchesse du Maine paraîtra aux mardis tant enviés. Belle revanche pour les gens de lettres si longtemps martyrisés à Sceaux.

Quand elle sentira venir la mort, Mme de Lambert, cédant aux adjurations de M. de La Rivière, gendre de Bussy-Rabutin, acceptera de recevoir un confesseur. Mais elle fera choix de l'abbé Couet, parce que au moins, dira-t-elle, elle le connaissait pour un homme d'esprit. Elle meurt, le 12 juillet 1733, à quatre-vingt-six ans. Adieu, les mardis du palais Mazarin.

Désormais Fontenelle, pour qui l'existence ne se concevait point sans salon, ira dîner le mardi chez Mme de Tencin. Oui, la religieuse défroquée, la maîtresse du régent, celle du cardinal Dubois, la stipendiée de Law — sept cent mille livres — la spéculatrice de la rue Quincampoix — des millions — en un mot l'aventurière type du début du siècle. Riche, elle a voulu être considérée. Elle a acheté rue Saint-Honoré un bel hôtel où elle a décidé de recevoir le mardi. Voilà fondé le salon Tencin.

Au début, peu de monde. Fontenelle, toujours bien mis, l'air un peu docte, avec vaste perruque blonde, habit clair, veste en drap d'or. Houdar de Lamotte — encore un enragé de salons —

en manteau rouge. Le mathématicien Saurin, un peu négligé : pardonnons-lui, c'est un savant. Et, surgissant au milieu du trio à qui elle apporte le chocolat, Mme de Tencin, encore jeune, « toute simple, en robe du matin avec un bonnet bien retroussé qui laisse voir sur le front deux jolis accroche-cœurs[1] ».

Son salon sera littéraire, certes, mais on y parlera de politique. Montesquieu exprime là des idées appelées à un si grand essor : il dessine l'esquisse d'une société libérale. Il trouve en Mme de Tencin une zélatrice enthousiaste. Quand paraît *L'Esprit des lois*, elle fait acheter presque toute l'édition, pour en distribuer les exemplaires à ses amis. Elle conseille aux écrivains de ne point se fier à leur plume pour subsister :

— Malheur, dit-elle, à qui attend tout de sa plume ! Rien de plus casuel. L'homme qui fait des souliers est sûr de son salaire, l'homme qui fait un livre ou une tragédie n'est jamais sûr de rien.

En femme d'expérience, elle les invite à se faire surtout des amies :

— Car, au moyen des femmes, on fait tout ce qu'on veut des hommes, et puis ils sont, les uns trop dissipés, les autres trop préoccupés de leurs intérêts personnels pour ne pas négliger les vôtres, au lieu que les femmes y pensent, ne fût-ce que par oisiveté. Parlez, ce soir, à votre amie de quelque affaire qui vous touche et demain, à son rouet, à sa tapisserie, vous la trouverez y rêvant, cherchant dans sa tête un moyen de vous y servir. Mais, de celle que vous croirez pouvoir vous être utile, gardez-vous bien d'être autre chose que l'ami car, entre amants, dès qu'il survient des nuages, des brouilleries, des ruptures, tout est perdu. Soyez donc auprès d'elle assidu, complaisant, galant même si vous voulez, mais rien de plus, entendez-vous ?

Ces propos, recueillis par Marmontel, ont l'avantage de bien situer, au XVIIIe siècle, les rapports entre hommes et femmes. Mme de Tencin a si bien réfléchi là-dessus que sans cesse elle revient sur le sujet. *A Richelieu :* « Une femme adroite sait mêler le plaisir aux intérêts généraux et parvient, sans ennuyer son amant, à lui faire faire ce qu'elle veut. »

C'est après la mort de Mme de Lambert que le salon Tencin prend son réel essor. Les habitués du palais Mazarin se retrouvent presque tous rue Saint-Honoré. La maîtresse des lieux écrit mais, pour ne pas faire de peine à ses amis écrivains, s'en cache.

---

1. Pierre-Maurice Masson.

Au jour de l'an, en guise d'étrennes, elle envoie à ses hôtes deux aunes de velours « pour une culotte ». Piron la chante :

Femme forte que rien n'étonne
Ni n'enorgueillit, ni n'abat
Femme au besoin homme d'Etat
Et, s'il le fallait, amazone...

Elle continue à se mêler activement des affaires. Elle attire chez elle les hommes politiques utiles à fréquenter. « L'âme la plus agile qui fut jamais », dit Marivaux.

Elle est toujours aux aguets, vigilante, quand la mort la surprend, le 4 décembre 1749. La seule chose, peut-être, qu'elle n'eût pas prévue.

Quand on annonce la nouvelle à Fontenelle, il dit simplement :

— Eh bien ! Je dînerai désormais chez Mme Geoffrin.

Mme Geoffrin est une riche bourgeoise, pétrie d'intelligence. Elle est née Marie-Thérèse Rodet. Orpheline dès le berceau, elle est élevée par sa grand-mère. Celle-ci avait « très peu d'instruction, expliquera-t-elle, mais son esprit était si éclairé, si adroit, si actif qu'il ne l'abandonnait jamais ; il était toujours à la place du savoir ». Cette grand-mère n'a rien enseigné à sa petite-fille, à l'exception de la lecture : « Mais elle me faisait beaucoup lire, elle m'apprenait à penser en me faisant raisonner, elle m'apprenait à connaître les hommes en me faisant dire ce que j'en pensais et en me disant aussi le jugement qu'elle en portait. Elle m'obligeait à lui rendre compte de tous mes mouvements et de tous mes sentiments, et elle rectifiait avec tant de douceur et de grâce que je ne lui ai jamais rien caché de ce que je pensais et sentais. » Mme Geoffrin est Parisienne — aussi complètement qu'il est possible de l'être. Aller à Auteuil ou à Passy lui paraît une expédition effrayante. D'ailleurs, elle se hâte de revenir coucher à Paris. A quatorze ans elle se marie avec un bourgeois, — bien sûr — François Geoffrin, enrichi dans la manufacture de glaces de Saint-Gobain. Elle lui apporte 185 000 livres de dot. Il jette dans la balance 40 000 livres de rente et l'hôtel de la rue Saint-Honoré. Le pauvre homme sera très vite dépassé par son épouse. A Saint-Gobain, il a appris à compter, pas à penser.

Or Mme Geoffrin tient avant tout, chez elle, que l'on pense. Elle a voulu donner des livres à M. Geoffrin. Peine perdue, ils lui tombent des mains. Plus tard, les beaux esprits qui fréquenteront son salon s'amuseront de l'inculture du mari. Ils lui prêteront un livre de voyage qu'il lira consciencieusement. Et puis, quand il le rendra et en demandera un autre, on lui remettra le même. Il le lira ainsi, avec une grande conscience, plusieurs fois. On lui demandera son avis :

— L'ouvrage est intéressant, mais l'auteur se répète un peu.

On lui donnera aussi un ouvrage de Bayle, imprimé sur deux colonnes. Mais il lira, lui, comme s'il n'y avait qu'une seule colonne, allant d'un seul mouvement de la gauche à la droite de la page. Ce qui lui fera dire :

— L'œuvre me paraît bonne, mais un peu abstraite.

On le verra, pendant des années, aux dîners et soupers offerts par sa femme à l'*intelligentsia* du temps. Il sera assis au bout de la table, éternellement, sans rien dire. Un jour, on ne le verra plus. Un étranger demandera à Mme Geoffrin :

— Qu'est donc devenu ce vieux monsieur qu'on voyait toujours à la même place et qui avait l'air si bête ?

— C'était mon mari et il est mort.

Elle a quarante-deux ans quand elle ouvre son salon, rue Saint-Honoré. Elle a été des hôtes de Mme de Tencin et a su en faire son profit. Elle s'est liée avec la plupart des écrivains qui fréquentaient chez sa voisine. Ainsi a-t-elle fait figure d'héritière. A la mort de Mme de Tencin, la plupart, à l'exemple de Fontenelle, sont passés chez elle. Elle reçoit deux jours par semaine, le lundi et le mercredi et elle innove : elle donne à dîner, c'est-à-dire qu'elle reçoit à midi. Les échanges de propos se font pendant l'après-midi. Le soir, elle ne garde à souper que des intimes : cinq ou six. Le lundi est le jour des artistes. Le mercredi celui des écrivains et des philosophes. Car les années ont passé et l'époque est à la philosophie. Ce sont eux, les philosophes, qui font le siècle des Lumières, eux qui proposent inlassablement de nouveaux systèmes de penser — et une idée neuve du monde. Nous n'avons pas vu encore Diderot dans les autres salons. Chez Mme Geoffrin, il surgit avec un long cortège d'idées audacieuses. Il est toujours prêt à les soutenir avec force, avec enthousiasme. Pourtant, de prime abord, il reste silencieux. « Dans une situation d'esprit froide et paisible, dit Grimm, on pouvait souvent lui trouver de la contrainte, de la gaucherie, de la timidité, même une sorte d'affectation ; il n'était vraiment Diderot, il n'était vraiment lui que lorsque sa pensée l'avait transporté hors de lui-même. » Grimm est du nombre des familiers du salon de Mme Geoffrin. Et Voltaire. Et le baron d'Holbach, si révolutionnaire en idées que, parfois, il épouvante son hôtesse. Il n'est pas d'étranger d'importance qui, de passage à Paris, ne souhaite être reçu chez Mme Geoffrin. On y voit Hume, Walpole, l'abbé Galiani. Plus tard, Franklin. A huit ans, Mozart y joue du clavecin. Mme Geoffrin entretient une abondante correspondance avec Gustave III, roi de Suède, et Catherine II de Russie. A travers l'Europe, il n'est bruit que du salon de Mme Geoffrin — et de Mme Geoffrin elle-même.

Est-ce pour assurer sa primauté ? A ces dîners du lundi et du mercredi, elle ne reçoit que des hommes. Une seule exception, Julie de Lespinasse. Quand on l'interroge sur cet ostracisme, elle répond qu'elle a remarqué que « plusieurs femmes autour d'une table dispersent la conversation ».

Véritable tête de la pensée au XVIIIᵉ siècle, elle n'en tire pas vanité. Au milieu de ses philosophes, on la voit très à l'aise, empressée à mettre ses hôtes en valeur, à donner la parole à tel ou tel, à ranimer la conversation. Sa bonté ne se dément jamais. Elle visite ses amis artistes ou écrivains, observe ce qui peut leur manquer. Le lendemain, on leur apporte, de sa part, « un bureau, un fauteuil, une pendule, un mobilier complet ». Elle verse une pension à d'Alembert, une autre à Julie de Lespinasse, qui sera pourtant sa concurrente. Piron a droit à sa provision de sucre et de café.

Le grand événement de la vie de Mme Geoffrin sera son voyage en Pologne. Elle a connu à Paris Stanislas Poniatowski. Quand celui-ci est élevé au trône de Pologne, il lui écrit : « Maman, votre fils est roi. » Il l'invite à Varsovie. Elle a soixante-sept ans, bravement elle se met en route. Ce n'est pas un voyage, mais un triomphe. A Vienne, on refuse qu'elle descende ailleurs qu'au Palais impérial. Les ambassadeurs se pressent chez elle. L'empereur descend de sa calèche pour la saluer. « Il m'a dit, écrit-elle, qu'étant obligé de partir la nuit pour aller au camp, il était empressé de me connaître. Je lui ai demandé en balbutiant comment il était possible que j'eusse l'honneur d'être connue de lui, il m'a répondu des choses si flatteuses que je n'ose les répéter. » En ce temps-là, l'idée française rayonne en Europe — cette Europe qui ne parle que français. Mme Geoffrin — une femme — incarne l'idée française. A Varsovie, à plusieurs lieues de la ville, elle trouve sur sa route une foule considérable : c'est la noblesse qui est venue à sa rencontre. Quand elle entre dans la maison préparée par Stanislas, elle se croit chez elle : le nouveau roi de Pologne a fait reproduire, avec une émouvante minutie, son domicile de Paris. Voltaire lui écrit pour qu'elle intervienne auprès de Stanislas en faveur de Calas et de Sirven. A Paris, on ne parle que de « l'ambassadrice de la pensée ».

Rien n'égale le triomphe de son retour à Paris. La gloire, la vraie. Tout ce qui compte se fait inscrire chez elle. On mène mille intrigues pour être reçu, on veut entendre le récit de son voyage.

Naturellement, on l'attaque. On compose même une pièce contre elle. Son pouvoir est tel qu'elle la fait interdire. De même, elle fait saisir un numéro de la *Gazette de Hollande* qui la traînait dans la boue.

Son seul défaut : une manière de pédanterie. Elle dirige son cercle avec une autorité un peu trop appuyée, un peu trop magistrale. Un jour, Greuze dira :

— Qu'elle prenne garde. J'ai envie de l'immortaliser. Je la peindrai en maîtresse d'école, un fouet à la main, et elle fera peur à tous les petits enfants présents et à venir.

A l'été de 1776, une attaque la laisse paralysée. Elle meurt le 6 octobre 1777.

On ne sait pourquoi, le bruit s'est répandu dans Paris qu'elle est morte d'une indigestion. Quand, chacun de son côté, d'Alembert, Thomas et Morellet la célèbrent dans une oraison funèbre, Mme du Deffand, sa rivale, déclare aimablement : « Voilà bien du bruit pour une omelette au lard. »

Julie de Lespinasse n'a eu son salon — l'un des plus célèbres — qu'après avoir en quelque sorte accompli un « stage » chez Mme du Deffand.

Celle-ci est le scepticisme incarné. Toute jeune, elle s'est mêlée à la société débauchée qui entourait le régent. Après quoi, elle est passée d'amant en amant, à la recherche d'un absolu qu'elle semble n'avoir jamais atteint. Elle a fini par trouver un apaisement modéré dans sa liaison avec le président Hénault.

— Vous m'êtes un mal nécessaire, lui disait-elle.

Elle a ouvert son salon, vers 1730, rue de Beaune. On y rencontre toutes les célébrités du temps, de Voltaire à Montesquieu. Mais ici le monde se mêle à l'art. Le duc de Choiseul côtoie d'Alembert, et le prince de Beauvau soupe à côté de Montesquieu.

Elle aussi se montre parfaitement indifférente en matière de religion. Incrédulité qui date de son enfance. Ses parents, pour en venir à bout, avaient employé les grands moyens et convoqué l'illustre prédicateur Massillon. Celui-ci s'était enfermé une heure avec la petite et, en sortant, avait prononcé cet arrêt : « Elle est charmante. » A vingt et un ans, elle épouse le colonel d'un régiment de dragons, le marquis du Deffand. Elle le laisse dans ses garnisons et vient vivre à Paris : le temps de ses folies. Quinze jours dans les bras du régent lui rapportent six mille livres de rente. Comme elle n'est pas riche, elle s'empresse de les accepter. Ce qu'elle fuit, c'est l'ennui. Pour le tuer elle a ouvert son salon. Quand le nombre des hôtes est devenu trop grand, elle a quitté la rue de Beaune pour le couvent Saint-Joseph où elle occupe l'ancien appartement de Mme de Montespan. Surtout, elle a ses idées, et elles ne sont pas tendres. Elle dit qu'elle a horreur des lettres de Mme de Sévigné et qu'elle ne parviendra jamais à comprendre Shakespeare. Elle trouve Buffon d'une « monotonie insupportable ». Quant à Rousseau, c'est un « sophiste, un esprit faux ». Les philosophes ? Des inutiles. Sauf Voltaire qu'elle idolâtre. Diderot paraît un seul jour chez elle — et s'en va sans désir de retour.

Nul n'est épargné par son jugement acéré, son humour impitoyable. Comme tout cela vient d'une intelligence supérieure, on l'accepte.

Elle a cinquante-sept ans lorsque survient la catastrophe : sa vue s'affaiblit jusqu'à la cécité complète. Elle sent qu'il lui faut auprès d'elle une personne sur laquelle elle puisse compter. Elle se souvient d'une demi-nièce à elle, Julie de Lespinasse, fille naturelle de Julie d'Albon et d'un officier, le comte de Vichy-Chamrond. Elle l'invite à s'installer auprès d'elle comme secrétaire : « Si vous me connaissez bien, vous ne devez pas avoir d'inquiétude sur la façon dont je traiterai votre amour-propre. » Elle ne lui dissimule pas la vérité : « Je suis naturellement méfiante... Il faut vous résoudre à vivre avec moi dans la plus grande vérité et sincérité, ne jamais user d'insinuations ou d'exagérations... Vous avez beaucoup d'esprit, vous avez de la gaieté, vous êtes capable de sentiments, avec toutes ces qualités vous serez charmante tant que vous vous laisserez aller à votre naturel. » Julie de Lespinasse n'a que vingt-deux ans. Elle est d'une beauté médiocre, mais extrêmement gracieuse, avec « un esprit des plus vifs et un cœur ardent ».

De prime abord les deux femmes s'entendent fort bien. Julie de Lespinasse a dû se plier au rythme infernal de Mme du Deffand. Comme celle-ci ne vit que la nuit, Julie dort le jour. Elle doit obéir aux caprices de sa tante, qui sont nombreux, ne la quitter jamais, ou presque, et lui faire la lecture pour l'endormir. La règle : être debout à 5 heures du soir, car c'est à 6 heures que s'ouvre le salon de Mme du Deffand. Bientôt, parmi les fidèles de la marquise, on sait qu'en venant à 5 heures on est reçu par Julie. Alors, bien des fidèles viennent plus tôt, tant, par son intelligence vive et gaie, la jeune fille les séduit. Dans la chambre de Julie, on verra désormais, assemblés à la même heure, d'Alembert, Marmontel, Chastellux, Turgot. Le plus attentif est d'Alembert. Julie et lui sont bâtards, ils ont eu à souffrir des conventions de la société. Voilà qui les rapproche. Et puis, elle est si charmante ! Ainsi naît d'abord la sympathie, puis un sentiment plus vif.

La marquise, tout aveugle qu'elle est, apprend un jour les réunions de 5 heures chez Julie. Cris, imprécations, fureur. Julie entend de tels reproches qu'elle avale soixante grains d'opium. Elle n'en meurt pas. Mme du Deffand sanglote pour lui demander pardon. Ce n'est qu'un sursis. Julie sera chassée. Quant à ceux dont Mme du Deffand estime qu'ils l'ont trahie, il faut qu'ils choisissent. Quel drame quand d'Alembert, Chastellux et Turgot optent pour Julie de Lespinasse ! Ils ne sont pas les seuls. Le salon de Mme du Deffand se vide alors que s'emplit celui de Julie.

De savoir son salon déserté est pour Mme du Deffand une terrible épreuve. Elle n'a plus que quelques familiers, auprès desquels elle vieillit doucement. Par exemple Pont-de-Veyle. Alors s'engage un éternel dialogue :

— Pont-de-Veyle ?

— Madame ?

— Où êtes-vous ?

— Au coin de votre cheminée.

— Couché, les pieds sur les chenets comme on est chez des amis ?

— Oui, Madame.

— Il faut convenir qu'il y a bien peu de liaisons comme la nôtre.

— Cela est vrai.

— Il y a cinquante ans.

— Oui, cinquante ans passés.

— Et, dans ce long intervalle, pas un nuage, pas même l'apparence d'une brouillerie.

— C'est ce que j'ai toujours admiré.

— Mais, Pont-de-Veyle, cela ne vient-il pas de ce qu'au fond de l'âme nous avons toujours été indifférents l'un à l'autre ?

— Cela se pourrait, Madame.

L'ennui qu'elle fuyait est là, de nouveau. Mourra-t-elle en sa compagnie ? Non. A soixante-huit ans, lui advient l'inattendu, l'imprévisible : elle tombe amoureuse du fils du ministre anglais Walpole, Horace. Elle, si cinglante, si sèche en apparence, devient tout à coup « tendre, émue autant qu'amusée, d'une sollicitude active, passionnée [1]. »

Or l'Anglais n'a pas cinquante ans. Elle pourrait être sa mère. Ce sont alors des déclarations éperdues, d'admirables lettres qui viennent autant du cœur que de l'âme. Lui, qui a peur du ridicule, fuit de son mieux la passion de cette septuagénaire. Elle ne renonce point, se réfugie dans l'expression épistolaire. Elle trouve, pour lui dire son amour, des formules qui nous émeuvent. Il est singulier que ces écrits, parmi les plus beaux du style amoureux, aient été composés par une vieille femme. Elle meurt, en 1780, fidèle à elle-même. Au curé accouru elle se borne à dire :

— Monsieur, vous serez fort content de moi, mais faites-moi grâce de trois choses : ni questions, ni raisons, ni sermons.

Julie de Lespinasse s'est installée au coin de la rue Saint-Dominique et de la rue de Bellechasse. Elle compte déjà à ce point dans Paris que chacun tient à cœur de l'aider. Le duc de Choiseul lui obtient une pension du roi, Mme Geoffrin lui verse mille écus par an, la maréchale de Luxembourg lui offre tout un mobilier. C'est assez pour vivre, point pour donner à dîner. Julie se contentera donc de recevoir chaque jour, de 5 à 9 heures. Dans ce petit appartement, tout le Paris intellectuel va se bousculer. Ce n'est pas grand-chose : une antichambre, un salon, une chambre à coucher, une chambre pour la domestique. Aux murs, des estampes. Sur les cheminées les bustes de d'Alembert et de

---

1. Sainte-Beuve.

Voltaire. C'est que Julie, à la différence de Mme du Deffand, se montre favorable à l'esprit philosophique. Tout ce que Mme du Deffand déteste se trouve, par réaction, exalté chez elle. On la baptise la « muse de l'*Encyclopédie* ». De tous les salons féminins, celui-ci est sans doute le plus libre, celui où l'esprit souffle le plus spontanément. Ce n'est pas sans quelque stupeur que l'on voit, par le seul prestige de cette bâtarde sans fortune, Condorcet se faire son secrétaire, Turgot la choisir pour correspondre. La conversation, chez Julie de Lespinasse, est un jaillissement. Ses causeurs, « elle les avait pris çà et là dans le monde, dit Marmontel, mais si bien assortis que, lorsqu'ils étaient là, ils s'y trouvaient en harmonie comme les cordes d'un instrument montées par une main habile. En suivant la comparaison, je pourrais dire qu'elle jouait de cet instrument avec un art qui tenait du génie, elle semblait savoir quel son rendrait la corde qu'elle allait toucher, je veux dire que nos esprits et nos caractères lui étaient si bien connus que, pour les mettre en jeu, elle n'avait qu'un mot à dire. Nulle part la conversation n'était plus vive, ni plus brillante, ni mieux réglée que chez elle ».

La vedette du salon ? D'Alembert, naturellement. Lui qui vient tous les jours s'avise de manquer ; Julie s'inquiète, on lui dit qu'il est malade. Elle court chez lui, s'installe à son chevet, le soigne, le guérit. Du coup, quand il est sur pied, il vient s'installer chez elle, du moins à l'étage au-dessus. Ni Julie ni lui n'admettent l'hypocrisie. D'ailleurs, ce ménage illégitime sera accepté par tout Paris sauf, bien sûr, par Mme du Deffand qui lui réserve tout son fiel.

Assurément, d'Alembert aime Julie. Elle ? Elle croit l'aimer jusqu'au jour où elle rencontre le marquis de Mora, fils de l'ambassadeur d'Espagne à la Cour de France. « Cet homme, dit-elle, remplit l'idée que j'ai de la perfection. » A vingt-deux ans, il montre une « simplicité aimable et naïve », un « caractère doux et liant sans être fade » et, ce qui ne gâte rien, un corps d'athlète. Malgré la différence d'âge et de condition, il répond à son amour. Ce qu'il ressent pour elle, dira Marmontel, c'est de l'adoration. Et elle : « J'étais aimée, et aimais à un degré où l'imagination ne peut atteindre. Tout ce que j'ai lu était faible et plat en comparaison du sentiment de M. de Mora ; il remplissait toute sa vie : jugez s'il a dû occuper la mienne ! » Leur passion dure six ans. Mora doit souvent regagner l'Espagne. Quand il revient, c'est l'éblouissement. Il songe à l'épouser, se heurte à sa famille. Il tombe malade en Espagne. Quand elle le revoit, en juin 1772, elle le voit si changé qu'elle en est « à la torture ». Elle reste trop mêlée cependant à la vie du monde pour changer d'existence. Que diraient ses fidèles si elle fermait son salon ? Chez le financier Wallet, à Bezons, elle rencontre un colonel, le marquis de Guibert, l'homme dont chacun parle. Il vient de publier un *Essai général de tactique* qui révolutionne tout ce que l'on sait de la stratégie. Il s'agit, jure Voltaire, d'un « ouvrage de génie ». Bonaparte pensera de même qui aura toujours le livre de Guibert dans ses bagages. En ce curieux temps où chacun se mêle de toutes choses, de physique et de littérature, d'anatomie et de politique, il n'est pas une belle dame à Paris qui n'ait lu la préface de l'*Essai* de Guibert, Julie comme les autres. Sous un grand saule pleureur, il parle et elle l'écoute. Elle dira : « Son âme se peint dans ce qu'il dit, elle a de la force et de l'élévation, elle ne ressemble à personne. »

Guibert, lui, regarde avec intérêt cette femme de quarante ans dont l'intelligence est devenue un dogme national. Il l'interroge, elle répond, il écoute. « De quelque sentiment qu'on ait l'âme remplie, dira-t-il, elle faisait éprouver le besoin de le lui communiquer, et on se trouvait toujours plus heureux ou moins malheureux auprès d'elle. »

Mora a dû repartir pour Madrid. Julie ne reçoit plus de nouvelles. C'est que la famille, redoutant le mariage, intercepte les lettres. Chez le jeune homme, la tuberculose fait des progrès effrayants. Mora se meurt mais ne pense qu'à Julie. Elle tremble pour Mora, mais sa pensée se porte, à chaque instant, vers Guibert qui voyage en Europe. Qui aime-t-elle ? L'un et l'autre. A Guibert elle explique : « Mon âme n'avait pas besoin d'aimer, elle était remplie d'un sentiment tendre, profond, partagé, répondu, mais douloureux cependant, et c'est ce mouvement qui m'a rapprochée de vous : vous ne deviez que me plaire et vous m'avez touchée : en me consolant vous m'avez attachée à vous. » Quand Guibert revient de voyage, elle l'aime « avec excès, avec folie, transport et désespoir », elle le lui avoue. Le soir du 10 février 1774, ils vont tous les deux à l'Opéra. Près de la loge de Guibert, il y a un petit salon. Et, dans ce salon, c'est Julie qui le dit, un « bon canapé ». C'est là que s'accomplit leur destin.

L'amour de Julie éclate sans retenue, romantique avant la lettre. Elle le crie, le clame : « Je vous aime... Je vous aime à la folie... » Et encore : « Je vous entends, je vous aime, je voudrais être toute à vous et mourir. »

A Madrid, Mora ignore tout et il agonise. Il veut revoir Julie. Malgré les médecins, malgré sa famille, il se met en route. Le voici à Bordeaux. Il n'ira pas plus loin. Il expire après avoir écrit à Julie une dernière lettre : « J'allais vous revoir, il faut mourir. Quelle affreuse destinée ! Je me meurs pour vous. »

A son doigt, deux anneaux, l'un fait des cheveux de Julie, l'autre portant quatre mots : *tout passe, hormis l'amour.*

Julie touche le fond du désespoir. Elle l'a tué, elle en est sûre. Elle veut s'empoisonner, dit à Guibert :

— Je sais, je sens que j'ai manqué à l'homme le plus vertueux et le plus sensible, je sais que j'ai manqué à la vertu, en un mot que j'ai manqué à moi-même et j'ai perdu ma propre estime. Jugez si j'ai le droit de prétendre à la vôtre !

Peut-être lasse-t-elle Guibert. Les hommes n'aiment guère qu'une femme devant eux pleure trop, et longtemps. Déjà, pour Guibert, Julie de Lespinasse est le passé. Un jour elle apprend qu'il se marie avec une demoiselle de Courcelles, à peine âgée de dix-sept ans. Dans son journal, il écrit : « J'épouse une femme jeune, jolie, douce, sensible, qui m'aime, que je sens faite pour être aimée, que j'aime déjà. » Julie, elle, lui écrit : « Adieu, puissiez-vous être toujours assez occupé et assez heureux pour perdre le souvenir de mon bonheur et de ma tendresse. Ah ! ne faites plus rien pour moi ; votre honnêteté, vos bons procédés ne font qu'irriter ma douleur ! Laissez-moi vous aimer et mourir... »

Les lettres de Julie de Lespinasse sont parmi les plus belles de la langue française. Surtout celles que l'on doit à sa douleur : « J'ai souffert. J'ai haï la vie ; j'ai invoqué la mort... Oh ! qu'elle vienne, et je fais serment de ne pas lui donner de dégoût et de la recevoir au contraire comme une libératrice. » Elle se résume tout entière dans une admirable formule : « Je n'aime rien de ce qui est à demi, de ce qui est indécis, de ce qui n'est qu'un peu. »

Pour oublier Guibert — et peut-être le souvenir de Mora — elle prend de l'opium. Trop. Cette mort qu'elle appelait à grands cris vient. Guibert accourt à son chevet et, en pleurant, la supplie de vivre. Il est trop tard. D'Alembert est près d'elle. Du drame de Julie, il a tout connu, tout su, tout compris. La dernière lettre qu'elle écrit est pour lui : « Mardi, 4 heures, mai 1776. Mon ami, je vous aime ; c'est un calmant qui engourdit ma douleur. Il ne tient qu'à vous de le changer en poison et, de tous les poisons, ce sera le plus prompt et le plus violent. Hélas, je me trouve si mal de vivre que je suis prête à implorer votre générosité pour m'accorder ce secours... Ah ! mon ami, faites que je vous doive le repos, par vertu soyez cruel une fois ! Je m'éteins. Adieu. »

Elle meurt d'avoir trop aimé.

« Ainsi les femmes menaient le royaume. Elles régentaient la société en lui dictant les lois de bienséance. Elles dirigeaient la littérature. Elles intriguaient, non seulement pour faire admettre leurs protégés à l'Académie où elles étaient toutes-puissantes, mais encore pour leur permettre de publier les œuvres les plus hardies [1]. »

Ce temps est aussi celui de la correspondance. On a déjà signalé cette différence profonde entre le siècle précédent et celui-ci. Au XVIIIe siècle, les femmes ont reçu de l'éducation, Mme de Maintenon et ses émules sont passées par là. Non seulement elles savent écrire, mais elles le font délicieusement. C'est le style du XVIIIe siècle, le meilleur que l'on ait connu en France. On s'émerveille à lire les lettres de toutes ces femmes. Souple la phrase, vive la démarche, justes les mots. La franchise et la légèreté rencontrent l'esprit. Cette aisance souveraine n'est pas réservée aux grandes dames. Des correspondances de femmes de chambre sont une merveille. Cette manière d'écrire reflète tout simplement l'art d'une civilisation. Les femmes, mieux que les hommes, s'en font les porte-parole.

Les femmes que nous venons de rencontrer ont vécu pour les lettres. Elles paraissent presque aussi importantes, les Françaises du temps qui ont vécu pour les hommes de lettres. Au premier rang, bien sûr, la « belle Emilie », marquise du Châtelet.

Mme de Genlis affirmait que la mode exigeait, vers 1730, que les jeunes femmes, en apercevant M. de Voltaire, s'évanouissent. S'il y a là de l'exagération, on ne peut effacer de l'histoire ce jour de 1733 où, se trouvant dans un salon, Voltaire a vu arriver en trombe une jeune personne qui, sans se présenter, a

---

1. Jean Larnac.

sauté sur ses genoux, lui a jeté les bras autour du cou et l'a embrassé sans faire de manières. Il s'agit de l'épouse du marquis du Châtelet, lieutenant général des armées du roi. Fille du baron de Breteuil, introducteur des ambassadeurs, elle a vingt-sept ans.

Mme du Deffand, féroce, nous la dépeint ainsi : « Représentez-vous une femme grande et sèche, sans cul, sans hanches, la poitrine étroite, deux petits tétons arrivant de fort loin, de gros bras, de grosses jambes, des pieds énormes, une très petite tête, le visage aigu, le nez pointu, deux petits yeux verts de mer, le teint noir, rouge, échauffé, la bouche plate, les dents clairsemées et extrêmement gâtées, etc. » Il faut savoir ce qu'a raconté sur elle son valet de chambre Longchamp. La première fois qu'il la voit, elle vient d'enlever sa chemise de nuit sans avoir encore passé celle de jour. Etonnement de Longchamp devant si peu de pudeur. Elle passe dans son bain, l'appelle. Si elle pousse des cris, ce n'est pas parce qu'il la voit nue, mais parce qu'il lui verse de l'eau trop chaude.

Quand la « belle Emilie » rencontre Voltaire, elle est mariée depuis sept ans au marquis du Châtelet. Elle lui a donné un fils et une fille. Surtout, elle a appris à mépriser son mari avec toute la politesse dont sont capables les femmes du siècle. Elle a noué une aventure avec M. de Guébriant, à qui a succédé Richelieu. Pour que ce dernier ait pu s'intéresser à elle, il faut que Mme du Châtelet n'ait pas été aussi revêche que l'a montrée Mme du Deffand. M. Jean Orieux, biographe de Voltaire, s'inscrit en faux contre cette description acceptée par tous. Il rappelle que les portraits d'Emilie nous la montrent pas laide du tout : « Elle a peut-être la bouche un peu enfoncée, le nez un peu long — mais le teint n'est pas noiraud !... Qu'elle ait la charpente osseuse, c'est bien possible, cela lui donnait l'air majestueux. Et pourquoi lui reprocher ses yeux verts de mer ? Tout le monde est d'accord : ses yeux sont beaux, très beaux, le regard est aimable, extrêmement intelligent, resplendissant. »

Or Mme du Châtelet est une femme savante. Une vraie. Elle écrit un latin parfait. Elle a traduit l'*Enéide*, étudié Leibniz et pénétré les arcanes du calcul différentiel de Newton. Le certain, c'est qu'Emilie va éblouir Voltaire. Pour la première et la dernière fois de sa vie, l'auteur de *Candide* va être amoureux. « Eperdument et profondément », c'est M. Orieux qui l'affirme. Ainsi commence une des plus célèbres liaisons de l'histoire littéraire. M. du Châtelet ? Depuis longtemps dépassé par sa volcanique épouse — elle l'est, de son propre aveu, au physique et au moral — il met, en mari qui sait vivre, son point d'honneur à demeurer en retrait. Quand il comprend que vient de naître entre Emilie et Voltaire une passion toute neuve, quand on lui dit que l'écrivain veut emmener sa conquête « dans quelque lieu retiré », M. du Châtelet leur offre aussitôt son château de Cirey. Et même il promet de leur rendre visite chaque fois qu'il le pourra.

M. du Châtelet n'est pas très riche. Son château, peu éloigné de Lunéville, paraît délabré. Il serait urgent d'y faire passer les maçons, les couvreurs, les peintres. Faute d'argent, M. du Châtelet a toujours remis cela au lendemain. Voltaire fera de Cirey — à ses frais — un petit Versailles. Il ira jusqu'à reconstruire en partie le château, il le décorera, le meublera. Là, pendant quinze ans, Emilie et Voltaire vont poursuivre leur étonnante aventure. Tous les deux, ils travaillent. On ne doit pas négliger les travaux scientifiques de Mme du Châtelet. Son biographe, M. André Maurel, affirme qu'elle était un esprit supérieur. Elle a pénétré les sphères les plus difficiles des mathématiques et de la philosophie transcendante, et s'y est trouvée à son aise. Voltaire, lui, écrit *Zaïre, Mérope, L'Enfant prodigue, Mahomet.* Les contemporains nous les dépeignent : « l'un fait des vers de son côté et l'autre des triangles ». On nous montre, entassés dans la galerie, « des instruments de tous les genres, mathématiques, physiques, chimiques, astronomiques, etc. ». Mme du Châtelet prétend répondre à des questions qu'elle se pose à elle-même : « Pourquoi Dieu, puisqu'il est éternel, a-t-il attendu si longtemps avant de créer l'homme ? — Qu'est-ce que le feu ? Une substance, un corps distinct, une portion de la matière ou bien un phénomène, une manière d'être ?... » Quand ils ont achevé chacun sa journée — et Dieu sait si elle est bien remplie ! — ils se retrouvent face à face pour la soirée. Ils apprennent ensemble l'anglais et l'italien. Ils traduisent le Tasse, Pope, Shakespeare. Voltaire adore son Emilie telle qu'elle est, « mais surtout en raison de cette supériorité du cœur et de l'intelligence qui la rendait digne de lui ».

A Lunéville, le vieux roi Stanislas exilé invite parfois le couple à sa Cour. Il semble qu'il ait un moment jeté son dévolu sur Mme du Châtelet. Mais celle-ci n'a d'yeux que pour un jeune officier, un poète : Saint-Lambert. Dès qu'elle l'a vu, elle l'a trouvé beau. La première, elle a fait sa déclaration. Une habitude, décidément. Flatté, Saint-Lambert a ouvert les bras. Quand

Stanislas emmène son monde dans ses résidences de Nancy ou de Commercy, Mme du Châtelet et Saint-Lambert s'arrangent pour ne pas être logés trop loin l'un de l'autre. Non pas qu'Emilie ait oublié Voltaire, non pas même que son amour ait diminué. Mais Voltaire, éternel valétudinaire, toujours soignant quelque maladie, affaibli jusqu'à devenir squelettique, n'est pas un amant très envahissant. Saint-Lambert, au début, fait figure de doublure. Il a trente ans et se porte bien. Mais la marquise se prend au jeu. Saint-Lambert, les premières effusions accomplies, prend du champ : « Je suis bien contente de vous quand nous sommes tête à tête ; mais je ne le suis point de l'effet que vous a fait mon départ. Vous connaissez les goûts vifs, mais vous ne connaissez pas encore l'amour... Si vous ne devez m'aimer que faiblement, si votre cœur n'est pas capable de se donner sans réserve, de s'occuper de moi uniquement, de m'aimer sans bornes et sans mesure, que ferez-vous donc du mien ?... Vous voudriez que j'exigeasse moins... J'attends votre première lettre avec une impatience qu'elle ne remplira peut-être point ; j'ai bien peur de l'attendre encore après l'avoir reçue... »

Stimulé, Saint-Lambert se fait moins évasif. Quand elle le rencontre, Emilie oublie toute prudence. Un jour, Voltaire, sans penser à mal, pousse la porte qui n'est même pas fermée au verrou. Il trouve Emilie avec Saint-Lambert, « conversant ensemble d'autre chose que de vers et de philosophie », précise Longchamp dans ses Mémoires. Voltaire crie, tempête, jure comme un homme ordinaire. Il fait même mine de se jeter sur Saint-Lambert. Celui-ci se rajuste et, au mépris de toute vraisemblance, jure que ses intentions étaient pures. Voltaire ne veut rien croire, rien admettre, il demande ses chevaux, il va partir pour Paris. Dans la nuit, la marquise le rejoint. On ignore ce qu'ils se sont dit mais, au matin, elle est pardonnée. Voltaire, le sourire aux lèvres, va voir Saint-Lambert :

— Mon enfant, j'ai tout oublié... Vous êtes dans l'âge heureux où l'on aime, où l'on plaît ; jouissez de ces instants trop courts : un vieillard, un malade comme je suis n'est plus fait pour les plaisirs.

Emilie va vers sa quarante-troisième année quand — ô étonnement ! — elle comprend qu'elle va être mère. Elle apprend la nouvelle tout à la fois à Voltaire et à Saint-Lambert. L'enfant naît, le 4 septembre 1749, au château de Lunéville. « Nous mettrons ce *baby* parmi vos *œuvres mêlées* », dit Voltaire à Emilie.

Et il annonce sans tarder l'événement à ses amis. *Au marquis d'Argenson* : « Mme du Châtelet vous mande, Monsieur, que cette nuit, étant à son secrétaire et griffonnant quelque pancarte newtonienne, elle a eu un petit besoin. Ce petit besoin était une fille qui a paru sur-le-champ. On l'a étendue sur un livre de géométrie *in-quarto*. Pour moi, qui ai accouché d'une tragédie de *Catilina*, je suis cent fois plus fatigué que l'heureuse mère... » Six jours après, Mme du Châtelet meurt des suites de cet accouchement. Voilà Voltaire au désespoir. Il écrit à Saint-Lambert : « C'est vous qui l'avez tuée ! » Il sort, se jette à terre, tâche de son mieux de se briser le crâne sur les pavés. Le lendemain, Mme de Boufflers ôte une bague du doigt d'Emilie. Voltaire, qui sait que son portrait est caché dans le chaton, l'ouvre pour le récupérer. Il y trouve l'image de Saint-Lambert.

— Oh ciel ! s'écrie-t-il, voilà bien les femmes. J'en avais ôté Richelieu, Saint-Lambert m'en a expulsé, cela est dans l'ordre, un clou chasse l'autre, ainsi vont les choses de ce monde.

Merveilleux Voltaire que Marmontel montre fondant en larmes lorsqu'il parle de Mme du Châtelet et aussitôt après éclatant de rire en pensant à quelque drôlerie de la vie. C'est chez le Grand Frédéric qu'il ira se consoler.

Dans la vie de Jean-Jacques Rousseau, les femmes passent, mais, à une exception près, ne s'y arrêtent jamais. Il est sauvage, il est bougon, il les rudoie. Quand elles sont prêtes à s'attacher à lui, il les repousse — comme s'il avait peur. Pourtant il les désire toutes. Comment ne pas se souvenir de cette demoiselle Lambercier de qui, quand il était petit, il avait reçu des fessées délicieuses ; de Mlle Galley et des voluptés ressenties à chevaucher en croupe derrière elle, le jour des cerises ; de la Vénitienne Zulietta, si disponible qu'il n'avait pas su profiter de sa facilité ? Et les bras nus de Mme Dupin ! Et la douce intimité de Chambéry et des Charmettes, avec Mme de Warens. Un compliqué, ce Jean-Jacques, comme eût dit Léautaud. Il n'a pas su voir qu'il était sincèrement aimé de Mme de Verdelin, et aussi de Mme de Latour-Franqueville. Il ne tenait qu'à lui de voir succomber Mme d'Epinay. Mais il aime les poitrines imposantes, et elle a « de la gorge comme sur ma main ». Mme d'Houdetot est prête à tout lui donner dans un bosquet d'Eaubonne quand soudain, sur la route, passe un chariot. Le cheval tombe, le charretier profère un juron qui se révèle à ce point en situation que la comtesse éclate de rire. Rousseau rit aussi, on ne songe plus à l'amour. Pourtant il aime réellement Mme d'Houdetot. Il faut lire tout ce qu'écrit là-dessus Claude Ferval. Il faut avec elle se perdre au milieu des incroyables intrigues dont Rousseau n'est pas maître : la jalousie de Mme d'Epinay à l'égard de Mme d'Houdetot ; le dépit de Grimm qui se croit des droits sur Mme d'Epinay ; et Diderot qui intervient avec la sottise que peuvent mettre en ces sortes d'occasions les gens très intelligents. Par là-dessus, les criailleries de Thérèse Levasseur et de sa mère.

Car il faut bien en venir à Thérèse. La « fame » de Jean-Jacques, comme elle écrira. Thérèse l'illettrée, étrangère à toute chose de l'esprit, « une bonne grosse bête paysanne, mais finaude, rusée et bavarde, jalouse de tout ce qui la dépassait, inquiète de toutes les belles dames qu'elle voyait tourner autour de Jean-Jacques [1] ». La vérité est qu'il ne l'a jamais aimée. Que cet éternel angoissé, complexé auprès de toutes les femmes, n'a cru trouver de repos qu'auprès de cet être rassurant. On a dit de Thérèse Levasseur qu'elle a été plus une infirmière qu'une maîtresse. Sûrement. Mais quel aboutissement ! Il lui donne des enfants, qui furent tous abandonnés.

Dans *Les Confessions*, Rousseau écrit : « On était loin de concevoir à quel point je peux m'enflammer pour des êtres imaginaires. » Voilà pourquoi il n'a pas su s'attacher aux êtres qui ne l'étaient point. Sauf à Thérèse Levasseur.

Durant l'hiver de 1773, un ami prie M. de Beaumarchais de prêter sa harpe « pour une demoiselle de sa connaissance ». Il faut savoir que, cette année-là, on ne découvre à Paris qu'un seul sujet de conversation : précisément M. de Beaumarchais. Il a quarante et un ans, il est grand, bien fait, vif, fringant, l'œil pétillant. Il a été horloger, politique, financier, agent secret, commerçant, libelliste, magistrat. Et auteur dramatique. Les jolies femmes n'ont d'yeux que pour lui. Toujours, il mène de front deux ou trois aventures. Sans oublier deux mariages tristement dénoués : ses deux épouses mortes — en l'enrichissant.

Si une demoiselle lui demande de prêter sa harpe, c'est que M. de Beaumarchais est aussi musicien. Il a même donné à

_____
1. Emile Henriot.

Versailles des leçons à Mesdames, filles de Louis XV. Ainsi a commencé sa fortune. Cette fois il répond à l'ami : « Je ne prête point ma harpe mais, si elle veut venir avec vous, je l'entendrai et elle pourra m'entendre. »

L'ami conduit la demoiselle. Elle entre. Beaumarchais, saisi, la regarde. Dieu qu'elle est séduisante ! Elle n'a que vingt et un ans, montre un visage « au teint éclatant », une taille et une gorge parfaites, de « spirituels yeux bleus, ornés de longs cils », un front haut cerné de souples cheveux châtains. Elle parle et sa voix est chaude, mêlée d'une sensualité discrète qui ravit ce libertin. Aux questions qu'il pose, elle répond avec un naturel poli et charmant, un demi-sourire où se dosent exactement la réserve et la malice. Elle parle de son origine suisse et de son éducation française. Elle s'appelle Marie-Thérèse-Emilie Willermauwlaz. Son père est homme de confiance du marquis de Dreux-Brézé.

A son tour, il prend la parole, conte quelques événements de sa vie, dévoile des anecdotes, la fait rire, l'intéresse, l'émeut — l'éblouit. Un peu plus tard, Thérèse fera porter ses bagages à l'hôtel de M. de Beaumarchais. Désormais, elle gouvernera son cœur. Et sa maison.

Les mois ont passé, et les années. Thérèse a été par son amant baptisée Mme de Willers. Les amis intimes la traitent comme l'épouse de Beaumarchais. Lui seul oublie de lui donner son nom. Chacun admire dans Thérèse « la beauté, l'esprit, les ressources mondaines et ménagères, les dons exceptionnels de femme d'affaires[1] ». On trouve que tout cela vaut bien « qu'il lui passe aussitôt la bague au doigt ». Seul Beaumarchais paraît n'y point penser.

Il a repris ses habitudes de don Juan toujours en quête de plaisirs neufs. Quand Thérèse, le 6 janvier 1777, lui donne une fille, il s'en montre ravi. Un mois plus tard, il file le parfait amour avec une Mme de Godeville, à qui il écrit des lettres de feu : « Je vais t'enfermer, te chambrer, t'alcôver, t'embrasser, te baiser, t'étreindre. » La pauvre Thérèse se désole.

Il la néglige, certes, mais sans penser une seconde à se séparer d'elle. En voyage, il ne lui écrit plus. Son fidèle compagnon Gudin fait office d'épistolier. Parfois, elle s'irrite, parle de quitter « le tiède, l'oublieux, l'infidèle ». Gudin intervient : « Rendez-vous justice à tous deux. Vous serait-il possible de

_____
1. Pierre Richard.

trouver un amour plus aimable ? Trouverait-il dans le monde entier une femme plus charmante et plus solide ? Je vous crois à tous deux trop de sens pour vous brouiller jamais, mais, si cela vous arrive, j'en jure par ma philosophie, vous chercherez longtemps ce que vous aurez perdu. Je vous salue et vous embrasse et suis et serai toujours le meilleur ami de l'Amant et de la Maîtresse. »

Thérèse finit par acquérir une sorte de résignation. Certes, elle garde la meilleure part mais elle sait désormais ne pouvoir compter que sur l'infidélité de son Pierre. Des années, encore des années. L'éternel jeune homme semble alors mûrir. Il est temps : il a largement franchi la cinquantaine. Un jour il annonce à Thérèse sa décision : il l'épouse. Elle n'en croit pas ses oreilles, suppose une velléité. Elle se trompe. Le curé de Saint-Paul vient bénir leur union. Elle est Mme de Beaumarchais. Comme son terrible mari ne fuit aucune occasion de publicité, il fait paraître dans les journaux une prétendue lettre à sa femme, texte assez indécent : « Je ne veux pas, ma chère amie, vous priver plus longtemps de la jouissance de l'état qui vous appartient ; vous êtes ma femme, vous n'étiez que la mère de mes enfants, il n'y a rien de changé à votre état antérieur... Embrassez notre fille tendrement et faites-lui comprendre, si vous le pouvez, la cause de votre joie. J'ai rempli tous mes devoirs envers elle, envers vous... Je suis tranquille, en paix avec moi-même ; et je puis mourir sans remords... »

Beaumarchais enfin assagi ? Ce serait mal le connaître et Thérèse le connaît trop bien. A peine a-t-il annoncé son mariage à l'univers qu'il reçoit une éblouissante solliciteuse. Durant dix ans il va aimer « cette femme en miniature, avec ses idées de vingt pieds ».

Voici la tempête de 1789. Dans cette société nouvelle — ô paradoxe ! — l'auteur du *Mariage de Figaro* se sent dépaysé. Il se plaint que Sparte la farouche ait remplacé Athènes l'aimable. Il vivait pour Athènes ; il n'est pas prêt pour Sparte. Les journaux l'attaquent. On voit en lui un symbole des tares de l'ancien régime. On lui reproche une fortune acquise un peu vite et par des moyens pas toujours avouables. Il veut se rétablir dans l'estime des gens en place, offre de remplir une mission à l'étranger. A peine est-il parti qu'on le déclare émigré. S'il rentre, il risque la mort. La police convoque Thérèse. On l'avertit que la loi oblige les femmes d'émigrés à divorcer. Elle répond :

— Vos décrets m'obligent à demander le divorce ; j'obéis quoique mon mari, chargé d'une commission, ne soit point émigré, quoiqu'il n'ait jamais eu la pensée d'émigrer. Je l'atteste et je connais bien son cœur. Il se tirera de cette accusation comme il s'est tiré de toutes les autres et j'aurai la satisfaction de l'épouser une seconde fois, selon vos lois nouvelles.

Cette femme forte montre alors tout son caractère. Elle veut, elle veut de toute son âme sauver son Beaumarchais. Chaque jour, elle court les bureaux. Elle prie, exige, implore, tempête, supplie. Alors que tombent les têtes, elle s'acharne pour sauver celle du seul homme qui ait jamais compté pour elle : son mari. Sa belle-sœur l'admire qui lui écrit : « On n'en fait plus de ton espèce, ma fille. Conserve-toi pour supporter les misères d'un temps qui passera fort bien, je t'en assure. Puisque moi, frêle arbrisseau, j'ai pu le vaincre, que sera-ce de toi, orgueilleux cèdre, ou plutôt souche à trente mille racines ? » Enfin, le 5 juillet 1796, il peut rentrer. Il la serre dans ses bras. Comme elle l'a annoncé, elle ira de nouveau l'épouser à la mairie. Orgueilleusement, elle peut se dire que, cet homme qui l'a tant fait souffrir, elle l'a sauvé : c'est là sa vengeance.

De la primauté des dames de ce temps, on songe déjà à tirer parti. Un fait, pour nous lourd de sens : c'est au XVIIIe siècle que naît la presse féminine.

L'an 1758 voit tout à coup paraître le *Courrier de la nouveauté, feuille hebdomadaire à l'usage des dames*. De cette première publication, nous ne savons rien, car on n'en a gardé que le prospectus. Tant pis. En revanche nous savons tout du *Journal des dames* qui a paru de 1751 à 1778. Tant mieux. Son programme ? Donner le « compte rendu de tout ce qui était fait en littérature par ou pour les dames ». Bien dépassé le stade de la simple « nouveauté ». L'esprit, seulement l'esprit. Soyons francs : cela n'a duré que quinze ans. Dès 1775, le *Journal des dames* devient tout bonnement un périodique de mode : un mensuel pour l'abonnement duquel il en coûte quinze livres par an. On y trouve déjà des pages publicitaires, « pour toutes sortes de pommades et de corsets, de couturières et de sages-femmes[1] ».

Journal spécialisé, encore : le *Cabinet des modes*, illustré

---

1. Evelyne Sullerot.

d'adorables gravures enluminées, avec des recettes, des échos sur la ville et la Cour, des morceaux de vers.

Décidément, un élan est donné.

Le curieux de l'affaire, c'est que ce foisonnement intellectuel ne va produire aucun grand écrivain féminin. Aucune poétesse n'est parvenue à la postérité. Pas plus que les trois femmes auteurs dramatiques qui se sont fait jouer. Pas plus que la trentaine de romancières dont il est possible de citer le nom. Or ce n'est pas le cas des femmes peintres.

Tout à coup, en voici qui ont traversé deux siècles. Aucun historien des arts ne peut négliger la Rosalba, ni Mme Vigée-Lebrun. Les premières femmes peintres que nous connaissons, celles du XVIIe siècle et du XVIIIe siècle, sont presque toutes filles ou parentes d'artistes. Dans ce milieu où a baigné leur enfance, elles ont trouvé des raisons de créer qui, dans un autre cadre, leur seraient restées interdites.

Rosalba Carriera — la Rosalba — s'est exercée au dessin sous la direction de son père. Elle est née à Venise en 1670 et y est morte en 1757. C'est sur les conseils d'un Français, Jean de Sèze, qu'elle s'est mise à peindre des dessus de tabatière. De là elle est passée à la miniature puis au pastel, genre qui l'a rendue célèbre. Avant elle, aucun peintre femme n'avait été illustre. On a parlé de l'« immense et international cortège d'admirateurs » de Rosalba. Quand elle vient à Paris en 1720, sa renommée est telle qu'on l'élit à l'Académie des beaux-arts sans qu'elle ait rien sollicité. Elle y est reçue le 20 octobre 1720, recueillant l'expression de l'admiration de Watteau qui déclare que ses pastels sont si légers qu'on les dirait peints « avec de la poudre d'ailes de papillon ».

Académicienne encore, Mme Vigée-Lebrun. Son père, le pastelliste Louis Vigée, était professeur à l'Académie de Saint-Luc. A sept ans, sa fille lui montre une étude qui déchaîne son enthousiasme et il déclare : « Tu seras peintre, mon enfant, ou jamais il n'en sera. » A onze ans, elle quitte le couvent. Elle se met au travail avec Bréard, Doyen et Vernet qui l'encourage à « étudier la nature et les peintres italiens et flamands ». Elle reçoit aussi les conseils de Rosalie Bocquet, « fille et nièce de peintre ». Pour s'exercer, elle copie des têtes de jeunes filles de Greuze. Elle apprend les « semi-tons qui se trouvent dans les carnations délicates ». Dans les attachants souvenirs qu'elle a laissés, elle confie qu'elle n'était pas jolie à cette époque. Elle parle de « son front énorme », de ses « yeux très enfoncés » dans son visage maigre. Elle se trouve trop grande. Tout cela change quand elle « vieillit ». Elle devient ravissante, témoin son auto-portrait conservé aujourd'hui aux Offices de Florence. De façon charmante, elle écrit : « J'ai oublié de vous dire qu'il s'était fait en moi une métamorphose et que j'étais devenue jolie. » Ce à quoi d'ailleurs elle n'attache guère d'importance, car seul son art compte : « Il n'y avait pas moyen de m'en distraire. » Son talent s'affirme. Elle peint des portraits, les réussit. Les clients affluent. On admire bientôt son comte Orloff, son Souvaloff, sa comtesse de Brionne, sa duchesse d'Orléans. Toutes les dames de la noblesse et de la cour veulent être peintes par Elisabeth Vigée. En 1774, elle expose rue Saint-Merri, à l'hôtel d'Yabach. Un premier critique parle d'elle : « Elle a pris la route d'une artiste qui veut se faire une grande réputation. » Ce critique est aussi marchand de tableaux, il se nomme Lebrun. Six mois plus tard, il demande la main d'Elisabeth. « J'étais loin de vouloir l'épouser, raconte-t-elle, quoiqu'il fût très bien fait et eût une figure agréable. » Mais après la mort de Louis Vigée, sa mère s'est remariée et Elisabeth s'entend fort mal avec son beau-père. Le mariage, pour elle, est l'occasion de fuir l'univers familial. Elle accepte. Mais « en allant à l'église, je me disais encore : "Dirai-je oui, dirai-je non ?" Hélas, j'ai dit oui. Ce n'est pas que M. Lebrun fût un méchant homme, il était au contraire très aimable, mais sa passion pour les femmes de mauvaises mœurs, jointe à la passion du jeu, a causé la ruine de sa fortune et de la mienne. » Elisabeth n'entreprend aucun portrait pour moins de deux mille livres et en reçoit quelquefois jusqu'à douze mille. Sommes énormes. M. Lebrun déclare qu'il va faire fructifier cet argent et le confisque intégralement. En 1789 Mme Vigée-Lebrun n'aura plus que vingt francs de revenu. Elle avait gagné un million !

Le ménage s'est séparé ; chacun vit de son côté. Comme la loi le lui permet, Lebrun continue à dilapider allègrement l'argent d'Elisabeth.

En 1779, Mme Vigée-Lebrun peint le portrait de Marie-Antoinette. Le premier. Car la reine la prend en amitié. Elle aime sa touche légère et sensuelle : « telle que Marie-Antoinette voulait être peinte et telle que le sentiment public voulait la voir ». Elle est sincère, Elisabeth : elle dit dans ses *Souvenirs*, avec une naïveté désarmante, que la « peau de la reine était si transparente qu'elle ne prenait point d'ombre ». L'histoire doit beaucoup à Mme Vigée-Lebrun. C'est par son regard que nous voyons Marie-Antoinette laitière à Trianon, ou en robe de mousseline blanche, coiffée d'un souple chapeau de paille, ou encore avec ses enfants. Elisabeth a peint presque toute la famille royale : le comte de Provence, futur Louis XVIII, les enfants de France, Madame Elisabeth, la comtesse d'Artois. Et aussi, la princesse de Lamballe, la duchesse de Polignac, la princesse de Croy, la duchesse de Chaulnes et trois fois la du Barry. Elle se peint elle-même, elle peint sa fille Jeanne. Les étrangers viennent la supplier de faire leur portrait. Chez elle, on joue la comédie, on chante des opéras.

L'opinion gronde déjà. Monte l'impopularité de Marie-Antoinette. Il en rejaillit un peu sur son peintre. Quand Elisabeth expose le portrait de la reine en robe de mousseline blanche, le public baptise l'œuvre *L'Autrichienne en chemise*. Un autre portrait, qui n'est pas prêt pour l'ouverture du Salon et dont on expose seulement, pendant deux jours, le cadre vide, est appelé le *déficit*.

C'est dès 1783 que Mme Vigée-Lebrun a été reçue membre de l'Académie. Comme tableau de réception, elle a peint *La Paix qui ramène l'abondance*. Quand vient la Révolution, effrayée de voir la haine qui s'est levée contre « sa » famille royale, elle s'exile. Partout, on célèbre sa gloire. Partout elle peint, aussi bien à Rome qu'à Naples, où elle fait le portrait de lady Hamilton, qu'à Vienne, à Berlin, à Saint-Pétersbourg. Elle reviendra quelque temps à Paris sous l'Empire, peindra Caroline de Naples, sœur de Napoléon. Elle ne s'y trouve pas à son aise. Elle pleure toujours Marie-Antoinette. Elle murmure quelques paroles sur les vraies et fausses princesses. Il n'en faut pas plus pour compromettre une carrière sous l'Empire. De nouveau, elle s'expatrie, va peindre à Coppet le portrait de Mme de Staël.

Il lui semble revivre quand Louis XVIII monte sur le trône. Elle perdra sa fille et, de cette douleur, ne se remettra jamais. Elle vivra désormais à Louveciennes, ne cessant point de peindre. Elle achève le portrait de sa nièce Mme de Rivière lorsque la mort la surprend, le 30 mars 1842. Elle a quatre-vingt-sept ans.

La même année que Mme Vigée-Lebrun, en 1783, l'Académie a reçu une autre femme peintre : Adélaïde Labille de Vertus. Comme elle a épousé Nicolas Guyard, cette nouvelle académicienne est connue sous le nom de Mme Labille-Guyard. Son biographe, le baron Portalis, est sûr que c'est grâce à M. Labille père, marchand mercier, fournisseur de la Cour à l'enseigne : *A la toilette* — celui-là même chez qui la jeune Jeanne Bécu avait fait ses débuts avant d'être Mme du Barry — que Mme Labille-Guyard a puisé sa vision des modes légères du temps. Tous ses tableaux en portent l'empreinte. Rarement a-t-on mieux idéalisé les costumes féminins. La jeune Adélaïde a travaillé avec le peintre Vincent, puis avec La Tour. Elle a exposé à l'Académie de Saint-Luc, puis, en 1782, au Salon de la Correspondance. Un succès. Bachaumont écrit : « On lit les caractères et l'esprit de chacun des personnages, par la physionomie propre qu'elle sait leur donner. » Désormais, elle est lancée. On s'attendrit devant le portrait de Mme Mitoire, petite-fille de Carle Van Loo — d'autant plus que Mme Mitoire donne le sein. L'aristocratie, comme pour Mme Vigée-Lebrun, vient à Mme Labille. Madame Elisabeth, sœur de Louis XVI, pose pour elle en 1787 de même que Mesdames de France, filles de Louis XV. Le roi l'autorise à s'intituler « peintre de Mesdames ».

Pendant la Révolution, elle ne quitte pas Paris et peint le nouveau personnel politique. A commencer par Talleyrand et, en 1791, Robespierre. Celui-ci lui a écrit : « On m'a dit que les grâces voulaient faire mon portrait... Je serais trop heureux d'une telle faveur si je n'en avais senti tout le prix. » Le portrait de Robespierre par Mme Labille-Guyard sera exposé au Salon de décembre 1791 parmi ceux des principaux députés de la Constituante. Sous le cadre, une simple inscription : *L'Incorruptible*.

Grâce à une femme peintre du XVIIIe siècle, le surnom de Robespierre est entré dans l'histoire.

CHAPITRE IV

SOUS LE SIGNE DE ROUSSEAU

Toutes les femmes ne sont pas à la Cour. Toutes ne tiennent pas des salons. Toutes n'écrivent ni ne peignent pas. En France, il y en a d'autres, beaucoup d'autres. Ressemblent-elles à celles que nous venons de rencontrer ?

Tentons pour notre compte de suivre une femme du XVIIIe siècle tout au long de sa vie. Convenons qu'elle appartient à une famille de l'aristocratie ou de la bourgeoisie et appelons-la Julie.

Quand Julie vient au monde, elle est accueillie dans la tristesse : ce n'est qu'une fille. A ce point de vue, rien de changé. Rarement on élève une fille à la maison. La règle est de l'envoyer en nourrice. La mère l'y visite peu, souvent pas du tout. Quand on ramène Julie à la maison, elle est confiée à une gouvernante et vit avec elle dans les appartements réservés aux domestiques. C'est elle qui l'élève, point la mère. Souvent elle lui apprend à lire, à écrire. Et aussi à se tenir droite, à faire la révérence. Julie, il faut la considérer à travers ces petites filles du XVIIIe siècle telles que les évoque la peinture du temps. La tête est « chargée d'un bourrelet tout empanaché de plumes ou couverte d'un petit bonnet orné d'un ruban, fleuri d'une fleur sur le côté[1] ». Les petites filles du siècle portent presque toujours un grand tablier de tulle transparent avec des bouquets brodés, lequel recouvre une robe de soie bleue ou rose. Au berceau, elles ont « des hochets magnifiques, des grelots d'argent, d'or, en

---

1. E. et J. de Goncourt.

corail, en cristaux à facettes ». Plus tard, Julie jouera avec des poupées de bois « aux joues furieusement fardées, souvent plus grandes qu'elle et qu'elle a peine à tenir dans ses petits bras ». Au mois de juillet 1722, la duchesse d'Orléans offre à l'infante, alors fiancée à Louis XV, une poupée avec sa garde-robe : le tout a coûté vingt-deux mille livres.

A chaque instant de la journée, on ne voit Julie « qu'enrubannée, pomponnée, toute chargée de dentelles d'argent, de bouquets, de nœuds ». D'évidence, on ne songe qu'à faire de ces enfants de petites femmes. Imiter les mères, voilà ce qui convient. Dès qu'elles marchent, on les enferme dans un *corps* de baleines, elles ont une robe d'apparat. Julie aura un maître à marcher, un maître à danser.

Julie descend chez sa mère à 11 heures. Le prince de Ligne a évoqué le genre de conversation en usage. La petite entre dans la chambre : luxe et parfums. Elle s'incline devant sa mère, lui adresse un bonjour timide.

— Comme vous êtes mise ! dit la mère. Qu'avez-vous ? Vous avez bien mauvais visage aujourd'hui. Allez mettre du rouge : non, n'en mettez pas, vous ne sortirez pas aujourd'hui.

Survient une visiteuse. Exclamation de la mère :

— Comme je l'aime, cette enfant ! Viens, baise-moi, ma petite. Mais tu es bien sale ; va te nettoyer les dents. Ne me fais pas tes questions à l'ordinaire ; tu es réellement insupportable.

— Ah ! Madame, quelle tendre mère ! s'exclame la visiteuse.

— Que voulez-vous ! répond la mère, je suis folle de cette enfant !

Elle ne la reverra que le lendemain à 11 heures.

La gouvernante a appris à Julie le catéchisme. Elle chante un peu. Elle sait jouer — mal — du clavecin. Alors, on la met au couvent. En général, celles qui sont passées par là s'en souviennent avec joie. Elles évoqueront, au soir de leur vie, « la continuation des études commencées à la maison, la venue des maîtres, les leçons de danse, de chant, de musique ». Et aussi les moments réservés à la broderie, au tricot ; « ou bien l'on jouait à quelque ouvrage de ménage, l'on mettait les mains à une friandise, l'on s'amusait avec quelque gâteau de couvent pareil à ces pains de citrons que les enfants envoyaient certains jours à leurs parents ». Vision tout idyllique. Les contemporains n'ont cessé de critiquer l'éducation donnée dans les couvents du XVIIIᵉ siècle. Souvenons-nous : les quatre plus jeunes filles de

Louis XV ont été élevées au couvent de Fontevrault ; quand elles reviennent à Versailles, elles sont incapables de lire. A la fin du siècle, quand la future Mme Roland arrive à onze ans chez les dames de la Congrégation à Paris, elle sait lire, calculer, un peu de géographie, d'histoire, de musique ; elle s'aperçoit qu'elle l'emporte de très loin sur ses compagnes de dix-sept ou dix-huit ans. De plus, ces couvents abritent souvent des dames pensionnaires. Celles-ci se divertissent à recevoir les petites filles, à leur offrir des goûters, à causer, à pépier avec elles : surtout de toilettes, de parfums, de bijoux. Elles se délectent à conter des souvenirs parfaitement profanes. Tout cela n'est pas pour donner aux enfants l'éducation solide à quoi les « philosophes » aspireront pour elles.

Au long du siècle, le mépris pour l'éducation monastique ne cessera d'augmenter. Mme Campan affirme que, vingt ans avant la Révolution, « presque toutes les filles » n'y passaient plus qu'une année, celle de leur première communion et les contemporains se plaignent du manque total d'hygiène et d'éducation physique.

Mme de Miremont jure que, dans les couvents, on ne tient aucun compte des nécessités de l'hygiène, de l'exercice et des activités au grand air : on y garde les filles « beaucoup trop renfermées ». Elle affirme qu'il faut que les filles courent comme les garçons, pour acquérir « une constitution plus robuste » et aussi « l'air et le maintien plus dégagé et plus noble ». Elle attaque fortement la malpropreté qui sévit dans les couvents : « On n'y connaît que la propreté extérieure... L'usage du bain, qui serait si salutaire, est comme proscrit ; on fait une espèce de crime de tout ce qui peut en tenir lieu ; et l'on ne sait ce que c'est que de s'opposer à ce que la sueur, séchée sur la peau, bouche les pores de la transpiration. On ignore que la malpropreté des dents (qui y est si ordinaire) a aussi d'autres dangers que celui de les gâter. »

Autre critique de la même Mme de Miremont : le régime alimentaire, parfaitement mal compris. On fait lever les filles de très bonne heure et elles ne prennent leur premier repas qu'à 9 heures du matin. Tous les repas, déjeuner, dîner, souper, sont servis dans l'intervalle de huit ou neuf heures, le dernier ayant lieu à 6 heures au plus tard. Résultat : « L'estomac est ou fatigué par le travail, ou tiré ou affaibli par le besoin, deux choses également nuisibles. » On mange trop vite. Les réfectoires ne sont pas chauffés l'hiver, et l'on digère mal. On ne chauffe que la salle de classe. Mais le dortoir, lui, ne l'est pas. Alors, on n'ouvre pas les fenêtres. Rapidement, « l'air y est vicié et l'odeur suffocante ». Mme de Miremont a vu dans les pensionnats des jeunes personnes coucher presque tout habillées, pour se garantir du froid, ou par paresse. Elle en a vu que les maîtresses forçaient à coucher avec leur *corps* — des baleines — pour garantir leur taille des déformations : « rien n'est plus malsain ; tout ce qui serre peut troubler l'ordre de la circulation, surtout pendant le sommeil ». En outre « sans qu'on s'en doute, c'est au couvent que l'on contracte le désir et l'habitude de veiller : soit pour lire des romans, soit pour étudier. La plupart des pensionnaires s'enferment dans leurs rideaux, avec une vapeur grasse déjà pernicieuse en elle-même ; et il est encore plus nuisible d'étudier au lit que de veiller ».

Tout n'est pas noir pourtant dans ces couvents. Julie y apprendra les arts d'agrément, et aussi la couture, la cuisine. A l'Abbaye-aux-Bois, ou à Penthémont, on voit les jeunes pensionnaires « vaquer aux soins du poulailler, du jardin, de la buanderie, de l'apothicairerie et autres objets de ménage ». Dans les pensionnats fréquentés par les filles de la bourgeoisie, les grandes « rendaient quelques services aux petites, les peignant le matin, en leur faisant réciter leurs prières[1] ». Mme Roland, sévère pourtant quant à l'instruction qu'elle n'avait pas reçue, s'attendrira : « Il régnait un peu d'enfantillage, mais ce je ne sais quoi d'aimable, d'ingénu, de gracieux, qui n'appartient qu'à la douceur des femmes, à la vivacité de leur imagination, à l'innocence de leurs ébats, lorsqu'elles s'égayent entre elles. »

C'est là, au couvent, que Julie attendra l'inévitable étape : le mariage. Des réalités de la vie, il faut admettre que les jeunes filles de ce siècle libre ne savent pas grand-chose. Choderlos de Laclos, cynique entre tous, en convient le premier qui, dans ses *Liaisons dangereuses*, montre une Cécile de Volanges si ignorante qu'elle traite comme un futur mari le cordonnier venu prendre ses mesures. Elle se demande d'ailleurs, devant chaque visiteur qui entre dans le salon, s'il ne s'agit pas de l'époux que sa mère lui a réservé. Détail très exact. Chamfort — le désabusé Chamfort — remarquait : « On marie les femmes avant qu'elles soient rien et qu'elles puissent rien être. Le mariage tel qu'il se

---
1. Albert Babeau.

pratique chez les grands est une indécence convenue. » M. Charles Kunstler a conté comment se fit le mariage de Mlle de Maintenon, quatrième fille du duc d'Ayen. Le mari est choisi, c'est le vicomte de Montagu. Tout est décidé, jusqu'à la date des épousailles, le chiffre de la dot, et les moindres détails. Il n'est qu'une personne pour tout ignorer, c'est Mlle de Maintenon. Quand on lui fait part de cette nouvelle en présence de ses sœurs aînées, celles-ci éclatent de rire devant la surprise et l'embarras de la petite. « Mlle de Maintenon n'avait jamais vu son prétendu et n'osait pas poser de questions à ce sujet. Ce fut la duchesse d'Ayen, sa mère, qui lui donna les renseignements qu'elle souhaitait. »

Autre règle : on marie très tôt les jeunes filles, quitte à les renvoyer pour deux ou trois ans au couvent quelques heures après la célébration de la cérémonie. Mlle de Choiseul épouse à quatorze ans son cousin, Choiseul la Baume, âgé de dix-sept ans. Pendant les fêtes du mariage, on prend soin de ne jamais laisser les jeunes époux en tête à tête. On reconduit la mariée à l'Abbaye-aux-Bois. Mlle de Bourbonne est fiancée à douze ans à M. d'Avaux, fils du marquis de Mesmes. Elle le trouve, à la première entrevue, « bien vieux, bien laid... ». Elle déclare :

— Je le déteste.

Quand il vient la voir au couvent, toute la classe le juge « abominable ». Quand il part, ces demoiselles se répandent en exclamations :

— Ah ! mon Dieu ! que ton mari est laid !

— Si j'étais de toi, je ne l'épouserais pas !

— Ah ! la malheureuse !

Mlle de Bourbonne, bien sûr, sanglote :

— Ah ! je l'épouserai, car papa le veut... Mais je ne l'aimerai jamais, c'est une chose sûre.

Le soir du mariage, on veut lui faire embrasser son mari. Elle s'y refuse obstinément. Mme d'Avaux tombera bientôt amoureuse du vicomte Alexandre de Ségur, « homme des plus séduisants, tant par son esprit que par sa belle prestance »... Elle nouera avec lui « des liens que la mort seule put briser ».

Parfois les mariages se font avec une hâte qui nous paraît bien singulière. M. de Bellegarde a une fille, Mimi. Son ami M. de Rinville lui trouve un mari, le jeune d'Houdetot, un de ses cousins. Dîner chez Mme de Rinville où l'on doit faire connaissance. Il y a là « tous les Rinville et tous les d'Houdetot du monde ». Mimi a été tout juste prévenue, afin qu'elle ne commette pas d'impair. A table, on l'assied à côté du jeune d'Houdetot. Dès le dessert, on parle mariage. Le vieux M. d'Houdetot s'exclame :

— Tenez ! Nous sommes ici en famille, ne traitons pas cela avec tant de mystère. Il ne s'agit que d'un oui ou d'un non. Mon fils vous convient-il ? Oui ou non ; et à votre fille oui ou non de même, voilà l'*item*. Notre jeune comte est déjà amoureux ; votre fille n'a qu'à voir s'il ne lui déplaît pas, qu'elle le dise... Prononcez, ma filleule.

Mimi se contente de rougir. Quelqu'un dit qu'il faut tout de même laisser aux jeunes gens le temps de respirer.

— Oui, convient M. de Rinville, il vaut mieux traiter d'abord les articles, et les jeunes gens pendant ce temps causeront ensemble.

— C'est bien dit, c'est bien dit.

Les pères et les mères se retirent dans un coin du salon. M. de Rinville annonce que le marquis d'Houdetot donnera à son fils dix-huit mille livres de rente en Normandie, et sa compagnie de cavalerie. La marquise d'Houdetot donne « ses diamants qui sont beaux et tant qu'il y en aura ». M. de Bellegarde ne veut pas demeurer en reste : il promet trois cent mille livres pour la dot et sa part de succession. Les deux familles se lèvent, très contentes l'une de l'autre :

— Nous voilà tous d'accord. Signons le contrat ce soir. Nous ferons publier les bans dimanche ; nous aurons dispense des autres, et nous ferons la noce lundi.

Les fiancés ont fini de causer. On ne leur demande pas leur avis. Le contrat sera signé le soir même, devant notaire. On soupe et, comme prévu, la noce aura lieu le lundi suivant.

Cette Mimi, devenue Mme d'Houdetot, se liera plus tard avec Diderot. Elle lui confiera — et ceci nous en dit long : « Je me mariai pour aller dans le monde, et voir le bal, la promenade, l'opéra et la comédie... » Sans doute Julie n'échappe-t-elle pas à la règle.

La veille de son mariage, on invitera les familles et les amis à venir considérer de près la corbeille de la mariée. On critiquera ou on admirera. Le jour du mariage, deux chevaliers de main vont conduire Julie à l'autel. Elle se doit de paraître « grandement décolletée, ayant des mouches, du rouge et de la fleur d'oranger, vêtue d'une robe d'étoffe d'argent garnie de nacre et de brillants, portant des souliers de même étoffe, avec des rosettes à diamants ».

Il advient parfois que les mariages se célèbrent à minuit. Ainsi le mariage de la fille de Samuel Bernard avec le président Molé, dans l'église Saint-Eustache « éclairée de lustres, de girandoles, de bras, de six cents bougies ». Après la messe, le repas. On ne plaisante plus avec autant de verdeur qu'au xvie siècle, mais la tradition demeure de choquer de son mieux la jeune mariée. Alors, on revient aux plaisanteries salées, aux gauloiseries, aux gaudrioles. Au dessert, les époux prennent congé. Souvent le mariage sera consommé dans une propriété de campagne.

On y est resté peu de temps, car Julie a grand-hâte de vivre enfin à Paris. Elle ira donc à l'Opéra montrer « son bouquet et son chapeau de nouvelle mariée ». Si elle est noble, elle sera présentée à la Cour. Et puis, elle fera son entrée dans le monde. Ses amies, mariées depuis plus longtemps qu'elle, sont là pour lui servir de guide.

Ce à quoi l'on va inviter la jeune femme, c'est à mentir. Il faut qu'elle tue les élans de son cœur. Il faut qu'elle apprenne l'artifice. Qu'elle supporte qu'on lui mente, qu'elle mente elle-même. Tout cela avec un sourire — et l'amabilité même. Le temps est aimable, le siècle est aimable, les contemporains sont aimables. Tant pis si cela s'accompagne d'hypocrisie. La langue elle-même est devenue artificielle. Pour un rien, on se récrie : « Etonnant ! Miraculeux ! Divin ! » Est-on fatigué, on s'écrie qu'on est anéanti. Une contrariété, on est obsédé prodigieusement, ou encore suffoqué. Souhaite-t-on quelque chose ? On est folle à perdre le boire et le manger. « On applaudit *à tout rompre*, on loue *à outrance*, on aime *à miracle*. » De plus, une dame qui a des usages doit zézayer. Plus de pigeons et de choux, mais des *pizons* et des *soux*. Ce qui est plus grave, et qu'ont bien vu les frères Goncourt, la femme du temps « s'allège de toute idée sérieuse, pour s'élever à ce nouveau point de vue d'où le monde considère la vie de si haut, en ne mesurant ce qu'elle renferme qu'à ces deux mesures : l'ennui ou l'agrément. »

Pour parvenir à cette nouvelle façon d'envisager le monde, Julie a trouvé un complice : son mari. Avant le mariage, il était habitué des lieux élus par la jeunesse. Il passait ses soirées chez la Fillon ou sa consœur la Gourdan. Ou bien, il entretenait en ville quelque danseuse ou quelque bouquetière. Ces personnes-là, bien sûr, étaient plus expertes que la jeune fille qu'on vient de jeter dans son lit. Pendant quelques jours, il a pu être ému par tant d'innocence. Et puis il est retourné à ses plaisirs. On a fait chambre à part. Quand il n'est pas rentré de la nuit, Julie a pleuré, elle a hasardé des reproches, tout aussitôt accueillis avec froideur. Elle a couru chez ses parents. Ceux-ci se sont récriés : surtout qu'elle n'ait pas le mauvais goût de se sentir jalouse, qu'elle s'abstienne de scènes qui seraient du dernier commun ! Dans la correspondance de Mme d'Epinay, tout cela est dit, très joliment. La jeune femme éplorée rencontre un beau-frère qui met les choses au point : « Eh bien ! Prenez les choses au pis : quand il aurait une maîtresse, une passade, que cela signifie-t-il ? Vous aimera-t-il moins au fond ? » Le mari intervient à son tour, conseille sa femme : « Il faut vous dissiper. Voyez le monde, entretenez des liaisons, enfin vivez comme toutes les femmes de votre âge. » Et, benoîtement, il ajoute : « C'est le seul moyen de me plaire, ma bonne amie. »

C'est cela, le *ton* du siècle. Il faut avoir de l'esprit, et on en a dans des situations qui, un siècle et demi plus tôt, eussent fait couler le sang. Un mari surprend sa femme dans les bras de son amant : « Quelle imprudence, madame ! Si c'était un autre que moi ! »

Sénac de Meilhan cite la repartie de ce comte qui disait à sa femme :

— Je vous permets tout, hors les princes et les laquais.

Des mots ? Pas seulement. Pour juger le mariage au XVIIIe siècle, nous pouvons nous reporter à ces rapports de police déjà cités, réunis par M. Camille Piton en cinq volumes bien précieux.

1764, 30 mars : « M. le maréchal d'Estrées, malgré les infirmités qui l'affectaient à l'approche de la dernière campagne, s'occupe encore aujourd'hui d'intrigues amoureuses et Mme la maréchale (qui l'aurait jamais cru ?) s'avise d'en être jalouse et en témoigne beaucoup d'inquiétude, car elle a envoyé cette semaine un homme chez moi pour m'engager à faire observer la conduite de son mari... Je me suis intrigué pour savoir ce qui occasionnait les soupçons de cette dame et j'ai découvert que le vrai motif était que M. le maréchal rendait des soins très assidus à Mme la marquise de Saint-Chamand, femme du lieutenant-général des armées du Roy, demeurant petite rue des Marais, faubourg Saint-Germain, et que cela donnait beaucoup d'humeur à Mme d'Estrées, car les femmes n'aiment jamais à être négligées, telles coquettes qu'elles puissent être. Effectivement, le fait est vrai, quand M. le maréchal est à Paris, il va tous les soirs chez Mme de Saint-Chamand. Du règne de M. Bertin, j'ai eu occasion de parler à cette dame. Elle fit alors une passade chez la Préville, femme du monde [1], qui demeurait rue Mazarine, avec un chevalier de Saint-Louis dont il ne me fut pas possible alors de savoir le nom, et qui avait demandé à la Préville de lui prêter un appartement pour y voir commodément une dame de condition. J'en fus instruit alors, le rendez-vous eut lieu et, à la sortie, je suivis moi-même cette dame qui fut reconnue pour être Mme de Saint-Chamand. Elle demeurait alors rue Jacob. »

Même date : « M. le prince de Condé ne voit plus absolument Mme de Roncherolles, mais comme il faut à cette dame un amusement de cœur, M. le comte de Cucé, maître de la garde-robe du roi, prend le soin de la distraire du chagrin qu'elle a de la perte de Son Altesse. Il m'a été dit que le prince ne l'avait négligée que parce que son mari en avait eu quelques soupçons, ce qui le forçait à prendre des précautions qui, à la fin, l'avaient dégoûté de cette intrigue. »

On apprend bien des choses en feuilletant ces rapports. Par exemple, le 15 juin 1764, que « M. le duc de Gramont n'est pas éloigné de se raccommoder avec Mme la duchesse son épouse, et que cette dame se trouve être présentement enceinte ; mais que M. le duc, peu inquiet des auteurs de cette grossesse, qu'on nomme tout bas, se prêtera volontiers à cette réconciliation apparente, moyennant qu'on lui augmente son revenu et qu'on lui donne comptant une somme d'argent dont il a besoin, car ce seigneur est toujours plus attaché que jamais à la demoiselle Hébert, fille de la grande Dubois et de feu La Drouay, maître d'armes ». On apprend, à la date du 25 octobre 1765, que Mme de Poudenas est logée rue de Richelieu à l'hôtel de la Paix, après avoir fait exiler son mari dans ses terres, et que M. le marquis de Pontcharot « ne la quitte ni jour ni nuit, et ce sous prétexte de faire les affaires de Mme la Présidente, sa mère, qui demeure avec elle ». Il est vrai que « les honnêtes gens qui sont instruits de cette intrigue en sont indignés », mais c'est parce que « Mme de Poudenas ne prend pas seulement la peine de garder le décorum ».

On apprend, à la date du 19 décembre 1766, que « Mme d'Estat, depuis son veuvage, continue toujours ses galanteries dont

---

1. Entendez : « tenancière de maison de rendez-vous ».

sa famille est même alarmée ». A la date du 13 février 1767 :
« M. de Vorgemont, colonel du régiment de Soubise, ne cache
pas assez son intrigue avec Mme de Beauharnais. Hier, dans les
foyers des Italiens, on en parlait tout haut et on disait qu'ils
étaient disparus ensemble, dimanche dernier, au bal de l'Opéra,
pendant trois heures, et que Mme d'Amblemont, avec M. de La
Sablière, chevalier de Saint-Louis, qui a été dans l'Inde, avaient
fait la partie carrée. Effectivement, j'ai remarqué ces quatre personnes ensemble à ce bal. »

A la date du 19 février 1768 : « On ignore les raisons qui ont
déterminé Mme la duchesse de Mazarin à donner le congé à
M. Pelletier de Morfontaine qui la servait depuis plusieurs
années ; quoi qu'il en soit, c'est aujourd'hui M. de Sainte-Foy,
trésorier de la marine, et c'est un fait qui est connu de bien du
monde. Cette conquête n'empêche pas M. de Sainte-Foy d'entretenir un commerce clandestin avec la demoiselle Beauvernier,
vache à lait du sieur du Barry. »

De ces rapports policiers se dégage un *climat*. Mais ouvrons
les *Liaisons dangereuses* — ce chef-d'œuvre. Là, c'est un miroir
que nous croyons découvrir. Attardons-nous à Valmont. Ce qui
nous surprend, c'est le temps qu'il consacre à ses combinaisons
amoureuses. En fait, Valmont nous paraît extrêmement représentatif d'une caste qui vit dans une oisiveté quasi parfaite.
Quelques centaines de personnes participent au gouvernement
de l'Etat. Un assez grand nombre de nobles servent dans l'armée. Que reste-t-il à ceux qui n'ont d'autre souci que d'encaisser
le revenu de leurs terres ? L'amour — ou ce qu'ils appellent
ainsi.

On peut apercevoir ici une des conséquences — assez imprévues — de la centralisation monarchique voulue par Louis XIV.
A force d'avoir ôté peu à peu à la noblesse ses prérogatives et
jusqu'à ses raisons d'être, d'avoir voulu fixer ses ambitions à la
seule obtention de quelque hochet versaillais, on en a fait une
classe inutile, dont la futilité est accablante. Une certaine bourgeoisie 1900 lui ressemblera fort.

Voilà le mariage au XVIIIe siècle. Voilà, sauf exception, celui
de Julie.

Ayant eu la chance d'être *née*, et aussi d'être riche, Julie se lève
à 11 heures. Ses *espèces* — ses servantes — entrent dans la

chambre, vêtues de l'uniforme obligé : tablier court à bavette, papillon de dentelle sur la tête. On sert à Julie un bol de bouillon très chaud. L'ayant bu, elle se lève. On lui passe, au-dessus de sa chemise — parfois assortie aux rubans du lit — une jupe « à falbalas ». Elle chausse ses mules et glisse, soit vers sa coiffeuse, soit vers la salle de bains où l'attend sa baignoire. Une baignoire ? La mode nous est venue d'Angleterre. Désormais, quand on construit un hôtel à Paris, un château en province, on prévoit des salles de bains, des cabinets de toilette. A la fin du siècle, incontestablement, le mouvement s'accélère. Au moins dans la bonne société [1].

Il advient même que les grandes dames reçoivent dans leur baignoire, protégeant leur pudeur d'un peu de lait d'amande. Mme du Châtelet, elle, osera se passer de lait. D'autres dames disposent, sur leur baignoire, un couvercle de bois muni d'une ouverture pour la tête.

A la même époque s'ouvrent plusieurs établissements de bains le long de la Seine, et ailleurs : rue Saint-Lazare, par exemple, où se trouvent les bains Tivoli. Ils ne sont pas fréquentés par tous, il s'en faut. C'est Rétif de La Bretonne qui le constate, non sans tristesse : « J'observais combien ces bains mesquins, qui ressemblaient à ceux que pourraient avoir de pauvres sauvages, annonçaient la malpropreté de la plus grande ville du monde. Cinq à six cabines pour Paris ! C'est que personne presque ne s'y baigne, et que ceux qui le font se bornent à une ou deux fois par été, c'est-à-dire par année. »

Rétif parle pour le commun. Mais Julie n'appartient pas au commun. Elle sera même de celles qui, dans la seconde partie du siècle, adopteront le bidet.

L'Anglais Arthur Young qui a laissé, de son voyage à travers la France, un récit célèbre, découvre cet engin avec une stupeur teintée d'admiration. Il déclare qu'il fera tout pour que soit acclimaté outre-Manche un objet aussi nécessaire. Peine perdue : les dames britanniques ne cesseront de voir dans le bidet le symbole de la dépravation.

Les Françaises semblent, elles, avoir accepté l'invention nouvelle avec empressement. Mme de Pompadour possède un bidet à couvercle de bois de rose et à pieds dorés. Les artisans font montre à cet égard d'une ingéniosité admirable. L'ébéniste Cochois loge ses bidets dans un secrétaire, ou encore — idée

---

1. Les *Cours d'architecture* de Blondel, publiés en 1771 — ils étaient professés depuis 1750 — font habituellement place aux salles de bains et cabinets de toilette.

singulière — « dans une corbeille à ouvrage ». Dulin crée le bidet de voyage, à pieds démontables. Marie-Antoinette emportera le sien en prison. Le docteur Cabanès décrit un bidet de collection en argent où étaient gravés ces mots : « Laissez venir à moi les petits enfants. » Sous la Révolution, on verra des bidets progressistes. En 1790, l'*Almanach des honnêtes femmes* proposera l'institution d'une « fête du bidet » pour en encourager l'utilisation en province.

Au sortir du bain, Julie ira s'asseoir à sa coiffeuse — sa *délassante*. Là, s'étalent les eaux, les laits, les baumes. Julie va consacrer une heure à son maquillage. Une heure entière. Il faut bien suivre la mode. Et celle-ci répudie les visages épanouis, les bouches fortes, les sourcils épais du siècle de Louis XIV. Julie veut être « au-dessus du joli ». Elle veut un « petit minois de fantaisie », un nez « tourné du côté de la friandise », des yeux « à la chinoise ». Parler d'un *air chiffonné* n'est pas une tare, mais un but vers quoi l'on tend.

D'où un art du maquillage porté à son paroxysme. Julie se nettoiera d'abord le visage à l'aide d'une eau de beauté. Elle a le choix : les Françaises de ce temps usent toujours d'eaux de rose ou de fleurs d'oranger ; mais plus volontiers des nouveautés, comme la « véritable eau de beauté de la veuve Rousselot-Clérisseau » dont on annonce — en publicité, c'est la première fois — qu'elle *nourrit* la peau. Il y a encore l'eau du sieur Lambert, ou l'eau de beauté de M. et Mme de Lestrade dont on jure qu'elle a « guéri de ses dartres, boutons et rougeurs du visage un prélat qui, en témoignage de reconnaissance, a attribué aux inventeurs une rente durant sa vie ». Que dire de l'Eau singulière du sieur Mauriceau qui « corrige tous les vices de la peau, la nettoie et l'empêche de rider, ôte le hâle et en préserve, enlève les taches de rousseur et autres taches » ? Et, mieux encore, l'eau de Ninon qui « conserva Ninon de Lenclos belle, fraîche et d'une santé parfaite jusqu'à quatre-vingt-dix ans ». Elle sert à tout, cette eau, « aux cheveux, aux dents, aux engelures, aux gerçures ». Même, on la conseille aux hommes : elle calme le feu du rasoir.

Pour la propreté du visage, il y a toujours le « fard merveilleux de Jacquelin, rue du Bac ». D'abord, nettoyez-vous le visage, *de préférence avec de la salive*. Ensuite enduisez-le du premier liquide de l'emballage : celui-ci blanchit. Enfin, usez du second qui « donne l'incarnat le plus beau ».

Avec l'eau de beauté, Julie se choisira une crème. Par exemple, la « pâte royale du sieur Arnault » qui se vend « en pots de terre grise avec une espatule en ivoire pour l'application ». Ou encore la « crème de beauté du sieur Ray », si parfaite « qu'il est impossible qu'on s'aperçoive que la beauté qu'elle donne vienne de l'art. Elle empêche les rides ; elle doit se mettre avant et après le rouge. Elle répare les dommages des autres produits ».

Jamais, dans son histoire, la Française n'a tant raffolé du rouge, n'en a tant usé — et abusé. Peut-être devons-nous constater ici, au moins sur le plan physique, la plus incontestable des dominantes de l'époque. Regardons les portraits du temps, ceux de Nattier surtout : on voit les joues des dames littéralement écarlates. On va jusqu'à préconiser un « demi-rouge » pour la nuit : et ici la mode devient folie [1].

Nous sommes en présence d'un rite. On glace d'abord les joues de blanc. Il s'agit d'oxyde métallique pourtant toxique, qui, le plus souvent, abîme la peau. « Plus la peau était abîmée, plus la couche déposée était épaisse. » Ce blanc doit couvrir le visage entier, tel un masque. Ensuite on applique le rouge à l'aide de tampons circulaires. Pas n'importe quel rouge. Julie aura le choix entre le « rouge de la Reine » qui se vend chez le sieur Dubuisson ; le « rouge végétal de la demoiselle Latour » dont la publicité affirme qu'il « unit au parfum de la rose son coloris le plus brillant sous toutes les nuances » ; le « rouge spécial de Billonne, très vif et très haut » ; le « rouge à la Dauphine du sieur Moreau » dont le fabricant ne craint pas de dire qu'il « tient bon », mais surtout qu'on ne le paye « qu'après satisfaction » ; ou encore le « rouge de Mme Martin ».

Ces rouges, comme les autres fards, sont issus de produits qui peuvent se révéler extrêmement dangereux. Dès la fin du XVIIIe siècle, Louis-Antoine Caracioli attaquait le rouge. Plus tard, de nombreux journaux mettront les femmes en garde contre les fards toxiques, à base de cinabre, minium, sous-nitrate de bismuth, étain, plomb, soufre, mercure. Lavoisier conseillera de n'utiliser que les rouges végétaux et de proscrire les rouges minéraux.

Ce qui compte, en fait de rouges, c'est la nuance à la mode. Tant pis si les femmes encourent la censure irritée de lady Montagu : « Je trouve les beautés françaises dégoûtantes ; avec leurs

---

1. Jacques Pinset et Yvonne Deslandres.

cheveux crêpés et courts ressemblant à de la laine blanche, et leur visage couleur de feu, elles n'ont même pas figure humaine, on les prendrait pour des moutons nouvellement écorchés. » Jalousie d'Anglaise ? Mais l'*Encyclopédie* fulmine aussi, en des termes presque identiques, contre l'abus du rouge.

Une question : pourquoi cette passion des femmes du temps pour le rouge ? M. Pinset et Mme Deslandres y voient le corollaire du goût de l'époque pour l'érotisme : une outrance s'accompagne d'une autre. Ils pensent que la femme du XVIIIᵉ siècle vit moins souvent au grand air et qu'elle est donc naturellement livide. Il convient de dissimuler cette pâleur. Enfin, cette société s'agite comme sur un théâtre. Elle manifeste une « passion presque morbide du plaisir ». La vie de fête a vite raison des santés fragiles. Pour lutter, on veut un masque. Un masque rouge.

Le maquillage de Julie va s'achever par une étape capitale : la pose de la mouche. On dit qu'une mouche bien placée donne toujours de l'esprit, « même à un veau ». Chaque mouche a son appellation précise. La *galante* se pose au milieu de la joue, l'*enjouée* dans une fossette, l'*effrontée* sur le nez, la *coquette* sur la lèvre, la *passionnée* près de l'œil, la *baiseuse* près de la bouche. Quelque temps, une mode a fait fureur : celle de poser sur la tempe d'énormes mouches de velours noir. Tout Paris s'est entretenu de la trouvaille de la ravissante Mme Cazes : une mouche enrichie de diamants. Et n'oublions pas les mouches sur le sein.

Après l'épreuve du maquillage, Julie se lève et livre sa taille à une servante qui l'emprisonne dans un « corps » lacé dans le dos. Une autre femme de chambre l'aide à revêtir un manteau de mousseline. Il est « collant » mais, largement ouvert sur le devant, laisse passer toute la dentelle frisée du corset avec ses fameuses touffes de passementerie : « les *soucis d'hannetons* dont la confection occupe à Paris plusieurs milliers d'ouvriers[1] » et d'ouvrières. Julie est prête. A quoi ? A se recoucher. Il est midi — et cela s'appelle « la jeunesse de la journée ». A-t-on le droit de perdre sa jeunesse ?

Dès qu'elle est au lit, Julie ordonne qu'on ouvre les portes. Quel élan, quels cris, quels battements de mains, quels rires de

---

1. René Guerdan.

gorge ! C'est comme une volière que l'on aurait lâchée dans la chambre. Ce sont les visiteurs, les *agréables*, les *petits-maîtres*, voire les *essentiels*, c'est-à-dire les abbés de cour. Ou encore les *utiles*, colporteurs mondains qui proposent aussi bien des perroquets que des singes, des soies, des pistaches, des livres, des estampes, des pamphlets. Pour être à la mode, il faut qu'une dame lise. Qu'elle sache tout sur la dernière tragédie de Voltaire, le dernier proverbe de Carmontelle, le dernier livre de Diderot. Elle lit Fréron, le *Journal de Trévoux*, elle a souscrit à l'*Encyclopédie*. Chez elle, le libraire est toujours bien reçu. Voilà encore une évolution remarquable. Les dames se doivent d'être cultivées, d'avoir un avis sur les grands problèmes, les polémiques qui énervent ou déchirent le monde intellectuel. Cet aspect, les estampes galantes le passent naturellement sous silence. Gardons-nous de l'oublier.

Autour du lit de Julie, la conversation est devenue générale. Les servantes apportent du chocolat. Voici que pénètre l'hôte le plus attendu : le perruquier de Madame.

En ce temps-là, on préfère les blondes. C'est ainsi. Leur faveur progressera à mesure que s'avancera le siècle. Blondeur relative, d'ailleurs, puisque les cheveux sont toujours poudrés en blanc. Depuis la Régence et pendant tout le règne de Louis XV, on en est toujours aux coiffures à l'anglaise, c'est-à-dire à peu près plates, en petites boucles qui épousent la forme de la tête et dégagent la nuque. Règle absolue : la chevelure ne doit pas s'élever à plus de trois doigts du crâne. Le règne de Louis XV voit aussi, entre autres querelles, celle des perruquiers et des coiffeurs. Ces derniers l'emporteront, conduits par Legros, un ancien cuisinier devenu artiste capillaire.

Cette mode des cheveux courts et plats a duré cinquante ans. Au début du règne de Louis XVI, tout change. Sur les têtes féminines s'élèvent d'étranges monuments qui, bientôt, atteignent des hauteurs insoupçonnées. Il ne s'agit plus de coiffures proprement dites, mais d'œuvres d'art qui, hélas, ne durent qu'une journée. Cela s'appelle le « Pouf aux Sentiments ». Marie-Antoinette donnera le ton. On la verra un jour « transporter allègrement sur sa tête un jardin anglais avec ses prairies, ses collines et ses ruisseaux argentés[1] ».

Alors que commence le nouveau règne, les élégantes, en mémoire de Louis XV, portent dans les cheveux un cyprès et

---

1. André Castelot.

une corne d'abondance. Mais d'autres préfèrent — prenant soin de choisir l'avenir — un soleil levant. On signale un coiffeur égocentrique qui s'est représenté lui-même, perché sur une grande échelle d'où il regarde — avec satisfaction, espérons-le — la gigantesque coiffure qu'il vient de composer pour sa cliente. Il faut croire que le record du genre a été battu par la duchesse de Lauzun : un soir, elle arrive chez Mme du Deffand avec un *pouf* représentant un chasseur « mettant en joue des canards s'ébrouant au bord d'un lac agité par le vent » et lui-même dominé par une colline surmontée d'un moulin. La meunière — elle est là — ne craint pas de recevoir les compliments d'un charmant abbé. Le meunier préfère s'éloigner avec son âne, trottinant vers l'oreille de Mme de Lauzun.

On en est même venu à la *coiffure mécanique*. On la doit à un sieur Beaulard. Il suffit d'appuyer sur un ressort : aussitôt une rose s'épanouit. Tout cela fonctionne grâce à une machinerie dissimulée dans le chignon.

Ce sont là des excès que n'ont pas partagés toutes les femmes, même celles de l'aristocratie et de la haute bourgeoisie. Les estampes du *Monument des costumes* de Moreau le Jeune montrent qu'à côté des *Poufs aux Sentiments* subsistait la coiffure plate. En revanche, échafaudages ou coiffures plates nécessitent le recours à la poudre. Celle-ci est faite d'amidon tamisé et parfumé. Un encyclopédiste démontre qu'« avec la farine ainsi employée à Paris chaque jour, on nourrirait facilement dix mille infortunés ». Mais avec de l'amidon ?

Vers 1780, on reviendra à plus de simplicité.

Avant de se vêtir, il est temps que Julie passe à un autre rite — primordial celui-là : elle se parfume. On a dit que la cour de Louis XV méritait le nom de « cour parfumée ». La mode est aux parfums violents. On raffine : une dame à la mode doit changer de parfum tous les jours. Les favorites royales auront l'audace d'imaginer des mélanges de parfums, cela s'appelle des « bouquets d'odeur ». Pour la première fois, on se fait un nom dans la parfumerie : Jean-Marie Farina lance son eau de Cologne et Jean-François Houbigant s'installe dans le faubourg Saint-Honoré, à l'enseigne *La Corbeille de fleurs*.

Puisqu'elle est coiffée, parfumée, il est temps que Julie s'habille. Sa chambre est pleine de visiteurs : qu'importe ? Sans cesser de converser, elle passera derrière un paravent, laissant parfois apparaître un bras nu, ou un pied, ou même un mollet : sujet dont les estampes galantes ne se lasseront point pendant cinquante ans.

Pendant tout le règne de Louis XV, la mode assure le triomphe du panier. Il s'agit d'une sorte de cage attachée autour de la taille et faite « de cercles d'osier, de cordes et de baleines ». Au fond, il s'agit d'une résurrection du vertugadin. Cela se chante :

> *Le vertugadin ridicule,*
> *Dans nos jeunes ans,*
> *Se porte à présent sans scrupule*
> *Comme au bon vieux temps.*

Se conformant à une coutume décidément bien ancrée, Julie ne portera, sous son panier, ni culotte ni *caleçon*. La chute d'une dame, un panier qui se soulève restent au XVIIIe siècle un spectacle prisé. Souvenons-nous de l'infortune de Mlle Lambercier devant le roi de Sardaigne, des rires qu'elle provoque et de la compassion de Jean-Jacques Rousseau : « J'avoue que je ne trouvais pas le moindre mot pour rire à un accident, qui, bien que comique en lui-même, m'alarmait pour une personne que j'aimais comme une mère et peut-être plus. »

Les historiens du costume découvrent un signe des temps dans cette conjugaison de deux réalités : le panier qui éloigne la robe du corps féminin et l'absence de caleçon. On a pu dire que, dans ces conditions, le panier rendait le corps de la femme à la fois plus émouvant et plus accessible. Ce qui expliquerait les imprécations du Père Bridaine qui stigmatisait les dames de son temps, les accusant de vouloir « vivre et mourir dans l'impénitence, chargées de l'énorme poids de leurs paniers, toujours fatigants et scandaleux ». Pour le digne père, il s'agit « d'un séduisant appât » qui a le pouvoir « d'exciter au péché les malheureux hommes ». Ici, il faut rejoindre les Goncourt et reconnaître que ces vêtements légers, ces décolletés qui montraient presque toute la gorge, les étoffes elles-mêmes évoquent très précisément une image de voluptés offertes ou promises. Casanova — un connaisseur — remarque avec malice que le vêtement féminin du temps peut être dérangé en une seconde mais réajusté en une seconde. On peut remarquer aussi que la différence avec le costume masculin s'accentue : évolution née au Moyen Age et arrivant à son terme. Le costume de l'homme est désormais serré, fermé. Celui de la femme apparaît largement ouvert. « Le grand paradoxe des sociétés occidentales qui veut que l'homme soit défendu par son costume contre des attaques qu'il n'a guère à redouter et que, par les siens, la femme soit trahie apparaît désormais comme une règle de la nature, une loi de la raison, à ce point que les décrets ne sont pas loin, qui interdiront à la femme l'usage d'un costume masculin [1]. »

La vraie grande conquête du XVIIIe siècle, pourtant, fut, dans la mode féminine, le chapeau. Jamais en France les femmes n'en avaient porté, si l'on excepte une vogue éphémère des toques au XVIe siècle, et quelques chapeaux d'amazone, copiés sur ceux des hommes, au moment de la Fronde. Au XVIIIe siècle, le chapeau envahit tout. Il vient d'Angleterre. Après 1775, on verra les grands chapeaux appelés à la *Marlborough*, à la *Devonshire*, les deux avec des plumes ; ou encore en *charlotte*, « une large cloche de mousseline entourée d'un ruban ».

On est très éclectique, au XVIIIe siècle. Si la mode de Paris domine l'Europe, si Montesquieu écrit : « lorsqu'on a été femme à Paris, on ne peut plus l'être ailleurs », la Parisienne n'en accepte pas moins, avec empressement, les influences étrangères. On s'inspire de l'Orient. Mme de Pompadour et Mme du Barry se sont fait peindre en sultanes. On distingue une mode russe, des modes polonaises, circassiennes, lévites, levantines, turques. Tout cela — petites causes, grands effets — est né du démembrement de la Pologne, de la guerre turque, des voyages d'ambassadeurs, peut-être même du voyage de Mme Geoffrin à Varsovie.

Les chaussures ? Elles ont un talon très haut, très incliné en avant : ceci sous Louis XV. La matière ? Presque toujours du cuir blanc ou de couleur.

Parfumée, fardée, coiffée, vêtue, chaussée : la journée de Julie peut commencer.

Il est 2 heures. La volière se vide, les invités s'en vont. C'est l'heure où Julie reçoit son maître de musique ou son maître de lecture ou encore son maître de cheval. Avec lui, elle ira jusqu'au bois de Boulogne. Ne boudons pas notre plaisir : ces ama-

---

1. Jacques Laurent.

zones qui se suivent ou se croisent forment un bien joli spectacle. Toutes, comme il convient, sont assises. Le dernier bon ton : de courtes vestes de satin vert galonné sur des jupes roses aux dentelles d'argent. Quelque temps avant la Révolution, on en sera à la veste de pékin « puce », à trois collets et à la jupe brodée d'un ruban rose. Sous un gilet de pékin, une cravate de gaze blanche, fermée en un large nœud et un chapeau de feutre couleur « queue-de-serin », surmonté de plumes vertes et blanches.

Quand elle s'est bien montrée, Julie regagne l'hôtel de Monsieur son mari où celui-ci l'attend : cela se fait. Les époux prennent ensemble le dîner, vers 3 ou 4 heures. Mais on n'y passe guère de temps. Oubliées, les fortes nourritures du siècle précédent, les quantités gigantesques qui nous épouvantaient. On en est à des menus plus légers, plus équilibrés, moins échauffants. Ceci dans toutes les classes de la société. Rétif de La Bretonne parle d'une auberge à six sous, fréquentée par des artisans et des ouvriers parisiens. Au menu : « un rôti, des lentilles au lard, de la salade ». Ainsi s'aperçoit-on que le rôti remplace les viandes en sauce, naguère tant prônées ; et que les crudités apparaissent enfin. Dans la haute société, on préfère maintenant des vins plus légers, ceux de la Champagne par exemple.

A peine le repas achevé, Julie demandera sa voiture. Elle se fera conduire rue Saint-Honoré, là où tout s'offre, se convoite, s'achète. Elle courra au Palais-Royal où trônent les grands couturiers : les Duchapt, les Boutrai, les Masier. Leurs inspirations varient à l'infini. Julie se pâmera devant ces styles nouveaux, nés de l'apparition d'une comète, d'une bataille gagnée ou perdue, d'une querelle de gentilshommes, de l'arrivée à Paris d'un rhinocéros, voire d'une foucade du Parlement. Julie ira-t-elle à la Descente du Pont-Neuf, au *Petit Dunkerque*, chez le bijoutier à la mode ? Dans toutes ces boutiques, on rencontre des dames de connaissance.

— Ah ! ma chère, quelle *joie* de vous revoir !

— N'est-ce pas, il y a *si* longtemps !

La fin de l'après-midi se passera dans un hôtel ami. La bienséance veut que chaque dame de la société reçoive à cette heure-là. Les « salons » n'ont vu le jour que par cette habitude.

A la fin de l'après-midi, Julie quittera — l'été — le salon ami et gagnera les Tuileries. Il sied de s'y montrer. Spectacle donné à d'autres spectacles. Etrange mélange qui va de la prostituée à la bourgeoise, de la bourgeoise à la princesse. Dans le dernier tiers du siècle, les Tuileries passeront de mode. La grande parade du soir se fera alors sur les Boulevards — et surtout le jeudi. On nous montre l'encombrement des « voitures aux noms étranges, éclairées au besoin par des laquais porte-flambeaux : impertinente, désobligeante, dormeuse, paresseuse, soli, berlingot, berline à cul de singe, demi-fortune, cabriolet, sabot, gondole, haquet, diable, allemande ». Naturellement, tous les attelages marchent au pas. Il s'agit de voir et d'être vues.

De là, on passe à l'une des foires célèbres du temps. Ou bien l'on se rend au théâtre, à la Comédie-Française, chez les Italiens, à l'Opéra.

Julie gagnera son hôtel vers minuit, heure du souper. Ainsi s'achèvera sa journée, à moins qu'elle ne finisse la nuit dans l'un des innombrables bals masqués qui marquent la folie du siècle.

Demain, tout recommencera. Il y aura beaucoup d'autres lendemains. Insensiblement, Julie s'acheminera vers la vieillesse. Elle ne voudra pas le reconnaître. Ses enfants deviendront grands, elle le supportera mal. Alors, elle augmentera sa consommation d'eau de Ninon. Elle poudrera davantage ses cheveux. Elle blanchira et rougira encore son visage. « Il n'y a qu'à Paris, dit Sébastien Mercier, où les femmes de soixante ans se fardent encore comme à vingt, offrant un visage fardé et moucheté. »

Vieillir, au XVIIIe siècle, est insulter aux usages, à la bienséance. On ne peut songer sans une sorte de respect à cette grande dame qui, sachant son dernier jour venu, alla à sa coiffeuse, longuement se mit du rouge, et alla se coucher. Pour mourir.

Cette femme riche et comblée, dont Julie vient d'être le reflet, toute la littérature du temps nous la montre cherchant l'amour en dehors du mariage. Une dame se plaint à une amie :

— Comment me débarrasser de mon amant ? Il me harcèle pour m'épouser.

— Justement, épousez-le pour vous en défaire !

Ce qui frappe l'historien des mœurs, c'est le thème de la frigidité qui apparaît si fréquemment chez les auteurs du temps. Crébillon le fils jure que les trois quarts des femmes sont frigides.

C'est beaucoup. Au vrai, le sexe fort ne brille pas toujours par la délicatesse. Prendre une femme ou, mieux, la *subjuguer* — terme fort employé — apparaît souvent, pour ces messieurs, comme une manière de sport. Volontiers, les petits marquis aiment à la « hussarde ». Ils « enlèvent la place », comme ils disent. Et cet emprunt au vocabulaire militaire prend ici tout son sens. Avec une dame, il sied de battre des records. Le lendemain, on s'en vante, on donne des détails pas seulement à ses amis, mais à ses amies. Un vers du *Méchant* nous l'explique : « Ce n'est qu'en se vantant de l'une qu'on a l'autre. »

Elles protestent si on leur dit des « horreurs », mais elles les écoutent. Elles traitent l'homme à leurs pieds de « polisson », mais elles ne le chassent pas. Elles sont prêtes à une liaison « sans conséquence ». Elles savent que Chamfort vient de définir l'amour comme « l'échange de deux fantaisies et le contact de deux épidermes ».

Si la femme du XVIIIe siècle, sur beaucoup de plans, a conquis une relative liberté, elle l'a perdue dans l'amour. L'homme se joue d'elle et elle l'accepte. Il la dompte et elle consent. Il la chasse, il la reprend, se moque de ses larmes, rit de la voir à ses pieds. Sur tous ces plans, elle abdique. Parce que, ce faisant, elle croit se situer à l'avant-garde du progrès. Elle ne redoute rien tant que d'être « dépassée ». Pour ne pas tomber dans cet écueil qui la terrifie, elle glisse, pieds et poings liés, dans le piège que lui tendent les hommes.

Au XVIIIe siècle, la fille galante a pignon sur rue. Un nom. Un rang. Les hommes les plus en vue ne se contentent plus de leur accorder leur clientèle, ils en font leurs commensales. On offre chez elles à souper, on y convie ses amis. On les couvre d'or. Parfois, pour elles, on se ruine. Nous nous étonnons. Passe encore de partager leur lit, mais leur salon ? Qu'on ne dise pas que les courtisanes du XVIIIe siècle étaient plus spirituelles que leurs petites-filles. C'est une vue de l'imagination, une conception qui doit tout à Fragonard ou Crébillon le fils. Ces filles sont toutes — ou presque toutes — de la plus basse extraction. Elles sont vulgaires, ignorantes. Qu'importe ! Ces messieurs se les disputent.

On peut, à ce goût, discerner plusieurs raisons : la mode d'abord, en ce domaine aussi toute-puissante ; la conception du mariage, ce contrat qui ne procure le bonheur ni du cœur ni des sens ; une *réaction* enfin. La société du temps est polie ; elle exalte l'esprit ; elle se veut raffinée. Par voie de conséquence, au diable le raffinement ! Et Mgr le duc de Chartres — futur Philippe Egalité —, après avoir fait le talon rouge à Versailles ou au Palais-Royal, se rendra chez certaines personnes qui le trouveront « extrêmement grossier dans ses caresses, n'ayant aucune délicatesse, et jurant comme un charretier, avec un fond de libertinage crapuleux et se servant de termes qui feraient rougir la plus vile créature ».

Un chiffre permet de juger ce qu'est devenue la prostitution au XVIIIe siècle. Le Père Havel indique — et on peut accueillir le chiffre avec confiance — que Paris compte alors soixante-dix mille prostituées. Au premier rang de cette étrange farandole s'élancent les « procureuses ». Les plus illustres sont la Gourdan — déjà nommée — rue Sainte-Anne ; la Dubuisson, rue du Ponceau ; la Hequet, cul-de-sac Saint-Fiacre ; la Lavarenne, rue Feydeau ; la Desrameaux, rue des Boucheries-Saint-Honoré ; la Dupuis, rue Popincourt puis rue de Vendôme. En lisant les rapports du policier Marais, nous voyons tout ce qui compte, courtisans, magistrats, fermiers généraux, officiers, négociants, jeunes gens de la noblesse et de la bourgeoisie, faire la fortune de ces honorables personnes. Nous voyons la demoiselle Neissel, actrice à l'Opéra-Comique, défrayée par M. de La Popelinière, « mais comme les plaisirs de ce vieux paillard se réduisent à se faire fouetter vigoureusement et qu'il peut rarement autre chose, elle se contente d'en tirer tout ce qu'elle peut et se dédommage de l'ennui de ses vacations avec le sieur Corby, un des directeurs dudit spectacle, qui lui a procuré le désagrément, le mois dernier, d'avoir recours à la Faculté pour se débarrasser d'une galanterie dont il lui avait fait cadeau... » Nous voyons le duc de La Trémoille donner à souper dans sa petite maison de Montmartre à quatre de ses amis et leur faire rencontrer les demoiselles Lozange, Martin, Ledoux et Buard, toutes quatre figurantes dans les ballets de l'Opéra : « Ils ont poussé la débauche bien avant dans la nuit. » Commentaire du sage Marais : « Il y a une sécheresse générale chez toutes nos femmes de spectacle. Celles qui ont le bonheur d'être pourvues s'y tiennent avec soin, car les mutations opulentes ne se présentent point et même elles se plaignent amèrement de la disette des gens pécunieux. » Nous voyons encore la demoiselle Collet, de la Comédie italienne, obligée de faire un séjour de six semaines chez un chirurgien : « La chronique affirme que ce mal impur lui vient en droite ligne de M. de La Ferté qui l'a donné à sa maîtresse, Mme Rosetti, qui l'a donné à son mari, qui l'a donné à la demoiselle Collet. »

Nous voyons M. Bertin, trésorier des parties casuelles — entendez qu'il contrôle la vente des offices — entretenir Mlle Hus, de la Comédie-Française. Il la soupçonne de le tromper. Un soir, il quitte sa petite maison de Passy, lui déclarant qu'il sera absent deux jours. Mais il a laissé sur place un valet qui doit le renseigner sur tout. Dans la nuit, le valet le rejoint — il est 2 heures — et l'informe que, présentement, Mlle Hus est couchée avec le fils du maître des eaux de Paris. Retour en force, à 5 heures, de M. Bertin, accompagné d'un ami et de plusieurs domestiques. Il frappe, on refuse d'ouvrir. Il mande un serrurier. La voix du greluchon répond d'une fenêtre : s'il persévère, l'intrus sera transpercé par son épée ! M. Bertin ne s'émeut point :

— Il est tout naturel que je puisse rentrer chez moi à l'heure qui me plaît. Mlle Hus est assez jolie femme pour que l'on cherche à coucher avec elle. Vous pouvez vous retirer sans crainte.

Le jeune homme obéit et sort l'épée à la main. M. Bertin monte chez Mlle Hus et lui dit « avec beaucoup de sang-froid » :

— Mademoiselle, après la preuve que je viens d'acquérir, vous pensez bien que votre présence est ici de trop. Habillez-vous, faites des paquets de votre garde-robe, de vos bijoux, de tout ce qui vous appartient. Vous trouverez à 8 heures à la porte une charrette pour les emporter et un fiacre pour vous, ma voiture n'étant plus faite pour vous conduire.

Commentaires de Marais : « La demoiselle Hus a beaucoup larmoyé, mais il lui a tourné le dos et a été se promener tranquillement dans le jardin. Sur les 9 heures, cette demoiselle s'est retirée ; traversant le village, elle a été huée de tous les paysans. »

La prostitution des rues semble suivre elle-même le fol entraînement d'une société. Les spécialistes y mettent une imagination neuve. Rétif de La Bretonne a raconté comment il avait été racolé, avec son ami Du Hameauneuf, rue Bailleul, par une jeune paysanne d'environ seize ans, accompagnée d'une personne vêtue de blanc, toute petite, très jeune aussi, « assez coquettement vêtue et très provocante ». Les filles les emmènent chez elles. Dans l'appartement, la jeune paysanne disparaît. Etonnement de Rétif et de son ami : « Où est-elle ? »

— Vous allez le savoir, répond la fille en blanc, donnez chacun votre petit écu.

Ils s'exécutent. « Aussitôt, elle ouvrit une coulisse, où était un verre légèrement concave, qui nous montra la petite paysanne, absolument nue. Je l'avouerai : depuis près de vingt ans que j'examinais tout à Paris, je n'avais pas encore vu cette espèce de prostitution, c'était une chose neuve pour moi. Nous regardâmes la jeune maquerelle et nous lui demandâmes comment elle avait imaginé cette manière de gagner de l'argent. Elle nous répondit qu'elle était fille de lunetier ; qu'elle s'était d'abord montrée elle-même, mais que n'ayant pas été sage elle avait besoin d'une personne qui le fût. » En fait, c'est la fille « sage », celle qui s'exhibe derrière un verre grossissant, qui, ce soir-là, accueillera Rétif dans son lit.

Une brochure de l'époque : *Mémoire pour M. le chevalier de M..., ambassadeur de Malte, contre la demoiselle Prévost, danseuse à l'Opéra*. L'initiale désigne le chevalier de Mesmes. Les aventures qui y sont décrites par ce cocu magnifique aident à comprendre ce que pouvait être alors le comportement d'une demoiselle d'Opéra.

Mlle Prévost danse à l'Opéra. Elle demeure chez ses parents. Un jour, au foyer, M. de Mesmes l'aborde. Il est chevalier de Malte et, comme tel, a fait vœu de chasteté et de pauvreté. L'allure et le visage de la petite danseuse l'ont ravi. Il lui demande son nom. Elle le lui dit : Fanchonnette. Il le trouve aussi charmant que celle qui le porte. S'étant enquis de l'adresse de la demoiselle, il se rend dès le lendemain chez ses parents. Fanchonnette apparaît au chevalier « vêtue de callemandre[1] rayée, coiffée en bonnet de nuit sale, et autour un ruban couleur de rose plus sale encore ». Son visage « étoit démasqué, son col, sa poitrine maigres étoient découverts : on y distinguoit librement tout le travail des muscles ».

M. le chevalier de Mesmes est déçu. Mais, quand il revoit Fanchonnette au théâtre, derechef il s'enflamme. Il se renseigne : hélas, Fanchonnette a un amant.

M. le chevalier de Mesmes décide de se mettre sur les rangs.

---

1. Etoffe de laine où entrait du poil de chèvre.

Il obtient de la belle un rendez-vous « dans l'allée noire du Palais-Royal ». Transporté d'amour, il s'y rend, implore, supplie tant qu'il reçoit l'autorisation d'aimer « en second » : il sera « averti des moyens commodes » et il pourra « même prendre les heures indues où le premier ne se trouverait pas ». Quant aux frais, « on convint qu'il se chargeroit seulement du détail de la vie et des mémoires du rôtisseur et du cabaretier ». Après quoi, cet homme épris « passa le reste de la nuit dans les délices d'une bonne fortune, et cette nuit fut suivie de plusieurs où l'ardeur étoit égale ».

Quelques mois passent dans ces délices partagées. Le chevalier reçoit de gros biens d'Eglise, des dignités : il est ambassadeur de Malte. Tout à coup, pour Fanchonnette, il n'y a plus de père, de mère, de rival. Elle s'aperçoit qu'elle aime tant M. l'ambassadeur qu'elle décide de lui consacrer sa vie. Elle reprend le nom de sa famille, se fait appeler la demoiselle Prévost. En revanche, elle demande « cave et cuisine, appartement complet, des meubles de toutes couleurs, des habits de toute saison et bonne chère surtout... ».

D'ailleurs, M. l'ambassadeur va au-devant de ses désirs : il « glissoit tous les jours dans ses tiroirs des bijoux de toutes sortes, et prenoit même plaisir à embarrasser l'esprit de cette fille qui n'en savoit point encore l'usage ».

On se met à recevoir. A table, on voit côte à côte des gens titrés, des gens d'épée et de robe — et des couturières, des coiffeuses, des filles de chœur de l'Opéra. Ce qui est pour le mieux dans le plus libre des mondes.

Quelque temps plus tard, M. l'ambassadeur doit se rendre à la Cour. Mlle Prévost pleure beaucoup, M. l'ambassadeur jure de revenir sous peu de jours. Il tient si bien sa promesse qu'il rentre plus tôt qu'il ne l'a annoncé. Il court dans la chambre de sa maîtresse. « Il la surprit, et dans son lit ; mais ce qu'il y eut de singulier, c'est qu'il y surprit aussi un acteur de l'Opéra. »

D'abord saisi d'étonnement, M. l'ambassadeur devient furieux. On le comprend. Mlle Prévost, elle, garde un maintien modeste et pourtant assuré :

— Monsieur, dit-elle, je n'ai que deux mots à vous dire, et qui suffiront pour me justifier. Je suis accablée de vos bienfaits, ma reconnaissance est inexprimable : mais plus j'en reçois de vous, et plus j'ai de reproches à me faire. On m'a ouvert les yeux sur la vie que nous menons ; elle est coupable envers le ciel, elle scandalise les gens de bien. J'ai résolu de changer de conduite, et d'embrasser l'état de ménage pour parvenir à une fin ! C'est un mari que vous voyez dans mon lit, jamais autre n'y entrera que lui. Je sacrifie, parce que j'y suis contrainte, tout ce que je vous dois, sentiments d'amour, d'amitié et de respect, au repos de ma conscience : je vous demande en grâce de ne la jamais troubler.

Tels sont ses propos, ou tout au moins ceux que lui prête le rédacteur du *Mémoire*. Car il faut douter que, dans la réalité, l'éducation limitée de Mlle Prévost lui ait permis de s'exprimer dans une langue aussi châtiée. L'abattement, chez M. l'ambassadeur, succède à la colère :

— Qu'entends-je, ingrate ! vous me quittez : vous êtes mariée, vous avez pris ce parti sans me consulter ! Que n'aurois-je point fait pour vous en détourner ? Que ne ferois-je point encore pour rompre un si fatal engagement ? Est-ce là cette réception que je devois attendre, que je venois chercher ? Méritois-je de vous trouver à mon retour maîtresse infidèle ou femme sous la loi d'un mari ? Puis-je vivre sans vous, cruelle, puis-je m'en séparer ?

Pendant ce discours, le rival parvient à s'éclipser. Mlle Prévost peut tout à loisir minauder, hésiter et enfin se rendre aux raisons passionnées de M. l'ambassadeur. Elle finit par accepter de rompre ce mariage qui n'est heureusement conclu qu'en promesse. A une condition cependant : M. l'ambassadeur remboursera à l'acteur de l'Opéra les frais qu'il a engagés « par avance » pour cet établissement.

C'est une grande faveur qu'a consentie Mlle Prévost. Elle le fait bien comprendre à son amant. Celui-ci, d'ailleurs, promet sur-le-champ par écrit de lui verser une rente de six mille livres.

Nouveau bail amoureux. Il arrive bien à Mlle Prévost de se rendre à la campagne avec un amant de cœur. Quand celui-ci n'a plus d'argent, elle revient chez M. l'ambassadeur qui la reçoit avec des larmes de bonheur et pardonne. Sept mois après, elle accouche d'une petite fille que M. l'ambassadeur « reçut en ses bras avec des transports de joie qui ne s'expriment point ».

Des années passent. Un jour, M. l'ambassadeur survient à l'improviste chez sa maîtresse : comme quoi l'expérience ne lui a rien appris. Il reconnaît auprès de la demoiselle ce rival qu'elle lui a juré ne revoir jamais.

— Comment, s'exclame-t-il, c'est vous qui me trahissez

encore ? Vous pour qui j'ai tout sacrifié, que j'ai accablée de bien ! vous que j'aime depuis tant d'années, malgré ma famille révoltée et mes amis indignés ! vous à qui cent fois par jour je consacrois le reste de ma vie ! vous enfin qui m'avez tant juré de m'être fidèle à jamais ! Maîtresse indigne, vous m'avez donc trompé ?

— Monsieur, dit-elle, je consens à vous désabuser. J'ai cru vous servir mieux en vous cachant de tristes vérités ; mais puisque vous devinez tout, sachez encore que l'amant que vous voyez là n'a pas cessé de m'aimer depuis huit ans. J'étois convenue avec lui de vous épargner la peine de le voir ; j'y ai fait tout mon possible. Le malheur vous guide ici quand je ne vous y attends pas ; vous me surprenez : ce n'est pas ma faute. Au surplus, que votre emportement n'aille pas plus loin, il seroit inutile. Demeurez ici, et revenez-y si cela vous plaît, j'y consens ; vous y serez le bienvenu, mais vous y verrez cet amant de plus. Il faut vous y résoudre, ou bien prendre un autre parti ; parce qu'enfin ceci est ma maison, j'y suis maîtresse, tout y est à moi : fille d'Opéra, je ne dépends de personne.

L'ambassadeur a retrouvé un maintien sévère, impassible :

— Mademoiselle, répond-il, je reprends mes sens, je vois vos infidélités et vos outrages d'un œil sec, je jure tranquillement que je ne vous verrai plus. Mais puisque je prends ce parti, rendez-moi ma fille. Je la demande, je la veux, c'est tout l'objet de mon amour. Mon honneur et ma conscience veulent que j'en prenne soin et que, pour sauver sa vertu, je la retire de vos mains.

— C'est sur quoi, fait la demoiselle, je ne puis vous satisfaire.

— Vous me rendrez mon enfant !

— Votre enfant, monsieur, n'est point à vous. S'il vous souvient que j'accouchai de sept mois pour vous, apprenez que j'accouchai de neuf mois pour un autre, et cet autre est l'amant que j'ai là : il en est le père, et ma fille est à lui.

— Mademoiselle, tout est dit. Tant d'honneurs me confondent. Adieu.

La demoiselle Prévost réclamera en justice le paiement de la rente de six mille livres que l'ambassadeur — assez naturellement — avait cessé de verser. Le malheureux sera condamné à payer à la demanderesse une somme de quinze mille livres, et à lui attribuer, tant qu'il vivra, le revenu de trente mille livres placées par lui sur l'Hôtel-de-Ville. Preuve que si la loi était misogyne, les juges, eux, ne l'étaient pas toujours.

Les tribulations de M. le chevalier de Mesmes nous font sourire. Elles s'insèrent admirablement dans le ton des estampes galantes. A la même époque, on rafle dans les rues les demoiselles de moyenne vertu et on les conduit de force jusqu'aux ports afin d'y être embarquées pour la Louisiane ou les Antilles ; les rudes colons les attendent avec une impatience compréhensible. L'abbé Prévost a rencontré un de ces lamentables rassemblements. Il s'est enquis. Un archer, bonhomme, l'a rassuré :

— Ce n'est rien, monsieur ; c'est une douzaine de filles de joie que je conduis, avec mes compagnons, jusqu'au Havre-de-Grâce, où nous les ferons embarquer pour l'Amérique.

A La Rochelle, cinq cents jeunes filles, à peine descendues des charrettes qui les ont amenées de Paris, refusent de s'embarquer. Elles se jettent sur les archers qui veulent les pousser jusqu'aux bateaux ; elles les griffent, les mordent. Pour en venir à bout, les archers ouvrent le feu. Ils en tuent six, en blessent douze. Le reste, épouvanté, s'embarque.

En 1734, une ordonnance a renouvelé les anciennes rigueurs contre les maquerelles. Quand on en arrête une, elle doit être promenée sur un âne, la tête tournée du côté de la queue, « coiffée d'une mitre ou d'un chapeau de paille, un écriteau accroché au cou ». On la fouette à nu et on la marque de la lettre M. Après quoi on la condamne au carcan, au bannissement ou aux galères. Les clients ? Ils se réjouissent en assistant à ce spectacle peu banal. Eux, ils n'ont rien à redouter.

A mesure que le siècle s'avance, les rigueurs contre les prostituées s'aggravent. Un arrêt du Parlement de Toulouse, du 6 mars 1776, prescrit une enquête de police afin que soient démasquées toutes les filles ou femmes débauchées. En 1778, paraît l'ordonnance de Lenoir qui formera la base de toute la réglementation policière jusqu'à la fin du XIXe siècle — et au-delà. Cette ordonnance fait « très expresses inhibitions et défenses à toutes femmes et filles de débauche de raccrocher dans les rues, sur les quais, places et promenades publiques et sur les boulevards de cette ville de Paris, même par les fenêtres, le tout sous peine d'être rasées et enfermées à l'hôpital ; même, en cas de récidive, de punitions corporelles conformément auxdits ordonnances, arrêts et règlements ». Une autre ordonnance, de 1784, stipulera que les filles qui se prostituent dans les débits de boissons seront arrêtées, conduites devant le commissaire et condamnées à trois mois de prison en cas de première arrestation.

L'arbitraire. En cette matière, il sévit plus que jamais — renforcé, absolu. S'il s'élève des querelles dans les maisons de prostitution, la police accourt, arrête les femmes, les emprisonne, qu'elles soient coupables ou non. Si les voisins se plaignent des filles, on arrête celles-ci sans les entendre. Tous les lieux de prostitution sont sous la surveillance d'un inspecteur de police, bientôt couvert de présents. Il y gagne trente mille livres par an. Celles qui ne lui envoient pas de cadeaux sont arrêtées. Chaque mois, la police enlève, dans les rues ou ailleurs, trois ou quatre cents femmes. Les malades sont conduites à l'hôpital, les autres en prison. Au bout de quelques jours, les dernières paraissent à l'audience du lieutenant de police. Elles sont amenées, en voiture couverte, au bas de l'escalier du Châtelet. On les conduit dans la salle. « Quelques-unes pleuraient, se déchiraient les habits, d'autres se découvraient de la manière la plus indécente. Des filles innocentes, que la timidité empêchait de répondre, se trouvaient confondues avec ces malheureuses. Ces accusées étaient sans défenseur devant leur tribunal et recevaient leur sentence à genoux. » Les unes sont envoyées à l'hôpital pour un mois, d'autres pour trois, six, ou plus. On n'a le droit d'enlever les femmes qui opèrent dans leurs meubles que sur un ordre du roi. L'usage est de les laisser en prison un an.

Où est le sourire, où est la grâce, où est la France galante ?

« Paris fut-il particulièrement immoral ? » C'est la question qu'a posée Pierre Gaxotte. L'historien convient que toute une immense littérature nous incline à répondre favorablement à la question. On voit dans cette époque « plus de franchise qu'en d'autres temps, avec une certaine forfanterie ». Il note que, dans les rapports de Marais, les mêmes noms reviennent « et ils ne sont pas en nombre infini ». Il observe que « la Gourdan fera faillite faute de clients ». Plutôt que de corruption profonde, il pense qu'il s'agissait d'un « libertinage à fleur de peau, d'autant plus étalé qu'il touchait moins à l'essentiel ». A cet égard, on doit lire ce jugement de Duclos, en 1751 : « Le Français est le seul peuple dont les mœurs peuvent se dépraver sans que le fond du cœur se corrompe. » Gaxotte est formel : « On peut tenir pour certain que les couples fidèles, les ménages tranquilles furent l'immense majorité. » Surtout, précisons-le, dans les classes inférieures de la société, notamment dans la petite bourgeoisie, chez les commerçants, chez les artisans. Quelle vie patriarcale que celle de l'horloger Caron, du pâtissier Favart, de l'ébéniste Chardin ! Le duc de Deux-Ponts tombe amoureux de Mme Boucher, épouse du peintre des grâces françaises, une des plus belles femmes de son temps. Il lui fait la cour. Dieu sait quels arguments il avance. Le frère du duc se met sur les rangs. Elle leur sourit, mais se refuse à l'un comme à l'autre. Le duc deviendra son ami et, vingt ans plus tard, fera encore son éloge :

— Il aurait fallu la voir il y a vingt ans ; elle était alors non seulement la plus belle femme de Paris, mais celle de toute la France. Mon frère, ainsi que bien d'autres, était éperdument amoureux d'elle ; mais c'est en vain qu'ils soupirèrent : la jeune femme était aussi sage que belle, et elle se fit partout aimer et estimer. Elle a maintenant au moins quarante ans, et peut encore être considérée au nombre des belles femmes de Paris ; c'est la juste récompense de sa bonne conduite dans ses jeunes années.

Si les héros des *Liaisons dangereuses* ont probablement existé, ils ne représentent pas, à eux seuls, l'amour au XVIIIe siècle. La Harpe le signala quand parut le livre de Laclos : « Ce n'est au fond que l'histoire d'une vingtaine de fats et de catins qui se croient une grande supériorité d'esprit pour avoir érigé le libertinage en principe, et avoir fait une science de la dépravation. »

Que peut savoir des *Liaisons dangereuses* la paysanne de nos provinces ? Elle ne sait pas lire. En 1786-1790, 35 % seulement des Françaises peuvent signer leur acte de mariage, contre 27 % un siècle auparavant. D'évidence, ce progrès affecte surtout le milieu urbain. La littérature grivoise n'a pas atteint les campagnes.

En amour, la paysanne du XVIIIe siècle suit une voie tracée depuis longtemps par ses ancêtres. Généralement, elle connaît une initiation sexuelle précoce. Elle se marie relativement tôt. Une observation faite à Meulan montre que, de 1660 à 1709, le nombre des jeunes filles qui se marient avant dix-neuf ans était sensiblement égal au nombre de celles qui les imitaient entre vingt et vingt-quatre ans (516 pour 511). Entre 1710 et 1739, tout à coup on se marie plus jeune : 640 filles de quinze à dix-neuf ans pour 467 de vingt à vingt-quatre ans. Après 1740, le chiffre s'inverse : 429 de quinze à dix-neuf ans, pour 500 de vingt à vingt-quatre ans. Après 1765 : 490 filles de quinze à dix-neuf ans, pour 567 de vingt à vingt-quatre ans.

Les mêmes observations permettent une curieuse remarque : c'est au XVIIIe siècle que la contraception commence sérieusement à se diffuser en France. Les études notamment de M. Louis Henry permettent de supposer qu'elle est « déjà sensible chez les couples mariés en 1740-1764 ».

Pour comprendre la condition de la paysanne au XVIIIe siècle, il faut se rappeler que, de 1715 à 1792, la France n'a connu aucune invasion étrangère. De même, les terrifiantes épidémies du XVIIe et du début du XVIIIe siècle ne sont plus qu'un cauchemar oublié. Plus de famine. Pour la grande majorité des paysannes, des temps meilleurs sont venus. Les « philosophes » se sont beaucoup occupés de l'agriculture, et celle-ci en a bénéficié. On a découvert qu'il était inutile de laisser reposer la terre entre deux récoltes de céréales. Ainsi est-on parvenu à un meilleur rendement du blé. Le bétail a été mieux nourri, on a pu mieux fumer les champs, donc obtenir des récoltes plus abondantes. Un facteur non négligeable : l'amélioration des conditions météorologiques à partir de 1730.

Ainsi le monde paysan traverse-t-il plusieurs décennies de relative prospérité, surtout dans les régions où la circulation est aisée, où existent des débouchés urbains et où les traditions n'apparaissent pas trop difficiles à ébranler. Sur tous les plans, depuis 1733, on constate une hausse des prix à peu près continue. Grâce à l'augmentation des rendements, les paysans peuvent profiter de cette hausse. Ce n'est pas la richesse, ce n'est plus l'absolue misère et il est moins difficile de survivre. Jamais on n'a tant fréquenté les foires et marchés : on en découvre plus de cinq mille pour six mille cinq cents communes. Là, les femmes — surtout les femmes — s'en vont vendre les produits de leur terre. Car, depuis la Gaule, rien n'a changé à cet égard pour les femmes de la campagne. Il convient qu'elles soient au travail. Elles y sont.

Le comte de Hartig, gentilhomme autrichien, en traversant la Champagne, voit des femmes attelées à la charrue. Young assiste à un spectacle identique en Picardie, où des paysannes labourent avec une paire de chevaux : « En Angleterre, commente-t-il, les femmes ne font rien dans les champs que glaner ou faner : partie de *marotte* ou de plaisir ; en France, elles labourent et chargent le fumier. »

Il constate encore qu'en Bretagne le travail vieillit les femmes : « de bonne heure elles perdent prématurément toute la grâce de leur sexe ». Il les voit, jeunes encore, ridées, déformées, pliées, démontrant qu'on les a fait travailler « plus durement que les chevaux, ou tout au moins plus durement que les hommes ». C'est à ce prix qu'est la survie. Dans l'Argonne, alors que Young sort d'un village qu'il dépeint comme « un amas de boue et de fumier », il croise une paysanne qui geint. Il l'interroge :

— Mon mari, répond-elle, ne possède qu'un lopin de terre, une vache et un petit cheval. Et cependant, en plus des impôts du roi, il nous faut donner, chaque année, plus que nous ne récoltons au seigneur du pays. A l'un, quarante-deux livres de blé et trois poulets, à l'autre cent soixante livres de farine, un poulet et un sou, et j'ai sept enfants et le lait de la vache sert à faire la soupe.

— Mais, au lieu d'un cheval, pourquoi n'avez-vous pas une autre vache ?

— Sans son cheval, mon mari ne pourrait pas transporter au loin les produits de notre champ... Pourvu que Dieu nous envoie quelque chose de meilleur ! L'Etat et les droits nous écrasent.

Young lui demande son âge :

— Vingt-huit ans.

Il lui en aurait donné soixante ou soixante-dix.

Si, dans les Alpes, les Vosges, les Pyrénées, le Béarn, par exemple, les voyageurs constatent que les paysans vivent dans une certaine abondance, qu'ils habitent des maisons confortables et propres, c'est loin d'être le cas dans d'autres régions. Le comte de Guibert — tant aimé de Julie de Lespinasse — affirme qu'auprès des paysans suisses, ceux de France évoquent des bêtes de somme. Le comte de Hartig voit en Champagne des paysans manger, faute de pain, du trèfle cuit, « plus misérables, dit-il, que les serfs de son pays ». Young explique la pauvreté paysanne par le métayage, très répandu alors en France : « Les pauvres gens qui cultivent la terre, ici, sont des métayers ; ils louent la terre sans avoir les moyens de fournir le capital d'exploitation. »

D'autres voyageurs témoignent de la frugalité de la vie du paysan — et pour cause. Dans le pays de Caux, pain et eau-de-vie au déjeuner ; pain et fromage au dîner, pain et une pomme au souper. Un peu de viande, seulement le dimanche. En Bretagne, l'hiver, l'essentiel du souper est le panais, racine épaisse et charnue dont on nourrit aussi leurs chevaux.

Ces spectacles navrants sont heureusement tempérés par d'autres descriptions. Sophie Laroche nous dépeint les villageoises du Maine et de la Touraine, et elle admire leur activité, leur ordre, leur douceur. Dans le Périgord, elle rencontre des femmes « toujours diligentes, portant des corbeilles sur leur tête, filant, partout où elles vont, le long chanvre blanc dont elles sont fières ». Un voyageur juge les Foréziennes « jolies et coquettes avec un visage charmant et fort séduisant ». Young lui-même se déride en peignant les jeunes filles aperçues entre Pau et Bayonne. Il les juge « propres et jolies », et ajoute sentencieusement que « l'éclat de la santé sur les joues d'une jeune paysanne bien vêtue n'est pas le moindre charme d'un paysage ». Lui qui a tant insisté sur la misère de nos campagnes, est charmé par le spectacle du dépiquage du blé. Les paysannes jettent les herbes sur une aire où des chevaux trottent en rond : c'est une femme qui tient les rênes, une autre qui fait tourner les animaux. Les herbes volent en l'air, une des femmes fait claquer le fouet : « Tous s'y emploient avec un tel air de gaieté qu'ils semblent se réjouir autant de leur travail que le maître lui-même de ces grands amas de blé. La scène est extraordinairement animée et joyeuse. »

M. Charles Kunstler, qui a rassemblé ces témoignages et les a commentés, juge que, dans l'ensemble, les récits des voyageurs évoquent des mœurs simples et douces, aussi bien que la belle humeur et l'accueil affable des paysannes françaises. Voyons-les encore, un soir d'octobre 1785, dans un village de Champagne. Mme Gauthier montre les paysannes de Thil-le-Châtel filant du chanvre devant leur porte, « à la lueur de grands feux de chêne-vottes entretenus par de jeunes garçons ». Mme Laroche nous permet d'observer, dans la même province, « des villageoises assises au soleil de mars, près de leur rouet et de leurs enfants dont elles surveillent les jeux bruyants ». Avec Mme Laroche, sur les bords de la Loire et dans le Périgord, nous retrouvons de jeunes paysannes : « les unes vont à pas lents, portent la quenouille et filent en chantant ». En voici qui filent en gardant les vaches près d'une rangée de peupliers. D'autres causent, assises dans l'ombre de leur maison, cependant que « leurs marmots essaient leurs premiers pas dans des sortes de supports à quatre pieds et partagent leur pain du soir avec les poulets qui les entourent ».

De même, l'oratorien Béranger s'enchante à considérer les

Arlésiennes « la tête couverte d'un foulard foncé à fleurs jaunes », les paysannes de la Basse-Provence « si avenantes, avec leurs jupons rouges, leur chapeau gris entouré de rubans à fleurs et de rubans argentés », les paysannes de Haute-Provence, plus sérieuses, plus graves dans leur robe de gros drap marron, plissée sur les hanches. Charmantes, les paysannes de Tarbes et de Barèges vues par Young qui, le dimanche, « se couvrent la tête d'un capulet rouge ». Charmantes, celles de la vallée de Campan que voit le voyageur Dusaulx, et qui se rendent à l'église enveloppées dans de grands manteaux d'étamine brune, bordée de noir, et coiffées d'un capulet blanc.

Mais Young — encore lui — constate que beaucoup de paysannes non seulement ne portent pas de bas, mais vont sans souliers : « J'en ai rencontré revenant du marché avec leurs souliers dans leur tablier. » Dans le Quercy, aux environs de Béziers, près de Rennes, les paysannes vivent pieds nus : « Cela me rappelle la misère de l'Irlande. »

Funck-Brentano le souligne : en écrivant la *Vie de mon père*, Rétif de La Bretonne nous a donné, peinte par un paysan, « une œuvre unique dans notre littérature ». Aussi voyons-nous, le soir à souper, le père de famille Edmé présider au repas où toute la famille est réunie, mais aussi les garçons de charrue, les vignerons, les bouviers, le berger et deux servantes. Le père de famille est assis au bout de la table, du côté du feu. Sa femme, dont la place est à côté de lui, apporte les plats et sert : « Car c'était elle seule qui se mêlait de la cuisine ; les servantes qui avaient travaillé tout le jour étaient assises et mangeaient tranquillement. » Le père boit du vin, imité par les garçons de charrue et les vignerons. La mère de famille boit de l'eau, comme les enfants.

Rétif évoque les deux servantes au bout de la longue table, en face de leur maîtresse. Dans le cours de la journée, elles « se montraient obligeantes envers eux tous [les ouvriers agricoles], et leur maîtresse les avait chargées de raccommoder le linge et les hardes des hommes. Ces filles avaient en outre des temps où elles pouvaient travailler pour elles-mêmes ».

C'est au sein de tels contrastes que se déroule la vie des paysannes du siècle. On n'en est plus aux « animaux farouches », mâles et femelles, dont parlait La Bruyère au siècle précédent. Dans maintes régions, le progrès est sensible. Dans beaucoup d'autres, la misère règne encore. Chaque année, l'arrivée des collecteurs d'impôts est ressentie comme une catastrophe. Ce réseau presque inextricable d'obligations, venues du fond des âges, gâche la vie de la paysanne française.

Alors, de leur mieux, elle et son mari trichent. Volontairement, ces paysans se veulent crasseux, l'air sombre, vêtus de haillons. Délibérément, ils vivent dans des masures qui tiennent à peine debout. Si d'aventure un voyageur frappe à sa porte, on lui offre tout juste un morceau de mauvais pain noir et de l'eau claire. Mais si le voyageur gagne la confiance du paysan qui l'a hébergé — c'est arrivé à Jean-Jacques Rousseau — alors, on va chercher pour lui, dans une cachette, une bonne bouteille, de l'excellente charcuterie, du pain blanc. Le paysan, la paysanne s'excuseront en disant qu'ils craignent le fisc comme la peste. Jamais peut-être, en France, la classe paysanne n'a répudié, avec autant de force, les signes extérieurs de richesse.

Au XVIIIᵉ siècle, beaucoup de paysans et de paysannes ont émigré vers les villes. Le phénomène n'est pas nouveau. Ce qui l'est, c'est son ampleur. Les paysans qui ne trouvent pas à s'employer dans l'agriculture se font ouvriers du bâtiment, domestiques, artisans. Les femmes, elles, deviennent servantes. Prodigieux, leur nombre à travers le royaume. Evelyne Sullerot, étudiant l'histoire de son village situé à quatre-vingts kilomètres de Paris, a découvert qu'au XVIIIᵉ siècle, sur environ deux mille cinq cents femmes, cinq cent deux étaient « en condition ». Une femme sur cinq. Bien des paysannes aspirent aussi à devenir nourrices. Des spécialistes appelés meneurs et meneuses vont quérir les postulantes à travers les provinces pour les amener à Paris. Là, on les conduit au *bureau de la direction des nourrices*, ouvert chaque jour de 9 heures du matin à 1 heure de l'après-midi, et de 3 heures à 7 heures du soir. Les parents se présentent, formulent leurs exigences, constatent *de visu* ce qu'il en est de la santé de la candidate. Si on fait affaire, la nourrice emportera dans sa province le nourrisson.

Toutes les femmes ne peuvent devenir nourrice, ou servante. Voici donc, à la ville, les laitières, les charcutières, les éventaillistes, les mercières, les épinglières, les bouquetières, les poudrières-pommadières, les gaufrières, les vendeuses de fruits. Les grisettes tirent l'aiguille, dix heures par jour, chez les marchands de mode ; les lingères et couturières ne sortent que les dimanches et fêtes. Mercier les voit « plus réservées et plus décentes que les filles d'Opéra ; celles qui sont sages amassent de quoi se marier ».

Sages, au XVIIIe siècle ? Rétif, observateur idéal, conte l'histoire de cette Claudon Faullin, petite fruitière de seize ans, à la taille si provocante et au minois si ravissant qu'elle ne pouvait faire un pas sans que l'on se retournât sur elle : cheveux bruns, nez retroussé, œil rieur. Vendant l'été ses fruits dans Paris, faisant griller des marrons l'hiver, elle est en proie aux sollicitations énergiques d'une bonne partie des souteneurs de Paris. Face à leurs prières, devant leurs menaces, elle éclate de rire et vient à bout de toutes leurs entreprises. Un grand seigneur la fait enlever. Il est jeune, beau garçon, il est riche. Claudon ne cède point :

— J'ai mon honneur comme vous avez le vôtre. A vous, c'est d'avoir des charges, des commandements de troupe ou de villes... A moi, c'est de vendre en conscience mes fruits et de garder mon honneur de fille, pour moi-même, et mon honneur de femme quand je serai mariée, pour mon mari... Je me trouve aussi belle comme me voilà, qu'avec toutes les parures que vous me faites offrir ; peut-être même suis-je mieux. Si je répondais à ce que vous appelez votre tendresse, je serais bientôt une créature comme celles de mon état qui répondent à la tendresse du seigneur. Je vous aimerais bien autant qu'un autre si vous étiez pour moi comme je le veux ; mais comme je ne saurais être pour vous qu'une maîtresse et qu'une catin, je tâcherai de ne jamais mériter ces beaux noms-là.

Une année entière : c'est ce que dure la captivité de Claudon. Enfin, le seigneur la laisse partir et la supplie d'accepter un présent. Dès qu'elle est chez elle, elle remet le présent à sa mère et lui raconte tout.

— Tu ne seras que fruitière, comme ta mère, s'exclame la vieille Faullin, mais il en faut. Une revendeuse à l'éventaire, c'est, selon mon petit jugement, plus nécessaire au monde qu'une de ces belles entretenues que je vois passer en carrosse. Reste fruitière et marie-toi à un bon garçon, quand il en viendra un. Ton père me battait, et ça n'a pas empêché que je l'aie aimé, car je le pleure encore. On boit de l'eau-de-vie ensemble, le matin ; chacun va ensuite à son travail ; on mange la soupe quand elle est faite et, le soir, on se retrouve avec le petit profit de la journée...

La plupart du temps, ces travailleuses vivent au jour le jour, qu'elles soient à leur compte ou qu'elles se mettent au service d'un patron. Leurs salaires sont misérables, en tout cas très inférieurs à ceux des hommes. A Tours, Young voit un tisseur gagner 40 sous par jour, alors que son aide gagne 20 sous et sa femme seulement 10. Pour le travail des étoffes unies, les hommes gagnent 30 sous, les femmes de 18 à 24 sous par jour. Notons, d'après le même Young, que le prix moyen du pain à la même époque est de 3 sous la livre, que la douzaine d'œufs vaut 9 sous, la livre de bœuf 7 sous, une volaille 22 sous, une bouteille de vin rouge 4 sous et demi. A Rouen, en 1726, les Compagnons touchent de 25 à 30 sous. Les ouvrières seulement 10 sous. « Mais il est des salaires féminins plus bas encore. A Rouen, les fileuses ne reçoivent que 6 sous. En Bretagne, les ouvrières sont payées 4 ou 5 sous, alors que les tisserands en reçoivent 8 ou 10[1] ! » Ces salaires, dit Evelyne Sullerot, continuent à accuser l'abaissement de la femme.

Si l'on constate, au XVIIIe siècle, une expansion économique dont la société presque entière a bénéficié, il n'en est pas de même des salaires. Certes, ils augmentent, mais ils ne suivent pas l'accroissement du coût de la vie. On verra dans les grandes cités ouvrières, notamment à Paris et à Lyon, le mécontentement s'exprimer avec force. On assistera à des grèves longues et parfois violentes comme, en 1774, celle des métiers de la soie à Lyon. Comme toujours, les femmes en supporteront les cruelles répercussions.

A part les femmes « en condition », c'est, à travers tout le royaume, le nombre des dentellières qui domine.

Dans la seule région du Puy, en 1789, elles sont plus de cent mille. La broderie est presque partout prospère, surtout dans les Vosges et dans le Massif central. Depuis 1750, on travaille sur un tambour puis ; pour obtenir un rendement meilleur, sur un métier à broder. Au XVIIIe siècle encore, les femmes inventent le travail au crochet. Essor rapide. La bonneterie se répand dans les campagnes.

Il faut imaginer ces centaines de milliers de femmes qui, partout, dans les petites villes, dans les villages, ne cessent de broder, de faire de la dentelle et de filer, de tisser. A la fin du siècle, Le Mans fait travailler trente-cinq mille femmes réparties dans une région qui couvre trois départements d'aujourd'hui.

---

1. Ed. Dolléans et G. Dehove.

Boulainvilliers, intendant du Bas-Languedoc et du Gévaudan, note : « Il n'est pas de journalier, d'artisan, de laboureur qui n'ait chez lui un métier monté pour son propre compte. Sa femme et ses enfants cardent, filent, préparent la laine, surtout pendant l'hiver. Une faible lampe éclaire ces différents travaux très avant dans la nuit. » En 1770, un autre rapport précise qu'il est impossible de dénombrer exactement le nombre des métiers pour la fabrication de la bonneterie, épars dans tous les foyers ruraux.

Donc, elles sont la majorité, ces ouvrières en chambre. Il existe pourtant des ouvrières en atelier. Leur sort est affreux. Dans la ville de Lyon, en 1752, on dénombre sept mille « tireuses ». Leur rôle est d'aider le tisserand en soie. Elles doivent se glisser sous le métier et se tenir tout le jour dans cette position. Elles tirent les paquets de corde, et ceux-ci sont très lourds. Elles tendent leurs forces, s'arc-boutent. Elles font aussi les lacs, les canettes, elles ont la charge du nettoyage de l'atelier. On les engage pour un an ; elles doivent habiter chez le maître. Impossible de quitter le travail avant la fin du contrat. Quand elles partent, elles doivent emporter avec elles un billet attestant qu'elles ont été libérées. Sinon, elles courraient le risque d'être arrêtées. En 1716, une tireuse à Lyon gagne 8 sous par jour — ceci pour dix-huit heures de travail quotidien. On trouve cela naturel. Cependant, en 1765, l'intendant Bouillon s'alarme : « Je m'intéressais au sort des tireuses. On me dit que pour des gains modiques elles travaillaient pendant dix-huit heures de la journée et qu'elles finissent par gagner des maladies considérables qui les rendent tôt ou tard incapables de travailler, et qu'elles meurent dans la misère. »

Il n'est pas que les tireuses : les filles très pauvres vivent souvent dans un perpétuel état de migration. On les recrute dans les villages, comme des soldats. On bat le tambour, on leur fait miroiter des merveilles. On est sûr d'en trouver toujours. Sûr qu'elles accepteront les travaux les plus durs, les salaires les plus bas. On les engage pour la moisson, pour les vendanges, pour la cueillette des fruits ou des olives. On les voit parcourir parfois deux à trois cents kilomètres chaque saison, sous une surveillance qui s'apparente à celle de la chiourme.

Une ville dans la ville, grand réceptacle de la misère humaine : la Salpêtrière. Un incroyable lacis de rues et de venelles, de bâtiments et de pavillons, dont l'hôpital qui porte toujours ce nom n'occupe aujourd'hui que le quart. Là, au XVIIIe siècle, on rassemble, on groupe, on enferme les mendiantes, les folles, les filles et femmes de mauvaise vie, les filles ou femmes envoyées là par lettres de cachet, les voleuses, les criminelles notoires. Et, aussi, les enfants trouvés ou abandonnés par leurs parents : garçons jusqu'à sept ans, filles jusqu'à vingt ans. En 1749, se trouvent là 6 500 femmes et enfants ; en 1789 on en comptera 6 778. A quoi il faut ajouter le personnel à demeure, soit douze cents personnes environ.

Elle nous effare, cette juxtaposition de destins si différents, si contrastés. Voici, à la Salpêtrière, les « Ménages », une sorte d'hospice où l'on reçoit les gens mariés indigents. Une chambre pour chaque couple. Il y faut apporter ses meubles. Voici l'endroit où l'on range les femmes volontairement entrées à l'hôpital. Par suite de quels désespoirs, de quelle somme de souffrances ? Un texte du temps nous informe : « La Salpêtrière est ouverte à toutes les femmes et filles pauvres qui veulent s'y retirer de bonne volonté, vieilles ou jeunes, Françaises ou étrangères, saines ou infirmes, sensées ou imbéciles, grosses ou stériles, tout y est reçu ; il suffit qu'elles soient munies d'un certificat de pauvreté et de leur baptistère, encore quelquefois les reçoit-on sans cette formalité, sur la seule exception de leur état déplorable ; on les distribue par centaines dans différentes salles selon leur âge et leur état... Il y a des salles pour les jeunes, pour les vieilles, pour les saines, pour les infirmes, pour les paralytiques, pour les épileptiques, pour les écrouellées, pour les teigneuses, pour les gâteuses, les estropiées, les aveugles, les imbéciles, etc. »

Toutes pareilles : une jupe, une jaquette de bure, la *tiretaine*, un bonnet de laine et de toile, le *dariolet*, des bas de laine en hiver, des bas de toile en été, des sabots. Les paralytiques ont droit à un lit par personne, les aveugles à un lit pour deux. Le reste couche à trois, quatre et même six dans le même lit. La nourriture ? Du pain bis, du fromage, des pois, des fèves, une chopine de bouillon gras ou maigre. Trois fois par semaine, deux onces de viande cuite. « La maison donne, en outre, une certaine quantité de vin pour chaque salle ; c'est à la sœur qui y préside d'en faire la distribution selon les besoins de chacun. Mais il faut qu'ils soient bien urgents pour que l'on y ait part. »

Une femme ou une fille devient-elle grosse ? Elle peut se présenter à la Salpêtrière où on la reçoit sans lui poser de question. On ne leur réclame aucun argent. « Elles sont libres d'y aller dès les premiers mois de leur grossesse, elles peuvent accoucher dans la Maison ou aller à l'Hôtel-Dieu sy elles l'ayment mieux. Lorsqu'elles veulent élever leurs enfans, non seulement on ne s'y oppose pas, mais, au contraire, on les y engage et elles sont libres de rester dans la maison jusqu'à ce qu'elles l'ayent sevré. Celles dont les enfans meurent et qui sont saines deviennent, sy elles le veulent, nourrices aux Enfans-Trouvés. »

A ces femmes, à ces filles, on garantit un secret absolu. Nul, excepté le personnel de service, ne peut entrer dans les salles où on les héberge, « afin qu'estant reçeües dans cette retraite asseurée et secrette, la crainte de la nécessité ou d'estre deshonorées ne les porte plus dans le désespoir et dans des résolutions effroyables de perdre leur fruit, dont il n'y a eu que trop d'exemples dans le passé ».

Si l'on passe au quartier des folles, c'est l'horreur à l'état pur. Il s'agit d'un bâtiment encerclé par plusieurs cours. Là, tout autour, en plein air, des bancs de pierre. Sur ces bancs, attachées, les folles. Elles n'en bougent pas, qu'il pleuve, vente ou neige. « Il y en a, dit l'Observateur de police, qui ont vescu trente ans exposées jour et nuit, été et hiver, sur ces bancs de pierre et qui, à la folie près, n'avoient aucune infirmité ; on leur donne des couvertures de laine, mais la plupart ne s'en servent pas. » A cette situation inouïe, on n'a pu mettre fin qu'après que la marquise de Lassay eut fait un don considérable. Ce qui a permis de construire cent quarante-deux loges où l'on a enfermé les aliénées. Depuis lors, elles y ont vécu recluses, souvent enchaînées. Le règlement de l'hôpital charge la supérieure de veiller « sy les personnes appliquées au service des folles et imbéciles gardent assés de modération dans la conduite dure et sévère qu'elles sont parfois obligées d'avoir à leur égard ». *Dure et sévère.*

Autres prisonnières, celles de la Maison de force. Pour elles, quatre quartiers. D'abord, la Correction, qui renferme les filles envoyées par leurs parents, jusqu'à ce qu'elles soient devenues « plus raisonnables ». Elles payent pension, ont droit à la nourriture, travaillent — à leur profit — et sont sans cesse catéchisées. Deuxième et troisième quartier : la Grande Force et la Prison, qui reçoivent les filles ou femmes emprisonnées par lettres de cachet ou par ordres judiciaires pour des délits commis « contre Sa Majesté, la Religion, le gouvernement et le public ». On y voit des voleuses *marquées*, des criminelles endurcies, des femmes dont la faute est si légère que, de nos jours, elles n'encourraient guère qu'une amende. Tout cela étroitement mêlé sans que l'on songe apparemment à différencier les culpabilités. Elles sont astreintes au travail, mais à leur profit. Elles n'ont droit qu'à un lit pour plusieurs.

Cette promiscuité nous paraît plus terrifiante encore si l'on sait qu'à la Prison on hospitalise aussi les mendiantes raflées dans Paris. Il y en a toujours là 400 ou 500, occupées à carder la laine, « à traîner la brouette, à porter la hotte et autres vils métiers ». Seules sont dispensées de ces travaux les femmes de plus de soixante ans.

Puisque nous parlons de promiscuité, pensons à ces filles arrivées là à l'état de marmots et que l'on y élève. Dans les écoles de la Maison — car on y trouve des écoles et, aussi, une église — on leur a appris à lire, à écrire, à tricoter, à prier. A quatorze ans, on les met au travail : « lingerie, broderie, dentelle, tapisserie ». Cela rapporte chaque année à l'établissement la somme de douze mille livres. A vingt ans, c'est le choix : se marier, souvent avec un ouvrier, ou rester comme religieuse ; et beaucoup préfèrent ce dernier sort. Ainsi par ignorance, par veulerie, plus que par vocation, auront-elles choisi de finir leur vie dans cet asile où le hasard les avait conduites. D'autres ont connu un destin plus aventureux : « Pendant quelques années que la mer a été libre, les directeurs, par ordre du Roy, ont fait embarquer un nombre considérable des filles de l'Hôpital pour le Canada où elles ont été mariées et dont M. l'évesque du Païs et les Religieux et Religieuses qui y sont établies ont rendu des témoignages très avantageux. »

Envions ces Canadiennes. Au vent des grands espaces, elles ont su oublier l'image méphitique de tous les vices, de toutes les misères qui, trop d'années, avait représenté leur seul horizon.

Quatrième quartier enfin : le Commun, destiné aux filles de mauvaise vie. Tous les vendredis, l'audience du lieutenant général de police en expédie une fournée de quatre cents environ. Et, naturellement, un lit pour six : « Quatre se le partagent, les deux dernières arrivées couchent sur le carreau en attendant une place libre. » Dès leur entrée, on leur rase le crâne, on prend leurs vêtements pour leur donner celui des pauvres. Elles cardent, elles filent. Sans empressement : à l'atelier de la Toile, fréquemment elles se mutinent. Et l'on n'oublie pas la religion : « on ne leur épargne point les secours spirituels, elles sont catéchisées et preschées et confessées autant et plus qu'elles ne veulent ». Si, à leur entrée, on les reconnaît atteintes d'une maladie vénérienne, on les transfère à Bicêtre, pour « y passer les grands remèdes ».

Malgré un règlement théoriquement compréhensif, l'étude attentive du fonctionnement de l'hôpital montre que la discipline n'est maintenue que par une sévérité inexorable. Une incartade et on rase de nouveau les cheveux. On roue de coups les « coupables », on leur donne le fouet « presque chaque jour », on les enchaîne à un pilier par un carcan de fer. Le moindre des sévices est un supplément de travail. Ou encore la mise au cachot : des locaux « étroits et bas », appelés, de façon évocatrice, *malaises*. On va plus loin encore. Pour venir à bout des récalcitrantes, on les attache sur un même lit entre deux folles furieuses. Certains dénonceront ce « châtiment barbare » au procureur général Joly de Fleury. « Non seulement il n'y trouve rien à redire, mais déclare tranquillement qu'il l'a lui-même fréquemment infligé [1]. »

Une femme au grand cœur, Mme de Moysan, entreprendra d'humaniser la Salpêtrière. Elle se heurtera au parti janséniste dont dépend presque entièrement la maison. S'ensuivra un conflit qui atteindra des sommets. On accusera Mme de Moysan de toutes les turpitudes : elle est une entremetteuse, elle a volé, elle a eu deux mille cinq cent cinquante-huit amants — les a-t-on si bien comptés ? —, elle montre ses seins à tout l'établissement où, d'ailleurs, elle n'est jamais. L'avocat janséniste Le Paige, qui accueille ces « bruits » et les fait circuler, note, avec un parfait cynisme : « On ne sait si les faits mis sur son compte *sont vrais*. » La bataille durera sept ans. Le sort des malheureuses pensionnaires et recluses ? Personne n'y pense. Mme de Moysan saura se faire une âme d'airain, tout endurer, répondre à tout. C'est à son poste, bénie des femmes et des filles de la Salpêtrière, qu'elle mourra en 1776.

Au sein des établissements religieux, il se trouvera également de saintes femmes pour entreprendre des réformes salutaires. Si,

---

1. H. Légier-Desgranges.

dans ce cadre, l'image s'impose à nous d'un général relâchement des mœurs, la littérature y est pour beaucoup. Comment oublier *La Religieuse* de Diderot et tant d'autres ouvrages dont l'inspiration apparaît identique, sinon le talent ? Songeons à ces couvents tels que celui où nous avons rencontré Mme de Tencin. A ces communautés où l'on joue aux cartes, où l'on danse, celles où, simplement, on mène une vie de mollesse, étrangère peut-être au scandale, mais aussi à la vraie piété.

Une étude attentive des structures des communautés religieuses au XVIIIᵉ siècle fait découvrir cependant un bilan moins noir. Si la décadence des ordres réguliers masculins ne peut être discutée, il n'en est pas de même pour les communautés féminines. On dénombre en France huit mille cloîtres réservés aux femmes : carmélites, cisterciennes, dominicaines, clarisses, visitandines. Dans les hôpitaux, dix mille religieuses. Quinze mille consacrent leur vie à éduquer les enfants. Nous voilà loin de *La Religieuse*. Dans le seul ordre créé par M. Vincent, plus de mille « petites sœurs » œuvrent partout, à travers le royaume, derrière d'exceptionnelles têtes de file, comme la sœur Elisabeth Baudet à Lyon et les sœurs Rutan à Dax.

Faut-il oublier ces femmes qui choisissent de servir la religion au Canada, aux Antilles, en Guyane ou ailleurs, telles que les sœurs de Saint-Paul de Chartres, fondées à la fin du XVIIᵉ siècle, les religieuses de Notre-Dame de Troyes, les hospitalières de La Flèche, les franciscaines, les ursulines ? Leur but ? Evangéliser, certes. Mais aussi enseigner, apaiser, soigner les âmes comme les corps.

La vérité, c'est sans doute à Voltaire — peu suspect de cléricalisme — qu'il faut la demander : « Peut-être n'est-il rien de plus grand sur la terre que le sacrifice que fait un sexe délicat, de la beauté et de la jeunesse, souvent de la haute naissance, pour soulager dans les hôpitaux le ramas de toutes les misères humaines dont la vue est si révoltante pour notre délicatesse. Les peuples séparés de la religion romaine n'ont imité qu'imparfaitement une charité si généreuse. »

Les maisons religieuses qui glissent vers la facilité — personne ne nie qu'elles existent — ne font que suivre l'infléchissement du siècle, « cette rébellion de l'intelligence » dont a parlé Daniel-Rops. Voltaire et les encyclopédistes — les *philosophes* — sont les héritiers de Pierre Bayle et de Spinoza. Dans le passé, les femmes, à quelques exceptions près, étaient demeurées étrangères à l'incrédulité. C'est qu'elles ne lisaient pas et manifestaient pour les choses de l'esprit un intérêt très relatif. Au XVIIIe siècle, tout change. L'effervescence intellectuelle dans laquelle les femmes se sont jetées les a conduites vers la philosophie. Celle-ci est à la mode. Depuis quand une femme vivrait-elle contre la mode ? Ainsi est née, en France, cette race nouvelle que déjà nous avons rencontrée : ces grandes dames fort libres avec Dieu, en tout cas avec l'Eglise et qui, même à leur lit de mort, refuseront toute réconciliation avec la « superstition ».

Cette attitude neuve est-elle seulement le fait des femmes de condition ? Non. Avec un entêtement funeste, l'Eglise de France continue à mêler temporel et spirituel. Elle menace d'excommunication ceux qui tentent d'échapper à l'impôt. Le public, dressé par les philosophes, n'est pas dupe. Les femmes pas plus que les hommes. Vers 1750, se lève à Paris un anticléricalisme qui marquera la petite bourgeoisie française jusqu'au début du XXe siècle.

C'est le temps où, à la recherche d'autres règles morales, bien des femmes se rallient à de singulières doctrines. L'Italien Balsamo, baptisé de sa propre autorité comte de Cagliostro, arrive à Paris avec son épouse, la *divine* Sérafina. Il émerveille les belles dames en jurant qu'il a été initié sous la grande pyramide, qu'il est l'héritier des Rose-Croix et qu'il peut lire leur avenir dans une carafe. Avec une éloquence intarissable et un accent prononcé, il prêche sans relâche les mystères d'Isis. D'autres dames jurent qu'un certain comte de Saint-Germain est immortel : elles le savent, elles en ont des preuves. D'autres encore adhèrent à la doctrine de Swedenborg, à l'illuminisme venu de Bavière. Par centaines, par milliers, elles courent aux expériences de Mesmer qui, dès 1773, utilise dans son *baquet* le magnétisme électrique pour guérir tous les maux et, avant tout, les maladies nerveuses.

Une foi intacte, en revanche, est celle du peuple. Non ébranlée, la ferveur de la grande masse paysanne ni, à un degré moindre, celle du petit peuple des villes. Mme Cradok, cette Anglaise protestante qui a parcouru la France de 1783 à 1786, voit partout les églises envahies, les prédicateurs prononçant des homélies d'une heure devant d'immenses foules. En 1755, à Aubais, en Bas-Languedoc, les villageois provoquent une émeute, « parce que le prédicateur de carême ne donnait que trois sermons par semaine ». La pratique religieuse n'apparaît nullement en baisse. M. Gabriel Le Bras, qui a donné ses lettres de noblesse à la sociologie religieuse, a démontré que la pratique en France « ne fut jamais plus générale » qu'entre 1660 et la Révolution. A Bellay, en Bugey, pour une population de quatre mille habitants, on atteint trois mille cinq cents communions pascales. Même chiffre dans d'autres régions. L'abbé de Véri, prince des sceptiques, reconnaît : « Aux yeux du commun de la populace, ne pas croire à la religion c'est avoir tous les vices, et manquer totalement de probité. »

De même observe-t-on une vie paroissiale singulièrement fervente. Dans les villages, tout s'accomplit autour du curé. A son appel, pour chaque décision importante, les hommes se réunissent dans l'église ou dans le cimetière. Pour désigner la sage-femme de la paroisse, le curé convoque une assemblée des femmes.

C'est donc un divorce que nous avons à constater. La foi de beaucoup de Françaises reste vive, mais celle d'une minorité agissante est atteinte. Celles-ci glisseront de la critique à l'incrédulité. Barbier note, en 1752, que les gens de boutique courent acheter les mandements de l'archevêque contre l'*Encyclopédie*. Mais c'est seulement pour y trouver les textes condamnés, sans avoir à acheter l'*Encyclopédie*, trop chère ! Peu de ces femmes iront jusqu'à l'athéisme. Un grand nombre se cantonne dans un déisme assez vague, né de Jean-Jacques Rousseau et qui aboutira, sous la Révolution, au culte de l'Etre suprême.

Jean-Jacques Rousseau. Une fois encore nous rencontrons son nom. Cette fois, arrêtons-nous. Ce Genevois, taciturne, mélancolique et atrabilaire, va opérer dans les mœurs féminines françaises la révolution la plus totale qui intervint jamais. Il va exiger de la femme qu'elle oublie ses boudoirs, ses soupers, ses galants, ses vapeurs, jusqu'à ses corsets. En compensation, il lui proposera d'aller herboriser à la campagne, d'adorer les chaumières, de tricoter pour les pauvres, de méditer sur le grand spectacle de la nature et, avant tout, d'allaiter elle-même ses enfants. Cette révolution-là, c'est dans *La Nouvelle Héloïse* qu'il l'a exposée. L'extraordinaire de l'affaire, c'est que toutes les femmes liront *La Nouvelle Héloïse* et recevront ensemble — presque toutes — l'illumination. Une certitude : il n'existe pas de révolution spontanée. Il faut donc croire que, sans le savoir, les femmes étaient lasses du perpétuel artifice où la mode les avait jetées. *La Nouvelle Héloïse* est venue à son heure.

Comment, après *La Nouvelle Héloïse*, accepter d'être anti-naturelle ? Tout d'abord, les femmes rejettent les hauts corsets. En 1770, paraît un ouvrage au titre éloquent : *La dégradation de l'espèce humaine par l'usage du corset à baleines.*

Le panier disparu est remplacé par un pouf appelé en toute simplicité *cul*. Il ne s'agit plus d'enfler artificiellement la taille, mais seulement l'arrière-train. La mode du *cul* est née de façon foudroyante. Mme de Matignon, partie pour l'étranger pendant quelques mois, est à peine rentrée qu'elle entend — avec quelle épouvante ! — à travers une cloison, la princesse de Hénin demander à Mme de Rully :

— Bonjour, mon cœur, montrez-moi votre cul... Mais, mon cœur, il est affreux votre cul ! Etroit, mesquin, tombant, il est affreux, vous dis-je ! En voulez-vous voir un joli ? Tenez, regardez le mien !

La silhouette s'adoucit, s'assouplit, on choisit des étoffes légères. Les coiffures oublient leurs outrances, on dénoue les boucles, on renonce à la poudre. Désormais, les cheveux flotteront sur les épaules. C'est l'apogée des grands chapeaux à l'anglaise. Mme Vigée-Lebrun triomphe en exposant au Salon de 1785 le portrait de la duchesse de Gramont-Caderousse peinte en vendangeuse, donc sans poudre : « ses cheveux étaient d'un noir d'ébène, je les séparai sur le front, arrangés en boucles irrégulières ; après ma séance, la duchesse allait ainsi au spectacle ; une aussi jolie femme devait donner le ton, cette mode prit doucement, puis devint enfin générale ». En même temps, le maquillage se fait moins agressif, les parfums moins lourds. De nouveau on loue la pâleur des visages féminins.

La femme se met à copier les costumes masculins. Elle porte des redingotes, des gilets, des souliers à talons plats, voire une canne. Mais les Françaises d'après Rousseau ne s'en tiennent pas aux accessoires de la mode. Elles songent à l'éducation de leurs filles en les encourageant à rompre avec des traditions qu'elles ont elles-mêmes subies et que, maintenant, elles condamnent.

De l'éducation des femmes, Rousseau s'est occupé dans le cinquième livre de l'*Emile*. Pour lui, la femme n'est pas identique à l'homme, elle lui est égale, mais à condition qu'elle demeure dans des limites strictement précisées : « la femme vaut mieux comme femme et moins comme homme ; partout où elle fait valoir ses droits, elle a l'avantage, partout où elle veut usurper les nôtres, elle reste au-dessous de nous ». Cette femme, il faudra l'élever quasi exclusivement *pour le bien des hommes* : « De la bonne constitution des mères dépend d'abord celle des enfants ; du soin des femmes dépend la première éducation des hommes ; des femmes dépendent encore leurs mœurs, leurs passions, leurs goûts, leurs plaisirs, leur bonheur même. » Voilà pourquoi les filles doivent être élevées pour leur donner le bonheur : « Leur plaire, leur être utile, se faire aimer et honorer d'eux, les élever jeunes, les soigner grands, les consoler, leur rendre la vie agréable et douce, voilà les devoirs des femmes dans tous les temps et ce que l'on doit leur apprendre dès leur enfance. »

Voilà le paradoxe : Rousseau, qui prêche pour les femmes le retour à la nature — et elles l'écoutent — voit en elles, finalement, des *objets* pour la plus grande gloire de l'homme. Quand Jean-Jacques en vient à la morale — c'est sa faiblesse, il moralise toujours — il dénonce la dépravation du siècle, qui commence avec la vie : les jeunes filles ne sont-elles pas élevées pour le monde ? Pour réformer ces habitudes néfastes, il faudra donc élever la petite fille, comme le jeune Emile, à l'école de la nature. On l'encouragera à jouer à la poupée : elle formera ainsi son adresse et son goût. Elle prendra peu à peu l'habitude de la couture et de la broderie. On l'invitera au chant, à la danse, aux arts d'agrément. De la petite *Sophie*, il faut faire une enfant « vive, enjouée, folâtre », il faut qu'elle puisse « chanter, danser autant qu'il lui plaît, et goûter tous les innocents plaisirs de son âge : le temps ne viendra que trop tôt d'être posée et de prendre un maintien plus sérieux ». La religion ? Rousseau n'en veut pas pour Emile ; il doit découvrir lui-même l'idée de Dieu. Mais Jean-Jacques pense qu'il faut parler de religion aux filles bien avant l'âge de raison. Inutile de perdre du temps : « S'il fallait attendre qu'elles fussent en état de discuter méthodiquement ces questions profondes, on courrait le risque de ne leur en parler jamais. » Une solution, une seule, asservir leur croyance à l'autorité : « toute fille doit avoir la religion de sa mère, et toute femme celle de son mari. Quand cette religion serait fausse, la docilité, qui soumet la mère et la fille à l'ordre de la nature, efface auprès de Dieu le péché de l'erreur. Hors d'état d'être juges elles-mêmes, elles doivent recevoir la décision des pères et des maris comme celle de l'Eglise ». Tout commentaire est d'évidence superflu.

A dix ou douze ans, Sophie ne sait pas lire. Voilà qui est très bien, juge Rousseau : « Où est la nécessité qu'une fille sache lire et écrire de bonne heure ? Aura-t-elle si tôt un ménage à gouverner ? Il y en a bien peu qui ne fassent plus d'abus que d'usage de cette fatale science et toutes sont un peu trop curieuses pour ne pas l'apprendre sans qu'on les y force, quand elles en auront le loisir et l'occasion. » Ce raisonnement rappelle furieusement celui des humanistes de la Renaissance. A une époque où, sur tant de plans, la femme se découvre plus libre qu'auparavant, les propos de Rousseau sonnent comme le glas de cette liberté. De même, Rousseau, catégoriquement, refuse-t-il aux femmes le droit d'étudier les sciences et d'aborder les idées abstraites : « Quant aux ouvrages de génie, ils passent leur portée, elles n'ont pas non plus assez de justesse et d'attention pour réussir aux sciences exactes. »

Rousseau n'a jamais mieux marqué la répulsion véritable qu'il éprouve pour les femmes savantes. Sans relâche il insistera : « J'aimerais encore mieux une fille simple et grossièrement éle-vée qu'une fille savante et bel esprit qui viendrait établir dans ma maison un tribunal de littérature dont elle se ferait la prési-dente. » Un conseil : « garantissez-lui des mœurs publiques et simples, des chaînes ou une vie fort retirée ».

L'allaitement maternel : telle est l'apothéose de la Française corrigée de Rousseau. Avec stupeur, les femmes, qui vivaient sans remords, ont pu lire cet avis péremptoire : « *la mère doit nourrir son enfant... Le devoir des femmes là-dessus n'est pas douteux* ». Elles se sont senties non seulement concernées, mais accusées. Elles ont rougi de ces nourrices dont l'habitude remon-tait si loin dans le temps. D'un seul élan, des centaines de mil-liers de femmes ont tenu à allaiter elles-mêmes leur enfant. Elles sont toutes désormais comme la jeune Mme Roland qui, n'ayant pas assez de lait, se désole de voir arriver une suppléante : « Il ne faut pas se le dissimuler, la bonne aura l'enfant plus que moi... Elle aura aussi ses sourires, et moi je ne serai pas dédom-magée par ses premières caresses qui m'auraient fait tout oublier. J'en pleure encore, je suis d'une faiblesse impardonna-ble. » Elles sont ainsi : elles allaitent, mais elles pleurent. Miche-let, souvent si sévère, s'est ému devant le succès remporté par Rousseau. Il juge son œuvre « d'une très belle et attendrissante influence ». Il loue « la vive émotion des mères qui veulent allaiter et se serrent aux berceaux de leurs enfants ». Sûrement. Mais on enregistre d'autres sons de cloche. Le baron de Frénilly parle ironiquement de « cette pauvre victime de Rousseau, petit martyr des idées nouvelles qui, au lieu de téter au bon air le sein d'une robuste paysanne, venait prendre dans un salon de fête le lait échauffé de sa sensible mère ». De telles moqueries font horreur aux Françaises d'après Rousseau. Mme Roland, au moment d'aller à l'échafaud, s'écriera : « Adieu, enfant chéri, toi que *j'ai nourri de mon lait...* »

Après Rousseau, on donnera davantage de liberté aux bébés, jusque-là malheureuses momies caparaçonnées de bandelettes. La jeune Marie-Antoinette, écrivant à sa mère, s'en émerveillera : « A la manière dont on élève les enfants, à cette heure, ils sont bien moins gênés. On ne les emmaillote pas ; ils sont toujours dans une barcelonnette ou sur les bras, et du moment qu'ils peuvent être à l'air, on les y accoutume, petit à petit, et ils finissent par y être presque toujours. Je crois que c'est la manière la meilleure et la plus saine de les élever. »

Comme on voit, la misogynie de Rousseau n'a pas eu que des conséquences néfastes. A sa décharge, constatons qu'elle est celle de presque tous les contemporains. Ainsi Duclos qui, découvrant que Mme d'Epinay voulait apprendre l'italien et traduire *La Jérusalem délivrée*, s'est écrié : « Cela n'est bon à rien. » Et Voltaire : « On a vu des femmes savantes comme des femmes guerrières, mais il n'y a jamais eu d'inventrices. »

Cette femme d'après Rousseau s'épanouira surtout lorsque régneront Louis XVI et Marie-Antoinette. En fait de morale, Louis XVI est aux antipodes de son grand-père. Comment ne verrait-il pas favorablement les femmes aller vers plus de simplicité, plus de naturel, pleurer à *Paul et Virginie*, faire édifier en leur jardin des grottes artificielles où elles se réfugieront pour méditer sur la nature ? La plus superficielle des cours elle-même suivra l'exemple. Qui pourrait oublier le *Hameau* où Marie-Antoinette joua à la fermière ?

Sans s'en rendre compte, grâce à Rousseau, la société parisienne rejoint d'autres classes du pays à qui *La Nouvelle Héloïse* n'avait rien appris. Cette noblesse rurale, par exemple, qui mieux que l'autre a su maintenir, comme l'a bien vu Ségur, l'« attachement aux goûts et aux croyances héréditaires ». Car elles existent aussi, ces millions de Françaises qui élèvent leurs enfants dans une sorte de gravité tendre, reflétées par plusieurs peintres de l'époque. Songeons à ce Chardin dont Théophile Gautier a dit si justement : « Il y avait en ce temps-là autre chose que des marquises et des filles d'Opéra, mais on ne s'en était pas aperçu avant Chardin. »

Greuze représente la *Mère bien-aimée* : un jeune père revient de la chasse et rentre dans la maison où l'attendent sa femme et ses enfants. Une véritable *fricassée* d'enfants : le mot est à la mode. Cette mère en a partout, « sur les bras, sur les genoux, sur son épaule ». Combien elle a l'air doux, gracieux, heureux ! Personne ne s'effraie devant la perspective d'une nombreuse famille. La noblesse et la bourgeoisie procréent avec orgueil ; le peuple, lui, pense volontiers que plus il aura d'enfants, c'est-à-dire de bras, plus il sera riche. Dans les villages, on écoute les préceptes de l'Ecriture : on croît et on se multiplie. Prenez la famille Coignet, d'où sortira le fameux capitaine, grognard entre les grognards. Son père a été marié trois fois ; de ses trois femmes, il a eu treize enfants. De plus, comme « il était aimable, sobre, n'aimant que la chasse, la pêche et les procès » et savait parler aux dames, il lui a été reconnu vingt-huit garçons et quatre filles. « Je crois, note le capitaine Coignet, que c'est suffisant. »

Mme Necker, dans un livre célèbre, ne craint pas d'affirmer que le mariage doit être « consolation, secours et quelquefois bonheur de la vieillesse » : « deux époux attachés l'un à l'autre marquent les époques de leur longue vie par des gages de vertu et d'affection mutuelle ; ils se fortifient du temps passé, et s'en font un rempart contre les attaques du temps présent ». De l'esprit de famille nul n'est plus pénétré que Diderot. En 1768, il dit à son amie Sophie Voland : « Je suis fou à lier de ma fille. » Quand celle-ci se marie et qu'elle devient Mme de Vandeul, il lui écrit une lettre superbe, lui donnant tous les conseils que lui dicte son cœur :

« Votre bonheur est inséparable de celui de votre époux ; il faut absolument que vous soyez heureux ou malheureux l'un par l'autre : ne perdez jamais de vue cette idée, et tremblez au premier désagrément réciproque que vous vous donnerez, car il peut être suivi de beaucoup d'autres.

« Ayez pour votre époux toute la condescendance imaginable,

conformez-vous à ses goûts raisonnables, tâchez de ne rien penser que vous ne puissiez lui dire, qu'il soit sans cesse comme au fond de votre âme ; ne faites rien dont il ne puisse être témoin. Soyez en tout et toujours comme sous ses yeux... Vous rendrez votre maison si agréable à votre mari qu'il ne s'en éloignera qu'à regret, si vous êtes douce, complaisante et gaie. Vous avez un fardeau commun à porter, chargez-vous courageusement de votre portion. Les affaires du dehors sont les siennes, celles du dedans sont les vôtres. Ordonnez votre maison avec intelligence et économie ; votre mari sera moins à sa chose s'il a quelque souci sur la vôtre.

« Rendez-vous compte à vous-même tous les jours ; ne vous couchez jamais par quelque raison que ce puisse être, sans avoir bien connu l'état de votre journée.

« Ne confiez l'intérieur de votre maison à personne. Je n'en veux moi-même savoir que ce qu'il vous importera de m'en dire, que ce soit un mystère pour tout autre. Les succès excitent l'envie, les malheurs n'excitent guère qu'une fausse pitié ; vous me trouverez dans tous les moments fâcheux, et je dois vous suffire.

« Je ne vous recommande pas d'avoir des mœurs ; ce soupçon de l'inconduite, si commune aujourd'hui, m'accablerait de douleur, vous ôterait mon estime et me chasserait de votre maison et de beaucoup d'autres ; après m'être glorifié de vous, je mourrais d'avoir à en rougir. Je suis fait à vous entendre nommer avec éloge, je ne me ferais jamais à vous entendre nommer avec blâme. Plus vous êtes connue, par vous et par moi, plus votre désordre serait éclatant.

« Soyez surtout en garde contre les premiers jours de votre union ; une passion nouvelle entraîne à dire des indiscrétions qui se remarquent et qui deviennent le germe d'une indécence qui dégénère en habitude ; on est honnête et l'on n'en a pas l'air ; c'est un grand malheur que de perdre la considération attachée à la pratique de la vertu, et que d'être confondu par l'opinion fausse qu'on donne de soi, dans la foule de celles auxquelles on a la conscience de ne pas ressembler. On se révolte contre cette injustice et l'on a tort. On a le droit de juger les femmes sur les apparences et, s'il y a quelques personnes d'une justice assez rigoureuse pour n'en pas user et pour mieux aimer accorder le titre de vertueuse à une libertine que de l'ôter à une femme sage, c'est une grâce qu'elles vous font. »

Et tout à coup, ce qui nous émerveille, nous bouleverse, le

cœur de ce père éclate. Il quitte ce ton magistral, le vouvoiement de commande :

« Mon enfant, j'ai tant pleuré et tant souffert depuis que je suis au monde ! Console-moi, dédommage-moi. Je te laisse aller avec une peine qui ne saurait se concevoir. Je te pardonne bien aisément de ne pas éprouver la pareille. Je reste seul, et tu suis un homme que tu dois adorer. Du moins, au lieu de causer avec toi comme autrefois, quand je causerai seul avec moi, que je me puisse dire en essuyant mes larmes : "Je ne l'ai plus, il est vrai ; mais elle est heureuse." » Des conseils de nouveau, un ordre : « Je vous ordonne de serrer cette lettre et de la relire au moins une fois par mois. C'est la dernière fois que je vous dis : je le veux. » Et, de nouveau, l'amour et le chagrin : « Adieu, ma fille, adieu, mon cher enfant. Viens que je te presse encore une fois sur mon sein. Si tu m'as quelquefois trouvé plus sévère que je ne devais, je t'en demande pardon. Sois sûre que les pères sont bien cruellement punis des larmes, justes ou injustes, qu'ils font verser à leurs enfants. Tu sauras cela un jour, et c'est alors que tu m'excuseras. Si tu profites de ces conseils, ils seront le plus précieux de tous les biens que tu puisses obtenir de moi. Je te bénis dix fois, cent fois, mille fois : va, mon enfant, je n'entends rien aux autres pères. Je vois que leur inquiétude cesse au moment où ils se séparent de leurs enfants ; il me semble que la mienne commence. Je te trouvais si bien sous mon aile ! Dieu veuille que le nouvel ami que tu t'es choisi soit aussi bon, aussi tendre, aussi fidèle que moi. Ton père, Diderot. »

Cela est daté : « le 13 septembre, quatre jours après son mariage ».

En ce siècle que l'on dit léger, la plupart du temps c'est la femme qui gouverne la maison. Mme de Longevialle, femme de petite noblesse, écrit à son époux qui est à l'armée : « Mon mari, j'ai payé cent trente-cinq livres pour la capitation et tous les domestiques... J'ai donné ordre, ce soir, pour acheter une paire de bœufs, tout le reste va son train. Etienne [un fermier] a pris son parti, et je lui ai donné son compte. Ledit [nom illisible], mon laquais, est un triste pistolet, mais attentif, sage, exact... La sécheresse désole notre récolte ; je ne sais comment cela tournera, je ne vends presque pas de blé et suis embarrassée où trouver de l'argent... Pour moi, Dieu merci, je jouis d'une santé aussi bonne que celle d'un charretier ; à la vérité, elle m'est très nécessaire. Vous n'ignorez pas que j'ai trois domaines sur les bras. On lève la récolte... »

Ces femmes de tête ne se rencontrent pas seulement à la campagne. « Je puis assurer qu'avant la Révolution, dit Mme de Genlis, les femmes les plus riches, et toutes les dames de la Cour, comptaient fort régulièrement tous les matins avec leur maître d'hôtel, et qu'en général elles réglaient parfaitement la dépense de leur maison. » Elle ajoute qu'« une bonne ménagère doit connaître le prix des choses, surtout celui des comestibles, celui des meubles de première nécessité, celui du linge et des raccommodages, du blanchissage et de la lessive, dans la maison et au-dehors. Elle doit avoir un livre de comptes bien tenu, et compter régulièrement tous les matins et non tous les soirs, parce qu'il ne faut pas empêcher le cuisinier ou le maître d'hôtel de se coucher de bonne heure ».

Marmontel, lui, nous fait pénétrer dans sa famille, provinciale et rustique. Il nous montre un père « un peu rigide, mais bon par excellence, sous un air de rudesse et de sévérité ». Ce qui nous intéresse fort, c'est que ce père « aimait sa femme avec idolâtrie ». Commentaire du fils : « il avait bien raison ! La plus digne des femmes, la plus intéressante, la plus aimable dans son état, c'était ma tendre mère. Je n'ai jamais conçu comment, avec la simple éducation de notre petit couvent de Bort, elle s'était donné tant d'agrément dans l'esprit, et tant d'élévation dans l'âme, et singulièrement dans le langage et dans le style, ce sentiment des convenances si juste, si délicat, si fin, qui semblait être en elle le pur instinct du goût ». M. Marmontel père ne reproche à sa femme que le faible qu'elle a pour son fils, le futur écrivain. Elle répond que cela vient de ce qu'elle l'a nourri de son lait, seul entre ses enfants... Le petit jardin produit assez de légumes, le verger les fruits. On s'habille de la laine des moutons de la bergerie. Les tantes la filent. Le soir, sous la lampe alimentée par l'huile des noyers de la propriété, la jeunesse du voisinage vient traiter avec la famille le beau chanvre du champ. La récolte des grains assure leur subsistance. On vend la cire et le miel des abeilles, l'huile des noix. On se régale de galettes de sarrasin. Toute sa vie, Marmontel se souviendra des raves qui grillaient le soir dans le foyer, des châtaignes qui cuisaient dans l'eau bouillante. Toute sa vie, il regrettera le vrai bonheur de la vie familiale.

La liberté de mœurs de la Régence était de la forfanterie, parce qu'elle avait à s'imposer à une société. A la fin de l'Ancien Régime, la conquête est achevée. On répudie la rigueur, mais on condamne le scandale. Les rapports entre hommes et femmes sont parvenus souvent à une sorte d'équilibre qu'il nous arrive d'envier. Même quand il nous surprend.

En 1745, deux petits-bourgeois de Paris, M. et Mme Rinteau, songent à assurer l'avenir de leurs filles, Marie, dix-sept ans, et Geneviève, quinze ans, belles comme le jour. Pour des bourgeois de mince fortune, voilà un capital à ne pas négliger. On les proposera donc en premier au maréchal de Saxe dont la réputation galante est « universelle », et qui va sur ses cinquante ans. Pas mauvais, le calcul, puisque Marie plaît au grand soldat. A la jeune personne éblouie, il offre un hôtel à Paris. Marie Rinteau devient Mlle de Verrières, nom qu'elle partagera désormais avec sa sœur. Pourquoi pas ? En 1748, le maréchal a, de sa maîtresse, une petite fille, Marie-Aurore, aussi jolie que sa mère : le seul enfant du vainqueur de Fontenoy. A coup sûr, un grand avenir lui est réservé. Elle héritera les biens et la gloire de son père. Las ! le maréchal a demandé à Marmontel d'enseigner la diction à Marie, dont il semble que l'éducation ait été un peu négligée. Marmontel est drôle, il n'est pas laid. Ce sont d'autres leçons que bientôt il lui donne. Après quoi Marie l'oublie au profit du fils d'un fermier général, M. d'Epinay, sans gloire, mais fort jeune.

Le maréchal voyageait en Saxe. Il apprend tout à son retour. Imprudente Marie ! La voilà rayée du testament. Sa fille aussi. Quand Saxe meurt, en 1750, Mlle de Verrières ne gardera de lui qu'une tabatière donnée par Louis XV après Fontenoy, un cachet et le portrait d'Aurore de Kœnigsmark[1].

Or la dauphine, Marie-Josèphe de Saxe — mère de trois futurs rois, Louis XVI, Louis XVIII, Charles X — se trouve être nièce du maréchal. En lui présentant un placet, la petite Aurore, « fille naturelle et unique de M. le maréchal de Saxe », va se jeter aux pieds de cette grand-tante inespérée. Résultat : « Le roi accorde une gratification de huit cents livres à la demoiselle Aurore, tant qu'elle restera dans un couvent au choix de Mme la dauphine. »

---

1. Aurore de Kœnigsmark, sœur de Philippe de Kœnigsmark, assassiné sur l'ordre de George Ier, électeur de Hanovre et futur roi d'Angleterre. Maîtresse d'Auguste II, électeur de Saxe, elle eut de lui un bâtard qui fut l'illustre maréchal.

La maison des dames de Saint-Cyr sera pour elle un gage d'excellente éducation. Lorsqu'elle a dix-huit ans, la dauphine songe à la marier. Un écueil : son état civil. Elle a été déclarée née de père et mère inconnus. Cela rebute les prétendants. Le Parlement admet qu'elle soit désignée désormais comme « fille naturelle de Maurice, comte de Saxe, maréchal général des camps et armées de France, et de Marie Rinteau ». Maintenant, on peut lui chercher un mari.

L'élu sera Antoine de Horne, capitaine d'infanterie de quarante-quatre ans. Pour assurer le sort d'Aurore, on le nomme lieutenant du roi à Sélestat, en Alsace. Les mariés n'y partent que cinq mois après le mariage, pour y parvenir un lundi. Le mardi, Horne se trouve « incommodé d'une oppression sur la poitrine ». On le saigne, on le saigne encore. En vain. Il meurt le vendredi.

La mode, pour tous, est de pétitionner. Aurore n'y manque point. Elle accable le ministre de ses suppliques. On ne lui répond pas. Elle quitte le couvent où elle s'est réfugiée, incapable qu'elle est de payer sa pension. Elle demande asile à sa mère qui demeure alors avec sa sœur, Geneviève, dans un fort bel hôtel de la chaussée d'Antin. Ce sont les protecteurs qui payent. Ceux de Marie — et ceux de Geneviève. Le plus fidèle est M. d'Epinay. Il a vieilli, est à son tour devenu fermier général, il est là, toujours, auprès d'une Marie « mûrissante », mais restée belle.

Certes, M. d'Epinay est marié. Qui oublierait Mme d'Epinay, celle de Diderot, de Rousseau, de Grimm ? Mais M. d'Epinay est un époux du XVIIIe siècle, il veut tout ignorer des « inconséquences » de sa femme. Quand elle choisit un riche financier, M. Dupin de Francueil, si M. d'Epinay ressent quelque agacement, c'est parce qu'il s'agit d'un « collègue ». Alors, par les soins de M. d'Epinay, M. Dupin de Francueil est conduit chaussée d'Antin — où il devient l'amant de Geneviève de Verrières. La plaisante vengeance !

Dans cette maison, Dupin de Francueil va rencontrer aussi Aurore de Horne, la jeune veuve. Aussitôt, il se montre « charmé de ses talents et de son éducation ». Sans doute aussi de sa beauté. Quand Aurore, sur le petit théâtre qu'a fait édifier sa mère, joue à ravir Colette, du *Devin du village*, ou les opéras de Grétry, ou ceux de Sedaine, M. Dupin de Francueil est le premier à applaudir. Il s'émerveille à l'entendre faire de la musique, interpréter Porpora ou Pergolèse. L'étonnant, c'est que, dans ce milieu, Aurore reste sage. Elle traverse « une époque fort libre et un monde très corrompu sans y laisser une plume de son aile ». Est-ce la religion qui la protège ? Non. Elle a laissé à Saint-Cyr ce qu'on lui en avait enseigné. Elle croit, comme Voltaire, à l'Etre suprême.

Nulle mieux qu'elle n'a su user de ce merveilleux style épistolaire du temps, héïas si oublié depuis. A un adorateur, elle écrit : « Je suis infiniment sensible au sentiment d'amitié et je m'y livre tout entière, parce qu'à quelque distance que j'en place les bornes mon œil peut toujours les apercevoir, mais je redoute ce qui m'aveuglerait et me ferait craindre sans cesse d'en trop faire, ou de n'en pas faire assez... J'ai toujours vécu avec des gens fort au-dessus de mon âge et je me suis insensiblement mise à leur niveau. Je n'ai pas été jeune longtemps, c'est peut-être une perte, mais j'en suis plus raisonnable. »

A ce choix délibéré d'une génération qui n'était pas la sienne, Aurore devra son bonheur. Quand, en 1775, sa mère mourra, Aurore choisira de retourner au couvent. M. Dupin de Francueil va profiter de toutes les occasions de visite. Pas de doute, il est amoureux. Son vieux cœur bat délicieusement. Chaque séparation est un déchirement. Aurore veut-elle l'épouser ? Elle consent, sans avoir à se forcer : elle ne se trouve bien qu'avec lui. En 1778, ils se marient : elle a trente ans, lui soixante-deux. La même année, elle donne naissance à un petit Maurice. Ils sont heureux — infiniment. Ce bonheur, elle saura le dépeindre à sa petite-fille, avec une liberté combien précieuse pour la compréhension de ces Françaises qui vivent en un monde qui va mourir :

— Un vieillard aime plus qu'un jeune homme et il est impossible de ne pas aimer qui vous aime parfaitement. Je l'appelais mon vieux mari et mon papa. Il le voulait ainsi et ne m'appelait jamais que sa fille, même en public. Et puis est-ce qu'on était jamais vieux dans ce temps-là ? C'est la Révolution qui a amené la vieillesse dans le monde. Votre grand-père, ma fille, a été beau, élégant, soigné, gracieux, parfumé, enjoué, aimable, affectueux et d'une humeur égale, jusqu'à l'heure de sa mort. Plus jeune, il avait été trop aimable pour avoir une vie aussi calme, et je n'eusse peut-être pas été aussi heureuse avec lui : on me l'aurait trop disputé. Je suis convaincue que j'ai eu le meilleur âge de sa vie et que jamais jeune homme n'a rendu jeune femme aussi heureuse que je le fus...

Comment pourrait-elle oublier ce temps qui, pour elle aussi, fut celui de la douceur de vivre ? Elle et Dupin ne se quittent pas d'un instant. L'ennui ? Ils ne savent même pas ce que cela peut être. Le jour, ils font de la musique. Le soir, quand ils ne donnent pas de fête — cela arrive souvent —, Dupin dessine à côté d'Aurore qui « parfile ». Ils se font la lecture à tour de rôle. Il sait tout et parle admirablement de ce qu'il sait.

— Son esprit était une encyclopédie d'idées, de connaissances et de talents, qui ne s'épuisa jamais pour moi. Il avait le don de savoir toujours s'occuper d'une manière agréable pour les autres autant que pour lui-même...

Ce contemporain de Voltaire est un bricoleur-né — et Aurore s'émerveille. Ne fait-il pas ses violons lui-même ? N'est-il pas horloger, architecte, tourneur, peintre, serrurier, décorateur, cuisinier, poète, compositeur de musique, menuisier ? Ne brode-t-il pas ? Le moyen de s'ennuyer avec un homme pareil ! Et puis, il y a les amis. Ils viennent en foule, on cause. Les propos sont vifs, légers, gais, drôles — mais profonds quand il faut. Mme Dupin de Francueil se montre très fière quand des jeunes femmes, mariées « d'une façon plus splendide », lui confient qu'elles lui envient son vieux mari. Bien plus tard, elle dira, comme en un rêve :

— C'est qu'on savait vivre et mourir dans ce temps-là !... On n'avait pas d'infirmités importunes. Si on avait la goutte, on marchait quand même et sans faire la grimace : on se cachait de souffrir, par bonne éducation. On se serait fait porter demi-mort à une partie de chasse. On trouvait qu'il valait mieux mourir au bal, ou à la comédie, que dans son lit, entre quatre cierges et de vilains hommes noirs. On était philosophe, on ne jouait pas l'austérité, on l'avait parfois sans en faire montre. Quand on était sage, c'était par goût et sans faire le pédant ou la prude. On jouissait de la vie et, quand l'heure de la perdre était venue, on ne cherchait pas à dégoûter les autres de vivre. Le dernier adieu de mon pauvre mari fut de m'engager à lui survivre longtemps et à me faire une vie heureuse. C'était la vraie manière de se faire regretter que de montrer un cœur si généreux...

Ensemble ils ont vécu dix années de ce bonheur. Le seul ennui, c'est que M. Dupin de Francueil a mangé sa fortune « à satisfaire ses instincts divers et à expérimenter toutes choses ». La belle affaire !

— Nous nous ruinâmes le plus aimablement du monde.

Façon de parler. Certes, en dix ans, ils ont dispersé sept à huit millions du temps. Mais, à la mort de M. Dupin, en 1788, il restera à Aurore 75 000 livres de rente. De quoi acheter le château de Nohant et élever son fils et sa petite-fille. Celle que le monde connaîtra sous le nom de George Sand.

Cette société qui meurt, nul mieux que d'Allonville, témoin lucide, n'a su le dépeindre :

« Tout tendait à s'y niveler, les mœurs comme la fortune, les vanités comme les mœurs et, d'une aisance comme d'une éducation plus générales, était née une mollesse de caractère qui, sans frein pour de nombreux égards, en était un pour les grands forfaits et les vices bas et grossiers.

« Quelques femmes avaient des amants, on le savait ; une liaison constante semblait même légitimer quelquefois ces engagements illicites, mais on ne pardonnait pas leur multiplicité, encore moins le scandale et jamais l'oubli des devoirs de mère ou le manque d'égards pour un époux trompé. La femme la plus coupable comme l'homme le plus dépravé ne se fussent jamais permis en public une action indécente ou des propos légers devant une jeune personne. »

On ne saurait mieux dire en moins de mots. Au XVIIIe siècle, la Française a découvert un climat de tolérance, de compréhension souriante, favorable à son émancipation. C'est peut-être alors que la femme a su le mieux épanouir sa personnalité, imposer non seulement son existence, mais son autorité. Certes, comme toujours, la loi persistait qui niait cette évolution. La Française, souvent libérée par rapport à l'homme, ne l'était que rarement au sein de la société. L'heure allait sonner où elle pourrait, autant que le Français, le dire et le proclamer.

CHAPITRE V

RÉVOLUTION CONTRE LES FEMMES

Dans la seconde quinzaine de septembre 1774, M. le chanoine Bimont conduit à Versailles sa nièce Manon et la mère de celle-ci, Mme Phlipon. Les Phlipon sont de bonne bourgeoisie artisanale. Le père, maître-graveur, tire d'excellents profits de son atelier où s'affairent aides et apprentis. On habite un appartement au deuxième étage, sur le quai de l'Horloge, au numéro 37. Cela coûte neuf cent cinquante livres par an : loyer élevé. En 1774, à vingt ans, Manon Phlipon a « la jambe bien faite, le pied bien posé, les hanches très relevées, la poitrine large et superbement meublée, l'attitude ferme et gracieuse, la marche rapide et légère » : c'est elle qui le dit. A quoi s'ajoutent un sourire « tendre et séducteur » et, sous des sourcils noirs, bien dessinés, de jolis yeux gris au regard franc, vif, plein de douceur. Un seul défaut : le nez dont l'extrémité est trop grosse. Mais le teint est ravissant et le menton retroussé présente, dit-elle encore, « les caractères que les physionomistes indiquent pour ceux de la volupté ». Cette volupté, Manon Phlipon résistera longtemps à ses appels, même quand elle sera devenue l'illustre Madame Roland.

Pour une petite-bourgeoise de vingt ans, un séjour à Versailles se révèle une incroyable aubaine. D'autant plus que l'oncle chanoine a, grâce à une femme de chambre de la dauphine, obtenu de coucher dans le palais même. Or le séjour dont Manon se promet tant de joie ne lui procure que honte et colère. Elle est bourgeoise : à Versailles, c'est encore une tare, presque un crime. Quand on daigne lui parler, c'est sur un ton de protection dont elle enrage. Elle va dire : « Encore quelques jours et je détesterai si fort ces gens-là *que je ne saurai plus que faire de ma haine.* » A quelque temps de là, la petite Manon et sa mère sont invitées au château de Fontenay. On les y traite à l'office. De nouveau, Manon Phlipon en est à ne plus savoir « que faire de sa haine ». A Fontenay, chez le duc de Penthièvre, seuls les nobles sont accueillis à la table du maître de maison. Les roturiers ne sont admis au salon que pour le café.

Si la femme noble méprise la bourgeoise, la bourgeoise tient pour rien les gens du commun. Si mainte tête pensante de la bourgeoisie songe déjà — après avoir lu les philosophes — à s'ouvrir de force les chemins que ferme la noblesse, on ne tient nullement à vouloir hisser jusqu'à soi les gens de ce peuple qu'on méprise. Le certain, c'est que les bourgeois, si longtemps résignés, se refusent à l'être encore.

A Versailles, Manon Phlipon a pu, de loin, apercevoir une éclatante jeune femme de dix-huit ans qui, dans un long rire perlé, courait avec ses compagnes vers le Petit Trianon. C'était Marie-Antoinette, reine depuis quatre mois seulement. Sur le passage de la souveraine, les yeux se mouillent d'attendrissement. N'a-t-elle pas refusé de percevoir le « droit de ceinture » qui remonte au temps où les reines portaient leur bourse à la taille, et qui est devenu un impôt supplémentaire sur le vin et le charbon, perçu au lendemain des naissances royales ? Quel délire dans le peuple !

— Que j'aime dans cet instant les Français ! s'est exclamée l'impératrice Marie-Thérèse, tout heureuse du succès de sa fille. Que de ressources dans une nation qui sent si bien !

Deux ans après, c'est à peine si quelques bravos isolés salueront le passage de la reine. Pourquoi ?

Au vrai, pour s'engager sur la pente fatale, elle n'a pas attendu d'être reine. Très vite, sa mère l'a discerné. Et son frère, l'empereur Joseph II. Certes, elle a subi dans sa vie intime une épreuve redoutable. Il lui avait fallu attendre sept années pour se découvrir véritablement la femme de son mari. Atteint d'une infirmité bénigne, Louis-Auguste redoutait l'opération. Plusieurs fois, devant l'appareil des chirurgiens, il s'était dérobé. En avaient résulté des tentatives avortées, humiliantes. De ces échecs, Marie-Antoinette sortait les nerfs exacerbés, le cœur douloureux. Alors, elle s'était étourdie. C'est le temps des « folies », des cadeaux inouïs accordés à des favorites sans scrupule, des escapades en pleine nuit dans Paris, du refus aussi de se plier à la sacro-sainte étiquette. Par un désir de compensation que peut expliquer la psychanalyse, elle a voulu se mêler des affaires de l'Etat. Toujours davantage. Nous qui savons comment les choses ont tourné, nous ne lisons pas sans angoisse l'extraordinaire lettre qu'un jour Joseph II adresse à la jeune reine de France :

« De quoi vous mêlez-vous, ma chère sœur, de déplacer des ministres, d'en faire renvoyer un autre sur ses terres, de faire donner tel département à celui-ci ou à celui-là, de faire gagner un procès à l'un, de créer une nouvelle charge dispendieuse à votre Cour ; enfin de parler d'affaires, de vous servir même de termes très peu convenables à votre situation ! Vous êtes-vous demandé, une fois, par quel droit vous vous mêlez des affaires du gouvernement et de la monarchie française ? Quelles études avez-vous faites ? Quelles connaissances avez-vous acquises pour oser imaginer que votre avis ou opinion doit être bon à quelque chose surtout dans des affaires qui exigent des connaissances si étendues ? Vous, aimable jeune personne qui ne pensez qu'à la frivolité, qu'à votre toilette, qu'à vos amusements, toute la journée ; qui ne lisez, ni n'entendez parler raison un quart d'heure par mois ; qui ne réfléchissez ni ne méditez, j'en suis sûr, jamais, ni ne combinez les conséquences des choses que vous faites ou que vous dites ? »

La reine n'a-t-elle pas osé, en écrivant au comte de Rosemberg, employer pour désigner son mari ces mots : « le *pauvre homme* »... C'est donc ainsi qu'elle parle de cet époux trop doux, trop bon. « *Le pauvre homme !* » Ces trois mots ont horrifié — à juste titre — l'impératrice Marie-Thérèse :

— Ma fille court à grands pas vers sa ruine !

Quant à Joseph II, il écrit encore à sa sœur : « Si jamais une lettre comme celle-là s'égarait, si jamais, comme je n'en doute presque point, il vous échappe des propos et des phrases pareils, vis-à-vis de vos intimes confidents, je ne puis qu'*entrevoir le malheur de votre vie.* »

La lettre de Joseph II n'a eu d'autre effet que de susciter la colère de Marie-Antoinette. L'égarement se mêlait à la véhémence. Sur-le-champ, elle a mandé l'ambassadeur d'Autriche Mercy. Devant elle, celui-ci n'a pas prononcé une parole. Elle l'a ressenti comme un reproche. Elle a lancé :

— Dans votre conscience, qu'en pensez-vous ?

Tranquillement, l'ambassadeur a répondu : ses « respectueuses observations » n'ayant eu jusqu'à présent aucun résultat, il ne savait plus quelle contenance observer. « Aussi, je me livre en silence à des idées affligeantes qui me découragent, par la perspective d'un avenir peu heureux pour la reine... Il faut convenir, de bonne foi, que tout va mal, que Votre Majesté ne se donne pas la peine de rien examiner, n'agissant que par impulsion et la passion de ses entours. En ne s'occupant que de dissipations inutiles ou dangereuses, Votre Majesté s'expose à perdre toute la confiance, toute la vénération et l'amour du public... »

Pour la première fois de sa vie, dans ses yeux bleus, Marie-Antoinette a laissé paraître de la crainte, de l'inquiétude.

Aurait-elle pu comprendre que d'être reine imposait des devoirs et point seulement des droits ? Qu'une souveraine de son temps ne devait pas prétendre uniquement à une vie privée. Que négliger l'étiquette était inutilement soulever la colère de toutes les dames de la Cour. Comprendre qu'il n'était pas de bon ton de donner l'exemple de toilettes outrées, trop riches, trop éclatantes. « Toujours plus près de son sexe que de son rang », allait dire Rivarol. Comprendre qu'une reine de France n'avait pas le droit de traîner, derrière elle, une cour d'*adorateurs* et d'*amis privés*, même si c'était en tout bien tout honneur qu'elle se laissait adorer. Comprendre qu'il était intolérable qu'une reine de France fût la reine d'une coterie — surtout si celle-ci était la plus frivole de son époque. Comprendre, surtout, qu'à une époque où la France était acculée à la faillite il était criminel de jeter l'argent par les fenêtres.

Après les travaux d'André Castelot, il apparaît que les sommes gaspillées par Marie-Antoinette pour ses « favorites » — aussi bien la princesse de Lamballe que Mme de Polignac — furent encore plus considérables que n'ont osé l'imaginer les pamphlétaires. Quel aveuglement ! Si elle achète pour deux cent cinquante mille livres de bracelets et si sa mère lui écrit que ce gaspillage « perce son cœur pour l'avenir », elle répond avec insolence : « Je n'ai pas cru qu'on pût chercher à occuper la bonté de ma chère maman de pareilles bagatelles. »

A l'automne de 1776, la reine qui, chaque soir, joue un jeu d'enfer, avoue l'ambassadeur d'Autriche Mercy, compte 487 277 livres de dettes. Rappelons qu'à la même époque certaines femmes ne gagnent pas huit livres par mois. Quand elle en parle à Louis XVI, le roi, « sans hésiter et de la meilleure grâce », déclare à sa femme qu'il paiera ce qu'elle doit. Pas un seul mot de reproche. « Cette complaisance du roi qui s'étend à tout, soupire Mercy, est infiniment fâcheuse parce qu'elle ôte tout moyen de détourner la reine des objets qui peuvent ne pas convenir à son vrai bien. »

Cette « complaisance » se poursuivra longtemps. Quand Mme de Polignac, devenue duchesse, marie sa fille, Louis XVI accorde huit cent mille livres de dot ; habituellement, les dots attribuées par les rois ne dépassent pas six mille livres. La duchesse, après avoir mis au monde un garçon, recevra quatre cent mille livres, un duché pour le nouveau-né et la promesse d'une terre de trente-cinq mille livres de revenu. Jusqu'à l'amant de la favorite, M. de Vaudreuil, qui percevra annuellement trente mille livres.

Les pamphlétaires pourront s'en donner à cœur joie : « L'enfant de Mme de Polignac est-il de la reine ou de M. de Vaudreuil, puisque M. de Polignac est en province depuis un an ? »

Le 24 mai 1785, après avoir mis au monde son second fils — le futur Louis XVII — Marie-Antoinette fait son entrée dans Paris. Elle ne recueille pas le moindre applaudissement. Le beau Suédois Fersen — qu'elle aime et qui l'aime — écrit avec tristesse au roi Gustave III : « La reine a été reçue très froidement, il n'y a pas eu une seule acclamation, mais un silence parfait. »

En regagnant Versailles, elle va tomber dans les bras de Louis XVI, pleurer très longuement sur son épaule. Pour la première fois, elle comprend à quel point elle n'est pas aimée. Elle répète d'une pauvre voix brisée :

— Que leur ai-je fait ?... Que leur ai-je fait ?

Il n'est pas d'histoire où la fatalité plane plus sûrement. Il n'est pas de femme qui ait plus sûrement forgé son destin. L'affaire du collier n'a pu éclater que parce que l'on connaissait trop le caractère de la reine. Une jolie brune de vingt ans qui, parce qu'elle descend d'un bâtard du roi Henri II, se baptise comtesse de La Motte-Valois, peut duper le cardinal de Rohan en faisant fabriquer de fausses lettres de la reine. Rohan était en disgrâce et périssait de dépit. Les fausses lettres lui promettent une audience. Mme de La Motte a imaginé de montrer au cardinal une fausse Marie-Antoinette. On est allé chercher au Palais-Royal une fille galante du nom de Marie Legay, mais qui préférait se faire appeler d'Oliva. Elle ressemble un peu à la reine :

même silhouette, même taille. La rencontre se fait de nuit, dans un bosquet de Versailles. Une « scène de vaudeville ». La fausse Marie-Antoinette tend au cardinal une rose et une lettre en murmurant :

— Vous savez ce que cela veut dire.

Puis elle s'éclipse. Le cardinal ne s'étonnera nullement de recevoir une lettre de la reine sollicitant de lui cent cinquante mille livres. Emu de pitié devant l'infortune de sa malheureuse souveraine, il remet aussitôt la somme à Mme de La Motte. Celle-ci achète une maison à Bar-sur-Aube, où elle peut enfin mener l'existence « qui convient à une descendante de Henri II ». Les escrocs ne se contentent jamais d'une première réussite. Mme de La Motte a fait croire à Rohan que Marie-Antoinette souhaitait acheter aux joailliers Böhmer et Bassange un admirable collier de cinq cent quarante diamants. Le collier vaut beaucoup d'argent : un million six cent mille livres. Rohan ne peut-il aider à le payer ? Le cardinal, fou de bonheur — la reine l'aime-t-elle enfin ? — signe aussitôt, verse quatre cent mille livres pour la première échéance et emporte le collier qu'il remettra à un envoyé de Mme de La Motte. Celle-ci le fait tout aussitôt passer en Angleterre. La farce est jouée.

Le pot aux roses éclatera quand les bijoutiers, sans nouvelle ni du collier, ni des échéances suivantes, oseront se plaindre directement à Marie-Antoinette. On convoque le cardinal qui exhibe une lettre de Marie-Antoinette, signée *Marie-Antoinette de France*. Or, lui lance Louis XVI, chacun doit savoir en France que les reines ne signent que de leur nom de baptême ! On enverra Rohan à la Bastille, on arrêtera Mme de La Motte qui sera flétrie publiquement, un fer rouge imprimé sur sa belle épaule. De sa prison, d'ailleurs, elle s'échappera.

Cet immense scandale a éclaboussé la monarchie — et fourni de redoutables arguments aux ennemis de la reine. Même si elle n'y est pour rien, même si c'est injustement qu'on la mêle à tout cela, elle n'en est pas moins compromise. Le jugement du Parlement acquittant Rohan atteindra Marie-Antoinette comme une insulte, à ce point que Goethe pourra écrire : « L'événement me remplit d'épouvante comme l'aurait fait la tête de la méduse. » Elle ? « Je suis baignée dans mes larmes de désespoir. » Deux jours plus tard, elle n'y pense plus. Mercy le mande à sa cour : la reine a été « affectée » par le verdict, mais vite elle s'est « tranquillisée ».

Les années s'écoulant, son impopularité ne cessera de croître. La haine dont ne *sait que faire* une petite bourgeoise comme Manon Phlipon ; l'hostilité qui cerne la reine de France : ce double sentiment, concernant deux femmes séparées par un gouffre, explique 1789.

Souvent, le matin, à Versailles, Marie-Antoinette se rend à son « hameau », près de Trianon. Là, sans doute, a-t-elle vécu ses plus belles heures. Loin de l'écrasante étiquette, loin de ce mari qu'elle n'aime pas. Loin de cette cour qui la déteste. Ayant été boire un verre du lait de ses vaches — rien ne l'amuse tant que de jouer à la fermière — la reine se dirige vers la petite grotte artificielle qu'elle a fait aménager. Elle s'y assoit sur le lit de mousse sèche. Elle écoute le bruissement léger d'une source, regarde l'eau couler. Alors, elle oublie. Ou, du moins, elle veut oublier.

Tout commence ce 5 mai 1789, jour où les douze cents députés des états généraux se réunissent pour la première fois à Versailles. Sous un soleil éclatant, une foule exaltée hurle sa joie sur le passage du cortège des députés. Après ceux du clergé, les députés du tiers : six cents roturiers uniformément vêtus de noir, tous portant un cierge à la main. Et le roi Louis XVI, le diamant le « Régent » fixé à son chapeau. Il est acclamé. Tout à coup, le silence. Pas un seul applaudissement. « Un silence qui ressemblait à du mépris. » Marie-Antoinette a paru, dans sa robe parsemée d'or et d'argent. Le silence ? Non. Sur son passage, un cri s'est élevé, place d'Armes, un seul : « Vive le duc d'Orléans ! »

Or le duc d'Orléans est le plus cruel ennemi de Marie-Antoinette. On voit « l'Autrichienne » chanceler. La princesse de Lamballe se précipite pour la soutenir. La reine secoue la tête — et en même temps son panache de plumes blanches. Elle murmure :

— Ce n'est rien... Ce n'est rien...

A l'église Saint-Louis, Mgr de La Fare, évêque de Nancy, va, avec violence, attaquer le luxe de la Cour. Alors, tous les yeux se tournent vers la reine. Lorsque Marie-Antoinette regagne le palais, une crise de nerfs la secoue, elle brise ses bracelets de diamants et crie :

— Mais que leur ai-je donc fait ?

Tout ira si vite ! Pas plus que Louis XVI, Marie-Antoinette ne comprend le sens de la prise de la Bastille. Quand le roi rentre de Paris, coiffé d'un chapeau aux trois couleurs, elle hausse les épaules avec dédain :

— Je ne savais pas avoir épousé un roturier !

Elle n'a pas compris que, la nuit du 4 août, la noblesse française ait pu faire l'abandon sincère de ses privilèges : en tout cela, elle n'a vu qu'une atteinte démagogique à ce pouvoir royal qu'on lui a appris à juger de droit divin.

En 1789, Marie-Antoinette a perdu sa sveltesse d'antan. Un contemporain la voit, à cette époque, se rendant à la laiterie de Trianon, « portant une simple robe de linon, un fichu et une coiffe de dentelle ». Sous des habits que le témoin trouve « modestes », elle lui apparaît « encore plus majestueuse » que dans le grand costume qu'il lui avait vu à Versailles. Et il ajoute, décidément conquis : « Sa manière de marcher est toute particulière : on ne distingue point ses pas, elle glisse avec une incomparable grâce ; elle relève bien plus fièrement la tête quand, ainsi que nous la voyions là, elle se croit seule. Notre reine passa tout près du lieu où nous étions, et nous eûmes tous trois comme un désir de fléchir le genou au moment où elle passait... » A cette époque, les carnets conservés par la couturière de la reine, Mme Eloff, nous révèlent les mensurations de Marie-Antoinette : 58 ou 59 centimètres de tour de taille et 109 de tour de poitrine.

Cet après-midi du 5 octobre, dans la petite grotte, une mince fissure permet d'apercevoir les feuillages rougis par l'automne. Le ciel est bas, lourd. La pluie commence à tomber. Marie-Antoinette voit un page qui se hâte. Un instant après, hors d'haleine, il lui remet un message : les femmes de Paris marchent sur Versailles.

Depuis plusieurs jours Paris « fermentait ». On avait lu avec colère les comptes rendus d'un banquet donné à Versailles par les gardes du corps aux officiers des régiments de Flandre et des Trois-Evêchés, appelés « avec leurs canons et leurs munitions de guerre » pour la protection de la Cour. Le banquet s'était tenu dans la salle de l'Opéra. Le roi et la reine — exhortée par une de ses dames, Mme de Tessé — y avaient assisté, fort acclamés. Des convives — et de belles invitées — avaient-ils conspué la

Nation ? Avait-on vraiment foulé aux pieds la cocarde tricolore ? A Paris, on l'affirmait. Avait-on crié : « *A bas l'Assemblée !* » sous les fenêtres de la reine ? A Paris, on le jurait.

Le pain devenait rare, de plus en plus cher. L'hiver approchait. Aurait-on la disette ? Des bruits étranges couraient la capitale : on répétait que d'énormes réserves de blé étaient entreposées à Versailles. De tout temps, le spectre de la famine a été ressenti plus vivement par les femmes que par les hommes. Dans les faubourgs, le premier cri fut poussé par une femme :

— Allons chercher le boulanger, la boulangère et le petit mitron !

Le 5 octobre, dès 6 heures du matin, dans le quartier Saint-Eustache, on voit une petite fille s'emparer d'un tambour. Poussant des cris de joie, de son mieux elle bat la caisse. Autour d'elle, des femmes s'attroupent. Tout cela parle fort, discute avec véhémence — mais rit. Elles décident soudain de partir pour l'Hôtel de Ville. Un témoin les voit « jeunes, vêtues de blanc, coiffées et poudrées, l'air enjoué et n'annonçant aucune mauvaise intention ». Plutôt qu'aux mégères de la légende, il faut penser à ces groupes de jeunes femmes qui aiment à se promener gaiement, en se tenant par le bras. Sur leur passage, elles interpellent les femmes, toutes les femmes :

— Venez ! Nous partons pour Versailles !

Porte Saint-Antoine, une petite ouvrière « en sculpture » regarde, bouche bée, passer le groupe qui ne cesse de grossir. Elle a dix-sept ans, elle s'appelle Louise Chabry, mais ses parents ont accoutumé de l'appeler Louison.

— Viens avec nous !

Et Louison, ne pouvant résister à ce qui ressemble à une partie de plaisir, rejoint les autres. Ainsi en est-il aussi d'une petite bouquetière de vingt ans, Françoise Rolin, demeurant rue de la Poterie, près des Halles. Elle sortait de chez elle « pour aller en marchandises » :

— Viens avec nous ! Nous partons pour Versailles !

Françoise Rolin n'ira pas « en marchandises ».

Tout au long de cette matinée du 5 octobre, des groupes de femmes affluent à la place de Grève : notre actuelle place de l'Hôtel-de-Ville. Voilà qui est troublant — et a, en effet, troublé les historiens. Que, spontanément, en un lieu donné, une femme ait ameuté d'autres femmes et que l'idée leur soit venue de se rendre à Versailles pour réclamer du pain, rien de surprenant.

Qu'en différents lieux de la capitale, exactement au même moment, la même scène se soit produite, c'est une autre affaire. Elle nous convainc que ce mouvement ne fut pas entièrement spontané. On a la preuve que, dans la nuit, des agents du duc d'Orléans, endoctrinés par Choderlos de Laclos, avaient parcouru Paris et préparé la « journée » du lendemain. A mesure que les heures passent, la gaieté du matin fait place à la colère, la colère à la fureur. Aux femmes se sont joints maintenant des hommes venant des faubourgs Saint-Antoine et Saint-Marceau. Ils sont aux côtés des femmes « les plus exaltées » lorsque celles-ci forcent les portes de l'Hôtel de Ville et délivrent les prisonniers. On se cotise pour leur acheter des vêtements. Louison Chabry se dépouille des douze francs quatre sols qu'elle a sur elle. Les femmes, déchaînées, forcent le magasin d'armes, s'emparent de huit cents fusils et de la caisse de la municipalité. On veut mettre le feu aux archives. Un jeune clerc d'huissier de vingt-cinq ans, Stanislas-Marie Maillard, s'interpose. « Je me précipitai sur elles, dira-t-il devant la commission d'enquête. Je leur retirai leurs torches, ce qui faillit d'ailleurs me faire perdre la vie. »

De nouveau, le cri, poussé par des milliers de femmes : « *A Versailles ! A Versailles ! A Versailles !* » « Des détachements, raconte encore Maillard, partirent vers différents quartiers pour faire recrue d'autres femmes à qui elles donnèrent rendez-vous place Louis-XV », notre place de la Concorde. A la hauteur des guichets du Louvre, on croise une voiture. Il s'y trouve une femme « de qualité » : en fait, une marquise. Les femmes l'en font descendre, à coups de poing. Le clerc d'huissier Maillard — toujours là — la sauve.

Un garde à cheval dépasse la colonne.

— Tu vas à Versailles ? hurle l'une des femmes. Dis à la reine que nous y serons bientôt pour lui couper le cou !

Place Louis-XV, voilà réunies six mille à sept mille femmes. Spectacle déconcertant, jamais vu. La cohue déborde sur les Champs-Elysées. Certaines sont armées de manches à balai, d'autres de « fourches, d'épées, de lardoirs, de vieux pistolets ». D'autres tirent derrière elles les quatre canons de l'Hôtel-de-Ville. On aperçoit quelques fusils mais les femmes qui les portent présentent un aspect bien singulier : souvent des bottes dépassent des jupes rayées. Des hommes déguisés en femmes ? On est tenté de croire à une légende royaliste. Erreur. Les archives contiennent trois cent quatre-vingt-douze dépositions qui se recoupent. Elles sont formelles. Pourquoi cette mascarade ? Un témoin répond : « On se déterminerait plus difficilement à repousser des femmes par la force armée. »

La pluie s'est mise à tomber. L'incroyable armée s'est ébranlée, ayant mis à sa tête le jeune Maillard, épouvanté par des responsabilités aussi inattendues.

— *A Versailles ! A Versailles !*

Une marche irraisonnée, exaltée. D'excellentes épouses, de bonnes mères, et aussi des mégères. Celles-ci aiguisent d'énormes couteaux de cuisine sur les bornes de la route. C'est à la reine qu'elles en veulent surtout.

— Comme je serais heureuse si je pouvais lui ouvrir le ventre avec ce couteau et lui arracher le cœur en fourrant le bras jusqu'au coude !

— Nous voulons chacune rapporter quelque chose de Marie-Antoinette !

— J'en aurai une cuisse !

— J'en aurai les tripes !

A Chaillot, ces dames décrochent les enseignes. On gagne Sèvres. Maillard a envoyé une avant-garde pour obtenir nourriture et boisson. Les marchands ont clos leurs volets, ils restent sourds à tous les appels. On ne parvient à se procurer que huit pains de quatre livres que l'on découpe « en petites portions ». Les Parisiennes, furieuses, affamées, assoiffées, se répandent à travers le bourg, « prennent des bancs et autres morceaux de bois, raconte Maillard, et se mettent en devoir d'enfoncer les portes et d'abattre les enseignes de tous les marchands ». On obtient enfin quelques brocs de vin. Désaltérée, l'armée féminine se remet en marche. La pluie s'est remise à tomber. L'eau ruisselle sur les visages, imprègne les vêtements qui se couvrent de boue. Les femmes interpellent les passants :

— Voyez comme nous sommes arrangées, mais la bougresse nous le paiera cher !

En tête du cortège, deux des canons arrachés à l'Hôtel de Ville. Maillard s'inquiète : « Je fis former un cercle et leur dis que les deux pièces de canon qu'elles avaient ne devaient point être traînées à leur tête ; que, malgré qu'elles n'eussent point de munitions, on pourrait les soupçonner de mauvaises intentions ; qu'elles devaient plutôt montrer de la gaieté que de causer une émeute dans Versailles... Elles consentirent à faire ce que je voulais ; en conséquence, les canons furent placés derrière elles et je les invitai à chanter : *Vive Henri IV !* en entrant dans Versailles et à crier *Vive le roi !* ce qu'elles ne cessèrent de faire au milieu du peuple de cette ville qui les attendait et qui criait : *Vivent nos Parisiennes !* »

La cohue trempée et crottée parvient à Versailles devant l'hôtel des Menus-Plaisirs. C'est là que siège l'Assemblée. Une délégation de femmes demande à pénétrer dans la salle des séances. On l'y autorise. C'est Maillard — toujours lui — qui, en son nom, va prendre la parole :

— Le peuple manque de pain, il est au désespoir ! Il a le bras levé, il se portera sûrement à quelque excès ! Nous demandons la permission de fouiller dans les maisons suspectes de renfermer des farines. C'est à l'Assemblée à épargner l'effusion de sang. Mais l'Assemblée renferme dans son sein des ennemis du peuple, ils sont cause de la famine. Des hommes pervers donnent de l'argent et des billets de caisse aux meuniers afin de les engager à ne pas moudre.

Stupeur dans les rangs des députés. Puis des cris qui s'élèvent des travées :

— Les noms, les noms ! Nommez, nommez !

Maillard hésite. On l'a pris au dépourvu. Enfin, il lance :

— C'est l'archevêque de Paris qui a donné deux cents livres à un meunier pour le détourner de moudre.

L'anticléricalisme d'une grande partie des députés s'enchante de cette réponse peu crédible. Deux ou trois représentants confirment en criant à tue-tête :

— C'est l'archevêque de Paris !

Avec un grand sérieux, un jeune député approuve :

— L'abbé Grégoire a parlé du fait. Sans doute donnera-t-il des renseignements.

Ce député-là s'appelle Robespierre.

Par une porte latérale, les femmes ne cessent de s'engouffrer dans la salle de l'Assemblée. Un véritable raz de marée. Elles s'insinuent à toutes les places libres, elles interpellent les représentants, « enjambant les banquettes, enlevant leurs bas et jusqu'à leur jupe pour les faire sécher ». Sur l'air des lampions, elles hurlent :

— Du pain ! Du pain ! Du pain !

C'est aussi l'opération charme. Certaines embrassent des députés. Le plus étonné sera l'évêque de Langres. En revanche,

Mirabeau — cette force de la nature — profite de l'occasion pour « caresser la gorge des plus jolies ». Le désordre est « indescriptible ». Personne ne sait comment en sortir. Enfin on décide d'envoyer au château le président de l'Assemblée, Mounier, pour haranguer le roi et lui faire connaître la situation de la capitale, « où l'on est obligé de faire la queue des journées entières pour acheter un morceau de pain payé affreusement cher ». Puisque cette journée doit tout aux femmes, des femmes accompagneront naturellement Mounier, escorté aussi par quelques députés. « Nous étions à pied, dans la boue, avec une forte pluie, racontera Mounier. Une foule considérable d'habitants bordait de chaque côté l'avenue qui conduit au château. Les femmes de Paris formaient divers attroupements, entremêlés d'un certain nombre d'hommes couverts de haillons pour la plupart, le regard féroce, le geste menaçant, poussant d'affreux hurlements. Ils étaient armés de quelques fusils, de vieilles piques, de haches, de bâtons ferrés ou de grandes gaules ayant à l'extrémité des lames d'épée ou des lames de couteau... De petits détachements de gardes du corps faisaient des patrouilles et passaient au grand galop, à travers des cris et des huées. »

Au château, la marée humaine bat des grilles précipitamment fermées. La nuit n'a pas entièrement enveloppé Versailles. A tout instant, de nouveaux groupes, arrivés de Paris, rejoignent les premiers. Aussi loin que le regard peut porter, on aperçoit une foule « immense, compacte ». Il en monte un sourd grondement. De temps en temps, on chante des insultes à l'*Autrichienne*. Maintenant, les assaillants ont pris possession de la grande cour. Les deux ailes du château, les ailes dites « des ministres » sont envahies.

Au château, que fait-on ?

On ne fait rien. Le ministre de l'Intérieur, M. de Saint-Priest, et le gouverneur du château, M. de La Tour du Pin, se sont jetés aux pieds du roi pour le supplier de se réfugier à Rambouillet. Le roi a refusé. Puis, sur l'avis d'un aide de camp de La Fayette, il a accepté. La reine a couru à l'appartement de ses enfants, a ordonné aux femmes :

— On va partir dans un quart d'heure, faites vos paquets, hâtez-vous !

Alors, on s'est aperçu que la foule bloquait les issues des écuries. Marie-Antoinette a soupiré :

— Allez dire à ces dames que tout est changé. Nous restons.

La nuit est venue, rendue plus opaque par la pluie qui ne cesse de tomber. La foule, dans la grande cour, a marqué un temps d'arrêt. Elle s'est arrêtée devant les grilles, fragiles et ouvragées. Puis, dans cette foule, une idée a jailli :

— Une députation !

Naturellement, pour ces femmes, point d'hésitation : cette députation doit être formée de femmes. Dix. A travers la bouscu-lade, elles se faufilent. Parvenues à la cour de Marbre elles se heurtent à des gardes qui leur ferment le passage. Elles discutent. Sans succès. A cet instant précis, survient la délégation conduite par Mounier. Les femmes les entourent. L'une d'elles — c'est Françoise Rolin, cette jeune bouquetière de vingt ans du quartier des Halles — se jette aux pieds de Mounier. Elle crie que les femmes sont perdues si elles ne parlent pas au roi. Mounier la relève « avec bonté » :

— Je suis le président de l'Assemblée nationale. Depuis trois jours, nous travaillons pour vous. Nous allons en députation chez le roi. Vous n'avez qu'à nous suivre.

Les députés offrent leurs bras et ces dames, toutes fières, pas-sent à la barbe des gardes. Parmi les femmes, il y a Françoise Rolin, la petite Louison Chabry, la dentellière Rose Barré qui boite, s'étant abîmé les pieds au cours de la marche de Paris à Versailles, et une certaine Victoire Sacleux, teinturière. On par-vient aux antichambres. Seuls, les députés sont introduits auprès du roi. Les femmes demeurent plantées là, ahuries. Un seigneur vient à elle, « habillé de bleu avec des passepoils rouges ». Il leur dit que le roi tient conseil ; il ne reçoit personne. D'ailleurs, il « s'occupe de l'objet de leur requête ».

De tous leurs yeux, elles regardent : l'or, la soie, les peintures, les glaces. Tant de luxe, tant de grandeur, pour ces petites filles qui viennent du quartier des Halles ou de la Bastille ! Victoire Sacleux est saisie de vertige. Elle s'évanouit. On doit l'emporter. Un autre gentilhomme s'approche. Les femmes l'entendent nommer M. de Guiche. L'une d'elles le juge « assez bien mis ». Il leur annonce que le roi ne recevra que quatre d'entre elles. Celles qui se trouvent le plus près de la porte vont être toutes désignées. De ces quatre, l'histoire n'a conservé l'identité que de trois : Louison Chabry, Françoise Rolin, Rose Barré. Escor-tées avec condescendance, le cadre littéralement les écrase. On passe par l'Œil-de-Bœuf, puis par la chambre de parade. On leur montre un lit : celui de Louis XIV. La bouquetière Françoise Rolin, abreuvée d'émotions, tombe. Elle racontera qu'un suisse l'a poussée. Ce qui est sûr, c'est que le suisse, pour la relever, lui donne « plusieurs coups de pied ». Quand elle se remet debout en sanglotant, elle se trouve seule ; ses compagnes ont disparu. Elles sont chez le roi.

Lenotre a rappelé qu'à Versailles l'étiquette prévoyait qu'une « femme *présentée* à la Cour l'était, suivant un cérémonial compliqué et immuable, dans le *grand cabinet du roi* ». Or, c'est dans le grand cabinet que le roi Louis XVI reçoit Louison Chabry et ses amies. La dernière « présentation » de l'histoire du château commence à cette heure précise. Louison Chabry tremble de tous ses membres. Elle essaie de dire au roi pourquoi elle est là. Louis XVI lui parle « avec une très grande affabilité ». Il soupire et demande :

— Vous venez pour faire du mal à ma femme ?

Elle répond que non, d'une pauvre voix brisée. Elle chancelle. Elle perd connaissance, elle aussi ! On s'empresse. Louis XVI lui fait respirer « des eaux spiritueuses ». Il ordonne qu'on lui apporte du vin, « dans un grand gobelet d'or ». Elle revient à elle, il la réconforte, lui parle doucement :

— La reine consent à se rendre à Paris avec moi.

Louison se jette à genoux, elle veut baiser la main du roi. Louis la relève et l'embrasse :

— Vous méritez mieux que cela.

Louison retrouvera à la porte Françoise Rolin, un peu remise de ses émotions. Les jeunes filles, enchantées, reviennent dans la cour en criant :

— Vive le roi ! Demain nous aurons du pain !

Or ce n'est pas là ce qu'attend la foule. A l'adresse de Louison et de Françoise montent des huées. On crie que Louison a « reçu vingt-cinq louis », qu'elle a trahi la cause du peuple. On la bourre de coups de pied et de coups de poing. Louison pleure, jure qu'elle est innocente. Françoise, à qui l'on fait subir le même traitement, hurle de terreur. Tout à coup, des femmes se jettent sur elles, des mains leur nouent déjà des jarretières autour du cou. Deux mégères — des vendeuses à la marée, Rosalie et la grosse Louison — les entraînent « *vers une lanterne pour les pendre* ». D'autres femmes interviennent, heureusement, ainsi que deux gardes du corps. Françoise et Louison, bouleversées, sont poussées vers le château. Louis XVI a-t-il, d'une fenêtre, vu la scène ? Il fait appeler Louison auprès de lui, la réconforte de nouveau. On possède le texte de la déposition de Louison. Ainsi savons-nous qu'« elle, déposante, a été reconduite au château où Sa Majesté a eu la bonté de confirmer la déclaration d'elle, déposante, qu'elle n'avait pas reçu un sol, en se mettant avec elle, déposante, au balcon ».

Il est 11 heures du soir quand Louison repart pour Paris, en compagnie de trente-neuf autres femmes, dans des voitures que « Sa Majesté avait donné ordre qu'on leur donne ». La petite ouvrière en sculpture est chargée de remettre au maire de Paris un billet que le roi lui a confié.

Jamais plus il n'y aura de « présentation » à Versailles.

La singularité de cet épisode capital de notre histoire, c'est qu'il est conduit entièrement par des femmes — les Parisiennes — venues de Paris à Versailles pour s'en prendre à une autre femme : Marie-Antoinette.

Les mémorialistes ont observé la reine durant cette nuit du 5 au 6 octobre. Elle demeure « étonnamment calme[1] ». On la voyait, rapporte un témoin, « recevoir un monde considérable dans son grand cabinet, parler avec force et dignité à tous ceux qui l'approchaient et communiquer son assurance à ceux qui ne pouvaient lui cacher leurs alarmes ».

Quand Louis XVI cède aux instances du député Mounier et accepte de signer son acquiescement « pur et simple » aux Droits de l'homme, il se met à pleurer. Mais l'orgueil de Marie-Antoinette se raidit :

— Je sais qu'on vient de Paris pour demander ma tête, mais j'ai appris de ma mère à ne pas craindre la mort et je l'attendrai avec fermeté.

Les larmes du roi coulent encore quand il ordonne aux gardes du corps et au régiment de Flandre de quitter leurs postes de défense. Il cède. Comme il a toujours cédé, comme il cédera toujours. Seule la Garde nationale de Versailles reste sur l'esplanade du château pour défendre la famille royale. Vers minuit et demi, les Parisiennes seront rejointes à Versailles par la Garde nationale de Paris. D'abord, l'armée régulière des Parisiens, marchant par rangs de six, tambour battant, drapeaux brandis mais réduits à l'état de loques détrempées. Derrière, une cohue

---

1. André Castelot.

de quinze mille *volontaires*, « barbotant, trébuchant dans la boue », agitant des « tromblons, des hallebardes et jusqu'à des fouets ». A leur tête, monté sur un cheval blanc, M. de La Fayette.

La Fayette, chez le roi, va répondre de la sûreté du château. Une seule condition : que celle-ci soit assurée par les anciennes gardes-françaises. Louis XVI cède. Une fois de plus. Puis :

— Allez chez la reine, ordonne-t-il à son valet de chambre, dites-lui de se coucher ; je vais en faire autant.

Il est 2 heures du matin.

Marie-Antoinette se met au lit. Elle s'endort. M. de La Fayette qui a rejoint ses appartements de l'hôtel de Noailles s'endort, lui aussi.

Vers 5 heures un quart, les premiers rayons du soleil commencent à se deviner au-dessus des toits du palais. Sur la place d'Armes se répandent, mal réveillées, les femmes qui ont passé la nuit dans la caserne des gardes-françaises. Une demi-heure plus tard, la place est à nouveau couverte de femmes et d'hommes. Un tambour s'est mis à battre le rappel. Quelqu'un brandit un étendard semé de flammes rouges et bleues. Tout à coup, on s'aperçoit que la grille des Princes n'est pas fermée. Quelques femmes se précipitent, s'engouffrent sous la voûte, gagnent la terrasse du jardin. La foule, après avoir paru hésiter, imite cette avant-garde. Hommes et femmes — « armés de bûches, de massues, de haches, de serpes et quelques-uns de fusils » — se retrouvent, agglutinés, sur la terrasse, exactement sous les fenêtres de la reine.

Marie-Antoinette dort. Il est 6 heures. Le bruit la réveille. Elle sonne. Sa première femme de chambre, Marie-Elizabeth Nolle, lui annonce que ce sont « des femmes de Paris qui n'ayant pas trouvé à se coucher se promènent sur la terrasse ». Rassurée, Marie-Antoinette ferme les yeux — se rendort. Un quart d'heure plus tard, les cris de deux de ses femmes, Mmes Thiébaut et Augié, la réveillent :

— Le château est envahi. Des gardes ont été massacrés.

Au travers des fenêtres closes s'élève une immense clameur. Marie-Antoinette devine :

— C'est par là, c'est par là... !

— Tue ! Tue ! Tue !

— Point de quartier... ! A mort !

— Il nous faut le cœur de la reine... Où est cette sacrée coquine... ?

Pourquoi cette foule est-elle devenue furieuse ? Un jeune homme de dix-sept ans, Jérôme-Honoré Lhéritier, a glissé sur une marche. Tombant sur la nuque, il s'est tué raide. Le bruit a couru aussitôt que les gardes du corps l'avaient abattu d'un coup de fusil. Aussitôt la fureur du peuple a éclaté :

— Tirons ces bougres !

— Ne les manquons pas !

En quelques instants, plusieurs gardes du corps sont massacrés. Toute une bande d'hommes s'engouffre dans le vestibule de l'escalier de Marbre. On enfonce les portes à coups de hache. Après celle de la grande salle, la porte de la salle des gardes de la reine cède. Aidée par ses deux femmes, elle passe ses bas, enfile un jupon. Elle fuit par le petit corridor qui s'ouvre à la tête de son lit. Elle et ses femmes débouchent dans l'Œil-de-Bœuf. Elles trouvent la porte fermée ! La reine frappe à coups redoublés. Personne ne semble entendre cet appel désespéré. Derrière elle, Marie-Antoinette perçoit le tumulte de la foule qui approche, les clameurs qui grandissent. De ses poings meurtris elle heurte toujours le bois de la porte. La terrible attente dure *plusieurs minutes*. Enfin, un domestique ouvre la porte. Marie-Antoinette sanglote convulsivement. Elle court vers l'appartement de Louis XVI. Elle supplie, d'une voix mouillée de larmes :

— Mes amis, mes chers amis, sauvez-moi !

Quelques instants plus tard, toute la famille royale — Louis XVI, Marie-Antoinette, leur fils et leur fille, la sœur du roi, Madame Elisabeth — est réunie dans la chambre de Louis XVI. De là, on entend distinctement les coups de hache des assaillants qui ont commencé à briser la porte de l'Œil-de-Bœuf. Soudain, le silence. Les gardes-françaises dégagent le château.

A l'hôtel de Noailles, M. de La Fayette dormait à poings fermés, quand on est venu l'avertir que la foule envahissait le château. Il s'y est précipité pour sauver in extremis des gardes du corps sur le point d'être pendus. Puis il a couru chez le roi.

Marie-Antoinette n'a pas quitté l'embrasure de la fenêtre.

Avec elle, Madame Elisabeth observe la foule qui gronde. La petite Madame Royale s'est blottie contre sa tante. Le dauphin — celui qui sera Louis XVII et qui a quatre ans — debout sur une chaise, regarde sans rien comprendre :

— Maman, j'ai faim !

Marie-Antoinette l'embrasse, cependant que ses yeux s'embuent de larmes :

— Prends patience.

Pendant plus d'un quart d'heure, la foule exige :

— Le roi au balcon ! Le roi au balcon !

M. de La Fayette, manifestant les signes d'une émotion violente, supplie le roi d'obéir. Naturellement, le roi cède. La psychologie des foules est une chose bien étrange : Louis XVI est acclamé. Un cri nouveau :

— A Paris ! A Paris !

La Fayette paraît sur le balcon. Il exhorte la foule à se retirer. Sans succès. Pas un homme, pas une femme ne bouge.

— A Paris !

Tout à coup, profitant d'un instant de silence relatif, une voix forte s'élève :

— La reine au balcon !

Le petit groupe qui entoure la reine la supplie de n'en rien faire. Dans cette foule de femmes, il y a trop d'hommes armés. Assurément, on va tirer sur Marie-Antoinette. Le danger est trop évident. Au mot de *danger*, l'Autrichienne — ainsi la flétrit-on déjà depuis longtemps — se redresse :

— Je paraîtrai !

Elle s'avance sur le balcon, tenant par la main ses enfants qui pleurent. Un cri :

— Point d'enfants !

Une clameur :

— La reine seule !

Elle repousse ses enfants dans la chambre. Vêtue d'une redingote de toile rayée jaune, les cheveux en désordre, les mains croisées sur la poitrine, elle est seule devant cette foule terrible. Seule et offerte. On entend :

— Tire ! Tire !

Marie-Antoinette salue. Alors, une clameur immense s'élève, d'un bout à l'autre de la cour et de l'esplanade :

— Vive la reine !

Elle rentre dans la chambre, pousse « un long soupir », enlève son fils dans ses bras. Elle le couvre de baisers et de larmes.

Le roi va déclarer à la foule qu'il ira à Paris « avec ma femme, avec mes enfants ». La Fayette haranguera cette foule, en des termes bien singuliers :

— La reine a été trompée. Elle promet qu'elle ne le sera plus. Elle promet d'aimer son peuple, d'y être attachée comme Jésus-Christ l'est à son Eglise.

A 1 h 25 de l'après-midi, le cortège quittera Versailles. Il fait un temps « doux et clair ». Un long cortège précède le carrosse royal. Deux hommes portent au bout d'une lance les têtes sanglantes de deux gardes du corps massacrés lors de l'envahissement du château. Devant le carrosse roulent des canons sur lesquels se sont juchées des femmes qui crient et chantent leur joie. Au bout de piques, d'autres femmes portent de grosses miches de pain, d'autres encore des branches de peuplier, dont les feuilles sont jaunies par l'automne. Elles sont « fort joyeuses, aimables à leur façon, sauf quelques quolibets à l'adresse de la reine » :

— Nous amenons, crient-elles, le boulanger, la boulangère et le petit mitron !

Une idée domine toutes ces femmes : elles ne pourront jamais mourir de faim, puisqu'elles emmènent le roi avec elles. « Toutes étaient encore royalistes, dit Michelet, en grande joie de mettre *ce bon papa* en bonnes mains ; il n'avait pas beaucoup de tête, il avait manqué de parole, c'était la faute de sa femme ; mais une fois à Paris, les bonnes femmes ne manqueraient pas qui le conseilleraient mieux. »

Il s'est remis à pleuvoir. On marche en pleine boue. Tout cela est « gai, triste, violent, joyeux et sombre à la fois ». De temps en temps, on décharge des fusils vers le ciel. Cernée par son escorte, la voiture royale avance « comme un cercueil ». La reine porte sur son visage « les marques d'un violent chagrin ». Cette marche va durer sept heures ! Il sera près de 10 heures du soir lorsque la famille royale gagnera les Tuileries, ce palais déserté depuis la minorité de Louis XV.

Cette journée du 6 octobre — capitale dans l'histoire de la Révolution française — offre une particularité unique dans toute notre histoire. Elle est presque exclusivement féminine. Les hommes avaient pris la Bastille. Les femmes viennent de prendre le roi.

Côte à côte, attelées au même chariot, des religieuses et des ouvrières besognent au Champ-de-Mars : cette paradoxale association, qui l'eût imaginée un an auparavant ? Mieux que de longs discours, elle démontre le triomphe d'une idée. On a dit que, le 14 juillet 1790, pour une seule fois peut-être, tous les Français se trouvèrent d'accord. Donc, les Françaises. Depuis le début de 1790, partout en France, on célèbre les libertés conquises. L'idée a germé — quasi spontanément — de fêter le premier anniversaire de la prise de la Bastille : une fête grandiose. Toutes les Gardes nationales du royaume enverront à Paris un député sur deux cents hommes : en tout vingt mille environ. Ce projet d'un « embrassement général » de la France entière à Paris a littéralement enivré les Français. Bref, toutes les têtes « bouillonnent » ! Or, à cette occasion, dans les provinces, les femmes vont pour la première fois sortir d'une réserve millénaire. Aux fêtes données à l'occasion du départ des Fédérés, elles sont au premier rang. On les voit défiler, en robe blanche et ceinture *à la nation* — c'est-à-dire tricolore. A Romans, en Dauphiné, une belle fille s'avance, elle tient à la main une palme, avec cette inscription : *Au meilleur citoyen*. Bien des habitants de Romans ont dû, ce jour-là, souhaiter d'être ce meilleur citoyen.

Mais rien n'égalera l'ivresse, la passion, l'enthousiasme ressentis au Champ-de-Mars, ce 14 juillet, par quelques centaines de milliers d'hommes et de femmes. On répète en pleurant le serment de La Fayette. Quand Marie-Antoinette élève le petit dauphin dans ses bras, le cœur de toutes les femmes présentes s'émeut. Pourtant, au moment du serment, la reine a laissé errer dans son beau regard bleu comme du mépris. Le comte de Virieu a surpris ce regard :

— Voyez-vous la magicienne ! a-t-il murmuré.

Au soir de ce jour mémorable, une dame veuve réunit chez elle, à Rouen, des amis de la Constitution : un prêtre catholique, deux chirurgiens, un imprimeur, son neveu, sa nièce et deux femmes amies. Cette dame est riche. Qu'a-t-elle à gagner au succès de la Révolution ? Rien, sinon le bonheur de voir triompher une idée qu'elle sent juste. Autour d'elle, ce soir-là, tous prononceront un serment civique dont ils enverront le texte à l'Assemblée nationale. En de nombreux villes et villages,

des femmes prennent l'initiative de semblables actions « patriotiques ». Elles y ont d'autant plus de mérite que le législateur, d'une main ferme, les tient à l'écart des affaires
publiques.

Dès 1788, se préoccupant des élections aux assemblées provinciales, Condorcet avait noté : « Que les femmes soient
aujourd'hui privées du droit de vote, c'est une privation
contraire à la justice, quoique autorisée par une pratique presque
générale. Le droit de s'occuper, directement ou par représentants, des affaires de leur pays est un droit que les hommes
tiennent, non de leur sexe, mais de leur qualité d'êtres raisonnables, qui leur est commune avec les femmes. » Deux ans plus
tard, le 3 juillet 1790, Condorcet — allant plus loin — demande
nettement l'*admission des femmes au droit de cité*. Exprime-t-il
l'opinion de ses contemporains ? En aucune façon.

Le caractère bourgeois de la Révolution se confirme par son
anti-féminisme militant. Les bourgeois au pouvoir se scandalisent à l'idée que l'on pourrait imaginer une égalité politique
entre eux et leurs épouses. Celles-ci ont été créées et mises au
monde pour tenir la maison et élever les enfants. La Révolution
est une entreprise masculine. Elle doit le demeurer.

Ils sont sans nuance, les jugements que prononcent les révolutionnaires mâles, lorsqu'ils parlent des femmes qui ont eu le
malheur de vouloir prendre une part active à la Révolution.
Buzot les évoque avec écœurement. Pour lui, « leur effronterie
n'a d'égale que leur impudicité, monstres femelles qui ont toute
la cruauté de la faiblesse et tous les vices de leur sexe ». Brissot
se contente de les traiter de « bacchantes ». Fabre d'Eglantine
dénonce à la tribune de la Convention celles qu'il nomme avec
mépris « des grenadiers femelles, des femmes émancipées ».
Pour d'autres, ces femmes deviendront les « furies de la guillotine », ou les « tricoteuses de 93 », ou encore les « dévotes
de Robespierre ». Ce qui fera d'ailleurs bondir l'un des plus
ardents parmi les robespierristes, Hamel : « Il est aisé de
comprendre quel misérable parti on a espéré tirer du point de
vue réactionnaire de cette association du nom de Robespierre
avec ce troupeau de femmes immondes ! » Quant à Chaumette
— à la tête de la Commune de Paris, il bat les records de l'extré-
misme — parlant de l'une des plus ardentes féministes de la
Révolution, Olympe de Gouges, il la traite de « virago » et de
« femme-homme » : « Rappelez-vous l'impudente Olympe de

Gouges qui, la première, institua des sociétés de femmes, qui abandonna les soins de son ménage pour se mêler de la République et dont la tête a tombé sous le fer vengeur des lois. »

Rien de plus clair : les femmes qui se croient autorisées à participer à la vie politique sous la Révolution méritent la guillotine.

Et pourtant, il y en a.

Un après-midi de l'année 1790, au Palais-Royal. Au milieu du jardin, un cirque. Qu'y fait-on ? On y prêche. L'orateur est un ecclésiastique, l'abbé Fauchet : « belle figure de quarante ans environ, parole ardente, sèche parfois et violente, nulle onction, l'air audacieux, un peu chimérique ». Nouveau paradoxe : cet abbé prêche le féminisme. D'ailleurs, sur l'estrade, deux citoyennes, affichant une gravité de circonstance, apportent ici la caution de leur sexe. L'une d'elles est une Hollandaise, Etta Palm d'Aelders. Elle a quarante-sept ans. Depuis 1774, elle s'est fixée à Paris. Quand éclate la Révolution, elle habite, rue Favart, un entresol « assez coquet ».

Le 26 novembre 1790, on la voit, au Cercle social, exhorter les Françaises à « imiter le patriotisme et les vertus des dames romaines ». Le 30 décembre de la même année, elle disserte à la même tribune « sur l'injustice des lois en faveur des hommes et aux dépens des femmes ».

En ce temps-là, la mode est aux clubs. Il n'est guère de ville ou de bourg en France qui n'en ait un ou plusieurs. Rue Saint-Honoré, les Jacobins se sont installés dans l'église des anciens moines qui leur ont donné leur nom. A certaines heures, sous l'ex-église, dans une « sorte de crypte bien éclairée », ils expliquent la Constitution à une société fraternelle d'ouvriers. Quand il est question de ravitaillement ou de danger public, les ouvriers se font souvent accompagner de leurs femmes. Peu à peu, certaines d'entre elles, aux heures où leur mari travaille, prendront l'habitude de se rendre à la crypte des Jacobins. Elles « viennent seules et discutent seules ». Le 30 décembre 1790, Marat se déclare fort satisfait d'elles. Il prend un malin plaisir à dépeindre le contraste entre l'énergie de ces femmes du peuple « dans leur souterrain » et le bavardage stérile de l'Assemblée jacobine « qui s'agite au-dessus ».

Etta d'Aelders a-t-elle puisé là son idée de club féminin ?

C'est probable. Le 23 mars 1791, à la tribune de la Fédération, elle se taille un vif succès en lançant une idée mirifique : créer, dans chaque section de la capitale, une société patriotique de citoyennes « amies de la vérité ». Un Cercle central et fédératif inviterait les sociétés fraternelles des quatre-vingt-trois départements à correspondre avec lui. « Chaque cercle, dit Marie Cerati, historienne du féminisme pendant la Révolution, aurait une direction particulière qui se réunirait une fois par semaine sous le contrôle des *amis de la vérité*. »

— Alors on serait à même de surveiller efficacement les ennemis de la liberté et de distinguer le véritable indigent qui aurait besoin du secours de ses frères... Les cercles de femmes pourraient être chargés de l'établissement des nourrices... de l'éducation publique !

Ainsi parle Etta d'Aelders. Succès complet : le club est créé à la fin de la séance. La première réunion, fixée au 20 mars. Le but à atteindre n'est pas seulement politique, mais social : les cotisations doivent servir à fonder des maisons d'éducation et des ateliers de travail pour les fillettes pauvres âgées de sept à treize ans. En juillet 1791, Etta d'Aelders publiera un *Appel aux Françaises sur la régénération des mœurs et la nécessité de l'influence des femmes dans un gouvernement libre*.

Le 1er avril 1792, la « belle Hollandaise » — ainsi l'appelaient ses admirateurs — paraît à l'Assemblée nationale à la tête d'une délégation féminine. Par sa voix, les « Amies de la vérité » proposent aux législateurs de fixer la majorité des femmes à vingt et un ans et de proclamer la liberté politique ainsi que l'égalité des droits pour les deux sexes. Elles réclament encore, pour les filles, une éducation « morale et nationale ». Enfin elles demandent hautement l'institution du divorce : dans ses écrits et ses discours, forte de l'expérience d'une vie conjugale agitée, Etta Palm revient souvent sur l'impérieuse nécessité du divorce.

Il est d'usage que le président de l'Assemblée réponde à chaque délégation qui se présente à sa barre. Ce jour-là, le président se garde bien de se prononcer sur des exigences si nouvelles. Avec une prudence dont ses collègues ont dû le louer, il déclare simplement que « la Législative évitera de faire ce qui peut exciter les regrets des citoyennes ».

Mais ce sera le chant du cygne pour la « belle Hollandaise ». Une semaine plus tard, Etta Palm se plaint amèrement dans les *Révolutions de Paris* de « l'indifférence générale » envers la société féminine qu'elle anime. Sous la Terreur, devenue suspecte, la baronne d'Aelders devra quitter la France. En 1795, elle est emprisonnée dans son pays comme orangiste et tenue captive pendant trois ans. Après, on perd sa trace.

La fin d'Olympe de Gouges est, elle, parfaitement connue. Cette autre pionnière du féminisme n'est pas précisément une vertu. Fille d'un boucher de Montauban, cette future révolutionnaire ressent longtemps son extraction plébéienne comme une injustice. D'évidence, elle n'éprouve aucune contrariété quand le bruit court qu'elle est bâtarde de Louis XV. A dix-sept ans, elle a épousé un certain Aubry, officier de bouche de messire de Gourgues, intendant de Montauban. Elle abandonne bientôt le domicile conjugal, la profession de son mari l'humiliant. Mêlant son véritable patronyme, Gouze, à celui du maître de son mari, elle est devenue Olympe de Gouges. Son biographe, Léopold Lacour, dit « qu'elle souffrait d'une *vanitite* aux crises suraiguës ».

A ce genre de femme, il faut Paris. Olympe a quitté le soleil du Midi pour les brumes de la capitale. Comment pénétrer dans la brillante société qu'elle veut connaître à tout prix ? Une possibilité, une seule : la galanterie. Elle s'y lance. « Elle plut à un riche marchand de Toulouse qui se ruina pour elle, passa dans les bras d'un autre négociant dont elle dérangea aussi la fortune. » C'est un écrivain royaliste qui l'affirme, mais il n'est pas seul. Pour l'avocat Duveyrier, elle fut « folle de tout et surtout de l'amour ».

Rétif de La Bretonne dit sans façons qu'Olympe de Gouges est une *fille*. En 1788, elle possède 80 000 livres, « valeur du mobilier y comprise ». Preuve qu'une femme légère peut être économiquement sage.

Dans l'exercice de la galanterie, un autre capital se révèle essentiel : la jeunesse. L'âge venant — à la fin du XVIIIᵉ siècle, c'est la trentaine — Olympe voit fuir les galants. Elle se tourne vers la littérature. Cela fait rire. En 1792, Olympe elle-même écrira : « Les merveilleux de la Cour prétendirent qu'il valait mieux que je fisse l'amour que des livres. » Rarement vit-on fécondité aussi prodigieuse : « Quatre heures lui suffisaient pour produire un acte ; en une journée, elle dictait une pièce entière. » Phénomène d'autant plus original qu'elle avoue savoir « à peine épeler le français ». Les contemporains parlent des mille et un manuscrits qu'elle laissa. Lacour, lisant son théâtre, en juge l'auteur comme « la vésuvienne du puéril ou du banal, du médiocre ou du pire ». La Comédie-Française reçoit sa première pièce, sans d'ailleurs en connaître l'auteur. C'est un drame : *Zamor et Mirza ou l'Heureux Naufrage.* La pièce est représentée en décembre 1789.

Pièces de théâtre, romans, brochures politiques, placards, il faut renoncer à les dénombrer. Tout cela dicté. Si elle signe, on lit *de Gouge* ou *Degouges, Olimpe* ou *Olympe.* On trouve aussi *Olimpe Degouges.* Lacour la juge aveugle en ses jugements, ridicule dans l'expression de ses enthousiasmes et de ses haines, à moitié folle d'orgueil. Malgré tout, il reconnaît à Olympe de Gouges « une des âmes les plus hautes et les plus généreuses de l'époque, l'amour le plus vrai pour les humbles, la passion du bien public, et tout à coup une clairvoyance politique étonnante ». Une tête brûlante, certes, mais peut-être aussi une tête géniale.

Toute son action révolutionnaire s'est faite sous la forme de « brochures patriotiques ». Ses opinions ? Olympe oscille entre le royalisme constitutionnel et la république. Une certitude : dès avant la Révolution, elle s'est élevée contre le despotisme. Une évidence : elle aime le peuple. Parmi les têtes politiques de la Révolution, souvent perdues dans l'abstraction, elle est une des rares à dépeindre les souffrances des pauvres gens, à plaider pour que l'on y mette fin. Sans cesse, elle demande des maisons de refuge pour « les vieillards sans forces, les enfants sans appui et les veuves ». Elle tonne contre « le riche impitoyable » qui cache son argent alors qu'une « quantité innombrable d'ouvriers » sont « sans état et sans pain ». Il faut, contre les agioteurs et les accapareurs, des « exemples effrayants ». Elle demande la création d'une Caisse patriotique, d'un impôt sur le luxe.

Pour lors, elle vénère le roi. La fuite de Louis XVI, le 21 juin 1791, à Varennes, fait brusquement d'Olympe une républicaine. Elle demande la déchéance du « traître ». Mais le retour piteux de la famille royale l'émeut violemment. Sur-le-champ, elle redevient royaliste. Elle exige des réformes où perce encore son féminisme : que le roi remplace auprès de Marie-Antoinette les ci-devant duchesses, princesses et marquises par une « garde nationale de femmes » ! Ces citoyennes en armes devraient avoir également la surveillance de Madame Royale et de Madame Elisabeth.

Quand, en septembre 1791, la Constituante achève la rédaction de la nouvelle constitution, Olympe de Gouges constate que nul n'a semblé songer à ses « sœurs ». D'un seul élan, elle improvise la *Déclaration des droits de la femme et de la citoyenne*. Ces droits sont pour elle « naturels, inaliénables et sacrés ». Elle les développe en dix-sept articles, dont voici les principaux :

Article 1er. — La femme naît libre et demeure égale à l'homme en droit. Les distinctions sociales ne peuvent être fondées que sur l'utilité commune.

Article 6. — La loi doit être l'expression de la volonté générale ; toutes les citoyennes et tous les citoyens étant égaux à ses yeux doivent concourir personnellement ou par leurs représentants à sa formation. Elle doit être la même pour tous : toutes les citoyennes et tous les citoyens doivent être également admissibles à toutes dignités, places et emplois publics, selon leurs capacités et sans autres distinctions que celles de leurs vertus et de leurs talents.

Article 10. — La femme a le droit de monter sur l'échafaud : elle doit avoir également celui de monter à la tribune.

L'article 11 déclare légale la recherche de la paternité. Il demande aussi que les filles mères ou les veuves rendues mères n'aient plus à rougir sous « un préjugé barbare ». A cette déclaration, il y a un « postambule » : Olympe y affirme que le mariage est « le tombeau de la confiance et de l'amour ». Elle propose de le remplacer par un *contrat social de l'homme et de la femme*. Les contractants devront déclarer mettre leurs biens en commun, mais se réserver la faculté « de les séparer » en faveur de leurs enfants — et des enfants qu'ils pourront avoir « d'une inclination particulière ». On ne la suivit pas.

Pour son malheur, elle n'a pas discerné le danger qui naît, en temps de révolution, à trop faire parler de soi. Quand l'Assemblée décrète une journée de deuil en l'honneur de Simoneau, maire d'Etampes, assassiné dans une émeute, Olympe se présente à la barre, à la tête d'un « petit groupe de citoyennes ». Elle lit une pétition dont le style se drape dans le climat du temps :

— Que toutes les femmes, couvertes du crêpe de la douleur, précèdent le sarcophage, et qu'une bannière où sera représentée l'action héroïque de ce grand homme, avec cette inscription : *A Simoneau, les femmes reconnaissantes*, soit déposée par elles au Panthéon français, si le Champ-de-Mars nous est fermé. Rappelez-vous que, chez les peuples les plus fameux, les femmes couronnaient les héros... Ouvrez-nous la barrière de l'honneur, et nous vous montrerons le chemin de toutes les vertus !

Elle-même, le 3 juin, prend la tête de ce « cortège des citoyennes ». Hélas, ce cortège n'est formé que par un groupuscule de dix à douze femmes qui ne brillent guère par leur tenue. Un publiciste, commentant l'affaire, écrit dédaigneusement : « C'est au public qui les a vues à juger, par leur extérieur, ce qu'elles pouvaient être. »

Au 10 août, quand le peuple envahit les Tuileries et en chasse la famille royale, Olympe s'affirme toujours républicaine. A condition, toutefois, que l'on épargne la vie de l'ex-roi. Le 15 décembre 1792, bravant le ridicule — mais le bravant héroïquement — elle demande à la Convention d'être autorisée à défendre Louis XVI durant son procès. La Convention passe à l'ordre du jour mais Olympe a l'audace de faire afficher sa proposition sur les murs de Paris, avec cet avis péremptoire : « J'opine qu'aucun vrai républicain ne votera pour sa mort. » Il s'agit naturellement de la mort de Louis Capet. Une petite foule s'ameute sous les fenêtres d'Olympe. Il n'est point dans son caractère de se cacher, ou de trembler. Elle descend, fait face. Un homme fait voler sa cornette, découvre une tête chenue, s'écrie :

— A vingt-quatre sous la tête de Mme de Gouges !

Aussi tranquille que dans son salon, elle répond :

— Mon ami, je mets la pièce de trente sous.

On rit, l'homme la lâche.

Pour la presse révolutionnaire, quelle belle occasion de moquer derechef le féminisme et les féministes ! Les *Révolutions de Paris* félicitent le peuple qui déchire l'affiche d'Olympe : « De quoi se mêle-t-elle ? Qu'elle tricote plutôt des pantalons pour nos braves sans-culottes ! »

Qu'importe à Olympe ? Elle continue son combat. En des dizaines de brochures, elle proclame ses opinions sur tous et tout. Préfigurant la révolution culturelle chinoise, elle fait afficher ses opinions sur les murs de Paris. Elle n'en démord pas : il ne faut pas guillotiner Louis XVI, mais le bannir. Elle prend à partie Marat, et surtout Robespierre : « Tu te dis l'unique auteur de la Révolution, tu n'en fus, tu n'en es, tu n'en seras éternellement que l'opprobre et l'exécration. » Et encore : « Sais-tu la distance qu'il y a de toi à Caton ? Celle de Marat à Mirabeau... Du maringouin à l'aigle et de l'aigle au soleil... » A quoi, d'ailleurs, elle ajoute cette proposition burlesque : « Prenons ensemble un bain dans la Seine... Nous attacherons des boulets de 16 ou de 24 à nos pieds... Ta mort calmera les esprits, et le sacrifice d'une vie pure désarmera le Ciel. » Qu'on ne s'y méprenne point : la vie pure est celle d'Olympe.

En revanche, elle admire Danton à qui elle reconnaît un « profond discernement », un « grand caractère ». Elle vénère les Girondins. Elle fait mieux que l'avouer, elle le crie. S'étonnera-t-on que, le 20 juillet 1793, on l'ait arrêtée ?

Le 3 novembre, dans la matinée, on la juge. Le substitut Naulin porte l'accusation. L'avocat qu'elle a choisi est absent. Elle en demande un autre, on lui dit qu'elle a assez d'esprit pour se défendre. Au vrai, elle le fait admirablement. A son fils, elle écrira : « Vingt fois, j'ai fait pâlir mes bourreaux. » Dans ses *Mémoires*, Sénar affirme que « si le tribunal n'eût rétréci sa défense et ne l'eût comme obscurcie, elle avait disposé en sa faveur l'auditoire et confondu le tribunal ». On lit dans le compte rendu de son procès : « Pendant que l'accusateur public faisait le résumé des charges dirigées contre elle, on la voyait tantôt hausser les épaules, puis joindre les mains et élever les yeux vers le ciel, puis elle passait tout d'un coup dans un geste expressif, manifestant l'étonnement, puis, regardant l'auditoire, elle souriait aux spectateurs. » Elle ne ressent aucun doute sur l'issue du procès. Sûrement, elle sera acquittée. Aux jurés, on pose deux questions :

« Existe-t-il au procès des écrits tendant à l'établissement d'un pouvoir attentatoire à la souveraineté du peuple ?

« Olympe Gouges *(sic)*, se disant veuve Aubry, est-elle convaincue d'être l'auteur de ces écrits ? »

Aux deux questions, les jurés répondent : *oui*. Alors, Olympe s'écrie :

— Mes ennemis n'auront pas la gloire de voir couler mon sang ! Je suis enceinte et donnerai à la République un citoyen ou une citoyenne !

Olympe a quarante-cinq ans. Elle paraît beaucoup plus. Drôlement, Michelet commente : « Un ami lui aurait rendu, en pleurant, le triste office dont on prévoyait l'inutilité. »

Olympe est examinée par le chirurgien Naury, le médecin Théry et la sage-femme Paquin. Ils s'avouent incompétents, déclarant impossible « de porter un jugement positif ». Fouquier-Tinville saisit l'occasion au vol et, de son propre chef, affirme que, dans la prison d'Olympe, aucune « occasion d'amour ne pouvait s'être présentée ». Ce qui reste à démontrer.

Le jour même, à 4 heures de l'après-midi, Olympe de Gouges monte les marches de l'échafaud. Elle regarde le peuple bien en face et s'écrie :

— Enfants de la patrie, vous vengerez ma mort !

— Vive la République ! répond la foule.

Ce roi pour qui Olympe de Gouges vient de donner sa vie, une autre femme a contribué à lui ôter son trône. Avant la victoire du 10 août, le peuple de Paris s'est donné le luxe d'une répétition générale : le 20 juin 1792. De la place de la Bastille, se sont élancés vingt mille émeutiers, divisés en trois corps : le premier, commandé par Santerre, se compose des bataillons des faubourgs armés de baïonnettes et de sabres ; le second marche sans armes, ou armé de piques et de bâtons, sous les ordres d'un certain Saint-Huruge ; le troisième est formé d'hommes en haillons, mais surtout de femmes et d'enfants qui suivent en désordre une « jeune et belle femme, nous dit Lamartine, vêtue en homme, un sabre à la main, un fusil sur l'épaule et assise sur un canon tiré par des ouvriers aux bras nus ».

Cette femme, générale à trente ans d'une armée de femmes, c'est Théroigne de Méricourt. La belle « Liégeoise », comme on la nomme, n'est pas née à Liège mais à Marcourt, un village du pays de Liège situé sur l'Ourthe. Elle est fille d'un laboureur fort aisé. Maltraitée par sa marâtre, la fillette — elle se prénomme Anne — s'est enfuie plusieurs fois de chez elle. On la retrouve vachère à quatorze ans, puis servante dans une maison bourgeoise de Liège. Elle a dix-sept ans quand une dame anglaise, Mme Colbert, la remarque, la juge charmante, intelligente et l'engage comme demoiselle de compagnie. Ceux qui l'ont connue à cet âge la dépeignent « brune aux yeux bleus, la taille menue et bien prise, les traits délicats, le teint *nuance de la poire rousselet*, les mains et les pieds d'une finesse étonnante pour ses origines, avec de l'esprit naturel, la parole facile, la voix agréablement timbrée [1] ». Même

1. Jacques Janssens.

l'accent traînant du pays de Liège n'est pas sans charme. « Elle avait, écrit un contemporain, un minois chiffonné, un air mutin, qui lui allaient à merveille, et un de ces nez retroussés qui changent la face des empires. »

Mme Colbert n'est plus jeune. A sa protégée, elle a appris à lire et à écrire, et la musique, et le chant. Quand, près du clavecin, pour les amis de Mme Colbert, Théroigne chante des romances ou des bergerettes, on se récrie d'admiration. Devenir chanteuse ? Pourquoi non ?

— Puisqu'on dit que j'ai une jolie voix, déclare-t-elle un beau jour, pourquoi n'exploiterais-je pas ce talent en me consacrant au chant ?

Mme Colbert s'incline. Elle fait mieux, puisqu'elle conduit Anne à Londres où la renommée affirme que se trouvent les meilleurs professeurs. En la voyant, un jeune lord s'enflamme. Il est jeune, séduisant, riche. Mme Colbert veut s'interposer. Pour toute réponse, Anne s'enfuit pour rejoindre son amant — le premier. Il y en aura beaucoup d'autres. Elle a un enfant, dont elle ne se souciera guère. Elle ruine un sexagénaire, le marquis Doublet de Persan. Juste retour, elle dilapide avec un chanteur italien la fortune soutirée à d'autres admirateurs.

Elle se trouve à Naples quand y parvient la nouvelle de la convocation des états généraux. Cette courtisane est lectrice des philosophes. Elle raffole de Rousseau. Depuis longtemps, elle se persuade de l'évidence de ses propres dons politiques. Le 11 mai 1789, la voici à Paris, bien décidée à prendre sa part des grands événements qui se préparent. Pour la première fois, elle se présente sous le nom de guerre qu'elle vient d'adopter :

— Je m'appelle *Théroigne de Méricourt* !

Dès le 13 juillet 1789, se promenant le soir, elle rencontre des soldats auxquels elle demande « s'ils sont pour le tiers état ». Résultat : un officier veut l'arrêter. Le 17, quand Louis XVI vient à Paris consacrer le triomphe de la Révolution, elle court au-devant de lui « avec la foule, dans les rangs des soldats ». « J'étais, raconte-t-elle, en amazone blanche et chapeau rond. » Elle lit avidement « les papiers publics ». Dès le milieu du mois d'août, elle se présente à l'Assemblée, s'y plaît, y revient. On la voit, dans les tribunes ou aux alentours de la salle du Manège, quelquefois vêtue d'un costume grec « à la tête de tous les hueurs, de tous les approbateurs ». Elle rencontre au Palais-Royal les jeunes théoriciens enthousiastes, tel Camille

Desmoulins, qui chantent « l'aurore des temps nouveaux ». Plus tard, elle parlera avec nostalgie de cette époque bénie.

Dès avant les journées d'octobre, elle se lie avec Pétion et le frère de l'abbé Sieyès. Elle les reçoit chez elle, rue de Noailles. Elle est à l'Assemblée, à Versailles, le soir du 5 octobre. Lorsque les Parisiennes arrivent, toutes crottées, de la capitale, elle quitte la séance pour « voir ce qui se passait ». Elle aborde « trois ou quatre malheureux » qui lui disent mourir de faim. Prise de pitié, elle les conduit chez elle, leur donne du pain. Participe-t-elle à l'assaut du Palais ? Ses thuriféraires l'ont affirmé, mais ce n'est pas sûr. Elle porte déjà cette amazone écarlate, ce panache noir qui feront beaucoup pour sa popularité. Désormais, elle présente elle-même à l'Assemblée des motions que le public acclame. « Ses charmes, l'étrangeté de sa toilette et son air décidé exerçaient un irrésistible ascendant sur les foules. » En la voyant paraître, un membre des Cordeliers s'exclame : « On dirait la reine de Saba visitant le Salomon du district ! »

Dans les milieux politiques, on ne prend guère au sérieux cette petite femme jolie et excentrique. Seul, Gilbert Romme, mathématicien et député, futur président de la Convention, « laid, rêveur, timide et gauche », tombé amoureux d'elle sans oser le lui avouer, vante « son intelligence et ses talents ». Afin de la rencontrer à loisir, il fonde avec elle le Club des Amis de la loi qui ne comptera jamais qu'une douzaine de membres et disparaîtra deux mois plus tard. Théroigne tente de fonder un autre club où, cette fois, elle pourra s'occuper des droits de la femme. Elle attribue son échec à son défaut de talent et d'expérience. Aussi à sa triste qualité de femme. La presse de droite l'a prise pour cible. On la moque, on la chansonne, on la ridiculise. On la met même en scène dans un drame en vers, *Théroigne et Populus*.

Exaspérée par ces sarcasmes, elle décide de quitter la France pour un temps et de regagner son village natal. Est-ce la paix ? Le repos ? Bien au contraire. Durant la nuit du 15 au 16 février 1791, des émigrés l'enlèvent. Dans une chaise de poste hermétiquement fermée — on croirait lire un récit d'Olympe de Gouges — elle est conduite au triple galop jusqu'à la forteresse de Kustein, dans le Tyrol. On l'incarcère sous le nom de Mme de Théobald. Des ordres arrivent de Vienne : « Mme de Théobald doit être traitée avec sévérité, mais avec justice. Pour le reste, il faut la tenir dans l'incertitude. » Pendant des mois, on l'interroge : on veut lui faire avouer qu'elle a participé à un projet de soulèvement de la principauté de Liège. Des témoins l'ont affirmé :

— Ce sont des fatras d'absurdités ! s'écrie-t-elle.

Tout ce qu'elle veut bien reconnaître, c'est le rôle dont elle fixera les limites dans ses *Confessions* : « J'étais bien aise de jouer le rôle d'un homme, car j'ai toujours été extrêmement humiliée de la servitude et des préjugés sous lesquels l'orgueil des hommes tient mon sexe opprimé. »

La captivité se prolongeant, Théroigne sombre dans ce que nous appellerions une dépression nerveuse. Enfin, on la libère. Dix mois après son enlèvement, elle peut regagner Paris. A Vienne, elle a été reçue en audience par le chancelier Kaunitz, puis par l'empereur Léopold lui-même qui lui a remis six cents florins, pour la dédommager d'une captivité un peu tard déclarée injustifiée.

En France, les journaux royalistes s'indignent du retour de la « crapuleuse créature qui se fait appeler Théroigne de Méricourt ». En revanche, quelle joie chez les patriotes ! Dès son arrivée, Théroigne s'est rendue aux Jacobins. Le 26 janvier 1792, le citoyen Dufourny s'écrie à la tribune du Club : « Je dois vous annoncer un triomphe pour le patriotisme. Mlle Théroigne, célèbre par son civisme et les persécutions qu'elle a éprouvées... est ici dans la tribune des dames ! »

On se bouscule, on l'entoure, on l'acclame. Quant à elle, elle rit et pleure tout à la fois. Guadet, au nom de l'Assemblée, l'invite à rédiger un rapport sur « ses persécutions ». Quelques jours plus tard, elle montera à la tribune pour « dénoncer les projets agressifs et liberticides des monarques prêts à prendre les armes pour restaurer en France l'autorité du trône ». Elle aura droit à cette belle apostrophe du citoyen Manuel : « Vous venez d'entendre une des premières amazones de la Liberté, martyre de la Constitution. Je propose que, comme présidente de son sexe, elle s'assoie à côté de notre président. » Théroigne aurait-elle pu rêver mieux ?

Elle ne songe nullement à s'en tenir là. Ce qu'elle veut maintenant, c'est former une compagnie d'amazones, de *femmes armées*. Le dimanche 25 mars, frémissante, elle présente un drapeau aux citoyennes du faubourg Saint-Antoine et prononce un discours passionné, dans lequel on est libre de découvrir l'acte de foi du féminisme révolutionnaire : « ... Armons-nous, nous en avons le droit par la nature et même par la loi. Montrons aux hommes que nous ne leur sommes inférieures ni en vertu, ni en courage ; montrons à l'Europe que les Françaises connaissent leurs droits et sont à la hauteur des lumières du XVIIIᵉ siècle en méprisant les préjugés qui, par cela seul qu'ils sont préjugés, sont absurdes, souvent immoraux, en ce qu'ils nous font un crime des vertus... »

Naturellement, la presse critique de verte façon l'initiative de Théroigne. On l'accuse de se mettre en avant « pour porter le trouble au sein des ménages paisibles et pour inspirer le dégoût des soins domestiques ».

Elle n'est pas au bout de ses peines. La « Société des défenseurs des Droits de l'homme et ennemis du despotisme », qui tient séance au faubourg Saint-Antoine, envoie une députation aux Jacobins pour dénoncer Mlle Théroigne. La députation accuse « cette citoyenne d'avoir excité du trouble dans le faubourg Saint-Antoine, en voulant réunir au Club, trois fois la semaine, les femmes de ce quartier et en les engageant à un repas ou banquet civique, entreprises à la suite desquelles elle avait cru devoir employer, sans doute sans leur participation, les noms de MM. Robespierre, Collot d'Herbois et Santerre... ». Justement, Santerre est là. Il s'empresse d'expliquer :

— Les hommes de ce faubourg aiment mieux, en rentrant de leur travail, trouver leur ménage en ordre que de voir revenir leurs femmes d'une assemblée où elles ne gagnent pas toujours un esprit de douceur, de sorte qu'ils ont vu de mauvais œil ces assemblées répétées trois fois la semaine... Toutes ces considérations ont produit des mouvements que j'ai engagé Mlle Théroigne à ne pas entretenir plus longtemps, en renonçant à ses projets à cet égard, et je ne doute pas qu'elle n'y renonce d'elle-même, d'après les réflexions qu'auront fait naître en elle ces mouvements qu'elle n'a certainement pas cherché à exciter comme pourraient l'accuser les malintentionnés. Je demande donc que, vu toutes ces explications, on passe à l'ordre du jour.

Quant à Robespierre, il déclare sèchement n'avoir jamais eu avec Mlle Théroigne aucune relation particulière.

Pour Théroigne, est-ce le coup de grâce ? Nullement. Nous l'avons vue déjà, le 20 juin 1792, marcher sur les Tuileries. Le 10 août, elle est sur la terrasse des Feuillants, au premier rang des assaillants. Soudain paraissent des royalistes que les émeutiers ont faits prisonniers. Parmi eux, un homme de haute taille, jeune encore.

— Suleau ! C'est Suleau !

De fait, il s'agit du pamphlétaire royaliste, de l'un de ceux qui si souvent ont ridiculisé Théroigne. On affirme que l'Ardennaise, en le voyant, s'est mise à crier plus fort que les autres :

— A mort ! A mort !

Les massacreurs s'élancent. Frappé de plusieurs coups de sabre, Suleau s'écroule. On promènera sa tête sanglante au bout d'une pique. Théroigne est vengée.

Quelques jours plus tard, on pourra lire dans le *Moniteur* : « Les Fédérés viennent de décerner des couronnes civiques à Mlles Lacombe, Théroigne et Reine Audu qui se sont distinguées par leur courage dans la journée du 10 août. »

Mais la républicaine Théroigne va choisir le mauvais camp. Hautement, elle se proclamera girondine. Ce qui bientôt devient très dangereux. Le 15 mai 1793, vêtue comme à l'accoutumée d'une amazone, elle se présente dans l'enceinte de la Convention avec une carte d'entrée délivrée par un de ses amis. Les tricoteuses qui veillent aux portes lui barrent la route :

— C'est l'amie de Brissot, l'âme damnée des Girondins !

Plus altière, plus « grande dame » que jamais, Théroigne leur tient tête. Pour ces femmes-là, elle n'a que mépris, et elle le dit sans barguigner. Tout à coup, quelques commères se jettent sur la « brissotine ». Riant aux éclats, elles l'immobilisent, lui soulèvent les jupes et lui administrent une formidable fessée. Une petite foule fait cercle en criant de plaisir. Théroigne, elle, hurle à la mort. Il faudra l'intervention de Marat pour la faire relâcher.

De cette humiliation publique, Théroigne ne se remettra point. Dans les prisons autrichiennes, sa raison avait failli chanceler. Cette fois, elle sombre totalement. Théroigne se répand en propos si étranges, si outranciers, qu'on l'arrête, le 27 juin 1794. On est au fort de la Terreur. Elle risque sa tête. Son frère Joseph n'a pas de mal à faire reconnaître sa démence. Elle accomplit un premier séjour dans une maison de santé. On la libère. Puis, en 1797, à la Salpêtrière, on l'interne définitivement. Elle y vivra désormais dans une cellule étroite, croupissant dans l'abjection, « sans supporter sur elle aucun vêtement, pas même une chemise, constamment occupée à inonder de seaux d'eau le carrelage et jusqu'à son lit, n'ayant à la bouche que le mot de *liberté* et accusant tous ceux qu'elle voyait d'être des royalistes ».

Elle s'éteindra à la Salpêtrière le 9 juin 1817, à cinquante-huit ans. Son agonie aura duré vingt ans.

A la date du 13 mai 1793, un avis paraît dans le *Moniteur* : « Plusieurs citoyennes se sont présentées au secrétariat de la Municipalité et, pour se conformer à la loi sur la police municipale, ont déclaré être dans l'intention de s'assembler et de former une société où les femmes, seules, pourront être admises. Cette société a pour but de délibérer sur les moyens de déjouer les projets des ennemis de la République. Elle portera le nom de Société républicaine révolutionnaire et se réunira à la bibliothèque des Jacobins, rue Saint-Honoré. »

Oubliés, l'échec d'Etta d'Aelders, la catastrophe de Théroigne de Méricourt ? Voyons.

A l'origine de ce nouveau club, se trouvent un certain nombre de femmes patriotes dont les plus actives se nomment Claire Lacombe et Pauline Léon. En 1793, Claire Lacombe, petite actrice de province, a vingt-huit ans. Elle joue à Marseille, à Toulon. En mars elle obtient un passeport pour Paris. Prise, comme tant d'autres, d'enthousiasme pour la cause révolutionnaire, elle brûle de s'y mêler. Elle trouve un petit appartement, 43, rue Croix-des-Petits-Champs. Elle y demeure désormais avec une amie, Justine Thibaut. Dès son arrivée dans la capitale, elle a renoncé au théâtre. De quoi vit-elle ? « De ses économies et de la vente de quelques effets. » Le 25 juillet, elle se présente à l'Assemblée législative. Que vient-elle déclarer ? Qu'elle veut s'engager dans l'armée :

— Ne pouvant venir au secours de ma patrie par des sacrifices pécuniaires, je viens lui faire hommage de ma personne. Née avec le courage d'une Romaine et la haine des tyrans, je me tiendrais heureuse de contribuer à leur destruction. Périsse jusqu'au dernier despote ! Intrigants, vils esclaves des Néron et des Caligula, puissiez-vous tous vous anéantir !

Le président Viennot de Vaublanc la remercie. Elle s'en va gonflée de fierté. Joie suprême : elle a été admise aux honneurs de la séance. L'Assemblée a ordonné l'impression du discours et de la réponse. Pourtant, Claire Lacombe n'ira pas à l'armée. Elle aura tout juste droit à ces deux lignes du *Moniteur* : « Une jeune citoyenne vient d'offrir de combattre de sa personne les ennemis de la patrie. »

La feuille officielle aurait pu préciser : une bien jolie personne. Tous les témoignages s'accordent à ce sujet. Son passeport nous la décrit brune, avec des yeux sombres. En mai 1793 Claire Lacombe entretient une liaison avec un jeune révolutionnaire partisan de la Terreur, le citoyen Leclerc. Celui-ci semble d'ailleurs apprécier les combattantes du féminisme, puisqu'il ne va pas tarder à remplacer, dans ses amours, Claire Lacombe par Pauline Léon.

Fille d'un fabricant de chocolat, née à Paris, Pauline Léon a vingt-cinq ans en 1793. On nous dit qu'elle « ne manquait pas de charme ». Depuis la mort de son père en 1784, elle travaille à la chocolaterie familiale. Dès la prise de la Bastille, elle prend fait et cause pour la Révolution. Elle dénonce le *traître* La Fayette, brise un de ses bustes, est introduite au Club des Cordeliers. Après la fuite à Varennes, elle proteste contre « la trahison royale ». Au 10 août 1792, elle passe la nuit sous les armes. Quelques jours plus tard, elle demande la mort de Louis Capet. Elle aussi s'est rendue à la barre de l'Assemblée législative. Elle aussi a revendiqué le droit des femmes à combattre le despotisme en prononçant un interminable discours.

Le compte rendu indique : *on applaudit.* La Législative ordonne l'impression.

C'est de l'accord de Pauline Léon et de Claire Lacombe que va naître le Club des citoyennes républicaines révolutionnaires.

Quel va en être le statut ? Toute nouvelle adhérente devra prêter un serment :

— Je jure de vivre pour la République ou de mourir pour elle ; je promets d'être fidèle au règlement de la Société tant qu'il subsistera.

Il faut dix-huit ans d'âge pour adhérer au Club. La présidente, élue chaque mois, devra nécessairement coiffer le bonnet rouge. Vers le début du mois d'août 1793, les citoyennes membres quittent la bibliothèque des Jacobins — où jusque-là elles ont tenu leurs séances — pour fixer leur résidence à Saint-Eustache. Nous sommes assez bien informés sur les séances. Malheureusement, toutes les relations que nous possédons sont dues à des hommes et sont pleines — qui s'en étonnera ? — de colère ou d'ironie. Un Anglais, lord Bedford, précise que les séances se tiennent « dans une salle voûtée servant autrefois de charnier ». En face de la porte d'entrée, voici la présidente et les secrétaires. Sur deux rangs de bancs, de chaque côté, les *Club women :*

« J'en comptai soixante-sept. Point de tribune ; des curieux se mettaient au bas de cette salle et n'étaient séparés des clubistes que par une simple barre à hauteur d'appui. » Lord Bedford constate que la plupart de ces femmes sont coiffées du bonnet rouge : « Ce spectacle grossier faillit nous faire étouffer par la crainte où nous étions de laisser éclater notre rire. »

Le policier Dutard note « qu'elles étaient toutes laides à faire peur ». Vraiment ? Claire Lacombe était jolie ; Pauline Léon charmante. Buzot prétend qu'il s'agissait « de hideuses coquines ramassées dans les boues de Paris ». Ce qui est certainement faux, puisque l'article 12 des statuts de la Société précise « qu'elle ne recevra dans son sein que des citoyennes de bonnes mœurs ». Cette condition est même dite « la plus essentielle pour l'admission ». Son défaut est l'une des « principales causes d'exclusion ».

Il ne se fera plus de mouvement révolutionnaire sans que le Club des femmes s'y mêle. Les adhérentes prennent parti contre les Girondins. Elles se déclarent le plus ferme soutien de la Montagne. Elles appuient l'action de Jacques Roux, personnage attachant, ancien prêtre qui, presque seul dans cette révolution bourgeoise, se préoccupe du sort des miséreux et des affamés. Pauline Léon propose d'exclure du commandement des armées les ex-nobles qui « jusqu'à ce jour n'ont cessé d'en accaparer toutes les places et toujours au détriment de la liberté ». Sur les places publiques, les citoyennes républicaines révolutionnaires prêchent « violemment » contre les accapareurs. Elles participent aux grandes fêtes civiques. Au vrai, elles veulent être à l'avant-garde de la Révolution. Elles ne se créent que plus d'ennemis. Le 16 septembre 1793, le conventionnel Chabot — un ex-capucin dénué de tout sens moral — dénonce aux Jacobins les intrigues de ces *prétendues* révolutionnaires :

— Je sais à quoi l'on s'expose en aigrissant une femme, à plus forte raison lorsque l'on en aigrit un grand nombre, mais je ne crains ni leurs intrigues, ni leurs propos, ni leurs menaces !

On ressent l'impression que tous ces révolutionnaires du sexe fort ont supporté jusqu'ici — mal — ce Club féminin qui leur fait la leçon. Aux premiers soupçons — fondés ou non — ils se déchaînent. Attaquée sur ses relations avec Leclerc, Claire Lacombe demande l'autorisation de se justifier. Elle crie « qu'avant de délibérer les Amis de la Liberté et de l'Egalité se doivent de l'entendre ». C'est un tumulte incroyable, insensé. Dans les tribunes, ce sont les femmes qui hurlent le plus fort :

— A bas l'intrigante ! Va-t-en, malheureuse, ou nous allons te mettre en pièces !

Elle ne faiblit point. Elle crie que, « dût-elle périr assassinée, elle ne sortira pas » :

— Le premier de vous qui ose avancer, je m'en vais lui apprendre ce que peut une femme libre !

Quelqu'un crie de prendre garde car elle est toujours armée. Peu à peu, le calme se rétablit. On se saisit d'elle : on la conduit au Comité de sûreté générale. On n'y trouve personne. On la remet en liberté.

Quelque temps après, le trop fameux Chabot sera convaincu d'avoir reçu un énorme « pot-de-vin » des représentants de la Compagnie des Indes. Triomphe de Claire Lacombe : voilà l'homme qui a voulu la perdre ! Alors, les Républicaines révolutionnaires reprennent leur action. Elles militent pour le port de la cocarde tricolore. Mesure mal accueillie, notamment par les dames de la Halle. Un rapport de police nous apprend qu'aux environs de Saint-Eustache, quartier général du Club féminin, « les poissardes se fâchent » : « elles ont fouetté quelques femmes patriotes du marché Saint-Eustache ».

Décidément, pour les républicaines révolutionnaires, cela se gâte. Elles se plaignent hautement d'être menacées d'arrestation. Le 5 octobre, elles se rendent à la Convention « pour protester contre les calomnies dont elles sont l'objet ». Le 7 octobre, la citoyenne Lacombe conduit personnellement une nouvelle députation et, à la barre, ne craint pas de menacer l'Assemblée :

— Nos droits sont ceux du peuple et si l'on nous opprime, nous saurons opposer la résistance à l'oppression !

Un seul homme ose défendre maintenant les républicaines révolutionnaires. C'est le prêtre Jacques Roux. Mais il est en prison.

Le 7 brumaire, an II, nouvel affrontement entre les dames de la Halle et les citoyennes révolutionnaires. « En un mot, lit-on dans les *Révolutions de Paris*, la présidente des *dames* en bonnet rouge fut rudement fouettée et couverte de boue aux acclamations d'une foule immense. » L'après-midi, le Club est envahi par une foule furieuse. Le procès-verbal enregistre : « Une foule innombrable fonce dans la salle et accable les membres des plus sales invectives... Les citoyennes, fermes au milieu des dangers, ne voulant pas abandonner leurs attributs, ont été frappées et le plus indignement outragées, préférant devenir les victimes d'un peuple égaré, ne songeant plus à leurs personnes, mais bien à faire respecter la figure de la liberté, que représente le drapeau. »

L'une d'elles s'exclame :

— Massacrez-nous si vous voulez, mais du moins respectez le point de ralliement des Français !

La citoyenne qui a la garde du drapeau est bousculée, maltraitée. Elle tend le « précieux objet » au juge de paix :

— Je te le remets entre les mains, tu m'en réponds sur ta tête.

L'affrontement dégénère en bataille rangée. Les dames de la Halle se jettent de nouveau sur les malheureuses clubistes, les battent, les traînent à terre. L'une d'elles demeure sans connaissance. Il faut l'emporter au comité révolutionnaire de la section. Là se sont réfugiées d'autres citoyennes, dont plusieurs sont blessées, l'une grièvement. Certaines s'évanouissent. Un membre du comité a été touché d'un coup de couteau en voulant protéger une citoyenne que l'on assommait proprement à coups de sabot. On amène également au comité trois femmes, la mère et les deux filles : ce sont des dames de la Halle prises en flagrant délit de voies de fait. Le citoyen Gérault ordonne leur mise en liberté, sans tenir compte des protestations des citoyennes révolutionnaires outrées par ce parti pris. Quand le calme sera revenu, on permettra aux citoyennes révolutionnaires de rentrer chez elles, mais on les fera sortir deux à deux, afin qu'elles n'attirent point l'attention. Voilà qui en dit long sur les sentiments de la population parisienne devant celles qui n'ont pas redouté, aux yeux de l'opinion, de sortir de leur condition de femmes.

La fin du Club des citoyennes républicaines révolutionnaires est proche.

Le lendemain, Amar, au nom du comité de sûreté générale, présente son rapport et demande la suppression des clubs féminins. D'après lui, c'est évident, les femmes ne sont pas préparées à participer aux affaires du gouvernement. Elles ne font aucunement preuve « des connaissances étendues, de l'impassibilité sévère et de l'abnégation » qu'Amar juge nécessaires pour gouverner. Donc il faut leur interdire de se réunir entre elles :

— Chaque sexe est appelé à un genre d'occupation qui lui est propre, son action est circonscrite dans ce cercle qu'il ne peut franchir car la nature qui a posé ses limites à l'homme commande impérieusement.

D'ailleurs, les clubs féminins ont ouvert de bien dangereuses perspectives. En les décrivant, Amar fait frémir l'Assemblée :

— Voulez-vous que, dans la République française, on les voie venir au barreau, à la tribune, aux assemblées politiques comme les hommes ?

Un seul conventionnel ose intervenir en faveur des femmes :

— A moins que vous contestiez que les femmes font partie du genre humain, pouvez-vous leur ôter ce droit commun à tout être pensant ?

Mais un autre, Basire, le foudroie :

— Il est uniquement question de savoir si les sociétés de femmes sont dangereuses. L'expérience a prouvé ces jours passés combien elles sont devenues funestes à la tranquillité publique ; cela posé, qu'on ne me parle plus de principe...

Finalement, la Convention prononce la dissolution des clubs de sociétés féminins. En cela, elle se montre « plus conservatrice que les sans-culottes qui, dans leur organisation de base, avaient admis la participation des femmes à la vie politique[1] ». La Convention « payait d'ingratitude celles qui avaient servi avec abnégation la cause de la Révolution. Elle les rejetait de la cité, elle les renvoyait dédaigneusement à leur ménage[2] »...

L'action antiféministe de la Convention ira plus loin. Le 4 prairial an II (23 mai 1794), l'Assemblée interdira que les femmes soient admises aux assemblées de section. Pourtant, elles y assistaient depuis l'été 1792 et, durant l'été 1793, elles avaient souvent participé aux délibérations. Dès lors, on ne les verra plus se manifester — en tant que telles — que d'une manière sporadique. Le 9 février 1795, un groupe se présente à la Convention et proteste contre l'enlèvement du buste de Marat, décrété la veille par l'Assemblée thermidorienne. Dans la foule qui envahit la Convention le 12 germinal an III (1er avril 1795) on découvre beaucoup de femmes qui crient : « Du pain et la Constitution de 1793 ! » On les expulse.

Que sont devenues Pauline Léon et Claire Lacombe ? Pauline avait épousé Leclerc. On les arrête tous les deux. Pauline écrit : « Exempts de crimes, nous le sommes de crainte. » On les libère puis l'histoire perd leur trace.

Claire Lacombe, elle, a été arrêtée la veille de l'incarcération de Pauline Léon. Elle demeure plus d'un an en prison. On ne la relâchera que le 20 août 1795. Alors, elle quitte Paris, part pour Nantes, reprend son ancien métier d'actrice. On la reverra à

---

1. Albert Soboul.
2. Albert Mathiez.

Paris en l'an VII. Elle semble vivre en compagnie d'un certain Gabriel de Foy, comédien. Tous les deux, ils sont poursuivis pour dettes. C'est tout. Nous ne savons plus rien de Claire.

Sans les travaux de Marie Cerati, nul ne connaîtrait plus ces femmes « si violemment attaquées de leur vivant, caricaturées par les légendes contre-révolutionnaires et tombées ensuite dans un oubli total ». Ce serait dommage. Elles ont leur place dans l'histoire des Françaises.

CHAPITRE VI

VIVRE SOUS LA TERREUR

Le 16 octobre 1793, dès 5 heures du matin, on bat le rappel. A la prison de la Conciergerie, une femme est étendue sur son lit, prostrée. Au cours de la nuit, à la lueur de deux bougies, elle a écrit une longue lettre à sa belle-sœur, Madame Elisabeth. Celle qui fut reine de France n'est plus que la veuve Capet, condamnée à mort, bientôt exécutée. A trente-huit ans, Marie-Antoinette a l'air d'une vieille femme. Ses cheveux sont blancs. Elle, si « bien en chair », est devenue maigre. De terribles hémorragies la laissent exsangue. Au cours de la nuit, elle vient encore de perdre beaucoup de sang. Et pourtant, après l'épuisant procès — deux jours et une nuit de débats, une ultime audience de plus de vingt heures — elle a eu la force d'écrire une longue, très longue lettre qui contient ce passage :

« ... Je demande sincèrement pardon à Dieu de toutes les fautes que j'ai pu commettre depuis que j'existe ; j'espère que dans sa bonté il voudra bien recevoir mes derniers vœux, ainsi que ceux que je fais depuis longtemps pour qu'il veuille bien recevoir mon âme dans sa miséricorde et sa bonté. Je demande pardon à tous ceux que je connais et à vous, ma sœur, en particulier, de toutes les peines que, sans le vouloir, j'aurais pu leur causer. Je pardonne à tous mes ennemis le mal qu'ils m'ont fait. Je dis adieu à mes tantes et à tous mes frères et sœurs. J'avais des amis. L'idée d'en être séparée pour jamais et leur peine sont un des plus grands regrets que j'emporte en mourant ; qu'ils sachent, du moins, que jusqu'à mon dernier moment j'ai pensé à eux. »

Quand elle a écrit : « j'avais des amis », n'a-t-elle point pensé à Fersen, ce beau Fersen qu'elle a aimé ? Quand elle répète le mot *pardon*, est-ce parce qu'elle a compris enfin quelles erreurs elle paie, appelées crimes par certains ?

Elle n'avait jamais accepté. Elle n'avait jamais voulu oublier l'angoisse ressentie au matin du 6 octobre 1789, lorsqu'elle fuyait dans les couloirs de Versailles. Ni l'humiliation de la marche vers Paris : le boulanger, la boulangère et le petit mitron. Devant les temps nouveaux, le placide Louis XVI s'étonnait. Pour lui, de la stupeur à la résignation, il n'y avait qu'un pas qu'il eût facilement franchi. Paradoxalement, le dernier roi de droit divin semblait avoir été créé et mis au monde pour faire un monarque constitutionnel. Marie-Antoinette, elle, se révoltait. Elle jouait son jeu personnel, dangereux. Elle avait beau affirmer : « J'ai tout su, tout vu, tout oublié », elle n'exprimait point la vérité. La Fayette, lucide pour une fois, jugeait :

— Elle a ce qu'il faut pour s'attacher les cœurs des Parisiens, mais une ancienne morgue et une humeur qu'elle ne sait point assez cacher les lui aliènent le plus souvent. Je voudrais qu'elle y mît plus de bonne foi...

Son impopularité croissait. Les libellistes faisaient tout pour cela. Ce que l'on a publié sur elle après 1789 passe l'imagination. Aucune ordure, aucune obscénité ne lui ont été épargnées. On lui cache ces écrits, mais elle en connaît l'existence :

— La calomnie, dit-elle à Mme Campan, vaut beaucoup mieux pour tuer les gens et c'est par elle qu'on me fera mourir.

Après l'installation aux Tuileries, au moins elle a connu une joie ; celle de vivre davantage avec ses enfants : *Mousseline*, Madame Royale, et *Chou d'amour*, le duc de Normandie, futur Louis XVII. Aux Tuileries, elle peut négliger la terrible étiquette de Versailles sans qu'on le lui reproche : « Nous logeons tous trois dans le même appartement, écrit-elle à Mme de Polignac. Ils sont presque toujours avec moi et font ma consolation. Si je pouvais être heureuse, je le serais par ces deux petits êtres. Le *Chou d'amour* est charmant et je l'aime à la folie. Il m'aime beaucoup aussi, à sa manière... Il se porte bien, devient fort et n'est plus colère. Il se promène tous les jours, ce qui lui fait grand bien. »

Autre joie — mais celle-ci demeure secrète : les visites de Fersen. Quand la tempête a éclaté, Axel est accouru auprès de « sa » reine. Le 6 octobre, au risque de sa vie, il a accompagné le cortège royal qui allait vers Paris au milieu des piques : « J'ai été témoin de tout, a-t-il écrit, et je suis revenu à Paris dans l'une des voitures de la suite du roi. Nous avons été six heures et demie en chemin. Dieu me préserve de voir un spectacle aussi affligeant que celui de ces deux journées. » Il s'est installé à Paris, discrètement, pour veiller sur « Elle ». Il écrit à sa sœur : « Elle pleure souvent avec moi ; jugez si je dois l'aimer... »

A la fin de 1789, Fersen passe « une journée entière avec Elle ». « Jugez de ma joie ! » mande-t-il à sa sœur. Durant tout le printemps 1790, il voit Marie-Antoinette « librement chez elle » : « Pauvre femme, c'est un ange pour la conduite, le courage et la sensibilité ; jamais on n'a su aimer comme cela. » Autre lettre de Fersen à sa sœur, quelques jours plus tard : « Elle est extrêmement malheureuse, mais très courageuse, je tâche de la consoler le plus que je puis ; je le lui dois, elle est si parfaite pour moi ! »

C'est l'époque où le *Moniteur* publie le *Livre rouge* qui dévoile à tous les Français les dépenses de la Cour. Effet désastreux. Avec quelle avidité ne commente-t-on point, jusqu'en la plus petite bourgade, les sommes que les Polignac et les autres amis de la reine ont encaissées ! Entre Marie-Antoinette et la Révolution, c'est maintenant une lutte ouverte. La reine a dit : « Seules la souplesse et la patience peuvent nous aider. » Elle comprend peu à peu que le temps ne joue pas pour elle. Elle veut livrer bataille. Donc il lui faut des alliés. Or un ami imprévu se présente : Mirabeau. Il incarne tout ce que hait Marie-Antoinette. Plus que tout autre, il a contribué à faire basculer vers le passé des siècles de monarchie autoritaire. Sa vie, il l'a tout entière conduite à la remorque de ses passions — et elles sont sans limites. Il ne respecte rien, ni personne. Son passé s'environne de scandales de tout genre. Sa force impétueuse, il dit lui-même qu'elle est celle de dix hommes. Avec cela, amant sincère de la liberté mais il la veut tempérée par une monarchie à l'anglaise. Les outrances politiques déplaisent à cet aristocrate que seules les circonstances ont jeté dans les bras du tiers état. Depuis les premiers jours de la Révolution, il a plié l'Assemblée sous la force de son éloquence torrentielle. Il se sait tout-puissant. Lucide, il observe que, dans le ménage royal, c'est à la reine qu'il faut s'adresser. Il lui propose ses services. Désintéressée, cette offre ? Nullement. Mirabeau a d'énormes besoins d'argent. S'il s'emploie pour une cause, il entend qu'on le paie. Ce qui n'empêche pas sa proposition d'être sincère. Dès qu'on prononce devant elle le nom de Mirabeau, Marie-Antoinette réagit violemment : « Nous ne serons pas assez malheureux, je pense, répond-elle au comte de La Marck, pour être réduits à la pénible nécessité de recourir à Mirabeau ! »

Cinq mois plus tard, elle se juge « assez malheureuse ». L'ambassadeur d'Autriche, Mercy-Argenteau, fait savoir à La Marck que la reine est prête à négocier avec Mirabeau. Le tribun, étonné mais ravi, s'exclame en secouant son mufle marqué de petite vérole :

— Le roi n'a qu'un homme auprès de lui : sa femme !

Un véritable contrat est signé. Mirabeau touchera six mille livres par mois, on lui réglera deux cent huit mille livres de dettes. A la clôture de l'Assemblée, on lui versera un million. Loyalement, Mirabeau œuvre pour rendre à Louis XVI un pouvoir accru. Il donne raison à La Fayette qui disait : « Il ne trahit que dans le sens de ses convictions. »

Marie-Antoinette le reçoit à Saint-Cloud, dans le parc. A l'entrevue elle se rend avec une infinie réserve. Le temps n'est pas loin où, pour elle, Mirabeau n'était qu'un « monstre ». C'est Mirabeau qui a souhaité cet entretien. Il a besoin d'avoir les coudées franches. Il sent les réticences de la reine. Une heure de conversation et celles-ci — il en est sûr — seront dissipées. Longtemps, Marie-Antoinette a refusé. Et puis elle a fixé la date : le 3 juillet 1790, un dimanche matin, à 8 heures. A cette heure-là, la Cour dort. Mirabeau pénètre dans le parc, se rend à l'endroit convenu. Un pas léger sur le gravier : la reine paraît. Seule. Elle ne peut réprimer un mouvement de recul qui n'étonne pas Mirabeau : il sait qu'avec sa stature de portefaix, son masque ravagé, ses cheveux en désordre, sa voix de tonnerre, il est effrayant. Toutes ses maîtresses — et Dieu sait s'il en a eu ! — ont eu peur, la première fois. Après, elles l'ont adoré. Mme Campan dira que Mirabeau, au cours de cette entrevue, a subjugué la reine. Il faut, semble-t-il, se rallier plutôt à l'opinion de Stefan Zweig : « Ce n'est pas Mirabeau qui a subjugué la reine mais la reine qui subjugua Mirabeau. » Elle lui parle et il voit des larmes dans ses yeux. Elle lui explique les problèmes quotidiens qui se posent à elle, sa solitude, les contradictions infinies de sa situation. Lui-même se sent soulevé d'enthousiasme, bouleversé. Il trouve des accents qui la persuadent. Emue, elle lui tend sa main qu'il baise à genoux. En se relevant : « Madame, la monarchie est sauvée. »

Il écrira à La Marck : « Rien ne m'arrêtera. Je périrai plutôt que de manquer à mes promesses. » Pendant un mois, Marie-Antoinette vivra dans l'espoir. Mais le divorce entre elle et la nation est déjà prononcé. Au nom des idées nouvelles, la garnison de Nancy se révolte. La répression ordonnée par le marquis de Bouillé s'opère dans le sang. A Paris, on répète que la reine approuve les exécutions — ce qui, probablement, n'est pas faux. A l'Opéra, le chœur d'*Iphigénie* « Célébrons notre reine » s'achève sous les huées.

Le roi acceptera de signer le décret relatif à la constitution civile du clergé, que le pape condamnera bientôt. Dès lors, la décision de Marie-Antoinette est prise : il faut fuir. Mirabeau lui-même partage cette opinion. Le 2 avril 1791, le tribun meurt. A son lit d'agonie, il a soupiré : « J'emporte dans mon cœur le deuil de la monarchie dont les débris vont devenir la proie des factieux. »

Marie-Antoinette se sent de plus en plus seule. Pas à pas, elle tâche de convaincre Louis XVI de la nécessité d'un départ. Il s'y refuse encore. A Pâques 1791, lorsque le peuple l'empêche de quitter Paris pour Saint-Cloud où on le soupçonne de vouloir communier des mains d'un prêtre insermenté, le roi cède. Lorsqu'ils ont quitté leur carrosse et sont rentrés dans le château. Marie-Antoinette lui a dit : « Vous avouerez à présent que nous ne sommes plus libres. »

Le surlendemain, elle écrira à Mercy-Argenteau, réfugié à Bruxelles : « L'événement qui vient de se passer nous confirme plus que jamais dans nos projets... Notre position est affreuse. Il faut absolument la fuir dans le mois prochain. Le roi le désire encore plus que moi. »

C'est Axel, le bien-aimé, qui préparera tout. A Varennes, le maître de poste Drouet fera du roi et de la reine de France de simples prisonniers. Le retour aux Tuileries ? Un long calvaire. On roule au pas, entre deux haies d'hommes et de femmes qui crient leur mépris, hurlent des injures. C'est au cours de ce voyage, dans l'espace de cinq jours, que les cheveux blond cendré de Marie-Antoinette sont devenus blancs. A Fersen : « J'existe... Que j'ai été inquiète de vous et que je vous plains... Nous sommes gardés à vue jour et nuit... Je ne pourrai plus vous écrire. »

Louis XVI se montre prêt à tous les abandons. Point Marie-

Antoinette. Un des commissaires de l'Assemblée chargés de ramener la famille royale à Paris lui a paru attendri par le spectacle des souffrances qu'elle endure. Ce député se nomme Barnave. D'elle-même, elle prend l'initiative de lier avec lui des relations secrètes. Barnave — dont l'autorité est grande à l'Assemblée — ne pourrait-il prendre le relais de Mirabeau ? Elle fait passer à un de ses amis, Jarjayes, un billet qui doit être mis sous les yeux du député : « Je désire que vous cherchiez à voir 2-1 (ces chiffres désignent Barnave) de ma part et lui disiez que, frappée du caractère que je lui ai reconnu dans les deux jours que nous avons passés ensemble, je désire fort pouvoir savoir par lui ce que nous avons à faire dans la position actuelle... Ayant bien réfléchi depuis mon retour sur la force, le moyen et l'esprit de celui avec lequel j'avais causé, j'ai senti qu'il n'y avait qu'à gagner à établir une sorte de correspondance avec lui, en me réservant cependant comme première condition que je dirais toujours franchement ma manière de penser. »

Ce billet, Barnave le lit plusieurs fois « et avec transport ». Il jure de sauver la reine. Depuis Varennes, un courant républicain s'est fait jour à l'Assemblée. Puisque la France a pu se passer de roi pendant quelques jours, à quoi bon maintenir cette inutile mascarade ? C'est de Varennes que date par exemple le républicanisme de Robespierre. Or Barnave se prononce pour le maintien de la monarchie et emporte la décision de l'Assemblée. Dans ses rapports secrets avec Marie-Antoinette, il a seulement posé une condition : il faut que le couple royal promette de jouer loyalement son rôle constitutionnel. La reine finit par y consentir. Barnave la supplie d'intervenir auprès de son frère Léopold afin qu'il renonce à la guerre et auprès des émigrés pour qu'ils rentrent en France. Il n'y a pas un instant à perdre : « *La reine a encore un moment et n'a plus qu'un moment !* » Marie-Antoinette répond à Barnave que tout cela est « très bon » ; elle suivra ses conseils. Là-dessus, Barnave, fou de joie, s'engage à fond et engage ses amis. Ils jouent leur tête. Pourquoi ne le feraient-ils point, puisqu'ils sont sûrs de la reine ? Ils ont tort. Elle ment.

Elle a bien adressé à Léopold la lettre demandée. Mais elle a écrit en même temps à Mercy-Argenteau afin qu'il avertisse son frère que cette lettre n'a été faite que pour duper Barnave et ceux que l'on appelle les « triumvirs ». Marie-Antoinette, sciemment, s'est jouée de la confiance de ces hommes sincères. Et elle s'explique avec un cynisme qui nous glace : il faut « qu'au moins pendant un temps encore », *ils* croient qu'elle est « de leur avis ». Ce délai qu'elle s'est fixé, c'est celui où les alliés interviendront, envahiront la France et sauveront la famille royale. Elle feint d'accepter la Constitution, écrit à l'intention de Barnave : « La confiance que j'ai dans le courage, la fermeté et le bon esprit de ceux qui veulent le bien me rassure. » Mais, trois jours plus tôt elle mandait à Mercy : « Il ne s'agit pour nous *que de les endormir* et leur donner confiance en nous pour les mieux déjouer après... » Et, le 26 août : « Nous n'avons donc plus de ressource que dans les puissances étrangères. Il faut à tout prix qu'elles viennent à notre secours... »

A Barnave, le 20 octobre : « Quand j'ai commencé ma correspondance avec ces messieurs, j'y ai mis toute ma franchise et j'en mettrai toujours à tout parce que tel est mon caractère... Aucune arrière-pensée n'a suivi mes démarches. » La veille, elle écrivait à Fersen : « Rassurez-vous, je ne me laisse pas aller aux enragés, et si j'en vois, et si j'ai des relations avec certains d'entre eux, *ce n'est que pour m'en servir* et ils me font tous trop horreur pour que jamais je me laisse aller à eux. » La plus terrible des lettres que nous puissions lire sous la plume de la reine est celle qui contient ces lignes, adressées au cher Axel : « Quel bonheur si je puis un jour redevenir assez puissante pour prouver à tous ces gueux que je n'étais pas leur dupe ! »

Elle veut la guerre. Elle y aspire de toutes ses forces mais elle veut que cette guerre soit désastreuse pour la France. Le 20 avril 1792, Louis XVI propose à l'Assemblée de déclarer « la guerre contre le roi de Hongrie et de Bohême ». Cinq jours plus tard — quelle hâte dans cette démarche ! — Marie-Antoinette dévoile à Bruxelles les négociations de Dumouriez qui tendent à détacher la Prusse de Vienne. Rien de plus vrai, rien de plus accablant : Marie-Antoinette va informer les ennemis de la France sur les mouvements de nos armées. Après les premières défaites françaises, l'opinion ne s'y trompe point. On parle d'un comité autrichien présidé par la reine. On n'a pas tout à fait tort.

C'est le temps où les Girondins votent une série de décrets auxquels Louis XVI oppose son veto. A Paris, on clame que le roi n'a agi que sur les conseils de sa femme. Marie-Antoinette est devenue *Madame Veto*. Le 20 juin, le peuple envahit le palais. Pendant deux heures, le roi et la reine sont cernés, bousculés, menacés, injuriés. Un général de la Garde nationale pose un bonnet rouge sur la tête de Marie-Antoinette. Elle le garde un instant, l'ôte, et le pose sur la tête du dauphin. Louis XVI, lui, garde son bonnet rouge jusqu'au soir.

Ce n'est qu'une répétition. Le 10 août, meurt la monarchie. Le peuple envahit de nouveau les Tuileries. La famille royale se réfugie à l'Assemblée. La tour du Temple les attend. Quand Marie-Antoinette y pénètre, elle entend chanter :

> *Madame à sa tour monte,*
> *Ne sait quand descendra.*

Même ses ennemis les plus véhéments doivent en convenir : dès lors qu'elle est une prisonnière, Marie-Antoinette, par sa dignité, force le respect. Rien ne lui sera épargné. Elle verra partir Louis XVI pour l'échafaud. On arrachera de ses bras son petit garçon pour le confier au cordonnier Simon. Enfin, elle-même partira pour la Conciergerie et comparaîtra devant le Tribunal révolutionnaire.

Cette femme sur qui se sont fermées les portes d'une prison, cette femme qui toujours — terrible décalage — s'est montrée inférieure aux événements, s'est transformée, transfigurée. L'expiation, elle la supporte avec un courage qui, souvent, ressemble à de la grandeur.

Aux jurés du Tribunal révolutionnaire, on a posé quatre questions :

1. Est-il constant qu'il ait existé des manœuvres et intelligences avec les puissances étrangères et autres ennemis extérieurs de la République ; les dites manœuvres et intelligences tendent-elles à leur fournir des secours en argent, à leur donner l'entrée du territoire français, et à y faciliter les progrès de leurs armes ?

2. Marie-Antoinette d'Autriche, veuve de Louis Capet, est-elle convaincue d'avoir coopéré aux manœuvres et d'avoir entretenu ces intelligences ?

3. Est-il constant qu'il ait existé un complot et conspiration tendant à allumer la guerre civile dans l'intérieur de la République ?

4. Marie-Antoinette d'Autriche, veuve de Louis Capet, est-elle convaincue d'avoir participé à ce complot et conspiration ?

La duchesse du Maine fut non seulement une conspiratrice célèbre, mais la première à réunir, dans son château de Sceaux, les gens de lettres. *(Giraudon.)*

Marie Leczinska, peinte par Nattier, fut l'unique épouse de Louis XV.
(Lauros / Giraudon.)

Ces femmes dans un parc, peintes par Watteau de Lille, évoquent parfaitement ce bonheur de vivre au XVIIIᵉ siècle, si cher à Talleyrand. *(Giraudon.)*

Nattier a figuré en Aurore la duchesse de Châteauroux, première favorite « officielle »
de Louis XV. *(Giraudon.)*

Grande dame à sa toilette. *(Giraudon.)*

C'est dans le salon de Mme Geoffrin que Voltaire a choisi de lire, en 1755, *L'Orphelin de la Chine*. *(Giraudon.)*

La comtesse du Barry en Flore, telle que l'a vue Drouais. *(Giraudon.)*

Julie de Lespinasse, muse des encyclopédistes. Aquarelle de Carmontelle.
(*Musée Condé à Chantilly. Giraudon.*)

Les extravagances de la mode caricaturée à la fin de l'Ancien Régime.

François Boucher, en représentant Mme de Pompadour dans toute sa splendeur, a justifié les dithyrambes des contemporains. *(Giraudon.)*

Paysans à la ferme tels que les a vus Louis Watteau. (*Dagli Orti.*)

Il semble que Fragonard, en peignant son œuvre célèbre *Le Verrou*, ait reflété l'esprit des *Liaisons dangereuses*. (*Giraudon.*)

Mme Vigée-Lebrun, le plus grand peintre féminin de son temps, s'est elle-même portraiturée avec sa fille. *(Giraudon.)*

Atelier de couture en Arles. *(Lauros / Giraudon.)*

Périodiquement, les filles de joie sont raflées et embarquées dans les ports pour être conduites au-delà de l'Atlantique. *(Musée Carnavalet. Giraudon.)*

La reine Marie-Antoinette dans sa chambre à Versailles. (*Giraudon.*)

Le 5 octobre 1789, les femmes de Paris marchent sur Versailles pour en ramener « le boulanger, la boulangère et le petit mitron ». *(Musée Carnavalet. Sélection Images.)*

Sous la Révolution, des femmes se réunissent en « clubs patriotiques ».
(Musée Carnavalet. Giraudon.)

Types de femmes révolutionnaires en 1789, par Lesueur. *(Carnavalet.)*

Charlotte Corday vient d'assassiner Marat dans sa baignoire. *(Giraudon.)*

Une exécution à Nantes sous la Terreur. (*Dagli Orti.*)

La belle Mme Tallien fut baptisée par les Parisiens : « *Notre-Dame de Thermidor* ».

La mode outrancière du Directoire fut souvent caricaturée.

Nul mieux que le peintre David n'a fait comprendre l'admiration qui entoura Mme Récamier sous une république et trois règnes. *(Giraudon.)*

A toutes ces questions, le jury va répondre *oui*.

De ce jugement, que doit penser l'Histoire ? A l'époque du procès de Marie-Antoinette, la preuve n'a pas été apportée d'une collusion avec l'étranger, ni d'une participation à un « complot » destiné à rétablir la monarchie autoritaire. On peut donc soutenir que Marie-Antoinette n'a pas été condamnée sur des preuves, mais sur des présomptions. Jugement dès lors critiquable selon les principes du droit. Ce n'est que plus tard que les correspondances — accablantes — de Marie-Antoinette avec les ennemis de la France ont été connues. Même si Marie-Antoinette, comme l'a soutenu Bainville, était étrangère à l'idée de patrie, on doit reconnaître que l'épouse du chef de l'Etat a délibérément livré à des rois en guerre avec son pays des informations politiques et militaires. Comme telle, elle tombait sous le coup de l'article du Code pénal déclarant que « toute manœuvre, *toute intelligence avec les ennemis de la France tendant, soit à faciliter leur entrée dans les dépendances de l'Empire français, soit à leur livrer des villes*, forteresses, ports, vaisseaux, magasins ou arsenaux appartenant à la France, soit à leur fournir des secours en soldats, argent, vivres ou munitions, soit à *favoriser d'une manière quelconque les progrès de leurs armes sur le territoire français, ou contre nos forces de terre ou de mer*, soit à ébranler la fidélité des officiers, soldats et autres citoyens envers la nation française, seront punies de mort ».

Le président du tribunal révolutionnaire, Hermann — il est 3 heures du matin, le froid est glacial — a pris la parole : « Le tribunal, d'après la déclaration unanime du jury, faisant droit sur les réquisitoires de l'accusateur public d'après les lois par lui citées, condamne ladite Marie-Antoinette, dite Lorraine d'Autriche, veuve de Louis Capet, à la peine de mort ; déclare, conformément à la loi du 10 mars dernier, ses biens, si aucuns elle a dans l'étendue du territoire français, acquis et confisqués au profit de la République, ordonne qu'à la requête de l'accusateur public le présent jugement sera exécuté sur la place de la Révolution, imprimé et affiché dans toute l'étendue de la République. »

Maintenant, en cette aube du 16 octobre 1793, elle attend. Le jour se lève. Elle change de chemise, passe un déshabillé blanc, jette sur ses épaules un grand fichu de mousseline, se coiffe d'un bonnet blanc. Un grand bruit à l'extérieur, la porte qui tourne.

C'est Hermann, accompagné des juges Foucauld et Doucet de Verteuil, ainsi que du greffier Fabricius. Marie-Antoinette prie à genoux près de son lit. Elle se lève, écoute la lecture du jugement qu'elle connaît déjà. Voilà, c'est fini. Le bourreau fait son entrée, Henri Sanson, qui a succédé à son père à la mort de Louis XVI.

— Présentez vos mains.

Elle s'affole.

— Est-ce qu'on va me lier les mains ?

Le bourreau acquiesce. Elle proteste :

— On ne les a point liées à Louis XVI !

Sanson hésite, se tourne vers Hermann qui commande :

— Fais ton devoir !

Marie-Antoinette paraît, dit un témoin, « tout éperdue ». Sanson lui lie les mains derrière le dos, lui enlève son bonnet, saisit des ciseaux, taille dans la chevelure. Il replace le bonnet sur la tête de la reine.

Il va être 11 heures. Marie-Antoinette quitte son cachot. Le bourreau tient en main la corde qui lui attache les mains. On la conduit au greffe. La voici dehors. Elle a un nouveau mouvement d'effroi : elle vient d'apercevoir la charrette. Louis XVI avait eu droit à un carrosse. Pour elle, la charrette réservée aux condamnés à mort *ordinaires*. Elle y monte. En travers des montants, une simple planche. On l'y fait asseoir, le dos tourné aux chevaux. L'abbé Girard — prêtre constitutionnel, dont elle a refusé les services — grimpe à son tour et s'assied sur la planche à côté d'elle.

Sur le parcours, trente mille hommes de troupe. Une foule immense. Des cris, des hurlements. Elle entend :

— A mort l'Autrichienne !

Le comédien Grammont qui précède à cheval la voiture se redresse sur ses étriers et hurle : « La voilà, l'infâme Antoinette, elle est f..., mes amis ! »

Le trajet jusqu'à la place de la Révolution durera plus d'une heure. Comment ne pas se souvenir du dessin de David qui, en quelques traits de crayon, illustre tout le malheur du monde ? La charrette s'arrête devant l'échafaud. Marie-Antoinette en descend, grimpe l'échelle avec une sorte de précipitation, sans aucune aide. Elle se hâte tant qu'elle perd un de ses souliers et marche sur le pied du bourreau :

— Monsieur, je vous demande excuse, je ne l'ai pas fait exprès.

On l'entraîne, on l'attache à la planche qui bascule. Le coupe-ret tombe. Il est midi et quart.

Marie-Antoinette. Eternellement, dès que l'on évoquera les femmes sous la Révolution, c'est ce nom qui viendra à l'esprit. L'antithèse est un excitant de l'imagination. Passer de l'adula-tion d'une Cour à la haine d'un peuple, des enchantements de Trianon à l'ignominie de l'échafaud, le saut est si grand qu'il nous laisse étonnés, sans voix, bouleversés.

Cette tragédie, parce qu'elle concerne une reine malheureuse, ne doit pas nous faire oublier les autres femmes qui ont, à la même époque, donné leur vie. Certaines étaient coupables, d'autres innocentes. D'aucunes étaient royalistes, d'autres répu-blicaines. Presque toutes, elles étaient sincères, honnêtes — de là dignes d'estime. Elles ne souhaitaient pas mourir. Mais si la plupart cherchèrent, sans y parvenir, à éviter l'échafaud, il en est qui, délibérément, en firent choix.

A Paris, le 13 juillet 1793, il fait très chaud. Pas un souffle de vent. Un soleil blanc qui brûle tout, choses et gens. Il y a plusieurs jours que dure cette canicule. Les Parisiens la fuient de leur mieux en prenant d'assaut les glaciers et en recherchant les moindres ombrages. Par exemple, ceux du Palais-Royal.

Ce matin-là — il est un peu plus de 8 heures — une jeune fille vient de pénétrer sous les arcades. Assurément, des passants — il y en a déjà à cette heure matinale — ont dû se retourner sur cette promeneuse solitaire. Elle porte une robe brune, mou-chetée et, sur les épaules et la gorge, un fichu de linon. Sur la tête, un chapeau à haute calotte noire, dont les trois cordelières de même couleur sont nouées sous le menton. Elle a vingt-cinq ans, les cheveux et les sourcils châtains, des yeux gris, un front haut. Un contemporain l'a vue « d'une taille moyenne, d'une stature forte et pourtant élégante et légère ». En elle, pas un mouvement « qui ne respire la grâce et la décence ». La bouche est « belle et bien garnie », le nez « bien fait ». Quant aux yeux, le même témoin les juge magnifiques « et ombragés par de longs cils ». Quant aux mains, aux bras, à la gorge, ils sont « dignes de servir de modèles ».

Perdue dans ses pensées, elle avance à pas lents. Peu à peu, autour d'elle, les boutiques s'ouvrent. A peine jette-t-elle un regard vers les vitrines. Seul la sort de sa rêverie l'appel d'un crieur de journaux : « Demandez le jugement des agresseurs de Bourdon, etc., neuf scélérats condamnés à mort ! » Elle s'approche, donne un assignat au marchand, prend la feuille imprimée. Elle lit. Le compte rendu porte que les condamnés seront conduits le jour même sur la place de la Révolution.

La jeune fille a replié la feuille. Maintenant, elle ne rêve plus. C'est d'un pas assuré qu'elle se dirige vers une boutique, remarquée tout à l'heure près du café Février, au 177 de la galerie de Valois. Elle pousse la porte, entre. Il s'agit d'une boutique de coutellerie. Le propriétaire, un certain Badin, s'empresse. La jeune fille demande à voir des couteaux. On lui en montre étalés sur un comptoir. Elle hésite, puis choisit un couteau de cuisine, « avec manche d'ébène et virole d'argent ». Le prix ? 40 sols. Elle paie. En guise de prime, le marchand lui fait cadeau d'une gaine « façon maroquin ». Une fois sortie de la boutique, là, sous les arcades, la jeune fille glisse le couteau et sa gaine à l'intérieur de son corsage.

Elle vient d'acheter l'arme avec laquelle elle veut tuer Marat, « l'ami du peuple ».

Elle se nommait avant la Révolution Marie-Anne-Charlotte de Corday d'Armont. Depuis, elle est devenue Charlotte Corday. Son père, un petit noble sans fortune, était une manière de cultivateur. Charlotte avait été élevée comme une paysanne. A douze ans, on l'a admise dans la communauté de Caen, l'Abbaye des Dames. Mais, « très orgueilleuse et très obstinée », elle s'est mal entendue avec les religieuses. En 1790, elle a regagné à Argentan le domicile paternel.

Comme presque toutes les femmes de son époque, Charlotte est une grande admiratrice de Rousseau. Mais elle sait également par cœur les tragédies de Corneille. Toutes. Il faut dire que cette boulimie d'alexandrins s'explique : elle descend en ligne directe de Corneille, ce qui n'est pas donné à tout le monde. Une de ses lectures favorites est Plutarque. Admirons. Avec un tel bagage littéraire il était naturel, dès les débuts de la Révolution, qu'elle s'embrasât pour les idées nouvelles. Après Varennes, elle en est à vouer à Louis XVI une véritable exécration. Une de ses amies, Mme Levaillant, lui demande :

— Est-ce que, par hasard, vous seriez républicaine ?

— Je le serais si les Français étaient dignes de la République.

— Mais les rois, ma mignonne, les rois, ces élus de Dieu, qu'en pensez-vous faire ?

— Les rois sont faits pour les peuples et non les peuples pour les rois.

Un peu plus tard, à un dîner, son père, M. de Corday, propose la santé du roi. Tous se lèvent. Sauf Charlotte. L'excellente Mme Levaillant est là, de plus en plus désemparée :

— Comment, mon enfant, vous ne buvez pas à la santé de notre roi si bon et vertueux ?

Avec une infinie douceur Charlotte répond :

— Je le crois vertueux, mais un roi faible ne peut être bon. Il ne peut empêcher le malheur du peuple.

Avec fougue, elle s'est jetée dans le parti girondin. Elle s'enthousiasme à lire le journal de Brissot. Quand Marat, dans son journal l'*Ami du peuple* et à la Convention, attaque sa chère Gironde, Charlotte l'exècre autant qu'elle avait détesté Louis XVI.

A cette époque, elle réside à Caen. C'est là qu'une partie des députés girondins proscrits se réfugient. Ils vont former une *Assemblée centrale de résistance*. Charlotte se rend aux séances, en devient l'une des auditrices les plus passionnées. Elle boit les paroles de ses idoles. Quand ils vouent Marat à l'enfer, elle les acclame. Elle fait corps avec la révolte girondine qui se lève à Lyon, Nîmes, Bordeaux, Marseille. Elle ne comprend pas tout ce que peut présenter d'irréel, de néfaste cette rébellion en présence de l'ennemi qui, au même moment, envahit le sol de la patrie. Comment, aveuglée par sa passion politique, Charlotte pourrait-elle l'admettre ? Elle ne vit que pour sa haine. Qui délivrera la France de Marat ? Elle écrit : « On ne meurt qu'une fois et ce qui me rassure contre les horreurs de notre situation, c'est que personne ne me perdra en me perdant. » Dès lors, elle est résolue à tuer.

Elle a hésité. On a raconté que, derrière sa glace, se trouvait un morceau de papier, ou un bout d'étoffe, sur lequel elle aurait écrit : « Le ferai-je ? Ne le ferai-je pas ? » Ce qu'elle a pesé, c'est une décision qui engage non seulement la vie de Marat, mais la sienne. Elle le sait — à n'en pas douter elle le sait — aller tuer Marat signifie pour elle-même le sacrifice suprême. On pense qu'elle a dû avoir entre les mains une adresse qui contenait cette phrase : « Faites tomber la tête de Marat et la patrie sera sauvée... Purgez la France de cet homme de sang... » Elle pourrait s'en prendre à Robespierre, dont la puissance apparaît mieux assurée, ou encore à Hébert, le fameux « Père Duchesne », qui va bien plus loin dans l'outrance. Apparemment, elle n'y pense pas. Sa haine, c'est sur Marat, seul, qu'elle se porte. Pense-t-elle donc que la suppression de Marat mettra fin aux exécutions ? Qu'elle arrêtera la Terreur qui commence ? Elle le pense. A une femme qui se résout à l'assassinat, on ne peut demander d'être logique. Sa décision, elle l'a prise dans une sorte d'exaltation. Désormais, ce sentiment exacerbé n'abandonnera plus Charlotte Corday.

Le 8 juillet 1793, elle se prépare à partir. Elle retient une place dans la diligence de Paris, écrit à son père : « Je vous dois obéissance, mon cher papa, cependant, je pars sans votre permission, je pars sans vous voir parce que j'en aurais trop de douleur. » Curieusement, elle lui annonce son départ pour l'Angleterre.

Cette lettre est du 9. Le même jour, vers 2 heures de l'après-midi, elle monte dans la voiture publique. Elle roule vers l'inéluctable. Pendant que, sur la route, brimbale la diligence, elle ne pense qu'à Marat. C'est à la Convention qu'elle est décidée à le tuer. Comment ? Elle lui enfoncera une lame dans le cœur. Certes, la foule l'entourera, probablement l'écharpera, la mettra à mort. Elle le sait.

Le jeudi 11 juillet, après quarante-cinq heures de voyage, la diligence d'Evreux pénètre dans la cour des Messageries, à Paris, place de la Victoire. Il est 11 heures du matin. Où ira-t-elle ? Un employé des Messageries lui conseille l'*hôtel de la Providence*, tenu par Mme Grollier, 19, rue des Vieux-Augustins. C'est tout près, elle y va. On lui attribue la chambre 4, au premier étage, qu'elle retient pour cinq jours. Elle y monte, s'installe, fait un peu de toilette, redescend et, au bureau de l'hôtel, s'informe des derniers événements.

Mme Grollier et le garçon Feuillard répondent aimablement. Ils parlent de l'anniversaire de la prise de la Bastille que l'on fêtera le dimanche suivant, 14 juillet. Sans paraître y attacher d'importance, Charlotte s'enquiert de ce que fait Marat. A Paris, que pense-t-on de lui ? C'est Feuillard qui répond :

— Les patriotes l'estiment beaucoup, les aristocrates le détestent.

Voilà une réponse qui atteste un sens commercial avisé. Feuillard poursuit en disant que Marat est malade. Même, on ne l'a pas vu depuis deux semaines. On pense qu'il ne quittera pas son domicile de sitôt. Charlotte remercie. Elle s'en va, fort émue. Et son plan ? Impossible de tuer Marat à la Convention. Pendant toute la soirée du 11, pendant toute la soirée du 12, Charlotte Corday va chercher une autre solution.

C'est vrai. Jean-Paul Marat souffre d'un eczéma généralisé, doublé d'effroyables migraines. Au début de juin, il a dû renoncer à se rendre à l'Assemblée, écrivant au président : « Une maladie inflammatoire, suite des tourments que je me suis donnés sans relâche depuis quatre ans pour défendre la liberté, m'afflige depuis cinq mois et me retient dans mon lit. » Un journaliste le dépeint « tourmenté par une migraine affreuse et dévoré d'une fièvre ardente, la tête enflée comme un boisseau, avec une fluxion épouvantable sur tout le côté gauche et des vésicatoires, ne pouvant changer d'attitude depuis plusieurs jours ».

Ses souffrances, il ne parvient à les soulager qu'en prenant des bains toujours plus longs. Il se glisse dans sa baignoire de cuivre en forme de sabot, il la recouvre d'une planche sur laquelle il écrit, chaque jour, de longues heures. Sa compagne, Simone Evrard, le soigne de son mieux. Ils n'ont jamais songé à régulariser leur union. Seulement, un jour, Marat a annoncé à Simone — une fille modeste, simple, fort amoureuse de lui — qu'il l'épouserait devant la nature et l'Etre Suprême. Alors, il l'a conduite devant la fenêtre, a ouvert celle-ci et, d'une voix forte, regardant le ciel, a annoncé son mariage aux forces divines et naturelles.

Le 13, il souffre plus que jamais. Il passe presque toute la journée dans son bain. Il n'en écrit pas moins un article. Dans l'après-midi, on lui fait passer un billet. Quelques lignes : « Je viens de Caen, votre amour pour la patrie doit vous faire désirer connaître les complots qui s'y méditent. J'attends votre réponse. » Machinalement il a cherché l'adresse, le nom du signataire. Rien. Voilà un fameux distrait ! Puis il a oublié l'incident. A la fin de l'après-midi, toujours dans son bain, il a entendu dans la pièce à côté le bruit d'une altercation : des voix féminines, celles de Simone Evrard et de sa sœur Catherine, de la concierge, celle de Jeannette Maréchal qui s'occupe des soins de l'appartement, celle d'une inconnue. Il entend : « Je dois repartir pour Caen et lui ai apporté des nouvelles qui l'intéresseront, mais les lui a-t-on remises ? »

Tout à coup, Marat se souvient. La lettre sans adresse. Il appelle :

— Simone, qu'est-ce que c'est ?

Après avoir acheté son couteau au Palais-Royal, Charlotte a pris un fiacre et s'est fait conduire hôtel de Cahors, 20, rue des Cordeliers, au quartier Latin. Il est un peu plus de 9 heures du matin quand elle parvient à destination. A la concierge, Mme Pain, elle demande Marat :

— Au premier étage, sur le devant.

Elle y monte, sonne. Ce sont les sœurs Evrard qui l'accueillent. Elle demande à être reçue par Marat, affirme qu'elle a des choses « intéressantes et très pressées » à lui communiquer. Sèchement, on lui répond que le citoyen Marat est malade et on lui fait claquer la porte au nez.

Elle rentre à son hôtel. Décidément, tout s'acharne contre elle. Pourra-t-elle jamais atteindre l'« ami du peuple » ? Une idée lui vient. C'est alors qu'elle rédige le billet que Marat recevra dans l'après-midi par la petite poste de Paris. Qu'elle n'ait mis ni nom ni adresse semble indiquer que, déjà, elle a prémédité le plan qu'elle réalisera. Au cours de l'après-midi, dans une apparente tranquillité d'esprit, elle se fait coiffer. On connaît le nom du perruquier, un certain Férieux. Il la brosse, il la frise et pose, sur l'édifice dont il est fier, « un œil de poudre ».

A la fin de l'après-midi, elle s'habille, descend, hèle un fiacre et de nouveau se fait conduire chez Marat. Elle porte sur elle une lettre ainsi rédigée : « Je vous ai écrit ce matin, Marat, avez-vous reçu ma lettre, puis-je espérer un moment d'audience ? Si vous l'avez reçue, j'espère que vous ne me refuserez pas, voyant combien la chose est intéressante. Suffit que je sois bien malheureuse pour avoir droit à votre protection. »

Dans son corsage, elle a glissé cette lettre pliée en quatre, à côté du couteau acheté le matin même.

Il est 7 heures du soir. Comme le matin, elle sonne. On lui ouvre, elle demande à être reçue. Même réponse :

— C'est impossible, il est malade, il ne reçoit personne.

Elle insiste. Simone Evrard paraît, se fâche :

— Marat ne te recevra pas, il est trop faible pour qu'on le voie.

Charlotte insiste encore. C'est alors que Marat, de sa baignoire, crie :

— Simone, qu'est-ce que c'est ?

Simone Evrard, mécontente, vient lui expliquer qu'une femme est là qui vient de Caen. Il exige qu'on la fasse entrer.

Conduite par Simone, voilà Charlotte près de l'« ami du peuple ». Elle voit la fenêtre ouverte sur la cour. La chaleur est lourde, moite. On respire une odeur de « vinaigre et de crasse ». Sur un mur, une carte des départements, deux pistolets accrochés avec une pancarte portant ces mots : LA MORT.

Fascinée, Charlotte regarde Marat. Sa tête est enveloppée d'une serviette humide. Devant elle, le torse est nu. Déjà, il l'interroge. Qu'a-t-elle à lui dire ?

— Je suis venue vous entretenir des troubles à Caen. La ville s'agite fort depuis l'arrivée des députés exclus de la Convention...

Simone Evrard pénètre dans la pièce, une carafe à la main, apportant le médicament de Marat. Il le prend. Simone sort. Il la questionne brièvement, en homme qui sait le prix des mots.

— Combien y a-t-il de députés réfugiés à Caen ?

— Dix-huit, ils sont dix-huit.

— Quels sont les noms de ces dix-huit scélérats ?

Elle hésite, puis les donne. Sous sa dictée, il les écrit. Puis il demande les noms des administrateurs du Calvados complices des fédéralistes. Elle les énumère. Elle livre donc ses amis ? Pour elle, peu importe. Elle sait que Marat ne se servira pas des listes qu'il établit avec tant de soin. Elle s'est levée. De son sein, elle a tiré le couteau. Pendant qu'il écrit, elle lui fait face, lève le bras et, d'une force décuplée, plante la lame dans la poitrine découverte. Elle a frappé de haut en bas. La lame a pénétré dans la chair jusqu'au manche. Un cri qui s'achève en un affreux gargouillis. De la plaie, le sang gicle, coule dans l'eau, frappe le dallage. Avec un calme immense, Charlotte retire le couteau. Elle le pose sur la planche.

En entendant le cri de Marat, Simone Evrard s'est élancée, suivie par les autres femmes. Elle voit la plaie, le sang, tente avec sa main nue d'arrêter l'hémorragie, hurle :

— Ah ! Mon Dieu ! Il est assassiné !

Mme Pain court à la fenêtre :

— A la garde ! au secours !

Charlotte, profitant de cette effervescence, a pu se glisser vers la salle à manger. Elle parvient à gagner l'antichambre. Un commissionnaire, Laurent Bas, venu apporter des ballots de papier pour l'*Ami du peuple*, lui barre le passage. Saisissant une chaise, il l'abat sur la tête de Charlotte. Elle tombe, se relève. Hors de lui, Laurent Bas la frappe, la saisit « par les mamelles ». Il vocifère :

— Coquine ! Scélérate !

Alertés par les cris, des hommes du quartier surgissent. Ils trouvent Laurent Bas se colletant toujours avec Charlotte. Ils s'emparent d'elle, la ligotent. Et la sauvent.

Le 17 juillet, Charlotte comparaît devant le Tribunal révolutionnaire. Un bibliothécaire de l'Ecole centrale de l'Orne, nommé du Bois, dira, dix ans plus tard, entendre encore « vibrer dans son oreille l'harmonieuse et séduisante voix de la jeune fille ». Elle parlait, « clairement, nettement, de cette voix juste, harmonieusement timbrée, qu'on n'oubliait plus quand on l'avait entendue une fois. Chose étrange ! Les phrases théâtrales, dans le goût de l'époque, étaient simplement prononcées ». Non seulement Charlotte ne se défend point, mais elle se vante du meurtre qu'elle a commis.

— Quelles sont les personnes qui vous ont conseillé cet assassinat ?

— Je n'aurais jamais commis un pareil attentat par les conseils des autres. C'est moi seule qui en ai conçu le projet et qui l'ai exécuté.

— Mais comment pensez-vous faire croire que vous n'avez point été conseillée lorsque vous dites que vous regardiez Marat comme la cause de tous les maux qui désolent la France, lui qui n'a cessé de démasquer les traîtres et les conspirateurs ?

— Il n'y a qu'à Paris où l'on ait les yeux fascinés sur le compte de Marat. Dans les autres départements, on le regarde comme un monstre.

— Comment avez-vous regardé Marat comme un monstre, lui qui ne vous a laissée vous introduire chez lui que par un acte d'humanité, parce que vous lui aviez écrit que vous étiez persécutée ?

— Qu'importe s'il se montre humain envers moi si c'est un monstre envers les autres !

— Croyez-vous avoir tué tous les Marat ?

— Non, certainement.

A l'unanimité, elle est condamnée à mort. C'est avec un calme immense qu'elle écoute l'arrêt. Elle refuse les secours d'un prêtre.

— Remerciez ceux qui ont eu l'attention de vous envoyer ; mais je n'ai pas besoin de votre ministère. Le sang que j'ai versé et mon sang que je vais répandre sont les seuls sacrifices que je puisse faire à l'Eternel.

Parvenue devant la guillotine, elle la regarde longuement. Elle explique au bourreau :

— Laissez-moi, je n'en ai jamais vu, j'ai bien le droit d'être curieuse !

Devant la lunette et le couteau, pourtant, elle s'émeut. Elle reprend vite son assurance. On lira dans le *Journal de la République française* : « l'approche du supplice ne l'a pas ébranlée, son visage était serein et ses joues avaient le coloris ordinaire ».

L'aide de Sanson, un certain Legros, arrache le fichu qui lui couvre les épaules. Elle frémit, mais elle va se placer d'elle-même sur la planche. Les sangles que l'on boucle, la planche qui bascule, le collier de bois que l'on fixe autour de son cou. Quelques secondes. Un déclic. Le couperet tombe.

Dans un « effroyable éclaboussement », la tête a roulé dans le panier. C'est fini. Legros, comme pris de furie, saisit la tête par les cheveux, la brandit. Et puis il la gifle à tours de bras.

Par ordre du tribunal, Legros sera puni de prison.

A Paris, pendant les quinze mois de la Terreur — avril 1793-juillet 1794 — 374 têtes de femmes sont tombées sous le couperet de la guillotine. Cependant que la Terreur accroît son rythme durant l'année 1794, le nombre de femmes guillotinées augmente : 9 en janvier ; 13 en février ; 11 en mars ; 43 en avril ; 41 en mai ; 82 en juin ; 105 en juillet.

Parmi elles, un quart environ sont des aristocrates. Le reste, des femmes de petite bourgeoisie ou du peuple. Très exactement 116 dames nobles, 100 dames de condition aisée, 30 religieuses, 28 servantes, une centaine d'ouvrières.

La princesse de Lamballe, l'amie de la reine, elle, n'a point été guillotinée. On l'a massacrée à la prison de l'Abbaye, pendant l'affaire de septembre. Bien d'autres femmes sont mortes égorgées ces jours-là. La tête de la princesse a été découpée, hissée au bout d'une pique, promenée à travers les rues de Paris et apportée sous les fenêtres du Temple.

Madame Elisabeth, sœur de Louis XVI, a été incarcérée au Temple en même temps que son frère. Le 10 mai 1794, elle comparaît devant le Tribunal révolutionnaire au milieu d'une « fournée » de vingt-cinq accusés. Neuf femmes vont mourir avec elle. Fidèle à elle-même, Madame Elisabeth est la plus sereine. Son avocat, Chauveau-Lagarde, a rappelé au tribunal qu'à la Cour de France elle avait été « le plus parfait modèle de toutes les vertus ». C'est vrai. Elle exhorte ses compagnes : « On n'exige point de nous, comme des anciens martyrs, le sacrifice de nos croyances ; on ne nous demande que l'abandon de notre misérable vie ; faisons à Dieu ce faible sacrifice avec résignation. »

Elle monte en charrette avec Mmes de Sénozans et de Crussol. Devant l'échafaud, elle descend la première, s'assied sur la banquette de bois où l'on attend son tour. Elle est souriante. La vieille marquise de Crussol d'Amboise, appelée la première, s'incline devant elle, lui demande la permission de l'embrasser et se livre au bourreau. Les autres femmes vont l'imiter. Madame Elisabeth monte à son tour à l'échafaud. Son pas est si ferme que « le bourreau renonce à la soutenir »...

Pêle-mêle, on exécute des duchesses, des femmes de chambre, une marchande de journaux, une modiste, une blanchisseuse, une marchande de poisson...

Après la capitulation de Verdun, le 2 septembre 1792, et son occupation par les Prussiens, une partie de la population a accueilli l'occupant avec une sympathie indéniable. Des femmes sont allées offrir des bonbons au roi de Prusse. Lors de la reprise de la ville, au mois d'octobre, une commission a été chargée « de rechercher les ennemis de la Révolution et de la République ». L'enquête qu'elle a menée a fait l'objet d'un rapport présenté par Cavaignac à la Convention. Cavaignac reconnaît que les habitants de Verdun n'ont pas démérité de la patrie mais il stigmatise ceux qui ont « contribué à la contre-révolution dans Verdun », ceux qui ont « manifesté leur joie sur les succès des

Prussiens par quelque acte répréhensible », notamment « les femmes qui furent offrir des bonbons au roi de Prusse ». Intéressant, le rapport de Cavaignac. Car le réquisitoire contre les femmes de Verdun s'étend à un beaucoup plus grand nombre de Françaises :

« Jusqu'ici, ce sexe en général a hautement insulté à la liberté... Ce sont les femmes surtout qui ont provoqué l'émigration des Français ; ce sont elles qui, d'accord avec les prêtres, entretiennent l'esprit de fanatisme dans toute la République et appellent la contre-révolution... Si vous voulez laisser impuni l'incivisme des mères, elles inspireront à leurs enfants... la haine de la liberté... Il faut donc que la loi cesse de les épargner et que des exemples de sévérité les avertissent que l'œil du magistrat les surveille et que le glaive de la loi est levé pour les frapper si elles se rendent coupables. »

Les femmes arrêtées à Verdun vont donc être renvoyées devant le Tribunal révolutionnaire de Paris. En premier lieu celles que l'on accuse d'avoir porté au camp prussien les fameuses dragées : Mme Lalance, 69 ans, la veuve Masson, 55 ans — elles ont acheté les dragées mais affirment ne pas les avoir offertes au roi de Prusse ; Mme Tabouillot, veuve d'un procureur royal, sa fille Claire, 17 ans ; les trois demoiselles Henry, âgées de 26, 25 et 16 ans. D'autres sont allées au camp prussien, mais sans bonbons : la veuve Brigand, 54 ans (elle nie les faits) ; Angélique Lagironzière, 48 ans ; les trois demoiselles Vatrin, âgées de 25, 23 et 22 ans. Toutes ces femmes seront condamnées à mort, sauf Barbe Henry et Claire Tabouillot. Les seize ans de la première, les dix-sept ans de la seconde leur ont sauvé la vie.

Du 22 décembre 1793 au 24 juillet 1794, vingt-huit religieuses sont guillotinées à Paris. Certaines sont accusées d'avoir recélé des prêtres réfractaires ou correspondu avec eux ou d'avoir écrit à des parents émigrés. D'autres sont parentes d'émigrés. D'autres encore sont déclarées « fanatiques » ou réfractaires. Les seize carmélites de Compiègne ont été emprisonnées, précise l'arrêté du comité révolutionnaire de Compiègne, parce qu'« il existait dans ses registres une dénonciation qui attestait que ces filles... vivaient toujours soumises au régime fanatique de leur ci-devant cloître » et « qu'il pouvait exister entre ces ci-devant religieuses et les fanatiques de Paris une correspondance criminelle... ». Le lendemain, le comité

confirme que cette correspondance existait bien et qu'elle tendait
« au rétablissement de la royauté, annonçant... l'avilissement et
même la dissolution de la Convention nationale et l'anéantissement de la République ». En fait, les lettres saisies sont fort
anodines : « dans ces temps orageux, écrit une religieuse, il faut
nous disposer au martyre... ». Une autre commente la condamnation de Louis XVI : « Je ne puis concevoir comment on a eu le
cœur assez dur pour le condamner à mort. Au reste, Dieu l'a
permis et je ne veux point me mêler de pénétrer ses desseins. »
On met aussi la main sur un cantique au Sacré-Cœur et sur un
billet : « Plaignons les méchants, frémissons des justes supplices
qu'ils méritent. Prions Dieu qu'ils se convertissent ; les chapeaux et le bonnet couleur de sang m'ont toujours révoltée. »
Les carmélites seront conduites à la Conciergerie. Le 16 juillet,
voulant célébrer la fête de Notre-Dame du Mont-Carmel, elles
composeront un cantique sur l'air de la *Marseillaise*. Pourquoi
pas ?

Le 17 juillet, les seize carmélites de Compiègne sont
conduites au bourreau. Parmi elles, la sœur de la Résurrection
(Mme Dhouret), âgée de soixante-dix-sept ans et à demi paralysée. Descendant de la charrette, la communauté entoure la mère
prieure. Les carmélites renouvellent leurs vœux. Elles se mettent
à chanter le *Veni Creator*. La novice Constance Meunier — la
plus jeune — s'agenouille auprès de la prieure. Celle-ci ne peut
la bénir, elle a les mains liées. Mais elle prononce une bénédiction orale et *l'autorise* à mourir. Elles chantent toujours ; l'une
après l'autre, elles gravissent les marches ; le chant s'amenuise
à mesure que le groupe diminue. Bientôt, il n'en est plus qu'une
pour chanter. A son tour, elle rejoint le bourreau.

Quelques jours plus tard, le 24 juin 1794, tombent vingt-
quatre têtes de femmes, presque toutes vendéennes et originaires
du même village de Palnot. Elles sont « prévenues de complicité
avec les brigands de la Vendée ». Il ne faut pas oublier que la
guillotine fonctionne aussi en province. Cent vingt-trois femmes
périssent à Arras. Sur les deux mille victimes de Fouché et de
Collot d'Herbois à Lyon, mitraillées dans la plaine des Brot-
teaux, il est difficile de connaître la proportion de femmes. A
Bordeaux, du 29 octobre 1793 au 27 juillet 1794, quarante-
quatre femmes sont guillotinées. De ville en ville, les proportions diffèrent. Le record est assurément remporté par la Vendée.
Toutes ces femmes — à de rares exceptions près — meurent

avec courage et sont dignes d'admiration. Parlant des charrettes, un témoin dit que parfois « l'on y folâtrait ». Le courage est communicatif, comme la mode. Or la mode voulait que l'on mourût héroïquement.

Trois semaines après la mort de Marie-Antoinette, la femme qui comparaît à son tour devant le Tribunal révolutionnaire se campe — à la barre — comme une manière d'antithèse de la veuve Capet. Un seul point commun : elle aussi est défendue par l'avocat Chauveau-Lagarde. Son nom ? Mme Roland. Cette même Manon Phlipon que nous avons vue à Versailles, soulevée de haine lors de ses vingt ans. La jeune reine adulée, elle l'avait détestée. L'état de choses qui contraignait les bourgeois à demeurer à l'office, elle avait juré de l'anéantir. Elle a donc combattu, animatrice reconnu du camp de la liberté. Un survivant de la Gironde dira : « Nous avions de grands talents : pas une tête. Mme Roland était le seul homme de la Gironde. »

Le maître de Manon, son dieu, c'est Jean-Jacques Rousseau. « Il est, a-t-elle écrit, le bienfaiteur de l'humanité, le mien. Qui donc peint la vertu d'une façon plus noble et plus touchante ? Je lui dois ce que j'ai de meilleur ; son génie a échauffé mon âme. » A quatorze ans, elle discourt avec éloquence sur Locke, Raynal, le système de la nature. Son seul regret ; n'avoir point été spartiate ou romaine. Plus tard, ayant perdu toute jeune sa mère, elle gouverne fort bien le ménage paternel. Bref, une femme complète. Trop, peut-être. En 1780 — elle a vingt-six ans — elle épouse Roland de la Platière, inspecteur des Manufactures, de vingt ans plus âgé qu'elle. Un quadragénaire grisonnant, « d'esprit sévère, roide, doctoral, pas toujours trop subtil ni perspicace [1] ». Ils ont attendu quatre ans pour se marier, voulant tous deux s'étudier. Finalement, elle a apprécié sa gravité, la rectitude de ses mœurs, son assiduité au travail : toutes qualités que l'on n'a pas accoutumé de considérer comme romanesques. Dès lors, elle a décidé d'épouser M. Roland « comme un philosophe n'existant que par la réflexion et pour ainsi dire sans sexe » : cette phrase étonnante figure dans les Mémoires de Manon Roland.

Un certain M. Lémontey la rencontrera en province où elle réside avec son mari. Elle a alors une trentaine d'années, elle

---

1. Pierre Bessand-Massenet.

est sans beauté réelle, avec des yeux globuleux, mais tout cela compensé par un visage vif et enjoué, un teint d'une fraîcheur extrême, surtout une intelligence éclatante. « Je ne lui trouvai pas, note M. Lémontey, l'élégance aisée d'une Parisienne qu'elle s'attribue dans ses *Mémoires*. Non qu'elle eût de la gaucherie : ce qui est simple et naturel ne saurait manquer de grâce. Elle réalisait pleinement l'idée que je me faisais de la Julie de Jean-Jacques Rousseau, de la petite fille de Vevey. Et quand je l'entendis, l'illusion fut encore plus complète. » Dès que l'on aborde devant elle un sujet qu'elle affectionne, elle parle d'abondance, avec feu. La liberté est un de ces sujets-là. Le digne Roland se veut à l'unisson. Dans la grande aventure révolutionnaire, le ménage s'est jeté avec une fougue en forme de passion.

En 1792, M. Lémontey va revoir le ménage Roland. Quel saut ! Roland est devenu ministre de l'Intérieur. Sa femme et lui occupent l'hôtel ministériel — magnifique — de la rue Neuve-des-Petits-Champs. Manon n'a nullement changé : « Elle n'avait rien perdu de son air d'adolescence, de fraîcheur et de simplicité. » Le mari, lui, paraît plus compassé que naguère. Il a l'air d'un ascète dont Manon serait la fille. Lémontey, attendri, observe leur enfant, la jeune Eudora, qui « voltigeait autour d'elle avec de beaux cheveux flottant jusqu'à la ceinture ». Deux fois par semaine, les Roland offrent à dîner. On y voit presque exclusivement des personnalités politiques, avant tout les chefs du parti girondin, Barbaroux, Brissot, Louvet. Surtout François Buzot, celui, écrit Manon, « dont la sensibilité, les mœurs douces » lui ont « inspiré infiniment d'attachement ». Le mot est trop faible. Elle aime Buzot, elle l'aime à la folie. Amour payé de retour, né d'une commune passion politique. Après la fuite du roi à Varennes, Manon a réclamé à grands cris la République : « Que doit-on faire d'un roi parjure qui renonce et trahit ses engagements, viole le contrat dont il tenait son pouvoir et fuit parmi les ennemis de la nation pour venir combattre et subjuguer le même peuple qui lui a assuré le trône ? »

Quand Roland devient ministre, elle entend bien partager les responsabilités de son mari. Pour lui, rien de plus normal que cette collaboration conjugale. Au retour de chaque conseil, il en rend compte à Manon. « Nous avions, écrit-elle, mis en communauté nos connaissances et nos opinions. » Au vrai, la présence au ministère de *patriotes* tels que Roland est un paradoxe. Louis XVI n'a pas confiance en eux. Eux n'ont pas confiance en Louis XVI. Manon juge que cette antinomie ne peut durer longtemps. Pour l'expliquer à Louis XVI, elle lui écrit une longue lettre que Roland signe en y ajoutant quatre lignes. Naturellement, quelques jours plus tard, le ministre est « démissionné ». On lit la lettre de Mme Roland à l'Assemblée. Immense, l'effet. On compare Roland à Necker.

Après la chute du roi, la logique voudra que l'on rappelle Roland au ministère de l'Intérieur. Autour de lui, se retrouvent ses amis et confidents, surtout ceux de sa femme. Manon va rédiger les circulaires ministérielles et diriger les journaux attachés au ministère. « Quand les circonstances exigeaient un écrit dicté par les sentiments, rapporte Champagneux, chef de division au ministère, c'était à sa plume qu'il était confié : elle y faisait passer toute son âme, en s'identifiant toujours avec le caractère et l'esprit de son mari. » Si l'on feuillette la correspondance de Manon, on y trouve souvent des phrases de ce genre : « Les mesures que *nous* prenons. » Voilà qui est clair. Elle est ministre autant — sinon plus — que son mari.

Quand éclatent les massacres de septembre, le ministre de l'Intérieur se sent impuissant à les arrêter. Alors que l'on tue encore dans les prisons, Roland se borne à adresser à l'Assemblée un rapport « interminable », tout entier de la plume de Mme Roland : « Je sais que nous devons à la France entière la déclaration que le pouvoir exécutif n'a pu ni prévoir ni empêcher ces excès ; je sais qu'il est du devoir des autorités constituées d'y mettre un terme ou de se regarder comme anéanties. » Des mots. Seulement des mots comme en comporte trop souvent le drame des Girondins. Au vrai, ces massacres la révoltent sincèrement. Elle en accuse Danton — et elle n'a pas tort. Danton, à tout le moins, a laissé faire. L'homme qu'elle va charger de l'attaquer sans cesse sera Buzot.

Elle a trente-six ans, l'âge, dans la vie d'une femme, avoue-t-elle elle-même, « où, commençant à craindre que les charmes se perdent, on serait bien aise de laisser moins inutile ce qu'il en reste, si une telle disposition s'accordait avec le devoir ». Ce devoir, elle en a pleine conscience. Mais « chaque jour rend plus difficile de fermer son cœur et de le défendre de l'orage des passions ». Il semble bien que, dans cet orage, le citoyen Roland n'ait guère lancé d'éclairs. Evoquant son mariage, Manon écrira, non sans une évidente mélancolie : « Personne moins que moi n'a connu la volupté. »

Buzot a six ans de moins que Manon. Il a épousé une cousine contrefaite. Député aux états généraux, il fréquente le salon de Manon depuis 1791. Elu à la Convention, il a tout naturellement retrouvé sa place chez les Roland. Avec joie, Manon l'a vu reparaître[1].

Sans doute Manon, à cette époque, a-t-elle pensé au divorce. Buzot s'y refuse. Alors Manon se souvient de son cher Rousseau. En une situation aussi délicate, c'est la franchise totale qu'il recommande. Manon va avouer à l'infortuné Roland qu'elle en aime un autre. Dans *La Nouvelle Héloïse*. M. de Wolmar prenait cela très bien. Le citoyen Roland prendra cela très mal.

Quand Buzot a commencé à l'attaquer, Danton a su parfaitement de qui venait l'offensive. Bientôt, il lancera cette parole terrible : « Nous avons besoin de ministres qui voient par d'autres yeux que par ceux de leur femme ! »

Le paradoxe, à cette époque, est que Manon ne dispose plus du moindre pouvoir. Dès le 22 janvier 1793, Roland a adressé à la Convention une lettre de démission que Manon a naturellement rédigée elle-même. Le couple a quitté l'hôtel ministériel et regagné son petit appartement de la rue de la Harpe. Roland ne montre plus le moindre intérêt pour les luttes politiques. Un seul sujet, ses malheurs domestiques. De plus, il souffre de dyspepsie, ce qui n'arrange rien. Chaque jour, il adjure son épouse de lui livrer l'identité de son rival. Déchirée, Manon se tait. Rue de la Harpe, pour ne pas éveiller les soupçons de Roland, Buzot ne peut venir que de loin en loin. La menace contre les Girondins se précise. Roland souhaite partir pour sa propriété du Clos, à Villefranche, près de Lyon. Manon convient que c'est là une précaution nécessaire mais partir, c'est renoncer à voir Buzot. Alors, on reste à Paris.

A la fin de mai 1793, la Commune demande la proscription de vingt-deux députés girondins. La Convention résiste. Conséquence : le 31 mai, la Commune prend d'assaut les Tuileries. Dans les tribunes, les « tricoteuses » couvrent les orateurs girondins de leurs clameurs. La Convention résiste. A 5 heures du soir, six hommes armés viennent arrêter Roland. Ils affirment agir au nom du Comité révolutionnaire. Roland, véhément pour une fois, dénie toute autorité à ce Comité. Le chef part en référer à la Commune. Manon profite de cette retraite pour courir à la Convention. On la

---

1. Georges Huisman.

fait attendre pendant deux heures sans la recevoir. Elle rentre chez elle et apprend avec un soulagement infini que Roland a pu fuir. A minuit, un nouveau détachement armé envahit l'appartement, muni cette fois d'un ordre dûment signé. Manon affirme qu'elle ne sait où est son mari. On place une sentinelle devant sa porte. Un peu plus tard, d'autres hommes viennent l'arrêter elle-même. On la pousse dans une voiture. Elle entend le cri sinistre clamé sur son passage par d'autres femmes : « A la guillotine ! »

On l'a conduite à la prison de l'Abbaye. La nouvelle journée du 2 juin portera le coup décisif au parti girondin. Tous les amis de Manon sont maintenant en fuite ou emprisonnés, destinés le plus souvent à la guillotine. Et Buzot, le cher Buzot ? Il a pu fuir. Il est à Caen, en sûreté. De ses lettres, elle lui écrira, irradiée de bonheur : « Comme je les relis ! Je les presse sur mon cœur, je les couvre de baisers. »

L'extraordinaire est que cette arrestation, elle la ressent comme un soulagement. Elle se voit enfin délivrée de la présence, devenue odieuse, de Roland. Elle confie à l'homme qu'elle aime : « Toi seul au monde peux comprendre comme j'ai été peu fâchée d'être arrêtée ! » Et encore : « Je chéris ces fers où il m'est libre de t'aimer sans partage ! »

Sa passion éclate dans toutes les lignes qu'elle adresse à Buzot. Sa dernière lettre est du 31 août : « Jouis, du moins, ô mon ami, de l'assurance d'être chéri du cœur le plus tendre qui fut jamais... Adieu, l'homme le plus aimé de la femme la plus aimante ! Va, je puis te le dire, on n'a pas encore tout perdu avec un tel cœur ; en dépit de la fortune, il est à toi, il est à toi pour jamais... Adieu ! Oh ! comme tu es aimé ! » Comment ne pas évoquer Marie-Antoinette écrivant à Fersen : « Adieu le plus aimant et le plus aimé des hommes ! »

Etrange épisode : le 24 juin, on la met en liberté. Elle regagne son appartement et là, à peine gravit-elle l'escalier qu'on vient l'arrêter de nouveau. C'est à la prison de Sainte-Pélagie qu'on la conduit, cette fois. Le jour même de l'exécution de Brissot, elle est transférée à la Conciergerie. Là, elle poursuit la rédaction de ses *Mémoires*, et rédige ses *dernières pensées*. Elle n'a pas de doute sur le sort qui l'attend, ainsi que le prouvent les lettres d'adieu qu'elle adresse à ses amis, les recommandations qu'elle compose à l'intention de sa fille Eudora. On lui parle d'évasion. Elle refuse pour un motif qui démontre une fois de plus l'étendue de sa passion pour Buzot : libre, elle ne supporterait pas de vivre de nouveau avec Roland. A cette perspective, elle préfère la guillotine. Elle écrit à son mari : « Tu ne perds qu'une ombre, inutile objet d'inquiétudes déchirantes ! »

La veille de son procès, elle reçoit dans sa cellule son amie Sophie Grandchamp. Elles préparent ensemble les vêtements que Manon portera : une robe blanche, décorée de bouquets roses, un fichu de linon, un bonnet de dentelle. Quand on l'appelle, le 8 novembre, ses longs cheveux noirs tombent épars jusqu'à sa ceinture. « Sa figure me parut plus animée qu'à l'ordinaire, se souviendra Beugnot. Ses couleurs étaient ravissantes et elle avait le sourire sur les lèvres. D'une main elle soutenait la queue de sa robe et elle avait abandonné l'autre à une foule de femmes qui se pressaient pour la baiser. Ceux qui étaient mieux instruits du sort qui l'attendait sanglotaient autour d'elle et la recommandaient à la Providence. Rien ne peut rendre ce tableau : il faut l'avoir vu. Madame Roland répondait à toutes avec une affectueuse bonté ; elle ne leur promettait pas son retour, elle ne leur disait pas qu'elle allait à la mort ; mais les dernières paroles qu'elle leur adressa étaient autant de recommandations touchantes ; elle les invitait à la paix, au courage, à l'espérance, à l'exercice des vertus qui conviennent au malheur. »

Le tribunal prononce la sentence de mort attendue. Quand la charrette parvient au pied de l'échafaud, la nuit tombe. Une nuit froide et triste de novembre. A la vue de la colossale statue de la liberté érigée à l'entrée du jardin des Tuileries, Manon lance à son compagnon Lamarche : « O Liberté, que de crimes on commet en ton nom ! »

Elle gravit *légèrement* les marches de l'échafaud.

Le 11 novembre 1793, près de Rouen, Roland, en apprenant la mort de sa femme, se suicidera. Huit mois plus tard, Buzot, ne supportant plus de vivre sans elle, se tuera dans un bois de pins du Médoc.

C'est parce que Lucile Desmoulins avait perdu l'homme qu'elle aimait qu'elle a souhaité la mort. Son roman avait commencé dès avant la Révolution. Longtemps le jeune Camille, avocat sans cause, avait en vain demandé sa main à M. Duplessis, son père. Intraitable, M. Duplessis. Maître Desmoulins n'a pas d'argent. Et la jeune Lucile note dans son journal, tristement : « O toi qui es au fond de mon cœur, toi que je n'ose aimer ou plutôt que je n'ose dire aimer... » Décidément, ces jeunes gens sont faits l'un pour l'autre. L'excellent M. Duplessis consent au mariage. Camille Desmoulins écrit à son père : « Aujourd'hui 11 décembre [1790] je me vois enfin au comble de mes vœux. Le bonheur pour moi s'est fait longtemps attendre, et enfin est arrivé et je suis heureux autant qu'on peut l'être sur la terre. » Entre-temps, il faut dire que Camille Desmoulins est devenu célèbre. Il a soulevé le peuple qui a pris la Bastille. En septembre 1789, il a fondé un journal, *Les Révolutions de France et de Brabant*, dont le succès s'est révélé considérable. C'est peut-être aussi cela qui a fléchi M. Duplessis.

Soixante amis assistent au mariage. A la fin de 1793, il n'en restera plus que Camille lui-même, Robespierre et Danton. Tous les autres auront émigrés ou été guillotinés. Quelques mois encore et ces trois-là mourront à leur tour. La Révolution, comme Moloch, dévore ses enfants.

Dans le grand duel Danton-Robespierre, Camille a choisi Danton. Il est arrêté en même temps que lui, jugé avec lui. Au tribunal, Danton se déchaîne, faisant trembler les vitres de sa voix, terrorisant jurés et président, couvrant le bruit de la sonnette que ce dernier ne cesse d'agiter.

— N'entends-tu pas ma sonnette ? crie Hermann.

— Un homme qui défend sa vie, clame Danton, se moque d'une sonnette et hurle !

Danton fait s'esclaffer le public. Bientôt, il se fera applaudir. Va-t-il être acquitté comme naguère Marat ? Providentiellement, un certain Laflotte, prisonnier au Luxembourg, fait parvenir à la Convention une dénonciation concernant un projet de soulèvement général dans les prisons. Il précise que la femme de Desmoulins se prépare à distribuer mille écus au peuple. De ce rapport, les comités vont tirer un parti prodigieux. Danton et ses amis, accusés d'avoir partie liée avec ce prétendu complot, seront mis hors débat s'ils insultent la justice. Dès le lendemain, le décret rendu sur l'instant par la Convention va permettre de condamner Danton sans l'entendre davantage. Naturellement, il faut donner une manière d'apparence de vérité au complot dénoncé par Laflotte : on arrête donc Lucile Desmoulins.

Quand, au tribunal, Camille l'apprend, il veut s'élancer vers les juges. Il hurle de colère et de désespoir :

— Les scélérats, non contents de nous assassiner, veulent encore assassiner ma femme !

Lucile, à son tour, sera conduite au tribunal. Elle est paisible. Sans crainte. Quand on prononce sa condamnation à mort, elle dit : « O joie, dans quelques heures, je vais donc revoir Camille. »

On la reconduit à la Conciergerie. Elle adresse ce billet à sa mère : « Bonsoir, chère maman, une larme s'échappe de mes yeux, elle est pour toi. Je vais m'endormir dans le calme de l'innocence. Lucile. » Elle monte dans la seconde charrette « avec enthousiasme ». Pendant tout le trajet, elle ne « cessera de rire et de plaisanter avec les condamnés ». Elle marche vers le couperet « avec une vivacité heureuse » : Camille l'attend.

En même temps que Lucile, on a appelé au tribunal une autre femme : Françoise Hébert, la veuve du fameux « Père Duchesne ». De leur vivant, il n'était pas de plus farouches ennemis que Hébert et Desmoulins. La destinée, devant les mêmes juges, réunit leurs deux épouses. Françoise Hébert n'est autre qu'une ancienne religieuse du monastère de la Conception, rue Saint-Honoré. Quand, au mois de juin 1790, les commissaires municipaux se sont présentés au couvent afin d'interroger, selon la loi, les religieuses « sur leurs intentions de rester dans la maison ou d'en sortir », sur les vingt-quatre sœurs qui répondent, vingt-trois affirment qu'elles veulent être fidèles à leurs vœux, vivre et mourir dans leur état. Une seule déclare « qu'elle ne peut quant à présent se décider ». Elle se nomme Marie-Marguerite-Françoise Goupil, elle a trente-cinq ans. L'année suivante, elle fréquente la *Société fraternelle des deux sexes* dont les réunions se tiennent dans une salle basse du couvent des Jacobins, les dimanche, mardi et jeudi de chaque semaine. C'est là qu'elle rencontre Hébert. Famélique avant la Révolution, Hébert est devenu publiciste et gagne enfin sa vie. Bientôt ses deux journaux, *Le Père Duchesne* et *Le Journal du soir*, vont lui rapporter beaucoup d'argent. Le mariage se fait dans les premières semaines de 1792.

Est-elle jolie, Françoise Hébert ? « Une grande araignée », dit un contemporain. Hébert, lui, est très petit. Parfois les contrastes attirent. Il a annoncé son mariage à ses sœurs : « Je dois vous faire part, mes bonnes amies, de l'alliance que je contracte avec une jeune demoiselle fort aimable et d'un excellent caractère... Mon aimable prétendue est spirituelle : dans le vieux style, je dirais que *c'est une personne comme il faut...* » Il ajoute : « Elle a, jusqu'à présent, passé toute sa vie au couvent. Pour combler mon bonheur, je trouve assez de fortune avec mon épouse pour être tranquille sur son sort si la mort vient à nous séparer. » Françoise bénéficie en effet d'une rente de six cents francs que lui sert un gentilhomme normand : à quel titre, on ne sait. Religieuse sécularisée, elle touche sur la caisse des biens nationaux une pension de 700 livres.

Dans ses journaux, Hébert se déchaîne, il demande des têtes, des centaines, des milliers de têtes. De toutes pièces, il s'est créé un vocabulaire ordurier, propre, pense-t-il, à séduire les populations. Ses lecteurs l'identifient à la vignette dont il orne sa feuille, laquelle montre un colosse en carmagnole, avec deux pistolets à la ceinture, un sabre au côté, élevant une hache sur la tête d'un abbé terrorisé. Or, l'homme qui fait trembler une partie de la France et inquiète l'autre, cet homme-là se montre le plus exquis des maris. Il rend sa femme parfaitement heureuse.

Le 8 février 1793, grande joie chez les Hébert : Françoise donne le jour à une fille « jolie comme l'amour » que l'on nomme Scipion-Virginie. Dans le grand lit à baldaquin de serge petit-gris qui lui vient de son ancien couvent, elle donne le sein à la petite fille, sous une estampe représentant le repas de Jésus à Emmaüs. En marge de la gravure, Hébert a écrit : *le sans-culotte Jésus soupant avec deux de ses disciples dans le château d'un ci-devant.* De son époux bien-aimé, Françoise s'écrie : « Ses mains sont pures comme son âme ! » Il faut imaginer cet intérieur paisible, ce ménage uni, ce couple amoureux et, près de là, assis à sa table, Hébert inventant les métaphores qui feront rire aux éclats les faubourgs : « Le rasoir national », « le carrosse à trente-six portières », « le cochon du Temple », « la cravate à Capet », « demander l'heure au vasistas » ce qui veut dire passer à la guillotine. Un doux regard à Françoise berçant la petite Scipion-Virginie et il trempe sa plume dans l'encre : « La tigresse autrichienne qui, si on lui rendait justice, devrait être hachée comme chair à pâté pour tout le sang qu'elle a fait répandre. »

Pendant l'été de 1793, les Hébert ont déménagé et sont allés s'établir dans un pavillon « au fond de la cour quand on venait de la rue Neuve-de-l'Egalité [rue d'Aboukir] ». Le ménage habite le premier étage, cependant que l'on imprime le journal d'Hébert au rez-de-chaussée. Là, le 14 mars 1794, à 4 heures du matin, on viendra arrêter Hébert, sous l'accusation en apparence insensée d'avoir comploté la restauration de Louis XVII. Le même jour, à 6 heures du soir, on arrête Françoise qui confie son bébé à sa « femme de confiance ». A la Conciergerie, Françoise apprendra dans les larmes la mort sur l'échafaud de son mari. C'est dans la cour des femmes que la veuve Hébert rencontre la veuve Desmoulins. Les deux femmes ont un enfant du même âge. Elles sympathisent. Elles pleurent ensemble. Toutes les deux, le même jour, elles vont au tribunal :

— La veuve Hébert, clame l'accusateur public, a, je ne dirai pas perverti son mari dont l'immoralité vous a été démontrée... mais secondé de tous ses moyens les projets liberticides de ce monstre... Le journal le plus obscène était en partie l'ouvrage de cette religieuse... Elle était l'agent infatigable des complots de son mari, et, tournant les dons de la nature contre une nation à laquelle elle devait et sa liberté et le titre sacré de mère, elle employait et son esprit et ses charmes à recruter des conjurateurs contre sa patrie.

Accusation parfaitement imaginaire. Françoise, quand elle s'entend condamner à mort, éclate en sanglots. Elle tâche de gagner du temps en se déclarant enceinte. Les médecins diagnostiquent « qu'il n'y a pas lieu de surseoir ». C'est sur la même charrette que Lucile Desmoulins qu'elle part pour la guillotine. Sur son passage, des cris, des rires : « Ah ! Ah ! la mère Duchesne ! A la guillotine ! Drelin, drelin ! Elle va mettre son nez à la petite fenêtre ! » Elle montre cette fois du courage. Un témoin parle de sa « bonne contenance ». Un autre dit qu'« elle jasait avec Lucile d'un air indifférent ». Sous les injures qui la cinglent, « elle ne bronchait pas ». Il est 6 heures du soir. Il fait très beau. Ouvertes, les fenêtres des entresols. Du haut des charrettes, on voit des familles attablées qui se détournent à peine : le spectacle est devenu si habituel ! Voici les Tuileries, la place de la Révolution, l'échafaud. Quand Françoise voit la guillotine, elle défaille. On doit l'aider à gravir les marches. Le couperet tombe.

On a retrouvé le journal intime d'un Parisien. Le soir de l'exécution de Françoise Hébert et de Lucile Desmoulins, il se borne à noter ceci : « Le printemps est très doux ; tous les arbres sont en fleur dans les jardins, et tous les arbres non fruitiers sont en feuilles. Il y a bien des années qu'il n'avait fait si bon vivre et qu'on n'avait vu la saison si avancée. »

Le 18 septembre 1793, le vent souffle sur la Vendée. Le vent de mer qui fouette les corps. Le vent de haine qui soulève les âmes. Depuis mars 1793, la Vendée est devenue « rebelle ». Blancs contre Bleus, des Français s'entre-tuent au nom d'idéaux inconciliables. De mars jusqu'en août, les paysans vendéens ont remporté de grandes victoires. Sans lendemain. Contre eux, la Convention a dépêché des armées qui, peu à peu, refoulent les « rebelles ». Parmi les chefs des armées républicaines, un jeune général : Kléber. Il menace Cholet. L'armée vendéenne a juré, elle, de défendre la ville. C'est le heurt décisif. Sur l'ordre de Kléber, on sonne la charge. Les Vendéens se sont égaillés dans les bois, derrière les buissons : c'est une stratégie qui leur a souvent réussi. Un feu nourri arrête les Bleus de Kléber. Entraînés par leur général, ils repartent en avant. Les Vendéens se replient. Or, dans leurs rangs, il y a des femmes. Elles viennent du petit bourg de la Gaubretière, dans le canton de Montaigu. Depuis quelques jours, les colonnes républicaines les ont chassées de leur village. Alors, tout naturellement, elles ont rejoint les rangs des trois compagnies levées par leur paroisse. Ce 18 septembre, elles voient refluer leurs « hommes » : entendez leurs époux, leurs frères, leurs parents. La scène qui se produit alors paraîtrait incroyable si d'incontestables documents ne l'attestaient. Ces femmes se jettent au-devant des fuyards. Elles « invectivent les timides, applaudissent les braves ». Elles emportent les blessés, non par simple humanité, mais parce que leurs plaintes pourraient décourager les combattants. « Quelques-unes, agenouillées, prient à haute voix le ciel de leur donner la victoire. » Elles ne se contentent pas de paroles ; elles passent aux actes. Une jeune fille, Perrine Loizeau, tue trois républicains à coups de sabre. Le quatrième lui fend la tête. Une autre, la femme Soulard, est tuée cependant qu'elle tente de venir en aide à un capitaine vendéen mortellement atteint. L'historien de la Vendée, Emile Gabory, évoque très justement, à propos de ces scènes déconcertantes, la tradition de l'ancienne Gaule, celle-là même qui a suscité la stupeur des historiens romains : « Les femmes échevelées, tenant leurs petits dans les bras, combattant à côté des chars. »

Ce jour-là, c'est le miracle. Les Vendéens arrêtent l'avance des Bleus. Stupéfait, Kléber voit ses hommes reculer. Il se lance dans la mêlée : « Tiable, s'écrie-t-il avec son accent alsacien, les brigands se pattent pien ! »

Les Bleus, définitivement battus, se replient en désordre.

Michelet a cru voir la femme au premier plan de l'épopée vendéenne. Pour lui, elle est l'instigatrice, l'inspiratrice : « femme et prêtre, c'est là toute la Vendée, la guerre civile. Notez que sans la femme le prêtre n'aurait rien pu ». Michelet n'est pas seul. Turreau, le « destructeur technique de la Vendée », l'homme des colonnes infernales, rejette aussi sur les femmes la responsabilité de l'insurrection : « Si des femmes furent outragées, torturées, brûlées vives, c'est qu'on les trouva le fusil à la main. » Jaurès, dans son *Histoire socialiste*, confirme : « Les jeunes fils des émigrés, ou les jeunes filles même, vont jouer un rôle décisif. » Ce rôle donnera raison « aux craintes de Robespierre ». Mais d'autres affirment que les femmes ne jouèrent, pendant la guerre de Vendée, qu'un rôle passif.

Chacun a raison. Dans une première période, la Vendée s'est ralliée aux conquêtes de la Révolution. C'est contre la constitution civile du clergé qu'elle va se lever. Les femmes, plus que les hommes, clament leur fureur. Elles donnent asile aux prêtres insermentés. Elles participent, bouleversées, aux processions qui roulent vers Notre-Dame des Gardes et Notre-Dame de Cholet.

Mars 1793. La France révolutionnaire est en guerre. Sur les frontières, pèse une terrible menace. Une seule parade : la levée en masse. Une loi permet de mobiliser trois cent mille hommes. Comme les autres Français, les Vendéens sont frappés. Quitter leurs terres, leurs villages, leurs familles ? Ils refusent. L'opposition à la conscription fait des Vendéens des rebelles armés. De même, en 1943, les maquis se gonfleront des jeunes gens qui ne voudront pas aller travailler en Allemagne.

Que font les Vendéennes ? Elles supplient leur mari, leurs fils, d'obéir. Elles « prêchent l'obéissance à la loi militaire ». Elles pressentent qu'à la guerre civile et à ses horreurs, la guerre étrangère est préférable. A Angles, Jeanne Lambert, qui en témoignera, voit le nommé Roilland se disputer avec sa femme : « Celle-ci reprochait à son mari d'aller avec les brigands ; elle essayait de l'en empêcher. » Au petit bourg du Pin-en-Mauges, le 12 mars 1793, le canon tonne contre l'émeute villageoise. Un paysan, Cathelineau, écoute ce canon et son cœur s'émeut. Le lendemain matin, il pétrit son pain. Son cousin le rejoint, lui dit qu'on se bat, que l'on tue les paysans. Cathelineau se recueille. Puis, d'une voix sourde :

— Nous sommes perdus si on en reste là. Notre pays va être écrasé.

Sa femme l'entend, s'approche, l'exhorte à demeurer chez lui. Elle lui montre leurs cinq enfants. Il persiste.

— Achève au moins ta boulangerie ! implore sa femme au désespoir.

Il se remet au pétrin. Quand il a fini, il part :

— Dieu protégera mes enfants pendant que je défendrai sa cause.

Cathelineau sera un des plus grands chefs de la Vendée militaire. Malgré sa femme.

Les cas contraires sont rares. Marie Chevet, de Machecoul, sera condamnée à mort pour « avoir, le 11 mars, paru à la tête des révoltés ». A Saint-Julien-de-Concelle, Françoise Blouin est exécutée pour avoir fabriqué des cartouches.

Tout change quand l'insurrection est déclenchée : les femmes y prennent part. Une anecdote reproduite par Collinet, un bourgeois sablais, dans son *Journal*, évoque une femme de Saint-Martin-de-Brem faisant reproche à une voisine décidée à suivre les « brigands » avec ses enfants et son mari. La voisine répond :

— S'il faut mourir, je mourrai dans l'armée de Joly où il y a beaucoup de vrais prêtres qui peuvent donner les derniers sacrements, car dans l'armée des patriotes je mourrais comme un chien et j'irais pour mon éternité en enfer...

Sous les coups de boutoir du général républicain Canclaux, les Vendéens reculent vers Châtillon. Le 9 octobre, c'est le choc. « Comme à Torfou, les femmes, chassées des métairies par l'avance républicaine, sont là, frénétiques et encourageant les hommes[1]. »

Cette fois, c'est en vain. Les Bleus sont trop nombreux, trop bien armés. Le 17 octobre, à Cholet, la défaite sera consommée. « Des heures et des heures d'une lutte acharnée... Des centaines de femmes prient, supplient, invectivent. » Dans la journée, Kléber se croira plusieurs fois vainqueur. Les Bleus se battent contre 40 000 Vendéens. Marceau emportera la décision.

Que reste-t-il des espoirs vendéens ? Leurs chefs — les meil-

---

1. Emile Gabory.

leurs — sont morts : Elbée, Lescure, Bonchamps, les deux Soyer, Chantreau, Richard, Verteuil. Un cri d'effroi se lève : les sabreurs de Westermann approchent ! D'autres cris : *A la Loire ! A la Loire !* 80 000 personnes s'enfuient vers le fleuve : 25 000 à 30 000 combattants ; le reste, des femmes et des enfants. « Au moment où nous partions, note la baronne de Candé, je regardai monter en voiture une bonne-maman âgée de soixante-sept ans et Mme de Cène, presque d'un âge aussi avancé, le petit Joseph, le fils de ma Fanny qui avait alors vingt mois, le fils de Mme du Fay, âgée de trois mois, enfin l'infortunée Mme de Gastine, grosse de sept mois. » Elles sont nombreuses celles qui ont péri en courant vers la Loire. Si elles tombent, les chevaux leur passent sur le corps. Il n'est pas que les « dames » qui fuient. Les paysannes les imitent. Quand on a franchi le fleuve, c'est un nouveau cri : *A la mer !* Un espoir neuf nourrit les illusions : l'aide anglaise.

Sur les chemins, une inextricable cohue de chariots, de combattants, de femmes et d'enfants. « Soldats, femmes, enfants, vieillards, blessés, dit la marquise de La Rochejaquelein, tous étaient pêle-mêle, fuyant le meurtre et l'incendie ; derrière eux, ils apercevaient la fumée s'élever des villages que brûlaient les républicains ; on n'entendait que des pleurs, des gémissements et des cris. » Dans cette foule, chacune cherche à retrouver ses parents, ses amis : « on ne savait quel sort on allait rencontrer sur l'autre rive ; cependant, on s'empressait pour y aller comme si, au-delà du fleuve, on allait trouver la fin de tous les maux ». Pour traverser la Loire, une vingtaine de mauvaises barques. Les fugitifs s'y entassent.

Aux étapes, les femmes seules sont obligées de chercher sans aide un gîte et quelque nourriture. Elles s'en plaignent aux officiers qui leur conseillent de « trouver des maris parmi les jeunes gens ».

— C'est possible, réplique Mlle de Bonchamps, mais ce n'est pas à nous à faire des avances.

— Parlez-vous sérieusement ? demande M. de La Salmonière. Accepteriez-vous une proposition ?

— Cela dépendrait de celui qui la ferait !

— Eh bien, mademoiselle, je me propose.

Le mariage a lieu le lendemain. Le prince de Talmont, « toujours disposé à s'amuser », offre une fête à cette occasion.

Une heure plus tard, on fuit de nouveau vers la mer. Mme de Lescure — future marquise de La Rochejaquelein — escorte son mari à qui une balle a fracassé les os de la tête. Il souffre atrocement. Il mourra devant Fougères.

L'armée vendéenne — un cortège de quatre lieues de long, cheminant dans un désordre croissant — avance sur Candé, puis vers Segré et Château-Gontier. On parvient enfin devant Laval que les républicains défendent avec acharnement. La bataille s'engage sur les 11 heures du matin : une victoire, une vraie. Les Vendéens prennent la ville. On décide de marcher sur Granville.

Toute cette marche est semée de combats, de heurts meurtriers. Pour les femmes, la terreur souvent fait place à une sorte de rage désespérée. Carrier — l'instigateur des trop fameuses « noyades » de Nantes — reconnaîtra dans un rapport : « Les femmes à la suite de la Grande Armée, dans toutes les actions combattaient avec les brigands, à l'avant-garde, au corps de bataille. Les enfants, quoique peu nombreux, se battaient avec la même intrépidité. On a vu, à Laval, à Château-Gontier, les femmes et les enfants de l'avant-garde des brigands fondre sur nos soldats en déroute, les tuer, les massacrer, venir prendre nos munitions jusque dans nos caissons. »

A Granville, les chefs vendéens ordonnent la retraite. Elle se fait dans un climat de méfiance et d'aigreur :

— Si j'avions voulu, disent les paysans, j'aurions pris Granville ; mais tous nos généraux auriont fiché le camp avec de belles dames qui ont de l'argent ; ils nous auriont laissés là.

De nouveau, le cri : *A la Loire !* De nouveau, la marche tragique. Toute la Bretagne à traverser dans l'autre sens, les mêmes chemins à parcourir, où l'on retrouve la trace des combats précédents — et souvent les cadavres qui achèvent de pourrir. A Dol, les cavaliers royalistes se heurtent aux régiments de Marceau. Après les avoir d'abord repoussés, les Blancs sont enfoncés. Ils se replient en désordre. Dans la ville, les femmes attendent, affolées d'angoisse. Elles s'élancent au-devant des fuyards. Une femme de chambre de Mme de La Chevalerie saute à cheval, brandit un fusil, hurle :

— En avant ! Au feu les Poitevines !

D'autres femmes la suivent. D'autres encore entourent les fuyards.

— Vous voulez donc voir égorger vos femmes et vos enfants ?

Mme de Bonchamps rallie les soldats de l'armée de son mari. La bataille reprend. L'échec se mue en victoire. Provisoirement, la Vendée est sauvée. Par des femmes.

Au Mans, la cohue qui persiste à se faire appeler la Grande Armée se fera écraser par Kléber, Marceau et Westermann. Alors, c'est la chasse aux rebelles. Quel butin que les femmes dont certaines restent jolies, dont beaucoup portent sur elles une petite fortune ! A Savenay, pourtant, elles sont nombreuses à briser le cercle d'acier. Elles s'enfoncent dans les marais de la Grande Brière et cherchent des refuges chez les paysans. Des dames nobles se font engager comme servantes. Mme des Mortiers vend de la bière aux Bleus. La comtesse d'Autichamp se fait gardienne de troupeaux. Mlle de Rechignevoisin — Rosette pour ses amis — se fait gardeuse de porcs : elle a seize ans. Mme de Lescure accouche de deux jumelles au milieu d'un champ. On les baptise. Les enfants meurent. « Je ne pus m'empêcher de pleurer, écrira leur mère. Je sentais pourtant que c'était un grand bonheur pour elles. » Elle se fera engager parmi le personnel d'un château, chez une dame Dumoutier. Elle s'occupera des troupeaux, traira les vaches.

Les guerres civiles renaissent toujours de leurs cendres. D'autres Vendéens reprendront le combat. Et d'autres Vendéennes. Dans l'armée du Marais, des femmes nobles se battent. Ce sont les « amazones » de Charette. Dans d'armée d'Anjou, l'armée du Haut-Poitou, l'armée du Centre, ces combattantes sont des femmes du peuple. Une paysanne, Renée Bodereau, de Soulaines en Maine-et-Loire, apprend que son père a été tué près de son village. Elle jure de le venger : « Dès ce moment, je pris la résolution de sacrifier mon corps au roi, d'offrir mon âme à Dieu et je jurai de me battre jusqu'à la mort ou la victoire. » Elle s'exerce au tir, revêt un costume masculin, s'engage dans la cavalerie de Stofflet sous le nom de son frère Hyacinthe. Elle se bat « comme un lion ». On affirme que, dans un seul engagement, elle aurait tué de sa main, à coups de sabre, vingt et un Bleus. Après la défaite de Stofflet, elle passe la Loire à cheval — et continue à se battre à l'avant-garde. Elle est blessée au bras. Stofflet lui ordonne de se retirer. Elle ne veut rien entendre.

— Quel est donc ce cavalier qui refuse d'obéir ? Est-ce un gentilhomme ? questionne Stofflet, déjà hostile.

— Non, c'est une femme.

Elle n'est pas belle, pas très grande, infatigable, téméraire. On lui dit que la comtesse de La Bouëre vient d'accoucher dans un champ et qu'un parti républicain en a profité pour enlever la mère et l'enfant. Elle s'élance à la tête d'un « commando », force les rangs de l'ennemi, ramène au camp la mère et le bébé. Elle y gagne le grade de capitaine. Même après la pacification, elle restera rebelle. Fouché la fera emprisonner en 1809.

En mars 1793, un beau garçon s'est présenté sur les rangs, armé jusqu'aux dents : fusil, sabre, pistolet. Il faut quelques jours pour que ses compagnons de combat s'aperçoivent qu'il s'agit d'une fille de vingt ans, Mlle Regrenil, ancienne novice au couvent des Ursulines de Luçon. Sa « beauté brune » fait des ravages mais elle a la main leste et quelques gifles bien appliquées tiennent en respect les rudes paysans. Elle combat d'abord à pied, puis, ayant tué un hussard de sa main, elle s'empare de son cheval. On l'appellera désormais la *Hussarde*. Mlle Regrenil acceptera l'Empire, satisfaite par le Concordat signé entre Bonaparte et Pie VII. En 1808, quand Napoléon traversera la Vendée, elle viendra le saluer. L'empereur, s'étant fait conter ses aventures, la félicitera et l'embrassera. Un homme alors s'avancera :

— Je suis le frère de Mlle Regrenil, le maire de Saint-Florent.

— Que faisiez-vous pendant que votre sœur se battait si bien ?

— J'étais neutre.

— Neutre ? Alors, vous n'étiez qu'un jean-foutre !

Un autre rôle revient encore à ces irréductibles. Celles qui sont restées dans leurs villages remplacent aux travaux des champs le mari ou les fils partis à l'armée. A l'automne 1794, les colonnes infernales découvrent avec stupeur « des quantités considérables de fourrage et de blé ». Comment un pays « brûlé, ravagé » avait-il pu engranger de telles récoltes ? « *Qui avait produit de tels résultats ? Le travail des femmes.* »

Sur le ciel vendéen, les bras de la guillotine proposent à l'héroïsme un contrepoint tragique. A mesure que les Bleus reprennent possession du pays, on arrête, on juge, on exécute. Dans les prisons où l'on entasse les femmes vendéennes accusées de rébellion, le séjour est un enfer. L'horreur de la vermine le dispute à celle de la faim, à celle de la soif. « On ne nous donnait qu'une demi-livre de pain, écrira Julienne Goguet de Boishéraud, évoquant une des prisons de Nantes. On le ramassait sur la paille de ceux qui nous avaient précédés ; à peine, souvent, nous donnait-on le temps de le manger. On nous le jetait comme à des chiens. On mettait de l'eau dans les baquets qui, tantôt servaient à cet usage, tantôt à faire ses nécessités. Cette seule idée soulevait le cœur. »

Une mère, Mme Léger, et ses quatre filles sont condamnées à mort. Devant la guillotine, la plus jeune des filles, Rose — elle meurt littéralement de faim — aperçoit une marchande qui vend des pommes. Elle la supplie de lui donner une pomme, « pour l'amour de Dieu ». Cependant que tombent les têtes de sa mère et de ses trois sœurs aînées, elle dévore la pomme à belles dents. On la pousse vers l'échafaud. Devant un spectacle aussi inattendu, le juge s'émeut. Il déclare qu'elle n'a pas l'âge légal. Rose se rebiffe :

— Si, j'ai l'âge.

Brutalement, le bourreau la repousse. « Elle fut sauvée malgré elle. »

Le conventionnel Carrier, à Nantes, a imaginé un nouveau système d'exécution, destiné à parer aux « lenteurs » de la guillotine. Il entasse les condamnés sur des bateaux d'où on les jette dans la Loire. Plus tard, on perfectionnera le système : ce sont les bateaux tout entiers que l'on fait couler avec leur cargaison. Une jeune fille, Mlle d'Armaillé, vient de monter sur l'une de ces embarcations. Un officier républicain se présente : il veut la sauver et propose de l'épouser. Pratique acceptée et dont on trouve quelques exemples. Mlle d'Armaillé montre ses parents autour d'elle : elle veut périr avec eux. Navré, l'officier se retire. Quelques minutes plus tard, le bateau sombre au milieu de la Loire. Mlle de Jourdain sera, elle aussi, conduite à la Loire. Un soldat propose de la sauver. Pour toute réponse, elle se jette elle-même à l'eau. Elle tombe sur un amas de cadavres qui l'empêche de s'enfoncer. Elle crie aux noyeurs :

— Je n'ai pas assez d'eau, poussez-moi !

« On la poussa et la vague l'engloutit. »

Quelques jeunes filles acceptent l'étrange marché. Au pied de l'échafaud, le citoyen Hénault offre à Mlle Duchêne de Danant de l'épouser ; elle accepte ; elle est sauvée. A une jeune fille de dix-huit ans, Marie-Anne Beausant, un de ses gardiens, Etienne Forestier, propose, lui aussi, de l'épouser. Elle accepte. On dit que ce fut un bon mariage ; par amour de Marie-Anne, Etienne reprit les pratiques religieuses. Souvent, on l'entendra dire — ce qui apparaît bien édifiant : « Je lui donnai la terre, elle me donna le ciel. »

Le 1ᵉʳ février 1794, à Angers, on amène devant la troupe soixante-trois femmes prisonnières condamnées à mort. Pour en hâter l'exécution, les responsables ont décidé de les tuer au canon. Même dans les guerres civiles se découvrent de soudains élans d'humanité : les canonniers déclarent « qu'ils ne souscriront pas à une pareille hécatombe ». Ils ajoutent :

— Les républicains ne doivent pas être des bourreaux. Nous épouserons plutôt ces malheureuses que de les laisser ainsi massacrer. Nous nous engagerons à faire de nos femmes d'excellentes patriotes.

Elles n'épousèrent pas toutes leurs sauveurs ; mais toutes elles furent sauvées.

Devant la mort, ces Vendéennes dévoilent clairement la raison de leur combat. Toutes elles évoquent Dieu, la religion, leurs prêtres. Une seule — oui, une seule — tombe sous les balles d'un peloton d'exécution en criant : « Vive le Roi ! » Cette ferveur devient sublimation. Mme de La Fonchais dit à ses sœurs : « Séchez vos pleurs, mes bonnes amies ; du moins, répandez-les sans amertume : tous mes maux vont finir. Je suis plus heureuse que vous... Je vous quitte pour me rapprocher de la Divinité. »

Contre le pouvoir central, pourtant, toutes les Vendéennes ne sont pas en révolte. Il faut jeter un regard vers celles qui, dans ce pays presque tout entier soulevé, ont choisi de demeurer républicaines. Il faut les plaindre — car ce choix se révéla plein de périls — et les admirer tout autant que leurs sœurs rebelles. Le plus remarquable, d'ailleurs, c'est que ces Vendéennes républicaines se montrèrent souvent plus Vendéennes que républicaines. Ces femmes-là se sont enflammées en 1789 pour la Révolution. A l'inverse des autres, elles n'ont point « basculé » lors de la proclamation de la constitution civile du clergé. Plus tard, on les verra accepter avec empressement le culte de l'Etre Suprême. Le 9 juin 1794, cent vingt jeunes Sablaises, « marchant deux par deux, vêtues de blanc, couronnées de fleurs, des guirlandes en sautoir, une branche d'acacia à la main », communient dans ce culte nouveau. Elles non plus ne veulent pas se renier. Après l'explosion de 1793, en pleine guerre, plusieurs femmes républicaines refusent de quitter leur maison. On voit une femme de Bourgneuf, Mme Salaün, massacrée par les Blancs parce que son perroquet s'obstinait à crier « Vive la Nation ». Même parallèle en ce qui concerne les combattantes. On découvre dans les rangs républicains des jeunes filles

— telles Mlles Goupillot et Monteigne, vêtues en amazones — qui participent aux combats. Quand les Vendéens attaquent Cholet, la citoyenne Decrolle fait le coup de feu à une fenêtre contre les assaillants. Ceux-ci brûleront sa maison. A Ernée, une femme Desbois se jette sur les canonniers blancs, armée d'une faux, en criant : « Vive la République ! » Elle tombe percée de coups de sabre. Quand les Vendéens arriveront devant Granville, la résistance républicaine devra beaucoup aux Granvillaises ; celles-ci lancent des pierres et de l'eau bouillante par les fenêtres. Message de La Rochejaquelein et de Stofflet : « Avertissez ces femmes qu'il ne leur sera fait aucun mal si elles cessent de nous combattre. » Elles ne cessent pas. Elles ne cesseront jamais. Et c'est la citoyenne Millet, épouse d'un armateur sablais, qui, en juillet 1793, soumettra au général Boulard un projet terrible : il s'agit de détruire tous les moulins à vent et les fours de la Basse-Vendée pour mater la rébellion. Les colonnes de Turreau exécuteront ce plan. Avec une *méthode* implacable.

Même Carrier, à Nantes, trouvera des admiratrices. Il séduira la femme du directeur de l'hôpital des Ursulines, Mme Le Normand. Le mari fermera les yeux. Cette dame Le Normand aura un petit-neveu qui fera parler de lui : Victor Hugo. Un des cas les plus singuliers est celui de Louise Jakin, une riche veuve nantaise. Le 13 prairial an II, elle écrira, de Nantes, à Robespierre pour lui proposer sa main : « Je te regarde comme mon ange tutélaire et ne veux vivre que sous tes lois : elles sont si douces que je te fais le serment, si tu es aussi libre que moi, de m'unir à toi pour la vie. Je t'offre pour dot les qualités d'une vraie républicaine, quarante mille francs de rente ; et je suis une veuve de vingt-deux ans. Si cette affaire te convient, réponds-moi, je t'en supplie. Mon adresse est : à la veuve Jakin, poste restante à Nantes. »

Il ne semble pas que Robespierre lui ait répondu. On affirme que « l'amante éplorée se suicida de désespoir ». Même pendant les révolutions, il advient qu'on meure d'amour.

Donc, politiquement, la Révolution française n'a pas hésité. Point d'émancipation pour les femmes. Celles qui veulent sortir du cadre strict que leur a fixé la société sont montrées du doigt, ridiculisées, persécutées, guillotinées. Au moins la Révolution va-t-elle songer à émanciper la femme sur le plan de l'instruction ? Ce serait trop beau. Les législateurs de la Révolution sont les disciples des philosophes du XVIIIe siècle qui estimaient que l'instruction donnée aux filles représentait du temps perdu, voire une semence dangereuse. Les plus *avancés* veulent bien que l'on instruise les garçons pauvres. Ils ne songent même pas à évoquer des filles. C'est à Talleyrand que la Constituante va demander un rapport sur l'instruction nationale. Les idées développées par l'évêque d'Autun sont sans ambiguïté : il faut accorder les « principes d'instruction » selon la « destination » des filles, laquelle consiste exclusivement dans « le bonheur domestique et les devoirs de la vie intérieure ». C'est avec raison qu'on a refusé aux femmes les droits politiques, avec raison qu'on les a exclues des emplois publics. Avec raison qu'on se refusera à leur donner une instruction trop vaste et à laquelle leur sexe ne les prédestine point : « Ne faites pas des rivaux des compagnes de votre vie. Laissez, laissez dans ce monde subsister une union commune qu'aucun intérêt, qu'aucune rivalité ne puisse rompre. Croyez que le bien de tous vous le demande. Que sont un petit nombre d'exceptions brillantes ? Autorisent-elles à déranger le plan général de la nature ? » De là, cette conclusion attendue : « Les pères et mères, avertis de ce devoir sacré, sentiront l'étendue des obligations qu'il impose : la présence d'une jeune fille purifie le lieu qu'elle habite, et l'innocence commande à ce qui l'entoure le repentir ou la vertu. Que toutes vos institutions tendent donc à concentrer l'éducation des femmes dans cet asile domestique, il n'en est pas qui conviennent mieux à la pudeur, et qui lui préparent de plus douces habitudes. »

A la Constituante, on proposera par conséquent une loi très simple, dont l'article Ier dit : « Les filles ne pourront être admises dans les écoles primaires que jusqu'à l'âge de huit ans » ; et l'article 2 : « Après cet âge, l'Assemblée nationale invite les pères et mères à ne confier qu'à eux-mêmes l'éducation de leurs filles, et leur rappelle que c'est leur premier devoir. »

Bien sûr, on a pensé aux orphelines, aux filles dont les parents sont séparés. Celles-là pourront avoir accès à des maisons d'éducation pour filles, en nombre limité, dirigées par des institutrices, et qui prendront la place des anciens couvents.

Il faut dire que cette loi restera lettre morte. Tout autant que le texte proposé par Condorcet — résolument féministe, lui — qui préconisera une égalité d'instruction entre les garçons et les filles. Condorcet juge cette égalité nécessaire « pour que les femmes puissent surveiller l'instruction de leurs enfants... parce que le défaut d'instruction des femmes introduirait dans les familles une inégalité contraire à leur bonheur... ; parce que c'est un moyen de faire conserver aux hommes les connaissances qu'ils ont acquises en leur jeunesse, s'ils trouvent dans leurs femmes une instruction à peu près égale... ; parce que les femmes ont les mêmes droits que les hommes ». Avec une audace extraordinaire pour son temps, Condorcet souhaitait même des écoles mixtes.

La Convention, après avoir proclamé la République, doit naturellement envisager un changement radical dans l'éducation. C'est Le Peletier de Saint-Fargeau qui sera chargé du « plan d'éducation nationale ». Sa nouveauté saute aux yeux. Enfin il est question des filles et ceci dès le premier article : « Tous les enfants seront élevés aux dépens de la République, depuis l'âge de cinq ans jusqu'à douze pour les garçons, et depuis cinq ans jusqu'à onze pour les filles. » Tous les enfants ont donc droit à l'école. Ils sont instruits ensemble : « Tous recevront même nourriture, mêmes vêtements, même instruction, mêmes soins. » L'éducation est obligatoire. « Les filles apprendront à lire, à écrire, à compter. Leur mémoire sera cultivée par l'étude des chants civiques et de quelques traits de l'histoire propres à développer les vertus de leur sexe. Elles recevront aussi des notions de morale et d'économie domestique. »

« La principale partie de la journée sera employée par les enfants de l'un et l'autre sexe au travail des mains... Les filles apprendront à filer, à coudre et à blanchir ; elles pourront être employées dans les ateliers de manufactures qui seront voisines, ou à des ouvrages qui pourront s'exécuter à l'intérieur de la maison d'éducation. Ces différents travaux seront distribués à la tâche aux enfants de l'un et l'autre sexe. »

Terrifiantes, néanmoins, les écoles du citoyen Le Peletier : la nourriture sera « frugale », sans viande ni vin. L'habillement sera « grossier » ; rien qui puisse donner aux enfants jusqu'à l'idée « des besoins factices ». On fera en sorte que les écoles soient placées près des asiles de vieillards ; ainsi les enfants seront employés « chacun à leur tour, suivant leurs forces et leur âge, à leur service et assistance ». Le Peletier s'émerveille lui-même d'une telle situation : « Quelle utile institution, quelle leçon vivante des devoirs sociaux ! » Il y a là de l'utopie dont on peut s'amuser. Il reste que le texte de Le Peletier prévoit l'instruction obligatoire et gratuite pour tous — garçons et filles. Il faudra un siècle pour qu'on y parvienne réellement. Robespierre ne s'y trompera pas qui prononcera :

— Je vois d'un côté la classe des riches qui repousse cette loi, de l'autre le peuple qui la demande : je n'hésite plus, elle doit être adoptée.

Elle l'est, le 13 août 1793.

Pour être abrogée le 20 octobre suivant.

Elles ne votent pas, on leur refuse le droit de s'assembler, on les renvoie à leurs fourneaux, on ne songe même pas à leur apprendre à lire : pauvres Françaises de la Révolution ! Pourtant, elles se battent. Elles prennent les armes, au sens propre du mot. Il ne s'agit pas seulement des Vendéennes, ou de ces bataillons d'amazones, armées de piques, que l'on a vues participer aux journées du 20 juin et du 10 août 1793. Il s'agit de femmes qui s'enrôlèrent dans les armées et se battirent comme des soldats.

Voici Alexandrine Barreau, épouse Leyrac. Son mari et son frère sont grenadiers dans le 2e bataillon du Tarn, cantonné à Castres. Ils vont partir pour l'armée des Pyrénées. Alexandrine ne supporte pas d'être séparée d'eux. Elle revêt un uniforme et vient prendre sa place dans le bataillon, sans qu'on paraisse avoir songé à la repousser. Le 26 thermidor an II (13 août 1793), le 2e bataillon attaque la redoute d'Alloqui que défendent une nombreuse artillerie espagnole et des retranchements redoutables. Une grêle de balles accueille les assaillants. Le frère d'Alexandrine tombe mortellement blessé. Son mari est atteint par une balle. Furieuse, Alexandrine s'élance. Elle arrive la première au milieu des retranchements en même temps que deux grenadiers. Elle épuise ses cartouches, manie le sabre « avec une habileté qui étonne les plus vieux soldats[1] ». La redoute est prise. Alexandrine a vengé son frère. Elle peut revenir vers son mari et panser ses blessures. Plutarque, que n'étais-tu là ?

Une jeune fille de Nargis (Loiret), âgée de dix-sept ans, connue seulement sous le sobriquet d'Anne Quatre-Sols, s'engage comme *charretier* dans l'artillerie de l'armée du Nord. Elle conduit des canons aux sièges de Liège, d'Aix-la-Chapelle, de Namur, de Maestricht, de Valenciennes. A la bataille de Hondschoote, elle a deux chevaux tués sous elle. Dix-sept ans,

---

1. Maurice Dreyfous.

c'est aussi l'âge de Reine Chapuis qui s'engage au 24e régiment de cavalerie en se présentant comme un homme. La supercherie se découvre. Des ordres interdisent aux femmes l'accès aux armées ; on veut la renvoyer chez elle. Alors, elle écrit à la Convention : « Enflammée par l'exemple de ses cinq frères dont trois servaient à l'armée du Nord et deux à celle de Vendée, elle aurait cru mentir au sang qui coulait dans ses veines si elle n'eût suivi leur exemple. » Sa lettre se termine ainsi : « Mon unique ambition est de voir mes services accueillis favorablement de la Convention et d'obtenir d'elle de les continuer dans le 24e régiment que je quitte à regret. Que ma demande me soit accordée et je vole à mon poste ; je redoublerai, s'il est possible, de courage, d'activité et je prouverai à la République que le bras d'une femme vaut bien celui d'un homme, lorsque ses coups sont dirigés par l'honneur, la soif de gloire et la certitude d'exterminer les grands. »

Les plus célèbres de ces combattantes demeurent les sœurs Fernig [1]. Leur père est greffier près de Saint-Amand (Nord). Il a un fils et quatre filles. L'histoire en retiendra deux : Marie-Félicité-Louise, née en 1770, et Marie-Théophile-Françoise, née en 1775. En 1792, c'est la guerre. La France se soulève. C'est le temps des volontaires. Dans les derniers jours d'août, le général Biron marche sur Mons. De Mortagne, les sœurs Fernig entendent la canonnade. Un bruit commence à courir : l'armée française aurait été mise en déroute. Les sœurs Fernig ne tiennent plus en place. Elles s'habillent en hommes, avertissent leur sœur aînée, vont prendre au greffe de leur père des passeports qu'elles remplissent en s'attribuant une identité d'emprunt et partent en pleine nuit pour Valenciennes. Arrivées dans cette ville, elles entrent dans un café. Elles posent des questions. Leur voix, leur déguisement, tout cela attire l'attention. En temps de guerre, on est aisément pris pour un espion. Naturellement, on les arrête. Elles sont conduites à l'hôtel de ville, cependant qu'une foule hostile les entoure en criant : « A la lanterne ! » Finalement, on les libérera et on les reconduira à Mortagne. Leur père leur reproche vivement leur départ clandestin : « Si j'eusse connu votre départ, je vous eusse accompagnées ! » Encore Plutarque. Le greffier Fernig a réuni des volontaires. Il les entraîne, les mène faire le coup de feu contre les maraudeurs autrichiens. De

---

1. Lamartine seul donne à la famille Fernig une particule. L'imitent naturellement les historiens qui ne se sont inspirés que des *Girondins*.

nouveau, les sœurs Fernig se vêtent en hommes. Désormais, elles se mêleront à toutes les expéditions des volontaires. Au matin, le père Fernig, rentrant chez lui, raconte ses exploits à ses enfants, sans se douter que deux de ses filles ont combattu parmi ses soldats. Le manège sera involontairement déjoué par le général de Beurnonville, adjoint de Dumouriez. Il passe en revue les volontaires et il remarque deux d'entre eux qui se cachent au dernier rang. Il leur ordonne d'approcher. Habits masculins, visage noirci par la poudre, les deux sœurs sont méconnaissables. Le greffier Fernig, interrogé par Beurnonville, ne peut pas dire qui sont ces jeunes recrues. Il les interroge sévèrement.

— Qui êtes-vous ?

Les autres volontaires ne peuvent plus tenir leur sérieux. Ils éclatent de rire. Théophile et Félicité voient leur secret découvert. Elles tombent à genoux, sanglotent, implorent le pardon de leur père dont elles entourent les jambes de leurs bras. M. Fernig ne peut se retenir de pleurer lui-même. Beurnonville décrira la scène dans une dépêche à la Convention.

Plus de raison pour les sœurs Fernig de se cacher. Elles seront soldats à visage découvert. On pourra lire dans le *Moniteur* la note suivante : « Lille, 18 juillet 1792. Dans la dernière attaque du camp de Maulde, on a vu deux femmes, les demoiselles Fernig, courir à l'ennemi et, à la tête des volontaires et des troupes de ligne, combattre avec eux ; le patriotisme de ces deux héroïnes a produit un enthousiasme que des patriotes seuls peuvent imaginer. »

Luckner et Beurnonville vont se rendre à Mortagne pour porter aux deux sœurs l'expression de la reconnaissance de la nation. Elles sont maintenant de tous les combats. Elles se battent à Valmy et à Jemmapes. Elles chargent aux côtés des généraux et assurent la liaison entre Dumouriez et Ferrand. Elles font des prisonniers. Elles rendent leur courage à trois bataillons défaillants. Elles sont en Belgique avec Dumouriez qui, écrivant à la Convention, les qualifie d'*intrépides guerrières*.

Au cours des combats d'avant-garde qui précèdent la prise de Bruxelles par Dumouriez, Félicité aperçoit un jeune officier de volontaires belges blessé, tombé de cheval, qui ferraille contre un groupe de uhlans. Félicité s'élance, tue à coups de pistolet deux des assaillants et, avec l'aide de quelques hussards, elle met les autres en fuite. Elle aide le blessé, un certain Van der Walen, à gagner l'ambulance. Le lendemain, c'est encadré par les demoiselles Fernig à cheval que Dumouriez entre dans Bruxelles.

Elles suivront même le général lorsqu'il s'opposera à la Convention et désertera la cause française. Elles passeront avec lui à l'étranger, erreront avec lui à travers l'Europe. On les retrouve aux Pays-Bas, en Allemagne, au Danemark. Puis elles reviennent en Hollande. Là — miracle ! — elles rencontrent un ancien officier belge qui les cherche partout et depuis des années. Il s'agit de ce Van der Walen auquel Félicité a sauvé la vie. Le 17 août 1798, on célébrera le mariage du Belge et de Félicité. Ils s'installeront à Bruxelles. En 1802, Théophile, rayée de la liste des émigrés, pourra rentrer en France. Après la mort de son père, elle rejoindra les Van der Walen à Bruxelles, où elle mourra en 1819. Félicité vivra jusqu'en 1841.

Femmes des clubs, Vendéennes, femmes-soldats, elles s'étaient enfiévrées pour la Révolution, ou contre elle. Ce n'est pas le cas de toutes les Françaises. Certaines, à la façon de Sieyès, pourront dire plus tard, quand on leur parlera de la Révolution et de la Terreur, quand on leur demandera ce qu'elles y ont fait : « J'ai vécu. »

Transportons-nous à Paris rue Saint-Honoré durant l'été de 1793. Au n° 398 actuel s'élève une maison d'un étage avec trois corps de logis. Tout autour, des jardins vastes et profonds : ceux des anciens couvents des Feuillants, de la Conception, des Capucins, de l'Assomption.

On se croirait très loin, à la campagne. Des fenêtres de la maison, on ne voit que des arbres, on n'entend que le chant des oiseaux. A cette mélodie, se mêlent le grincement des scies, le frottement des rabots. Là, habite en effet un menuisier, le citoyen Duplay. Un fort brave homme, « d'une probité rigide et d'une droiture non exempte de candeur ». Mme Duplay régente la maison avec une autorité que nul ne se fût permis de discuter, pas même son mari, et encore moins ses quatre filles.

Car elles sont quatre, les demoiselles Duplay : Eléonore l'aînée, aux traits assez ingrats ; Sophie, mariée à un avocat d'Issoire ; Victoire ; Elisabeth, enfin. De toutes, la dernière — Babet, comme on l'appelle — est la plus jolie. En 1793, elle a vingt ans et évoque un petit Fragonard. Quand elle se promène sagement avec la citoyenne sa mère, bien des regards admiratifs s'adressent à son charmant visage, ses joues pleines, son teint frais, ses cheveux « ébouriffés cerclés d'un ruban de couleur gaie », ses yeux clairs, ses lèvres « gourmandes » [1].

Au temps où Babet fête ses vingt ans, bien des Parisiens passent devant la maison Duplay sans même oser y jeter un regard. A leurs yeux, cette demeure symbolise la Terreur que la Convention, avec la Vertu, a mise à l'ordre du jour. Chez le menuisier Duplay habite Robespierre. Le 17 juillet 1791, l'Incorruptible a dû fuir ses ennemis. Duplay lui a offert l'hospitalité pour la nuit. Robespierre a accepté pour quelques heures. Trois ans plus tard, il y est encore.

Les Parisiens imaginent facilement les terribles colloques qu'abritent les murs des Duplay. En fait, durant cet été brûlant de 1793, toute la maisonnée n'a qu'une préoccupation : l'inexplicable mélancolie de Babet !

Il y a quelques semaines qu'Elisabeth, jusque-là si rieuse, s'est mise à « dépérir ». Personne n'y comprend rien. Robespierre — elle l'appelle : bon ami, il la tutoie — s'inquiète, l'interroge. Elle répond « qu'elle n'a rien, que sa mère ne l'a pas grondée, qu'elle ne peut se rendre compte de ce qu'elle éprouve ». Sa mère l'envoie à la campagne ; elle reste un mois chez Mme Panis, à Chaville. Rien n'y fait.

Toutes ces têtes politiques sont en vérité bien peu perspicaces. Les symptômes qu'affiche Babet sont peu mystérieux : visiblement, la brune enfant est amoureuse. L'élu est un jeune député de vingt-neuf ans : Philippe Le Bas. Elle l'a rencontré à la Convention. Aussitôt, son cœur a battu. Les discours, elle les a écoutés sans en chercher le sens ni les mots. Enfin, elle a compris qu'elle était amoureuse. Par fatalité, M. Le Bas est tombé malade et il ne donne pas de ses nouvelles.

Un jour, devant la porte des Jacobins, Elisabeth doit s'appuyer sur le bras de sa sœur Victoire : là, devant elle, elle vient de voir son cher Philippe. Il est « pâle, changé, amaigri ». Lui-même paraît saisi. Il ne dit mot, se contentant de regarder Babet. Enfin, il parle : « Il la sait bonne, dit-il ; il veut la prier de lui chercher une femme très gaie, aimant les plaisirs et la toilette, et ne tenant pas à nourrir elle-même ses enfants ; cela rend trop esclave et prive des plaisirs qu'une jeune femme doit aimer... »

A l'instant, Babet ressent une extraordinaire douleur. Son bien-aimé ! Est-ce bien lui qui parle ? La voix tremblante, elle

---

1. G. Lenotre.

répond « qu'elle le prie de charger une autre personne du soin de lui trouver une compagne ». Après quoi elle s'évanouit.

Il se précipite, la soutient, lui prend la main. Elle revient à elle. Tendrement, il lui parle et son cœur s'emplit de la plus douce des joies. Il a voulu l'éprouver :

— Mon amie, dit-il, c'est vous que je chéris depuis le jour où je vous vis pour la première fois... Je t'aime, ne crains rien, tu as affaire à un homme de bien.

Elle tremble. Elle murmure :

— Moi aussi, Philippe, je vous aime...

Le soir même, aux Tuileries, Le Bas demande à Mme Duplay la main d'Elisabeth. Quel cadre pour une telle scène : à deux pas, la Convention ; à quelques mètres, les Jacobins ; tout près, la guillotine ! Le lendemain, il y a, rue Saint-Honoré, conseil de famille. Le père Duplay consulte Robespierre qui fait l'éloge de Le Bas. L'oracle a parlé. Le mariage d'Elisabeth Duplay et de Philippe Le Bas est célébré à la Maison commune.

Pour Babet commence une année de bonheur sans mélange. Place de la Révolution ou à la barrière du Trône — on dit « du Trône renversé » — les têtes tombent ; Babet n'en a cure. Elle aime son Philippe. Son Philippe l'aime.

Elle donne le jour à un petit garçon qu'on appelle Philippe, comme son père. Lors de ses relevailles, au début de thermidor, son mari la conduit avec l'enfant au jardin Marbeuf. Pour la première fois, Babet s'étonne de l'air sombre de Philippe. Elle le questionne. Il hausse les épaules. Depuis plusieurs jours, il sent se lever l'hostilité de ses collègues contre Robespierre.

Le 9 thermidor, quand l'Incorruptible est jeté hors du pouvoir, Philippe Le Bas est arrêté, lui aussi. En fait, personne ne demandait sa tête. Il a réclamé lui-même d'être mis hors la loi. Il s'est débattu pour rejoindre ses amis, pour s'arracher des bras de ses collègues qui le retenaient à son banc.

L'affreuse nouvelle, on l'apprend à Babet. Elle croit mourir. Elle court à la prison de la Force, aperçoit Philippe un instant. De loin, il lui crie :

— Vis pour notre cher fils, inspire-lui de nobles sentiments : tu en es digne... Adieu, adieu !

Babet reste trois jours dans l'inconscience. Revenant à elle, elle apprend en même temps la mort de son mari, celle de Saint-Just — fiancé à sa belle-sœur —, celle de « bon ami » Robespierre, celle de son père et de sa mère.

Elle tient l'ultime promesse faite à Philippe : élever digne-ment son fils. Elle en fera un savant estimé, devenu plus tard membre de l'Institut et — paradoxe ! — précepteur du futur Napoléon III.

Elle gardera toujours, au fond de son cœur, le souvenir de la seule année heureuse de son existence : l'année de la Terreur.

Si Elisabeth Le Bas a, sans la voir, traversé la Révolution, la Révolution s'est en fin de compte cruellement manifestée à elle. Il n'en est nullement de même pour la grande majorité des Pari-siennes. Un témoin, Sébastien Mercier, qui pourtant déteste les Jacobins, déclare : « Les étrangers qui lisent nos journaux ne nous voient que couverts de sang, de lambeaux et de toutes les livrées de la misère. Quelle doit être leur surprise en arrivant à Paris par la route de Chaillot, en traversant cette magnifique allée des Champs-Elysées bordée des deux côtés d'élégants phaétons, peuplée de femmes charmantes, et poursuivant leur route, attirés par cette perspective magique ouverte à travers le jardin des Tuileries, en parcourant ce beau jardin, plus riche, mieux tenu qu'il ne le fut jamais dans les temps les plus pros-pères de la Monarchie ! »

Jugement que confirmera bien plus tard François Coppée : « Mes grands-parents se marièrent en 1793 et furent heureux. C'est ainsi. Les plus tragiques événements n'interrompent pas le train ordinaire de la vie. Jamais je ne vois les rondes des petites filles dans les Tuileries sans me dire qu'au temps où le rasoir national fonctionnait à cent pas de là, il devait y avoir quand même des enfants qui chantaient en dansant sous les marronniers et que leurs couplets étaient scandés par les coups sourds du couperet. »

M. Louis de Launay a publié une étude bien attachante sur *Une vie de famille pendant la Terreur*. Il s'agit de la famille C..., évoquée par un journal intime et une correspondance. La vedette de l'action est la nommée Ziguette — surnom d'Emilie — « dont les treize ans sont chaperonnés par une gouvernante, Mlle G..., à peine plus âgée que son élève ».

Ziguette habite rue Saint-Marc avec ses parents. Elle étudie le piano sur un magnifique Erard flambant neuf, payé cent cin-quante livres. Elle travaille la peinture avec David et Chaudet. Pour parachever cette éducation artistique, elle suit les cours de

La Harpe, au lycée. Son père, architecte, est en province où il construit un théâtre. La sœur de Ziguette est mariée à un avocat. On partage son temps entre l'appartement de la rue Saint-Marc et la maison des champs d'Auteuil, au milieu des vignes.

La journée de Ziguette est bien remplie. Point question de s'occuper un instant de politique. A 10 heures, la jeune enfant, chaperonnée par la cuisinière Thérèse, part en courant chez le citoyen Chaudet où « elle dessine et reçoit les éloges du maître ». Elle rentre à 3 ou 4 heures. Elle s'annonce fort clairement. Du bas de l'escalier, on l'entend crier à pleins poumons :

— A manger ! Je meurs de faim !

On court à table. « Aucun appétit, écrit Mme C..., n'égale l'appétit de la citoyenne Ziguette. »

Le repas achevé, un peu de culture physique ! Ziguette saute les chaises en riant aux éclats. Puis elle se met au piano. Elle jouera jusqu'à la nuit. On allume la chandelle. La mère et la fille lisent ensemble Ovide, Racine ou *Anacharsis*. Souvent, on sort sur le boulevard, voir les élégances : « Votre Emilie, cette petite mondaine, écrit Mme C... à son mari, me force d'aller presque tous les soirs au boulevard. » Cela, six jours après l'assassinat de Marat.

On va chez des amis, on reçoit. On fête avec éclat les cinquante ans de Mme C... Ces dames sont en grand pavois. L'appartement, rempli d'amis, retentit de rires et de chansons. On mange, on boit. Qui croirait qu'on guillotine à Paris ?

Naturellement, la Révolution n'a pas tué la mode. Rien ne peut en venir à bout. Ce que les événements ont accentué, c'est cette tendance à la simplicité qui s'amorçait à la veille de 1789. Un exemple : cette robe blanche dont raffoleront les Françaises sous la Révolution, elles l'ont adoptée avant la prise de la Bastille. Puisque, en politique, la liberté fait florès, il conviendra de la cultiver dans l'habillement : « Aujourd'hui, note un contemporain, sous une robe longue ou un caraco, tous les mouvements sont aperçus. » Plus de panier mais on conserve le *cul*. Un gilet coupé court, une demi-redingote, une robe à la taille peu marquée, voilà ce qui domine. On ne veut plus de poudre, on se coiffe à l'*Ingénue*, c'est-à-dire que les cheveux sont près de la tête. Plus de souliers à talons, mais plats, à la *Jeannette*. Sur la poitrine, un fichu. Les bords des chapeaux se rétrécissent cependant que la calotte, plus étroite, s'élève, agrémentée d'une cocarde ou de plumes. Ce qui change le plus, ce sont les noms. Les citoyennes portent une *redingote nationale*, une robe à la *Camille française*, un bonnet à la *Bastille*. Et toujours les emprunts au costume masculin, constatés dès le règne de Louis XVI. Il est du dernier bien de porter un col de chemise d'homme, un feutre noir, des bottines lacées : ainsi conquiert-on le droit d'être une « citoyenne demeurée libre ». Il advient également que des citoyennes enthousiastes copient l'uniforme de la nouvelle milice parisienne, « en portant des redingotes d'allure toute militaire et en façonnant même leurs chapeaux en casques [1] ». On lance le *négligé à la patriote* : une redingote bleue, un col rouge liséré de blanc, deux petits collets bordés de rouge, des poignets blancs, une jupe blanche. Voilà donc le tricolore. Au début de la Révolution, on ne jure que par lui. On porte des gants tricolores, et même des jarretières aux trois couleurs.

Les bijoux suivent le même élan. On grave des alliances avec la devise : *La Nation, la Loi, le Roi*. On achète des bagues dont le chaton a été sculpté dans une pierre de la Bastille. Mme de Genlis porte en médaillon un fragment de cette prison fameuse. Elle y a fait graver avec de petits brillants le mot liberté, surmonté du soleil du 14 juillet et souligné par la lune, « avec la forme exacte qu'elle avait le soir de la grande journée ». Les éventails eux-mêmes seront révolutionnaires. On les déploie et voici les états généraux, la Garde nationale, Bailly, Mirabeau, La Fayette.

Sous la Terreur, le mouvement s'accentue. S'en étonnera-t-on ? On voit un jour des femmes envahir la Convention, coiffées du bonnet phrygien — et elles portent le pantalon. Ce qui ne plaira pas aux représentants. Ces audacieuses auront droit à l'habituel discours misogyne des temps révolutionnaires, prononcé cette fois par le procureur Chaumette :

— Femmes imprudentes, qui voulez devenir des hommes, n'êtes-vous pas assez bien partagées ? Que vous faut-il de plus ? Vous dominez sur nos sens ; le législateur, le magistrat sont à vos pieds, votre despotisme est le seul que nos forces ne puissent abattre parce qu'il est celui de l'amour et par conséquent l'ouvrage de la nature. Au nom de cette même nature, restez ce que vous êtes, et loin de nous envier les périls d'une vie orageuse,

---

1. François Boucher.

contentez-vous de nous les faire oublier au sein de nos familles, en reposant nos yeux sur le spectacle enchanteur de nos enfants, heureux par vos tendres soins.

La Terreur venue, c'est dans l'allure de la femme que s'opère la véritable révolution. Il convient qu'on soit austère. Les parfums agressifs disparaissent. On en est plutôt aux eaux de senteur. Elles portent des noms qui disent tout : « Elixir à la guillotine », « Sent-bon à la Sanson » — rappelons que le bourreau de Paris s'appelle Sanson. Autre disparition : celle du corset. Il avait parfois un avantage : il soutenait les seins. On pallie ce manque en nouant un fichu sur la gorge. Bientôt, on remontera ce fichu au-dessous du menton, et même on le renforcera par des contreforts rigides. Ce fichu, les Parisiens l'appelleront avec logique : « gorge trompeuse ». Les dessous fabuleux sont morts avec l'Ancien Régime. Sous leur robe, les dames portent seulement une chemise et un petit jupon.

Cette simplicité extrême va trouver son expression la plus absolue en 1793, avec les nouvelles robes aux étoffes légères entièrement rectilignes. La princesse d'Orange évoque, non sans effarement, cette nouvelle mode de Paris : « C'est une espèce de chemise, mais qui monte moins haut que celle que l'on portait et on n'est pas lacée sous celle-ci. Précisément sous les seins, on porte un mouchoir en forme de ceinture, attaché derrière avec un nœud entre les épaules ; de là, cet habillement va tout d'une venue jusqu'au bas comme un sac, sans marquer la taille... Il est horrible pour les personnes laides, mal faites ou vieilles et excessivement indécent pour les jeunes... »

Telle quelle, cette robe chemise va triompher, non seulement en France, mais en Europe. Regardons les peintures de l'époque, les gravures surtout : nous découvrons la nouvelle mode, singulièrement suggestive. Sous des étoffes de plus en plus transparentes, se révèle pratiquement la nudité de tout le corps. Evolution explicable : la France tout entière vit un retour à l'Antique ; les orateurs ne font référence qu'aux Romains et aux Grecs ; le mobilier cherche son inspiration à Pompéi. Bientôt, David dessinera les costumes des législateurs : ils seront antiques. A ces longues chemises plus ou moins translucides, la Française trouve une justification : ces robes-là sont — elles aussi — antiques.

Cette Française étrangère aux événements titanesques qui secouent le monde révolutionnaire, les témoins républicains ne sont pas seuls à la dépeindre. Le royaliste Jullian, amoureux en 1793, reconnaîtra dans ses *Mémoires* : « Il paraît difficile de concevoir que dans des temps aussi déplorables on ait pu connaître le plaisir et même le bonheur ; rien n'est plus vrai cependant. Cette époque de ma vie est l'une de celles qui m'a laissé le plus doux souvenir. »

Qui croirait qu'on guillotine à Paris parmi ceux qui visitent le Palais-Royal, même en pleine Terreur ?

Michelet, visionnaire de l'Histoire, nous a dépeint, du côté de la rue Vivienne, les arcades avec leurs marchands d'or, les filles sous les galeries de bois, les cafés, les jeux du premier étage, « le reste au second ». Il les *voit* ces filles, « les unes florissantes de chair, le sein nu, les épaules et les bras nus, en plein hiver, la tête empanachée de hauts bouquets de fleurs, dominant la foule des hommes... les autres formant l'essaim agité des marchandes de mode dont les piquantes œillades et la mine spirituelle rachetaient peu la maigreur... ». Michelet *voit* « les deux valets de Gomorrhe qui circulaient tout autour..., les neuf étages du passage Radziwill, véritable Sodome... ». Par l'examen des papiers de police, Pierre Bessand-Massenet a confirmé ces dires. Pour lui, le Palais-Royal est devenu « le cloaque de la capitale ». Certes, on n'y a jamais décerné des prix de vertu. Mais, depuis la Révolution, selon un témoin, c'est « le réceptacle de la plus hideuse humanité ». La malpropreté écœure. Partout, des ruisseaux d'urine. Sous les galeries, voici les filles qui vont et viennent. On en voit qui conduisent par la main un enfant de cinq ou six ans : bon moyen d'apitoyer les naïfs. D'autres logent dans les entresols, elles aguichent les passants sans se cacher : « Chit ! Chit ! » tel est leur appel caractéristique. N'oublions pas les « petites salles enfumées où se donnent des spectacles graveleux » : les filles ne paient pas, considérées comme amorces à clients. Dans ce dédale, les amateurs peuvent se diriger les yeux fermés s'ils se sont procuré l'une des brochures vendues au grand jour qui contiennent les noms, adresses, spécialités, tarifs « des plus belles femmes publiques, et réputées saines, du Palais-Royal ». Voici, galerie des Bons-Enfants, au-dessus du café d'Herculanum, Rose et Marguerite, l'une blonde, l'autre brune. Prix de leurs charmes : cinq livres pour Rose, quatre livres pour Marguerite. Vous pouvez préférer, chez la Sainte-Foix, maquerelle célèbre, Rolande et Brinville : « les deux amies ensemble : six livres ». Vous pouvez vous rendre au n° 23, galerie du café de Foy, où l'on vous recommande « Lamberti, petite brune piquante, bossue, exerçant l'état depuis cinq ans, Adèle, seize ans, la plus jolie perruque blonde de Paris, Sainte-Hilaire, très fréquentée des jeunes gens avec lesquels elle aime beaucoup à rire, Verlet, bonne grosse joie, très libertine, accommodante au dernier point ». Les prix ? Pour les plus appréciées, dix-huit francs, somme « pour le souper et la nuit ». Si vous désirez la jeune personne « pour toute la journée et la nuit », il vous en coûtera trente-six francs [1].

Voici encore les maisons pour riches amateurs. On vous introduit dans un boudoir dont les murs sont couverts de miroirs et où vous attendent des sofas profonds. Tout à coup, le plafond s'ouvre. Des chars descendent du ciel. Vous voilà plongé en pleine mythologie, puisque Diane, Vénus, Flore ou Astarté, chacune sur son char, vous sourient et se proposent à votre choix. « Et les divinités, non de l'Olympe, mais du plafond, s'unissent aux mortels. »

Parent-Duchatelet évalue à trente mille le nombre des prostituées opérant à Paris. Rappelons que la capitale compte alors six cent mille habitants.

En 1798, le commissaire Picquenard déclarera que « de mémoire d'inspecteur on n'a jamais vu une pareille quantité de filles publiques. Les prisons, la petite Force, le dépôt du Bureau central, tout en regorge. On a ouvert un dépôt supplémentaire à Franciade (Saint-Denis) ». Le même policier relate des faits incroyables : « On vient d'amener au Bureau central plusieurs enfants du sexe masculin dont le plus âgé avait à peine six ans, tous infectés du virus vénérien. Ces petits malheureux, dont on ne peut entendre les propos sans frémir, sont amenés au Palais-Royal par leur mère pour servir d'instruments à des dépravés masculins... Un limonadier de la rue Saint-Denis a eu sa petite fille âgée de dix ans enlevée par des scélérats ; on l'a retrouvée infectée de la maladie vénérienne à un tel point que les médecins la jugent incurable... »

Dès 1790, les prostituées parisiennes adressaient à l'Assemblée nationale une pétition. Elles demandaient l'abolition des

---

1. Chiffres de l'an VII.

« titres déshonorants », tels que toupies, maquerelles, garces, putains, etc. Les lois des 15 et 22 juillet 1791, celle du 4 octobre 1795, ne feront que consacrer une tolérance de forme. On renonce à toute mesure de coercition, mais on veut faire respecter la prohibition. On n'y parvient guère. Le 17 nivôse an IV, le Directoire exécutif demandera au Conseil des Cinq-Cents « d'arrêter par des mesures fermes et sévères le progrès du libertinage ». Le Conseil des Cinq-Cents, docile, va nommer une commission « pour examiner ce message et faire un prompt rapport au Conseil ». Le *prompt rapport* ne verra jamais le jour.

Le seul aspect de la condition féminine que la Révolution ait modifié en profondeur est le statut du mariage. Sous l'Ancien Régime nul n'avait songé à remettre en cause le dogme de son indissolubilité. Parmi les innombrables cahiers de 1789, un seul s'est déclaré favorable au divorce : celui qu'a présenté le duc d'Orléans. Il faut attendre 1792 pour que l'Assemblée se préoccupe de voter des textes réglementant la condition des époux. D'un seul coup, des siècles de tradition sont anéantis. Oubliée, la démarche commune des générations. Oubliés, les bans proclamés aux portes des églises, les époux se rendant à la maison de Dieu pour recevoir la bénédiction de l'Eglise. Oublié, le long combat qui, au-delà des prescriptions du concile de Trente, avait eu pour but la protection des jeunes filles. Oubliés aussi, les excès engendrés par ce monopole de l'Eglise. Ce qu'instaure la loi du 20 septembre 1792, votée à l'instigation d'un certain Aubert-Dubayet, c'est le mariage civil. Désormais, il suffira de faire afficher à l'hôtel de ville un avis ainsi rédigé : « Mariage entre M... et Mlle... Lesquels entendent vivre en légitime mariage et se présentent aujourd'hui à la municipalité de Paris pour y réitérer la présente promesse et y être autorisés par les lois de l'Etat. » Cette formalité accomplie, les mariés comparaissent devant les autorités, écoutent un discours et répondent *oui* quand on leur demande s'ils veulent être mari et femme. C'est fait, ils sont mariés. Le regrettable de l'affaire, c'est la façon dont ces mariages sont célébrés. Cela se passe le *décadi* — succédané du dimanche — dans une salle basse de l'hôtel de ville. Fatalement, c'est l'affluence. Pour gagner du temps, on mélange une quinzaine de couples. On leur lit en commun la loi sur le mariage. A tous, on pose la même question. En chœur, tous les postulants-maris crient *oui*, puis c'est le tour des femmes. D'évidence, cela manque de grandeur.

Mais voilà du nouveau, et considérable : la loi institue aussi le divorce. Le plus simple et le plus facile, puisqu'il peut se faire par consentement mutuel. Il suffit de se présenter devant les autorités qui prennent acte du désir des époux. Si, après quelques mois d'un délai nécessaire de réflexion, les époux sont toujours dans les mêmes dispositions, le mariage sera déclaré annulé.

Au vrai, à part quelques cas extrêmes, complaisamment signalés par les chroniqueurs, les Françaises ne semblent pas avoir profité outre mesure des nouvelles facilités du divorce. En 1795, on découvre à Paris six mille divorces en quinze mois, seulement 7,5 pour mille habitants, dont onze cent quarante-cinq ont été demandés pour incompatibilité d'humeur, ce qui donne 1,4 pour mille habitants. Parmi les abus signalés : des soldats de Nancy et de Metz qui, encasernés l'hiver, se marient pour la saison. Il a été convenu à l'avance qu'au printemps, lors du départ en campagne, ils divorceraient. Sous le Directoire, on verra des femmes qui changeront « de nom et de raison sociale comme de robes et de chapeaux ». Soulignons-le de nouveau, il s'agit d'une infime minorité.

Les périodes d'insécurité voient naître une sorte de paroxysme de l'amour. Amours faciles, mais aussi amours-passion. Les plus étranges — les plus révélatrices aussi — ont pour cadre les prisons, que ce soient celle du Luxembourg, de Port-Libre (anciennement Port-Royal), des Carmes et de Saint-Lazare.

A Port-Libre, les sexes sont séparés : un corps de bâtiment pour les hommes, un autre pour les femmes. Théoriquement. Car, pourvu qu'on y mette le prix, le portier Haly ferme volontiers les yeux. Le soir, on voit les dames se promener, causer et souper avec les messieurs. Après le souper, c'est, jusqu'à 11 heures, la promenade de l'Acacia. Alors sonne la cloche qui convie chacun à regagner sa cellule. On n'en tient guère compte. Le chansonnier Coitant — ex-prisonnier — nous informe que quelques couples d'amoureux ne redoutent pas de passer la nuit en plein air : les portes ne sont jamais fermées, on peut aller et venir comme on veut. Ce qui fait grincer les dents des véritables patriotes. On lit dans l'*Almanach des prisons* : « Nous avons sous nos yeux même à Port-Libre une société païenne, entièrement occupée à la recherche du plaisir : chanter, danser, faire l'amour. » A la prison du Luxembourg, on verra le directeur rassembler les prisonniers et, furieux, leur reprocher leur tenue : on raconte partout que le Luxembourg est « le premier bordel de Paris ». Amer, le directeur semble surtout désolé par l'accusation portée contre le personnel des prisons, dont on dit qu'il joue le rôle d'entremetteur. Pourtant, au Luxembourg, il est d'usage de présenter les nouveaux prisonniers aux anciens. « Bientôt, de petits groupes d'amants s'étaient formés — raconte une Anglaise, Mlle Williams — et les prisonnières anglaises elles-mêmes se rallièrent sous la bannière de la galanterie, car, si elles avaient l'esprit moins vif que les Françaises, elles avaient le cœur plus tendre ! »

Beugnot, qui deviendra un dignitaire de la cour de Napoléon, se souviendra toujours de sa captivité révolutionnaire : « Je suis persuadé que, à cette époque, aucune promenade de Paris n'offrait de réunion de femmes mises avec autant d'élégance que la cour de la Conciergerie ; elles ressemblaient à un parterre orné de fleurs, mais encadré dans du fer. » Les femmes d'un certain rang observent avec un soin scrupuleux le rite des trois changements de costume dans la journée : négligé le matin, costume d'après-midi, toilette de dîner et de veillée. Les autres femmes, celles qui n'ont qu'une robe, se consolent par le savon : « La cour des femmes, dit encore Beugnot, possédait un trésor, une fontaine qui leur donnait de l'eau à volonté ; et je considérais chaque matin ces pauvres malheureuses qui n'avaient apporté avec elles — qui ne possédaient — qu'un seul vêtement, occupées autour de cette fontaine à laver, à blanchir, à sécher avec une émulation turbulente ; la première heure du jour était consacrée par elles à ces soins, dont rien ne les aurait distraites, pas même un acte d'accusation. »

Un autre contemporain nous informe que, dans cette enceinte de la Conciergerie, se trouvait un guichet, après la première grille, où les prisonniers des deux sexes pouvaient se rencontrer : « Là les maris redevenaient amants et les amants redoublaient de tendresse. Il semblait qu'on fût convenu de se dépouiller de cette pudeur grimacière, très bonne quand on peut attendre des moments plus favorables ou chercher des lieux commodes. Les plus tendres baisers étaient sans cesse pris et rendus sans résistance comme sans scrupule. A la faveur même d'un peu d'obscurité et de vêtements larges, l'amour a vu couronner les plus tendres désirs... Il est vrai que ces plaisirs étaient quelquefois troublés par l'aspect des malheureux condamnés à mort qu'on descendait du tribunal et qui traversaient l'enceinte. Alors il se faisait un moment de silence ; on se regardait avec crainte, puis on s'embrassait avec un tendre intérêt, et les choses reprenaient insensiblement leur cours. »

Même spectacle, même jeu dans le guichet d'entrée que l'on appelle des *douze* : « Des femmes et leurs amis, des maîtresses et leurs amants, les uns se caressent avec autant de sécurité et de gaieté que s'ils s'étaient trouvés sous des berceaux de roses, les autres s'attendrissent et versent des larmes. »

L'abbé de La Trémoille et la princesse Lubomirska doivent se contenter d'un terrain de rencontre malodorant ; ils n'y prennent pas garde : « l'amour a changé pour eux la garde-robe en boudoir ». La princesse de Fontanges passe des bras du duc de Gramont dans ceux des Girondins. On dit de la baronne de Trenska, méchamment, qu'« elle était demeurée une putain jusqu'en prison ». Au Plessis, Agnès, veuve du dernier Buffon, oublie vite Philippe Egalité. La plus jolie est Sophie de Magny. L'amour est chez lui dans les prisons. Un prisonnier, André Chénier, lance :

> *On vit, on vit infâme.*
> *Caquetages, intrigues de sots.*
> *On y chante, on y joue, on y lève des jupes,*
> *Ce sera toi demain, insensible imbécile !*

Malgré tout, en prison, comme tant d'autres, le poète subira le charme féminin : il chantera la *Jeune Captive*, c'est-à-dire Aimée de Coigny, rencontrée à la prison de Saint-Lazare. Mme Vigée-Lebrun avait jugé Aimée alors que celle-ci n'avait pas vingt ans ; elle lui avait vu « un visage enchanteur, un regard brûlant, une taille semblable à celle qu'on donne à Vénus et un esprit supérieur ». Mais elle avait ajouté : « En songeant combien elle était belle et susceptible de se passionner, je tremblais pour son repos. » Aimée a épousé à quinze ans le marquis puis duc de Fleury, guère plus âgé qu'elle. Ménage éphémère. Chacun a égrené les aventures. En Aimée de Coigny, on est libre de voir la quintessence de la femme du monde au XVIIIᵉ siècle, sacrifiant tout au plaisir, le cherchant ouvertement. En juin 1792, elle se sépare officiellement de son mari. Et puis on l'incarcère.

Une chance, au fond. Qui parlerait d'Aimée de Coigny aujourd'hui si André Chénier ne s'était trouvé là ?

Y eut-il entre lui et la jolie femme un amour romantique avant la lettre ? Nullement. André Chénier aime ailleurs. Son admiration n'est que poétique. Quant à Aimée de Coigny, elle ne trouve pas le poète à son goût, car il lui faut de beaux hommes. D'ailleurs elle a trouvé. Il s'agit de Montrond, le Casanova du temps, dont Napoléon dira vingt ans plus tard : « Je n'aurai jamais de mœurs en France tant que ce Montrond y restera ! » Et il le fera arrêter.

En donnant cent louis à l'un des policiers qui fréquentaient Saint-Lazare, Montrond et Aimée de Coigny échapperont à la guillotine. Sortis ensemble de prison, ils se marieront. Etant donné ce qu'ils sont l'un et l'autre, il s'agit d'une véritable provocation. Ils le comprennent. Ils divorcent.

André Chénier était mort sur l'échafaud. Le 7 thermidor, deux jours avant la fin de la Terreur.

« L'administrateur de police sort d'ici ; il est venu m'annoncer que demain je monterai au tribunal, c'est-à-dire à l'échafaud... »

La femme, qui, dans un cachot de la prison de la Force, écrit ces lignes terrifiées, au soir du 7 thermidor de l'an II, s'appelle Thérésia Cabarrus. Elle les destine à son amant, le conventionnel, Jean-Lambert Tallien. Par quel canal le billet va-t-il parvenir à Tallien ? Ce dont on est sûr, c'est que le message de Thérésia Cabarrus sera en partie responsable de la journée du 9 thermidor.

Pour la dépeindre, la plume des mémorialistes les plus austères s'émeut. Même le chancelier Pasquier s'attendrit. Le sans-culotte farouche qui, en pleine Terreur, rédige son « signalement » ne peut s'empêcher d'écrire qu'elle a le « visage blanc et *joli* ». Jugement de valeur sans exemple dans les annales policières. Le même patriote nous aide à l'imaginer : « Cheveux noirs, front bien fait, sourcils clairs, yeux bruns, nez bien fait, bouche petite, menton rond. » Ce qu'il oublie, c'est ce charme envoûtant, cette volupté sans pareille qui émanait de ses gestes, de chacune de ses paroles. Elle est à demi espagnole, ses ancêtres ont couru les mers, vécu aux Iles. De cette hérédité, elle a gardé la souplesse des créoles, une volonté frénétique de tirer de la vie toutes les jouissances qu'elle peut procurer — et l'art d'y parvenir.

Son père, François Cabarrus, est à la tête de la plus puissante maison de banque de Madrid. Le gouvernement espagnol traite avec lui d'égal à égal. La petite Thérésia naît dans un château qui ressemble à celui du *Mariage de Figaro* mais elle est élevée par une nourrice, loin de ses parents : plus tard, peu touchée par la fibre maternelle, elle en usera de même pour chacun de ses dix enfants. A douze ans, déjà femme, on la demande en mariage. Le prétendant ? Son oncle. Il a trente-deux ans. Cabarrus, furieux, refuse net. Mais il a compris : il ne faudra pas trop tarder à marier la petite. A Madrid ? Non. A Paris. La famille Cabarrus — le père, la mère, les deux frères, Thérésia et un abbé — s'installe, le 27 juin 1785, dans la capitale française. La reine Marie-Antoinette vient de donner naissance à un prince, Louis-Charles, duc de Normandie. Un jeune gentilhomme corse, Napoleone di Buonaparte, est élève aux écoles militaires.

La beauté de Thérésia, la fortune de son père ne peuvent que lui attirer des soupirants. Les Cabarrus fréquentent chez le marquis de Laborde, le richissime banquier de la Cour. Le fils du marquis se montre ébloui. La nuit, dans le parc, tandis que les parents conversent au salon, Thérésia le rejoint. Baisers, caresses, passion ! M. de Laborde père surgit au détour d'une allée. Colère, larmes, rupture ! Ce n'est pas mal pour une demoiselle de treize ans.

Elle en a quatorze et demi — à cet âge on tient aux « demis » — quand elle épouse Jacques Devin de Fontenay, fils du « haut et puissant seigneur Jacques-Julien Devin, chevalier, conseiller du roi en tous ses conseils, président en sa chambre des comptes de Paris ». Le mari de Thérésia a vingt-six ans. Il apporte à la communauté huit cent trente mille neuf cent vingt-six livres et une charge de conseiller. La dot de Thérésia est de cinq cent mille livres et trois maisons « magnifiques » à Paris. On s'installe dans un hôtel de l'île Saint-Louis, au milieu d'un luxe qui, même pour l'époque, étonne. La lune de miel ? Il n'y en a pas. Dès les premiers jours surgit entre les jeunes mariés un désaccord profond.

En tout cas, M. et Mme de Fontenay reçoivent beaucoup. Les hommes se pressent autour de cette jeune femme si belle, si désirable, comme autour d'une proie offerte. Il semble bien que la « proie » se montre accueillante. Quand commence l'année 1789, la rumeur publique prête déjà de nombreux amants à la marquise de Fontenay : Devin — qui ne semble pas avoir eu le sens de l'histoire — a acheté un marquisat juste avant que le peuple de Paris ait l'idée de prendre la Bastille.

Les idées nouvelles ? Il est de mode, dans une certaine aristocratie — celle à laquelle appartient Thérésia — de les saluer avec enthousiasme. Le 14 Juillet 1790, Mme de Fontenay assiste au Champ-de-Mars à la fête de la Fédération. Les députés tiennent le haut du pavé ; donc, Mme de Fontenay les invite, les reçoit, les traite — et fait mieux, semble-t-il, que les traiter, puisque la *Chronique scandaleuse* d'avril 1790 écrit que la jolie hôtesse se donne « complètement » et « avec ivresse ». Et de citer « Lameth, Montrond, Bozon, Condorcet, Louis de Noailles, etc, etc. ». C'est beaucoup.

Quand le peuple, au 10 août 1792, envahit les Tuileries, chasse Louis XVI et le fait prisonnier, quand, en septembre, on massacre dans les prisons, quand on juge et guillotine le roi, la citoyenne Fontenay s'affole. Bientôt, la Convention ordonnera l'incarcération des « ci-devant conseillers au Parlement qui n'ont pas montré des opinions révolutionnaires ». Ne sera-ce pas le cas de l'ex-marquis de Fontenay ? Décidément, le pavé parisien devient brûlant. Le 3 mars 1793, la municipalité délivre des passeports à « Jean-Jacques Devin fils, voyageant pour affaire de famille ». Après cinq jours de voyage, Thérésia et son mari sont à Bordeaux. Provisoirement sauvés — mais définitivement désunis. Par chance, on vient d'instituer le divorce. Pourquoi ne pas en profiter ? Le 25 avril 1793, un jugement rend aux époux Fontenay leur liberté respective.

Si Thérésia a choisi Bordeaux, c'est que s'y trouve son oncle Galabert, armateur : son premier soupirant. Elle s'est jetée, sans le savoir, au plein d'une région prête à la révolte. Après l'arrestation des députés girondins, Bordeaux fait front contre la Convention. Celle-ci, pour reprendre en main la ville insurgée, délègue quatre de ses représentants. A la tête d'une armée commandée par Brune, futur maréchal de Napoléon, ils investissent Bordeaux, écrasent toute résistance, s'installent dans l'ancien séminaire et, sur la grand-place baptisée « place Nationale », dressent l'échafaud. C'est dans le sang que doit être brisée l'insurrection « fédéraliste ».

Qui sont ces conventionnels chargés d'une si terrible tâche ? Trois n'ont guère laissé de souvenir dans l'Histoire : Baudot,

Ysabeau et Chaudron-Rousseau. Le quatrième s'appelle Jean-Lambert Tallien.

Vingt-six ans, « une jolie figure qu'il cherche à rendre sévère », « une forêt de boucles blondes qui s'échappent de son chapeau ». Tallien est fils du maître d'hôtel du marquis de Bercy. Il a grandi à l'office et peut-être y a-t-il acquis ce que nous appellerions un « complexe ». Un brave homme, pourtant, ce marquis : il a payé au jeune Tallien des études au collège Mazarin. On a vu Jean-Lambert clerc de procureur, secrétaire d'Alexandre de Lameth, copiste. Il végétait. Aux premiers jours de la Révolution, il s'est rangé parmi les extrémistes. Doté d'une parole facile, il dénonce inlassablement « les abus ». Si Tallien, au 10 août, peut à bon droit revendiquer sa part de gloire, on possède à peu près la preuve qu'il a trempé dans les massacres de septembre : ce qui assurément ne le grandit pas mais ce qui — sans doute — contribue à le faire élire à la Convention.

Maintenant, le citoyen représentant Tallien est maître de Bordeaux. Cet homme de vingt-six ans symbolise, aux yeux de toute une ville, la Terreur.

Chaque jour, ou presque, la guillotine fonctionne. On a apposé sur les murs cette affiche : « Les citoyennes ou autres individus qui voudraient solliciter pour les détenus ou pour obtenir quelque grâce seront regardés et traités comme suspects. »

Or, un matin — le 13 novembre 1793 —, le Comité de surveillance reçoit une pétition sollicitant « la levée des scellés apposés dans l'hôtel de la veuve Boyer-Fonfrède ». Il s'agit d'un girondin guillotiné à Paris quelques jours plus tôt. Est-ce une provocation ? Qui a eu l'audace insigne de braver l'arrêté des représentants en mission ? Au vrai, l'audacieux est une audacieuse. Elle a signé de son nom de jeune fille, repris depuis le divorce : Thérésia Cabarrus.

La suite est assez obscure. Une nuit de décembre, Thérésia est arrêtée. Des gendarmes l'ayant interpellée dans les rues de Bordeaux, elle n'a pu exhiber l'obligatoire carte de sûreté. Sans perdre un instant, on l'a conduite au fort du Hâ, ci-devant forteresse devenue prison ; énormes murailles, fenêtres en forme de meurtrières, fermées en outre par des grilles de fer. A peine arrivée au greffe, Thérésia le prend de haut. Elle exige de parler au représentant Tallien : « J'ai des révélations à faire ! » Ces révélations, elle ne les fera qu'à Tallien — dans le secret le plus absolu.

L'attitude de cette femme — qui semble si sûre d'elle — ne laisse pas d'impressionner les subalternes. On s'en va donc réveiller Tallien. Sur-le-champ, il vient. L'air soucieux, sévère, Tallien commande qu'on lui amène la citoyenne Cabarrus dans « un endroit écarté », afin qu'il recueille ses révélations. Ce n'est que comédie : ils se connaissent déjà. Un rapport du 18 novembre, émanant des espions du Comité de salut public, est sur ce point parfaitement clair : « Nous dénonçons le nommé Tallien, représentant du peuple, pour avoir des liaisons intimes avec la nommée Cabarrus, femme divorcée de l'ex-noble Fontenelle (*sic*) qui a tant d'influence sur son esprit qu'elle est la protectrice de sa caste, nobles, financiers et accapareurs. Si cette femme reste plus longtemps auprès de Tallien, la représentation nationale va tomber dans le discrédit qui, au contraire, a le plus grand besoin de jouir de la confiance du peuple. » Ce qui donne à ce rapport de police beaucoup de vraisemblance, c'est que Thérésia est aussitôt rendue à la liberté. Dès le lendemain, elle s'en va retrouver Tallien à la Maison nationale.

Certes, il ne lui plaît pas. Il n'a d'éducation que celle apprise à l'office. Il affecte le débraillé qu'il croit utile au succès de la politique terroriste. Il émaille sa conversation de « bougres » et de « f... ». Bref, elle et lui se situent aux antipodes. Pourtant, nul à Bordeaux n'ignore bientôt que Thérésia est devenue la maîtresse de Tallien. Pourquoi ? Il faut *vivre*. Et, pour le moment, Tallien reste le grand dispensateur de vie. Soyons donc à Tallien. Au reste, s'il est vulgaire — et d'esprit bas — il n'est pas laid. Et Thérésia qui a déjà « distingué » bien des hommes n'aura pas, sur ce point, les hésitations d'une femme sans expérience.

Il existe autre chose que Thérésia ressent au fond d'elle-même et qu'elle serait bien en peine d'analyser : la passion de se trouver du côté des puissants. D'emblée un homme au pouvoir se pare à ses yeux de mille attraits. En cela, elle est femme au plus haut sens du mot. Or Tallien, à Bordeaux, n'occupe pas seulement le pouvoir, il *est* le pouvoir.

Faut-il tenir pour exacte cette confidence rapportée par la femme de chambre de Thérésia :

— Cette société de Tallien me répugne, aurait dit la citoyenne Cabarrus, mais je ne peux m'en tirer, car c'est le seul moyen de contenter ma soif de parvenir.

Sans doute cela est-il trop beau pour être vrai. En revanche rien de plus exact que l'influence modératrice que Thérésia va exercer sur Tallien. Jacques Castelnau a publié un bilan éloquent des exécutions à Bordeaux.

En octobre, avant l'arrivée des représentants, six têtes tombent.

En novembre 18
En décembre 34
En janvier 1794 (Thérésia est auprès de Tallien) .. 16
En février 10
En mars 8
En avril 10
En mai 0
En juin (après le départ de Thérésia) 21
En juillet 126

C'est un vrai « bureau des grâces » que tient Thérésia. On se presse chez elle, on la supplie, on lui jure une reconnaissance éternelle. Elle reçoit chacun le plus gracieusement du monde, écoute les suppliques, s'en émeut, promet d'intervenir — et intervient. Que ne s'en tient-elle là !

Car ces grâces, la plupart du temps, ne sont pas gratuites. Thérésia recueille de fortes sommes ou des présents de grande valeur. Elle partage avec Tallien. Les deux complices contemplent avec satisfaction leur trésor qui s'accroît à mesure que les assignats baissent. Voilà qui donne la mesure des convictions de Tallien. Et des principes de Thérésia.

Ils verraient avec plaisir cette situation se prolonger éternellement. Tallien s'exhibe avec sa maîtresse dans une voiture tirée par d'admirables chevaux — le tout réquisitionné bien entendu. Alors que la disette accable Bordeaux, Tallien et Thérésia tiennent table ouverte, ils mettent leur point d'honneur à offrir à leurs hôtes les mets les plus rares... et les plus chers. C'est trop d'ostentation. Des dénonciations partent pour Paris, qui aboutissent chez Maximilien Robespierre. Pour l'Incorruptible, la Révolution ne peut exister que dans la pureté. Que Tallien pille et rançonne les Bordelais, voilà, aux yeux de Robespierre, la pire accusation. Tallien a sali la Révolution : crime inexpiable. Qui plus est, les dénonciations contre Tallien parviennent à Maximilien au moment précis où il fait rappeler les représentants qui se sont montrés indignes de leur mission dans les départements : ainsi en est-il de Fouché qui a fait tirer au canon sur les Lyonnais, de Barras et de Fréron, tristement illustrés à Toulon, de bien d'autres.

Tallien s'affole. Il agit comme les gens réveillés en sursaut : d'abord il vacille, ne sait plus où il en est. Puis, brusquement, il se décide. Il n'attendra pas que Robespierre le rappelle. De lui-même, il regagnera Paris. Ainsi pourra-t-il mieux se défendre. Et Thérésia ? Provisoirement, elle restera à Bordeaux.

Chaque jour désormais, Thérésia guette le courrier. Elle dévore les feuilles publiques. Elle sait qu'à Paris Tallien a tout fait pour désarmer Robespierre. Y est-il parvenu ? Elle n'en peut plus, elle quitte Bordeaux, arrive le 10 mai dans la capitale où Tallien se terre depuis près de deux mois. Elle apprend tout en un instant : Robespierre ne désarme pas. Il mène la guerre contre les « corrompus ». Tallien lui a rendu visite et n'est pas parvenu à le convaincre. C'est tout.

Les corrompus ? Assurément, Robespierre voit en Tallien l'un des plus affirmés. Sa colère gronde, plus forte encore, contre cette Thérésia Cabarrus qu'il tient — avec la conviction des purs — pour le génie pervers qui a perverti Tallien. Elle est trop belle, trop élégante, trop loin de tout ce qu'il apprécie, de tout ce qu'il aime. Elle a failli, à Bordeaux, faire dévier la révolution de son but. Elle doit payer. Le 31 mai, elle est arrêtée, conduite à la prison de la Petite-Force.

Etrangement, Tallien reste libre.

Autour de lui, le filet se resserre. La séparation et le danger ont donné au penchant qu'il éprouvait pour Thérésia le poids d'une passion enfiévrée. Chaque jour il se demande : est-ce pour aujourd'hui ? Ira-t-elle ce soir à l'échafaud ? Viendra-t-on m'arrêter ?

Le 7 thermidor, Thérésia apprend qu'elle va comparaître devant le tribunal révolutionnaire. Elle écrit alors le célèbre billet, dont on a lu plus haut quelques lignes :

« De la Force, le 7 thermidor.

« L'administrateur de police sort d'ici ; il est venu m'annoncer que demain je monterai au Tribunal, c'est-à-dire à l'échafaud. Cela ressemble bien peu au rêve que j'ai fait cette nuit. Robespierre n'existait plus et les prisons étaient ouvertes. Mais grâce à votre insigne lâcheté, il ne se trouvera bientôt plus personne en France capable de réaliser mon rêve. »

Insigne lâcheté ? Tallien mérite-t-il cette injure ? Hier sans doute. Plus maintenant. Depuis plusieurs jours, le plus rusé de tous les conventionnels, un ancien oratorien, le citoyen Fouché, parcourt Paris. Lui aussi est en péril de mort. Il « contacte » tous ceux qui croient — souvent à tort — avoir à redouter la colère de Robespierre. Il fait circuler de fausses listes de proscrits. Naturellement, les représentants à qui il les remet y figurent toujours. Le danger parfois divise. En l'occurrence, il rassemble. Tallien a pris langue avec Fouché. Ils sont décidés à frapper Robespierre avant qu'il les frappe : coalition des pourris contre la pureté.

Dans les lignes reçues de Thérésia, Tallien puise des forces nouvelles. Le 9 thermidor, c'est lui qui empêchera Saint-Just de parler à la tribune de la Convention. Lui qui, le premier, s'en prendra à Robespierre. La chute de l'Incorruptible est en grande partie son œuvre. Robespierre, décrété d'accusation, arrêté, libéré par la Commune insurgée, repris à l'aube du lendemain après une tentative de suicide, sera guillotiné le 10 thermidor sur la place de la Révolution. Au dernier instant, on arrachera brutalement le pansement qui couvre sa mâchoire éclatée. Un cri, un cri abominable, celui d'une bête qu'on égorge. Le couperet qui tombe. La Révolution est morte.

Cette Révolution, des millions de Françaises l'ont ressentie dans leur âme et dans leur cœur. Violemment. Elles ont pris parti — *pour* ou *contre*. Ce faisant, elles ont préféré l'intérêt général à celui de leur sexe. Elles n'ont pas eu tort. Le combat féministe entamé par quelques-unes n'était qu'une offensive d'avant-garde. Il est bon qu'elle ait été tentée par des femmes courageuses. D'évidence, il était trop tôt pour qu'il aboutît. Les structures bourgeoises que se donnait la France ne pouvaient par définition que se révéler antiféministes. La révolte de la femme ne pourra trouver sa véritable expression que lorsque la bourgeoisie, elle-même, modifiera ses propres concepts. Il y faudra cent cinquante années.

CHAPITRE VII

L'ARTICLE 213

Les arbres qui, pour l'hiver, noircissent leurs branches. Les feuilles rougies qui glissent au creux des allées. Ce jour de l'automne 1796, le citoyen directeur Barras offre une fête en son château de Grosbois. Signe des temps : autrefois Grosbois appartenait à Monsieur, frère de Louis XVI ; maintenant, le « général » Barras se pavane dans un domaine d'ailleurs acheté à vil prix. La fête d'aujourd'hui acquiert un sens très précis. Si, au grand trot de leurs attelages, les voitures s'enfoncent à travers le parc et déversent face au perron leur contingent d'invités, c'est que l'on vient voir Mme Tallien changer d'amant.

Après le 9 thermidor, les prisons se sont ouvertes. Les comptes réglés, on a démonté la guillotine. Les Parisiens reconnaissants en ont attribué le mérite — de façon un peu simpliste — à la belle Thérésia. Elle est devenue Notre-Dame de Thermidor. Quand un mariage est venu sceller l'union d'un couple illustre, les âmes sensibles se sont émues. Mme Tallien s'est vue l'idole des Parisiens. Parcourt-elle la ville dans sa calèche couleur sang-de-bœuf ? On l'acclame. Entre-t-elle dans sa loge au théâtre ? Les spectateurs crient : « Vive la citoyenne Tallien ! »

Un Paris paradoxal est né. Thérésia en est la reine. Il n'est bruit que de ses « toilettes ». Un jour, elle dépense quarante louis pour une robe de mousseline transparente. La première, elle ose paraître au bal de l'Opéra, les doigts de ses pieds nus cerclés de *carlins* d'or. Un soir, elle se montre en public les seins enserrés dans une rivière de diamants. L'ambition de toute Parisienne est d'être conviée aux réceptions offertes, par les Tallien, dans leur fameuse *Chaumière*, allée des Veuves. Malgré son nom lugubre

— autrefois, les femmes veuves s'y promenaient — c'est un des endroits les plus riants de Paris ; l'avenue Montaigne actuelle en suit à peu près le tracé. Dans un luxe trop neuf, on côtoie des gens célèbres : Mme de Staël, Louvet, Mme Hamelin, Fréron, Barras, Sieyès, Lanjuinais, Mme Récamier, bien d'autres. Au centre de tout, Thérésia. On ne parle que de ses bijoux, de ses cinquante perruques, de ses pertes au jeu.

On danse allée des Veuves et dans les six cent quarante bals publics de Paris mais, au cours du grand hiver 1795-1796, on enregistre seize degrés au-dessous de zéro. Un rapport de police constate : « Une grande partie des habitants exténués, pâles de besoin, se rendent dans les maisons de secours ; les ouvriers, surtout, ne peuvent se livrer à leurs travaux, faute de nourriture ; plusieurs femmes, mères nourrices, ont été trouvées chez elles sans connaissance ni aucun signe de vie, et plusieurs sont mortes avec leur enfant à la mamelle. » Des rentiers, ayant vendu leurs dernières hardes, se suicident. A la Chaumière, il ne se trouvera pas une seule des belles amies de Thérésia pour évoquer ces ombres du décor. A la rigueur, si elles font allusion à l'actualité, c'est avec un sourire, pour proposer quelques marchandises introuvables. Voilà le vrai bon ton : se livrer au marché noir. Les dames de la société thermidorienne ont tremblé hier, aujourd'hui elles veulent dévorer la vie. Leur tenue seule évoque un appétit de jouissance. Encore plus transparentes, encore plus décolletées, les longues robes de linon ou de mousseline. C'est à peine si les épaules et la poitrine s'abritent sous un châle ou *spencer*. La taille se marque sous les bras par un ruban que l'on noue par-derrière. Cette ceinture, on l'appelle *à la victime*. Si légères, les robes, qu'à travers l'étoffe on distingue la couleur des jarretières. A la main ou à la ceinture, ces dames balancent un petit sac appelé *balantine* ou *réticule*.

Ces femmes-là, il faut bien convenir qu'elles règnent de nouveau, sinon sur la France, du moins sur Paris. Paradoxalement, ce que le temps de la vertu leur avait ôté, le déferlement d'immoralité le leur rend.

La société de la Révolution avait fait naître une rigueur qui, dans l'esprit de certaines femmes, se doublait de prudence. Le patriotisme s'identifiait à la vie de famille. Tout cela est mort le 9 thermidor. La nouvelle société ne croit plus à grand-chose. Au diable les principes, qu'ils soient de politique ou de morale ! Il convient d'être sceptique. Non seulement on a rejoint la tolérance souriante du XVIIIᵉ siècle mais on l'a aggravée. Prononcer des interdits ? Fi ! se croit-on encore sous Robespierre ? A ce jeu, la Française, en quelques semaines, semble avoir conquis un bien qui lui avait été si souvent refusé : l'indépendance. Les femmes sortent seules. On les voit partout, dans les lieux publics, sur les boulevards, aux Champs-Elysées, dans les cafés en plein air. On dirait que Paris leur appartient. On ne critique plus une femme qui, amoureuse, se met en chasse d'un homme. Il est licite qu'elle lui parle la première, voire qu'elle l'aborde dans la rue ; qu'elle lui écrive, lui offre à la fois son cœur et un rendez-vous. Cela s'appelle être *curieuse* d'un homme. On publie un *indicateur des mariages* où les femmes libres font elles-mêmes l'article. On donne des bals de célibataires : les candidates portent un ruban de certaine couleur.

Les étrangers s'effarent, un Anglais par exemple, tout juste débarqué : « Ce matin, j'ai rencontré une jeune femme habillée en homme ; cela est très commun. Aujourd'hui rien ne peut étonner, tout est bien, et une femme avec une immense poitrine en grande évidence, habillée des habits d'un autre sexe, ne fait pas plus sensation que de voir les jours de pluie, comme aujourd'hui, les femmes se trousser au-dessus du genou et montrer leurs jambes à tous les passants. *Pourquoi cacherait-on cela plutôt que les mains ?* disent-elles... » A la Comédie-Française, hommes et femmes se pressent dans des loges obscures, ce qui étonne fort les gens de l'Ancien Régime : naguère, un monsieur s'interdisait de porter la main sur un canapé où une dame était assise. La courtoisie, même, est morte. Un vieux Parisien s'attriste : « Saluez-vous une femme que vous rencontrez en montant un escalier ? Lui faites-vous place ? Elle ne vous salue ni ne vous aperçoit. Ramassez-vous son gant, son éventail ? Elle ne remercie pas. Etes-vous beau ? Elle vous toise. Etes-vous laid ? Elle ricane. Les femmes vous coudoient, on les coudoie, tout est égal. Quant aux jeunes gens, ils saluent du cou ou de la lorgnette. La politesse est dans la nuque : le reste du corps est impoli. »

C'est le temps des *Merveilleuses*. La merveilleuse change de perruque trois fois par jour. Ses cothurnes sont si frêles que, sur le pavé, elle risque dix fois par jour de se tordre la cheville. Elle s'en moque : comment se passerait-on de cothurnes ? La merveilleuse porte une tunique grecque, « sans doute fort pratique à Athènes, mais qui expose les Françaises à d'innombrables fluxions de poitrine ». Cela s'appelle robe à la *Xerxès*, redingote à la *Galatée*, tunique à la *Minerve*, à la *Diane*, à l'*Omphale*. La merveilleuse se doit de mettre en valeur ce qu'un moraliste appelle « les réservoirs de la maternité ». Pour ce faire, il lui faut se *draper*. Mme de Genlis parle d'une petite fille de dix ans qui, en jouant, se met la jupe et la chemise au-dessus de la tête, dévoilant de très jeunes nudités. Le père survient et gronde : « Que fais-tu là ? » Avec une innocence admirable, la petite fille répond : « Papa, je me drape ! »

Ne fuyons pas l'évidence : ces merveilleuses sont souvent intéressées. Il faut bien vivre. Le marché noir ne suffit pas à tout. Ni les affaires dans lesquelles on s'immisce grâce à des complicités administratives. Partager quelques semaines, quelques mois, la vie d'un nouveau riche — il y en a beaucoup — c'est un palliatif que fuit rarement la merveilleuse. C'est le lot d'une Tallien, d'une Hamelin, d'une Joséphine de Beauharnais. Certes, la merveilleuse type ne représente qu'une minorité mais sans aller jusqu'à ces outrances, toute la société subit la contagion. Presque toutes les jeunes filles s'habillent à la nouvelle mode, même si leur mère reste fidèle à l'ancienne. Les mères s'alarment, évoquent avec nostalgie les corps de baleines, les paniers d'antan : au moins, c'était là une protection. Tandis que maintenant ! Même les grandes dames émigrées qui rentrent peu à peu se glissent dans ce mouvement effréné.

Toutes, elles dansent. Assurément, c'est la dominante de l'époque. « Après l'argent, dit Mercier, la danse est aujourd'hui tout ce que le Parisien aime, chérit, ou plutôt ce qu'il idolâtre. » On danse aux Carmes où l'on avait égorgé ; on danse au noviciat des Jésuites ; on danse au couvent des Carmélites du Marais, au séminaire Saint-Sulpice ; on danse aux Filles de Sainte-Marie. Le métier le plus harassant est devenu celui de ménétrier. En pleine nuit, on frappe à sa porte, comme on ferait pour un médecin ou une sage-femme : « Hé ! Vite ! Levez-vous ! Accourez ! On vous attend ! »

Comme toujours, malgré tout, l'historien s'interroge. Cette esquisse concerne-t-elle seulement une minorité ? Pierre Bessand-Massenet, le meilleur connaisseur de la France après la Terreur, se montre formel : « Le tableau est le même dans toutes les classes de la société ; car la démoralisation consécutive aux bouleversements révolutionnaires n'a épargné aucun milieu. » Toutes les femmes ne s'habillent pas comme Mme Tallien. Beaucoup pensent et sentent comme elle.

Si Paris s'est donné une reine, quelqu'un s'en est cru le roi :
le citoyen-directeur Barras. En fait, il règne surtout sur le palais
du Luxembourg, affectant là les manières d'un prince du sang.
Les assignats tombent à rien, le peuple crie sa faim, mais Barras
reçoit magnifiquement. Son programme tient en une phrase :
« La démocratie, c'est l'amour. » Il ne s'en est pas écarté quand
il a sollicité Mme Tallien — avec un sourire — de partager
pour quelque temps son existence. Et — avec un sourire —
Mme Tallien a accepté. On a envoyé Tallien en Egypte comme
« savant ». La belle Thérésia a régné sur le Directoire. C'est
désormais du Luxembourg et de Grosbois qu'est partie la mode
parisienne.

Faut-il voir là un rapport de cause à effet ? Avec la plus
grande innocence, le *Journal des dames et des modes* consacre
un article à l'art de « rehausser l'éclat de lys d'un beau sein et
à couronner le bouton de rose qui en est l'ornement naturel. Il
s'agit d'entourer le sein d'un ruban de velours noir juste au-
dessus du bouton de rose dont il fait remarquer l'incarnat au
travers de la tunique ».

La durée de la liaison de Barras et de Thérésia ne sera que de
quelques mois. Sous le Directoire, quelque chose qui ressemble
à de l'éternité. Poursuivre plus longtemps serait presque malséant. Barras se préoccupe de se trouver un successeur. Son
choix va se fixer sur le financier Ouvrard, l'homme le plus riche
de son temps. Donc, un matin de l'automne 1798, les invités du
directeur se presseront tous à Grosbois, conviés à assister à la
passation de pouvoirs.

Le prétexte — en faut-il un ? — est une chasse. Thérésia
s'élance sur l'un des chevaux du financier, lequel s'empresse de
galoper à ses côtés. Dans les bois, le couple s'égare. On ne les
reverra que le soir, au dîner somptueux que Barras a fait servir.
L'assistance « salua Mme Tallien comme la favorite du noble
fournisseur ».

Après le dîner, on part pour l'Opéra. C'est dans la voiture
d'Ouvrard que Thérésia prend place. C'est dans sa loge qu'elle
paraît. Ainsi a été notifiée au public cette nouvelle d'importance : la reine du Directoire a changé de prince consort.
Ouvrard, reconnaissant, donnera quatre enfants à Thérésia. Alors
seulement elle songera à divorcer d'avec Tallien afin de se trouver libre, à point nommé, pour épouser le prince de Chimay.

Dans son château des Ardennes, elle donnera encore quatre héritiers à son nouvel époux. « Monstrueuse de grosseur », elle s'éteindra dans sa principauté devenue belge, le 15 janvier 1835.

Elle aura pu être épouse d'un conseiller au Parlement, d'un conventionnel, maîtresse d'un directeur et d'un banquier, princesse enfin — tout cela est oublié. Pour l'Histoire, elle reste *Notre-Dame de Thermidor.*

En octobre 1798, deux femmes se promènent aux Champs-Elysées dans des fourreaux de gaze. Stupéfaits, les passants s'aperçoivent qu'elles sont pratiquement nues. En octobre ? Avec soulagement, constatons que, cette année-là, l'arrière-saison fut belle. Bientôt, un critique, se voulant moralisateur, écrit sérieusement : « Ce qui habille le mieux une femme, c'est le nu. » Un an plus tard, lors d'une représentation de gala à l'Opéra, Mme Tallien — toujours elle — et deux amies se présentent vêtues en nymphes chasseresses : leur tunique ne dépasse pas le genou, leurs pieds sont nus et ornés de bagues. Le lendemain, les trois nymphes recevront un message de Joséphine de Beauharnais leur signifiant que « le temps de la fable est passé et le règne de l'histoire commencé... ». Entre les deux dames nues des Champs-Elysées et les nymphes chasseresses de l'Opéra, une date : le 18 brumaire. Le nouveau maître a son opinion sur les femmes. Il entend la faire respecter.

« La femme est donnée à l'homme pour qu'elle fasse des enfants. — La femme est notre propriété. Nous ne sommes pas la sienne ; car elle nous donne des enfants et l'homme ne lui en donne pas. Elle est donc sa propriété comme celle de l'arbre fruitier est celle du jardinier. — En France, les femmes sont trop considérées ; elles ne doivent pas être regardées comme les égales des hommes. — Il vaut mieux que les femmes travaillent de l'aiguille que de la langue. On doit apprendre à la femme qu'en sortant de la tutelle de sa famille elle passe sous celle de son mari. »

Ces jugements catégoriques ont tous été prononcés par Napoléon Bonaparte. Les uns quand il était jeune consul, les autres à Sainte-Hélène, au terme de sa prodigieuse carrière. C'est donc là une opinion bien ancrée. Parlant aux épouses de ses compagnons de Sainte-Hélène, il précise encore les rôles respectifs de l'homme et de la femme :

— Il n'y a que le manque de jugement, les idées communes et le défaut d'éducation qui puissent porter une femme à se croire en tout l'égale de son mari ; du reste, rien de déshonorant dans la différence ; chacun a ses propriétés et ses obligations : vos propriétés, mesdames, sont la beauté, les grâces, la séduction. Vos obligations, la dépendance et la soumission.

Cette conception remonte loin. Le jeune officier Bonaparte écrivait à Joseph, son frère — et on le sent scandalisé — qu'en France la femme « tenait partout le gouvernail ». La liberté de mœurs du Directoire, il l'a observée d'un œil critique, désapprobateur. Il ne faut pas oublier — jamais — que Napoléon était un Méditerranéen. Sa conception du rôle de la femme lui vient de la Corse : la femme, on la respecte en tant que mère. On la soumet en tant qu'épouse. Rarement a-t-on vu dans l'histoire l'opinion d'un seul individu comporter des conséquences aussi graves, aussi durables. Car le Code Napoléon va imposer à la France, puis à l'Europe — et ceci pour un siècle et demi — les conceptions personnelles de *l'individu* Napoléon sur le problème et le rôle de la femme.

— Les femmes ont besoin d'être contenues *dans ces temps-ci*, déclare-t-il dès le début du Consulat. Il y a plus de femmes qui outragent leur mari que de maris qui outragent leur femme. Il faut un frein aux femmes qui sont adultères pour des clinquants.

Puisque la femme est l'arbre fruitier d'un jardinier qui s'appelle l'homme, l'article 213 du Code Napoléon ordonnera avec une simplicité grandiose : « *Le mari doit protection à sa femme, la femme obéissance à son mari.* » En deux lignes, tout est dit. Voilà la femme mariée à jamais décrétée mineure. Nous avons vu cela pendant des siècles mais ce passé ne prétendait nullement établir une société égalitaire. Le Code impérial se veut l'héritier de la Révolution. Les lois qu'il édicte sont destinées à assurer des chances égales à tous les Français. L'image n'est pas fausse qui veut que, désormais, un simple soldat ait dans sa giberne le bâton de maréchal. Sous l'Empire, des hommes partis de rien deviendront duc ou prince. Murat, fils d'aubergiste, sera roi de Naples. L'égalité, oui — pour les hommes. La femme mariée continuera à passer de la tutelle de son père à celle de son mari. Dès qu'elle a contracté mariage, elle est frappée d'incapacité juridique. Si elle n'obtient pas l'autorisation de son mari, il lui est interdit d'ester en justice, d'acheter, de vendre ou hériter (même si son régime matrimonial n'est pas celui de la communauté de biens), de se faire établir des papiers d'identité, de travailler ou de posséder un compte en banque. Un seul cas pour lequel l'autorisation maritale n'est pas nécessaire : les poursuites que l'on pourra intenter contre la femme, en matière criminelle ou de police, les condamnations qu'elle pourra subir pour délits civils et pénaux. *L'intérêt public fait céder le droit du mari*, précise l'article 216. Un grand juriste, Paul de Lauribar, commente cela avec éloquence : « La loi française exige que la femme soit une éternelle mineure, sauf cependant si elle commet un délit quel qu'il soit ; dans ce cas, elle ne bénéficie pas de la loi qui l'assimile aux irresponsables, c'est-à-dire les enfants et les fous. » Même attitude de la loi en ce qui concerne le fisc. En somme, on n'accorde d'existence légale à la femme que devant l'impôt, la prison ou la guillotine.

Le Code Napoléon condescend à accorder à la femme quelques menues autorisations pour lesquelles elle n'a pas besoin de recourir à son conjoint : elle peut exercer les actes de puissance paternelle sur les enfants qu'elle a eus d'un précédent mariage et accepter les dons qui leur seraient destinés. Elle peut reconnaître, seule, les enfants naturels qu'elle a eus avant son mariage. Elle peut tester et révoquer un testament ou une donation qu'elle aurait faite à son mari, droit qui n'a d'effet qu'au-delà de la mort.

Sans conteste, les femmes les plus avantagées par le Code Napoléon restent la célibataire, la veuve, la divorcée. A partir de leur majorité — vingt et un ans —, après le décès du conjoint ou la dissolution du mariage, elles acquièrent des droits civils sensiblement égaux à ceux des hommes. La soumission pour la femme s'identifiera donc au mariage. C'est ce que la sagesse populaire confirmera en parlant de « corde au cou » ou de « joug conjugal ».

Naturellement, dans l'esprit de l'empereur, il n'est pas question du moindre droit politique. Depuis longtemps, il a tranché : « Les Etats sont perdus quand les femmes gouvernent les affaires publiques. » Et encore : « Pendant la Révolution, elles s'insurgeaient, s'érigeaient en assemblées, voulaient même se former en bataillons. On fut obligé de réprimer cela. Le désordre se fût entièrement mis dans la société si les femmes étaient sorties de l'état de dépendance où elles doivent rester. » Donc, on réprima *cela*.

Il faut aussi que le mariage redevienne « une chose sérieuse et grave ». Pour critiquer l'abus du divorce, on n'avait pas attendu Napoléon. Sous le Directoire, au Conseil des Cinq-Cents, Régnaut de l'Orne s'était écrié : « Qu'y a-t-il de plus immoral que de permettre à l'homme de changer de femme comme d'habit, et à la femme de changer de mari comme de sabots ? N'est-ce pas porter atteinte à la dignité du mariage ? N'est-ce pas le changer en concubinages successifs ? » Pour divorcer, une simple signature suffisait. C'est de cette manière que le grand Talma avait quitté, après onze ans de vie commune, sa charmante épouse Julie Carreau : « Nous avons été à la municipalité dans la même voiture, raconte Julie. Nous avons causé pendant tout le trajet de choses indifférentes, comme des gens qui iraient à la campagne. Mon mari m'a donné la main pour descendre ; nous nous sommes assis à côté l'un de l'autre, et nous avons signé, comme si c'eût été pour un contrat ordinaire que nous eussions à passer. En nous quittant, il m'a accompagnée jusqu'à ma voiture : "J'espère, lui ai-je dit, que vous ne me priverez pas de votre présence, cela serait trop cruel... Vous reviendrez me voir quelquefois, n'est-ce pas ? — Certainement, a-t-il répondu d'un air embarrassé ; toujours avec grand plaisir." J'étais pâle et ma voix était émue, malgré tous les efforts que je faisais pour me contraindre. Enfin, je suis rentrée chez moi et j'ai pu me livrer tout entièrement à ma douleur. Plains-moi, car je suis bien malheureuse. »

Le Code Napoléon apportera des restrictions sérieuses à la loi du 20 septembre 1792. Le divorce subsiste mais ne pourra être obtenu qu'après une procédure longue et difficile. On maintient la clause du divorce par consentement mutuel, mais les conjoints devront se soumettre à des obligations strictes et à de longs délais.

Pour la femme, le carcan est refermé. Comprend-elle qu'une étape capitale vient pourtant d'être franchie ? Sous l'Ancien Régime, son statut était le résultat de traditions et de coutumes obscures, dont la plupart des Françaises n'avaient jamais lu l'expression formulée. Dans l'Etat cartésien surgi de la volonté impériale, désormais tout est codifié. Y compris le destin de la femme française. Qu'elle achète le petit livre qui contient le Code Napoléon, qu'elle en tourne les pages, et elle découvrira aussitôt — là, noir sur blanc — l'expression de sa soumission. La grande révolte qui va naître au XIXe siècle est sortie de cette prise de conscience.

Il advient à certains hommes de se vouloir les tenants de théories qu'ils n'appliquent guère dans leur vie privée. Disons-le sans hésitation : ce n'est pas le cas de Napoléon. Les femmes nombreuses, si nombreuses, qui ont passé dans sa vie ont dû se plier à sa volonté impérieuse. Toutes, sauf deux : sa mère et sa première épouse, Joséphine. Encore l'exception n'est-elle valable pour cette dernière que dans les premiers temps du mariage.

D'abord, la mère, l'austère *signora* Letizia. Dans l'enfance du petit *Nabulio* — ainsi appelait-on Napoléon — elle sévit quand il le faut, autant qu'il le faut. Le petit garçon lui manque-t-il de respect, désobéit-il ? Il a droit à une fessée magistrale. Elève à Brienne, réclame-t-il avec trop d'insistance un peu d'argent ? Une lettre lui parvient de la *Madre*, le remettant brutalement à sa place — et cette place n'est rien. Quand Napoléon se fait empereur, il est brouillé avec Lucien. Seule de toute la famille, Letizia ne plie pas. Ostensiblement, elle part pour Rome où se trouve Lucien. Elle ne sera pas à Paris le jour du sacre à Notre-Dame — excepté sur le tableau de David. A la cour impériale, Napoléon exige que toute la famille, hommes et femmes, lui baise la main dans les cérémonies officielles. A la première occasion, parvenue devant le trône impérial, Letizia refuse d'obéir à cet arrêt humiliant.

— Mais je suis l'empereur !

— Mais vous êtes mon fils !

Et elle lui tend sa main — qu'il baise d'ailleurs.

C'est la loi de nature : la mère doit abandonner ses prérogatives quand, pour la première fois, le fils aime. Letizia n'a rien su de la première aventure de Napoléon. Peut-être s'agit-il d'une certaine Marie Augier, femme de lettres suisse, beaucoup plus âgée que lui, connue au mois d'août 1786 à Lyon, Napoléon ayant dix-sept ans. Peut-être encore cette fille rencontrée sous les arcades du Palais-Royal, le mercredi 21 novembre 1787. Il a lui-même soigneusement noté tous les détails de cette entrevue sans grandeur. Ce soir-là, il était allé entendre les comédiens italiens. A grands pas, il revenait par le Palais-Royal, vers l'hôtel de Cherbourg, rue du Faubourg-Saint-Honoré, où il demeurait. Tout à coup il aperçoit devant lui, sous les arcades, une « personne du sexe » : « L'heure, sa taille, sa grande jeunesse ne me firent pas douter qu'elle ne fût une fille. Je la regardais. Elle s'arrêta, non pas avec cet air grenadier, mais un air convenant parfaitement à l'allure de sa personne. Ce rapport me frappa. Sa timidité m'encouragea et je lui parlai... Je lui parlai, moi qui, pénétré plus que personne de l'odieux de son état, me crois toujours souillé par un seul regard... ! Mais son teint pâle, son physique faible, son organe doux ne me firent pas un moment en suspens. Ou c'est, me dis-je, une personne qui me sera utile à l'observation que je veux faire, ou elle n'est qu'une bûche.

« — Vous aurez bien froid, lui dis-je ; comment pouvez-vous vous résoudre à passer dans les allées ?

« — Ah ! monsieur, l'espoir m'anime. Il faut terminer ma soirée.

« L'indifférence avec laquelle elle prononça ces mots, le systématique de cette réponse me gagna, et je passai avec elle.

« — Vous avez l'air d'une constitution bien faible, je suis étonné que vous ne soyez pas fatiguée du métier.

« — Ah ! dame, monsieur, il faut bien faire quelque chose.

« — Cela peut-être, mais n'y a-t-il pas de métier plus propre à votre santé ?

« — Non, monsieur : il faut vivre.

« Je fus enchanté. Je vis qu'elle me répondait, au moins, succès qui n'avait pas couronné toutes les tentatives que j'avais faites.

« — Il faut que vous soyez de quelque pays septentrional, car vous bravez le froid.

« — Je suis de Nantes, en Bretagne.

« — Je connais ce pays-là... Il faut, Mad *(sic)* que vous me fassiez le plaisir de me raconter l'histoire de la perte de votre p...

« — C'est un officier qui me l'a pris.

« — En êtes-vous fâchée ?

« — Oh ! oui, je vous en réponds. (Sa voix prenait une saveur, une onction que je n'avais pas encore remarquées.) Je vous en réponds : ma sœur est bien établie actuellement ; pourquoi ne l'eussé-je pas été ?

« — Comment êtes-vous venue à Paris ?

« — L'officier qui m'avilit, que je déteste, m'abandonna. Il fallut fuir l'indignation d'une mère. Un second se présenta, me conduisit à Paris, m'abandonna, et un troisième, avec lequel je viens de vivre trois ans, lui a succédé. Quoique français, les affaires l'ont appelé à Londres, et il y est. Allons chez vous.

« — Mais qu'y ferons-nous ?

« — Allons, nous nous chaufferons et vous assouvirez votre plaisir.

« J'étais bien loin de devenir scrupuleux. Je l'avais agacée pour qu'elle ne se sauvât pas quand elle serait pressée par le raisonnement que je lui préparais en contrefaisant une honnêteté que je voulais lui prouver ne pas avoir... »

Le jour où il écrit ces lignes, Bonaparte a dix-huit ans et trois mois.

La Nantaise passera le *témoin* à des aventures de garnison. A Auxonne, Manesca Pillet, belle-fille d'un riche marchand de bois, héritière et jolie, est demandée en mariage par le lieutenant Bonaparte. Le beau-père refuse. Il n'a que faire d'un gendre famélique. D'autres aventures de garnison. Deux idylles en Corse dont la conclusion aurait pu être tragique ; l'une des jeunes personnes, « d'une extrême jalousie », tente d'empoisonner Bonaparte. Mme Letizia, avertie, accourt à temps pour soigner son fils et provoquer les vomissements libérateurs. Cela n'empêche pas le jeune Bonaparte de tracer dans un manuscrit l'éloge de la femme et de l'amour. Surtout de l'amour conjugal : « Sans femme, il n'est ni santé ni bonheur. » Les plaisirs des célibataires « ne sont pas les vrais ». « Une femme est nécessaire au jeu de l'organisation animale de l'homme[1]. »

Et la ronde continue. Devant Toulon, on nous dit que la citoyenne Carteaux, femme du général, « raffola » du petit Corse. Elle cède la place à la citoyenne Ricord, épouse d'un conventionnel en mission, qui « poussera » le jeune général Bonaparte auprès d'Augustin Robespierre, frère de l'Incorruptible. Episode rapide, fugace : Emilie Laurenti, connue à Nice en 1794, demandée en mariage et refusée par ses parents : elle n'a que quatorze ans et le citoyen Laurenti ne croit pas en l'avenir de Bonaparte. La citoyenne Turreau, épouse d'un autre représentant en mission, entre en scène. Elle se prénomme Félicité, elle a vingt-quatre ans. Sans faire de manières, elle devient la maîtresse de Bonaparte. Elle sera pensionnée sous l'Empire, largement. Joseph Bonaparte a épousé Julie Clary, fille d'un riche négociant de Marseille. En janvier 1795, Napoléon fait la connaissance de la nouvelle famille de son frère. Julie a une sœur, Désirée Clary. Et c'est l'amour, le vrai, le premier. Les lettres retrouvées, un manuscrit de la main de Napoléon démontrent amplement qu'il a sincèrement aimé Désirée. Et qu'elle l'a

_____

1. Cité par Jean Savant.

aimé. On a célébré les fiançailles — et celles-ci ont été loin. A Sainte-Hélène, Napoléon confiera au grand maréchal Bertrand avoir « *pris le pucelage* » de Désirée. Devenir la citoyenne Bonaparte ? Désirée y compte bien. Le sort en décide autrement. Désirée épousera Bernadotte, autre général sorti de la Révolution et deviendra reine de Suède. A Paris, devenu général en chef de l'armée de l'intérieur, Bonaparte oubliera la petite Marseillaise pour une Parisienne. Celle-ci porte un nom qui évite des explications superflues : Joséphine de Beauharnais. Il convient d'arrêter la ronde un instant. Elle en vaut la peine, cette Joséphine.

« Aujourd'hui vingt-sept juillet 1763, j'ay baptisé une fille âgée de cinq semaines, née du légitime mariage de Messire Joseph Gaspard de Tachers, Chevalier Seigneur de la Pagerie, lieutenant d'Artillerie Réformé, et de Madame Marie-Rose des Vergers de Sanoix, ses père et mère. Elle a été nommée Marie-Josèphe-Rose. »

Cette Marie-Josèphe-Rose, ainsi baptisée à la petite église des Trois-Ilets, à la Martinique, Napoléon choisira de l'appeler Joséphine : sous ce prénom, elle restera dans l'Histoire. Née aux Iles, c'est aux Iles qu'elle a grandi, courant à travers les champs de canne à sucre, jouant avec les enfants des esclaves noirs, allant chaque jour, par un chemin bordé de cocotiers, se baigner dans la rivière Croc-Souris. Elle était adolescente lorsqu'elle eut l'idée, avec sa petite amie Aimée du Buc de Riverny, d'aller consulter une voyante. Une « devineresse » caraïbe, nommée Eliama, un peu terrifiante pour des jeunes filles en âge d'étudier au couvent !

Eliama lut comme il se devait dans la main d'Aimée et rendit son verdict : « Tu seras reine, un jour. » Or quelque temps plus tard, voguant vers la France, le vaisseau où avait pris place Aimée du Buc fut pris par des pirates barbaresques. Aimée — morceau de choix — fut offerte par le dey d'Alger au sultan de Turquie qui fit d'elle sa favorite. Elle était « reine ».

Eliama lut ensuite dans la main de Rose de la Pagerie. Elle s'y attarda, comme étonnée. Puis : « Tu te marieras bientôt, dit-elle ; cette union ne sera pas heureuse ; tu deviendras veuve, et alors... » Après avoir marqué un temps, elle acheva : « *Et alors tu seras plus que reine !* » Légende ? André Castelot se prononce pour l'authenticité de la prédiction. De quoi laisser rêveur.

Rose approche de ses seize ans. Jolie ? Elle est créole et c'est tout dire : un corps souple, un charme alangui, une grâce qui ressemble à un appel inconscient. Son teint est éblouissant, ses yeux bruns et elle les tient « presque toujours à demi fermés par de longues paupières légèrement arquées et bordées des plus beaux cils du monde ». Bref, des yeux de biche — mais naturels.

Un jour, une lettre est arrivée de France. Le marquis de Beauharnais demande la main de Catherine-Désirée, sœur de Rose, pour son fils Alexandre. Un mariage inespéré pour les Tascher, tout juste nobles et pas très riches.

Or Catherine-Désirée vient de mourir de tuberculose. M. Tascher de La Pagerie ne se déconcerte point : au jeune chevalier de Beauharnais, il offre Rose, précisant qu'elle est « très formée pour son âge et devenue puissante depuis cinq à six mois à lui donner dix-huit ans », qu'elle est dotée d'un caractère fort doux à quoi s'ajoutent « une jolie voix, une belle peau, de beaux yeux et de beaux bras ».

C'est ainsi que Rose s'embarque pour la France. Le 13 décembre 1779, dans l'église de Noisy-le-Grand, elle épouse Alexandre de Beauharnais, baptisé vicomte pour la circonstance, âgé de dix-huit ans et sous-lieutenant au régiment de Sarre-Infanterie. Comme la plupart de ses contemporaines, elle ne trouve guère dans le mariage les joies qu'elle en espérait. Beauharnais se conduit à son égard comme les maris du XVIIIe siècle. Il a une maîtresse, il la garde. Même, il en prend d'autres. Rose met au monde deux enfants, Eugène et Hortense. Se résignera-t-elle ? Prendra-t-elle sa revanche ? C'est la seconde solution qu'elle retient.

Le coup de tonnerre de la Révolution éclate. Alexandre de Beauharnais, devenu général, commande les armées révolutionnaires. On l'accuse d'avoir perdu Mayence, on le jette en prison. On ne s'occupe pas de savoir si sa femme ne l'est plus que de nom, on l'arrête aussi. En pleine Terreur, Rose se retrouve à la prison des Carmes. Alexandre de Beauharnais monte courageusement à l'échafaud. Chaque matin, Rose peut se demander si elle ne vit pas son dernier jour. Aux Carmes, elle va rencontrer un jeune général, incarcéré parce qu'il a encouru la défaveur de Saint-Just. Il s'appelle Lazare Hoche. Il lui fait une cour ardente. Elle n'est pas de ces femmes qui mettent un point d'honneur à se refuser longtemps. Avec un sourire, elle cède. Sans doute Rose a-t-elle beaucoup aimé Hoche.

Thermidor rend tous ces prisonniers à la liberté. C'en est fini du grand amour de Rose. La guerre empêche tous rapports avec la Martinique ; l'argent que Rose pourrait en recevoir n'arrive pas. La République a saisi les biens de son mari. Elle n'a plus rien. Travaillera-t-elle ? Ce serait mal la connaître et ce serait aussi mal connaître l'époque. Rose va donc se mêler à la société frelatée qui tient le haut du pavé. Elle devient l'amie de Mme Tallien. Le tout-puissant Barras la remarque, lui jette le mouchoir. Elle le ramasse sans faire de manières. La voici donc maîtresse de celui que Napoléon appellera plus tard « le roi des pourris ». Grâce à Barras, Rose ne manque de rien : n'est-ce pas ce qu'elle voulait ?

Un jour chez Mme Tallien, à *La Chaumière*, elle rencontre, perdu au milieu de l'élégante assistance, un étrange personnage. C'est un petit homme pâle et maigre, aux longs cheveux noirs, au profil aigu. Il parle peu et seulement par phrases brèves. Qui pourrait croire qu'il est général ? Son grade, il l'a acquis au siège de Toulon, son nom est Napoléon Bonaparte. Compromis pour robespierrisme, il a été mis en demi-solde après thermidor. Pendant des mois il a été si pauvre qu'il ne pouvait se permettre qu'un seul repas par jour. Son déjeuner, à midi, consistait en une tasse de café. Le 13 vendémiaire, alors que la Convention tremblait devant une insurrection de droite, Barras a tout à coup pensé à ce général corse, rencontré au siège de Toulon. Il lui a confié le commandement de la force armée parisienne. Bonaparte a écrasé l'insurrection. Du coup, il s'est retrouvé en activité. Les hommes au pouvoir ont choyé celui qui les avait sauvés. C'est ainsi qu'on l'a vu désormais fréquenter chez Barras et Tallien.

Avec son uniforme sans recherche, il fait tache parmi ces hommes luxueusement vêtus, parmi ces femmes si parfaitement dévêtues. Rose, comme Thérésia Tallien, se pare d'une mousseline qui laisse deviner des charmes dont elle n'a pas à rougir. Avec sa finesse de femme avertie, elle va très vite percer à jour le petit général : comme tous les êtres orgueilleux, c'est un timide. Pourquoi l'a-t-elle écouté, avec les marques d'une si vive attention, alors que rien ne lui est plus indifférent que le siège de Toulon et l'affaire du 13 vendémiaire ? Le sait-elle elle-même ?

Elle l'a convié à déjeuner. Il vient, avant l'heure fixée. On le

fait attendre dans la salle à manger de cette maison de la rue
Chantereine que Joséphine vient de louer à Julie Carreau, la
femme de Talma. Elle paraît enfin dans une robe d'intérieur qui
« affirme son corps onduleux et souple ». Il demeure auprès
d'elle, jusque tard dans l'après-midi. Elle le jurerait très épris.
Pourtant, trois semaines s'écoulent sans qu'elle le revoie. Elle
lui écrit. Il vient. Un soir, il reste.

C'est, de la part de Bonaparte, la violence de la passion. La
vraie. Il lui écrit des lettres brûlantes d'amour et de désir. Très
vite, il lui parle de mariage. Elle s'effraie : elle a trente-trois ans
— presque la vieillesse alors pour une femme — et lui, seulement vingt-sept. Il répond en entonnant, d'une voix « fausse et
criarde », une chanson qui vient de paraître dans l'*Almanach des
Grâces* :

> *Crois-moi, quand on sait toujours plaire*
> *On n'a jamais plus de vingt ans...*

Elle hésite encore. Démarche qui est bien dans son caractère,
elle s'en va consulter Barras. Officiellement, sa liaison avec lui
est achevée mais, de temps à autre, se produisent des « revenez-
y ». Ce roué juge la situation amusante. Il conseille fortement à
Rose d'épouser Bonaparte. Il promet, en guise de cadeau de
noces, le commandement de l'armée d'Italie. Elle hésite encore.
Son notaire, lui, est ouvertement défavorable :
    — Epouser un militaire qui n'a que la cape et l'épée ! quelle
folie !... Mieux vaudrait épouser un fournisseur aux armées qui
vous donnerait tout l'argent dont vous auriez besoin !
    Elle finit par se décider. On fixe le mariage au 9 mars 1796.
Il aura lieu à la mairie de la rue d'Antin. Il existe toujours,
l'hôtel construit sous la Régence où se trouvait alors la mairie
du IIᵉ arrondissement. C'est dans le grand salon, par une nuit
froide de 1796, que se déroule une scène bien curieuse. Dans un
coin, Barras, très content de lui et parlant d'abondance, s'entretient avec Tallien ; tous les deux doivent signer, en tant que
témoins, l'acte de mariage de Bonaparte. Les quarts d'heure se
succèdent. Le marié ne paraît pas. Tallien et Barras se sont tus.
De la rue déserte ne monte aucun bruit. L'officier d'état civil,
le citoyen Leclerc, ronfle à poings fermés. « On imagine, a dit

Lenotre, les regards anxieux échangés de Joséphine déçue à Barras dépité. »

On attend deux longues heures ! Puis, soudain, des pas rapides dans l'escalier, le heurt d'un sabre sur les marches, la porte ouverte d'une main pressée. Bonaparte paraît, suivi de son aide de camp ; au pas de charge, il traverse la pièce, secoue rudement le maire endormi, et lance impatiemment :

— Allons donc, Monsieur le maire, mariez-nous vite !

La cérémonie bâclée, on part pour la rue Chantereine. Le surlendemain, une chaise de poste vient se ranger dans la cour du petit hôtel. Barras a tenu sa promesse : il a appuyé l'idée de Carnot qui voulait faire donner à Bonaparte l'armée d'Italie. La dot promise !

« Aime-moi comme tes yeux. Mais ce n'est pas assez. Comme toi. Plus que toi, que ta pensée, ton esprit, ta vie, ton tout... Douce amie pardonne-moi, je délire...

« — P.-S. Adieu, adieu, adieu. Je me couche sans toi. Je dormirai sans toi. Je t'en prie, laisse-moi dormir. Voilà plusieurs jours où je te serre dans mes bras. »

Le mari éperdu de passion qui écrit cela vient de livrer six batailles, il a fait douze mille prisonniers, tué six mille Piémontais, pris vingt et un drapeaux et quarante canons. Pendant ce temps, sa femme le trompe déjà. Il s'agit d'un tout petit homme, haut de 1,50 mètres, nommé Hippolyte Charles. Elle le trouve irrésistible.

Quand Bonaparte partira pour l'Egypte, Charles sera tous les jours à Malmaison avec Joséphine. Bonaparte apprendra son infortune, voudra rompre en rentrant à Paris. Elle-même, affolée, galopera à sa rencontre, cependant qu'il remonte vers la capitale. Par fatalité, ils n'emprunteront pas le même chemin. Il sera avant elle à Paris. Elle le rejoindra dans la nuit, courra vers la chambre de Bonaparte dont il a fermé la porte à clé. Elle se meurtrira les poings sur le bois, sanglotera, criera, appellera ses enfants qui pleureront avec elle. Au petit matin, brisé de douleur, Bonaparte lui ouvrira.

On peut s'étonner de ce désir forcené de Joséphine de reconquérir son mari, elle qui naguère le méprisait tant. C'est que Napoléon revient d'Egypte escorté par une gloire renouvelée, qu'il a été accueilli par toute la France comme le sauveur de demain. Un peu tard, Joséphine a découvert qu'elle avait épousé un grand homme. De l'admiration à l'amour, dira Stendhal, il n'y a qu'un pas. Joséphine l'a franchi.

Jamais le passé ne s'efface totalement. Déjà, en Egypte, Joséphine avait été remplacée. La ronde reprend, plus fiévreuse, plus rapide — sans doute plus amère.

En Egypte, la jeune personne s'appelait Pauline Fourès, dite « Bellilote ». Lui succédera, avant Marengo, la fameuse Grassini, cantatrice italienne. Vainqueur à Milan, Bonaparte la convoquera à Paris. Elle y viendra, sera comblée de présents... et trompera le Premier Consul avec un violoniste. Des passades. Puis, en 1802, une autre cantatrice, Louise Rolandeau, qui passe le *témoin* à une tragédienne, la Duchesnois. Qui le passe à une autre comédienne, très illustre celle-là, Mlle George. Qui le passe à Antoinette de Vaudey, fille d'un sénateur, femme d'un officier, nommée pour la circonstance dame du palais de Joséphine. Le *témoin* passe à une autre dame du palais, Mme Duchâtel. Qui le passe à une lectrice de Joséphine, Anna Roche de La Coste. Qui le passe à Félicité Longroy, fille d'un huissier du cabinet de l'impératrice. Qui le passe à Eléonore Denuelle de la Plaigne, laquelle donne un fils à Napoléon, le futur comte Léon. Le *témoin* passe à d'autres maîtresses éphémères. Qui le passent à une Polonaise, Marie Walewska. L'aristocratie de Varsovie a jeté littéralement dans les bras de Napoléon cette très jeune et jolie épouse du très vieux comte Walewski. La première véritable liaison, en tout cas la première qui dure. L'aime-t-elle ? Sans doute. L'aime-t-il ? Il l'a cru, il l'a dit et écrit. Elle lui donnera un fils, Alexandre, futur président du Corps législatif sous le Second Empire. Avec cet enfant, Marie viendra voir l'Empereur à l'île d'Elbe. Quand tous auront abandonné le souverain déchu, elle sera à Malmaison après Waterloo.

Et puis voici Carlotta Bertani, une Italienne, aux « grands yeux noirs de velours », avec un nez, un front, une bouche « d'une perfection idéale », relayée par Virginie Guillebeau, autre lectrice de Joséphine, relayée à son tour par une dame de sa sœur Pauline, Christine Mathis. Encore une liaison qui dure. Napoléon vient de divorcer d'avec Joséphine. Il attend sa seconde épouse. Christine l'accompagne à Compiègne en mars 1810. Jusqu'au dernier jour du célibat provisoire de Napoléon, précise Jean Savant, Christine partagera la vie et le lit de l'Empereur : « elle n'en sort qu'à l'heure qui précède l'arrivée de Marie-Louise ».

La seconde épouse de Napoléon est fille de l'empereur d'Autriche, elle a dix-huit ans, elle est naïve et grasse. Le mari, lui, a quarante et un ans. Petite fille, elle jouait avec une affreuse poupée noire dont elle frappait les murs. La poupée s'appelait Buonaparte. On lui a dit qu'elle sauvait son pays, elle a obéi aux instances de son père. Ce Buonaparte n'est-il pas le maître de l'Europe ? Dès le soir de son arrivée à Compiègne, sans attendre la cérémonie du mariage, Napoléon l'a jetée dans son lit. Elle n'y a pas vu d'inconvénient. Une heure plus tard, Napoléon quittait la chambre. Le lendemain, il proclamera sa satisfaction. A un général : « Les femmes de chambre ont vu le sang. » A l'un de ses compagnons : « Epousez une Allemande. Ce sont les meilleures femmes du monde : douces, bonnes, naïves et fraîches comme des roses. » Une précision : « Elle a fait cela en riant. » Une autre, donnée à Sainte-Hélène : « Elle répétait : Faites encore. »

Elle sera comblée d'attentions, de présents. Le budget de ses toilettes, de ses bijoux dépasse l'imagination. Marie-Louise donnera à Napoléon la plus grande joie de son existence : son fils, le roi de Rome. Grâce à cet enfant, né de la « bonne Allemande », l'empereur croira sa dynastie enracinée sur le sol de France.

C'est sincèrement que Marie-Louise aimera Napoléon. Avec une sorte de simplicité confiante qui fait plaisir à voir. Au jour de la chute, quand elle annoncera son désir de le rejoindre à l'île d'Elbe, elle sera sincère, encore. Alors entrera dans sa vie le général Neipperg, habile et toujours disponible. La sensualité évidente de Marie-Louise la conduira à des comparaisons. Pas de doute : au lit, Neipperg dépasse Napoléon de cent coudées. Elle choisira Neipperg. L'âge venant, elle accueillera dans sa chambre tous ceux qui en exprimeront le désir. Pour éviter ces allées et venues, peu souhaitables à la cour d'Autriche, on mettra à la porte de Marie-Louise une sentinelle. L'ex-impératrice des Français ouvrira à la sentinelle. La seconde épouse de Napoléon sera devenue nymphomane.

Sans le savoir, Marie-Louise a elle aussi plusieurs fois passé le *témoin*. Il y a eu la femme du banquier Pellapra. Une jolie brune de dix-sept ans, prénommée Lise, qui rejoindra, elle aussi, Napoléon à l'île d'Elbe. Elle y découvrira des rivales : une dame Belina Skupiesky, une demoiselle Vantini, une dame Théologos. Aux dames de l'île d'Elbe succéderont celles de Sainte-Hélène. Car il y en eut. Il est improbable que la très jeune Betsy Balcombe ait été la maîtresse du grand captif. Nulle hésitation en revanche pour Albine, épouse du comte de Montholon. Les Montholon sont avides d'argent. Ils savent qu'ils figurent sur le testament impérial. La liaison augmentera la somme prévue. Le mari ferme les yeux. En revanche, Fanny, épouse du grand-maréchal Bertrand, refusera de céder aux instances de l'Empereur. Il lui en gardera jusqu'au bout une rancune mêlée de colère : « Je lui en veux de n'avoir pas été ma maîtresse. » Paradoxalement, il en voudra aussi au mari et diminuera d'autant sa part de l'héritage.

A son lit de mort, à l'égard de Marie-Louise, il formulera l'expression d'une tendresse toute politique. Fanny Bertrand ayant consenti à le visiter, il aura, dans son agonie, un cri d'étonnement et de reconnaissance : « Madame Bertrand, oh ! » Il répétera : « Oh ! » et fixera sur elle un regard bouleversé. Mais s'il est vrai qu'au dernier instant la pensée s'attache sur ce qui, dans une existence, a le plus compté, il faut penser qu'un dernier visage de femme a dû passer devant les yeux de Napoléon, ex-empereur des Français : celui de Joséphine, la plus aimée.

Pour une génération, le roman d'une famille s'identifie à celui de la France. La fabuleuse ascension d'un « clan » corse semble pasticher l'impossible. Tout cela, quelques femmes l'ont vécu : la mère, les sœurs de l'empereur.

A cause, peut-être, du côté plutôt libertin de ses tendres sœurs, Napoléon a nourri une idée fixe : restaurer les mœurs. A aucune époque peut-être chef d'Etat n'a poursuivi, avec une persévérance aussi affirmée, un tel dessein.

Dans son concept, il y a d'abord la famille. Elle constitue le centre de tout. Quand il arrive au pouvoir, il la trouve profondément ébranlée. Donc, il ne songera qu'à la remettre sur ses bases. D'où le Code civil. Malheureusement, des lois ne suffisent pas pour restaurer les mœurs. On ne passe pas de la licence à la vertu sous prétexte qu'a changé la personne du chef de l'Etat. Napoléon lui-même ni ses entours ne donnent guère l'exemple. Si Joséphine s'est assagie, beaucoup de gens connaissent son passé. La famille impériale ? Les contemporains savent tout des sœurs de Napoléon. Joseph vit entouré d'un véritable harem. Et aussi Jérôme. Quand Lucien était ministre de l'Intérieur, toute solliciteuse devait s'attendre à un assaut aussitôt entrepris et vite achevé. Même Louis, le perclus, a des maîtresses. Au moins, la haute société impériale suit-elle les règles d'une morale plus stricte ? Pas même. A la Cour, sous un masque de rigueur, les liaisons sont nombreuses. Berthier file le parfait amour avec Mme Visconti, Caulaincourt avec Mme de Colbert, Louis de Narbonne avec la vicomtesse de Laval. Napoléon montre de l'aversion envers les femmes divorcées ? L'entourage ne divorcera plus. Les faveurs impériales vont aux femmes honnêtes ? Elles feront en sorte de paraître vertueuses.

L'Eglise, elle, tenait pour l'indissolubilité du mariage. Dès que l'exercice du culte a été de nouveau toléré, bien des ménages ont voulu faire bénir leur union. Pour ne choquer personne, ces mariages religieux se sont d'abord célébrés le matin, vers 7 ou 8 heures. Après la signature du Concordat, il a fallu se conformer à la loi. Les fiancés vont d'abord à la mairie, ensuite à l'église. Au cours de l'Empire, une habitude s'instaurera, surtout dans les milieux officiels : le mariage nocturne. On se rend à la mairie vers 8 heures et demie du soir. On soupe, puis on part pour l'église où le mariage sera célébré à minuit.

Les fiançailles ? On n'y pense guère. A la hâte les deux familles négocient, on parle surtout d'argent. A peine songe-t-on à consulter les intéressés, « tout est mené à l'allure d'une charge de cavalerie ». Le mariage à la va-vite est le défaut du temps. Le fiancé sait ce qu'il doit à sa *future*. Il lui offrira des robes, des cachemires, des bijoux, des miniatures. Tout cela il le déposera dans ce que l'on appelle la *corbeille*. Celle-ci peut affecter la forme d'un œuf, voire d'une conque marine. S'il sait vivre, le mari joindra à son envoi une seconde corbeille — appelée le Sultan — qui contient les gants, les dentelles, les pâtes de toilette, les flacons d'eau de Ninon. On signe le contrat devant quelques intimes. La noce suit. Ces mariages du Premier Empire sont souvent marqués par une grande disproportion d'âge. L'Ancien Régime est battu. On peut citer les cas d'Augereau, d'Oudinot, du général Mouton, de bien d'autres. A plus de cinquante ans, le général Legrand épouse une jeune fille de dix-sept ans. L'exemple est suivi du haut en bas de la hiérarchie. Comme dit

M. Robiquet, « ces vieux de la vieille aspirent à devenir des vieux de la jeune ».

Un perpétuel contraste : ainsi se campe la société féminine sous l'Empire. Les dames de l'ancienne noblesse se moquent des dames titrées par Napoléon. Elles jurent qu'autour de l'empereur on ne trouve que d'anciennes cuisinières, plus habituées « *aux paniers qu'au panier* ».

Jugement sévère. Certes, la maréchale Brune a été ouvrière. Dans les cercles de la Cour, on fait silence quand s'avance, de son pas hommasse, la maréchale Lefebvre, duchesse de Dantzig qui a été blanchisseuse vers 1790, rue Poissonnière. Elle s'appelait alors Catherine Hubscher ; par la suite, elle a été vivandière. Nous avons reconnu Madame Sans-Gêne. Sardou l'a beaucoup idéalisée. Un portrait d'un réalisme cruel nous livre ses traits d'une vulgarité sans rémission, une taille épaisse tant bien que mal serrée dans la robe de Cour. Quand la duchesse se présente dans une antichambre, elle s'annonce à l'huissier :

— Tu lui diras que c'est la femme à Lefebvre !

Qu'elle ait été une exception, Louis Madelin en voit la preuve dans le fait que l'on ne citait jamais que les mots de « la femme à Lefebvre ». Le maréchal Augereau — l'ancien sergent « Belle Humeur » — a épousé une demoiselle de Chavange. La maréchale Oudinot était née de Coucy. Savary, tout fier, répète que son épouse, une Faudoas, est « parente de tout le faubourg Saint-Germain ». D'autres sont filles de bourgeois. La duchesse de Montebello, épouse de l'ancien garçon d'écurie Lannes, est fille et petite-fille d'*officiers du roi*, les Gueheneuc. Cette bourgeoise, mère de cinq enfants, se veut surtout femme d'intérieur, mais elle sait, quand elle veut, être « du monde ». Elle le prouvera en devenant la dame d'honneur écoutée et choyée de cette Marie-Louise qui, pourtant, a appris à Vienne ce qu'était une vraie Cour.

Mme Maret, duchesse de Bassano, est fille d'un ancien fonctionnaire, Lejas-Charpentier, nommé sénateur par Napoléon. Fort intrigante, elle a su un jour attendrir Napoléon en ourlant devant lui des torchons.

La maréchale Ney est fille d'une « femme de chambre » de Marie-Antoinette, Mme Auguié, et nièce de l'illustre pédagogue Mme Campan. Voici encore des filles de banquiers : la maré-

chale Marmont, née Perregaux, la générale Rapp, née Vanlen-
berghe. D'autres dignitaires de la Cour impériale ont épousé des
étrangères : Duroc, une Espagnole ; Victor, une Hollandaise ;
Gaudin, une Grecque. Tout ce monde se retrouve, aux Tuileries,
aux réceptions obligées.

Ces dames redoutent les regards, sans indulgence, des *autres* :
les épouses des Ségur, Montesquiou, La Rochefoucauld ou Brissac qui ont accepté des charges auprès de Napoléon. Pour un
peu, entre elles, cela tournerait à l'aigre. Mais il y a le maître.
Un froncement de sourcils et l'on rentre sous terre. Marie-Louise
dira qu'il traitait le monde de la Cour comme s'il eût commandé
des « grenadiers de la Garde ». Le comte de Saint-Omer dépein-
dra ces cercles des Tuileries comme « des revues où il y avait
des dames ». Une noble étrangère résumera tout, en disant :
« C'est une bien grande puissance, mais ce n'est pas une Cour. »
Malgré tout, on y organise des fêtes magnifiques : le bal de
l'Echiquier en 1809, le bal des Saisons et des Heures en 1811,
d'autres. La valse a fait son apparition au début de l'Empire
mais l'empereur préfère le quadrille. Là, les figures sont réglées,
comme à l'exercice.

En dehors de la Cour, les femmes des dignitaires, des
ministres, des maréchaux, vivent dans des hôtels somptueux.
Voilà peut-être la marque essentielle de la société impériale.
Napoléon exige que son entourage mène grand train. Il distribue
d'énormes dotations et tient à ce qu'on les dépense, « pour faire
marcher le commerce ». Partout dans Paris, la société nouvelle
a racheté des hôtels anciens. Elle en a fait construire. Aux fron-
tons, des noms nouveaux sont apparus, et des blasons. Assez
curieux, ce spectacle, pour des gens qui avaient pu, quinze ans
plus tôt, voir guillotiner Louis XVI.

Quand Junot, l'ancien compagnon d'armes de Bonaparte à
Toulon, s'est vu nommé gouverneur de Paris et commandant de
la première division militaire, Laure, son épouse, est devenue
du même coup *gouvernante*, comme elle dit, de la capitale, ou
gouverneuse, comme dit l'empereur en lui pinçant l'oreille.
Quelques mois plus tard, elle sera duchesse d'Abrantès.

— Je tiens, a dit Napoléon, à ce que le ménage du gouverneur
de Paris ait un grand éclat.

Quelle jolie femme n'aurait obéi avec empressement à un tel
ordre ! C'est qu'elle est adorable, Laure Junot. Sans être belle,
elle est mieux que jolie. Intelligente avec cela, et malicieuse.

A son destin inouï, sans fausse note elle a su faire face. Née dans une famille modeste, quoique se piquant de descendre des empereurs de Byzance, elle a vu, sans trop s'étonner après son mariage, l'argent affluer. En une seule année, Junot encaisse plus d'un million et demi ! Ces sommes énormes, les Junot les dépensent sur-le-champ. Il en est ainsi pour toute l'aristocratie impériale.

Entrons, un soir, chez la duchesse d'Abrantès. Il est 10 heures. Elle s'apprête à se rendre à un bal. Assise dans son cabinet de toilette, devant sa psyché, Frédéric la coiffe. Il ramène ses cheveux dans un peigne en forme de corbeille monté en saphirs « de la plus belle eau et du plus beau bleu », et en diamants « d'une pureté et d'un blanc admirables ». Sur le devant, pour couronner l'édifice, le coiffeur dépose une guirlande de diamants montés sur or.

Lorsque Frédéric se retire, Laure se fait apporter, par une de ses femmes, une paire de bas, « merveilleux travail, véritable toile d'araignée ».

— C'est une étrenne de mon mari, dit-elle négligemment. Ils ont coûté cent cinquante francs la paire et j'en ai une douzaine pour mille huit cents francs.

Mme Albert, la première femme de chambre, lui présente ses chaussures.

— Imaginez-vous, dit la duchesse en se chaussant, qu'il m'est arrivé l'autre jour, avec Cop, la plus drôle des aventures. Il m'a fait pour la campagne des souliers de prunelle noire. Ces malheureux souliers se déchirent pour une promenade d'un quart d'heure dans le parc. De retour à Paris, je me plains à Cop qui regarde mes souliers, les retourne et finit par me dire : « Je vois ce que c'est, Madame aura marché ! » Comment trouvez-vous le mot ?

Mme Albert ne répond pas ; elle est trop occupée à passer à sa maîtresse une chemise garnie d'une valenciennes, surmontée d'une broderie faite, « dans la perfection », par Mlle Minette, lingère de la duchesse. Puis elle lace le corset qui vient de chez Mme Coutan. Il coûte très cher, mais ne déforme pas. Au tour maintenant du petit jupon en batiste et de la robe de dessous en satin blanc, faite par l'illustre Leroy, le couturier de l'impératrice, celui dont on répète : « Il n'y a qu'un homme à Paris capable de tenir tête à l'empereur, c'est Leroy. » Comme on voit, les outrances du Directoire sont bien oubliées. On a réinventé les dessous, tous les dessous. Et le corset. De même, au printemps de 1807, on voit apparaître dans Paris des femmes dont les chevilles, ornées de dentelles et de festons, démontrent qu'elles portent quelque chose de nouveau. Il s'agit du *pantalon* — de toile ou de linon — qui entre dans l'Histoire. Il semble que ce nom, on le doive à Mme Tallien, initiatrice de l'usage. Aucune filiation avec le caleçon de Catherine de Médicis. Ce pantalon nous vient des pays anglo-saxons et de Hollande. A partir de 1807, on verra des médecins français le recommander : « En interceptant le passage de l'air, soit dans la marche ordinaire des femmes, soit dans leurs danses animées, il préviendrait les rhumatismes et autres incommodités. » Cependant les Françaises qui portent le pantalon encourent vite la censure de la majorité. A la Cour, la reine Hortense sera la seule à l'adopter ; il est vrai qu'elle est reine de Hollande. La plupart le rejetteront délibérément. Le verdict des Françaises : point de pantalon, il est *effronté*. Bientôt on n'en portera plus.

La robe de Laure d'Abrantès est en tulle blanc brodé de soie blanche, « plate et brillante ». La taille est haute, marquée par une ceinture. Les manches n'en sont « ni trop plates ni trop bouffantes », le décolleté est large, et laisse voir la naissance des seins. Le bas de la robe, assez courte pour que l'on puisse deviner un pied fin et menu, est terminé par une grosse guirlande de gaze bleue et blanche.

Mme Albert conduit sa maîtresse devant la psyché ; elle fait approcher les deux sous-femmes de chambre qui tiennent chacune une bougie.

— Plus loin, mesdemoiselles, crie cette importante personne. Plus loin ! Voulez-vous jeter de la bougie sur la robe de Mme la duchesse ? Là !... A la bonne heure !

L'inspection terminée, Mme Albert va prendre dans un *sultan* un mouchoir de batiste « tellement brodé qu'à peine y reste-t-il de la batiste ». Elle fait couler sur ce mouchoir un peu d'essence du Portugal de chez Driban, va chercher un éventail d'écaille « dont les clous sont formés par des diamants ». Elle regarde encore une fois sa maîtresse, puis elle dit, « du ton le plus respectueux » : « Madame la duchesse peut partir maintenant. »

Il reste encore cependant deux accessoires indispensables : une paire de petites bottes de satin blanc garni de cygne, que la duchesse portera durant le trajet, et deux mitaines en satin brodé également de cygne, « tout cela léger, parfumé, élégant ».

Cette fois, la duchesse d'Abrantès peut vraiment partir. Elle peut aller danser aux Tuileries ou bien dans l'un des bals où chacun de son mieux s'applique à suivre les directives de l'Empereur : dépenser le plus d'argent possible.

La famille Bonaparte donne l'exemple. Caroline, femme de Murat, est installée à l'Elysée ; Pauline, princesse Borghèse, à l'hôtel Charost (l'actuelle ambassade d'Angleterre) ; Elisa, dans son château de Neuilly ; Hortense, fille de Joséphine et épouse de Louis, au palais Cérutti.

La maréchale Ney a dépensé un million pour meubler son hôtel. Même train princier chez les Marmont, les Oudinot, les Lannes. Même prodigalité chez Talleyrand, qui a épousé sa maîtresse, Mme Grand, et, dans son hôtel de la rue Saint-Florentin, réussit à amalgamer « l'ancienne et la nouvelle aristocratie ».

Tout ce monde possède un mobilier d'un luxe inouï, des galeries de tableaux, des collections de livres rares, des équipages splendides, d'innombrables domestiques. Laure d'Abrantès, elle-même, a soixante chevaux dans ses écuries, douze voitures, un suisse, trois cuisiniers, deux maîtres d'hôtel.

Au milieu de cette frénésie de luxe, de cette émulation de parade, une femme — une seule — a gardé la tête froide, Mme Letizia, celle que le protocole appelle *Madame Mère*. Avec une grande dignité, elle vit dans son hôtel de la rue Saint-Dominique (l'actuel ministère de la Guerre). Elle économise ce qu'elle peut sur le million annuel que lui donne son fils. Napoléon le lui reproche et dit qu'elle vit « comme une bourgeoise de la rue Saint-Denis ».

— Il convient que vous dépensiez un million par an, répète-t-il.

— Alors, donnez-m'en deux, répond-elle calmement.

Si elle a autour d'elle une « Maison » avec chambellans, écuyers, dames d'honneur, etc., ce n'est pas pour son plaisir. Ce n'est pas non plus pour le plaisir de Laure Junot qui est officiellement « dame pour accompagner ». Rien ne lui semble plus pénible que ces semaines de service. Le soir, après dîner, il faut assister à la partie de *reversi* de Madame Mère avec quelques vieux sénateurs somnolents. « Ces vieux portraits, dira-t-elle, me donnaient l'idée fantastique de la tapisserie animée. »

Combien elle préfère, la jolie duchesse, rentrer dans sa résidence de Neuilly ! C'est là, bien souvent, que l'attend M. de Metternich, l'ambassadeur d'Autriche, « le plus tendre des amants ». C'est dans des conditions romantiques qu'elle a « consommé » sa faute. N'y a-t-il pas dans son parc une grotte ? Un soir qu'elle y rêvait, elle a entendu des pas. C'était Metternich.

— Que voulez-vous ? a demandé Laure.

— Je ne puis plus vivre ainsi, si vous ne me donnez pas enfin la preuve que vous m'aimez. Car enfin, pour le monde, je suis votre amant. Personne ne croit à la pureté de notre liaison. Laure, Laure, soyez à moi !

« Je ne sais ce que je devins, écrira-t-elle, il m'emporta dans ses bras et quand je revins à moi, j'avais commis une faute que je devais expier avec des larmes de sang. »

Telle est la vérité : malgré la rigueur impériale, les jolies femmes ne sont pas souvent des modèles de fidélité.

Des charges héroïques, des victoires dont les noms sonnent comme des fanfares, des revues triomphales aux Tuileries, des *Te Deum* à Notre-Dame. De la gloire, du panache, de l'épopée ; des femmes aussi qui tremblent en pensant à un fils, à un mari, à un père aux armées ; ainsi imaginons-nous aisément la toile de fond de la vie féminine sous l'Empire. Si l'image n'est pas entièrement fausse, elle n'est pas non plus tout à fait vraie. La moitié de la France a traversé les guerres napoléoniennes sans trop s'en apercevoir. Au plus fort des grandes coalitions, à peine un homme valide sur sept s'est trouvé mobilisé. Le reste a travaillé fort paisiblement dans un climat économique satisfaisant. Pour les hommes mariés, les cas d'exemption sont si nombreux que la plupart ne partent pas. Disons que la grande majorité des Françaises sous l'Empire ont vécu sans être concernées par la guerre. Elles ont été préoccupées plutôt par leur famille, leur intérieur, leur toilette que par le grand homme qui gouvernait la France.

Les grandes lignes de la mode impériale, que nous venons de découvrir à travers Laure Junot, étaient en place avant la naissance de l'Empire. Quant à la beauté, c'est une petite révolution qui s'opère. Sous l'Empire, on revient à l'exigence d'une peau « blanche et éclatante ». Certes, à la Cour, Joséphine mettra beaucoup de fard ; fatalement, les femmes qui l'entourent l'imiteront, car on sait que l'empereur n'aime pas les femmes pâles. Mais Joséphine est encore, par toutes les fibres de son être, une femme du XVIIIe siècle. Toutes les feuilles féminines de l'époque, toutes les brochures ou études contemporaines — telles que *La Toilette des femmes* ou *Encyclopédie de la beauté*, publiée par le docteur Caron en 1806 — insistent sur la nécessité d'un teint blanc, que ne doit altérer aucun hâle. Une peau brune, on l'abandonne, non sans mépris, aux paysannes et aux ouvrières des villes.

Pour parvenir à cette pâleur de bon ton, on prescrit des masques pour la nuit : fleur de farine et blanc d'œuf. Dans la journée, on se gardera surtout du soleil, de la lumière et même de l'air. La mode n'est pas de se maquiller les lèvres ni de se vernir les ongles. Pour les sourcils, on se borne à les épiler afin qu'ils soient bien « arqués, bien fournis d'un poil brillant, très noir et très fin ». La gorge est mise en évidence par les décolletés généreux. Un beau sein doit être « blanc et doux ». On évitera donc avec soin de l'exposer trop fréquemment au contact de l'air.

Autre révolution encore : les bains. On a vu que dans la seconde partie du XVIIIᵉ siècle les femmes de l'aristocratie avaient commencé à en pratiquer l'usage. Sous l'Empire, c'est un bond en avant. On est bien revenu des bains froids qui, sur le souvenir de Diane de Poitiers, gardaient prétendument le corps éternellement jeune. Ce que les spécialistes préconisent, ce sont des bains où « la température de l'eau n'est pas supérieure à celle du corps ». On dit que les bains chauds « contribuent singulièrement à l'entretien de la beauté, ils donnent à la peau de la fraîcheur et un beau coloris ». Comme chaleur de l'eau, on conseille, pour l'hiver, 18 à 20° et, pour l'été, 20 à 24°. On recommande de mêler à cette eau une quantité légère de savon. Après le bain, on conseille l'usage de l'huile qui rend la peau « plus souple, plus douce, empêche le contact de l'air et contribue par là à préserver des influences de cet élément destructeur les charmes les plus parfaits ».

Ne nous faisons pas trop d'illusions : si les Parisiennes prennent plus de bains qu'autrefois, il n'en est pas de même des provinciales. A Paris même, cette propreté nouvelle n'est l'apanage que des classes possédantes : « L'élément populaire est pratiquement tenu à l'écart de ces habitudes d'hygiène, qui ne s'implanteront dans toutes les classes que lentement, en fonction des progrès économiques[1]. »

Une femme française bien née, sous le Premier Empire,

---

1. Jacques Pinset et Yvonne Deslandres.

mange beaucoup et souvent. Durant la matinée, deux déjeuners distincts : au petit lever, une tasse de café ou de chocolat ; puis, vers 10 ou 11 heures, une collation — la moindre des choses : des œufs, des viandes froides, des viandes grillées ; cela s'appelle le déjeuner à la fourchette.

Le dîner est la plupart du temps à 2 heures de l'après-midi mais certaines dînent à 4 heures, voire à 5 ou 6. Vers 9 heures du soir, dans bien des maisons, on soupe : premier plat, une grosse pièce (gigot, rôti), plus deux autres plats importants, enfin un petit plat et six hors-d'œuvre. Viennent ensuite les entremets, les desserts et les glaces. De quoi calmer les appétits les plus voraces.

On croit pénétrer dans un autre monde si, quittant une duchesse d'Abrantès, on se rend chez Mme Moitte, une femme de la moyenne bourgeoisie qui, à la même époque, vit au numéro 3 du quai Malaquais.

Chaque jour, le portier voit passer cette excellente femme, largement quinquagénaire, vêtue sévèrement et, jurent ses amis, « modèle de vertu domestique ». Elle n'est pas l'épouse d'un inconnu, puisque M. Moitte est sculpteur. Pour lors, il frise la soixantaine et se satisfait qu'on ait admiré son *Mausolée de Desaix*, sa *Statue du général Custine*.

Le régime ne se révèle pas défavorable aux artistes, du moins aux peintres et aux sculpteurs. Différents traitements permettent aux époux Moitte de joindre les deux bouts : un poste au Musée Napoléon, les jetons de membre de l'Institut, la pension de la Légion d'honneur.

On habite au second étage de l'ancien hôtel du maréchal de Saxe, à deux pas de la rue de Seine. On dispose de deux pièces principales sur les quais, le salon et la chambre à coucher. Derrière, deux autres chambres, une cuisine, deux antichambres ; une de celles-ci sert de salle à manger. De plus, à l'étage supérieur, on a l'usage de deux petites pièces. Pour se rendre aux commodités, « il faut traverser la cuisine et grimper un escalier très raide ». Les Moitte n'ont pas d'enfants, mais ont recueilli depuis longtemps une charmante créature, Louise, qu'ils traitent en fille adoptive. La bonne Mme Moitte se montre bien fière de sa Louise. Quand on les invite « en ville » et quand Louise se met au piano en chantant quelque mélodie à la mode, comme elle s'épanouit !

M. Moitte a un élève et collaborateur qui est aussi un cousin de sa femme. On l'appelle Tournay jeune, pour le distinguer du peintre Nicolas Tournay, son frère aîné. Certaines phrases ambiguës du journal de Mme Moitte permettent de supposer que, jadis, des rapports fort étroits ont dû s'établir entre elle, « encore jolie », et le cousin « encore novice ». Les années ont passé. Mme Moitte surveille avec l'autorité d'une mère la vie privée de ce jeune homme de trente-sept ans. Elle lui retient le peu d'argent qu'il gagne afin « de lui éviter des sottises ». Lorsqu'il est venu habiter chez les Moitte, la surveillance s'est faite plus étroitement encore. Mme Moitte épie son cousin pour savoir s'il rentre après 11 heures. Elle ferait mieux de l'épier à domicile. Car Tournay file le parfait amour avec Louise.

Cette année-là, l'été venu, on a loué pour la saison une maison de campagne à Passy. Un soir, Mme Moitte propose un tour de jardin. Elle prend le bras de Tournay ; celui-ci n'y tient plus, l'aveu brûlant lui échappe : « Louise a été le texte de notre conversation. Il en résulte qu'il en est épris. »

Quel doux moment pour Mme Moitte ! Elle se voit déjà présidant le repas de noce. En tout cas, elle aime mieux donner sa fille à un sculpteur qu'à un soldat. Elle n'est pas au bout de ses peines. Tournay, après s'être déclaré, semble ne plus songer au mariage. On le presse. D'un air d'embarras, il répond qu'il a une maîtresse. On l'invite à rompre, ce qu'il fait. Les semaines passent : nulle décision. Louise pleure tous les jours. Elle tombe malade. Mme Moitte s'alite la seconde et Tournay, bouleversé, le dernier.

Tant bien que mal, on se rétablit : coup de théâtre, Tournay a disparu ! Pour ses étrennes, Mme Moitte va recevoir une lettre qui contient l'explication du mystère. « Il me faisait l'aveu écrit-elle, d'une maladie peu convenable aux liens du mariage. Attaqué de ce mal, il croyait ne devoir pas entretenir une liaison indigne d'une jeune demoiselle brillante de santé. » Cette fâcheuse nouvelle va pénétrer Mme Moitte d'une « vraie fièvre ». Quant à Louise, son désespoir fait peine à voir.

La santé de Mme Moitte n'était pas bonne. Elle devient tout à fait mauvaise. De quoi est-elle atteinte ? Un des médecins qui la soignent — Moitte en a convoqué plusieurs — déclare que « l'abdomen est rempli d'air et qu'après l'air vient l'eau ». On prescrit des médications qui n'ont guère changé depuis Molière : appliquer sur le ventre enflé une omelette à l'huile et au fenouil, absorber des pilules à base de savon. Elle souffre horriblement. Quand elle se sent perdue, elle appelle son mari à son chevet et lui révèle que, sur l'argent du ménage, en se cachant, elle a économisé vingt-cinq mille francs. Pour l'époque, une vraie fortune qui assure la vieillesse de Moitte : « Il a été si saisi de cet avantage, notera l'excellente femme, qu'il s'est mis à pleurer d'attendrissement. J'espère que cela lui donnera du courage à travailler si je vis et, si je meurs, il me bénira, car enfin c'est un avantage dont il pouvait se passer, mais qui lui sera bien doux. »

Bientôt, le journal s'arrêtera. Elle mourra quelques jours plus tard. Moitte pleurera beaucoup, mais comptera ses vingt-cinq mille francs. Le magot entassé par Mme Moitte résume un signe des temps. Un réflexe est né, appelé à un essor inouï. Mme Moitte se révèle l'ancêtre des bourgeoises du XIXᵉ siècle.

Les distractions des Parisiennes ? Elles apparaissent beaucoup moins agitées que pendant le Directoire. On se promène, on se retrouve dans les cafés. Les élégantes aiment à montrer leurs robes, leurs chapeaux, leurs fourrures, leurs cachemires. Un lieu privilégié : la promenade de Longchamp. Sur les boulevards, la belle société se réunit au Petit Coblentz, près de la Chaussée-d'Antin. On se presse au Jardin turc, boulevard du Temple.

Très fréquentés, les jardins. La promenade la plus élégante, les Tuileries ; la plus familiale, le Luxembourg ; la plus mêlée, le Palais-Royal. A Frascati, lieu très à la mode, on danse, on soupe, on joue. A Paris, comme en province, c'est une véritable frénésie de danses. En 1804, une pièce de théâtre appelle cela la *dansomanie*. On danse du haut en bas de l'échelle sociale, à la Cour, certes, mais aussi chez un grand bourgeois comme Maret, comme chez de petits bourgeois comme les Moitte. On danse, dit Louis Madelin, dès que l'on est plus de quatre. On danse à tous les âges, et aussi bien la valse, danse nouvelle, que d'anciennes figures comme la Monaco.

Dans les villes, la besogne ne manque pas. Fini, le chômage. De plus en plus, dans l'industrie qui prend son essor, les patrons emploient des femmes et des enfants. Entre autres, à Paris, dans l'industrie du coton ou celles des brochages et de la reliure. Une femme qui travaille le coton gagne 1 franc ou 1,25 F par jour. La moyenne des salaires masculins est à l'époque de 3,35 F. On considère qu'il faut de 3 à 4 francs pour vivre à l'aise. Mais ces salaires ne s'entendent que pour la capitale. Dans les départements, ils sont plus bas, peut-être d'un quart, sauf pour les bas salaires, à peu près aux mêmes taux.

Bien peu de changement quant à la vie de la paysanne. Son costume n'a pas changé, elle porte toujours des sabots. Les maisons sont les mêmes et aussi la nourriture : « soupe, pain gris, légumes, lard, lait, fromage blanc, viande de porc fumée, volaille dans les grandes occasions [1] ».

On travaille beaucoup. On a le goût de l'économie. Le dimanche, l'église est pleine. On a beaucoup d'enfants. En 1815, la population atteindra 29 millions d'habitants, dont 22 de paysans. Un trait nouveau et d'importance : beaucoup de ruraux ont acheté des biens nationaux pendant la Révolution. La France devient un pays de petits propriétaires. Désormais, si la paysanne travaille toujours aussi dur, très souvent c'est pour elle-même. Voilà une consolation qui a son prix.

A mesure que les années s'écoulent, pourtant, la paysanne française voit s'accroître un souci qui devient obsédant. La conscription, légère au début du règne, alourdit ses réquisitions et elle frappe surtout la paysannerie. Ceci pour des raisons arithmétiques, certes, mais aussi parce que Napoléon estime que les paysans font de meilleurs soldats que les citadins. Alors qu'il accorde des exemptions aux conscrits des villes, il les refuse à ceux des campagnes. Dans les derniers temps de l'Empire, beaucoup de paysans réfractaires se cacheront dans les bois ou les montagnes. Ce sont les femmes qui les ravitaillent, les encouragent.

La misogynie impériale a pesé sur un domaine de première importance : l'éducation. La loi du 17 novembre 1794 établissait une école de filles par groupe de mille habitants. Naturellement on ne l'a jamais mise en vigueur. L'Empire va prendre à tâche d'organiser solidement — comme il fait tout — l'instruction publique en France. Le colossal édifice, nous le connaissons bien : il est venu jusqu'à nous. C'est l'Université impériale, née des lois de 1802 et de 1808. Tout est prévu dans le détail, depuis les écoles primaires jusqu'aux moindres rouages de l'enseignement supérieur. Quelle place pour les filles ? Aucune. On a bien

---

1. Pierre Gaxotte.

lu : aucune. Pas une seule fois, le régime impérial ne s'est préoccupé de l'éducation des jeunes filles. Au Conseil d'Etat, Napoléon a déclaré sans ambiguïté :

— Je ne pense pas qu'il faille s'occuper d'instruction pour les jeunes filles, elles ne peuvent être mieux élevées que par leurs mères.

Par chance, la loi du 2 décembre 1793, qui avait consacré le principe de la liberté de l'enseignement, n'a jamais été abrogée. Il suffit, pour ouvrir une école, d'un certificat de civisme et d'un autre de moralité. C'est par la grâce de cette loi, après le 9 thermidor, qu'une quantité d'établissements privés se sont ouverts en France. Celle qui a donné l'élan n'est autre que Mme Campan, l'ancienne femme de chambre de Marie-Antoinette. Sans ressources, avec un mari malade, une mère âgée et un fils de neuf ans, elle ouvre un pensionnat à Saint-Germain quelques jours après la mort de Robespierre. D'abord, elle n'a que trois élèves. Bientôt vingt-cinq, cinquante trois mois après, cent au bout d'un an. Parmi ses élèves, Hortense et Emilie de Beauharnais. C'est par celles-ci que le général Bonaparte a connu et approuvé les méthodes de Mme Campan. Il l'a placée, en 1808, à la tête de la maison d'Ecouen qui doit recevoir les filles des Français décorés de la Légion d'honneur. Mme Campan la dirigera jusqu'en 1814.

A l'évidence, Mme Campan a beaucoup lu Mme de Maintenon. Ecouen ressemble en de nombreux points à Saint-Cyr. Les élèves font leur lit, elles balaient, elles servent à table, elles aident les petites à leur toilette. On leur fait apprendre la couture, on leur donne des leçons de coupe, elles doivent pouvoir façonner elles-mêmes leurs vêtements. On leur confie la comptabilité. Mme Campan veut pour ses élèves une nourriture abondante, mais non recherchée. Elle veut qu'on soit propre : pas de cheveux longs jusqu'à douze ans, « ablution quotidienne, grands bains et bains de pieds fréquents ». On prend les récréations en plein air, on y encourage tous les jeux qui mettent le corps en mouvement, la danse, la course. On enseigne la religion, la langue française, l'histoire, la géographie, le calcul. Mme Campan exige que ses élèves lisent bien, très bien même. Elle organise des représentations théâtrales, fait jouer quelques comédies de Mme de Genlis, d'autres qu'elle a composées, et même la tragédie d'*Esther* : nouvel emprunt à Saint-Cyr.

Faut-il croire que la vie de l'esprit et l'émancipation féminine soient deux notions parentes et complémentaires ? Le régime impérial annihile presque toute vie intellectuelle. Chaque écrivain est déclaré dangereux et assujetti à la surveillance de la police. A part l'exception fulgurante de Chateaubriand — un opposant — le Premier Empire, sur le plan des lettres, évoque le néant. Devant un tel manque, il a bien fallu que les femmes prennent la plume. Elles l'ont fait, mais la quantité l'emporte malheureusement sur la qualité. Voici Mme de Souza, dont les aventures amoureuses ont défrayé la chronique et qui les transpose dans *Adèle de Senonges, Emilie et Adolphe, Eugénie et Mathilde, Charles et Marie*. Quand, en 1811, paraît *Eugène de Rothelin*, aussitôt le roi Louis écrit : « Vous me ferez grand plaisir de m'envoyer l'ouvrage de Mme de Souza *dont on fait tant de bruit.* » Voici encore la comtesse de Choiseul : *Alberte ou l'erreur de la nature, Adolphine de Rostanges ou la Mère qui ne fut point épouse*. Et Mme Guichard : *Eléonora ou la belle blanchisseuse*. De Mlle de Beaufort d'Hautpoul : *Childéric*.

Rien cependant n'égale la popularité de Mme Cottin. Mariée en 1789 à un banquier, elle est veuve à vingt-trois ans. La Révolution la ruine. C'est par besoin d'argent qu'elle écrit. En 1798, avec *Claire d'Albe*, c'est le succès. Tragique, son inspiration. Elle fait pleurer l'Empire. On sanglote en lisant *Malvina, Amélie Mansfield, Mathilde* — six volumes sur les croisades — *Elisabeth ou les exilés de Sibérie*. « Avec elle, écrit Julie Talma en 1803, on ne revient pas plus de l'amour que de la peste. Dans trois romans qu'elle nous a faits, voilà six personnes mortes. Si l'amour était tel qu'on le peint, il eût anéanti le monde au lieu de le conserver ». Fatalité : elle meurt elle-même, en 1807, à trente-quatre ans.

La place reste libre pour une autre triomphatrice : Mme de Genlis. « Avec elle, la publication se fait torrent[1]. » Dix romans en dix ans. On s'arrachera *Mademoiselle de Clermont* qui a « un instant éclipsé la gloire de Germaine de Staël ». On assiège les libraires. *Alphonse ou le fils naturel* est épuisé en deux jours. Les éditions succèdent aux éditions. Quand Marie-Louise vient en France épouser l'empereur, on lui donne aussitôt à lire — sans cela, à Paris, elle serait perdue — dix-huit volumes de Mme de Genlis qu'elle dévore d'ailleurs en deux mois. Faut-il croire que ces romans féminins aient eu, sur les mœurs, une influence fâcheuse ? Joubert a redouté pour la vertu des lectrices

---

1. Louis Madelin.

les romans de Mme Cottin, parce que « ses héros ont souvent
des *flammes hideuses* ». Pauvre Mme Cottin dont les personnages nous paraissent aujourd'hui si pâles et leurs sentiments si
anodins ! Le même Joubert ira plus loin : « C'est à la honte du
siècle, plus qu'à l'honneur des livres, qu'il arrive que des
romans exercent un tel ascendant sur les mœurs et les habitudes. » N'en croyons pas un mot. Ce sont les romans qui copient
les mœurs. Point le contraire.

De cette société impériale surgit une dominante : les femmes
y ont perdu la place qu'elles occupaient au xviiie siècle. Les
femmes des Lumières avaient su partout assurer une primauté
que peu de mauvais esprits songeaient, en 1789, à remettre en
cause.

Sous l'Empire, les dignitaires ont beau se parer de titres prin-
ciers ou ducaux, ils ont beau être titrés comtes ou barons, ils
restent bourgeois, incurablement. Napoléon lui-même, quand il
dit : « nous autres gentilshommes », ne trompe personne. Sous
l'empereur, c'est l'argent qui est roi : l'argent, sang et chair de
la bourgeoisie.

Qui s'étonnera, devant cette perspective, de voir la société
impériale ériger la misogynie en règle de vie ? C'est une mode
qui, à certains moments, balaie tout. Elle vient de haut : des
Tuileries, mais elle déferle sur Paris et la France. Un certain
Sylvain Maréchal, par ailleurs jacobin et athée farouche, publie
un *Projet de loi portant défense d'apprendre à lire aux femmes*.
Dans ce climat, Pauline Bonaparte tente en 1801 de réunir une
société littéraire féminine qui meurt en vingt-quatre heures.
C'est l'opinion de toute une société que Joseph de Maistre
exprime en 1808 : « Les femmes n'ont fait aucun chef-d'œuvre
dans aucun genre. Elles n'ont fait ni l'*Iliade*, ni l'*Enéide*, ni la
Jérusalem délivrée, ni *Phèdre*, ni *Athalie*, ni *Rodogune*, ni *Le
Misanthrope*, ni *Tartuffe*, ni *Le Joueur*, ni le Panthéon, ni
l'église de Saint-Pierre, ni la Vénus de Médicis, ni l'Apollon du
Belvédère, ni *Persée*, ni le *Livre des principes*, ni le *Discours
sur l'histoire universelle*, ni le *Télémaque*. Elles n'ont inventé
ni l'algèbre, ni les télescopes, ni les lunettes achromatiques, ni
la pompe à feu, ni le métier à bas, etc. Quant à la science, c'est
une chose très dangereuse pour les femmes. On ne connaît
presque pas de femmes savantes qui n'aient été ou malheureuses

ou ridicules par la science. » Cette opinion péremptoire, pour qu'elle soit bien claire, Maistre la confirmera : « En un mot, la femme ne peut être supérieure à l'homme que comme femme ; mais dès qu'elle veut émuler l'homme, ce n'est qu'un singe. »

Mort ou agonisant, le salon féminin, d'où tant d'idées avaient pris leur envol. On se reçoit sous l'Empire, on ne cause plus. Primauté à l'efficacité. Naguère, une fille pauvre, comme Mlle de Lespinasse, pouvait, dans deux pièces, dominer le mouvement des idées. Aujourd'hui, la femme qui compte est celle qui jette le plus de millions par les fenêtres. En fait, elle en impose, mais elle a perdu toute importance. Dans cette société militaire, la Française se trouve reléguée au rôle peu reluisant de « divertissement du guerrier ». Le mariage devient le but essentiel. C'est, entre jeunes filles et veuves, une lutte ouverte : on chasse le prétendant. Les petits-maîtres dont on raffole n'ont plus rien de commun avec les penseurs ou les hommes d'esprit du siècle précédent. Maintenant, chez les dames, ils organisent des jeux, des loteries, des charades.

Le cadre même de la vie semble évoquer cette nouvelle soumission. La légèreté, les volutes, l'arrondi des meubles Louis XV s'accompagnaient d'une image de liberté. L'acajou, l'or, la majesté, la solidité des meubles Empire imposent à la femme nouvelle des réflexes de pensée modifiés. De cette misogynie absolue, ce n'est que par l'esprit qu'elle peut parfois se libérer. Ainsi Mme de Fleury, à qui Napoléon demande un jour :

— Eh bien, Madame, aimez-vous toujours les hommes ?

— Mais oui, Sire, quand ils sont polis.

Bon gré mal gré, les Françaises de l'Empire se sont pliées au système. Au fond d'elles-mêmes, elles savaient qu'il ne serait pas éternel. La mère elle-même de l'empereur ne répétait-elle pas : « pourvou que ça doure » ? L'ambition qu'elles manifestent plus ouvertement dans les derniers temps de l'Empire naît peut-être de deux sentiments : la lassitude quant à la guerre éternelle ; la rébellion quant à leur propre destin. Alors, elles prennent la tête de l'opposition.

Ce rôle est difficile à nier. Les 250 000 réfractaires de 1814 trouvent derrière eux, pour les soutenir, une armée de femmes. Quand Napoléon, roulant vers l'île d'Elbe, traverse la Provence, ce sont des femmes en furie qui veulent le lyncher. Il est remarquable que les deux femmes dont les noms, pour l'époque, gardent le plus d'éclat aient été l'une et l'autre des opposantes. L'une fut la plus belle, et elle se nomme Juliette Récamier. L'autre, la plus intelligente, et c'est Germaine de Staël.

Ce jour-là, 10 décembre 1797, au palais du Luxembourg, le Directoire reçoit le général Bonaparte, tout récent vainqueur d'Italie. En ce temps, une solennité officielle se veut toujours romaine. Dans la cour battue par le vent de l'hiver, on a donc élevé un autel romain et une statue de la liberté romaine. Sur une estrade se sont assis les cinq directeurs, naturellement vêtus à la romaine. Tant bien que mal, sur leurs gradins, les ministres, les ambassadeurs, les hauts fonctionnaires, les invités tâchent de prendre un air romain.

On n'attend plus que le petit général corse. Dans la foule, s'est glissée une jeune femme d'une éclatante beauté. La plus jolie de son temps. Sur elle, point de contemporain qui ne se soit extasié. Entre cent portraits, choisissons celui qu'a tracé sa nièce : « Une taille souple et élégante, des épaules, un cou de la plus admirable forme et proportion, une bouche petite et vermeille, des dents de perle, des bras charmants quoiqu'un peu minces, des cheveux châtains naturellement bouclés, le nez délicat et régulier, mais bien français, un éclat de teint incomparable qui éclipsait tout, une physionomie pleine de candeur et parfois de malice, et que l'expression de la bonté rendait irrésistiblement attrayante, quelque chose d'indolent et de fier, la tête la mieux attachée... » En 1797, elle a tout juste vingt ans. Son nom ? Mme Récamier.

D'où vient le prestige attaché à son nom, à sa personne ? Elle n'est pas de ces femmes politiques dont le rôle a modifié le destin des Etats. Elle n'a rien créé, ni femme-écrivain, ni peintre, ni musicienne. Elle n'a pas traversé de ces tragédies personnelles qui, soudain, fixent l'attention bouleversée de la postérité. Elle n'est pas de ces femmes qui arborent dans l'histoire le nombre de leurs amants comme une réclame alléchante. Elle n'a pas tué. On ne s'est pas même tué pour elle. Pourtant, de son vivant, elle fut illustre. Plus d'un siècle et demi après sa mort, elle le demeure. Prononcez le nom de Mme Récamier : vous verrez chacun devenir attentif, rêveur, approuver avec une sorte de tendresse. Pourquoi ?

D'abord, il y a sa beauté. Elle est unique. Nul ne peut considérer le portrait de Gérard, l'esquisse de David ou ses autres effigies, sans être touché, frappé. Surtout, cette beauté est de celles qui, plus que d'autres, se révèlent propres à retenir le regard masculin. Chateaubriand, la décrivant sous le nom de Léonie, confirme : « Il y a une harmonie parfaite entre tous les traits de Léonie. Ils expriment la douceur, la finesse et la beauté. »

Ce qui rend éternellement actuelle Mme Récamier, c'est aussi son mystère. Cette femme a consacré sa vie à « enchaîner les cœurs », comme on disait alors. Elle a fait naître les passions, rendu des hommes à peu près fous. Elle ne leur a rien accordé. Devant cet archétype de la coquetterie féminine, il est normal que la postérité se passionne au même titre que les contemporains.

Décidément, il se fait attendre, le général Bonaparte. Dans la cour du Luxembourg — curieuse idée, une fête en plein air, le 10 décembre — on frémit à la fois d'impatience et de froid. Soudain, sur les tribunes, un mouvement : le voici. Entouré de généraux, d'aides de camp, il s'avance à pas rapides, très maigre, l'air d'un homme qui voudrait en avoir déjà fini. Il regarde la foule et la foule, subjuguée par cet air de grandeur et d'implacable volonté, sent qu'elle a trouvé un maître. Ainsi naissent les dictatures.

Un discours du citoyen Talleyrand, ministre des Relations extérieures. Louanges, flatteries. Réponse de Bonaparte : quelques paroles très brèves, coupantes comme le vent qui souffle. On l'acclame.

De la place où elle se trouve, Juliette Récamier ne parvient pas à apercevoir les traits du Corse. Elle se dresse. Tout à coup, l'attention de cette foule se détourne vers elle. Qu'elle est belle ! A son adresse, c'est « un long murmure d'admiration ». Si fort, ce mouvement, que Bonaparte s'en aperçoit. Il distingue dans la foule une ravissante jeune femme toute vêtue de blanc. Leurs regards se croisent. Celui de Bonaparte a la dureté du roc. L'admiration que recèle celui de Juliette se mue en épouvante. Précipitamment, elle se rassied. Plus tard, Mme Récamier aura beaucoup à souffrir de Napoléon. Peut-être cette hostilité du futur empereur est-elle née d'une étrange jalousie éclose, un jour de décembre 1797, dans la cour du palais du Luxembourg.

En 1793 le banquier Jacques-Rose Récamier a épousé Jeanne-Françoise-Julie-Adélaïde Bernard, surnommée Juliette par les

siens. Le banquier a quarante-deux ans, Juliette Bernard n'a pas
encore seize ans. Elle est la fille d'un notaire royal de Lyon dont
la carrière n'a cessé de se ressentir favorablement des interces-
sions de son épouse. Celle-ci, « faite à ravir », n'a jamais hésité
à se montrer prodigue de ses charmes auprès des personnalités
qui convenaient. C'est ainsi que Calonne, surintendant des
Finances, après avoir rencontré Mme Bernard, a promu tout à
coup le petit notaire de Lyon à un poste de receveur des
Finances à Paris. Parmi les tendres amis de la dame Bernard,
figurait le banquier Récamier. La petite Juliette a toujours connu
chez ses parents ce bel homme grave, généreux, cultivé, poli.
Au plus fort de la Révolution, en 1793, M. Récamier a soudain
annoncé son désir d'épouser la petite Juliette. En ce temps-là, le
banquier craint pour sa vie. Ne va-t-on pas l'arrêter ? Sa richesse
lui a attiré bien des envieux, il le sait. Il n'est pas marié, il n'a
pas d'enfants. Il a toujours pensé que Juliette serait son héritière.
Quel meilleur moyen de lui assurer sa fortune, s'il disparaît, que
d'en faire sa veuve ? La famille Bernard consent. La petite
Juliette ne s'oppose à rien. Elle aime bien M. Récamier. Elle
l'aime de tout son cœur. Que sait-elle d'ailleurs des réalités de
la vie ? Le certain, c'est que, le soir des noces, M. Récamier
conduira respectueusement sa jeune épouse dans la chambre
qu'il a fait préparer pour elle, lui souhaitera la bonne nuit et s'en
ira coucher de son côté. Cette situation se prolongera pendant
trente-cinq ans.

Il faut y insister : M. Récamier est un homme séduisant. Il a
connu un grand nombre d'aventures amoureuses. Il a plu, il plaît.
Il n'a que quarante-deux ans. Alors ? La disproportion d'âge ne
choquait nullement à cette époque. Pourtant, la singulière situation qui est celle de ce ménage ne peut être mise en doute. La
nièce de Juliette, Mme Lenormant, témoigne : « Mme Récamier
ne reçut de son mari que son nom. Ceci peut étonner, mais je
ne suis pas chargée d'expliquer le fait ; je me borne à l'attester,
comme auraient pu l'attester tous ceux qui, ayant connu M. et
Mme Récamier, pénétrèrent dans leur intimité. M. Récamier
n'eut jamais que des rapports *paternels* avec sa femme. » De
Juliette, Mme Lenormant dira encore : « Elle pourvut aux
besoins de M. Récamier avec une prévoyante et *filiale* affection. » Edouard Herriot se montrait frappé par le rapprochement
de ces deux mots : paternel et filial. Le duc de Castries incline
à penser que telle est la solution du problème. M. Récamier

devait avoir de fortes raisons de penser que Juliette était sa fille. En pleine terreur, alors qu'il sentait sa vie menacée — il allait presque chaque jour assister aux exécutions pour s'endurcir, afin de faire bonne figure quand son tour viendrait ! — M. Récamier aurait trouvé cette seule solution pour que sa fille disposât, un jour qu'il pensait prochain, de la fortune qu'il jugeait devoir lui revenir.

Certains ont cherché d'autres raisons à ce mariage blanc. On a dit que, physiologiquement, Juliette Récamier n'était pas apte à faire une épouse, ni d'ailleurs une maîtresse. Mérimée, le premier, s'est fait l'écho d'une telle explication. Disons qu'un document publié il y a quelques années réduit à néant cette explication un peu facile. Ce document prouve, on va le voir, que pour un homme au moins Juliette s'est précisément donnée tout entière. La thèse de l'impossibilité physique doit être rejetée dans le royaume des légendes.

Finie, la Terreur. Evanouies, les angoisses de M. Récamier. Le Directoire est une époque favorable aux hommes d'argent. M. Récamier en profite pour augmenter prodigieusement sa fortune. Tout naturellement, Juliette devient une des reines de ce Paris léger, amoral, qui n'a qu'une idole : la beauté. Comment Juliette, riche et belle, n'eût-elle pas régné sur cette société ? Elle n'a de rivales que Mme Tallien, Joséphine de Beauharnais, Mme Hamelin. On la voit chez Barras. Thibaudeau nous la montre donnant le ton pour la mode : « Mme Récamier dut ses succès à ses charmes personnels. C'était la beauté, la grâce et la simplicité d'une vierge de Raphaël. » Pour elle, son mari achète l'hôtel Necker, Chaussée d'Antin. L'été, il loue le château de Clichy, avec son parc « admirablement planté » qui descend jusqu'à la Seine. Tout ce qui compte en fait de célébrités veut être reçu chez les Récamier, admirer cette Juliette dont Paris se récrie. Au milieu de cette cour, environnée de ces dithyrambes. Juliette demeure très calme et son sourire aussi modeste.

Tout ce monde vit pour l'amour, parle d'amour, chante l'amour. Est-elle donc indifférente, Juliette ? Les hommes qui l'entourent ne se déclarent-ils point ? Si, l'un d'eux. C'est un neveu de M. Récamier, un jeune homme qu'il vient d'engager comme collaborateur. Il se nomme Paul David et il a dix-sept ans. Devant cette Juliette qui a son âge, il s'émeut. Elle le repousse sans méchanceté, l'exhortant à ne voir en elle qu'une sœur. Il obéit. Un peu plus tard, c'est Lucien Bonaparte, dont le frère est en Egypte, qui se met sur les rangs. Ce n'est pas un amoureux transi. Ce Corse sait ce qu'il veut. Il lui écrit des lettres enflammées, supplie, exige. Juliette montre les lettres à son mari, lui demandant conseil. Il la félicite, la remercie. Mais il est trop averti en affaires pour méconnaître que Lucien Bonaparte, déjà puissant, risque de l'être bientôt plus encore. D'où ce conseil : « Il faut ne pas le désespérer, mais ne rien lui accorder. » Il s'agit là de tout un programme d'avenir que Jacques-Rose Récamier vient d'établir pour sa femme. Elle y restera fidèle une grande partie de sa vie. Elle ne désespérera point les soupirants, mais elle ne cédera rien. Elle découvrira la coquetterie et les joies qui peuvent en découler. Le rêve, pour Juliette, sera de toujours partager les si charmants débuts d'un amour, la découverte de deux êtres, les douces approches. Pas davantage. Il faut relire Sainte-Beuve : « Lucien aime ; il n'est pas repoussé, il ne sera jamais accueilli. Il en sera ainsi de tous ceux qui vont se presser alors, comme de tous ceux qui succéderont... Elle aurait voulu *tout arrêter en avril...* » Le printemps de l'amour. Jamais l'été. Nul mieux que Benjamin Constant ne l'a dépeinte, « émue de la peine qu'elle faisait, fâchée de son émotion, ranimant l'espoir sans le savoir par sa seule pitié et le détruisant par son insouciance dès qu'elle avait apaisé la douleur qu'avait fait naître cette pitié passagère ». Décidément, Constant reste le meilleur analyste du cœur humain.

A l'aube du Consulat, deux femmes règnent sur Paris : Juliette et Germaine de Staël. Elles se rencontrent, elles s'apprécient. Ainsi va naître une des plus profondes amitiés qui aient pu lier deux femmes. Si grande que M. Maurice Levaillant pourra la qualifier d'amoureuse. Un jour, chez Mme de Staël, Juliette voit paraître un écrivain de trente-trois ans. Il vient de publier *Atala*, il se nomme Chateaubriand. La veille de l'apparition en librairie, Chateaubriand était pauvre, inconnu. Dans un café des Champs-Elysées, il confiait à un ami : « Mon sort se décide demain. Je suis un pauvre diable ou je vais aux nues. »

Il y est allé. Ce style neuf, ces peintures sensuelles de paysages inattendus, ces scènes passionnées ont ravi un public étonné. On s'est arraché le livre. La France entière a lu *Atala*. Ce petit homme brun au regard ardent sous des sourcils épais est à la mode. Les salons se le disputent. Toutes les femmes veulent le connaître. Beaucoup se déclarent amoureuses de ce Breton si romanesque mais lui demeure cuirassé dans une timidité farouche.

Quand, chez Mme de Staël, il découvre l'inégalable Mme Récamier, il est « encore tout sauvage au sortir de ses bois ». Il n'ose pas même lever les yeux sur elle. Juliette est vêtue d'une robe de soie blanche. Mme de Staël pose question sur question à Chateaubriand, soudain paralysé par la divine apparition : « Je répondais à peine, les yeux attachés sur Mme Récamier. Je me demandais si je voyais un portrait de la candeur ou de la volupté. Je n'avais jamais inventé rien de pareil et plus que jamais je fus découragé ; mon amoureuse admiration se changea en humeur contre ma personne. Je crois que je priai le ciel de vieillir cet ange, de lui retirer un peu de sa divinité, pour mettre en nous moins de distance. Quand je rêvais ma sylphide, je me donnais toutes les perfections pour lui plaire ; quand je pensais à Mme Récamier, je lui ôtais des charmes pour la rapprocher de moi ; il était clair que j'aimais la réalité plus que le songe. »

Mme de Staël parle toujours. Mme Récamier se lève pour prendre congé. Elle n'a rien dit. Chateaubriand l'a vue partir avec un serrement de cœur. Il ne la reverra de treize ans.

Un monde s'est fait sous l'impulsion du Corse aux cheveux plats. Il se défait sous les yeux d'une génération stupéfaite. La gloire de Chateaubriand s'étend sur l'Europe. Elle monte à mesure que décline celle de Napoléon. Les deux hommes se haïssent mais en secret s'admirent. Au vrai, ils sont grands l'un et l'autre.

Juliette Récamier traverse les années sans que se marque son visage de déesse, sans que son corps magnifique voie se friper aucune de ses lignes. On l'aime — et on l'aime à la folie. Après Lucien Bonaparte, des hommes comme Bernadotte, Metternich ou le duc de Laval ont été conquis. Ils ne l'ont pas conquise. Toujours elle est fidèle à sa règle de vie : rester *en avril*. Sans doute y a-t-il eu chez cette trop jolie femme surtout de l'inconscience. A Benjamin Constant, elle dit un soir : « Osez ! » Mais lorsqu'il veut « oser », elle le repousse. Il part à demi fou de douleur. Il lui faudra deux ans pour se guérir. En revanche, quand, à Coppet, chez Mme de Staël, le prince Auguste de Prusse lui avoue son amour, elle faiblit. Pour la première fois sans doute, son cœur s'émeut. Elle aime. Ce sont de longues promenades, des serments, des effusions. Un texte retrouvé par

Emmanuel Beau de Loménie dans les papiers d'un familier de
Mme Récamier, Louis de Loménie, son grand-père — et que
j'ai eu la bonne fortune d'accueillir dans la revue *Histoire pour
tous* — contient de précieuses confidences de Mme Récamier
à propos du prince. Auguste de Prusse lui a demandé de l'épouser. Elle y a consenti. Sous l'Empire, on peut encore divorcer
sans difficulté. De plus, le mariage civil de 1793 n'a jamais été
suivi d'un mariage religieux. Pourquoi M. Récamier s'oppose-
rait-il au bonheur de Juliette ? A Louis de Loménie, celle-ci
contera les quinze jours à Coppet : « On allait se promener sur
l'eau. Le prince ramait et était ravi. Dans la persuasion où j'étais
que nous allions nous marier, nos rapports étaient fort intimes.
Toutefois, je dois vous prévenir qu'il lui manquait quelque chose... » Ainsi, le prince — du propre aveu de Juliette — a presque
tout obtenu d'elle. Pour cette vertu farouche, le pas est
considérable.

Surprise : M. Récamier refuse de rendre sa liberté à sa femme.
Ou plutôt, il manifeste tant de peine qu'elle n'a pas le courage
d'exiger cette liberté. Elle rompt avec Auguste, réduisant celui-
ci à un désespoir absolu.

En 1806, M. Récamier s'est ruiné. Mme Récamier a cessé
d'aller dans le monde. Le monde est venu à elle. Quand Mme de
Staël se brouille avec Napoléon, quand elle est exilée, d'abord
à quarante lieues de Paris, puis dans son château de Coppet,
Mme Récamier fait avec elle cause commune. Pour rejoindre
son amie, elle brave le maître de l'Europe. Son salon est devenu
un foyer d'opposition royaliste. Sur elle aussi, la foudre impériale tombe. Juliette reçoit l'ordre de quitter Paris. Elle s'installe
à Châlons-sur-Marne, à l'auberge de la Pomme d'or, puis dans
un petit appartement meublé, rue du Cloître. Plus tard, elle part
pour Lyon et voyage en Italie. Elle est à Naples, chez Murat,
quand sombre l'Empire. Murat, avant d'abandonner son beau-
frère Napoléon pour se joindre aux alliés — que ne ferait-on
pour conserver un trône ? — l'interroge.

— Vous êtes Français, sire, répond-elle ; c'est à la France
qu'il faut être fidèle.

Ce beau soldat, cette tête légère éclate en sanglots.

— Je suis donc un traître.

Pour le rasséréner, il faut que la reine Caroline lui serve un
verre de fleur d'oranger.

En 1814, les alliés vainqueurs s'empressent à faire leur cour à Juliette. Chateaubriand accepte de faire chez elle une lecture du *Dernier Abencérage* devant Bernadotte, roi de Suède, Wellington — « amoureux d'elle comme tout le monde » —, le duc de Doudeauville, des maréchaux d'Empire, le duc de Laval, Metternich, Benjamin Constant et le prince Auguste de Prusse. Avant Vienne, un petit congrès des amoureux de Juliette.

Ainsi Chateaubriand est-il rentré dans sa vie pour aussitôt en sortir. Il s'est jeté dans une politique active et frémissante. Il sera ministre, puis disgracié.

Le 28 mai 1817, Mme de Staël a convié Chateaubriand à dîner. Parmi les convives, Juliette Récamier. Mélancolique, le dîner. On parle à voix basse, car Mme de Staël, quelque temps plus tôt, a été frappée d'une attaque. On la sait alitée près de là — et mourante.

Chateaubriand est assis à côté de Mme Récamier — René à côté de Juliette : « Je ne la regardais point, elle ne me regardait pas ; nous n'échangions pas une parole. » Vers la fin du dîner seulement, elle lui adresse « timidement quelques mots sur le malaise de leur amie commune ». Alors, c'est comme un courant qui s'établit : « Je tournai un peu la tête, je levai les yeux et je vis mon ange gardien debout à ma droite. » Ils n'ont eu qu'un regard à échanger pour se comprendre.

Elle a quarante ans. Pour la première fois, elle ressent un élan inconnu. Certes, elle n'est pas prête encore à céder à Chateaubriand. Mais elle se sent disposée à son égard autrement qu'avec tous les autres.

L'hiver 1817-1818, on voit souvent Chateaubriand chez Mme Récamier. Cette assiduité plaît à Juliette. Bientôt, il se montre pressant. Jamais Chateaubriand ne s'est voulu un amant platonique. Pas plus avec Juliette qu'avec toutes les autres, si nombreuses. Juliette ne le repousse point. Certes, elle n'avait jamais rebuté personne, mais ici l'arrière-pensée n'est plus la même.

Il semble qu'elle lui ait cédé enfin en octobre 1818. On peut situer à Chantilly cette « chute » si longtemps différée. Ils ont été conviés tous deux dans la jolie demeure d'un ami de Récamier. Chaque soir, Chateaubriand et Juliette s'en vont se promener dans un bois où mènent les escaliers du château. La nuit, la forêt, Juliette : c'est trop à la fois, il ne se maîtrise pas. Il lui dira bientôt dans chaque lettre : « N'oubliez pas la forêt de Chantilly. » Quant à elle, elle lui écrira : « Vous aimer moins !... Il ne dépend plus de moi, ni de vous, ni de personne de m'empêcher de vous aimer. Mon amour, ma vie, mon cœur, tout est à vous. » Très justement, André Maurois a commenté : « Une femme qui écrit sur ce ton est une maîtresse et Juliette n'avait jamais écrit de telles lettres à aucun homme. »

Hypothèse devenue une certitude depuis la publication du document de Louis de Loménie. Dans ses confidences, Mme Récamier mêle le double souvenir d'Auguste de Prusse et de Chateaubriand. Elle précise, parlant du séjour à Coppet avec le prince : « Le souvenir de ces quinze jours et celui des deux années de l'Abbaye au temps des amours avec M. de Chateaubriand sont les plus beaux, les seuls beaux de ma vie. Il y a cependant une différence, c'est qu'il manquait quelque chose au prince de Prusse ; *à M. de Chateaubriand, il ne manquait rien !* »

Nous-mêmes ne pouvons réagir autrement que Louis de Loménie : « Ah ! me suis-je dit, serrant les lèvres, voilà le grand mot lâché ; ce n'est pas malheureux. »

C'est vers ce temps-là que le banquier Récamier achève de se ruiner. Juliette se retire dans un couvent qui reçoit des femmes du monde : l'Abbaye-aux-Bois, sur la rive gauche. C'est là, désormais, que chaque jour, à 3 heures, Chateaubriand viendra lui rendre visite. Son exactitude est telle que les gens du quartier règlent leur montre sur son passage.

Ils vieillissent. Il la trompe mais lui revient toujours. Il l'emmène en Suisse, dans un voyage d'amoureux : elle a alors cinquante-cinq ans et lui soixante-quatre.

De retour à Paris, ils reprennent leurs rendez-vous quotidiens et immuables. Chaque jour, elle répète :

— Voulez-vous du thé, Monsieur de Chateaubriand ?

— Oui. Après vous, Madame.

— Ajouterai-je un peu de lait ?

— Quelques gouttes seulement.

— Vous en offrirai-je une seconde tasse ?

— Je ne permettrai pas que vous preniez cette peine.

A la vérité, il ne peut se passer d'elle. La première, elle connaît ce qu'il écrit et sait tout de lui. Elle reçoit ces lignes éloquentes : « Ne parlez jamais de ce que je deviendrais sans vous. Si vous me le demandiez, je ne le saurais pas. »

La vieillesse et ses maux accablent l'auteur d'*Atala*. Mme Récamier perd la vue. Ces amoureux cacochymes se rencontrent encore tous les jours mais c'est maintenant Mme Récamier qui se rend chez Chateaubriand. Quand il meurt, âgé de quatre-vingts ans, Juliette Récamier, devenue complètement aveugle, est à son chevet. Jusqu'au dernier instant, il la regarde. Leur amour était né dans un regard échangé. Chateaubriand meurt les yeux sur elle, hélas ! qui ne peut plus le voir.

Juliette ne survivra que dix mois à René. Au printemps de 1849, le choléra désole Paris. Mme Récamier est frappée comme tant d'autres. Elle s'alite, demande un prêtre, reçoit l'extrême-onction. Pendant douze heures, elle souffre horriblement. Elle expire le 11 mai 1849, à 10 heures du matin. Elle a soixante-douze ans. Quelques heures avant sa mort, ses traits portaient la trace des souffrances traversées. Peu à peu, dit son neveu Paul David, « sa figure avait pris une expression de sérénité angélique, qui se maintenait encore quand on a dû la placer dans sa bière. Ses traits avaient repris leur ancienne pureté et elle était vraiment belle ».

« C'est une des personnes que j'aime et que j'admire le plus » : ainsi écrivait Juliette Récamier de Germaine de Staël. La vie de Germaine de Staël est un règne. Celui de l'intelligence. Sa vie en est imprégnée, son œuvre en déborde. L'œuvre est devenue illisible. Reste la vie.

M. Necker était Genevois et protestant. Entré, à quinze ans, à la banque d'Isaac Vernet comme petit clerc, à dix-huit il a tant plu au banquier que celui-ci l'a envoyé à Paris, à la succursale de sa banque. Il a gagné son premier million lors des négociations de paix de 1762-1763 qui terminèrent la guerre de Sept Ans : une spéculation sur les bons des Trésors français et anglais. Un financier astucieux, M. Necker. Pour s'enrichir, tout lui est bon : la disette de blé de 1764, la liquidation des possessions françaises au Canada. Bientôt il dirige seul la banque Vernet. Il a trente-deux ans.

Il avait épousé une protestante, Suzanne Curchod, Suissesse elle aussi, fille d'un pasteur. Leur couple offre l'image du bonheur domestique. Une leçon pour les libertins du XVIIIe siècle. Une fille leur est née en 1766, Germaine. Elle sera la fameuse Mme de Staël.

Dans le désastre des finances de la France, on se raccroche à tout. La grande réputation de financier de Necker le fait, en 1776, appeler par Louis XVI au contrôle général. Il est suisse, protestant. Qu'importe ! il faut sauver les finances du royaume.

Très tôt, la petite Germaine a fait preuve d'une intelligence peu commune. Sa mère — terrible bas-bleu — l'a élevée selon les préceptes de l'*Emile*. Pour elle, seuls ont compté les préceptes de Rousseau. Mme Necker a voulu que sa fille fût un Emile femme, avec cette exigence : dépasser le modèle. Germaine doit absorber une bibliothèque entière quand l'Emile du pauvre Rousseau ne sait pas encore lire. Avant d'avoir trois ans, elle sait par cœur son catéchisme. L'infortuné Emile a dû attendre son adolescence pour entendre parler des femmes. Germaine discute de l'amour dès l'enfance. Rousseau recommandait d'allier l'éducation de l'esprit et les exercices du corps. Mme Necker néglige totalement le corps. « L'éducation de Mlle Necker, raconte une amie d'enfance, était entièrement dirigée vers le développement de l'esprit. L'exercice, la promenade, tout ce qui amuse et fortifie les enfants, n'entraient pour rien dans le plan de Mme Necker. Aussi sa fille savait-elle danser et non pas courir ; elle récitait *Les Saisons* de Thomson et ne distinguait pas bien sûrement une jacinthe d'une tubéreuse. »

A onze ans, Germaine est allée si souvent au théâtre qu'elle connaît tout le répertoire dramatique. A treize ans, ivre de l'instruction maternelle — et de ses excès — elle sombre dans une crise que nos psychiatres appelleraient dépression nerveuse. Pauvre Germaine ! Il faut que le célèbre docteur Tronchin intervienne : Mme Necker devra renoncer à faire le bonheur de sa fille par ses propres méthodes d'éducation.

La petite est d'une sensibilité extrêmement vive. En fait, elle a besoin d'aimer. Elle idolâtre sa mère, mais se fait rabrouer sans cesse sur ce sentiment. Mme Necker s'en va pour quelques jours, Germaine lui écrit : « Ma chère maman, j'ai besoin de vous écrire ; mon cœur est resserré ; je suis triste, et, dans cette vaste maison qui renfermait il y a si peu de temps tout ce qui m'était cher, où se bornaient mon univers et mon avenir, je ne vois plus qu'un désert... » Réponse de l'implacable mère : « Ton style est un peu trop monté. Ne sors point au-dehors de toi pour me louer et me caresser. C'est un défaut de goût assez commun à ton âge... »

Rebutée par sa mère, Germaine s'est tournée vers son père

avec transports. Le financier lui rend bien son attachement. Avec
sa fille, cet homme grave folâtre. Il déclare en souriant :
« Mme Necker s'est chargée de la partie sérieuse de l'éducation
de ma fille ; moi je lui enseigne la plaisanterie. »

Un ami mal élevé, observant le trio, dira un jour à Germaine :
« Votre père paraît vous aimer mieux que votre mère. » Réplique
de la petite, déjà douée d'une incroyable présence d'esprit :
« Mon père pense davantage à mon bonheur présent, et ma mère
à mon bonheur à venir. »

Bientôt, le grand problème, pour Mme Necker, est de marier
sa fille. Certes, les prétendants ne doivent pas manquer. Sans
être belle, elle n'est pas laide. Sa culture immense. De plus, elle
est riche, très riche. Mais Mme Necker tient à ce qu'elle épouse
un protestant. Or, en France, depuis la révocation de l'édit de
Nantes, le protestantisme n'a pas d'existence légale. Il ne faut
donc pas que Germaine épouse un Français. Mme Necker pense
d'abord à un Britannique illustre, William Pitt — lequel d'ailleurs n'est pas au courant. Peu importe à Mme Necker qui tient
d'abord à rallier sa fille à ce mariage. Refus catégorique de Germaine. Si elle épouse Pitt, elle devra vivre en Angleterre. Loin
de son père. Elle ne veut pas même envisager l'idée. Dès lors,
emportées l'une contre l'autre, la mère et la fille vivront, sous
le toit de M. Necker, un véritable enfer. On se rabat sur un
secrétaire de l'ambassade de Suède à Paris, le baron Eric-
Magnus Staël von Holstein. Il y a longtemps qu'il guigne les
millions des Necker : il est perdu de dettes. Cette fois, Germaine
consent. Elle a dix-neuf ans. Lucide, elle juge que le baron de
Staël « est un homme parfaitement honnête, incapable de dire ni
de faire une sottise, mais stérile et sans ressort ; il ne peut me
rendre malheureuse que parce qu'il n'ajoutera pas au bonheur et
non parce qu'il le troublera... » Par voie de conséquence, « Monsieur de Staël est le seul parti qui me convienne ». On ne peut
guère parler d'entraînement du cœur ! Elle va jurer fidélité à cet
homme-là, avec la ferme conviction qu'elle tiendra son serment :
« Je me ferais horreur à moi-même, je ferais horreur à la nature
si la fille de M. et Mme Necker faisait en présence de Dieu un
serment qu'elle ne tînt pas. C'est assez sur cet horrible sujet,
supposer un crime est lui donner un degré de vraisemblance ! »
Elle est sincère.

La voilà mariée. Pas plus jolie qu'avant avec son allure un
peu hommasse et cette figure que l'on dit virile. Elle manque de
manières : l'éducation à la Rousseau est passée par là. Elle a
l'autorité des gens trop riches devant qui, toujours, on a cédé.
Elle est libre. « A peine libérée de la tyrannique domination de
sa mère, elle se jeta dans tout ce qu'elle entreprenait d'une façon
impétueuse et autoritaire qui étonna le monde[1]. » A ses yeux,
une seule loi : « les passions fières et nobles », phrase qu'elle
répète souvent dans ses écrits. En 1784, le philosophe anglais
Gibbon lui voit « environ dix-huit ans, impétueuse, vaniteuse,
mais possédant une beaucoup plus grande provision d'esprit que
de beauté ». Néanmoins, pour le comte de Guibert — un
expert — « ses grands yeux noirs étincelaient de génie ; ses cheveux, de couleur d'ébène, retombaient sur ses épaules en boucles
ondoyantes ; ses traits étaient plutôt prononcés que délicats... Je
découvre dans ces traits des charmes supérieurs à la beauté. Que
sa physionomie a de jeu et de variété ! Que de nuances dans
les accents de sa voix ! Quel accord parfait entre la pensée et
l'expression ! »

La vérité est qu'à vingt ans, mince encore — elle deviendra
très grosse avant quarante ans — elle a un teint basané, des
lèvres épaisses, « presque négroïdes », un nez « à la fois proémi-
nent et retroussé ». De plus, elle s'habille avec un mauvais goût
parfait. Une seule beauté, mais véritable : ses yeux, « immenses,
magnifiques, lumineux ». Beaucoup les ont dits noirs, mais si
l'on considère ses portraits, on les voit d'un vert clair. Ces yeux
ont beaucoup frappé les contemporains mais pas autant que sa
conversation. Dès qu'elle parlait, on oubliait tout. « Elle sédui-
sait, dit Christopher Herold, non les sens, mais la sensibilité
des hommes. Aucun de ceux qui entraient en relation avec elle
n'échappait entièrement à cette fascination. »

M. de Staël, le mari, sera lui aussi fasciné. Résultat après cinq
ans de mariage : « Je suis aussi malheureux, écrira-t-il, que peut
l'être un homme raisonnable. »

Il l'avait épousée pour son argent, soit, mais elle lui a plu, il
l'a aimée. Il a souhaité d'être aimé d'elle. Il a réclamé sans cesse
d'exercer ce qu'il appelait ses droits conjugaux. Elle-même
n'était pas indifférente à l'amour physique — elle le prouvera
abondamment — mais, pour se donner, il fallait qu'elle aimât.

---

1. J. Christopher Herold.

Elle exigeait de ressentir une exaltation amoureuse qu'elle trouvera souvent. Sauf avec son mari.

Toujours, Germaine a aimé écrire. Dès l'adolescence, elle griffonne sans cesse. Son père en plaisante, l'appelant monsieur de Saint-Ecritoire. A peine mariée, elle écrit un drame en trois actes, *Sophie ou les Sentiments secrets*. L'ouvrage ne sera publié qu'en 1790. Il comporte des vers d'une absurdité rare. Son seul intérêt : Germaine y met en scène l'amour coupable d'une jeune fille pour son père adoptif. Ce thème de l'inceste, pour un premier ouvrage, démontre, s'il en était besoin, à quel point fut profond l'attachement de Germaine pour son père.

Exorcisée de cette passion, elle ne le sera jamais. Seulement, elle voudra connaître d'autres amours qui, peu à peu, remettront à sa place logique l'attachement qu'elle portait à son père. Elle se libérera deux fois : en écrivant et en aimant. Le premier amant qu'elle ait connu a sans doute été Talleyrand. La liaison semble dater de 1788. Talleyrand, évêque d'Autun et fanfaron d'incrédulité, noble comme le roi et tenant des idées libérales, pied-bot et grand amateur de femmes, est alors fort lié avec la comtesse de Flahaut qui lui a donné un fils. Ce qui lui plaît en Germaine, c'est naturellement sa vive intelligence. Elle-même a été conquise par le « charme délicat » de l'évêque, ce charme dont il joue avec tant d'art. Elle goûte suprêmement « la douceur et, pour ainsi dire, la mollesse même de sa conversation ». Talleyrand semble avoir vu très vite en Germaine une alliée. Chacun sent qu'il va se faire de grands changements en France. Talleyrand sait qu'il jouera la carte de l'opposition. En 1788, la gloire de Necker est à son zénith. C'est pour un Talleyrand un atout à ne pas négliger. Germaine, elle aussi, souhaite une révolution qui imposera les idées de liberté auxquelles elle s'est ralliée depuis longtemps. Or Talleyrand va lui présenter un de ses amis, le comte de Narbonne-Lara, probable fils adultérin de Louis XV. Narbonne, lui aussi, est libéral. Il est beau, plein d'esprit et de sensibilité, avec une forte réputation de bourreau des cœurs. Du coup, Germaine oublie Talleyrand. Elle n'a plus d'yeux que pour Narbonne. Elle tombe dans ses bras.

M. de Staël avait donné une fille à Germaine. Elle n'a vécu qu'un an et huit mois. Le 31 août 1789, Germaine donne naissance à un fils baptisé Auguste. Le père ? Sans aucun doute, Narbonne-Lara.

La Révolution, Germaine va s'y lancer avec toute la fougue qu'on peut attendre de son caractère. Enthousiasme, passion, volonté de vaincre, d'écraser les obstacles : voilà son plan de vie alors que disparaît la monarchie absolue. Elle est, le 14 juillet 1790, au Champ-de-Mars, pour la fête de la Fédération. Son cœur bat en voyant son amant Talleyrand célébrer la grand-messe devant la foule immense. Sûrement, à ses yeux, vient de naître cette liberté qu'elle a appris à aimer de son père. Quand Narbonne devient ministre de la Guerre de Louis XVI, Germaine se sent assurée de pouvoir conduire à elle seule la politique de l'Europe. Ce faisant, elle incarne exemplairement les illusions de sa caste. Ces aristocrates ont porté la Révolution sur les fonts baptismaux. Quand le mouvement prend un tour réellement novateur, ils sont épouvantés. A cette époque, Germaine de Staël tombe amoureuse une troisième fois. Il s'agit de Mathieu de Montmorency, futur duc de Laval — qui, de son côté, aimera aussi Mme Récamier. Germaine dira que les trois hommes qu'elle a le plus aimés dans sa vie ont été Montmorency-Laval, Talleyrand et Narbonne. La constitution du ministère girondin, en mars 1792, sonne le glas de ses espérances. Elle aurait voulu arrêter la Révolution, en consolider les gains. Elle apprend à ses dépens qu'une révolution ne s'arrête pas sur commande.

Bientôt, elle se sentira en danger. Des pamphlets l'attaquent cruellement. La popularité de Necker a sombré. Autrefois, on dételait sa voiture pour la tirer à bras d'hommes. Maintenant, on la lapide. L'ancien contrôleur des Finances doit se réfugier en Suisse dans sa magnifique propriété de Coppet, sur les bords du Léman. Germaine doit l'imiter et passer en Angleterre. Elle y animera le petit groupe d'émigrés français de Londres au sein duquel elle retrouve Talleyrand. En 1794, elle rejoint son père à Coppet. Voilà un château entré — définitivement — dans l'Histoire.

Le doux philosophe Ballanche, ami à la fois de Germaine de Staël et de Juliette Récamier, a vu dans Coppet « le berceau de la société nouvelle ». C'est là qu'il découvre « la fin du règne classique et le commencement du règne romantique ».

Un refuge de la liberté : voilà ce qui donne d'abord son importance historique à Coppet. Là, plus qu'ailleurs, on voit se modifier des façons de sentir, d'exister, d'aimer. Pourquoi n'aime-t-on point de la même manière d'un siècle à l'autre ? Grave problème sur lequel les historiens ont dédaigné de se pencher. Assurément, le cœur humain ne change point. C'est la façon d'en exprimer les mouvements qui se transforme. Au XVIIIe siècle, on se contrôle. On tient les élans sans retenue pour de la mauvaise éducation. Une réserve polie paraît de rigueur. C'est la perfection d'une société raffinée. Au siècle suivant, tout change. Le romantisme n'est qu'un long cri de passion. On se tue par amour, on meurt d'amour. On prend le public à témoin de cet absolu. Le public du XVIIIe siècle aurait ri. Celui du XIXe applaudit. Et pleure.

Quand on étudie l'histoire de ce Coppet, on s'aperçoit que le romantisme est né bien avant la date officiellement proclamée. Parce que Mme de Staël était elle-même pétrie de passion. Parce qu'elle était l'héritière légitime et directe de Jean-Jacques Rousseau ; parce qu'elle répandait volontiers des torrents de larmes quand son cœur avait parlé ; parce qu'elle aimait que ses amants se gardassent de retenir leurs sanglots ; parce que ceux-ci et elle-même étaient célèbres et souvent écrivains, un ton fut tout à coup appris et un élan donné. Le grand fleuve Romantisme lança ses flots tumultueux à l'assaut d'un siècle nouveau. Il avait pris sa source sur les bords du Léman, dans le château de M. Necker.

Germaine a laissé Narbonne en Angleterre. Leurs lettres s'espacent. Elle se sent oubliée. Elle en souffre, plus par orgueil sans doute que par amour. A son amant, elle adresse des lettres furibondes. Tout à coup, cette colère s'apaise. Le destinataire, étonné, lit une prose résignée, paisible. Il n'a pas de peine à comprendre : il est remplacé. Le successeur est suédois, il s'appelle Adolf de Ribbing et il a vingt-neuf ans. Germaine confiera bientôt à Narbonne qu'il est « superbe de figure ». Car le prédécesseur va devenir le confident, il saura tout des nouveaux sentiments de Germaine. Voilà qui ressemble bien à la fille de Necker. Elle goûte avec transport la conversation du Suédois, son intimité avec lui, l'exposé de ses convictions. Il est républicain. Elle en tire une conséquence immédiate. « Je désire la république, lui écrit-elle, comme le seul gouvernement qui puisse et vous convenir et ne pas déshonorer la France... *Je n'ai jamais manqué de prendre les opinions de l'objet que je préfère.* » Quel aveu !

Ribbing, lui, ne se contente pas d'entretiens politiques. Germaine lui plaît au salon. Il la préférerait au lit. Il insiste. On ne sait pourquoi, elle résiste pendant plusieurs mois. Narbonne lui-même s'en étonne. Elle répond : « Si je croyais que son inconcevable beauté pût agir sur mes sens, qu'en me livrant à lui, je trouvasse cinq minutes d'ivresse, je le ferais ce soir. » Un mois plus tard, elle le croit probablement puisqu'elle s'abandonne. Elle écrit le lendemain au Suédois : « Ah ! combien j'ai senti que ma vie était attachée à la vôtre ! Oui, je vous aime et vous n'en doutez plus ; il y a eu un combat, vous avez obtenu un triomphe et je suis le char du vainqueur. Nos rôles sont changés ; mais traitez-moi doucement dans mon nouvel esclavage... Ma vie vous est donnée tout entière. »

Mme Necker meurt. Germaine se montre bouleversée par les nouvelles qu'elle reçoit de la Terreur en France. En même temps, Narbonne est jaloux, il lui écrit qu'elle est « la plus méprisable de toutes les filles ». L'infortunée Germaine plonge dans le désespoir. D'autant plus que Ribbing s'éloigne. Qu'est-ce donc que la vie ? Ne vaut-il pas mieux la quitter ? Dès l'époque de Londres, Germaine a commencé à écrire le premier livre qui la reflète réellement : *De l'influence des passions sur le bonheur des individus et des nations*. On y trouve l'apologie du suicide. Qu'y a-t-il de plus romantique que le suicide ?

Il n'en sera plus question quand, le 18 septembre, chez des amis, elle rencontre, écrit-elle à Ribbing, « un homme de beaucoup d'esprit qui s'appelle Benjamin Constant... pas trop bien de figure, mais singulièrement spirituel ».

Dix jours plus tard, elle roule de Coppet vers son château de Mézerie, près de Nyon, quand elle voit un cavalier poursuivre au galop sa voiture. Il la rejoint, elle le reconnaît : c'est Benjamin Constant. Elle le fait monter avec elle en voiture. Peu séduisant, en effet, le cavalier : à vingt-neuf ans, il est maigre, dégingandé, avec un visage ingrat aux yeux myopes et rouges, avec un long nez et une énorme chevelure d'un roux provocant se terminant en tresse sur la nuque et maintenue par un peigne d'écaille. De plus, il est voûté et, malgré sa maigreur, il a de l'estomac. Or, à peine en voiture, il séduit Germaine. Il parle et elle l'écoute, émerveillée. Elle qui aime tant causer a trouvé son maître. Leur premier sujet de conversation : la liberté de la presse. Sur ce thème, Benjamin formule des merveilles. Benjamin de Constant de Rebecque appartient à une famille protestante d'origine française émigrée après la révocation de l'édit de Nantes. Il écrit mais n'a pas encore trouvé sa voie. Il a été marié mais l'union s'est révélée malheureuse. Germaine de Staël découvre sur-le-champ en Constant « l'un des premiers esprits de l'Europe ». Il s'installe à Coppet, tombe amoureux de son hôtesse, lui fait la cour chaque soir. Elle l'écoute mais, implacable, le renvoie chaque soir à minuit juste. Un soir, furieux, Benjamin brise sa montre devenue « l'instrument de sa condamnation ». Comme il coule bien, le fleuve Romantisme !

L'une des nuits suivantes, le château s'éveille en sursaut. Les murs sont ébranlés par les cris déchirants qui proviennent de la chambre de Constant. Mathieu de Montmorency-Laval — il est là, pourquoi pas ? — se précipite, découvre Benjamin Constant dans son lit, convulsé de douleur, hurlant, n'ayant la force que de montrer la fiole d'opium sur sa table de nuit. Il l'a vidée, n'en pouvant plus. Entre deux hoquets, il réclame Germaine. Elle accourt, il se jette sur sa main, la couvre de baisers, dit qu'il va mourir d'un amour impossible. Mme de Staël le supplie d'avaler un contrepoison. Il survivra. Sainte-Beuve s'est beaucoup gaussé de ces « suicides de Coppet ». Il y en a eu plusieurs. Aucun n'a conduit au tombeau, mais seulement dans un lit. On a même parlé de la « dose de Coppet », suffisante pour susciter la peur, trop prudente pour causer la mort. Le lendemain, Benjamin Constant insère dans son journal intime cette simple phrase : « Je n'ai pas racheté de montre, je n'en ai plus besoin. »

Ainsi s'engage l'une des aventures amoureuses les plus fameuses de l'histoire littéraire. Les amants traverseront quatre années d'ivresses. Après quoi, ils se déchireront pendant plus de dix ans, ne parvenant ni à rompre, ni à trouver la paix. Benjamin Constant souffrira mille morts mais, de ses tourments, tirera un chef-d'œuvre : *Adolphe*.

Ils partent ensemble pour Paris où, sous le Directoire, plus rien ne menace Germaine. De nouveau, Mme de Staël se jette dans la politique. Aussi Benjamin Constant : « Je me livrai, dit-il, avec toute l'impétuosité de mon caractère, et d'une tête plus jeune encore que mon âge, aux opinions révolutionnaires. L'ambition s'empara de moi, l'ascendant de Mme de Staël ne fut cependant point diminué par cette ambition, bien qu'il la contrariât quelquefois... »

Nul mieux que Mme Récamier n'analysera le sens de leur liaison : « De tout temps leurs esprits s'étaient convenus bien mieux que leurs cœurs ; c'est par là qu'ils se reprenaient toujours. »

Germaine se multiplie, se mêle de tout, rencontre chacun,

donne des conseils qui ressemblent à des ordres. Elle fait si bien qu'elle se rend suspecte au Directoire qui, par deux fois, lui ordonne de s'éloigner de Paris. Un soir, un rustre, placé à table entre elle et Mme Récamier, croit lancer un fin compliment en déclarant : « Me voilà donc assis entre l'esprit et la beauté ! » Réponse de Mme de Staël : « Monsieur, c'est la première fois que je m'entends dire que je suis belle. »

Qui n'aurait souhaité assister aux entretiens de ces deux jeunes femmes sur lesquels Benjamin Constant a si bien écrit : « La rapidité de l'une à exprimer mille pensées neuves ; la rapidité de la seconde à les saisir et à les juger ; cet esprit mâle et fort qui dévoilait tout, et cet esprit délicat et fin qui comprenait tout ; ces révélations d'un génie exercé, communiquées à une jeune intelligence digne de les recevoir ; tout cela formait une réunion qu'il est impossible de peindre sans avoir eu le bonheur d'en être témoin soi-même. »

Germaine vient de publier son livre sur l'influence des passions — nous sommes en 1796. En frontispice, cette épigraphe : « Les gouvernements doivent tendre au bonheur réel de tous, et les moralistes doivent apprendre aux individus à se passer de bonheur. » Au moment où le livre paraît, elle a été touchée par la « séduisante douceur » de François de Pange. Touchée, donc amoureuse. Frémissante, elle part à l'assaut mais le chevalier de Pange aime ailleurs. Depuis toujours, il est amoureux de sa cousine. Courtoisement, il lui dit qu'il faut rompre leur amitié et ne prendre aucun engagement. Elle rugit : « Ah ! Monsieur de Pange, ne prenez-vous de l'amour que son injustice, son oubli, son inconstance ? » Elle supplie à genoux qu'il la rejoigne, à Coppet, à Paris, à Passy « pour une heure seulement ». La seule réponse de Pange sera l'annonce de son mariage avec sa cousine. Plaignons Germaine, certes, mais surtout gardons-nous d'ignorer que, deux semaines avant d'avoir supplié Pange « à genoux », Germaine écrivait à Ribbing : « Venez me tuer ou venez m'emmener avec vous. » Décidément, le fleuve Romantisme augmente considérablement son débit. En même temps que Germaine apprend le mariage de Pange, elle apprend que Ribbing la trompe avec la comtesse de Valence. Elle commente : « J'ai vu briser ce qui devait être le passé de ma vie et, à vingt-sept ans, il me faut ou recommencer la carrière de la passion ou débuter par ce qui lui succède... »

Pange mourra quelques mois plus tard et Germaine le pleurera. Décidément chassée de Paris par le Directoire, elle doit repartir pour Coppet, mais obtient un peu plus tard de revenir en France : « L'univers est dans la France ; hors de là, il n'y a rien. » Elle accouche d'une fille, Albertine, que M. de Staël prend naturellement à son compte, mais qui est à peu près certainement de Benjamin Constant. Sa préoccupation violente : sauver la République enlisée dans ses contradictions internes. Elle songe à « l'appel au soldat ». Qui ? Le tout jeune vainqueur d'Italie : Bonaparte. Il est piquant que Germaine ait été de ceux qui, les premiers, ont songé à la solution Bonaparte, quand on sait tout ce qu'elle aura à souffrir de Napoléon. De sa propre autorité, elle lui a écrit. Nous n'avons pas les lettres mais le destinataire les a résumées avec ironie, disant qu'elle le comparait à la fois « à Scipion et Tancrède, alliant les vertus simples de l'un aux faits brillants de l'autre ». D'où sa réaction : « Cette femme est folle, je ne veux pas répondre à de pareilles lettres. » Quoiqu'elle s'en soit défendue par la suite, Germaine participe activement à la préparation du coup d'Etat du 19 fructidor : coup de barre à gauche dont vont pâtir plusieurs de ses amis.

Le 6 décembre 1797, elle rencontre enfin Bonaparte à une réception chez Talleyrand, au ministère des Relations extérieures. Elle le trouve sublime. Lui la regarde à peine. Elle le retrouve à une cérémonie à laquelle assiste aussi Juliette Récamier. C'est dit : Germaine jure de conquérir le conquérant. Au moins jusqu'en 1800, elle lui fera la cour et lui adressera toutes les louanges imaginables. Elle part d'une idée simple et à ses yeux logique : il est le premier homme de son temps, elle en est la première femme. Le couple qu'ils formeraient dépasserait tous ceux que l'esprit humain pourrait concevoir. Napoléon va détester la poursuite dont il se sent l'objet. En amour aussi, il veut être le maître. Qu'est-ce donc que ce dragon en jupons qui a juré de l'asservir ? L'idée de partager le lit de Mme de Staël — et sa vie — lui semble « repoussante, risible et terrifiante ». Christopher Herold résume tout en disant qu'il y répondit « d'abord froidement, puis grossièrement et enfin avec la férocité qui accompagne la panique ».

Etonnante évolution des deux protagonistes. A un dîner chez Talleyrand, Germaine est — enfin — assise à côté de son héros. Elle l'interroge : quelle est « à ses yeux la première femme du monde, morte ou vivante » ? Réponse :

— Celle qui a fait le plus d'enfants.

Un peu plus tard, elle se présente rue Chantereine, chez Bonaparte. Un domestique lui explique que le général ne peut la recevoir car il est dans sa baignoire.

— Peu importe, s'écrie Germaine, le génie n'a pas de sexe !
Affirmation que Napoléon goûtera médiocrement.

Elle déplaira tout autant quand elle tâchera de défendre la liberté des Suisses contre l'occupation française. L'infortunée Germaine déborde de bonne volonté. Le drame, c'est que celle-ci se retourne toujours contre elle-même : la voilà de nouveau brouillée avec les autorités françaises. En route pour Coppet ! Chaque fois qu'elle tentera de revenir, elle se heurtera à des fins de non-recevoir. Probablement renseignée sur le coup d'Etat imminent du 18 brumaire, elle galope vers Paris. Elle vient d'écrire *Des circonstances actuelles* qui résume le programme très exact de ceux qui préparent le coup d'Etat : il faut mettre fin à la Révolution, réunir les Français, installer au pouvoir un gouvernement stable. Quand Bonaparte étrangle sa chère république, Germaine délire d'enthousiasme. Bonaparte aurait dû lui montrer de la reconnaissance. Point du tout.

M. de Staël — il faut bien parler de lui — existe toujours. Il est criblé de dettes et hante les tripots de la capitale dans l'espoir de se renflouer. Les créanciers l'assiègent. On fait rapport au Premier consul. Courroucé, Napoléon écrit à son frère Joseph : « M. de Staël est dans la plus profonde misère, et sa femme donne des dîners et des bals. Si tu continues à la voir, ne serait-il pas bien que tu engageasses cette femme à faire à son mari un traitement de mille à deux mille francs par mois ? » Aux yeux du Premier consul, il ne saurait être question de « fouler aux pieds non seulement les mœurs, mais encore des devoirs plus sacrés que ceux qui réunissent les enfants aux pères... Que l'on juge des mœurs de Mme de Staël comme si elle était un homme, mais un homme qui hériterait de la fortune de M. Necker, qui aurait longtemps joui des prérogatives attachées à un nom distingué, et qui laisserait sa femme dans la misère, lorsqu'il vivrait dans l'abondance, serait-il un homme avec lequel on pourrait faire société ? »

Ce réquisitoire a un mérite : il montre à l'évidence que l'antipathie de Napoléon pour Mme de Staël est devenue militante. Finalement, Germaine mettra son mari en voiture, après qu'une attaque l'eut frappé, et l'emmènera à Coppet. Il mourra en route. Quel ennui ! Germaine fait son entrée à Coppet, sa voiture suivie

par un corbillard. Vite, on enterre M. de Staël au cimetière local
où on l'oubliera parfaitement. Germaine reste baronne de Staël
mais elle pourra mener jusqu'au bout une des plus étranges
guerres de l'histoire : celle d'une femme seule contre le maître
du monde.

La période de sa vie qui s'ouvre en 1800 est assurément la
plus glorieuse. Ecrivain, elle va publier ses ouvrages capitaux :
De la littérature, Corinne et *De l'Allemagne*. Ils auront un retentissement dont nous avons peine aujourd'hui à mesurer la portée.
Chacun d'eux apparaîtra tel un événement majeur. Germaine
deviendra « la conscience de l'Europe ». Elle fondera quelque
chose qui ressemble à une idéologie nouvelle. On a eu raison de
dire que « peu de femmes marquèrent leur époque d'une aussi
profonde empreinte ». La situation qu'elle occupe, entre 1800 et
1814, évoque celle du patriarche de Ferney cinquante ans plus
tôt. Face au Léman, la plume vengeresse de Mme de Staël
commande de résister au tyran. Les faibles regardent vers Coppet comme vers le phare du libéralisme.
    Comment, ayant approuvé le 18 brumaire, en est-elle arrivée
à cet état d'hostilité déclarée ? A Bonaparte, elle a dû — malgré
tout — de pouvoir séjourner de nouveau à Paris. En quelques
semaines, son salon a trouvé sa pleine gloire. Malheureusement,
il est aussitôt devenu un foyer d'opposition. Pour Germaine, il
ne s'agit que de critique constructive. Ce n'est pas l'avis de
Bonaparte, furieux contre ces « manigances ». Aussi, elle a trop
d'amis. Jusqu'aux frères du Premier consul qui lui parlent favorablement de Germaine ! Et ses ministres ! Et ses hauts fonctionnaires ! Tout cela pour une femme ? La misogynie de Bonaparte
s'en exaspère. Il finira par attribuer au salon de Mme de Staël
une importance qu'il n'a pas et à Germaine une autorité qu'elle
se contente d'ambitionner. Autre étrangeté : Napoléon a rêvé de
se rallier Mme de Staël. Il l'a fait approcher par son frère Joseph.
    — Mon frère se plaint de vous, a dit Joseph à Germaine.
« Pourquoi, m'a-t-il répété hier, pourquoi Mme de Staël ne s'at-
tache-t-elle pas à mon gouvernement ? Qu'est-ce qu'elle veut ?
Le paiement du dépôt de son père, je l'ordonnerai[1]. Le séjour
de Paris ? Je le lui permettrai. Enfin, qu'est-ce qu'elle veut ? »

---

1. A la fin de la monarchie, Necker avait prêté au gouvernement de Louis XVI deux millions.

— Mon Dieu, a répliqué Germaine, il ne s'agit pas de ce que je veux, mais de ce que je pense.

C'est très exactement ce que lui reproche Bonaparte. Elle intervient auprès de l'entourage consulaire pour que Benjamin Constant soit nommé au Tribunat. Bonaparte accepte. A peine Constant est-il nommé qu'il prononce un violent discours contre le Premier consul. Naturellement, la colère de Napoléon explose — mais elle est surtout dirigée contre Germaine. Fouché convoque celle-ci au ministère de la Police et lui déclare tout de go qu'on la tient pour responsable du discours de Constant. Il lui conseille de se retirer à la campagne pendant quelque temps. Elle obéit. A son retour de Marengo, Bonaparte, passant par Genève, recevra Necker. Pendant deux heures, l'ancien financier intercédera en faveur de sa fille. Finalement, Bonaparte promet de laisser Mme de Staël habiter Paris, « pourvu qu'elle se conduise bien ». Elle le promet à son père avec une évidente sincérité. Néanmoins quand Bonaparte se répand en injures contre les *idéologues* — parmi lesquels il range Constant — elle le traite en public d'*idéophobe*. Nouvelle fureur du Premier consul. Il reçoit dans sa baignoire ses frères Lucien et Joseph, restés amis de Germaine. Joseph jure qu'elle n'a pas pu prononcer un tel mot. Bonaparte sursaute dans son eau :

— Cela sent sa Mme de Staël d'une lieue ! C'est gentil ! Ah ! Elle veut la guerre... Idéophobe ! C'est gracieux... Pourquoi pas hydrophobe ? On ne peut pas gouverner avec ces gens-là !

Hors de lui, il frappe l'eau du bain avec son poing. L'infortuné Joseph est trempé du haut en bas.

— Avertissez bien cette femme, Son Illustration, que je ne suis ni un Louis XVI, ni un La Réveillière-Lépeaux [1], ni un Barras. Conseillez-lui de ne pas prétendre à barrer le chemin, quel qu'il soit, où il me plaira de m'engager. Sinon je la romprai, je la briserai. Qu'elle reste tranquille, c'est le parti le plus prudent.

Quand on vient lui rapporter les paroles de Bonaparte, Germaine ne montre nul effroi :

— Il y a, dit-elle, comme une jouissance physique dans la résistance à un pouvoir injuste.

Tout se retourne contre elle. Elle publie un roman, *Delphine*, qui fait grand bruit et dont elle a l'illusion qu'il plaira au Premier consul. Nullement. Bonaparte, se transformant en critique littéraire — il publie assez souvent lui-même des articles ano-

---

1. Ancien membre du Directoire.

nymes —, condamne l'ouvrage dans le *Journal des débats* en raison de ses « principes très faux, très anti-sociaux, très dangereux » et aussi à cause d'une morale détournée de son vrai but.

On vient de décréter le consulat à vie. Un pamphlet paraît qui critique cette mesure. Un ami de Germaine l'a signé. Le vieux Necker lui-même prend la plume pour critiquer la conception d'une monarchie qui n'en est pas une. Jamais, affirme-t-il, Bonaparte ne pourra faire naître une dynastie nouvelle. C'en est trop ! Justement, Germaine est à Coppet. Bonaparte déclare :

— J'espère que les amis de Mme de Staël l'ont avisée de ne pas venir à Paris ; je serais obligé de la faire reconduire à la frontière par la gendarmerie.

C'est fait. La guerre est déclarée.

A cette époque, Benjamin Constant cherche à rompre. Il ne peut plus supporter celle qu'il appelle « l'homme-femme ». Aux yeux de Mme de Staël, Napoléon est un tyran. Aux yeux de Constant, Mme de Staël l'est tout autant. Elle le tient, elle le tient bien. Ce qui n'empêche pas Germaine, en 1805, de tomber dans les bras d'un jeune Portugais de vingt-quatre ans, Pedro de Souza et, l'été de la même année, de vivre une nouvelle passion avec le fils du préfet de Genève, Prosper de Barante, âgé, lui, de vingt-deux ans. Elle en a quarante, sa taille s'est élargie, ses bras sont devenus énormes, son teint rubicond. Constant, qui ne s'en aperçoit que trop, refuse ses avances : « Je ne voudrais pas qu'on me demande de l'amour, après dix ans de liaison, lorsque nous avons tout près de quarante ans et que j'ai déclaré deux cents fois depuis longtemps que de l'amour je n'en avais plus. » Ce n'est pas l'avis de Barante qui est, lui, fortement amoureux. A l'automne de 1805, il déclare qu'il va épouser Mme de Staël. Angoisse du préfet-père. Le jeune homme est envoyé au Conseil d'Etat. Pour Germaine, une consolation : Fouché obtient de Napoléon qu'elle puisse rentrer en France, à condition qu'elle réside au moins à quarante lieues de Paris. « Surtout qu'elle ne dépasse point ces quarante lieues », a dit Napoléon.

Elle loue donc le château de Vincelles, entre Avallon et Auxerre. Mme Récamier viendra l'y rejoindre. A Vincelles, on rencontre — comment s'en étonner ? — aussi bien Benjamin Constant que le jeune Souza, Adrien de Montmorency que Prosper de Barante. Après quoi, Fouché autorisera Germaine à s'installer à Rouen. Grignotant peu à peu sur l'oukase impérial, elle obtient d'habiter près de Mantes. Elle termine *Corinne*. Assurément, ce livre doit plaire à Napoléon. Elle en est sûre. Quand il l'aura lu, il l'autorisera à rentrer à Paris, rue du Bac. En attendant, elle s'y rend clandestinement. Napoléon l'apprend. Nouvelle colère : « Qu'elle s'en aille dans son Léman, et surtout qu'elle y reste ! Ou si elle veut faire à l'étranger des libelles contre moi, les frontières lui sont ouvertes ! »

Napoléon reçoit *Corinne* en Prusse-Orientale. Il passe une partie de la nuit à se faire lire l'ouvrage. Il interrompt la lecture en criant à l'aide de camp :

— C'est du fatras ! Cette femme ne sait pas ce que c'est que l'amour ! Allez vous coucher.

Il formulera plus tard cette critique : « Je ne puis pardonner à Mme de Staël d'avoir ravalé les Français dans son roman. »

La voilà de nouveau en exil. L'Europe entière sait maintenant qu'elle a déplu au Maître mais *Corinne* triomphe dans toute l'Europe. Napoléon a pu exiler l'auteur, il n'a pu interdire le succès du livre. Peut-être est-ce à cette réalité qu'il pensera quand il dira à Fontanes : « Il n'y a que deux puissances dans le monde, le sabre et l'esprit... A la longue, le sabre est toujours battu par l'esprit. »

L'été de 1807 est marqué par une tragi-comédie. Une fois de plus, Benjamin Constant veut rompre. Il s'enfuit de Coppet, court chez sa sœur près de Lausanne. Il tremble. Rosalie — la sœur — le rassure. Huit jours passent. Hélas ! « Alors que Benjamin commençait à se tranquilliser, raconte Rosalie, nous entendîmes des cris dans le bas de la maison... Mon premier mouvement fut de sortir de la chambre en la fermant à clé. Je sors ; je la trouve à la renverse sur l'escalier, le balayant de ses cheveux épars, et de sa gorge nue en criant : "Où est-il ? Il faut que je le retrouve !" » La suite, nous pouvons la lire dans le journal de l'infortuné Benjamin : « Elle est arrivée, elle s'est jetée à mes pieds, elle a poussé des cris. Quel cœur de fer eût résisté ? Je suis à Coppet, de retour avec elle. »

Ce qui n'empêche pas Germaine, l'année suivante, de vivre un nouvel amour avec le comte O'Donnel. Il a conscience du ridicule de cette liaison. Il montre quelque attachement, mais désire le secret. Il la supplie de ne point trop espérer. Peine perdue : « Je vous conjure à genoux de m'entendre... Je ne me coucherai pas sans vous avoir vu, je m'expliquerai avec vous, mais par pitié venez me parler, vous ne savez pas le mal que vous me faites, non, vous ne le savez pas ! »

Ils voyagent, se séparent. Germaine s'alarme de ne recevoir aucune lettre. Elle lui offre de lui payer le voyage. Une sèche réponse lui parvient : O'Donnel, humilié, exaspéré de voir sa vie envahie par cette femme vieillissante et grotesque, rompt sans espoir d'appel. Aussitôt, Germaine écrit à Benjamin Constant : « Je reviens avec le même attachement pour vous, un attachement qu'aucun homme n'a effleuré, un attachement qui ne vous compare à personne sur la terre : mon cœur, ma vie, tout est à vous si vous le voulez : pensez-y. » Benjamin y pense si peu que, croyant Mme de Staël tout occupée de O'Donnel, il en a profité pour se remarier. Il n'osera rien dire à Germaine et viendra passer à Coppet l'été de 1808. Sa jeune femme, née Charlotte de Hardenberg, réside dans les environs. Il la rejoint clandestinement ! Ce n'est qu'au début de mai de 1809 qu'il s'enhardira à s'installer avec elle dans une auberge de Sècheron, près de Genève. Le soir même, à 10 heures, son épouse, avant de se coucher, prend un bain de pieds. Elle voit la porte de la chambre s'ouvrir brusquement. Un ouragan surgit dans la pièce : Mme de Staël. Elle clame :

— Je suis venue sur-le-champ parce que vous êtes une Hardenberg !

Charlotte s'essuie les pieds et déclare avec une grande politesse qu'elle n'est plus une Hardenberg mais qu'elle est devenue l'épouse légitime de « M. Constant ». Scène. Pleurs. Le ciel pris à témoin. Des larmes, des sanglots, la mort appelée à grands cris.

Constant a jugé plus prudent de s'éloigner. Un peu plus tard, on le reverra tout paisiblement à Coppet. Mme de Staël a obtenu de lui le plus incroyable des engagements : le mariage doit rester secret, il passera l'été auprès d'elle comme il le fait chaque année. La victime, ici, n'est pas seulement Constant, mais Charlotte. Elle décide de mettre fin à ses jours. Heureusement, elle n'absorbe que la « dose de Coppet ». Constant court soigner sa femme. Elle est sauvée. Mme de Staël ordonne à Benjamin de la rejoindre à Coppet. Ce qu'il fait.

C'est le temps où *De l'Allemagne* est imprimé. Germaine écrit à Napoléon, demandant que soient levés les interdits dont elle est l'objet. Mme Récamier se rend chez la reine Hortense pour implorer sa grâce définitive. Germaine est si sûre de voir ses malheurs finis qu'elle ose se hasarder à la Forest, près de Vendôme. Ce n'est plus l'habile Fouché qui dirige la police, mais Savary, sorte de gendarme borné. Il réagit brutalement : Mme de Staël se rendra sous quarante-huit heures dans un port de l'Ouest où elle attendra un embarquement pour l'Amérique. Si elle le préfère, elle sera astreinte à résidence à Coppet. En même temps, Savary fait saisir les cinq mille exemplaires déjà tirés des deux premiers volumes de *De l'Allemagne*, ainsi que les épreuves du troisième. Inutile, la lettre fort digne que Germaine adresse encore à Napoléon. Elle ne reçoit qu'une réponse de Savary qui semble bien, à son style, avoir été dictée par Napoléon : « Il m'a paru que l'air de ce pays ne vous convenait point. Votre dernier ouvrage n'est point français ; c'est moi qui en ai arrêté l'impression. Je regrette la perte qu'il va faire éprouver aux libraires, mais il ne m'est pas possible de le laisser paraître. »

A vrai dire, pour cette fois, la colère de Napoléon s'explique. Il y a dans le livre un portrait d'Attila qui laisse rêveur : « Il croit en lui, il se regarde comme l'instrument des décrets du Ciel et cette conviction mêle un certain système d'équité à ses crimes. Il ne demande à la Terre que la jouissance de la conquérir. Il semble que cette âme se porte comme une force physique, irrésistiblement et tout entière dans la direction qu'elle suit. » L'œuvre exalte le nationalisme allemand. Goethe lui-même écrira en 1814 : « La police française, assez intelligente pour comprendre qu'une œuvre comme celle-ci devait augmenter la confiance des Allemands en eux-mêmes, l'a fait mettre prudemment au pilon. Dans le moment actuel, le livre produit un effet étonnant. S'il avait existé plus tôt, on lui aurait imputé une influence sur les grands événements qui viennent d'avoir lieu. »

Coppet, cette fois, est devenu une prison. Mme de Staël ni son fils ne doivent pas s'en éloigner de plus de deux lieues. Ils ont l'interdiction de remettre les pieds sur le sol français. Quand M. de Barante, vieil ami, prend sur lui d'autoriser Germaine à passer l'hiver à Genève. Napoléon destitue aussitôt le préfet. Une seule consolation : un nouvel amour avec un jeune homme, un certain John Rocca, qui a tout juste l'âge de son fils. Elle aura un enfant de lui et finira par l'épouser.

Le retour de Louis XVIII permet enfin à Germaine de retrouver son « ruisseau » de la rue du Bac. Elle écrit dès le 20 mai 1814 à Mme Récamier : « Je suis honteuse d'être à Paris sans vous, cher ange de ma vie... Après tant de souffrances, ma plus douce perspective, c'est vous, et mon cœur vous est à jamais dévoué. » Germaine n'a pas encore cinquante ans, mais elle paraît bien davantage. Elle traîne avec elle son nouveau mari rongé par la tuberculose. Elle a enfin rendu sa liberté à Benjamin Constant qui — parfaitement illogique — s'en ennuie affreusement. Il aimera à la folie Juliette Récamier.

Napoléon revient de l'île d'Elbe. « Elle est toute bouleversée », note Benjamin à propos de Germaine. Elle s'enfuit à Coppet. Puisque le tyran revient, elle se croit perdue. Elle a tort.

Ce n'est plus le même Napoléon que revoient les Français. Il se présente en monarque constitutionnel. Il veut rallier à lui ces Français qui n'ont pas oublié la Révolution et que les Bourbons ont, depuis une année, tant rebutés. La nouvelle Constitution, c'est Benjamin Constant qui la rédige. Le 24 mars, Fouché écrit à Germaine pour l'informer de l'intérêt que prend l'empereur « à la position délicate de Mme de Staël ». Il laisse même entendre que Napoléon pourrait bien rembourser les deux millions que la France doit à Necker. Voilà Germaine tout émue. Elle écrit à Joseph Bonaparte qu'elle se rallie à la nouvelle constitution. A Mme Récamier : « S'il [Napoléon] accepte ma liquidation [de la dette], il est bien sûr que ma reconnaissance m'empêchera de jamais rien faire qui puisse lui nuire. » Il semble même qu'elle ait tenté de dissuader l'Angleterre de reprendre la guerre contre Napoléon. Elle croit sincèrement qu'une France en paix évoluera fatalement, même sous Napoléon, vers un gouvernement libéral. Après Waterloo, elle ne se résigne pas au retour des Bourbons. Elle supplie le duc d'Orléans — futur Louis-Philippe — de s'asseoir sur le trône. Elle lui écrit qu'il est « la main dont Dieu daigne se servir ». Le duc lui répond en anglais : « Je suis désolé de dire qu'il n'en est pas question. »

En 1830, il ne le dira plus. Mme de Staël ne sera plus sur cette terre pour le voir roi des Français. Une fois de plus, elle a regagné Paris, souffrante, épuisée, ne dormant pas, absorbant chaque jour d'effrayantes doses d'opium. Elle donne des dîners, elle offre des bals, elle corrige ses manuscrits et elle soigne son mari tuberculeux. Le 21 février 1817, elle se rend à une réception où l'a conviée le duc Decazes. Elle gravit l'escalier. Broglie qui l'accompagne la voit chanceler. Il la prend dans ses bras. Elle est inanimée, presque sans vie. On la porte chez elle. Les médecins diagnostiquent une attaque d'apoplexie. Elle va survivre pendant cinq mois, ayant retrouvé la conscience, recevant dans son lit. Chateaubriand va la voir souvent : « Une fièvre ardente animait ses joues ; son beau regard me rencontra dans les ténèbres, et elle me dit : "Bonjour, *my dear Francis* ; je souffre, mais cela ne m'empêche pas de vous aimer". »

C'est pendant cette agonie que Chateaubriand, convié à dîner chez Mme de Staël, se trouvera placé à côté de Juliette Récamier. Plus tard, ils se diront que Mme de Staël leur avait laissé, « à un repas funèbre, son souvenir et l'exemple d'un attachement immortel ».

Au mois de juin, Germaine adresse à Chateaubriand ces mots qui peuvent résumer son existence tout entière : « J'ai toujours été la même, vive et triste ; j'ai aimé Dieu, mon père et la liberté. »

Mme Récamier recevra ces dernières lignes : « Je vous embrasse de tout ce qui me reste. » Le 13 juillet, la gangrène apparaît. A son mari John Rocca qui, lui aussi, se meurt — il ne lui survivra que six mois — elle dit : « Cet hiver, nous irons à Naples. » Dans la nuit, ne trouvant pas le sommeil, Mme de Staël demande de l'opium. Il semble que la dose ait été plus forte que celle de Coppet. L'amie qui veille sur elle lui demande : « Maintenant, vous allez dormir ? — Lourdement et profondément, comme une grosse paysanne. » Elles s'assoupissent toutes les deux. Vers 5 heures, l'amie s'éveille. Elle s'aperçoit que la main qu'elle tient est inerte, glacée.

Germaine de Staël est morte le 14 juillet 1817. Trente-huit ans après le jour où les Parisiens, prenant la Bastille, criaient : *Vive Necker !*

CHAPITRE VIII

LE SIÈCLE DE GEORGE SAND

Serrée dans sa robe noire, agitant en mesure sa large coiffe de même couleur, la tante Grédel suit d'un pas décidé l'interminable procession qui s'engage sous la porte d'Allemagne. Cela se passe en 1814 à Phalsbourg. Des femmes, beaucoup de femmes. Tout au long du cortège, de jeunes prêtres ensoutanés, ruisselant de sueur, courant en brandissant leur croix pour maintenir l'ordre. Derrière la vitre de sa boutique d'horloger, le bon M. Goulden qui, naguère, ne détestait pas trop les Jacobins, observe cela dessus ses besicles. On trouve la scène dans Erckmann-Chatrian.

Voilà sans doute, en ce qui concerne les Françaises, la dominante de la Restauration : une prodigieuse reprise en main par le clergé. Sous l'Empire, le retour au catholicisme officiel ne s'était accompagné d'aucune pression. Jamais Napoléon n'avait souhaité heurter de front l'ex-personnel révolutionnaire. Avec Louis XVIII, tout change. Non point que la foi de ce Bourbon restauré soit bien forte — il reste un homme du XVIIIe siècle — mais, autour de lui, on fait de l'association du trône et de l'autel un système de gouvernement. Au plus haut point, il importe donc de se rallier les masses.

Cette reconquête va s'opérer surtout aux dépens du sexe féminin. C'est sous la Restauration que va naître, sur le plan religieux, un étrange clivage entre les deux sexes. L'habitude va se prendre, notamment dans les milieux populaires, de réserver la pratique de la religion aux femmes. Au village — grande nouveauté — les hommes iront au café pendant que leurs épouses sont à l'église. Dans ce comportement masculin, on peut aussi découvrir un geste politique. La restauration de Louis XVIII ne se fait que par le haut : un marché traité entre l'aristocratie impériale, les alliés vainqueurs et une poignée de royalistes. Totalement absente, l'approbation du peuple. Avec stupeur, le tsar Alexandre découvre que les Français ont totalement oublié jusqu'aux noms des membres de la famille royale. Wellington a formulé le même jugement. Fatiguée de la guerre, la France s'incline. L'Eglise, passée au pouvoir d'une hiérarchie ultra, entame aussitôt le « bon combat ». Partout, des messes expiatoires. Partout, des processions à la mémoire de Louis XVI, de Marie-Antoinette, des victimes de Septembre. Grave erreur. De cette discutable option politique, l'Eglise paiera le prix. Elle donnera des armes nouvelles à l'anticléricalisme.

Il semble que ce soit avec un enthousiasme sincère que les Françaises se soient jetées dans ce courant neuf. La grande majorité des femmes du XIXe siècle trouvent le bonheur de l'âme dans l'exercice d'une foi réelle. Qui, parmi elles, prendrait conscience que l'Eglise politisée se sert de son emprise pour accentuer une sorte d'engourdissement quant à la revendication féminine ? Tout l'appui donné à la femme pendant tant de siècles s'interrompt. Oubliée, l'exaltation de la femme aux premiers temps du christianisme, celle-là même qui fit tant de converties. Oublié, le long combat du Moyen Age en faveur de la dignité de la femme. Oubliées, les sages mesures du Concile de Trente, destinées à faire que la femme ne soit plus une proie. Au XIXe siècle, l'Eglise épouse — aussi totalement que possible — les doctrines d'un antiféminisme militant.

Accomplie, l'irrésistible ascension commencée depuis des siècles, poursuivie avec éclat sous la Révolution, décidément confirmée par l'Empire. Le règne des bourgeois devient un absolutisme. Pour un seigneur, la puissance compte souvent plus que l'argent. C'est par l'argent que le bourgeois la cherche. La cellule familiale devient alors un microcosme. Le bourgeois entend que ses rouages fonctionnent comme ceux de l'entreprise dont il tire ses revenus. Il règne sur ses employés, ses ouvriers. A la maison, il entend que cette autorité ne lui soit disputée par personne. Surtout pas par son épouse. Il est le *pater familias*. Obéissez, madame !

Voici venir le temps des jeunes filles pâles, des épouses aux yeux baissés. Le temps où l'exaltation d'un certain « éternel féminin » ne fait que confirmer l'existence de la femme-objet. Le temps de l'hypocrisie, l'apogée des grandes courtisanes coïncidant avec le culte officiel de la famille glorifiée. Grâce aux facilités nouvelles de communication et d'information, le mode de vie français s'uniformise. Il le fait dans la misogynie.

En même temps — et voici un autre aspect capital du siècle : la minorité de Françaises qui n'acceptent point va faire entendre sa voix. De plus en plus haut. Des femmes vont ériger leur vie privée en symbole de liberté. D'autres encore se lanceront dans un engagement féminin tenace, parfois héroïque, souvent efficace. Tel est le paradoxe ou peut-être la logique de la France pendant cent ans. La révolte des femmes gronde d'autant plus que les hommes — dernier sursaut — réussissent à les dominer davantage.

Jamais peut-être n'a-t-on vu, dans notre histoire, tentative aussi éperdue pour faire revivre ce qui était mort. Le très fin Louis XVIII n'y tient guère. Volontiers, il suivrait le conseil de Napoléon partant pour l'exil : « Si les Bourbons sont malins, ils ne changeront que les draps de mon lit. » Mais, autour du roi, on trouve ces émigrés qui n'ont rien appris, rien oublié. Le droit divin leur semble une panacée. A leur tête, se campe la redoutable duchesse d'Angoulême, fille de Louis XVI, « le seul homme de la famille », disait encore Napoléon. Le calvaire subi pendant la Révolution l'a marquée — à jamais. De sa prison de la tour du Temple, elle a vu partir pour la mort son père, sa mère, sa tante. D'exil, elle est rentrée comme prête à la revanche. Le spectacle de tous ceux qui ont touché, de près ou de loin, à la Révolution, la soulève d'horreur. Or chaque jour, elle en rencontre à la Cour de son oncle Louis XVIII. Devant eux, cette femme sèche, anguleuse, dénuée de charme, se cuirasse. On dit qu'elle ne sourit jamais. Les membres des anciennes familles qui viennent lui faire leur cour croient indispensable d'évoquer un père, une épouse, un fils guillotinés sous la Terreur. Ces éternels rappels de la guillotine l'épouvantent. Elle en est venue à opposer aux victimes le même visage revêche qu'aux bourreaux. Cette femme, vierge et terrible, ressemble à un drapeau — blanc, naturellement.

Dans ce milieu qui vit les yeux fixés sur le passé, la soudaine découverte de l'influence d'une femme sur le roi Louis XVIII va tout à coup produire l'effet d'une divine surprise. Même s'il s'agit plutôt d'une égérie que d'une favorite — celles-ci sont mortes avec le XVIIIe siècle —, voilà la preuve administrée d'un retour aux sources de l'ancienne monarchie. L'intéressée s'appelle Zoé. Elle est la fille d'un ancien juge au Châtelet, Omer Talon, héros d'une étrange histoire.

En 1790, le marquis de Favras a été pendu en place de Grève. Avant de mourir, il a rédigé une confession écrite dans laquelle il avouait avoir comploté contre Louis XVI à l'instigation du frère de celui-ci, le comte de Provence. C'est à Omer Talon que Favras a remis ce document. Le magistrat l'a gardé soigneusement par-devers lui, en se disant que ce chiffon de papier représentait une valeur sûre. Cet homme prévoyant avait une fille : justement la jeune Zoé. En grandissant, elle est devenue adorable, avec un petit visage spirituel et un corps mince dont les toilettes de l'époque soulignaient la perfection. Comme presque toutes ses contemporaines, elle s'est mariée tôt, avec le comte du Cayla. Une erreur. Le comte ne pensait qu'à dilapider la fortune de sa femme. Zoé a obtenu la séparation de corps et de biens. Elle est maintenant jeune, belle, libre, qui plus est dotée d'une fortune en puissance : le testament de Favras que son père lui a remis.

Aussi prévoyante que son père, Zoé du Cayla ne s'est jamais dessaisie du précieux document. Elle a attendu des jours meilleurs. Le ministre de la police de Napoléon, Savary, a entrepris sa conquête. Elle lui a cédé, lui a même donné un fils mais point le document. L'Empire s'est effondré. Louis XVIII — ex-comte de Provence — est remonté sur le trône de France. Zoé du Cayla a compris que son heure était venue.

Un roi bien peu exaltant, ce Louis XVIII. Il est atteint d'une étrange maladie : sans cesse, ses chairs se décomposent. Son corps est perpétuellement enveloppé de pansements. Enorme, il ne se déplace qu'à petits pas, appuyé sur deux cannes. Chacun sait qu'il ne peut plus adresser au « beau sexe » que des hommages platoniques. Il n'en est pas moins roi. Zoé rêve de ressusciter le temps des La Vallière et des Pompadour même si cela doit rester sur un plan forcément chaste. Elle sait disposer de deux armes capitales : sa beauté et le testament de Favras. Elle demande une audience au roi, l'obtient. Entrant dans le cabinet royal, elle renverse un guéridon chargé de papiers. Elle se baisse pour ramasser les feuillets, les rassemble de son mieux. Elle y met une gaucherie si charmante, un trouble si bien joué que le roi infirme en est saisi. Il la questionne, elle répond, jetant à la dérobée au vieux monarque des regards éperdus. Elle reçoit l'assurance que la porte du roi lui sera toujours ouverte. Elle reviendra et, opportunément, saura parler du testament de Favras. Dès lors, sa fortune est faite. Une extraordinaire liaison se noue qui va se poursuivre, passionnée, presque violente, jusqu'à la mort du roi.

« J'ai deux commissions à vous donner pour Mme du Cayla », écrit, à la fin de 1821, le futur Charles X au vicomte Sosthène de La Rochefoucauld, « la première est de me féliciter avec elle du meilleur état de la santé du roi, et la seconde, dites-lui de jouir en paix du noble usage qu'elle fait de l'affection et de la confiance de mon excellent frère ». De telles lignes permettent de mesurer l'influence prise en peu de temps par Zoé sur Louis XVIII. D'elle, on attend tout. On lui demande de battre en brèche l'autorité des libéraux, de consolider le pouvoir de l'Eglise. Le mieux est qu'elle y parvient. Elle fera chasser le ministre Decazes, jugé trop libéral. Elle contribue activement à la chute du second ministère Richelieu, à l'accession de Villèle au pouvoir. Par elle, ceux qu'on appelle les *ultras* triomphent. Les ministres tremblent. Sans vergogne, elle écrit de celui qu'elle a conduit au pouvoir : « Il faut ruser et l'emporter. Je secouerai le petit Villèle. Il me craint plus qu'il ne m'aime ; cela m'est égal ; le petit homme a peur. Je vais continuer à lui montrer les dents. » On traite Mme du Cayla comme une puissance. On fait le siège de son salon. Toujours belle, montrant un peu trop d'autorité, elle reçoit, sourire aux lèvres, les suppliques. Le futur maréchal de Castellane note : « Elle est trop maîtresse de roi pour qu'aucun ministre résiste à sa volonté. ». Louis XVIII l'aime trop pour lui rien refuser. Dès qu'elle le quitte, il lui écrit. On a dénombré dix-huit cents de ces lettres. Et pourtant, tout ce qu'il demande, c'est de la prendre sur ses genoux et de lui parler tendrement. « Il dorlotait », dit Lucas-Dubreton, biographe de Louis XVIII. Il la comble comme rarement le fut une favorite. Lors d'une seule visite, la comtesse emporte cinquante mille francs en or ou en billets. Le roi fixe lui-même dans ses cheveux une anémone en diamant de deux cent mille francs. Il lui donne une bible, entre les pages de laquelle elle trouve cent cinquante billets de mille francs. Il lui offre le château de Saint-Ouen qui vaut quatre cent mille francs. En ce temps, un employé de minis-tère gagne cent francs par mois. Zoé est seule à pouvoir, sans se faire annoncer, entrer dans la chambre royale. Le chancelier Dambray y pénètre un soir par mégarde. Le roi, sans lever les yeux de son livre, lance :

— C'est vous, Zoé ?

On n'appellera plus désormais le chancelier que Robinson. Parce que Robinson *cru* Zoé.

Quand les médecins jugent Louis XVIII perdu, c'est à Mme du Cayla que l'Eglise s'adresse. Il faut décider ce roi vol-tairien à mourir chrétiennement. Zoé s'y emploie. Une fois encore, elle est victorieuse. De l'ultime entrevue, elle sort en sanglotant, mais elle emporte sept cent mille francs pour acheter comptant l'hôtel de Montmorency. « J'ai le cœur déchiré, écrit-elle à Sosthène de La Rochefoucauld... Je perds le roi comme tout le monde, mais il s'y joint la perte immense d'une personne qui avait bonté, amitié, confiance, et qui était plus prévoyante pour moi et mes enfants que tout ce qui peut s'imaginer dans le monde. Par combien de manières mon cœur le regrette ! »

Malheureusement — M. Edouard Perret l'a révélé — cepen-dant qu'elle « envoûtait » Louis XVIII, elle était la maîtresse d'Auguste-Pierre Le Roy, son notaire. Le roi, Le Roy, peut-être s'y perdait-elle ?

C'est en la petite duchesse de Berry que les ultras vont mettre désormais leurs espoirs. Elle est née princesse de Naples, la monarchie la plus réactionnaire d'Europe. Elle a cru défaillir de bonheur lorsqu'on lui a appris qu'elle épousait l'héritier du trône de France, dernier représentant de la dynastie capétienne. Louis XVIII n'a pas eu d'enfants. Des deux fils de Charles X, seul le duc de Berry se montre apte à procréer. Dès avant son mariage, une ribambelle de rejetons naturels ont rassuré les esprits inquiets. Marie-Caroline, duchesse de Berry, est une petite personne espiègle ; elle louche, mais comme elle rit tou-jours, on n'y prend pas garde. Terrible épreuve que de se savoir destinée à perpétuer — ou non — la famille royale. Son premier enfant est une fille. En janvier 1820, un fanatique, Louvel, assas-sine le duc de Berry. Adieu, les Bourbons. Non. Marie-Caroline est enceinte, on l'apprend à la France émerveillée. Ce sera un garçon, le futur comte de Chambord, *l'enfant du miracle*. Il ne régnera jamais, mourra en exil et lui-même n'aura pas de fils. Ainsi s'éteindra la branche aînée de la famille qui avait donné tant de rois à la France.

Dans sa jeunesse, Charles X s'est montré un prince couvert de femmes. Elles l'ont aimé, passionnément ; lui n'en a aimé qu'une : Louise de Polastron. A sa mort, il a fait le serment de se consacrer à Dieu. Le vieux libertin s'est confiné dans la dévotion. Le palais des Tuileries est devenu une Cour sombre, sans faste, accablée entre les messes du roi et la mélancolie de Mme la duchesse d'Angoulême. Les éclats de rire de Marie-Caroline font l'effet d'une incongruité. La duchesse s'en va rire ailleurs, chez des amies, à la Comédie, à l'Opéra.

Rigueur et sérieux. Tel nous apparaît bien le cadre de la Restauration qui, dès 1816, a aboli le divorce. Une réaction, certes, et parfaitement voulue. Cette société identifie le régime libéral qu'elle abhorre avec une licence de mœurs qu'elle réprouve. Ainsi est né l'ordre moral qui dominera toute une part du XIXᵉ siècle. Les grandes familles que l'on découvre dans *Le Rouge et le Noir* pratiquent ce ton de bonne compagnie, cette courtoisie supérieure mais sévère. L'aristocratie imite à son insu les mœurs de la bourgeoisie. Le faubourg Saint-Germain rejoint le faubourg Saint-Denis. Grisaille et vie feutrée.

La révolution de 1830 ne modifie rien de cet état d'esprit. Le faubourg Saint-Germain se veut en deuil. Comment s'amuser quand la monarchie légitime a péri ? C'est tout juste si les hôtels des anciennes familles ne ferment pas leurs volets. On se permet tout juste de danser une ou deux fois par an mais ce sont des bals par souscriptions appelées « listes civiles », dont les fonds seront envoyés à Prague, aux Bourbons exilés.

Ce glissement vers la bourgeoisie, la famille de Louis-Philippe va s'en révéler la plus sûre incarnation. Avant 1830, le duc et la duchesse d'Orléans, au Palais-Royal, vivaient déjà comme des bourgeois. Une famille unie, groupée tendrement autour du père, un quinquagénaire au visage entouré de favoris grisonnants et de la mère, née Marie-Amélie de Naples. Tante de la duchesse de Berry, elle se veut, elle, libérale. Digne, bonne, infatigable, elle adore son mari — vertu bourgeoise — et écrit : « Je crains d'être trop heureuse... » Au dîner, les parents retrouvent leurs enfants : des fils, des filles, tous beaux et intelligents. On sert un potage, une entrée, un rôti, un entremets, une assiette de dessert. Les comptes de cette famille princière nous ont été conservés : pour douze personnes, le repas ne coûte que dix-sept francs. Après le dîner, on passe dans une galerie. La maîtresse de maison et sa belle-sœur, Madame Adélaïde, s'assoient autour d'une table ronde en acajou, surmontée d'une grosse lampe. Elles se mettent à leur ouvrage de broderie ou de tapisserie. Les cinq garçons jouent autour de la pièce ou bien terminent un devoir qu'ils remettront le lendemain à leur professeur du lycée Henri-IV. Le père, au coin du feu, lit les journaux. De temps à autre, un valet passe avec un plateau chargé de sirop d'orgeat. Où sont les folies d'un autre duc d'Orléans, régent du royaume, en ce même palais ?

Devenu Louis-Philippe Ier, le roi n'a fait que traverser la rue de Rivoli — en construction — pour aller loger, avec les siens, aux Tuileries. La nouvelle famille royale n'a pas modifié son mode de vie. Seulement, un peu plus souvent, le roi des Français a pris conseil de sa sœur. Madame Adélaïde est laide ; elle marche comme un homme mais sait ce qu'elle veut. Pendant les journées difficiles de juillet 1830, c'est elle qui, d'une main ferme, a conduit un frère terrassé par les hésitations. Elle a voulu qu'il fût roi. Avec le petit Thiers, elle a su manœuvrer, louvoyer, enfin jeter l'ancre. Ayant reçu en partage une lucidité redoutable, elle sait toujours ce qu'il faut accomplir pour atteindre le but. Jamais elle ne perd son sang-froid, elle ignore la colère. De 1830 à 1848, le roi bourgeois consultera souvent sa femme. Mais les conseils qu'il suivra presque toujours seront ceux de sa sœur. Madame Adélaïde mourra le 1er janvier 1848. Juste avant la révolution. « Le jugement clair, le regard précis de Madame Adélaïde manqueront à Louis-Philippe ; avec sa sœur auprès de lui, il eût peut-être, une fois encore, gagné la partie[1]. »

Cette famille nombreuse n'a pas que des fils. Voici Louise, qui sera reine des Belges, Marie à la jolie voix et qui sculpte, Clémentine, si charmante. Se joindront à elles quatre belles-sœurs assez exubérantes qui, par leurs rires, prendront, dans ces antiques Tuileries, le relais de la duchesse de Berry. Qu'elles en aient envie ou non, le soir après dîner, les filles et les brus devront rejoindre la reine et Madame Adélaïde autour de la grande table ronde où s'ouvrent des tiroirs, chacun marqué d'un nom : Louise, Marie, Clémentine et enfermant les « travaux d'aiguille » qui les occuperont jusqu'à l'heure de s'aller coucher.

Cet auguste exemple, trois générations de femmes vont l'imi-

---

1. Robert Burnand.

ter. Dans les salons de la Restauration, de la monarchie de Juillet, du Second Empire, on découvre des millions de brodeuses. *Mon ouvrage* deviendra une entité exigeante et l'image d'une vie réussie. Parfois, ces dames quitteront leur canevas, leur fil et leur aiguille. Sur la même table ronde, avec leur époux elles joueront au loto. Peut-être leurs mères se promenaient-elles sous le Directoire, à demi nues, aux Champs-Elysées ?

Les bourgeoises du temps de Louis-Philippe, une famille à elle seule les symbolise toutes. Au début était Mme Matheron venue, au début du siècle, d'Auvergne à Paris, vendre des parapluies dans le quartier des Halles. Grâce à un notaire qui lui a avancé de l'argent, Mme Matheron a pu ouvrir un magasin rue Montmartre. Dix ans plus tard, la maison valait deux millions. Mme Matheron a eu deux filles, dont l'une, Eurydice, a épousé, en 1811, André Dosne, ex-agent de change, spéculateur sur les immeubles. Le prénom étant un peu lourd à porter, Mme Dosne a choisi de se faire appeler plus modestement Sophie. Elle n'est pas belle et aime l'argent avec une rare âpreté. Si elle est riche, elle n'est pas heureuse. Elle a de l'ambition et les salons se ferment devant la fille d'une marchande de parapluies. Du coup, elle s'affirme d'opinions libérales, fulmine contre la noblesse et veut se lancer dans la politique. A point nommé, un de ses amis, l'un des plus séduisants cavaliers de l'armée française, le commandant Bracq, conduit chez elle un petit jeune homme, plus ambitieux encore que Mme Dosne elle-même : Adolphe Thiers. Il a vingt-huit ans, il est haut comme une botte, avec une figure rusée sous un toupet noir. Il va, court, gesticule, parle, crie, s'esclaffe. Tout cela avec un accent prononcé car Adolphe Thiers est né à Marseille. Monté à Paris pour conquérir la gloire, il s'est répandu dans les journaux d'opposition. Déjà, dans les milieux libéraux, on le présente comme « l'espoir du parti ». Enchantée, Sophie Dosne, par le petit homme. Elle apprécie ses discours volubiles autant que sa poursuite cynique mais souriante de la fortune. Désormais, Thiers viendra chaque jour chez les Dosne. Il y prendra ses repas. On le considère comme étant de la famille. En est-il un peu plus que M. Dosne ne le souhaiterait ? C'est possible et, disons-le, probable.

L'heure de la gloire de M. Thiers sonne en 1830. Dans les bureaux du *National*, il tire les fils de l'émeute. Il est de ceux qui poussent Louis-Philippe au pouvoir. Sur le balcon de l'Hôtel de Ville, il applaudit quand La Fayette s'écrie :

— Louis-Philippe, c'est la meilleure des républiques !

Sous le régime qui commence, un homme comme Adolphe Thiers se voit déjà ministre. Hélas, il n'est même pas député. Pour l'être, il faut payer un impôt, le *cens*, fondé sur une propriété foncière. Thiers ne possède pas l'ombre de la plus misérable propriété foncière. Alors intervient un destin qui s'appelle Sophie Dosne. Celle-ci vend à Adolphe Thiers un immeuble de son mari, 3, rue Neuve-Saint-Georges, pour cent mille francs. Thiers paiera quand il pourra. Au vrai, il s'acquitte par une autre monnaie : une fois élu, il fait nommer Dosne receveur général à Brest.

C'est fait, M. Thiers est ministre. Le roi Louis-Philippe lui promet pour bientôt la présidence du Conseil. Mme Dosne se sent doucement mais sûrement vieillir. Elle se dit qu'un jour ou l'autre, *le petit* se verra proposer un beau parti. Elle n'envisage pas un tel sort sans douleur. Une idée lui vient : elle offre à Thiers l'aînée de ses filles. Thiers consent. A son ami, l'historien Mignet, lui faisant observer qu'il peut prétendre à « quelque chose de bien mieux que Mlle Dosne », il explique qu'il est lié par la reconnaissance qu'il doit à Sophie-Eurydice : « Je serais un ingrat si je ne faisais pas partager mes honneurs à ceux qui ont protégé mes débuts. C'est une dette de cœur que j'acquitte. »

La fiancée a seize ans. Elle se prénomme Elise. Elle est jolie, fraîche comme une grisette, mais elle a « l'air boudeur et sans aucune prévenance[1] ». Pour Sainte-Beuve, elle ressemble « à une de ces journées qui ne sont pas rares à Paris, où il y a un soleil brillant, mais où l'on sent de l'aigreur dans l'air ».

Place Saint-Georges, c'est Mme Dosne qui fera les honneurs du salon de M. Thiers, quand celui-ci sera devenu Premier ministre, conformément à la promesse du roi bourgeois. Elise vit dans l'ombre de sa mère. Sa sœur, Mlle Félicie Dosne, est venue habiter avec elles. On s'accorde à lui reconnaître « une tête de Raphaël ». Ces trois femmes — la mère et les deux filles — vivent dans une seule et unique préoccupation : M. Thiers, son bonheur, sa gloire, sa fortune, son confort. Mme Dosne, surtout, tient fermement les rênes. Elle gouverne M. Thiers qui gouverne la France. Thiers s'en montre ravi — sinon la France.

---

1. J. Lucas-Dubreton.

Quand elle mourra, Thiers demeurera accablé. Il écrira : « Je ne vis plus, je ne veux plus vivre. » Et encore, à Guizot : « J'ai connu tous les extrêmes de la vie, je ne connaissais pas encore la vraie douleur. Je la connais, hélas ! et je suis anéanti sous le coup qui m'a frappé. »

On les imagine, ces salons 1830, avec leurs tentures en velours uni ou peint, leurs plafonds bleus où volettent des nuages, leurs divans de soie, leurs parquets d'acajou. Sur les guéridons, on a apporté les lampes de porcelaine à fleurs. La flamme tremble dans un globe de cristal. Sur le piano, deux bougies et le recueil des mélodies à la mode. Une grande fille joue ou chante. La porte s'ouvre, une bonne à tablier pousse une petite fille. Celle-ci vient embrasser sa maman avant d'aller au lit. Nous les avons vues sur les gravures du *Journal des dames et demoiselles*, ces petites filles avec leurs nattes, leurs robes bouffantes jusqu'aux mollets, leurs longs pantalons de lingerie serrés à la cheville par des rubans. Et si nous en choisissions une ? Et si, à l'instar de Françoise sa trisaïeule, et de Julie sa grand-mère, nous la suivions au long de sa vie ? Et si nous l'appelions Adèle, prénom à la mode ?

A la veille de la naissance d'Adèle, ses parents se sont rendus au bureau des nourrices. Au XIXe siècle, on n'allaite plus. Sauf, bien sûr, quand on est pauvre. Tout ce qui possède quelque revenu engage une nourrice dans l'un de ces bureaux où attendent, sur des bancs, les candidates venues de leur province : Normandes avec leurs hauts bonnets, Bretonnes avec leurs coiffes à godrons, Bourguignonnes avec leurs chaperons de dentelles. Pendant tout un temps, l'imposante personne sera reine à la maison. On se plie à son caractère : il ne faut pas que le lait tourne. On la nourrit abondamment, on l'abreuve, on la choie : la santé de bébé en dépend. Une fois l'enfant sevré, la nourrice repartira dans sa province où l'attend son propre rejeton.

Adèle n'est plus bébé, la voici petite fille. On tresse ses cheveux. Au-dessus du pantalon de lingerie, elle revêt seulement un jupon et une robe. Au moins, dans cette tenue, peut-elle sauter à la corde, ce dont elle ne se prive pas. Elle joue au *diable*, une bobine que l'on fait tournoyer sur une ficelle entre deux baguettes et naturellement raffole de sa poupée. Certaines ont des trousseaux fabuleux : souvenez-vous de la poupée des *Malheurs de Sophie*. Dans cette vie, une obsession : *Tenez-vous droite, Mademoiselle*. Combien de milliers de fois Adèle n'a-t-elle pas entendu ce commandement ! Il vient de la mère, bien sûr, mais aussi des grands-parents, des grandes sœurs, de la bonne, de la gouvernante, des maîtresses d'école. C'est à croire que la nature produit automatiquement des bossues. On a inventé un instrument de torture : la *minerve*. Il s'agit d'un carcan en bois qui se fixe sur les épaules, enveloppe le dos et oblige à se tenir raide comme la colonne Vendôme. Les séances de minerve durent souvent des heures. Quand Adèle saura lire et écrire, elle fera ses devoirs une minerve aux épaules. Quelqu'un résume tout en disant : « Une femme ne doit point remuer ses os à moins que d'être ambassadrice. »

Au fait, quelle instruction recevra donc Adèle ?

On vit toujours sur l'élan de l'Empire, sur des lois dont nous savons qu'elles sont absolument muettes quant à l'instruction féminine. En 1831, Guizot tente de faire accepter une loi donnant une existence légale aux écoles de filles. Horrifiée, la Chambre repousse le projet. On conservera donc ce statut insolite : des écoles encouragées mais non reconnues. En 1836, une ordonnance royale définit pourtant l'instruction primaire pour les filles. Au degré élémentaire, elles doivent obligatoirement apprendre la lecture, l'écriture, les éléments du calcul, ceux de la langue française, le chant, les travaux d'aiguille, les éléments du dessin linéaire, l'instruction morale et religieuse. Au degré supérieur, elles recevront des notions plus étendues d'arithmétique et de langue française, des éléments de l'histoire et de la géographie, surtout celle de la France. Tant pour les écoles privées que publiques, les institutrices doivent désormais justifier d'un brevet de capacité élémentaire ou supérieur. De même, en 1837, on réglementera l'enseignement privé, en exigeant notamment un diplôme spécial pour les maîtresses de pension ou d'institution. L'autorisation d'exercer sera délivrée par brevet.

Nul doute : hors les pensions élégantes, il y a bien peu d'écoles où les filles apprennent réellement quelque chose.

Imaginons qu'Adèle — tant mieux pour elle — soit élève dans l'une de ces pensions. Par exemple le Sacré-Cœur, rue de Varenne. Marie d'Agoult, célèbre pour sa liaison avec Liszt, y a fait ses études. Elle a évoqué l'uniforme qu'on lui a fait revêtir : une robe de mérinos amarante, un filet pour retenir ses cheveux, une écharpe de ruban. Importante, la couleur des rubans : elle correspond à une classe déterminée, mais peut représenter aussi une récompense. Adèle y apprend les bonnes manières et la « modestie ». La toilette se fait, le matin, en dix minutes, dans une cuvette guère plus grande qu'un bol. Pas de miroir. Dans tout le couvent, on n'en trouve qu'un seul : à la sacristie. On se lave « de confiance » et on se coiffe « de mémoire ». Quant au résultat, on est toujours libre d'interroger : « Ma sœur, est-ce que je sens la crasse ? » Au Sacré-Cœur, on tue la gourmandise. Les plats apportés au réfectoire sont si inquiétants que l'on n'en redemande jamais. Le samedi, c'est la « tourte à la viande », c'est-à-dire l'amalgame de tous les restes recueillis, au long de la semaine, sur les assiettes. Soigneusement, on vide les colis envoyés par les parents, on ramasse tous les bonbons, tous les chocolats que l'on jette, à la cuisine, dans une immense marmite. Il en sort une pâte indistincte, de couleur étrange, que l'on découpe en morceaux. Marie d'Agoult constate que tout cela ne l'empêchait pas d'être fort gaie, comme ses camarades. On danse des rondes dans le jardin. On chante *Laissez passer les olivettes*. L'instruction ? On ne s'en préoccupe pas trop. Après tout, ce sont des filles. Les contemporaines n'en sortent pas moins de là avec une notion de l'orthographe plus sûre que leurs descendantes du XXe siècle. Naturellement, elles sauront compter. Et même, s'il faut en croire l'exemple de Marie d'Agoult elle-même — qui signera, sous le nom de Daniel Stern, de nombreux ouvrages — elles sauront écrire.

Si Adèle n'est pas envoyée en pension, elle recevra à la maison des leçons de toute nature, en particulier de piano : c'est l'instrument-roi du XIXe siècle. Point de jeune fille accomplie sans piano. Les valses, les mazurkas s'écrasent sous des doigts pas toujours agiles sur lesquels la maîtresse de piano tape, quand il faut, avec une règle.

Pour l'exercice du corps, il y a le jardin public. Adèle ne peut s'y rendre qu'en compagnie de *sa* bonne, ou de sa mère. Il n'est pas recommandé de jouer avec les petits garçons. Si Adèle passe outre, les dames diront qu'elle est « un cheval échappé ». Ainsi apprend-elle tôt la règle essentielle du savoir-vivre : jusqu'au mariage, le sexe faible ignore le sexe fort. On ne parle pas aux jeunes gens, même aux réceptions de maman. Adèle ne s'en prépare pas moins aux bals avec son maître à danser. Elle apprend la contredanse, la valse, la galope (depuis 1825), le cotillon (depuis 1827). La polka pointe à l'horizon, mais fait figure de réprouvée : on la juge libérale.

Il faudra bien, plus tard, que la mère d'Adèle ouvre son salon. Cela se fait. On y verra les jeunes gens en quête de fiancée ; les jeunes filles avec leurs mères ; les douairières assises en groupes et jugeant les couples derrière leur éventail. Les vieux messieurs décorés jouent au whist dans une pièce voisine. A 10 heures, on apporte les gâteaux secs et le sirop. A 11 heures, grande exclamation, applaudissements : on met le feu au punch. Pour ceux qui ne l'aiment pas, on passe des glaces. Les hygiénistes en réprouvent l'usage : « Cette coutume fait de nombreuses victimes, principalement parmi les femmes. Il en résulte des pneumonies ou des pleurésies souvent mortelles, et des phtisies qui le sont toujours. » A minuit, avec le vin chaud, on sert des pâtisseries et des tartines au jambon. La nuit s'avance. On a soif : à 1 heure, on offre le thé. On a faim : à 2 heures, on sert à souper, par petites tables.

Au bal, Adèle doit se tenir assise auprès de sa maman. Une contenance modeste est exigée. Aussi met-elle les mains sur ses genoux et baisse-t-elle les yeux. Quand un jeune homme l'invite, aussitôt elle consulte maman. Celle-ci, d'un signe de tête, condescendant ou empressé — selon le candidat — approuve. Madame Mère tend le cou pour surveiller sa progéniture. Adèle le sait. Quand le jeune homme engage la conversation, parfois hasarde des compliments, elle ne sait que répondre. Pour elle, les jeunes gens forment une race à part, jamais étudiée. Musset a bien traduit ces états d'âme :

> *Je ne voudrais pas, à la contredanse,*
> *Sans quelque prudence*
> *Livrer mon bras nu,*
> *Puis, au cotillon, laisser ma main blanche*
> *Traîner sur la manche*
> *Du premier venu.*

Ce n'est probablement pas au bal qu'Adèle trouvera un mari. Qu'un jeune homme puisse solliciter la main d'une jeune fille uniquement parce qu'elle lui plaît, voilà une notion qui épouvante les familles. Quant au hasard, le siècle bourgeois le fuit de toutes ses forces. La règle veut que tous les mariages soient arrangés. Ce sont toujours les parents qui décident. Simplement, on se donne l'air de consulter la jeune fille. On l'avertit qu'on va lui montrer le fiancé désigné, mais qu'elle est libre de choisir. Adèle sera donc conduite un jour au salon de peinture. Devant tel tableau, attendra un jeune homme avec ses parents. On s'aborde, on parle de l'audace des peintres, car vraiment où va-t-on ? Adèle, à la dérobée, regarde le jeune homme. Lui la dévore des yeux. On se quitte, il faut se revoir, on prend date. Le soir même, Adèle entendra faire l'article : le jeune homme a une sœur préfète et une vieille tante qui a promis de lui laisser cent mille francs. Le cousin de son père est ami d'un ministre. Il a promis une place à trois cents francs, juste après le mariage. Les parents ont une terre en Champagne, avec deux fermes. On l'interroge : te plaît-il ? Elle sait qu'elle doit dire oui. Bien sûr, dans l'édifice, on discerne des failles, des révoltes. Elles seront rares.

Voici le temps des fiançailles. Robert Burnand en a joliment retracé les étapes qui, par leur caractère rituel, nous étonnent tant aujourd'hui. La demande en mariage s'est faite « selon le protocole voulu, par l'entremise de la personne et dans les termes qu'il faut, avec l'habit et les gants blancs réglementaires ». Commence alors pour Adèle la période des fiançailles proprement dite, fixée par des règles strictes. Un impératif : jamais Adèle ne pourra voir seule son fiancé. Les entrevues se dérouleront toujours en présence d'un tiers.

Quelques heures avant que le mariage d'Adèle soit célébré, on signe le contrat. Cérémonie sacro-sainte presque plus importante que le mariage lui-même, et significative — ô combien ! — de la place qu'a prise l'argent dans les rapports familiaux. Il faut que le notaire soit rasé — entendez qu'il ne doit porter ni barbe ni moustache — et arbore une cravate blanche. On invite les membres des deux familles, les amis, le plus possible de hauts personnages. L'employé de ministère invite son chef de bureau, le chef de division invite le directeur, le directeur invite le ministre. Instant solennel : on signe. Avant tout, le notaire embrasse Adèle. C'est ainsi. Les oreilles se tendent. Le notaire, en s'asseyant, va commencer la lecture des apports des conjoints : « immeubles, maisons de ville et de campagne, champs, prés et bois, espèces sonnantes, titres de rente, le robuste 3 %, orgueil, soutien, espérance du pays ». L'analyse des contrats de mariage montre que les dots se composent très rarement d'actions. Un mariage n'est pas une aventure. Les revenus du futur ménage ne doivent point dépendre de la spéculation. La stabilité, c'est ce qu'un père ambitionne avant tout pour sa fille. C'est la condition essentielle de *son bonheur.*

Cette énumération est écoutée dans un silence religieux. Quand le notaire a fini, on ouvre les portes du salon. Les invités vont pouvoir admirer « la corbeille », c'est-à-dire un joli meuble — secrétaire ou bonheur-du-jour — qui contient les cadeaux les plus précieux : « dentelles, bijoux, tissus brochés, châles, cachemires pliés dans des boîtes de santal, plumes d'autruche, aigrettes, fourrures, les plus recherchées étant la martre et l'hermine ». Voici, étalé sur le dos des fauteuils, voire sur le tapis, ce qu'on appelle le trousseau : les robes, les peignoirs garnis de dentelle, les jupes de batiste. Nul ne paraît songer que cette exposition relève d'une rare impudeur. On admire aussi bien les chemises de jour (qui montent fort haut et descendent fort bas), les *caleçons* — car ils règnent désormais sans partage — les cache-corsets, les camisoles, les chemises de nuit (closes hermétiquement) et les mouchoirs, les bas de soie, les bonnets. Et les gants, les souliers. Et les chapeaux, les capelines, les jarretières de toute couleur. Et les tabliers, les ombrelles. On expose jusqu'aux draps, taies d'oreiller, torchons de ménage. Ces piles-là représentent le triomphe des familles.

On n'en est plus aux messes de minuit pratiquées au début du siècle. La messe de mariage se célèbre en fin de matinée, au fracas des grandes orgues, dans tout l'apparat d'un rite triomphant. Adèle ira à l'autel en grand décolleté, épaules et bras nus. Cela n'étonne personne, puisque telle est la mode. Les usages interdisent le voyage de noces. Le soir même du mariage, Adèle est conduite jusqu'à leur chambre par son mari. Le lendemain, le couple ira entendre une messe d'action de grâces puis il se retirera chez lui pendant huit jours. Pendant un an, Adèle se verra interdire de paraître seule nulle part. Il faudra qu'elle soit accompagnée par son mari, sa mère ou sa belle-mère. Au bout d'une année, enfin, elle pourra se dispenser de chaperon.

La chambre d'Adèle. Elle en partage le lit avec son mari. Il est souvent d'acajou, poussé contre un des murs et évoque la forme d'un bateau. Il nous semble bien étroit. Louis-Philippe lui-même, aux Tuileries, montre d'un air heureux le lit conjugal. Une table de nuit contient le vase traditionnel. Des rideaux, de même couleur que ceux des fenêtres, encadrent le lit. Chaque nuit on les ferme. Il faut dire que ces chambres, en général, ne sont pas chauffées. Il faut bien se tenir chaud et, par voie de conséquence, étouffer ensemble l'été. Sur ce lit se superposent le sommier de crin, surmonté d'au moins trois matelas, quelquefois de quatre. Juché sur le dessus, un énorme édredon de plume.

Les armoires à glace font leur apparition. Et puis, dans un coin, le lavabo, meuble d'acajou surmonté d'une plaque de marbre sur lequel on pose une cuvette et un pot à eau. Minuscule, la cuvette, et le pot n'est pas plus grand qu'une carafe. La vérité est qu'Adèle ne se lave guère que le bout du nez. Parfois elle se baigne. Un *manuel de civilité* qui s'adresse aux jeunes personnes du monde conseille : « Prenez des bains, si les médecins vous l'ordonnent, mais toujours avec précaution et jamais plus d'une fois par mois. Ne vous y attardez en aucun cas. Il y a je ne sais quoi de mou et d'oisif à rester ainsi dans une baignoire et qui convient mal au caractère d'une fille. » C'est le soir qu'Adèle procédera à cette opération discutée. Elle s'y préparera soigneusement en jeûnant tout l'après-midi. L'eau continue à être rare et chère. Il faut avoir affaire aux services de porteurs d'eau : un sou les deux seaux. Quand Adèle se baigne, elle achète de l'eau chaude au porteur, nécessairement un Auvergnat. Pour que le bain ne se refroidisse pas trop vite elle y plonge un cylindre de métal empli de braises apportées de la cuisine.

Quand elle s'éveille, Adèle sonne sa femme de chambre. Celle-ci accourt, ouvre le rideau, mais surtout point les fenêtres. Les règles de l'hygiène exigent qu'on ne les manœuvre jamais. Adèle passe son premier négligé qui peut être composé d'un peignoir en jaconas blanc et d'une chemisette en batiste ornée de dentelle. Ayant chaussé ses pantoufles, elle se rend à la salle à manger où l'attend son déjeuner. Peu de chose, un œuf, un peu de pain, un doigt de vin de Rancio.

Après quoi, elle passe à sa toilette. Adèle se parfumera-t-elle ? Peut-être, mais très discrètement. Des eaux de toilette, comme l'eau du *Bouquet du comte d'Orsay*, plutôt que du parfum. On ne craint pas de mélanger plusieurs odeurs. Adèle, femme honnête, ne se maquille pas : une femme fardée est perdue dans le monde. Les actrices, les lorettes, les demi-mondaines se fardent et se parfument — elles — avec une violence proche de la frénésie. Jusqu'à son dernier jour, Mlle Mars, la grande comédienne, aura le visage tellement peint que Gavroche, sur son passage, éclatera de rire. Adèle emploie un dentifrice qu'elle fait composer la plupart du temps à la maison. Une recette est parvenue jusqu'à nous : il s'agit d'une poudre composée « en parties égales de croûtons de pain brûlé, de charbon et de sucre, le tout pilé, râpé et noyé dans un peu d'eau ». Curieux.

Comment Adèle s'habillera-t-elle ? François Boucher estime que la mode féminine, vers 1830, s'inscrit dans l'évolution générale du style romantique : « les femmes semblent rêver de se dématérialiser, de ressembler à des anges ou à des papillons en se laçant de plus en plus serré et en élargissant leurs jupes en forme de cloche et leurs manches en forme de gigot ». Le rêve d'Adèle : avoir une taille de guêpe. Donc elle porte un corset. Deux chiffres éloquents : avant 1828, il n'existe que deux brevets pour des corsets ; de 1828 à 1848 on en dépose soixante-quatre ! Ils sont obligatoirement blancs et sans coutures. Leur prix ne cesse de baisser.

Au long des années, les manches des robes augmenteront sans cesse d'ampleur. La jupe s'élargit de plus en plus. En 1838, *La Mode* s'affole en constatant que les Minette et les Palmyre — couturières en vogue — demandent couramment dix-neuf aunes de taffetas pour une robe du matin. En 1842, devant la nécessité de soutenir le volume de ces jupes, on imagine la *sous-jupe crinoline*. On sait quel sera, au temps de l'impératrice Eugénie, son fabuleux essor.

Adèle ne déteste pas sortir en tenue d'amazone. A moins qu'elle ne passe une redingote. Adèle raffole des châles dont on peut dire qu'ils symbolisent la mode du temps. A partir de 1840, leur vogue est incroyable. Eux aussi deviennent démesurés. Ils finissent par envelopper tout entière celle qui les porte. Pour ces tenues les couturières choisissent cent tissus différents : soie, cachemire, satin, crêpe, taffetas, tulle, mousseline, gaze, velours ou ottoman, « rayé, quadrillé, broché, damassé, uni ou imprimé ».

Dès le matin, Adèle se coiffe en tresses. Celles-ci s'échafaudent, mêlées de *coques* sur la tête, en un édifice moins savant que drolatique. Là-dessus, elle pose un bonnet, ou encore un large béret disposé presque verticalement. Le soir, elle portera un *chaperon de plumes* à petit bord, inspiré par la Renaissance. Après 1840, tout cela s'efface devant la *capote* qui cerne entièrement le visage. Celle-ci ira en se rétrécissant jusqu'à 1850 pour progressivement laisser voir le visage. Ces nouveaux chapeaux, Adèle les appellera des *bibis*.

L'après-midi, Adèle sort. Sa voiture l'attend. Elle fait ses visites. Elle a consulté son petit agenda en ivoire où elle a noté les jours de réception de ces dames. Voilà un emploi du temps tout trouvé. Dans les salons s'égrènent les sujets de conversation éternels : la mode, l'opéra, le théâtre, les hôtes étrangers à Paris. Quand Adèle est fatiguée de pépier, elle passe à une exposition où l'usage permet qu'elle se présente seule. Puis elle rentre chez elle, se livre à sa femme de chambre qui la déshabille, à son coiffeur, artiste toujours accueilli avec enthousiasme. Sortie de ses mains, Adèle passe une robe d'organdi peint à manches courtes, avec un corsage décolleté, se pare de quelques bijoux et se rend à la salle à manger. Elle mangera peu. Le romantisme exige une taille si fine que le moindre abus risque de la gâter. La mode est aux femmes diaphanes, à une pâleur absolue. De grands yeux cernés sont signe de bienséance. Tout cela ne coûte guère aux dames qui souffrent des poumons — elles sont nombreuses — mais exige de l'héroïsme de la part de celles qui jouissent d'une bonne santé. Adèle, comme tant d'autres, mettra son gant dans son verre, ce qui veut dire qu'elle ne boit pas. Dans les plats, elle picore. La recette à la mode : boire du vinaigre ou manger du citron. On en arrive surtout à souffrir de l'estomac mais le résultat est là : on devient pâle. Emma Bovary gardera cette habitude. Pour obtenir des yeux cernés ou une pupille dilatée on conseille de lire très tard dans la nuit. Certaines femmes utilisent des drogues à base de belladone ou d'atropine. Elles ne parviennent qu'à s'abîmer la vue.

Le soir, Adèle ira au théâtre. Ses préférences vont à la Comédie-Française ou à la Renaissance où triomphent les romantiques. Elle frémira avec *Antony*, se sentira une autre Adèle, celle de Dumas qui trompe son mari avec un bâtard. Elle trouve cela sublime. Elle en rêve encore la nuit, cependant que, déshabillée, elle regagne son lit d'acajou autour duquel vont se fermer une fois de plus les rideaux.

Sous la Monarchie de Juillet, chacun — hommes et femmes — se passionne pour la politique ou les affaires. Les journaux constatent la présence de beaucoup de femmes dans la tribune de la Chambre des députés et aussi à la Bourse.

Longchamp reste la meilleure occasion de se montrer. Imaginez une triple file de voitures s'allongeant jusqu'à la porte

Maillot. Des groupes de cavaliers *fashionables* et, dans les calèches, « des plumes, des fleurs et des sourires de femmes ». De chaque côté de la route, des spectateurs à pied admirent ou critiquent. Quelquefois, si l'on reconnaît une figure impopulaire, ce sont des lazzis. Longchamp, c'est le triomphe de la mode féminine. Dans les voitures et hors des voitures on ne parle que des créateurs dans le vent, Victorine, Burty, Gagelin, Palmyre, Mme Saint-Laurent. La femme à la mode prend ses chapeaux chez Simon, ses bonnets chez Herbeault, ses souliers chez Michaël, ses bottines chez Gilot, ses gants chez Boivins, ses fleurs chez Batton, ses plumes chez Cartier.

Le principal journal féminin de l'époque reste *La Mode*, créé en 1819 par Emile de Girardin et dont le succès devient considérable sous la Monarchie de Juillet. Mme de Girardin signe Delphine Gay. Il coexiste avec le *Journal des demoiselles* qui propose mille et une suggestions pour l'entretien des vêtements, le rangement de la maison, le nettoyage des taches, etc. Et encore des recettes de cuisine, une chronique du savoir-vivre qui prendra au fil des années une place toujours plus grande. Peut-être parce que, Louis-Philippe régnant, beaucoup de bourgeoises tiennent à ce qu'on les prenne pour des personnes nées.

Il faut croire qu'Adèle lit un ou plusieurs de ces journaux. Il faut croire qu'elle lit aussi des romans. On en publie plus encore que sous l'Empire — et c'est tout dire. Ces petits livres aux couvertures précieuses sont pleins d'histoires de femmes malheureuses en ménage et d'adultères contrariés. Est-ce la marque de l'époque ? 1830 est l'année de la publication de *La Physiologie du mariage* de Balzac. Livre instructif. La légèreté du ton, l'humour de l'inspiration ne doivent pas faire méconnaître une réalité : le livre est une condamnation de la vie féminine telle qu'on la conçoit alors. Balzac accuse la vie de pension à laquelle on contraint la jeune fille : « une fille sortira peut-être vierge de sa pension, chaste non ». Et de parler naturellement de « tâtonnements de volupté, friandises virginales, jeu des colombes ». Il condamne, dès l'adolescence, la lecture des romans : avant le mariage la femme se fait une idée fausse de la vie qui l'attend. Elle sera déçue, c'est fatal : « Elle se créait une existence idéale auprès de laquelle tout pâlit. » Balzac condamne encore le système d'éducation dont pâtissent les filles. Ne les amène-t-on pas à croire qu'elles ont été mises au monde « pour imiter leur grand'mère et faire couver des serins de Canarie, composer des herbiers, arroser de petits rosiers du Bengale » ? Balzac ne croit pas que l'ignorance soit une école de bonheur : « une femme qui a reçu une éducation d'homme possède à la vérité les facultés les plus brillantes et les plus fertiles en bonheur pour elle et son mari ». Surtout, à travers les romans, la jeune fille se fait une vision idéale du mariage et de l'amour. Elle attend tout de son futur époux. Le mari, lui, l'a épousée comme il eût acheté « une partie de rentes à la Bourse ». Pour lui, « la femme est une propriété que l'on acquiert par contrat, elle est mobilière, car la possession vaut titre ». Vite déçue, la femme « ne tarde pas à tenter de réaliser cette vie voluptueuse, à essayer d'en transporter la magie en elle ». Elle est une proie toute trouvée pour l'adultère.

Celui-ci semble pénétrer assez profondément la classe bourgeoise. La bourgeoisie avec l'aisance, précise Maurice Bardèche. Il serait dangereux d'en faire une règle absolue. Ce qui est vrai peut-être à Paris ne l'est pas dans le reste de la France. Là se poursuivent les rigueurs de la Restauration. Songez à ce qui arrivera à Emma Bovary. Pour rester dans Balzac, souvenons-nous du *Médecin de campagne*, de cette société provinciale où le héros ne peut parvenir à se marier parce qu'il a un enfant naturel. Sans appel, on sacrifie l'amour aux convenances. A Paris même, si l'on tolère certaines libertés à des femmes telles que George Sand ou Mme d'Agoult, si même on les reçoit avec le respect dû au génie, on ne veut voir là que des exceptions dont le monde, le vrai, doit refuser l'exemple. « La famille d'alors avait une armature dont la nôtre, qui en est pourtant l'héritière immédiate, n'a plus guère idée, dont la dureté donne froid à travers les romans et l'histoire [1]. »

Balzac voit la femme de 1830 comme « une reine asservie, une esclave à la fois libre et prisonnière ». Dans une lettre à la marquise de Castries, datée du 5 octobre 1831, il précisera qu'il a écrit *La Physiologie* dans le but de leur obtenir « les droits naturels et imprescriptibles ». Ce qu'il propose ? Il veut modifier la conception même du mariage. Il s'inspire de la phrase de Rousseau : « Chez les peuples qui ont des mœurs, les filles sont faciles et les femmes sévères. C'est le contraire chez ceux qui n'en ont pas. » Balzac tient par conséquent à voir inaugurer pour les jeunes filles une véritable liberté sexuelle. Il ira jusqu'à préconiser le mariage à l'essai. Après une ou plusieurs expériences,

---

1. Gonzague Truc.

la jeune fille choisira en connaissance de cause. Elle ne se donnera, et cette fois définitivement, qu'à l'homme qu'elle aimera et estimera. Balzac en est sûr : elle pourra alors compter sur « la plus indissoluble de toutes les unions ». Méditons sur cette autre page de *La Physiologie* : « Le préjugé que nous avons en France sur la virginité des mariées est le plus sot de tous ceux qui nous restent. Les Orientaux prennent leurs femmes sans s'inquiéter du passé et les enferment pour être plus certains de l'avenir ; les Français mettent les filles dans des espèces de sérails défendus par des mères, par des préjugés, par des idées religieuses : et ils donnent la plus entière liberté à leurs femmes, s'inquiétant ainsi beaucoup plus du passé que de l'avenir. Il ne s'agirait donc que de faire subir une inversion à nos mœurs. Nous finirions peut-être alors par donner à la fidélité conjugale toute la saveur et le ragoût que les femmes trouvent aujourd'hui aux infidélités. » Comment ne pas rester rêveur devant cette phrase : « Mais cette discussion nous éloignerait trop de notre sujet, s'il fallait examiner dans tous ses détails cette immense amélioration morale, *que réclamera sans doute la femme au XXe siècle.* »

Novateur encore, Balzac l'est lorsqu'il se préoccupe de l'accord physique des époux. Il n'hésite pas à se jeter à contre-courant d'une époque pour laquelle un tel problème reste tabou. La société bourgeoise du XIXe siècle est sûre que ce n'est pas dans le mariage qu'il faut chercher la satisfaction du désir. La femme légitime ne doit pas être une maîtresse, mais une mère. Dans les conversations d'après-dîner, on entendra les maris affirmer sentencieusement qu'il est de mauvais goût de chercher à « éveiller » son épouse. On voit poindre le temps où les marchands de nouveautés vont proposer ces extraordinaires chemises de nuit qui enveloppent entièrement la femme, du cou jusqu'aux chevilles — comme un linceul. Ces ingénieux fabricants ménageront simplement une ouverture à la hauteur du bas-ventre.

Le plaisir ? L'homme le prendra ailleurs : auprès de femmes entretenues ou, plus souvent, de courtisanes de profession.

Balzac ne veut pas se résigner à cet état de fait. Dans son *Catéchisme conjugal*, il donne aux jeunes mariées quelques recettes, propres à scandaliser ses lecteurs. Il proclame que « la femme est comme une lyre qui ne livre ses secrets qu'à celui qui en sait bien jouer ». Le mari doit savoir que « le sort d'un mariage dépend de la première nuit ». Il faut pour chaque nuit

« un menu » différent. Les âmes ne s'accorderont que si les corps s'entendent. Cela doit s'apprendre, et peut-être s'enseigner : « Le talent en amour comme en tout art consiste dans la réunion de la puissance de concevoir et de celle d'exécuter. » Balzac prêche des gens qui ne veulent pas être convertis. Son livre ? On le lira comme un de ces ouvrages paradoxaux écrits pour l'amusement d'une société qui tient avant tout à ce que rien ne change.

Ce n'est sûrement pas un hasard si Balzac se rencontre avec un Stendhal qui pense lui aussi qu'il faut revoir tout le système d'éducation de la femme, qu'il faut lui donner plus de liberté et reconnaître le droit au divorce. Stendhal s'affirme l'adversaire farouche du mariage mondain tel qu'on le conçoit de son temps. Il veut qu'une femme n'appartienne qu'à l'homme qu'elle aime et qui l'aime. En fait et en droit. Tous ses romans illustrent cette conception de l'amour-passion considéré comme source unique de bonheur.

Et le romantisme, dans tout cela ?

La passion romantique vue par l'école de poésie que l'on sait est une école *mâle*. La femme de 1830 n'est qu'un prétexte à ce déchaînement. Elle inspire des vers torrentiels, mais elle joue au loto. Pour elle on se poignarde sur la scène, mais elle brode sous la lampe inventée par M. Quinquet. Pour elle, les romantiques exigent toutes les libertés mais, si elle trompe son mari, elle va en prison. On retrouve le décalage déjà signalé au Moyen Age à propos de la poésie courtoise. L'idéalisation de la femme par les troubadours ne correspondait pas davantage au statut réel qui lui était accordé.

On doit reconnaître pourtant que la femme de 1830 est baignée par un *climat*. Il est impossible qu'elle lui demeure complètement étrangère. Elle a pleuré avec *Werther*. Son mari l'emmène à *Hernani*. Elle lit les poèmes de Musset et rêve devant le portrait de l'auteur. Elle frémit devant la révolte de *La Femme de trente ans* : « Ah ! je voudrais faire la guerre à ce monde pour en renouveler les lois et usages, pour les briser... Ne m'a-t-il pas blessée dans toutes mes idées, dans tous mes sentiments, dans tous mes désirs, dans toutes mes espérances, dans l'avenir, dans le présent, dans le passé ?... » Bientôt elle lira l'*Indiana* de George Sand. Ainsi la femme de 1830 apprend-elle qu'elle est opprimée. Elle rêve délicieusement sur cette oppression. En vérité, elle ne fait que rêver. Les grands modèles qu'on lui propose demeurent pour elle entièrement abstraits. Elle regarde couler le fleuve Romantisme et les passions qu'il véhicule, mais se garde bien de s'y jeter. Elle sait qu'elle s'y noierait. Elle tient à la vie, fût-elle étroite, mesquine, sans joie.

Celles qui se révoltent sont décidément l'exception. A l'abri des hauts murs des châteaux de province, derrière les fenêtres à petits carreaux des vieilles maisons isolées, parfois le drame éclate, imprévu, effrayant. Au château de la Chavonière, Paul-Louis Courier écrit des chefs-d'œuvre mais sa femme s'ennuie. L'homme au style étincelant, celui qui condamne si bien les curés qui veulent empêcher les paysans de danser, celui-là, chez lui, ne parle jamais. Il se lève en silence, s'assied en silence à la table de famille, regagne en silence son cabinet de travail. Autour du château, à travers les bois et les prés, c'est encore le silence. Mme Paul-Louis Courier n'en peut plus. Comme une héroïne de roman, elle reçoit dans son lit un valet de ferme : seule évasion possible. D'un premier pas accompli on passe souvent à un autre. Elle fera abattre son tyran domestique.

Que dire de Marie Capelle ? Pour marier leur fille, les parents, de bonne bourgeoisie, se sont adressés à une agence matrimoniale. Présentations. Voilà un M. Lafarge, bien sous tous les rapports. Un brave homme de futur mari, puisqu'il possède quelque fortune. Mariage, départ pour le château du Glandier, en Limousin. Des arbres, des marais, de la pluie. Le seul bruit vient de la forge voisine. A table, on mange la soupe du pays, légumes et fromage, qu'il faut mâcher. Mme Lafarge mère, plus paysanne que bourgeoise, élève des dindons dans sa chambre. On s'en va en visite, quelquefois, chez des gens qui n'ont rien à dire, à qui l'on n'a rien à dire. Parfois une noce, où l'on boit et se goinfre jusqu'au moment d'arracher la jarretière de la mariée. Autrefois, Marie a lu des romans. Avant de devenir Mme Lafarge et d'enrager de désespoir, d'idéal inassouvi. Et puis, il y a ces rats qui galopent jour et nuit au-dessus de sa tête. Un jour, pour les tuer, elle achète de l'arsenic. Malheureusement, elle en mettra aussi dans le gâteau de son mari.

L'amour, dans la société de 1830 ? Pas de doute, c'est ailleurs que dans le mariage qu'il faut le chercher. Les amours célèbres du temps sont adultères : Musset et George Sand, Franz Liszt et Marie d'Agoult, Balzac et Mme de Berny. Les étudiants aiment les grisettes, mais se gardent de les épouser. La grisette est couturière, ou vendeuse de boutique, ou blanchisseuse, ou brodeuse. Traditionnellement, elle est rieuse, désintéressée, infidèle. Elle gagne si peu que, pour survivre, il lui faut un amant d'âge mûr qu'elle reçoit pendant la semaine. Le dimanche est réservé à son étudiant ou à son soldat. Elle l'aime de tout son cœur, elle court avec lui les bals et les guinguettes. Cela dure trois mois. Finalement, elle se mariera avec un ouvrier ou un employé. C'est pour lui qu'elle a économisé. Car, malgré Murger et sa *Vie de bohème*, Mimi a le sens de l'économie. Autrement, serait-elle de son temps ?

Quant aux maris, c'est dans le lit de professionnelles que, logiquement, ils vont chercher la satisfaction de besoins physiques naturels. Les trottoirs, bien entendu, favorisent de telles rencontres. On l'a toujours vu, peut-être le verra-t-on toujours. L'originalité de l'époque, c'est que, cette fois, des courtisanes sortent de leur traditionnelle obscurité. On a vu des danseuses, des filles d'Opéra, des actrices de la Comédie-Française faire grand bruit au XVIIIe siècle. La race n'en est pas éteinte. La grande comédienne Marie Dorval, qui a créé l'Adèle d'*Antony* et tant d'autres rôles, passe sans vergogne de bras en bras, y compris ceux de Vigny. L'autre *grande*, l'illustre Rachel, se révèle une sorte de nymphomane, dévoreuse d'hommes et de millions. Mlle Mars achève sa carrière d'amoureuse, tumultueuse autant que ses triomphes d'actrice. Cependant, au XIXe siècle, des courtisanes vont se faire un nom en n'étant rien d'autre que courtisanes. Evolution révélatrice. Ces filles seront à la mode. Les *Lions* se devront, pour soutenir une réputation, de devenir leur amant. On en verra se ruiner pour ces filles-là. Et certains les aimer.

L'archétype, c'est Marie Duplessis. Son histoire tient du miracle. A dix ans, cette petite paysanne normande gardait les bêtes et ne s'était jamais lavée. Elle a treize ans quand elle vient à Paris. Nestor Roqueplan la rencontre affamée sur le Pont-Neuf et lui paie un cornet de frites. Elle semble tout juste destinée à faire une aide de cuisine. De fait, un marchand de légumes de la rue des Deux-Ecus l'engage comme bonne à tout faire. On la dépeint alors comme « une petite sauvageonne vêtue de loques, chaussée de sabots, peureuse et soumise, redoutant le diable, les revenants et les loups-garous ». Totalement illettrée, « elle ne savait pas écrire son nom ». Trois ans plus tard, elle habite un des plus beaux appartements de Paris, 11, boulevard de la Madeleine, elle possède équipage, chevaux de prix. Quand, au théâtre, elle paraît dans une loge, on se retourne, on l'admire. On l'envie. Personne ne porte comme elle la toilette ni les bijoux splendides qu'elle doit à ses admirateurs. Il faut dire qu'elle est belle, d'une beauté si pure qu'elle nous fascine encore. Comment ne pas être capté, retenu, ensorcelé, par ses grands yeux noirs étonnés, « pleins tour à tour de candeur et de vagues désirs », par ses sourcils, fins comme une ponctuation, « qui semblaient peints sur son front », par l'épaisse chevelure noire qu'elle mêlait souvent de fleurs et de diamants, par le nez « d'une coupe nette et délicate », par les proportions idéales du corps, si menu et si souple. L'extraordinaire, c'est que sa conversation en soit venue à égaler cette perfection physique. Le critique Jules Janin s'est émerveillé de cette « langue sonore, éloquente et rêveuse tout ensemble ». Il a tenu à le proclamer au monde entier : « Son maintien répond à son langage, son regard à son sourire, sa toilette à sa personne, et l'on aurait vainement cherché dans les plus hauts sommets du monde une créature qui fût en plus belle et plus parfaite harmonie avec sa parure, ses habits, ses discours. » Au moment où Janin souffle dans les trompettes de la renommée, Marie Duplessis a vingt ans.

Attardons-nous chez elle, un entresol, dont les fenêtres donnent sur le boulevard de la Madeleine. Il lui en coûte 3 200 francs de loyer. Voici l'antichambre avec ses treillages qui reçoivent des camélias blancs sans cesse renouvelés. Voici la salle à manger, le grand salon, le boudoir. La chambre à coucher où triomphe l'alcôve, cernée de tentures de soie rose. Partout des œuvres d'art, des bibelots de collection. Là, un soir, un jeune homme paraîtra, amené par des amis. Marie a beaucoup bu. Du champagne. Le jeune homme s'étonne de l'air décent qu'elle affiche dans sa tenue et jusque sur son visage. En totale contradiction, cet air, avec les mots qu'elle profère, audacieux jusqu'à la licence. Le jeune homme contera s'être affligé du démenti que se donnait « un si parfait ensemble de grâces et de modestie ». Alors qu'il philosophe, Marie est prise d'une toux violente. Elle doit abandonner ses hôtes, passer dans sa chambre.

Le jeune homme l'y rejoint. Il la voit renversée sur un canapé, livide, cherchant éperdument à retrouver son souffle. Dans la cuvette du nécessaire de toilette, du sang. Il s'assied à côté d'elle, lui prend la main. Alexandre Dumas fils vient de découvrir la dame aux camélias.

Peut-être l'a-t-elle aimé, mais il est pauvre. C'est le destin des courtisanes : les jeunes gens sans fortune passent dans leur vie mais n'y restent point. En août 1846, à un bal, Paul de Saint-Victor la verra « au cours du cortège de fêtes où elle s'épuise ». Amaigrie, brûlée de fièvre, l'écrivain la verra danser « avec une sorte d'ivresse ». Il restera persuadé que, délibérément, elle a voulu « rompre par une mort hâtive la captivité qui l'enchaînait au plaisir ». Quand elle meurt, elle a vingt-trois ans.

Alice Ozy, elle, a un alibi : après avoir été demoiselle de magasin, puis ouvrière en chambre à Belleville, elle est petite actrice aux Variétés. Elle est si jolie que sa loge est sans cesse assaillie par des prétendants empressés. A leur tête, le jeune fils de Louis-Philippe, le duc d'Aumale, colonel du 17e léger. Le fils du roi ! Alicette ne fait pas de manières pour céder. Malheureusement, Aumale ne roule pas sur l'or, car Louis-Philippe distribue l'argent de poche avec une parcimonie redoutable. Pour souper avec une dame, il a fallu un jour qu'Aumale porte sa montre au mont-de-piété. A sa mère qui s'étonnait, il a confié qu'il l'avait oubliée « chez ma tante ». Aussitôt la digne reine a envoyé un valet quérir la montre chez Madame Adélaïde. Etonnement de la tante. Alors, Aumale a dû confier que la tante en question n'était que le mont-de-piété. Origine d'une expression populaire.

Aumale et Alice roucoulent. On se passe d'argent. Jusqu'au jour où Alice, sortant du théâtre, aperçoit un coupé « étourdissant ». Quels chevaux ! La paire vaut au moins vingt mille francs. Eblouie, elle regarde. Le valet de pied lui ouvre la porte : le coupé est pour elle. Le fils du banquier Perregaux a trouvé là une façon originale de transmettre sa déclaration. Alicette ne résiste pas. Elle monte dans le coupé. Adieu, Aumale et le 17e léger ! Quand le fils de Louis-Philippe se mariera, Alice lui renverra ses lettres. Il croira convenable de lui faire parvenir quelques billets de banque. Elle les retournera, avec un billet laconique : « J'aurais préféré un souvenir. » Exceptionnel, ce désintéressement. Alice Ozy saura faire payer les autres. On la verra déjeuner chez Tortoni, dîner au Café de Paris, se montrer le soir à l'Opéra. Théophile Gautier obtiendra de la voir nue sans la toucher, seulement pour faire naître l'inspiration d'un poème. Victor Hugo se mettra sur les rangs, mais elle lui préférera son fils, Charles, qui a vingt ans. Le pauvre ne fera pas long feu, car lui non plus n'a pas d'argent. Elle choisira un peintre à la mode, Chassériau, ne dédaignera pas un intermède avec le futur Napoléon III et affirmera décidément son destin avec le banquier Groening.

La vérité est qu'une jolie fille sans fortune n'a guère le choix. Elle peut être domestique, mais il y a tant d'hommes pour lui affirmer que c'est une sottise ! Elle peut être institutrice, mais il lui faut des talents qu'elle n'a pas souvent. Elle peut être ouvrière mais, puisqu'elle est jolie, n'y a-t-il pas mieux à faire ? Les mœurs du temps, et l'exemple, et l'ambiance, sont là pour la tenter. Si quelques-unes réussissent, le résultat sera, la plupart du temps pour les autres, l'abjection, la misère, l'hôpital ou la prison.

Bien plus que Marie Duplessis, l'une d'entre elles va gagner l'immortalité.

Assise près de Frédérick Lemaître dans le foyer du théâtre de la Porte-Saint-Martin, Juliette Drouet ne quitte pas des yeux l'auteur dramatique dont le directeur Harel a reçu la pièce. Passionnément, elle écoute la pièce qu'il lit lui-même. Ses yeux admirables détaillent le front haut, les cheveux noirs et bouclés du lecteur. Pour mieux entendre les répliques, terribles comme le malheur, passionnées comme l'amour, elle penche en avant le plus joli cou du monde. Elle est « blanche avec des yeux noirs, jeune, grande, éclatante ». Elle a vingt-six ans. Ce jour-là, elle a revêtu une robe de satin des Indes, de couleur maïs, dont le corsage laisse libres de magnifiques épaules. Son visage s'encadre d'un « cabriolet de velours noir » orné des deux plumes également maïs : une création de chez Herbault.

Or le drame qui se lit, le 2 janvier 1833, à la Porte-Saint-Martin s'intitule *Lucrèce Borgia* et l'auteur — bien sûr — s'appelle Victor Hugo. Un Hugo de trente ans, déjà nimbé de vraie gloire.

Mlle George doit être Lucrèce ; elle écoute de toute son attention tendue. Belle, massive, elle approche de la cinquantaine et s'enorgueillit d'avoir été la maîtresse de Napoléon. Près d'elle, Frédérick Lemaître guette les répliques qu'il animera de son souffle torrentiel. D'autres comédiens, d'autres actrices s'effacent un peu à côté de ces étoiles. Pourtant, dans la pénombre, Hugo croise bientôt le regard qui ne le quitte pas : celui de Juliette Drouet. Elle doit incarner la princesse Négroni, un tout petit rôle. Harel craignait qu'elle ne refusât.

Juliette Drouet. Hugo se souvient de l'avoir aperçue à un bal, au mois de mai 1832 : « Tout en elle était feu qui brille, ardeur qui rit. » Il ne l'a pas abordée, timide avec cette trop jolie femme, trop parée, couverte de bijoux. Marié à vingt ans, il n'a jamais trompé Adèle, sa femme, celle dont longtemps il a cru qu'elle serait l'unique amour de sa vie. Hélas, Sainte-Beuve — faux poète, grand critique, mauvais ami — a su conquérir la faible Adèle. Le nain préféré au géant : parfois, les femmes traversent de telles inconséquences. Hugo sait tout. Il connaît la plus atroce des solitudes : celle du cœur.

Là, dans le foyer de la Porte-Saint-Martin, il oublie, pris tout entier par l'action et les mots de son drame. Entre chaque acte, il s'arrête, prend un instant de repos. A ces moments, il sent toujours peser sur lui le regard brûlant de Juliette Drouet.

Qui est-elle ? Sur son origine et sa jeunesse, beaucoup d'erreurs ont été répandues du fait de biographes mal informés. Avec infiniment de science, Jeanine Huas, après André Maurois et Raymond Escholier, a dissipé toutes les obscurités.

Fille d'un Breton du nom de Julien Gauvain, installé à Fougères au lendemain de la Terreur, Juliette est née le 10 avril 1806. Elle a été baptisée sous les prénoms de Julienne-Joséphine. Sa mère ne s'est pas remise de l'accouchement. Elle est morte quelques mois plus tard. L'année suivante, Julien Gauvain, inconsolable, l'a suivie dans la tombe. Julienne va être confiée à l'hospice des enfants trouvés quand surgit l'oncle Drouet, sous-lieutenant à la 41e compagnie de canonniers gardes-côtes, en garnison à Camaret. René Drouet n'a pas d'enfant de sa femme, Françoise, tante maternelle de Julienne. L'oncle et la tante s'attendrissent devant le bébé. Ils décident de l'élever.

Premières années un peu sauvages, face à l'océan. Grandes courses sur la grève. Elle y gagne un amour pour la mer qu'un jour elle fera partager à Victor Hugo. A neuf ans, on la place chez les Dames de Sainte-Madeleine, rue Saint-Jacques. Elle n'y est pas heureuse. Les enfants sont nourries de poisson « peu frais », de pommes de terre aigres, de fruits avariés. Terribles,

les punitions. Quand on a bavardé, il faut faire une croix sur le plancher avec la langue. Dans un récit manuscrit, Juliette Drouet précise que les croix devaient être « marquées par la salive par terre et quelquefois on vous en imposait jusqu'à cinquante et soixante, mais toujours on avait des boutons ». Il y a bien pis. Les élèves lavent leurs assiettes et leurs couverts dans un récipient en terre. Si par hasard la religieuse trouve dans l'eau grasse « quelques débris hideux », elle oblige les responsables à les repêcher et à les manger.

Sept années dans ce couvent. Elle a seize ans quand elle en sort. Nous sommes en 1822. Ici, un mystère. On ne retrouve trace de Julienne, devenue Juliette, qu'au cours de l'hiver 1825. Qu'a-t-elle fait pendant ces trois ans ? On ne sait. En tout cas, le saut est grand — et point seulement chronologiquement. En 1825, la petite pensionnaire pose nue chez Pradier, sculpteur à la mode, un athlète de trente-trois ans à la tête de mousquetaire, toujours drapé dans « une large tunique de velours de grenat dont les plis, ouverts sur la poitrine, laissent échapper des flots de dentelles ». De modèle, Juliette est naturellement devenue maîtresse. Des séances dans l'atelier est née une petite fille, Claire. Après quoi, bien des hommes se sont succédé dans sa vie : un graveur italien, plus âgé qu'elle de vingt-cinq ans qu'elle a suivi en Italie en 1828 ; le journaliste Fontan, homme d'esprit, mais coléreux ; le chroniqueur Alphonse Karr, qui lui a « parlé mariage et emprunté de l'argent » ; un Russe, propriétaire des colossales mines de l'Oural, le prince Demidov. Depuis l'automne 1831, il est son amant : il a dix-neuf ans, elle vingt-cinq. Si Demidov ne se ruine pas pour elle, c'est parce qu'un Demidov ne peut se ruiner. Il la couvre de toilettes somptueuses, de perles et de diamants et lui a meublé un appartement à la mesure de ses revenus, rue de l'Echiquier.

Pourtant, le théâtre n'est pas pour Juliette un alibi. Elle aime son métier de comédienne. Elle a débuté à Bruxelles, très exactement le 6 décembre 1828. Elle a plu par sa beauté, déplu par sa maladresse. Depuis, à la Porte-Saint-Martin, elle a incarné des personnages toujours secondaires, sans faire montre d'un bien grand talent. Elle attend impatiemment un rôle qui — enfin — la mettra en vedette. Pour l'instant, l'essentiel de sa vie, elle le consacre à ses amants.

Ses aspirations, si elles demeurent confuses, l'entraînent ailleurs. A Alphonse Karr, elle a confié : « Il me semble que mon

âme a des désirs comme mon corps, et mille fois plus ardents...
Vous me donnez des plaisirs suivis de fatigue et de honte. Je rêve,
au contraire, un bonheur calme, uni. Ecoutez, j'ai trop d'orgueil
pour mentir : je vous quitterai, j'abandonnerai vous, la terre et
même la vie si je trouve un homme dont l'âme caresse mon âme,
comme vous aimez et caressez mon corps... »

Dès le premier instant elle a su qu'à Victor Hugo — elle
l'avouera plus tard — elle se donnerait tout entière. A conquérir
cet homme réputé inaccessible, elle jure d'employer toutes ses
forces.

Les répétitions de *Lucrèce Borgia* ont commencé. Comme l'a
prévu Harel, Juliette a d'abord refusé avec colère le rôle de la
princesse Négroni : quelques lignes. Ensuite, elle a écrit au
directeur : « Il n'y a pas de petit rôle dans une pièce de M. Victor
Hugo. » Elle répète donc la pièce avec ses camarades. Journellement, elle rencontre Victor. Avec lui, elle se montre tour à tour
enjôleuse et coquette. Elle est trop experte pour douter de plaire
au poète. Lui conserve dans ses rapports avec elle une grande
prudence. Ce poète reste un bourgeois. Par préjugé, par ata-
visme, il craint la comédienne.

Peu à peu, comme malgré lui, il ne la traite plus comme les
autres actrices. Il lui baise la main — ce qui fait rire Frédérick
Lemaître —, l'appelle « Mlle Juliette », ne la tutoie pas comme
le veut l'usage des théâtres.

Triomphale, la première. Juliette, malgré l'exiguïté de son
rôle, est remarquée. Théophile Gautier constate : « Elle n'avait
que deux mots à dire et ne faisait en quelque sorte que traverser
la scène. Avec si peu de temps et si peu de paroles, elle a trouvé
moyen de créer une ravissante figure, une vraie princesse italienne... » Quant à Victor, il ne songe pas à cacher son admiration :
« Qu'elle est jolie, qu'elle est belle, quelle taille, des épaules
superbes, un charmant profil, quelle charmante actrice, quel air
décent et distingué ! Intentions et expressions justes, profonde
émotion. Elle sent vivement ; il y a quelque rapport, dans sa
voix et sa manière, avec Mme Dorval ; mais quelle différence
pour le naturel et l'âme ; avec une année d'expérience, elle sera
parfaite ; elle sera notre première actrice du genre. Quel jeu
muet, quelle âme ! »

Le lendemain, Hugo vient remercier Juliette de « l'éclat extraordinaire » que son apparition a jeté sur son rôle. Il s'attarde dans sa loge. Il y revient le soir suivant, puis tous les soirs. Il vit dans l'attente de l'heure où il la retrouvera. Le quatrième jour, le 6 février 1833, il lui dit enfin : « Je t'aime. »

Elle s'offre. Il ne la prend pas aussitôt. Le poète a besoin de voir mûrir son amour neuf. Avec les femmes, il demeure sur la réserve, sur ses idées toutes faites quant aux actrices qui « salissent le poète de leurs tracasseries » : ainsi a-t-il écrit, *avant*. La nuit du 16 au 17, ils sont tous deux invités à un bal. Juliette écrit à Victor : « M. Victor, viens me chercher ce soir chez Mme Kraft. Je t'aimerai jusque-là pour prendre patience. A ce soir. Oh ! Ce soir, ce sera tout. Je me donnerai à toi tout entière. »

Il n'y aura pas de bal ce soir-là pour Victor et Juliette. Hugo n'oubliera jamais cette nuit et en consignera le récit dans une lettre vibrante qu'il adressera à Juliette huit ans après : « T'en souviens-tu, ma bien-aimée ? Notre première nuit, c'était une nuit de carnaval, la nuit du mardi-gras de 1833. On donnait, je ne sais dans quel théâtre, je ne sais quel bal où nous devions aller tous les deux (j'interromps ce que j'écris pour prendre un baiser sur ta belle bouche, et puis je continue). Rien, pas même la mort, j'en suis sûr, n'effacera en moi ce souvenir. Toutes les heures de cette nuit-là traversent ma pensée en ce moment, l'une après l'autre, comme des étoiles qui passeraient devant l'œil de mon âme. Oui, tu devais aller au bal et tu n'y allas pas, et tu m'attendis. Pauvre ange ! Que tu as de beauté et d'amour ! Ta petite chambre était pleine d'un adorable silence. Au-dehors, nous entendions Paris rire et chanter, et les masques passaient avec de grands cris. Au milieu de la fête générale, nous avions mis à part et caché dans l'ombre notre douce fête à nous. Paris avait la fausse ivresse ; nous avions la vraie. N'oublie pas, mon ange, cette heure mystérieuse qui a changé ta vie. Cette nuit du 17 février 1833 a été un symbole, et comme une figure de la grande et solennelle chose qui s'accomplissait en toi. Cette nuit-là, tu as laissé au-dehors, loin de toi, le tumulte, le bruit, les faux éblouissements, la foule, pour entrer dans le mystère, dans la solitude et dans l'amour ! »

Alors se noue l'un des plus étonnants destins de femme qui fût jamais. Comme elle l'a imaginé dès le premier moment de leur rencontre, Juliette va se consacrer, corps et âme, à son poète. Le sacrifice, pourtant, lui coûte beaucoup : elle aime le luxe. Elle a cru pouvoir conserver Demidov et ses millions tout en gagnant l'amour de Hugo. Mais Hugo est jaloux. Dans les billets conservés à la Bibliothèque nationale, figure celui-ci, adressé à Juliette d'une plume furieuse : « Soi-disant, tu allais chez Frédérick [Lemaître], tu as fait des affaires. Tu m'as dit : veux-tu que je ne fasse pas mes affaires et que je meure de faim ? Il a fallu y aller, tout quitter, me planter là... Il n'y avait rien de vrai... » Réponse de Juliette : « Dieu m'est témoin que je ne t'ai pas trompé dans notre amour une seule fois, depuis quatre mois... » Casuistique évidente. Comme l'a remarqué Jeanine Huas, il y a là trois mots de trop : « dans notre amour ». Juliette voit une différence entre le don sans plaisir du corps et le don total : très exactement la distinction que font les courtisanes. Pour Juliette, ce n'est pas grave. Pour Victor, ce l'est. Il la veut toute à lui. Uniquement à lui. Or il n'est pas riche. Il ne pourra jamais compenser ce que donnait Demidov. En outre, il ne songe pas à quitter sa femme. Il sait ce que ses enfants souffriraient d'une telle séparation. Donc, à Juliette, il demande tout et n'offre rien sinon son amour. Cet étrange marché, elle l'accepte, parce qu'elle l'aime d'un amour plus fort que la raison. Elle n'a pas eu conscience jusque-là de sa « déchéance », conséquence de tant d'amours successives et intéressées. Victor Hugo va prendre à tâche de la ramener à la réalité : « Même dans votre chute, je vous regarde comme l'âme la plus généreuse, comme la plus digne et la plus noble créature que le sol ait jamais frappée. Ce n'est pas moi qui me réunirai aux autres pour accabler une pauvre femme terrassée. Personne n'aurait le droit de vous jeter la première pierre, excepté moi... » Dans une autre lettre : « Le ciel a fait mes mains pour réparer ta vie à demi écroulée. » Elle qui vivait sans remords, dans une heureuse cécité, tout à coup il lui révèle qu'elle est à plaindre. Le plus curieux est qu'elle va entrer aussi complètement que possible dans ce jeu singulier. Volontiers, elle s'humilie, reconnaît hautement ses fautes. Elle veut expier.

Elle n'est pas venue du premier coup à cette docilité. Un jour que Hugo, plus sentencieux que jamais, a encore souligné ses turpitudes passées, elle a couru, après son départ, à la coiffeuse où elle enfermait les lettres de son amant et les a déchirées en mille morceaux. Après quoi, elle les a brûlées. Hugo s'est montré désespéré : ces pages, il estimait qu'elles contenaient le meilleur de sa prose. Quelle perte pour la postérité ! Même en amour, un écrivain demeure un écrivain.

Ce sera le dernier sursaut. Après quoi, elle signifie son congé à Demidov, abandonne son magnifique appartement et ses domestiques et s'en va loger dans deux pièces de la rue de Paradis que lui a louées Victor : « Oh ! que cette rue est bien nommée... Le ciel est pour nous dans cette rue. » Elle quitte le théâtre. Un échec retentissant l'y engage d'ailleurs : on l'a sifflée. Dès lors, à part sa fille Claire qui va mourir adolescente, il n'y aura plus dans sa vie que Victor Hugo. Il exige qu'elle fasse de son petit appartement le cloître de leur amour. Jaloux maladivement, il lui refuse le droit de rencontrer quiconque. De cette femme à la mode, l'égoïste amoureux fait une recluse. Elle accepte tout. Elle ne vit que pour les minutes qu'il daigne lui consacrer.

Tout le jour, elle attend sa visite. Elle recopie ses poèmes, avec une dévotion vraie. Chaque jour, elle lui écrit — souvent plusieurs fois. Victor recevra d'elle *dix-huit mille lettres* — qu'il conservera. Elle les adresse à « son Victor », « son poète », « son petit homme », « son Toto ». Elle ne se plaint que d'une chose, que le « bonheur ne vienne pas souvent et pas longtemps ». Elle trouve des mots dont la touchante naïveté confine au lyrisme : « Il me faut toi, il ne me faut que toi ; je ne puis pas vivre sans toi. » Ou bien : « J'ai le délire de l'amour, comme d'autres ont le délire de la fièvre... »

Il répond : « Quand je suis triste, je pense à vous, comme l'hiver on pense au soleil ; et quand je suis gai, je pense à vous, comme, en plein soleil, on pense à l'ombre. »

Une ombre : justement, c'est ce qu'elle a été. Leurs vies ne se sépareront jamais. Les joies de Victor, elle les a partagées ; dans ses chagrins, elle l'a réconforté. Pourtant, il l'a trompée. Souvent. La liaison dont elle souffre le plus sera celle du poète avec Léonie Biard. Un matin, Juliette a reçu un paquet de lettres « noué d'un ruban bleu » et scellé d'un cachet qu'elle connaît bien, avec l'inscription : *ego Hugo*. Elle arrache le ruban : ce sont des lettres de son amant. Des lettres à une autre. Elle lit : « Tu es un ange et je baise tes pieds, je baise tes larmes... Tu es la lumière de mes yeux, tu es la vie même de mon cœur... »

Cette liaison s'est nouée au début de 1844. L'été précédent. Victor a traversé le plus grand malheur de sa vie : il a perdu sa fille Léopoldine, noyée avec son mari dans la Seine, à Ville-quier. Desespéré, accablé jusqu'à en mourir, Hugo ne trouve plus en Juliette le même recours que naguère. La liaison dure depuis dix ans. Juliette a trente-sept ans — elle en paraît beau-coup plus. Dès la trentaine, ses cheveux sont devenus gris. Elle s'est empâtée. Où sont les élans d'autrefois ? Parfois Juliette ennuie Victor. Loin de tout, loin de tous, elle n'a rien à lui dire — excepté qu'elle l'aime. Comme elle le lui écrit chaque jour, cette litanie n'offre plus guère de charme aux yeux du poète. Il ne la désire plus. Elle s'en plaint, elle qui tient beaucoup à leurs ivresses charnelles. C'est alors qu'il rencontre Léonie d'Aunet, épouse du peintre Biard. Auteur de grandes machines histo-riques, telles que les apprécie le goût du temps, Biard traite dure-ment sa femme. Elle en souffre. Hugo l'a découverte chez une ancienne « merveilleuse » du Directoire, Mme Hamelin. Elle plaît à Victor, cette jeune blonde aux grands yeux rêveurs et — contraste — au sourire plein de malice. Il lui trouve un air « de craintive colombe ». Elle souffre, il la plaint. Ils se promè-nent ensemble à travers Paris. Un soir, ils rentrent ensemble. Pas chez Biard. Pour ce nouvel amour, Hugo retrouve toute l'inspi-ration réservée si longtemps à Juliette. Des lettres : « Je t'aime au-delà des paroles, au-delà des regards et des baisers... La caresse la plus passionnée et la plus tendre est encore au-dessous de l'amour que j'ai pour toi et qui me déborde... » Des vers :

La nuit, quand je vois dans les cieux sans voiles
Les étoiles d'or, mon cœur songe à vous ;
Le jour, jeune belle aux regards si doux,
Lorsque je vous vois, je songe aux étoiles.

Le 5 juillet 1845, les deux amants se sont donné rendez-vous dans un « meublé » du passage Saint-Roch. Tout à coup, on frappe à la porte. C'est le commissaire de police du quartier Vendôme venu, sur la plainte du peintre Biard, constater le fla-grant délit. Implacable, le Code Napoléon en pareil cas : il faut punir la femme adultère. Léonie d'Aunet, « femme Biard », bou-leversée de douleur et de honte, est emmenée par les sergents de ville comme une criminelle, jetée à la prison Saint-Lazare, au milieu des voleuses et des prostituées. Victor Hugo, lui, peut partir librement. Il est pair de France, donc inviolable. Il faut que Louis-Philippe fasse venir le peintre Biard à Saint-Cloud pour que ce mari bafoué daigne enfin retirer sa plainte. Il y gagne une commande pour le château de Versailles. Un mot courra Paris : voilà des fresques qui vont lui faire oublier les frasques de sa femme.

Commentaire fataliste d'Alphonse de Lamartine : « J'en suis fâché, mais ces choses-là s'oublient vite. La France est élastique ; on se relève même d'un canapé. »

Le roi a donné à Hugo le conseil de se faire oublier en quittant Paris. Il feint d'accepter, mais se réfugie chez Juliette. Elle ne sait rien : elle ne lit de journaux que ceux que Hugo lui apporte. Naturellement, il lui cache les feuilles qui ont relaté le scandale. Mme Hugo, elle, a tout su dès le lendemain de l'arrestation de Léonie. Elle a pardonné. Elle fait mieux : elle va rendre visite à Mme Biard dans sa prison. Cette mansuétude prend un sens précis : au fond, Adèle est enchantée que, par Léonie, Juliette soit enfin descendue de son piédestal.

Juliette ignorera tout jusqu'en 1851. Jusqu'à ce jour où un paquet, scellé *ego Hugo*, lui apprendra la vérité. Au paquet, une lettre est jointe, une lettre de Mme Biard. Léonie explique que leur aventure dure depuis sept ans et qu'elle se poursuit avec l'approbation de tous, « y compris de Mme Victor Hugo ». Un conseil : si Juliette ressent quelque attachement pour Victor, elle ferait bien de mettre fin à sa propre liaison — dont le poète est las.

Fiévreusement, Juliette lit les lettres de Victor à Léonie. Elle retrouve des fragments de phrases, des lignes entières semblables à ce que Victor lui écrivait à elle-même. Fût-on Victor Hugo, l'inspiration épistolière, en amour, ne peut se renouveler à l'infini. Juliette en découvre la preuve accablante. Elle croit devenir folle. Sans manteau ni chapeau, elle sort de chez elle, marche tout le jour, parlant à haute voix, faisant se retourner les passants. Le soir venu, elle rentre chez elle, s'étant juré de partir le lendemain pour Brest. Tout est fini, elle ne reverra plus Victor. Le lendemain, il survient avant qu'elle ait bouclé ses malles. Eloquent, Hugo saura plaider sa cause. C'est vrai mais, dans cette liaison, il a cherché surtout une satisfaction des sens. « Juliette seule possédait son âme. Lui, Victor, n'aimait qu'elle. »

Il faudra des semaines avant que Juliette se laisse convaincre. Au fond, Victor s'est détaché de Léonie, comme il se détachera de toutes les autres femmes — innombrables — qui ne cesseront de passer désormais dans sa vie. Seule demeure Juliette. Elle a la force de pardonner. Lors du coup d'Etat du 2 décembre 1851, elle le sauve de la prison. Ils partent ensemble pour l'exil. A Guernesey, la fidélité de Juliette, la dignité de sa vie triomphent de la rancune d'Adèle. Celle-ci vient d'écrire la vie de son mari. Elle envoie les volumes à Juliette. Dès lors, les deux femmes voisinent. Quand Juliette écrira à Victor, elle lui parlera désormais de son « admirable femme ».

La liaison durera cinquante ans, jusqu'à la mort de Juliette. Adèle disparaît la première. En 1870, lors du retour d'exil de Hugo, Juliette vient habiter avec lui. Ils vieillissent ensemble. Il est octogénaire, elle a passé soixante-quinze ans, mais elle l'aime toujours — et elle est toujours jalouse. L'âge n'a pas ôté sa virilité au vieil homme. Son extraordinaire jeunesse stupéfie ses conquêtes : de très jeunes femmes, tout étonnées d'avoir partagé le lit d'une célébrité nationale. Elles lui écrivent. Juliette guette l'arrivée du facteur pour surprendre cette correspondance qu'elle maudit. Le vieil Hugo, plus leste, la devance lors du coup de sonnette. Parfois, il arrache les billets accusateurs des mains de sa vieille maîtresse. Ce sont des cris, des scènes. L'année 1883 la trouve mourante, mais toujours amoureuse. Le 1er janvier, elle écrit à son Victor : « Cher adoré, je ne sais pas où je serai l'année prochaine à pareille époque, mais je suis heureuse et fière de te signer mon certificat de vie pour celle-ci par ce seul mot : Je t'aime, *Juliette*. »

Il lui répond : « Quand je te dis : *Sois bénie* — c'est le ciel. Quand je te dis : *Dors bien* — c'est la terre. Quand je te dis : *Je t'aime* — c'est moi. »

Elle meurt le 11 mai 1883, à soixante-dix-sept ans. Hugo, brisé, ne retrouvera quelque force que pour chanter cette passion unique :

> *Sur ma tombe on mettra comme ma grande gloire.*
> *Le souvenir profond, adoré, combattu,*
> *D'un amour qui fut faute et qui devint vertu...*

En 1821, la France compte 30 462 000 habitants. Cette population atteint 35 402 000 habitants en 1846. L'immense majorité rurale fait toujours des enfants. Trois Françaises sur quatre sont des paysannes.

Abandonnons le boudoir de Marie Duplessis, le coupé d'Alice Ozy, les élans de Juliette Drouet pour observer l'une d'elles. Choisissons. Rendons-nous en Bretagne, parce que « nulle part l'ancienne civilisation campagnarde ne prenait, au XIXe siècle, une forme plus parfaite, plus typée, plus riche dans tous les domaines qu'en Bretagne, pays très isolé, maintenu à l'écart des influences étrangères par sa position péninsulaire, à l'extrême ouest du continent, par son cloisonnement intérieur, par sa pauvreté en voies de communication, et par la langue de ses habitants[1]. »

Une ferme. Au milieu de la lande, la voici, solide, ramassée, couverte de chaume ou d'ardoises. Des pierres grises, celles du pays. Une porte, presque pas de fenêtres. On vit toujours sous le régime des impôts sur les portes et fenêtres. Cette conception, héritée du XVIIIe siècle, pèsera sur l'urbanisme français jusqu'en 1917, date de son abrogation. A l'intérieur de la ferme, deux pièces, en moyenne de dix mètres sur six, que prolongent des écuries et des étables. La lande occupe la moitié du sol breton, mais l'on voit aussi autour des bâtiments ce paysage si typique qu'a dépeint l'auteur du *Voyage dans le Finistère*, Cambry : « Des vergers enchanteurs, des prairies et des champs, toujours entourés de fossés couverts de chênes et de frênes, d'épines blanches, de ronces ou de genêts. »

Entrons dans la ferme. Sur elle règne le maître. On l'appelle ainsi, quelle que soit l'étendue de sa propriété, même s'il ne possède qu'une petite vache, un unique cochon et une dizaine de poules. Sur la famille — toujours nombreuse — son pouvoir est omnipotent. Cela se traduit par une noblesse d'allure qui a frappé les étrangers. Voici celle qui va retenir notre attention : sa femme. M. Brekilien, éminent spécialiste de l'histoire et des mœurs bretonnes, constate qu'auprès du maître, « la fermière, son épouse, paraissait bien effacée. Elle ne s'asseyait même pas à table, restant debout pendant tout le repas à servir les hommes. Usée par les travaux et les maternités, ignorant le repos, elle ne recevait même pas l'encouragement d'une parole affectueuse. Elle semblait réduite au rang d'esclave ». Voilà un bilan sévère. Rassurons-nous. Ce n'est qu'apparence. « Derrière la façade du patriarcat, se cachait une réalité qui était bien plutôt de teinte matriarcale. L'homme plastronnait, présidait à table, donnait les

---

1. Yann Brekilien.

ordres, mais les décisions importantes — achat d'un champ, vente d'une vache, procès contre un voisin, agrément d'un futur gendre — étaient prises par "la patronne". N'était-il pas plus sage pour son seigneur et maître de se dire d'accord avec elle que de l'affronter ? »

On doit se rallier à ce terme de matriarcat quand on constate que, dans l'île d'Ouessant, l'île d'Arz, l'île aux Moines, ce sont les jeunes filles qui demandent les jeunes gens en mariage. Partout, la jeune fille apporte en dot le mobilier du ménage. Elle dit qu'elle est non seulement « dans ses meubles » mais « sur ses droits », c'est-à-dire sur sa terre, même si les champs appartiennent en propre au mari. Plus que le prétendu maître, elle veille à l'intégrité du bien, à quoi elle tient comme à un trésor venu du ciel. Les procès pour bornage surgissent presque toujours des initiatives des femmes. La maîtresse dirige sa marmaille d'une main de fer, lui apprend le catéchisme, la vie des saints. Les fermières pauvres ou de moyenne aisance ne parlent que breton. Les plus riches ont été à l'école : elles savent lire et écrire, en français comme en breton. La mode doit tout à ces Bretonnes aisées, les *pennherez*. Elles dessinent les motifs que l'on brodera sur leurs costumes de velours. D'année en année elles modifient la grandeur de la coiffe ou de la collerette. La *pennherez* fait exécuter au village ces meubles sculptés que nous admirons tant aujourd'hui : coffres, armoires, lit clos. L'idéal d'une paysanne bretonne, c'est d'avoir le plus d'enfants possible. Si elle est stérile, on part en pèlerinage, mêlant allègrement paganisme et christianisme. On va prier près de la pierre druidique de Locronan, tout comme faisaient les femmes gauloises trois mille ans auparavant. On se rassure en disant que la pierre a servi à saint Ronan pour traverser la mer. Une femme stérile qui couche trois nuits sur la pierre en question sera mère dans l'année. On peut encore se frotter le ventre au grand menhir de Saint-Kado-en-Ploemel (Morbihan), ou au menhir de Moelan-sur-Mer (Cornouaille).

Quand approche le moment de la naissance, on fait venir l'accoucheuse qui va, quelque temps, régner sur la maison. Le bébé paraît. L'accoucheuse et les femmes du village accourues font boire à la jeune mère un verre de vin chaud. On lui ôte son alliance que l'on trempe dans le vin, dont l'enfant boira aussi quelques gouttes. A cette condition seule, il sera préservé des coliques et du mauvais œil. L'accoucheuse, déjà, le saisit. Elle doit lui *sculpter* la tête. Si elle juge que le nez est trop long, elle le presse entre ses doigts pendant un long moment, le masse comme elle ferait avec de la terre glaise. Elle en use de même pour le menton, le crâne, les oreilles. Bien sûr, le poupon hurle. Tant mieux : cela lui fait les poumons. Après quoi l'accoucheuse va l'emmailloter. Malheureux enfant ! Elle l'enserre dans un interminable ruban de toile qu'elle roule autour de lui, faisant de cette petite créature une momie qui ressemble à celles de l'ancienne Egypte. La tradition est formelle : il faut qu'un nourrisson soit le plus serré possible, « pour qu'il n'ait pas mal au ventre ». Il n'y a que la tête qui passe. Voilà la momie dans son berceau. Et la mère ? On lui apporte au lit une énorme soupe au lard : condition de son prompt rétablissement.

Les commères sont parties dans le village annoncer la nouvelle. Elles répètent qu'en telle maison vient de naître un « nouveau valet ». Alors, les jeunes mères du village, celles qui allaitent, se précipitent au domicile de l'accouchée et, l'une après l'autre, offrent leur sein au bébé qui, tout jeune, est ainsi à même de faire des comparaisons sur la qualité des laitages. La mère n'a le droit d'allaiter qu'après le baptême. Celui-ci intervient d'ailleurs le même jour ou le lendemain. C'est l'accoucheuse qui portera l'enfant à l'église. Derrière elle, le parrain et la marraine se donnent le bras, suivis du père et des proches parents. Les cloches sonnent à toute volée sauf s'il s'agit d'un enfant naturel ; dans ce cas elles restent muettes. Quand on revient de l'église, on fait halte à tous les cabarets de sorte qu'au retour à la maison les invités ne tiennent plus guère debout. L'accoucheuse a bu autant que les autres, parfois elle a oublié l'enfant en route sur une table d'auberge.

La jeune mère ne reste pas longtemps couchée. On en voit qui, le jour de l'accouchement, se lèvent pour traire les bêtes. La plupart quittent leur lit dès le lendemain, presque aucune ne s'accordant les trois jours de repos acceptés par la coutume. Ce troisième jour, elle doit aller à l'église pour obtenir la purification. L'accoucheuse la suit toujours fidèlement, portant un pain blanc ou un cadeau. La jeune mère sait que si elle rencontre d'abord un homme, son prochain enfant sera un garçon. Si elle croise une femme, elle aura une fille.

La mère allaitera son enfant souvent jusqu'à ce qu'il ait trois ou quatre ans, même si, par ailleurs, il mange comme tout un chacun de la soupe au lard. Elle ne veut pas que son lait tarisse et, pour l'obtenir, elle accomplit d'autres et fréquents pèlerinages. A huit ans, l'enfant, s'il s'agit d'un garçon, recevra sa première culotte. Si c'est une fille, la mère la mènera de son mieux jusqu'à l'heure du mariage. Immuable, il ressemblera au sien. Les règles familiales se révèlent implacables : on doit épouser quelqu'un de sa condition. Quantité de poèmes bretons chantent la tragédie d'amours impossibles. Alors, les filles se font religieuses, les garçons s'en vont étudier pour être prêtres et la chanson les plaint :

> *Les pères, les mères sont cruels, dénaturés*
> *Qui ne laissent pas les enfants se marier à leur gré.*

Quand un garçon veut épouser une fille, il ne présente pas lui-même sa demande et ne la fait pas davantage présenter par ses parents. On envoie un mandataire : un tailleur, un meunier, un cabaretier. Celui-ci doit revêtir l'uniforme de sa mission : deux bas de couleur différente, l'un rouge, l'autre blanc. Il tient à la main une baguette de genêt. Dès qu'ils le voient paraître, les parents de la jeune fille savent à quoi s'en tenir. S'ils ne veulent en aucun cas écouter le *Baz-valan* — ainsi appelle-t-on l'ambassadeur — ils mettent dans la cheminée des tisons debout ou encore renversent la poêle le dos en l'air. Autre moyen : la maîtresse de maison se retourne vers le feu en tenant une crêpe au bout des doigts. Le *Baz-valan* sait à quoi s'en tenir. Il s'en va sans dire un mot de sa mission. Si on accueille favorablement sa mission, on met aussitôt sur la table une belle nappe et on lui propose des crêpes. La négociation commence.

Si elle parvient à son terme, on recevra le fiancé dans la maison de la jeune fille. La plupart du temps, ils scelleront leur propre accord en se frappant dans la main. Tope là, comme pour une vache au marché. Les voilà fiancés. Surtout qu'ils ne changent pas d'avis. Tout se régit en Bretagne par proverbes : « Il n'y a de fiançailles qu'une fois ; celui qui se fiance à deux, à trois, va brûler en enfer ; celui qui se fiance à trois, à quatre, le diable l'emporte à tout jamais. » Et vient le grand jour. On s'en va écouter à la mairie la lecture en breton des articles du Code civil. On n'y attache aucune importance. Le vrai mariage, le seul, c'est le curé qui le célèbre. La noce s'en va à l'église en char à bancs. Devant, marchent et jouent les sonneurs de biniou ou de bombarde. Quand le jeune marié passe l'anneau à sa jeune femme, la noce retient son souffle. Il est connu que, si l'anneau passe sans difficulté, le garçon sera le maître du ménage. Si l'anneau est un peu petit ou le doigt trop gros, s'il faut, pour l'enfiler, y mettre quelque effort, c'est la femme qui portera la culotte. Surtout, qu'aucun des cierges ne s'éteigne ! Cela voudrait dire que celui qui est placé devant mourra dans l'année. Au retour de la messe, on s'arrête dans tous les cabarets. On boit, on danse.

Toute cette noce se fera au son du biniou, on chantera sans cesse, on dansera, on se donnera même le plaisir d'une course de chevaux. A la fin de cette journée harassante on va conduire les mariés au lit. Dès qu'ils ont enlevé leurs vêtements de dessus, ils entrent dans le lit clos dont on laisse les portes ouvertes. Quatre jeunes gens leur apportent une bassine de soupe au lait qu'ils doivent absorber. Il s'agit d'une bonne plaisanterie : on a mis dans la soupe autant de sel que de lait et aussi des croûtons attachés par des fils. Il faut que les mariés absorbent tout cela. Plus ils font de grimaces, plus la noce rit. Enfin, on les laisse seuls. Dans maintes régions de Bretagne, le mariage ne sera consommé que deux ou trois nuits plus tard. On offre la première nuit à Dieu, la seconde à la Sainte Vierge et parfois la troisième à saint Joseph. A Plougoulm, la jeune épouse se couche au soir de ses noces avec trois jupons. Après l'extinction de la chandelle elle en enlève un ; le lendemain elle en enlève un autre, le troisième n'est ôté que la nuit suivante.

Soyons assurés que les Françaises de la campagne vivent pareillement, à quelques différences coutumières près, à travers nos provinces. Partout, la « maîtresse » est levée avant les hommes, elle prépare le premier repas et aussi les casse-croûte de la mi-journée. Elle les accueille à leur retour, s'étant occupée de tout et surtout des bêtes : tâche qui ne permet aucun repos, aucun dimanche. Si elle sait lire, elle a peut-être chez elle le *Manuel de la maîtresse de maison à la campagne*. De ses pages se dégage une règle universelle : l'économie doit présider à tout. Surtout, ne rien laisser perdre. On recueillera par exemple les miettes de pain après chaque repas. On en fera une poudre qui, avantageusement, remplacera le sable pour sécher l'écriture. Ce n'est que le soir, à la veillée, que la maîtresse prendra un peu de repos. Assise auprès de la cheminée en compagnie des servantes, elle filera sa quenouille.

En 1830, elles sont encore nombreuses, les paysannes françaises, à filer, à tisser, à broder. L'industrie textile continue à faire appel à de nombreuses travailleuses à domicile. En quelques années, la situation va radicalement se modifier. Jules Simon écrira : « La vapeur, dès son apparition dans le monde de l'industrie, a brisé tous les rouets et toutes les quenouilles et il a bien fallu que fileuses et tisseuses s'en vinssent réclamer une place à l'ombre du haut-fourneau de l'usine. » Le mouvement a pris son élan en Angleterre puis, passant par la Belgique, il a atteint la France. « Les femmes vont vivre plus dramatiquement encore que les hommes la fin du travail industriel à domicile. Toutes ces chaumières où l'on carde, file, tisse, vont être ruinées[1]. » Voilà sans doute l'événement capital du XIXe siècle. L'ère industrielle vient de naître.

Les difficultés du monde ouvrier vont concerner avant tout la femme. Dès les premières années, elle se trouve plongée au plein d'une condition presque insupportable. Parce qu'elle est plus faible, elle souffrira plus. Parce qu'elle a moins de défense, on l'exploitera davantage.

L'histoire de la société industrielle au XIXe siècle est celle de l'égoïsme impitoyable de quelques-uns et d'une misère sans limite pour presque tous les autres. Non seulement l'ouvrière a eu à éprouver, comme l'ouvrier, l'avidité des patrons, mais elle a dû supporter l'hostilité des ouvriers mâles. L'antiféminisme des ouvriers français est un fait. Au XIXe siècle, il a comporté pour l'ouvrière de dures conséquences.

En 1847, dans soixante-trois départements, sur un total de 672 000 ouvriers, on recensera 254 000 femmes et 131 000 enfants. Pour Paris, en cette même année 1847 : 204 000 hommes, 113 000 femmes, 25 000 enfants. L'industrie textile emploie surtout des femmes. Et déjà la condition ouvrière féminine nous apparaît, presque toujours, lamentable. La grande enquête de Villermé, un médecin, membre de l'Académie des sciences morales et politiques, qui reflète admirablement la situation de 1836, fait état, chez les ouvriers du textile, de salaires « insuffisants et incertains ». Ils sont encore plus insuffisants, encore plus incertains pour les femmes. Le salaire moyen journalier pour les hommes est de 2 francs, pour les femmes de 1 franc seulement. Certains enfants touchent moins de 30 cen-

---

1. Evelyne Sullerot.

times. Selon les observations du baron de Morogues, un couple avec deux enfants ne peut pas vivre avec moins de 860 francs par an. Or le revenu d'une famille ouvrière moyenne dépasse difficilement 740 francs qui se répartissent ainsi :

Père : 450 francs
Mère : 130 francs
Enfants : 160 francs.

Villermé note que, dans de telles conditions, la moindre maladie, le moindre accident, une nouvelle naissance, la tentation de l'ivrognerie représentent autant de menaces. Viennent le chômage, la maladie, de la mévente et « l'ouvrier vit avec trois ou quatre sous de pain et trois ou quatre sous de pommes de terre ». Sous-alimentation, rachitisme, accroissement de la mortalité et prostitution : telles sont les conséquences de la misère de l'ouvrier et de l'ouvrière.

Dans l'industrie du coton, les femmes travaillent au battage qui soulève des nuages de poussière, occasionnant ce qu'on appelle la *phtisie cotonneuse*. Les plus lourds travaux, l'apprêt et le cardage, sont pour une grande part réservés aux femmes. Pour l'apprêt, on travaille dans une pièce où la température est suffocante. Villermé témoigne que l'on en est venu à réserver presque exclusivement ce travail aux femmes.

Dans l'industrie de la soie, les femmes sont mises au triage des cocons qui exige de travailler accroupi près de bassines d'eau bouillante. Dans cette eau, il faut plonger les mains et respirer tout le jour les émanations fétides qui s'échappent des chrysalides pourries. Quant au cardage de la filoselle, il s'avère tellement épuisant et malsain qu'en quelques mois les jeunes filles cévenoles, arrivées magnifiques de santé de leurs montagnes, contractent trop souvent la tuberculose. Sur huit malades on compte six poitrinaires.

Adolphe Blanqui, frère du révolutionnaire mais lui-même fort peu à gauche, auteur d'une autre enquête sur la condition de la vie ouvrière au temps de Louis-Philippe, montre à Lyon, dans les ateliers de passementerie, les femmes « obligées de travailler presque suspendues par des courroies en se servant tout à la fois de leurs pieds et de leurs mains... ». Dérisoires, les salaires qui rémunèrent de tels travaux. De plus, les industries textiles n'assurent en période prospère que trois cents jours de travail par an.

Les économistes établissent qu'à l'époque une femme seule pour son logement et sa nourriture ne peut vivre, à la ville, avec moins de 248 francs par an. Or, à ses débuts, elle ne peut dépasser 172 francs. Elle atteint 250 francs dans la meilleure période de son activité et retombe à 126 francs quand elle est âgée. Ce n'est pas seulement dans les complaintes que la misère et le désespoir mènent à la prostitution. Tous les rapports sur ce sujet soulignent, pour l'ouvrière, l'existence d'une véritable fatalité. Ernest Legouvé l'exprime avec l'habituelle emphase de l'époque : « Pour l'ouvrier, misère veut dire faim, pour l'ouvrière faim et honte. Eperdues de besoins, exaspérées par le désespoir, elles jettent les yeux sur ce corps qui ne peut pas les nourrir par le travail et se souviennent qu'elles sont belles, ou sinon belles, femmes. Il ne leur reste que leur sexe, elles en font un instrument de gain. » Quand s'achève la journée d'usine, celles qui se sont résignées à la prostitution entament ce qu'elles appellent « le cinquième quart de la journée ». L'historien Parent-Duchâtelet assure que l'immense majorité des prostituées ont été poussées par la misère. L'une d'elles, lorsqu'elle s'est résolue à franchir le pas, n'avait pas mangé depuis trois jours.

La concentration des usines dans certains quartiers, dans certains faubourgs, va modifier des habitudes séculaires. Sous Louis-Philippe, les ouvriers commencent à émigrer vers des zones d'habitation où ils ne vivront plus qu'entre eux. Parallèlement vont naître « les beaux quartiers ». Toutes les enquêtes d'avant 1848 poussent le même cri d'alarme quant aux conditions de l'habitat ouvrier. Des spéculateurs font fortune en édifiant d'infâmes maisons en torchis. A peine sont-elles construites, dit Villermé, que la misère les remplit. Des familles de cinq à six personnes s'entassent dans ces taudis. Parfois, on trouve deux familles réunies dans une chambre de trois à quatre mètres dénuée d'aération et d'éclairage. On s'agglutine dans des mansardes glaciales en hiver, étouffantes en été. A Lille, ce sont des caves dont les murs ruissellent d'eau. Effrayante, la mortalité infantile — et pour cause. A Lyon, Monfalcon pénètre dans un de ces logements ouvriers du quartier Saint-Georges où les maisons s'entassent entre la Saône et la montagne de Saint-Just : « Une soupente qui a tout au plus dix pieds carrés reçoit souvent toute la maison, c'est-à-dire le père, la mère, deux ou trois enfants. Une ouvrière et un ouvrier sucent l'air emprisonné dans des rues étroites, dans des cours obscures et profondes où le soleil ne pénètre jamais : il exhale une odeur acide qui dépend de ce qu'il n'est pas renouvelé et des miasmes que dégagent soit les immondices contenues en grande quantité dans les maisons, soit la respiration d'un grand nombre d'individus des deux sexes rassemblés sous un même toit. »

Ces taudis se disputent à prix d'or. De 1830 à 1848, les loyers ouvriers ne cessent d'augmenter. Dans *La Misère des classes laborieuses*, Eugène Buret résume cela en disant : « Les loyers augmentent avec les progrès de la misère. » Une chambre de dix ou douze pieds carrés, malsaine et basse, se paie de 72 à 108 francs par an. Comment l'ouvrière, avec son gain de 130 francs, y ferait-elle face ? Villermé a considéré l'accablant, le lamentable spectacle : « Il faut les voir arriver chaque matin en file et partir chaque soir. Il y a parmi eux [les ouvriers] une multitude de femmes, pâles, maigres, marchant pieds nus au milieu de la boue et qui, faute de parapluie, portent, renversé sur leur tête lorsqu'il pleut, leur tablier ou leur jupon de dessus pour protéger la figure et le cou. » Elles se lèvent à 4 heures du matin, souvent elles parcourent à pied plusieurs kilomètres, portant ou traînant des enfants qu'elles feront garder pendant la journée. Le soir, après avoir accompli douze ou treize heures de travail, elles reprendront ces enfants, referont le même chemin. Demain, tout recommencera.

Qui s'intéresse au sort des ouvrières françaises ? Quelques philanthropes qui rédigent, dans l'indifférence, de longs rapports. A ce point de vue, comme en tant d'autres, l'époque est sans complexe. S'il fallait en administrer la preuve, le travail des enfants le démontrerait à l'évidence. On les voit à cinq et six ans envoyés à l'usine. Quand, en 1841, on voudra élever l'âge minimum à huit ans — et pourtant, huit ans ! — les représentants des intérêts économiques viendront sentencieusement déclarer aux députés que cette prétention risque de remettre en cause l'équilibre social et l'existence même de l'industrie française.

Il y a d'autres travailleuses en France.

Eparses à travers le royaume, voici les innombrables épouses de commerçants. La monarchie de Juillet marque l'apogée du petit commerce. En 1822, on comptait 965 000 patentés. Ils seront 1 400 000 en 1840. Dans ces boutiques, souvent minuscules, la *patronne* sert le client. Ou bien elle trône, superbe et ennoblie de gravité, à la caisse. Aux côtés du mari, elle est la cheville ouvrière de l'entreprise. On ne parle pas encore de grands magasins, tels que nous les connaissons aujourd'hui. Pourtant, en 1824, un certain Pierre Parinot a ouvert, quai aux Fleurs, un établissement d'une ampleur jamais vue. En l'honneur d'une charmante fleuriste dont nous ne savons rien, il l'a baptisé *La Belle Jardinière*. Il faudra bientôt réunir vingt-quatre immeubles entre eux pour accueillir le nouveau magasin dont le « gigantisme » fait rêver Paris. Naturellement *La Belle Jardinière* recrute des vendeuses. Ici encore, l'élan est donné.

A la ville comme à la campagne, voici les domestiques. Comment les dénombrer? Même un ménage d'employés emploie souvent une bonne. C'est si commode : on la loge sous les combles, on la paie à peine et on ne la nourrit guère. Relisez *Eugénie Grandet*. La grande Nanon est mal payée, le père Grandet ne lui attribue que les reliefs de sa table. Il ne veut pas qu'elle sucre son café. Il lui refuse la chandelle pour aller se coucher. Tant pis si elle se fait des bleus en se heurtant à son lit. Nanon ne proteste pas. Tel est son sort. Ce qui atténue cette image bien noire, c'est l'esprit du temps : le plus souvent, la servante fait partie de la famille. On ne la chassera pas. Quand elle vieillit, elle reste à la maison, même si elle ne fait presque plus rien. En ville, comme à la campagne, on paie les gages, selon accord, une fois par trimestre, une fois par mois ou une fois par an. Toutes les domestiques portent le même tablier blanc, vaste et inusable, protégeant aussi bien la taille que les hanches. A la ville, un bonnet, une coiffe à la campagne. Un bon maître a pour devoir de veiller à la moralité de ses domestiques.

Est-ce l'effet du Code Napoléon? Est-ce, malgré tout, celui du romantisme? Le certain, c'est que, sous la monarchie de Juillet, un mouvement revendicatif nouveau va naître. C'est ce qu'on a appelé, ce qu'on appelle toujours, le *féminisme*. Le mouvement qui va s'épanouir entre les années 1830 et 1840 ne présente plus aucun caractère commun avec les idées d'un passé révolutionnaire. On assiste à une conjugaison d'efforts, à une lutte raisonnée, à une revendication consciente et délibérée qui a su parfaitement définir et chercher les moyens d'y parvenir. Désormais, un nombre grandissant de femmes réclament l'égalité de leur sexe dans le mariage ainsi que le droit d'accéder aux carrières libérales. Les droits politiques ? On en parle peu. La condition de la femme qui travaille ? On n'en parle guère. Les féministes de 1836 sont dans le droit-fil de leur temps : elles sont bourgeoises.

A la base de tout, on trouve un homme singulier. Un prophète qui a voulu refaire le monde : Henry de Saint-Simon. Comprenant qu'il vivait en un siècle où les anciens concepts sociaux allaient se trouver remis en question, Saint-Simon a consacré son existence, sa fortune, jusqu'à sa vie, à imaginer une société idéale. Son disciple Prosper Enfantin va assurer l'essor des théories saint-simoniennes. En 1832, Enfantin résume la philosophie qu'il prêche : « Dieu est tout ce qui est. Tout est en Lui, tout est par Lui. Nul de nous n'est hors de Lui. Aucun de nous n'est Lui. Egalité de l'homme et de la femme. A chacun selon sa capacité ; à chaque capacité suivant ses œuvres. » Cette synthèse se trouve même gravée sur la tombe de Prosper Enfantin au Père-Lachaise. Nous sommes frappés par les deux dernières phrases, dont les prolongements nous sont devenus familiers. Ce qui, bien plus encore, retient notre attention, c'est celle-ci : « Egalité de l'homme et de la femme ». Dès le 19 novembre 1831, Prosper Enfantin, dit le Père Enfantin, déclare que, si la femme est l'égale de l'homme, elle en est « aujourd'hui l'esclave, c'est son maître qui doit l'affranchir ». Et plus loin : « Le salut viendra au monde par la femme, elle sera le Messie de son sexe. » S'étonnera-t-on que beaucoup de femmes se soient bientôt ralliées au Père Enfantin ? En tous les sens du terme d'ailleurs. Il est beau, doué d'une prestance enviable. Les « sœurs » ne semblent pas lui avoir ménagé leurs faveurs. Parfois, dans les assemblées générales, elles « mettent à nu leur âme ».

Avant tout, les saint-simoniens veulent supprimer le mariage. Leur philosophie se révèle beaucoup moins claire quand il s'agit de proposer un produit de remplacement. Tantôt ils parlent de la *femme libre* qui ne doit accepter aucun joug, aucun lien. (Et aussitôt les dessins humoristiques de l'époque représentent la femme, massue en main, asservissant l'homme). Tantôt les saint-simoniens en tiennent pour la polygamie, la polyandrie ou le matriarcat. Les femmes qui entourent le Père Enfantin ne se préoccupent pas tant de théorie que de pratique. Ce qui les émerveille c'est qu'elles soient enfin considérées comme égales de l'homme.

Dans sa retraite de Ménilmontant, le Père Enfantin a voulu, en 1832, réaliser ses idées sur la société nouvelle. Une quarantaine de *frères* et de *sœurs* se sont installés, autour de lui, dans une grande maison entourée d'arbres et de paix. Bonheur parfait. Le Père Enfantin va introniser comme son héritier le fils naturel qu'il a eu d'Adèle Morlane. Il se nomme Arthur et il a cinq ans. Lui-même dispense ses faveurs avec une libéralité qui ne manque pas de susciter, de la part de certaines délaissées, des pleurs et des grincements de dents. Tout à coup, après quatre mois de retraite à Ménilmontant, la police survient. On disperse les fidèles, on arrête Enfantin et ses principaux disciples. Ils seront inculpés d'actions politiques, d'escroqueries et d'outrages à la morale publique. On écarte les deux premiers griefs, ne retenant que l'atteinte aux bonnes mœurs, plus propre à déconsidérer les saint-simoniens. Traduits en cour d'assises, Enfantin, Duverier et Michel Chevalier s'entendent condamner à un an de prison et cent francs d'amende. La société est dissoute. Pendant le procès, Enfantin s'est présenté comme l'avocat des femmes et il a sollicité le secours de deux d'entre elles pour sa défense. Ce qu'on lui a refusé d'ailleurs. Désormais, il se considérera comme le martyr de la cause féministe.

Cependant que le Père purge sa peine, ses disciples vont partir à travers la France en quête de la Mère — une femme-Messie annoncée par Enfantin. On en voit sillonner le Midi de la France, être accueillis triomphalement à Arles, lapidés à Tarascon et à Lunel, ne trouver aucun abri à Montpellier, être reçus à coups de trique à Mende, talonnés au Puy par les chiens lâchés à leurs trousses. Au vrai, la tournée de ces *compagnons de la femme* se révèle épique. Une douzaine d'entre eux, persuadés que la Mère doit être de sang juif ou musulman, s'embarqueront pour l'Egypte où les rejoindra Enfantin, libéré. Il n'en résultera pour eux que des déboires et ils devront rentrer en Europe en 1834.

Peut-on dire que les saint-simoniens aient réalisé un féminisme en action ? Honnêtement non. Toute la théorie saint-simonienne est imprégnée de féminisme, mais il y a loin de la théorie aux faits. Dans la société rêvée par Enfantin, les femmes ne jouissent jamais d'une égalité parfaite avec les hommes. On trouve trois Pères suprêmes : Enfantin, Bazard, Rodrigues. *Trois Pères* et aucune Mère, ce qui est un comble.

Reconnaissons aux saint-simoniens un incontestable mérite : ils ont attiré l'attention sur des problèmes dont bien peu s'étaient souciés jusque-là. Inlassablement ils ont parlé des droits de la femme, de son rôle politique et social, de la triste condition des ouvrières.

En ce temps-là, décidément, ne se préoccupent de la femme que ceux que l'on appelle les « utopistes ». Pourquoi ce nom ? Parce que leur vision de la société paraît à leurs contemporains aussi irrationnelle, insensée, qu'aujourd'hui les plus folles trouvailles de la science-fiction. Quand les disciples de l'utopiste Cabet s'embarqueront pour l'Amérique pour y fonder des phalanstères où le bonheur devait renaître dans l'harmonie, nombreuses seront les femmes qui abandonneront tout pour cet inconnu : il leur accorde dans son système une place de premier rang. On sait ce qu'il en advint : par la faute d'une organisation défaillante, les phalanstères n'aboutiront qu'à la déroute. Un autre utopiste, Charles Fourier, le plus original peut-être de tous, prêche la liberté sexuelle, seule capable, d'après lui, d'apporter à la femme son plein épanouissement. Il réclame pour les femmes la liberté du choix de la profession et un salaire égal à celui des hommes. Elles ont été peu nombreuses, les femmes fouriéristes, mais peut-être plus actives, plus efficientes que les autres. Elles savent très exactement ce qu'elles veulent. En général ceux qui gémissent sur la condition de l'ouvrière française entendent pallier les abus par la suppression même du travail de la femme. Les femmes fouriéristes discernent là un piège, la relégation de la femme au foyer ne pouvant qu'aboutir à une nouvelle discrimination.

L'« actif mouvement féministe » que constate M. Maurice Beaumont pendant la monarchie de Juillet ne se manifeste, reconnaissons-le, que devant un public indifférent ou gouailleur. Il suffit de feuilleter les petits journaux du temps de Louis-Philippe. Pour les caricaturistes, la revendication féminine apparaît comme un thème idéal. Un exemple, dans *Le Charivari* du 18 avril 1844. Le dessin représente un homme triant le linge sale tandis que sa femme médite, un livre à la main. Et voici la légende : « Depuis que Virginie a obtenu le septième accessit de poésie à la Comédie-Française, il faut que ce soit moi... moi capitaine à la Garde nationale... qui compte tous les samedis le linge à donner à la blanchisseuse... et je le fais parce que sans cela ma femme me laverait la tête ! » Cela ne vole pas très haut. Mais on rit. Le grand Daumier se met à l'unisson. Il montre des mégères agglutinées sur une estrade et l'une d'elles crie : « On fait courir le bruit que le divorce est sur le point de nous être refusé... constituons-nous ici en permanence et déclarons la patrie en danger !... »

On discerne là le même mécanisme de pensée déjà souligné sous la Révolution. Devant la revendication féminine, on se moque. On veut la tuer par la gouaille. Réflexe qui ignore les couleurs politiques et s'exerce à droite comme à gauche.

Les militantes ne perdent pas courage. Si elles s'étaient laissé impressionner, le féminisme serait mort avant de naître. Pauline Roland ne cesse d'encourager les femmes à prendre, dans toutes les professions, « non la place de l'homme mais celle qui est vide à côté de lui ». Flora Tristan, héroïne d'un fait divers, — son mari a tenté de l'assassiner — publie d'innombrables brochures pour soutenir les femmes dans leur lutte pour la liberté. Ayant eu à Londres la révélation de la condition ouvrière et de l'injustice sociale, elle passera le reste de sa vie à tenter d'organiser le monde du travail. Dans son petit livre *L'Union ouvrière*, elle propose notamment la création de maisons où seraient instruits les enfants, recueillis les vieillards ainsi que les infirmes par accident de travail. Elle veut faire donner aux femmes une éducation à la fois intellectuelle et professionnelle. Elle proclame que l'égalité de l'homme et de la femme est le seul moyen de réaliser l'unité humaine. Pour éditer son livre, elle cherche partout des fonds, allant de porte en porte, chez tous ceux qu'elle croit ouverts aux idées généreuses. Lamennais, David d'Angers, Delacroix, Mlle Mars, Rachel, Chateaubriand lui ferment leur porte. Le baron de Rothschild la reçoit, mais pour lui signifier qu'il ne s'occupe pas de littérature. Du banquier Laffitte, elle n'a droit qu'à trois minutes d'insolences. Mme Barenne, marchande de modes, place Vendôme, lui déclare qu'elle n'aime pas entendre parler de cette « canaille du peuple ». Heureusement, Béranger, George Sand, Eugène Sue, Frédérick Lemaître, Paul de Kock, Auguste Blanqui, Louise Collet, Marceline Desbordes-Valmore, Louis Blanc lui versent des oboles. En fin de compte, elle rassemble 1 538 francs. Elle pourra faire paraître *L'Union ouvrière*.

Flora Tristan souffrira de cette hostilité : « J'ai presque tout le

L'impératrice Joséphine à Malmaison. *(Giraudon.)*

Napoléon, Marie-Louise et le roi de Rome. *(Dagli Orti.)*

Désirée Clary fut le premier grand amour du jeune Bonaparte. Elle épousa Bernadotte et fut reine de Suède. Elle vécut assez longtemps pour assister à la restauration de l'empire par Napoléon III.

A gauche : Marie Waleska, dont on a dit qu'elle fut l'« épouse polonaise » de Napoléon, lui a donné un fils. Portrait par Gérard. *(Collection du comte d'Ornano.)*

A droite : George Sand ne fut pas seulement un grand écrivain, mais elle prit la tête du combat féministe.

Mme de Staël encourut la colère de Napoléon. C'est en s'inspirant de son héroïne la plus célèbre que le peintre Gérard a évoqué ici *Corinne au cap Misène. (Dagli Orti.)*

Comme lors de la première révolution, les clubs de femmes, nés en 1848, ont suscité la verve des caricaturistes. Ici, l'auteur prête ce discours à l'oratrice : « *Les hommes sont des monstres, des traîtres ! Les hommes sont des tyrans, des ingrats ! Je demande pour tous le châtiment d'Abélard.* » Paroles aussitôt contestées par l'auditoire féminin : « *Non, non, c'est indigne ! A la porte ! A la porte !* »

Marie Duplessis, courtisane célèbre, a inspiré à Alexandre Dumas fils l'un des plus grands succès du théâtre du XIXe siècle : *La Dame aux camélias.*
(*Sélection Images*)

Au sortir d'un bal aux Tuileries comme celui-ci, Flaubert s'est exclamé : « Sans blague, c'était splendide ! »

L'impératrice Eugénie entourée des dames de sa cour, telles que les a vues Winterhalter en 1855. *(Dagli Orti.)*

La mode en 1865.

Un mariage à la campagne au début du Second Empire. *(Dagli Orti.)*

Un bal public au jardin d'hiver, à Paris. *(Dagli Orti.)*

Au temps des crinolines, le revers de la médaille : un hospice de femmes.

L'impératrice Eugénie et la reine Victoria en promenade à Compiègne. *(Lauros-Giraudon.)*

Des femmes dans le mouvement syndicaliste ; la grève au Creusot en 1899. *(Dagli Orti.)*

Cette œuvre de Manet, peinte en 1877, s'intitule *Nana*. *(Giraudon.)*

Les Repasseuses de Degas évoquent admirablement les femmes du petit peuple.

Au début du XXe siècle, la femme assure le triomphe du vélo.

Sur cette affiche de 1900, dans une automobile de Dion Bouton, la nourrice est à l'honneur.

Louise Michel, surnommée « *La Vierge rouge de la Commune* » a livré un combat inlassable contre la misère et pour le droit des femmes. *(Dagli Orti.)*

Marie Curie *(à droite)* est à l'origine d'une immense découverte : la radioactivité. Deux prix Nobel lui ont été décernés. Sa fille Irène *(à gauche)*, qui épousa le physicien Frédéric Joliot, bénéficiera elle aussi d'un prix Nobel. *(Harlingue-Viollet.)*

A l'occasion des élections législatives de 1914, on a improvisé un bureau pour faire voter les femmes. *(Branger-Viollet.)*

Après la guerre de 1914, le mouvement pour le vote des femmes s'amplifie. Place de la Bastille, en 1935, Louise Weiss et ses « *suffragettes* » brûlent symboliquement les chaînes dont les Françaises restent chargées. *(Keystone.)*

La mode en 1924.

Van Dongen devient le peintre de la femme des années folles. Il présente ici l'*Amazone*. *(Giraudon.)*

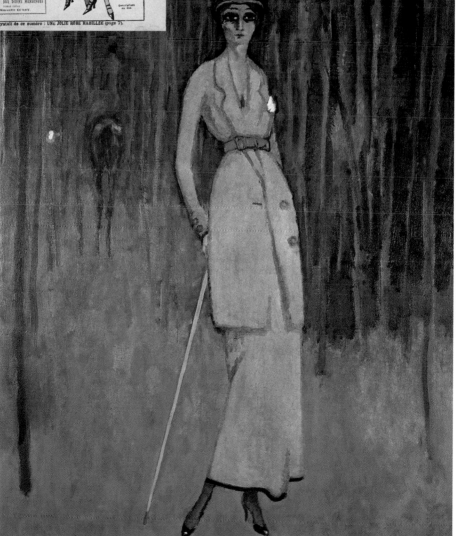

Le grand photographe Jacques-Henri Lartigue a-t-il été inspiré par *La Garçonne* en prenant pour sujet ces filles qui marquent leur préférence pour le vêtement masculin ?
(Association des amis de J.-H. Lartigue.)

Hélène Boucher conquiert la gloire. Ici aux commandes de son avion. *(Hachette.)*

La fin d'une horreur : libération des déportées survivantes au camp de Belsen, 1945. *(Keystone.)*

Avec un livre retentissant, *Le Deuxième Sexe*, Simone de Beauvoir va donner un nouveau sens au combat des femmes. *(Harlingue-Viollet.)*

monde contre moi, écrit-elle. Les hommes parce que je demande l'émancipation de la femme, les propriétaires parce que je demande l'émancipation des salariés. » Elle parcourt la France pour répandre ses idées. On l'écoute peu. Elle dit qu'elle a l'impression de « semer sur des pierres ». Les ouvriers eux-mêmes lui sont hostiles. Ils lui en veulent d'étaler leur misère, leurs tares. Ils savent qu'elle a raison mais redoutent de s'attirer le mépris, voire les sarcasmes de la bourgeoisie. Dans ses tournées, la police la surveille. Si, après son passage à Montpellier, éclate une révolte d'ouvriers serruriers, on l'accuse de l'avoir provoquée. Elle se donne tant à la « cause » que sa santé s'épuise. A Marseille, elle tombe malade. Des ouvriers la soignent et leur dévouement la console : « J'ai atteint mon but ; voilà l'amour que je voulais leur inspirer, me rendre utile afin qu'ils m'aiment parce qu'ils reconnaissent que je peux les servir utilement. » Elle repart, mal rétablie. La voici à Bordeaux. Elle s'alite de nouveau et meurt, le 14 novembre 1844. Proudhon dira que Flora Tristan était folle mais Victor Considérant fera l'éloge funèbre de cette « vedette perdue de l'armée sociale qui partait en avant pour reconnaître et éclairer le terrain ». Un ouvrier horloger, Louis Festau, composera une complainte avec ce refrain : « Flora Tristan vous demande un tombeau. » Il sera édifié par souscription. Flora Tristan a su comprendre que « la libération des femmes était étroitement liée à l'émancipation du prolétariat, c'est-à-dire de l'homme tout entier [1] ».

Toute cette revendication s'est heurtée également à une totale indifférence gouvernementale. Une femme en a pris conscience. Sans jamais appartenir à aucun mouvement organisé, elle va, par son talent, sa personnalité, son courage, prendre la tête de l'élan féministe. Désormais tout ce qui, en France, combattra pour les droits de la femme devra se réclamer de cette femme-là. Elle s'appelle George Sand.

Un bébé aux yeux noirs qu'une servante apporte au salon à une vieille dame. Après un mouvement de recul, la vieille dame prend l'enfant — une petite fille — sur ses genoux. Elle questionne :

— Pauvre enfant, tout cela n'est pas sa faute ! Et qui l'a apportée ?

1. Edith Thomas.

— Monsieur votre fils lui-même, Madame. Il est en bas.

La vieille dame regarde longuement les yeux noirs. Ceux de son fils, les siens. Elle est vaincue. Allons, que le fils monte. Il paraît, ils pleurent tous les deux, s'embrassent.

George Sand vient de faire son entrée dans le monde.

Peut-être se souvient-on de la belle Aurore, fille du maréchal de Saxe, qui avait connu tant de bonheur avec son « vieux mari », M. Dupin de Francueil. Quand elle est restée veuve, son fils Maurice avait dix ans. Elle l'a élevé dans l'amour de la liberté. Avec elle, Maurice a applaudi aux conquêtes de la Révolution. Au plein de la Terreur, Mme Dupin de Francueil a acheté, entre Châteauroux et La Châtre, la terre de Nohant.

En octobre 1794, elle s'y est installée pour la première fois avec son fils. De ce qui avait été une grande fortune, il reste des vestiges suffisants pour vivre comme une châtelaine. Elle adore Maurice autant qu'elle a adoré M. Dupin.

Quand il a eu vingt ans, Maurice Dupin, subissant la contagion du bouillonnement enthousiaste de l'époque, s'est engagé. Entre-temps, en guise de distraction, il a fait un enfant à une fille de service. Mme Dupin de Francueil a agi comme la femme du XVIIIe siècle qu'elle est restée : elle a pris en charge le petit garçon, prénommé Hippolyte, et s'en occupera toute sa vie. C'est le temps où une France jeune et conquérante bouscule les trônes et fait la guerre comme on part en vacances. En 1800, Maurice, aide de camp, est à Milan, magnifique dans son uniforme doré, rouge et jaune. Déjà c'est l'Italie de Stendhal. Les jeunes comtesses milanaises font passer des billets aux officiers de Bonaparte. On donne des rendez-vous au son des guitares. Ce n'est pas une comtesse qui tombe dans les bras de Maurice, mais la maîtresse de son général, Sophie-Victoire Delaborde. Une Parisienne du vrai Paris, jolie, gaie, bonne et vive, fille d'un vendeur d'oiseaux sur les quais. Adolescente, elle était figurante dans un théâtre. Un amateur a enlevé cette jeune beauté. Il y en a eu d'autres. Elle est passée de bras en bras sans soucis, sans remords, avide de goûter la vie et la saluant toujours d'un rire éclatant. « Ma mère, écrira plus tard George Sand, était de la race avilie et vagabonde des bohémiens de ce monde. » Quand elle suit un général à l'armée d'Italie, elle a déjà, d'un autre, une petite Caroline. Elle a trente ans.

Maurice, lui, en a vingt-deux. Le rire de Sophie lui a plu, et sa tournure et son visage. Il l'a enlevée au général.

Une passade ? Sans doute il l'a cru. Mais qui peut être prophète en amour ? Car, bientôt, il en est sûr : il aime. Il écrit à sa mère pour proclamer son bonheur : « Qu'il est doux d'être aimé, d'avoir une bonne mère, de bons amis, une belle maîtresse, un peu de gloire, de beaux chevaux et des ennemis à combattre ! » Se séparer de Sophie ? Pas question. En 1801, il revient à Nohant et installe sa maîtresse à La Châtre, dans une auberge. Mme Dupin de Francueil tremble. Son fils va-t-il épouser une fille qui a traîné partout et qui a une bâtarde ? Disputes, larmes. Maurice tient bon. La liaison aussi. En 1804, Sophie est enceinte. Alors, Maurice la conduit à Paris, à la mairie du deuxième arrondissement. Il l'épouse. Cela se passe le 5 juin. Le 1er juillet, Sophie accouche d'une petite Aurore. La future George Sand. Il était temps !

Mme Dupin de Francueil refuse fermement de recevoir la bru que son fils lui impose. Elle ne veut même pas voir l'enfant. C'est alors que Maurice imagine le subterfuge de la petite fille apportée par surprise sur les genoux de sa grand-mère. Vaincue, Mme Dupin assistera au mariage religieux, mais ne parlera à sa belle-fille que du bout des lèvres. Aucune intimité n'existera entre les deux femmes. Jamais. La condescendance de la plus vieille, l'orgueil et la révolte de la plus jeune formeront un mélange détonant. On se fera bon visage, mais on restera en état de guerre froide. Le vrai bonheur, pour Maurice et Sophie, c'est celui qu'ils vivent, dans leur minuscule appartement — un grenier, comme dit avec mépris Mme Dupin. Ils n'ont besoin de personne et se suffisent. Sand dira que c'est d'eux que lui est venue cette secrète sauvagerie qui, toujours, lui a rendu le monde insupportable et le *home* indispensable. Maurice et Sophie légueront aussi à leur fille « l'horreur d'une société dont les préjugés avaient fait leur malheur[1] ».

Quand on se penche sur le destin des enfants d'autrefois, on s'interroge quant aux traumatismes dont s'inquiètent nos modernes psychologues. Pendant des siècles, une grande partie de ces enfants ont été élevés loin de leurs parents. Des pères absents, des mères lointaines : voilà le lot de beaucoup. Il ne semble pas que ces millions de marmots s'en soient portés plus mal. Jusqu'à deux ou trois ans, la petite Aurore Dupin a vécu

---

1. André Maurois.

chez une nourrice à Chaillot. Au bon air. Avec sa cousine germaine, la brave femme l'apportait le dimanche à Paris, sur un
âne. On plaçait les deux petites filles, chacune dans un panier,
au milieu des choux et des carottes destinés à la Halle. A quatre
ans, pour la première fois, Maurice, Sophie et la petite Aurore
se sont retrouvés ensemble : à Madrid, où le colonel Dupin est
aide de camp de Murat. Sophie donne à Aurore un petit frère
qui meurt à Nohant des fatigues du voyage de retour. Maurice
a ramené d'Espagne un pur-sang si plein de fougue qu'un soir
il jette son maître sur un tas de pierres où il se brise le crâne.
Aurore n'a plus de père.

Sophie, déchirée, laissera sa fille à Nohant. Mme Dupin ne
veut pas entendre parler de la bâtarde, Caroline, et Sophie ne
veut pas l'abandonner. Elle choisira d'aller vivre à Paris avec
elle, tandis qu'Aurore sera confiée à Mme Dupin. Ainsi la fortune de la grand-mère lui reviendra-t-elle un jour. Profond, le
chagrin de Sophie. Amères, les larmes répandues par la petite
Aurore : « Ma mère et ma grand-mère s'arrachèrent les lambeaux de mon cœur. »

Nohant, ce sera cependant l'enfance heureuse, épanouie, libre.
Les champs et les bois. La découverte de la musique et de la
lecture. L'amour un peu sec de sa grand-mère et de confuses
aspirations : la Nature, Dieu. Et la blessure, toujours saignante :
sa mère. Un jour, Mme Dupin, agacée, lui dit tout. Sophie est
« une femme perdue ». Tout y passe : « la corruption des riches
libertins qui sont là pour guetter la faim et flétrir l'innocence ;
l'impitoyable rigorisme de l'opinion ». Quant à elle qui souhaite
se rapprocher de sa mère, « elle est une enfant aveugle qui veut
s'enfoncer dans un abîme ».

Aurore, jusque-là délurée mais commode, se mue en révoltée.
Elle ne veut plus travailler. La grand-mère l'envoie à Paris, au
couvent. Elle a quatorze ans. Il s'agit des Dames augustines
anglaises et l'éducation reçue sera autant britannique que française. Elle ne tient pas en place entre ces murs qui lui paraissent
affligeants après les grands espaces de Nohant. L'affection
d'une religieuse l'affine. Elle lit les Ecritures, pleure et prie dans
la chapelle : « Je sentis que j'aimais Dieu... Ce fut comme si un
obstacle se fût abîmé entre ce foyer d'ardeur et le feu assoupi
dans mon âme... » La voilà mystique, elle jure qu'elle a la vocation, qu'elle sera religieuse. Sa grand-mère la rappelle à Nohant :
« Ma fille, il faut que je te marie bien vite car je m'en vais. »

Nohant au printemps de 1820. La longue maison Louis XVI, le parc et les chants d'oiseaux. C'est vrai, Mme Dupin de Francueil a beaucoup vieilli. Une pensée l'obsède : assurer l'avenir de sa petite-fille en lui trouvant ce que l'on appelle un « bon parti ». Et elle cherche, met en chasse tous ses amis. Une Mme de Montlevic fait l'article à l'intention d'un baron de Laborde, maréchal de camp, veuf et quadragénaire : « Aurore, que j'ai vue plusieurs fois cette année, est une brune d'une jolie taille et d'une figure agréable ; a de l'esprit, beaucoup d'instruction, musicienne, chante, sait la harpe, le piano ; dessine, danse bien, monte à cheval, chasse, tout cela avec les manières d'une très bonne personne. Sa fortune passe pour être de dix-huit à vingt mille livres de rente, dont elle peut entrer en jouissance d'une minute à l'autre... » Le mariage Laborde ne se fait pas. Non plus qu'un autre avec un général d'Empire, balafré par un coup de sabre et qui, à cinquante ans, est tout prêt à épouser cette jeunesse de seize ans. D'évidence, Aurore n'est pas pressée. L'ancien précepteur de son père, Deschatres, maire de Nohant, lui apprend la chasse et l'invite à s'habiller en homme pour courir les labours et les taillis. Elle découvre avec ravissement la redingote ou la blouse. Une attaque cloue sa grand-mère définitivement au lit. La jeune Aurore dirigera désormais la maison, administrera les terres, paiera les domestiques. Autre école de virilité : elle galope avec des jeunes gens sans penser à mal. Le fils du comte de Grandsagne vient lui donner des leçons d'anatomie dans sa chambre où elle a accroché un squelette. Cela fait jaser. Elle n'en a cure. *A sa mère :* « Monsieur de Grandsagne vous a dit la vérité en vous disant qu'il m'avait donné des leçons dans ma chambre : où voudriez-vous que je reçusse les personnes qui me viennent voir ? Il me semble que ma grand-mère dans ses souffrances ou dans son sommeil serait très importunée par une visite... Vous voudriez que je prisse pour m'aller promener le bras de ma femme de chambre ou d'une bonne ? Ce serait apparemment pour m'empêcher de tomber. Les lisières m'étaient nécessaires dans mon enfance... mais j'ai dix-sept ans et je sais marcher... » Quand le curé de La Châtre lui demande tout à trac : « N'avez-vous pas un amour naissant ? » elle quitte le confessionnal. En même temps, elle s'enchante à découvrir Chateaubriand. Accord parfait. L'auteur du *Génie du christianisme* n'a-t-il pas écrit : « C'est dans les beautés de la terre et de la nature et de l'amour que vous trouve-

rez des éléments de force et de vie pour rendre gloire à Dieu... »
C'est mieux encore quand elle rencontre Rousseau. Elle croit
trouver en lui le vrai christianisme : « Je le comparais à Mozart,
je comprenais tout. » Elle ne songe plus au mariage, plaçant bien
plus haut l'étonnante liberté à laquelle elle est parvenue. Elle
n'a pas dix-huit ans, elle est maîtresse d'un grand domaine
— surtout de sa personne. Quand Mme Dupin sent venir la mort,
cette voltairienne décide de se réconcilier avec la religion :

— J'ai la certitude de ne faire ni une lâcheté, ni un mensonge
en adhérant à des traditions qui, à l'heure de quitter ceux que
l'on aime, ne sont pas d'un mauvais exemple... Aie l'esprit tranquille, je sais ce que je fais.

En présence de l'archevêque d'Arles, un parent, des domestiques, des ouvriers de la ferme, elle reçoit le viatique. Elle
s'était confessée au brave curé de Saint-Chartier, ceci en présence d'Aurore. Le curé, un paysan, avait dit simplement : « Ma
chère sœur, je serons tous pardonnés, parce que le Bon Dieu
nous aime et sait que quand je nous repentons, c'est que je
l'aimons. »

Sa dernière parole à Aurore : « Tu perds ta meilleure amie. »
Elle meurt le jour de Noël 1821.

Les larmes d'Aurore ne sont pas encore étanchées que déjà
une bourrasque se jette sur Nohant : Sophie Dupin, sa mère.
Elle triomphe. La vieille n'est plus. Elle-même, menacée par la
ménopause, est devenue acariâtre. Où est l'adorable mère d'antan ? Désormais Sophie et Aurore sont des adversaires. La mère
n'adresse à la mémoire de Mme Dupin de Francueil que de mauvaises paroles, injures, inutiles grossièretés. Ce qui blesse
Aurore, profondément. Elle souffre mais ne dit rien. Son rêve :
rester seule en son cher Nohant. Il n'en est pas question. Elle
est mineure. Sophie hait Nohant. Elle ferme le château et
emmène Aurore avec elle à Paris. Elle aussi pense à la marier.
L'homme qu'elle présente épouvante Aurore. Elle refuse. Sa
mère menace. Si elle s'entête, on la jettera dans un couvent qui
sera une prison. On l'y conduit. Des religieuses viennent leur
ouvrir une grille. On traverse les couloirs obscurs, étroits,
effrayants, d'un cloître tout noir. On la pousse dans une cellule
qui est presque un cachot. Les paroles de Sophie résonnent
comme un verdict :

— La communauté est prévenue sur votre compte et est en garde contre vos beaux discours. Apprêtez-vous à passer, dans cette cellule, les trois ans et demi de votre minorité. N'espérez pas implorer le secours des lois. Personne n'entendra votre plainte et ni vos défenseurs ni vous-même ne saurez le nom de votre retraite...

Aurore ne fléchit pas. C'est Sophie qui cède. Le couvent-prison n'était qu'une menace qu'elle ne songeait pas faire durer. Mais l'épreuve est trop rude. Aurore tombe malade. On l'enverra près de Melun se reposer chez des amis de la famille, les du Plessis. Enfin la campagne ! Une famille unie, des enfants gais. Des chevaux. Parmi les cavaliers qui fréquentent la maison, un jeune homme mince et rieur, prénommé Casimir, fils naturel du colonel baron Dudevant. Un charmant garçon, amical, serviable. Aurore et lui entament de longues conversations. Ensemble, ils jouent comme des fous.

Or les du Plessis songent eux aussi à marier Aurore. Une manie décidément. En ce temps, une jeune fille de dix-sept ans ne connaît aucun répit. Il semble que le monde entier conspire pour « faire son bonheur ». Et si elle ne trouvait pas de mari ? Parents, relations, amis n'osent même pas envisager une telle catastrophe. On lui présente un nouveau parti. Elle le juge « insupportable ». Un autre, elle le trouve « odieux ». Et tout à coup, pour les du Plessis, c'est l'œuf de Colomb : pourquoi pas Casimir ? Aurore et lui s'entendent bien. La famille Dudevant possède entre soixante-dix et quatre-vingt mille livres de rente et un domaine en Gascogne. Voilà des fortunes *en rapport*. Ce qui est essentiel. En outre, comme Casimir est fils naturel, sa famille fermera les yeux sur le passé douteux de Sophie Dupin. Cette fois, Aurore ne dit pas non. Casimir lui-même est venu lui parler le premier. Ce qui lui a plu infiniment. Depuis des mois, elle ressent l'impression d'être un simple objet. En lui demandant sa main, Casimir montre qu'elle existe. Elle accepte. « Tu étais bon et c'était le seul mérite réel à mes yeux. En te voyant tous les jours, je te connus de mieux en mieux, j'appréciai toutes les bonnes qualités et personne ne te chérissait plus tendrement que moi... » Dans le calepin qui lui sert de journal intime, elle écrit : « *Bonheur inouï* », « *joie inexprimable* ». Plus tard, elle jurera n'avoir jamais aimé Casimir. En amour, quel homme ou quelle femme n'a pas connu de sincérités successives ?

Le 10 septembre 1822, à Paris, Aurore devient Mme Dudevant. On part pour Nohant, où le ménage partagera désormais le grand lit à panaches de Mme Dupin de Francueil. Casimir, homme simple, éclate de bonheur. Aurore juge que le mariage est un état bien doux. Elle l'écrit à ses amis. Ses élans pour Casimir n'ont fait que grandir. Quand il la quitte pour quelques jours, elle lui écrit : « Mon Dieu, que je voudrais être à samedi où tu reviendras ! » Ou bien : « Bonsoir, mon amour, mon cher Mimi. Je vais me coucher et pleurer toute seule dans mon lit. » Ou encore : « Je te mange, je t'adore... Adieu tout ce que j'aime. » A cet amour qui vient du cœur, il y a une ombre. Dès la première nuit, Casimir s'est conduit avec une brutalité qui a bouleversé Aurore. En célibataire habitué à des femmes faciles, il s'est imposé en conquérant. Plus tard, à l'occasion du mariage d'une parente, Aurore écrira au père une lettre révélatrice : « Empêche que ton gendre ne brutalise ta fille la première nuit de ses noces, car bien des faiblesses d'organes et des accouchements pénibles n'ont pas d'autres causes chez des femmes délicates. Les hommes ne savent pas assez que cet amusement est un martyre pour nous. Dis-lui donc de ménager un peu ses plaisirs. Rien n'est affreux comme l'épouvante, la souffrance et le dégoût d'une pauvre enfant qui ne sait rien et qui se voit violer par une brute. » Elle ajoute une phrase qui juge le comportement de son siècle à l'égard des jeunes filles : « *Nous les élevons comme des saintes, puis nous les livrons comme des pouliches...* »

En 1822, elle n'en est pas à de tels aveux. Pour le moment, elle en est à soupirer : « Le mariage n'est agréable qu'avant le mariage. » Et Casimir, de son côté, se sent frustré : « Toi qui repousses mes embrassements, toi dont les sens me semblent à l'épreuve de tout... »

La naissance d'un petit Maurice la laissera comblée. Elle a retrouvé le cher Casimir d'avant le mariage, plein d'attentions et d'attendrissements devant celle qui lui donne un fils. Ephémère retour. Il lui faut de nouveau supporter auprès d'elle ce mari qui ne sait pas être un amant. Elle note dans son carnet vert : « Le mariage est le but suprême de l'amour. Quand l'amour n'y est plus ou n'y est pas, reste le sacrifice. » Pour ne pas sentir son malheur il faut qu'une femme soit « sainte ou insensible ». Si elle n'est ni l'une ni l'autre, il y a « un milieu : c'est le désespoir... ».

Visiblement, elle attend. Elle n'est ni sainte, ni insensible — ni d'ailleurs désespérée. Elle a trop de confiance dans la vie pour se résigner. Celle-ci est récompensée : alors que le couple passe l'été dans les Pyrénées, voici que paraît, à Cauterets, un jeune substitut au tribunal de Bordeaux, Aurélien de Sèze. Il a vingt-six ans et voyage avec la famille de sa fiancée. Dès qu'il aperçoit Aurore, il oublie la fiancée. Littéralement elle le subjugue, avec son teint doré, ses cheveux noirs et ses yeux sombres. Coup de foudre. Pendant que Casimir chasse, Aurélien promène Aurore près des gouffres. Il lui parle de la nature comme le ferait Chateaubriand : images fortes, élans de l'âme, effusions de l'esprit. Quel écho, de telles paroles, en celle qui avait pleuré au *Génie du christianisme* et à l'*Emile* de Rousseau ! Elle sait très vite qu'elle l'aime à la passion. Il lui jure qu'elle est l'unique amour de sa vie.

Tout cela reste chaste. On n'ose que des pressions de main, mais avec quelle fièvre ! Le comble est un baiser qu'il lui pose dans le cou au détour d'un sentier. Ecarlate, elle s'enfuit. Il était temps, le mari arrivait. Ils se séparent en se jurant de s'aimer jusqu'à la mort. Ils s'écrivent clandestinement. Un jour, sur le conseil d'Aurélien enivré d'absolu, elle raconte tout à Casimir, et écrit même le récit de son idylle avec Aurélien. Abasourdi, il lit tout cela, découvrant des horizons qu'il était bien en peine de soupçonner. Elle se sent libérée. Son cœur aime et elle n'a rien à se reprocher. Mais c'est Casimir qui devient sombre et erre en silence dans les allées de Nohant, frappant sa botte de sa cravache. Qu'est-il pour sa femme ? Pourquoi n'a-t-il pas su se faire comprendre, se faire admettre ? Pour imiter Aurélien qui parle si bien de Chateaubriand, il se met à lire Pascal et écrit à sa femme : « Je regrette infiniment que ma paresse m'ait privé de la lecture de cet ouvrage qui, d'après ce que j'en ai vu, vous élève l'âme et vous apprend à penser et à raisonner... » Ce plat commentaire, Aurore le compare — fatalement — avec la flamme qui imprègne toutes les lettres d'Aurélien. Un soir, à table, que Casimir s'est laissé aller à l'une de ses grosses plaisanteries, elle le regarde bien en face, secoue la tête, sourit et dit : « Mon pauvre Casimir, que tu es bête, mais tout de même je t'aime bien comme cela. »

Elle a retrouvé l'équilibre. Elle voit grandir le petit Maurice, construit des granges, mène son monde avec entrain. On s'occupe d'élections. On se jette dans le libéralisme. Les jeunes gens de la région viennent courtiser la belle Mme Dudevant. Elle retrouve ce Stéphane de Grandsagne qui, naguère, lui donnait des leçons d'anatomie en s'aidant d'un squelette. Il porte la barbe, jure qu'il est athée et qu'il mourra poitrinaire. Tel quel, un peu fou, Aurore le trouve charmant. Elle le traite quasi maternellement, s'inquiète quand il tousse, lui prépare des potions, le conduit chez un médecin. Les historiens littéraires, race minutieuse, ont noirci bien des pages sur la réalité de cette liaison. Elle ne fait aucun doute. La famille de Grandsagne possède la correspondance amoureuse d'Aurore et de Stéphane : c'est celle de deux amants. Neuf mois très exactement après un séjour à Paris en compagnie de Stéphane, Aurore mettra au monde une petite fille, Solange. Celle-ci ressemble à la famille Grandsagne de façon frappante. Quand Stéphane ira désormais à Nohant, il dira à ses amis : « Eh bien, je vais voir ma fille ! » Et Aurore, en habillant Solange, l'appellera parfois, en riant, *mademoiselle Stéphane*.

Ainsi, elle a franchi le pas. Sans doute le fallait-il. Solide comme elle est, équilibrée, robuste de corps et d'âme, elle ne pouvait se contenter du désastreux Casimir et du platonique Aurélien. Quand ce dernier apprendra l'accouchement, il se montrera fort contrarié. Elle lui avait juré qu'elle n'entrait plus dans le lit de son mari. Ce qui était vrai. Elle s'était tue sur Stéphane.

Quand parviennent à Nohant les nouvelles de la révolution de 1830, Aurore s'enflamme. On va chasser ces Bourbons rancis et cagots ? Tant mieux. Elle applaudit quand Casimir se met à la tête de cent vingt hommes et forme une Garde nationale. Mort aux conservateurs ! Or, au milieu de cette fièvre joyeuse, elle rencontre un petit jeune homme blond de dix-neuf ans, timide, fragile, « frisé comme un petit saint Jean de nativité ». Etudiant, il est en vacances à La Châtre. Il s'appelle Jules Sandeau. Sur-le-champ, il tombe amoureux d'elle. Elle s'attendrit. Bientôt, elle confiera à un ami : « Si vous saviez comme je l'aime, ce pauvre enfant, comme dès le premier jour son regard expressif, ses manières brusques et franches, sa gaucherie timide avec moi, me donnèrent envie de le voir, de l'examiner. C'était je ne sais quel intérêt que chaque jour rendait plus vif et auquel je ne songeais pas seulement à résister... »

Dans un petit pavillon, tout au bout du parc et qui donne sur la route — accès facile — elle devient la maîtresse du petit Jules. La nuit, désormais, Jules attendra, blotti au fond d'un fossé, le moment propice. Elle, quittant la grande maison endormie, se glisse dans le parc jusqu'au pavillon et lui en ouvre la porte. Pour Jules, c'est une passion dont il ne pensait même pas qu'il en existât. Pour elle, la saveur du fruit défendu, l'exaltation de briser les conventions bourgeoises.

Pourquoi Aurore n'aimerait-elle pas comme une héroïne romantique ? Car elle aime, c'est sûr. Même si son corps reste froid. Elle en souffre, mais elle espère : demain sûrement. Alors elle se jette avec avidité sur ces lendemains. Elle voudrait proclamer au monde sa nouvelle passion. Elle s'affiche avec Jules. Tout le pays en jase. Elle s'en moque. Quand Jules regagne Paris, Aurore pleure. La séparation lui devient intolérable. Elle n'est pas femme à se consumer sans agir. Le soir, quand Casimir ronfle au coin du feu, la pensée d'Aurore est auprès du petit Jules aux cheveux frisés. Est-ce cela, la vie ?

Soudain, elle se décide : elle rejoindra Jules à Paris.

Pour Casimir, elle ne ressent aucune pitié. Elle le juge responsable de tout. D'ailleurs, il la trompe avec tous les jupons qui passent à sa portée, y compris les femmes de chambre d'Aurore. Les commandements de Dieu ? Son mysticisme a évolué, l'a éloignée de l'Eglise pour la rapprocher d'une divinité proche de l'Etre suprême de Rousseau. Un Dieu d'amour et de liberté qui permet tout ce qui est amour. Aurore juge sainte sa liaison avec Jules Sandeau. D'aucun plaisanteront, jugeront que ce Dieu-là est bien commode. Aurore les fera taire. Elle ne permet pas qu'on plaisante *son* Dieu. Les enfants ? Voilà le point noir. Aurait-elle le cœur sec, cette jeune mère, prête à abandonner Maurice et Solange pour rejoindre son amant ? La vérité est qu'elle n'y songe pas. Elle propose à Casimir de partager son temps entre Paris et Nohant où elle entend passer six mois qu'elle donnera aux enfants.

A son mari, elle ne demande qu'une pension de trois mille francs par an. Or Nohant est à elle, la fortune est à elle. Casimir, pour le moment, n'a que l'espérance de l'héritage du baron Dudevant. Les lois sont ainsi faites : elle qui a tout doit implorer trois mille francs de celui qui n'a rien parce qu'il est le mari. Casimir consent. Depuis longtemps, Aurore l'a vaincu. Il est profondément malheureux. Il juge, lui, que tout est de la faute de sa femme. Il se plaindra dans une lettre de ses « perversités ». Sans doute, il l'a vue perverse. En un siècle hypocrite, elle n'était que dénuée d'hypocrisie.

Au revoir, Nohant. Elle s'installe à Paris avec Jules Sandeau. Le petit Jules a des ambitions littéraires. Ses amis sont tous littérateurs ou retenus par les choses de l'esprit. Aurore se meut à l'aise dans ce milieu si neuf pour elle. Elle découvre ce Paris dangereux où les politiques ont la fièvre : « La révolution est en permanence, comme la Chambre. Et l'on vit aussi gaiement au milieu des baïonnettes, des émeutes et des ruines, que si l'on était en pleine paix. Moi, ça m'amuse. » Les jeunes gens qui entourent Aurore sont républicains. Louis-Philippe ? Si l'on cite son nom, ils hurlent ou rient. En d'extraordinaires soirées, on refait le monde, assis par terre, en buvant du punch et en fumant. Aurore s'est mise tout de suite au diapason. Elle fume le cigare et bientôt se hasardera à la pipe. Tout ce petit monde court à la première d'*Antony*. Enfer et damnation ! On craint de voir les classiques relever la tête. Aurore, pour être plus à l'aise en cas de bagarre, s'est habillée en homme. Cette tenue, elle la revêtira de plus en plus souvent : c'est si commode !

Il faut vivre. Les trois mille francs de Casimir n'y suffisent pas. Il faut même aider Sandeau qui n'a rien. Que faire ? Elle a déjà noirci beaucoup de papier : des journaux intimes, d'innombrables lettres. Même, dans ses bagages, elle apporte un manuscrit : *Aimée*. Elle le fait lire à Latouche, un augure, qui le trouve mauvais mais engage Aurore parmi les rédacteurs du petit journal qu'il vient de lancer : *Le Figaro*. Là, elle publie quelques minces articles en collaboration avec Jules Sandeau. Ils les signent J. Sand. Ensemble, ils publient même un roman : *Rose et Blanche*, qui remporte un petit succès. Sur la couverture, toujours le pseudonyme J. Sand. L'impatience lui vient de voler de ses propres ailes. Seule, elle écrit *Indiana*. Le petit Jules, premier lecteur, se montre émerveillé. Catégoriquement, il refuse de signer. Sous quel nom publiera-t-elle ? Sa belle-mère lui interdit celui de Dudevant. Sa mère ne tient pas à lui voir reprendre le nom de Dupin. Donc, elle empruntera l'ancien pseudonyme *Sand* et s'inventera un prénom : George. Intéressant, ce choix. Elle qui se révolte contre sa condition de femme glisse inconsciemment vers celle d'homme. Elle ne sera pas seule à avoir ce réflexe. Ce n'est pas une coïncidence si Marie d'Agoult se fera appeler Daniel Stern. Et si Louise Michel, elle-même, choisira d'être un temps Louis Michel.

Grand, très grand succès. *Indiana* va aux nues. Le sévère Latouche, bouleversé, fait amende honorable. Toute la France lit *Indiana* — et découvre George Sand. C'est une femme célèbre qui, de temps en temps, revient à Nohant, toute à la joie de revoir Maurice et Solange. Et qui découvre qu'elle n'aime plus Jules Sandeau. Voilà l'infirmité essentielle de George, elle ne sait pas aimer longtemps. Pas plus avec ses amants qu'avec son mari, elle n'envisage de moyen terme, d'accommodement, de demi-mesure. Elle aime, elle se donne. Elle n'aime plus, elle part. Ou elle répudie. Sandeau, lui, est chassé. Elle fait elle-même sa malle et le pousse sur le palier. Il ira se consoler en Italie.

Adieu, Jules Sandeau. Alors qui ? Elle se connaît trop maintenant pour méconnaître qu'elle n'est pas faite pour vivre seule. Elle s'est battue pour conquérir la liberté de *choisir* un homme. De vivre avec lui. De l'aimer. Ce comportement, dans le siècle où elle vit, apparaît presque unique. Il annonce, pour la femme, des temps nouveaux.

L'importance de George Sand, dans l'histoire des Françaises, vient de ce que, s'étant pour elle-même fixé un but et l'ayant atteint, elle ose prolonger son propre combat par la défense des autres femmes. Toute son œuvre, tous ses actes militeront en faveur d'une égalité statutaire de l'homme et de la femme. Elle ne songe pas trop à la politique. Sand n'est pas une suffragette. Il faut dire qu'en ce temps le droit de vote compte bien peu. Ne sont électeurs en France que quelques dizaines de milliers de citoyens, propriétaires ou contribuables de haute volée. Peu importe à Sand qu'à cette injustifiable cohorte viennent s'ajouter quelques dizaines de milliers de femmes. En revanche, elle veut que l'on mette fin aux pratiques dégradantes nées de deux mille années de contraintes et aggravées par le Code Napoléon. Légalement, la femme vit dans la servitude. Elle pense que l'on doit répudier le concept traditionnel du mari-maître et de la faible-femme. Pour assurer leur domination, les hommes ont imposé une image des femmes que Sand rejette sans appel : « On les maltraite ; on leur reproche l'idiotisme où on les plonge ; on méprise leur ignorance ; on raille leur savoir... On ne les aime pas, on s'en sert, on les exploite, et on espère ainsi les assujettir à la loi de fidélité. »

Sand se révolte contre la législation sur l'adultère. La femme risque la prison et l'homme à peu près rien. Il faut, il faut absolument supprimer cette « loi sauvage, faite pour perpétuer et multiplier l'adultère ».

Elle va plus loin. Hardiment, arguant de sa propre expérience, elle rejette cette coutume, à ses yeux abominable, qui plie la femme au désir de l'homme sous prétexte qu'elle est mariée, même si le contact physique de son époux lui fait horreur. Sand voit là, purement et simplement, de l'esclavage. Elle refuse qu'une femme qui aime un autre homme soit contrainte à subir le « devoir conjugal » avec un mari qu'elle n'aime plus : « Quand une créature humaine, qu'elle soit homme ou femme, s'est élevée à la compréhension de l'amour complet, il ne lui est plus possible et, disons mieux, il ne lui est plus permis de revenir sur ses pas et de faire acte de pure animalité. »

L'absolu, c'est ce qu'exige Sand. Elle refuse le « mensonge des sens dans l'amour ». La faute, « le péché à ses yeux, ce n'est pas de changer d'amant, pour aller à celui qu'on aime ; c'est de se donner à celui que l'on n'aime pas, fût-il votre mari ».

George médite sur cet amour enfui. Sur cette faille de sa vie de femme : pourquoi n'a-t-elle pas découvert le plaisir ? De cette interrogation déchirante va naître son roman le plus hardi : *Lélia*. Thème absolument neuf dans l'histoire de la littérature féminine : celui de la femme frigide. Le livre de celle qui, par toutes les fibres de son corps, attend une ivresse qui toujours se refuse. Quand on songe au climat du XIXe siècle, au règne de la bourgeoisie triomphante, aux rapports tels qu'ils sont admis entre hommes et femmes, on mesure la folle témérité avec laquelle elle a osé faire face à une opinion en forme de granit. Cette confession est toute romantique. Une grande part de l'œuvre de George Sand viendra ainsi du plus secret d'elle-même. *Indiana* était déjà un aveu passionné, comme le seront *Valentine, Jacques, Mauprat*. Certes, ces ouvrages ont vieilli. On les lit aujourd'hui « avec un mélange d'impatience, d'ennui et d'admiration » et Faguet pouvait parler d'une « singulière sensation littéraire ». Ce qui survit, merveilleusement, c'est la femme-Sand, véritable accumulateur des sensations de son temps. Ce qui demeure, c'est tout ce qu'elle a confié d'elle-même, de « ses déceptions, ses rêves avortés, ses révoltes contre une vie difficile, ses rancunes, ses immenses désirs, ses passions inassouvies[1] ».

On a tant parlé de *Lélia* que certains hommes fats tenteront le pari de réchauffer ce marbre, Mérimée par exemple. Il saura si bien « lui faire l'article » que, le soir même, elle l'accueillera

---

1. Jean Larnac.

dans son lit. Surpris de cette facilité, l'auteur de *Colomba* vivra très exactement le fiasco qu'a si bien dépeint Stendhal. On racontera dans Paris que Mme Sand a dit : « J'ai eu Mérimée. Ce n'est pas grand'chose. » Ce qui contrariera beaucoup Mérimée.

Alors viendra le plus beau et le plus blond des poètes. Alfred de Musset a vingt-trois ans, il est célèbre. Au printemps de 1833, George le rencontre à un dîner de la *Revue des Deux Mondes*. Ils se parlent, ils se plaisent. Alfred vient la voir chez elle. Plusieurs fois. Elle le reçoit sans façon, comme un camarade, fumant devant lui sa longue pipe en cerisier. Bientôt, il lui écrit : « Aimez ceux qui savent aimer, je ne sais que souffrir... Adieu, George, je vous aime comme un enfant... » En lisant cela, elle fond : « Comme un enfant ! Il m'aime comme un enfant ! Qu'est-ce qu'il a dit là, mon Dieu ? Et sait-il le mal qu'il me fait ? » Elle demeure quai Malaquais. Stupéfaits, les amis de Sand — pourtant, rien ne devrait plus les étonner — découvrent qu'Alfred de Musset habite maintenant chez George. Ils partiront ensemble pour l'Italie, vivront à Venise l'immortelle aventure. En route, elle a été malade. Alfred, réduit à sortir seul, s'est remis à boire. A Venise, ils s'éloignent l'un de l'autre. Un soir, à l'hôtel Danieli, il lui dit : « George, je m'étais trompé, je te demande pardon, mais je ne t'aime pas. » Le désespéré, c'est lui. Les nuits il les passe dans des bouges. Il revient à l'aube, ivre et méchant. A son tour, il tombe malade. Sand le soigne, fait appeler un médecin. C'est le docteur Pagello qui se présente : jeune, pas laid, un peu gras. George et lui passent ensemble les nuits au chevet de Musset qui délire. Musset reprend conscience au moment où il voit George et l'Italien boire du thé dans une seule tasse. Il comprend. Toutes ces semaines ressemblent à un drame romantique, avec ses coups de théâtre, ses rebondissements, ses supplications, ses malédictions et ses hurlements de douleur. George en sort brisée.

Une fois encore, Nohant sera l'oasis où elle reprendra pied. Pendant toutes ses amours, Sand, jamais, ne cesse de travailler. Chaque jour, aux mêmes heures, elle s'assied devant sa table, prend sa plume et écrit huit heures par jour. Le bœuf de labour qui trace son sillon. Quand elle regagne Nohant, à la fin de mars 1835, elle est résolue à se séparer — définitivement — de Casimir. Le masque du mariage supporté jusque-là, elle n'en veut

plus. Elle plaide en séparation, puisque le divorce n'existe plus.
A Bourges, elle va consulter un avocat déjà célèbre, Michel de
Bourges : le chef de l'opposition républicaine au sud de la Loire.
Ce théoricien du socialisme a trente-sept ans, il est chauve, avec
un crâne énorme. Admirables, ses yeux myopes. Lamartine le
voit comme « un homme de granit... dont les lignes, coupées à
angles droits comme celles des statues gauloises, ont quelque
chose de rustique et de primitif ; joues pâles et creuses ; tête
affaissée sur ses hautes épaules ; voix profonde, grave et caver-
neuse ». George est venue lui parler d'un procès, il l'entretient
de socialisme. Des heures durant, il parle, développant ses théories comme une séduction. En l'écoutant, elle tremble, elle est
convaincue, elle perd pied. Bien sûr, elle l'aime. La liaison
durera l'espace d'un procès. Elle gagnera sa séparation, mais
toute sa vie conservera la foi socialiste de Michel de Bourges.

Elle est libre quand, en octobre 1837, elle regagne Paris. Sa
vie s'est comme nimbée d'une paix tranquille. Elle ressent le
sentiment doux et un peu mélancolique de la disponibilité. Alors
survient Frédéric Chopin. A vingt-six ans il est illustre. Il est
beau, très beau, avec « des cheveux d'un blond cendré tirant sur
le châtain ; des yeux bruns, plutôt vifs que mélancoliques ; un
nez busqué ; un sourire très doux ; une voix un peu sourde et,
dans toute sa personne, quelque chose de si noble, de si indéfi-
nissablement aristocratique... ». Au prestige du musicien de
génie, il ajoute l'aura de l'exilé. Il regrette sa Pologne, sa
famille. Son sourire est triste et de ce sourire raffolent toutes les
femmes. Rien *a priori* ne semble le rapprocher d'Aurore. Les
allures trop libres qu'elle affecte, son habit d'homme, le cigare
qu'elle fume pour « épater le bourgeois », tout cela est fait pour
déplaire à l'être délicat, raffiné, qu'est Chopin. A leur première
rencontre, il a dit : « Quelle femme antipathique que cette Sand !
Est-ce vraiment une femme ? Je suis prêt à en douter. »

Ils se sont retrouvés. Un jour d'octobre 1837, Frédéric Chopin
peut noter dans son journal : « Je l'ai revue trois fois. Elle m'a
regardé profondément dans les yeux, pendant que je jouais.
C'était de la musique un peu triste, légendes du Danube ; mon
cœur dansait avec elle au pays. Et ses yeux dans mes yeux, yeux
sombres, yeux singuliers, que disaient-ils ? Elle s'appuyait sur
le piano et ses regards embrasants m'inondaient... Des pleurs
autour de nous. Mon cœur était pris ! Je l'ai revue deux fois
depuis... Elle m'aime... Aurora, quel nom charmant ! »

George se montre comblée. Quoique, pour une fois curieusement pudique, elle ne se soit pas entièrement livrée à nous sur ce point, il semble, avec Michel de Bourges, qu'elle ait enfin connu la révélation sexuelle tant attendue. Certains textes semblent, sur ce point, fort démonstratifs. L'été de 1838, elle nage en plein bonheur et Chopin avec elle. A cette époque, George conserve un ancien amant, fort jaloux, un auteur dramatique nommé Mallefille. Il a fallu lui signifier son congé — juste à temps, s'il faut en croire Marie d'Agoult : « Je ne sais par quelle inspiration du démon, Mallefille conçoit des soupçons et va faire le guet à la porte de Chopin où George se rendait toutes les nuits. Ici le dramaturge devient dramatique, il crie, il hurle, il est féroce ; il veut tuer. L'ami Grzymala se jette entre les illustres rivaux ; on calme Mallefille, et George décampe avec Chopin, pour filer le parfait amour à l'ombre des myrtes de Palma ! Convenez que voici une histoire bien autrement jolie que celles qu'on invente... »

Rien de plus vrai : le couple vogue vers Palma de Majorque. Sand, quand elle aime, tient décidément à vivre conjugalement. De plus Chopin tousse d'inquiétante façon. L'air des Baléares, le soleil de la Méditerranée le guériront sans doute de cette mauvaise grippe. « Une vie délicieuse », note Chopin. On s'est installés en pleine montagne, dans une vieille abbaye désaffectée : la chartreuse de Valdemosa, qui domine la mer de deux côtés. Sand travaille, Chopin travaille. Mais Frédéric tousse toujours. Il a de la fièvre. Le médecin du lieu, pour la première fois, prononce le mot redoutable : phtisie. Chopin ne trouve plus la vie aussi délicieuse. Sand devient morose. Elle confiera : « Doux, enjoué, charmant dans le monde, Chopin malade était désespérant dans l'intimité exclusive. Son esprit était écorché vif. Le pli d'une feuille de rose, l'ombre d'une mouche le faisaient saigner. »

Il croit trouver dans un déplacement le remède à ses maux. A la fin de mai 1839, on gagne Nohant. A cette époque, Chopin est toujours amoureux : « Pour toi, Aurora, je ramperais sur le sol. Rien ne me serait de trop, je te donnerais tout ! » Les mois passent et les années. Il n'y a plus entre Sand et Chopin — que la maladie épuise — qu'une totale abstention physique. « Je vis comme une vierge », écrit-elle. A force de soins, Sand a, sinon guéri son amant, du moins fait reculer la maladie. Frédéric aime toujours. Elle ressent à son égard un curieux sentiment, fait de dévouement et d'une affection quasi maternelle. Trop souvent ils se heurtent : des mesquineries. Une des querelles s'envenime. Chopin quitte Nohant pour quelques jours. Il n'y reviendra pas. Stupéfaite, George Sand : « Je suis inquiète, effrayée. Je ne reçois pas de nouvelles de Chopin depuis plusieurs jours... Il allait partir et, tout à coup, il ne vient pas, il n'écrit pas... »

La lettre qu'elle reçoit enfin est si froide qu'elle la prend comme une lettre de rupture. Elle répond avec un apparent détachement qui cache un chagrin profond : « Adieu, mon ami. Que vous guérissiez vite de tous vos maux, et je l'espère maintenant (j'ai mes raisons pour cela) et je remercierai Dieu de ce bizarre dévouement à neuf années d'amitié exclusive. Donnez-moi quelquefois de vos nouvelles. Il est inutile de jamais revenir sur le reste. »

On est en juillet 1847. Les deux amants sublimes — peut-être l'étaient-ils trop — ne se reverront qu'une seule fois, en mars 1848. Ils se rencontrent par hasard, à la porte d'une maison amie. Il lui tend la main : « Je serrai sa main tremblante et glacée. Je voulus lui parler ; il s'échappa. C'était à mon tour de dire qu'il ne m'aimait plus. Je lui épargnai cette souffrance et je remis tout aux mains de la Providence et de l'avenir. Je ne devais plus le revoir. »

Pour son œuvre, ces années-là apparaissent déterminantes. Car elle donne ses premiers romans champêtres, *Jeanne* et surtout *La Mare au diable*. En même temps, elle publie ses romans socialistes : *Le Compagnon du tour de France, Consuelo, Le Meunier d'Angibault, Le Péché de madame Antoine*, ceci entre 1844 et 1847. Ils ne font que confirmer les positions prises depuis Michel de Bourges. Pendant la même époque elle est devenue l'amie de Pierre Leroux, théoricien brumeux mais fort influent. Elle se veut aussi le disciple de Lamennais. C'est qu'elle est multiple, George.

A l'origine il s'agissait de simples tendances humanitaires. Elle en est venue à des convictions *communistes*, elle emploie le terme. Mais elle s'explique : « Le vrai communisme n'a rien à voir avec l'anarchie. Il permettra de créer une société idéale. Par la communauté des biens et des idées, tous les hommes, toutes les femmes seront égaux et libres. » « Je suis communiste comme on était chrétien en l'an 50 de notre ère. C'est pour moi l'idéal des sociétés en progrès, la religion qui vivra dans quelques siècles. Je ne peux donc me rattacher à aucune des formules de communisme actuelles, puisqu'elles sont toutes assez dictatoriales et croient pouvoir s'établir sans le concours des mœurs, des habitudes et des convictions. Aucune religion ne s'établit par la force. » Logiquement, elle est devenue l'amie de Louis Blanc. Elle correspond avec lui. Depuis 1843, elle s'est liée avec Lamartine. Elle a rencontré Ledru-Rollin. Pourtant, à la veille de la révolution de 1848, Sand ne pressent pas les événements : « Je ne crois pas que le peuple prenne parti pour la querelle de M. Thiers contre M. Guizot. C'est une intrigue entre ministres qui tombent et ministres qui veulent monter. » Quand Louis-Philippe est chassé, sa joie déborde en vagues puissantes : « Vive la République ! Quel rêve, quel enthousiasme et en même temps quelle tenue, quel ordre à Paris ! J'en arrive. J'ai couru. J'ai vu s'ouvrir les dernières barricades sous mes pieds. J'ai vu le peuple grand, sublime, naïf, généreux, le peuple français réuni au cœur de la France, au cœur du monde. Le plus admirable peuple de l'univers. J'ai passé bien des nuits sans dormir, bien des jours sans m'asseoir, on est fou, on est ivre, on est heureux de s'être endormi dans la fange et de se réveiller dans les cieux..: La République est conquise, elle est assurée, nous périrons tous plutôt que de la lâcher... » Son cœur bat délicieusement quand elle voit planter les arbres de la Liberté. Elle écrit deux *lettres au peuple*. Elle est sans cesse entre Nohant ct Paris. Ledru-Rollin la charge de rédiger le *Bulletin de la République*. Elle fonde la *Cause du peuple*. Elle s'afflige que la province suive mal Paris en son élan. Elle propose d'envoyer partout des ouvriers républicains mués en missionnaires. Son ardeur, sa foi, sa sincérité font plaisir à voir. Moralement, elle est sur les barricades. Elle brandit ses idées comme un drapeau. Pour elle, il n'existe plus que le peuple. Pris dans son ensemble, elle le voit sacré et infaillible. Elle va jusqu'à écrire dans un *Bulletin* publié le 15 avril 1848 : « Si les élections ne font pas triompher la vérité sociale, si elles sont l'expression des intérêts d'une caste, arrachée à la confiante loyauté du peuple, les élections, qui devaient être le salut de la République, seront sa perte, il n'en faut pas douter. Il n'y aurait alors qu'une voie de salut pour le peuple, qui a fait des barricades : ce serait de manifester une seconde fois sa volonté et d'ajourner les décisions d'une fausse représentation nationale... »

Dans ce véritable appel à l'insurrection, elle retrouve le ton de 93. L'ennui, c'est qu'elle écrit au nom du gouvernement provisoire. Voilà les ministres atterrés. Ils veulent faire arrêter le bulletin à la poste ; trop tard, il est parti. En fait, ce n'est nullement par un mouvement irréfléchi que ce texte a été écrit et publié ce jour-là. Déçue par les « modérés », George s'est jetée dans une véritable conspiration. Il s'agissait, raconte Marie d'Agoult, de « provoquer sous un prétexte quelconque une réaction générale des prolétaires, tenir des armes prêtes, ce qui était d'autant plus facile qu'on avait pour soi le préfet de police, entrer à l'Hôtel de Ville, en chasser ceux du gouvernement provisoire, qui déplaisaient ; quoi de plus élémentaire et d'une exécution plus prompte ? »

Le 16 avril, Sand marche au milieu de la foule d'ouvriers que l'on a conviés à manifester. Cette foule, elle la voit toujours « bonne, polie et très fraternelle ». On s'avance vers l'Hôtel de Ville occupé comme une forteresse. Presque à toutes les fenêtres des fusils, des hommes de troupe conduits là par le général Changarnier. Voici Lamartine sur le perron, il parle aux ouvriers : « De l'eau bénite de cour », dit Sand, mais le pouvoir est grand de cette eau bénite, car les ouvriers se dispersent. Sans doute aussi les fusils ont-ils produit leur effet. Et voilà Sand déçue, amère.

Le soir, des bourgeois crieront sur les Champs-Elysées : « Vive l'armée ! A bas le communisme ! » A la même heure, George écrit à son fils Maurice : « L'affaire est avortée ou la partie est remise. Il n'y aura rien aujourd'hui... Malgré les bourgeois, il y aurait mille moyens de sauver le peuple... C'est bien curieux, c'est souvent triste, souvent bête et c'est pourtant avec tout cela que le progrès marche et que l'histoire se fait. »

Après les élections du 23 avril — triomphe des modérés — Sand va plus encore déchanter. A Tocqueville, elle prédit que le peuple ne se laissera pas faire. Le 15 mai, elle croit une fois encore voir éclater la tempête tant attendue. Le peuple manifeste, marche derrière Blanqui à l'assaut de l'Assemblée. La Garde nationale barre le chemin. On ne passe pas. Nouvel échec auquel assiste Sand, rue de Bourgogne, au milieu de la foule. Ce soir-là, elle cesse de croire à la victoire des républicains. Pourquoi continuer à se battre pour un régime que l'on détourne de son but ? Elle renonce, et part pour Nohant.

La bonne dame de Nohant. Ainsi est-elle demeurée en nos imaginations. Aujourd'hui, de pleins cars de touristes s'arrêtent sur la petite place du village. Un guide les conduit à travers la maison devenue musée. Rien n'a changé. Voici la longue façade de pierres et les grands arbres, la cour de la ferme où Aurore Dupin avait joué avec les enfants du métayer, soigné les agneaux, cherché les œufs des poules. Voici « ce grand jardin et le bon air de Nohant ». Voici le salon avec les fauteuils Louis XVI rangés sagement autour de la table ovale, le piano, la harpe de Mme Dupin de Francueil, les tableaux de famille, avec Maurice de Saxe au-dessus de la cheminée. Voici la salle à manger, sa table de dix personnes, les places indiquées pour les familiers. Et la chambre de George, son lit bateau, sa coiffeuse, son secrétaire, son papier blanc et bleu. La grande cuisine de campagne où se sont préparées tant de nourritures terrestres. Et le petit théâtre, installé en 1847 par le fils de George, le théâtre de marionnettes de Maurice Sand, avec ses petits personnages sculptés avec amour. Aujourd'hui encore, on entre et l'on croit voir Sand régner sur ce monde remodelé à son image.

Elle a vu juste : les illusions de 48 sont mortes en juin dans le sang et sous le canon de Cavaignac. Le coup d'Etat de Louis-Napoléon est venu mettre fin à l'hypocrisie d'une fausse république mais il a tué la liberté. Sand avait de l'estime pour ce Bonaparte, socialiste en sa jeunesse. Elle est allée l'implorer pour ses amis promis à l'exil ; il lui a pris les deux mains avec chaleur et ordonné la libération de ceux qu'elle désignait. Alors, elle a regagné Nohant.

Les années s'écouleront dans la grande maison, au rythme toujours pareil de journées prévisibles. George se lève tard : elle déjeune avec ses amis. Presque toujours elle en trouve auprès d'elle. Tantôt c'est Flaubert, tantôt Liszt, Dumas fils, Théophile Gautier. Bientôt, après le déjeuner, on va dans le jardin. On cause. Et puis, vers 3 heures, elle se retire dans sa chambre. Elle écrit. Toujours le bœuf de labour. Elle paraîtra pour dîner. Le repas est pris un peu vite pour laisser le temps aux domestiques de dîner à leur tour. Sand retourne à sa table de travail. Chaque jour, elle noircit une vingtaine de feuillets. Maurice Toesca qui a eu la chance de vivre à Nohant et de consulter les manuscrits de Sand a dit son effarement devant ces milliers de pages admirablement calligraphiées et toutes recopiées, pour l'éditeur, de la main de George.

Elle aime une dernière fois. Il s'agit du jeune Manceau, un ami de son fils Maurice. Phtisique, il meurt dans ses bras. Adieu, les folies d'antan. Sa fille Solange l'a bien déçue ; par tous ses actes, elle montre ouvertement qu'elle n'aime pas sa mère. Sand vivra donc pour son œuvre et pour son fils qu'elle idolâtre. Il n'est pas erroné, sans doute, de voir en Maurice le plus grand amour de George Sand. Au printemps de 1876, elle a soixante-douze ans. Elle souffre du ventre mais a bon pied bon œil : « Les jambes sont bonnes, la vue est meilleure qu'elle n'a été depuis vingt ans, le sommeil est calme, les mains sont aussi sûres et aussi adroites que dans la jeunesse. Quand je ne souffre pas de ces cruelles douleurs, je me sens plus forte et plus libre dans mon être... J'étais légèrement asthmatique, je ne le suis plus. Je monte les escaliers aussi lestement que mon chien. »

Les douleurs de ventre deviennent plus aiguës. Le médecin diagnostique une occlusion intestinale. On tarde à appeler le chirurgien. Quand il vient, il n'est plus temps d'opérer. Dans la nuit du 7 au 8 juin, elle souffre horriblement. On l'entend dire : « la mort », puis ce sont des mots murmurés. On perçoit : « laissez... verdure... » Elle prononce le nom de ses enfants et meurt à 6 heures du matin. Gustave Flaubert dira : « Il fallait la connaître comme je l'ai connue pour savoir tout ce qu'il y avait de féminin dans le cœur de ce grand homme, l'immensité de tendresse qui se trouvait dans ce génie... »

Peut-être le meilleur jugement prononcé sur elle l'a-t-il été par elle-même : « Toute ma vie, j'ai été le jouet des passions d'autrui et, par conséquent, leur victime. » Fait presque unique, elle a parlé aussi au nom des femmes silencieuses. Cela ne devrait jamais être oublié.

CHAPITRE IX

LE TEMPS DES CRINOLINES

Enfuis, Louis-Philippe et Marie-Amélie. En fiacre. La France de 1848, étonnée, se retrouve en république. De février à juin va régner un climat inattendu qui évoque assez bien cette fête de la Fédération du 14 Juillet 1790, pendant laquelle les Français firent trêve à leurs querelles. Les légitimistes, les orléanistes, les bonapartistes de la veille se retrouvent républicains. Souvent, ils sont sincères. Il suffit de lire les mémoires de l'époque, les correspondances, de consulter les discours, proclamations, pétitions, affiches, que l'on doit aux représentants de la droite autant que de la gauche, pour constater un état d'esprit qui n'est pas loin de l'émerveillement. Les bourgeois, certes, ont tremblé quelques jours en février. En constatant qu'on ne guillotine personne, qu'aucun citoyen n'est en prison, que chacun est libre de s'exprimer, ils ont repris confiance et pavoisent, à l'unisson, en faveur de cette république introuvable.

Naïveté ou générosité ? Sans doute les deux sentiments s'associent-ils pour créer ce climat inédit. Du coup, on ressort tous les problèmes que le régime précédent avait escamotés de son mieux. La question sociale, si bien étouffée, est posée avec éclat. Et aussi la question des femmes.

Dès le mois de mars 1848, des femmes se groupent dans le *Club des femmes*. Il y en aura d'autres, tels que le *Comité des droits de la femme* ou le *Club d'émancipation des femmes*. Contrairement aux clubs féminins de 1789 qui militaient presque uniquement pour le triomphe de la Révolution, ceux de 1848 se soucient exclusivement de questions féminines. A la tête du *Club des femmes*, nous découvrons Eugénie Niboyet qui a trouvé son chemin de Damas en publiant des ouvrages de morale pratique. Attirée par les saint-simoniens, elle a la passion de la pédagogie. Elle a lutté pour l'amélioration des prisons. Dans le climat neuf de 1848, elle respire à son aise. Avec Jeanne Deroin elle va fonder un quotidien : *La Voix des femmes*. Attachante, elle aussi, cette Jeanne Deroin, « petite, maigre, généralement coiffée d'une capote d'aigrettes noires garnie de ruban rose [1] ». Elle frappe par son intelligence, son érudition. Dans son regard brille la conviction d'un apôtre. Elle est mariée mais milite sous son nom de jeune fille pour ne pas compromettre son époux.

Le programme de *La Voix des femmes* reflète cette aspiration au bonheur qui secoue une société. Dès les premières pages, son programme ressemble à un hymne : « Pourquoi donc à son tour la femme ne mêlerait-elle pas sa voix à ce *Te Deum* général, elle qui donne des citoyens à l'Etat, des chefs à la famille ? » On tient à préciser que l'on fera du travail utile : « *La Voix des femmes* est la première tribune sérieuse qui leur soit ouverte. Leurs intérêts moraux, intellectuels et matériels y seront franchement soutenus et, dans ce but, nous faisons appel aux sympathies de toutes... *La Voix des femmes* étant une œuvre socialiste et non une spéculation, on est prié d'affranchir les lettres et paquets... » Pour les rédactrices du nouveau journal, la nouvelle République doit avant tout établir un bilan.

Il ne s'agit d'ailleurs pas seulement d'écrire ou de parler. Le 23 mars, quatre déléguées du *Comité des droits de la femme* se rendent à l'Hôtel de Ville. Un membre du gouvernement provisoire, Marrast, les reçoit. Elles lui remettent une adresse par laquelle elles réclament le libre exercice de leurs droits. Marrast promet. Dans de tels cas, on promet toujours.

A la même époque, un groupe de femmes se réunit qui va faire parler de lui plus que tous les autres. Il s'agit des *Vésuviennes*. Faut-il penser que ce nom leur vient d'un certain Borme fils qui, dès le 1er mars, remerciait par affiche les femmes de Paris du concours qu'elles avaient donné à la Révolution, et leur proposait de s'« *enrégimenter* sous le titre de *Vésuviennes* » ? Le certain, c'est que l'on découvre, quelque temps plus tard, à Belleville, une manière de phalanstère où résident des femmes qui ont pris le nom de Vésuviennes. Certes elles admettent que

---

1. Henri d'Alméras.

ce nom leur a été donné par dérision mais « nous mettrons, déclarent-elles, notre amour-propre à le réhabiliter », car « il peint merveilleusement notre pensée. Seulement la lave si longtemps contenue qui doit enfin se répandre autour de nous n'est nullement incendiaire, elle est toute régénératrice ». On verra donc un groupe de jeunes citoyennes derrière une bannière tricolore où flamboie le mot « Vésuviennes » se réunir place Vendôme, marcher sur l'Hôtel de Ville et présenter au gouvernement ses revendications. *La Voix des femmes* rendant compte de la manifestation critiquera le titre de Vésuviennes mais louera la « discrétion de leur tenue ».

Les Vésuviennes vont rédiger le projet de constitution qu'elles entendent présenter à la nation. Aucune ambiguïté : à quinze ans, toute Française pourra bénéficier de droits égaux à ceux des Français mâles. Elle sera admise à tous les emplois : « La République ne reconnaît ni maître ni esclave, elle ne voit que des enfants également libres. » De quinze à vingt ans, la femme devra sa contribution au service militaire. Après quoi, elle devra se marier. Dans la constitution vésuvienne, le mariage est obligatoire pour les femmes dès vingt et un ans et pour les hommes à partir de vingt-six ans. Les contrevenants sont condamnés au service militaire à perpétuité. On admet le divorce. Dans les couples vésuviens, les époux sont « des associés, des amis, unis d'intérêt et d'affection ». Aucun d'eux ne doit ni ne peut être un maître. On précise que les maris ont leur part dans les soins du ménage. Si l'époux refuse — soyons réalistes — il devra à lui seul accomplir un double service militaire, le sien et celui de sa femme. Les Vésuviennes songent également à modifier le costume de la femme qui, pour abolir l'inégalité des sexes, devra se rapprocher de celui de l'homme.

Les Vésuviennes s'engagent pour un an. Les candidates doivent être célibataires, âgées de quinze ans au moins et de trente ans au plus. Les inscriptions sont reçues tous les jours de midi à 4 heures, 14, rue Sainte-Apolline.

On a compris que ces Vésuviennes-là n'ont pas dû faire grand bien à la cause du féminisme. « Elles offrirent une fois de plus aux caricaturistes et aux bourgeois une belle occasion de se moquer d'elles[1]. » On imagina même pour elles un chant du départ dont le refrain était :

---

1. Edith Thomas.

En avant ! Délivrons la terre
De tyrans trop longtemps debout !
A la barbe faisons la guerre !
Coupons la barbe, coupons tout !

La vieille garde masculine, toujours en force, va désormais refuser de distinguer les outrances vésuviennes et la revendication motivée des autres clubs. Si l'on veut être dans le vent, dès qu'une femme réclame quelque droit il faut éclater de rire. Nous avons déjà vu cela. Nous le reverrons. Quand le Club des femmes annonce des séances publiques, les hommes s'y ruent, bien décidés à passer un bon moment. Les séances se tiennent au boulevard Bonne-Nouvelle, dans une salle où l'on donne des spectacles-concerts. Eugénie Niboyet préside. Autour d'elle, les principaux membres du club, Anaïs Ségalas, Eugénie Foa, Marie Noémie qui a épousé un prêtre défroqué, Gabrielle d'Altenheym, Hermance Lesguillon, Suzanne Voitelain, Jeanne Deroin, Désirée Gay, Augustine Genoux, l'actrice Henriette, Pauline Roland, Adèle Esquiros. L'entrée coûte un franc pour un homme, vingt-cinq centimes pour une dame. On précise : « Les travailleurs trouveront des cartes à vingt-cinq centimes au bureau du journal. » Il est prévu que les séances se tiendront chaque semaine les mardi, jeudi et samedi. Orageuse, la première séance, le 11 mai. *La Voix des femmes* commente un peu tristement : « Le Club des femmes, c'est la nouveauté du jour. C'est à qui voudra nous voir, c'est à qui voudra nous entendre. Nous écouter, peu s'en soucient. » C'est vrai : on ne laisse pas parler les oratrices, on se moque, on crie, on siffle. Un soir, la citoyenne Constant, outrée de la gouaille systématique, crie au public : « Vous n'êtes que des polissons ! »

« C'est le seul théâtre, constate Charles Monselet, qui fasse recette ; il y a foule toutes les fois qu'il *joue*. » Monselet trouve indécente la séance, non du fait des organisatrices, mais de celui du public : « Les orages de la séance d'hier vont sans doute faire interdire aux hommes l'entrée du sanctuaire des spectacles-concerts. Et ce sera bien fait. Jamais encore le désordre ne s'était élevé à une telle puissance comique : on riait, on chantait, on sifflait ; chaque phrase de la présidente était une traînée de poudre à laquelle la malice masculine venait mettre le feu. "Et lui aussi, le Christ, s'est-elle écriée, a été hué et bafoué sur la croix !" »

Ce public, amateur de saine gaieté française, réclame sans cesse qu'on lui parle du divorce, parce que le divorce, cela fait rire plus que les autres sujets : « Le divorce ! le public ne sortait pas de là ; il voulait absolument entendre traiter la question du divorce. En vain ces dames ont-elles essayé de lui faire comprendre que la question avait été épuisée dans les séances précédentes. Le public a fait la sourde oreille. A la fin, épouvantées de ce vacarme dont les *crescendo* laissaient bien loin derrière lui le final du *Barbier*, les dames du bureau se sont décidées à plier bagages et à se dérober dans les coulisses de leur gouvernement... » A la séance du 6 juin, la salle est encore envahie par des loustics. Sur l'air des « Lampions », on réclame « mes dix sous », et même on casse les vitres. Outrée, Eugénie Niboyet crie à la tribune que, « désormais, aucun homme ne sera admis qu'accompagné d'une femme de moralité reconnue ». Le tapage redouble. Un interpellateur bondit à la tribune, demande à Eugénie ce qu'elle entend par « moralité reconnue ». Finalement la police arrive et disperse la foule.

Maxime Du Camp affirme qu'un soir quelques gardes nationaux, guidés par un ancien éditeur de musique « qui aimait le petit mot pour rire », ont fait irruption dans le club dans un moment où, une fois de plus, on discutait du divorce. Avec une énergie qu'il faut saluer, la présidente a tenté de faire face : elle a lancé contre ce commando la seule arme à sa disposition : une carafe d'eau. Les gardes nationaux ne se sont laissé nullement décontenancer : « Ils s'emparèrent de plusieurs des clubistes, entraînèrent ces malheureuses qui n'eurent même pas la consolation d'être violées dans un couloir à demi obscur et les fouettèrent consciencieusement. » Grâce à ces héros, la moralité était sauve. Et les hommes vengés.

Fini de rire, d'ailleurs. Une société n'est pas faite pour rêver longtemps. Au mois de juin, quand quinze mille cadavres seront alignés sur l'asphalte de Paris — ceux des travailleurs qui avaient cru pouvoir rappeler leur existence à la République — la bourgeoisie va décider qu'il faut restaurer l'ordre. Et remettre les femmes à leur place. Deux lignes seulement, dans la loi du 25 juillet 1848, mais elles disent tout : « Les femmes ne pourront être membres d'aucun club, ni y assister. »

Pour la première fois, on cherche à lutter contre le chômage féminin. Puisqu'on a créé des ateliers nationaux pour les hommes, pourquoi ne pas en faire autant pour les femmes ? Les maires de Paris, voulant agir démocratiquement, convoquent les ouvrières sans travail et leur demandent de désigner cinq déléguées par arrondissement. Il s'agit là, a-t-on dit justement, d'une « première expérience pratique d'organisation ouvrière par les ouvrières elles-mêmes ». Une féministe active, Désirée Gay, est nommée déléguée du second arrondissement. Le 10 avril, l'atelier est ouvert. Les femmes qui y sont admises devront confectionner des chemises pour les gardes mobiles. On groupe les femmes par dix, ce qui fait une brigade. Dix brigades font une division. Les ouvrières sont payées aux pièces : la chemise est payée soixante centimes. Celles qui ne cousent pas bien mettent deux jours à faire une chemise et ne gagnent ainsi que trente centimes par jour. Une ouvrière déclare : « Je suis dans un atelier national, je gagne douze sous par jour ; j'en donne quatre à la crèche pour mon enfant ; mon garni me coûte six sous ; il me reste donc deux sous pour manger. » Ce geste généreux aboutit, finalement, à consacrer l'extrême misère des ouvrières. Celles du premier arrondissement adresseront une pétition à Louis Blanc, réclamant pour toutes « un franc de façon par chemise ou par jour ».

Désirée Gay va écrire dans *La Voix des femmes* : « Les ouvrières meurent de faim. L'ouvrage qu'on leur donne dans l'atelier est un leurre ; l'organisation du travail des femmes un despotisme sous un nouveau nom et la nomination des déléguées des femmes une mystification que les hommes ont faite pour se débarrasser d'elles. » Elle demande en conséquence que des déléguées femmes siègent désormais parmi les délégués des travailleurs, « afin qu'hommes et femmes s'éclairent mutuellement et qu'ils s'entendent pour les intérêts communs ». Elle ne veut pas que « l'avenir que nous souhaitons donne naissance à deux camps séparés, les hommes dans l'un, les femmes dans l'autre ».

Le résultat ? A la suite de cet article, Désirée Gay est destituée de son poste de déléguée. L'arrêté précise que, si jamais les ouvrières entraient en insurrection, on fermerait les ateliers et l'on tiendrait Désirée Gay pour responsable. Elle serait emprisonnée.

Après les journées de juin, le gouvernement fera mieux : il fermera les ateliers nationaux.

Peu à peu, tous les espoirs des féministes sont morts. On a voté une nouvelle Constitution qui les condamne définitivement. Les femmes n'ont pas le droit de vote. Aucune de leurs revendications n'a abouti. On élit une Assemblée législative exclusivement masculine. Quels moyens les jeunes auraient-elles de protester ? Les hommes parlent. Les femmes se taisent.

S'incliner ? Il en est une, au moins, qui refuse. Elle se nomme Jeanne Deroin. Déjà nous l'avons vue paraître, cette ancienne institutrice. Elle estime qu'il faut frapper un grand coup pour réveiller l'opinion déjà assoupie. Tout à coup, les électeurs du département de la Seine voient paraître sur les murs une affiche bien étonnante : Jeanne Deroin se présente aux élections. « Une assemblée législative entièrement composée d'hommes, proclame-t-elle, est aussi incompétente pour faire les lois qui régissent une société composée d'hommes et de femmes que le serait une assemblée entièrement composée des privilégiés pour discuter les intérêts des travailleurs ou une assemblée de capitalistes pour soutenir l'honneur du pays. »

Le 16 avril 1849, sa candidature est déclarée contraire à la Constitution. A la réunion préparatoire du quatrième arrondissement, on n'autorise Mlle Deroin à parler que de généralités sur le droit des femmes. Une fois à la tribune, Jeanne Deroin s'élève contre l'abus dont elle vient d'être victime. Les sarcasmes pleuvent. Jeanne Deroin ne se laisse pas émouvoir :

— Nous sommes étonnées de voir des hommes qui se disent des hommes d'avenir, qui se déclarent démocrates socialistes et qui repoussent les conséquences logiques et l'application des principes qui sont la base du socialisme, qui reculent devant la pratique et qui n'ont pas le courage de leurs opinions, qui demandent l'abolition des privilèges et qui veulent conserver celui qu'ils partagent avec les privilégiés, celui qui est la source de tous les privilèges, de toutes les inégalités sociales, la domination de l'homme sur la femme.

C'est l'échec mais Jeanne Deroin ne regrette rien. Sa candidature a défrayé la chronique. Elle a été plus loin que George Sand dont la candidature a été posée, elle aussi, mais à son insu. Sand n'a pas apprécié la plaisanterie. Dans *La Réforme* elle a cru pouvoir publier une mise au point : « J'espère bien qu'aucun des lecteurs ne voudra perdre son vote en voulant inscrire mon nom sur ce billet. Je n'ai pas l'honneur de connaître aucune des femmes qui forment des clubs et rédigent des journaux. » Nous sommes loin des proclamations incendiaires d'*Indiana* ou de *Jacques*. L'amoureuse romantique parle désormais en mère de famille. Sand est en train de devenir « la bonne dame de Nohant ». On peut penser aussi que George Sand jugeait avec sagesse que la femme de 1848 était loin d'être mûre pour la politique. Avant de songer à réclamer des droits politiques, d'autres étapes doivent être franchies. « Quel bizarre caprice vous pousse aux luttes parlementaires, dit-elle aux féministes, vous qui ne pouvez pas seulement y apporter l'exercice de votre indépendance personnelle ?... Vous prétendez représenter quelque chose, quand vous n'êtes pas seulement la représentation de vous-mêmes ! »

En son for intérieur, Jeanne Deroin n'est pas loin de penser de même. La véritable action, elle va maintenant la concevoir dans le cadre de la condition ouvrière. Avant 1848, plusieurs sociétés d'entraide et de secours existaient déjà. Elles ont proliféré après la Révolution. Pauline Roland a fondé l'Association fraternelle des instituteurs et professeurs socialistes, Désirée Gay le Club fraternel des lingères. On découvre aussi l'Association des femmes à gages, les Sages-femmes réunies, etc.

En 1849, Jeanne Deroin a l'idée de fédérer ces différentes associations ouvrières. Chacune devra désigner un délégué qui siégera dans une commission centrale. Etrangement neuves, les idées de Jeanne Deroin : sa commission doit chercher à « établir un équilibre entre la production et la consommation ». Chaque trimestre, une assemblée générale décidera des mutations dans le cadre de chaque profession « afin d'éviter le chômage et de mettre la production en équilibre avec la consommation ».

Cent quatre associations vont adhérer aux propositions de Jeanne Deroin. Va-t-on vers de meilleurs lendemains ? Pauline Roland le pense qui figure parmi les animatrices de cette fédération. Elle a commencé son apostolat à vingt-six ans, sous le règne de Louis-Philippe. Cette « grande jeune fille au teint blême, aux yeux sombres », a été séduite par les saint-simoniens. Au fond d'elle-même, elle ressent un immense désir de servir l'humanité. Quand on dit qu'elle est une femme généreuse, elle s'en défend : « Toutes les fois que je me suis sacrifiée aux autres, j'ai éprouvé assez de bonheur pour n'avoir pas de reconnaissance... » Il n'est pas étonnant de la retrouver, en 1849, avec Jeanne Deroin.

Or, le 29 mai 1850, le commissaire de police Bellanger et ses agents font irruption dans le local de la rue Michel-le-Comte où la fédération tient une assemblée. Tous ceux qui sont là sont arrêtés, pêle-mêle, hommes et femmes. On perquisitionne à leur domicile. Avec un grand sérieux, la police énumérera les *preuves* découvertes : brochures séditieuses, chansons socialistes, moules à balles, voire « un portrait de Robespierre » (il s'agit de celui d'Eugène Sue). Aussitôt, la justice en tire les conséquences : ce prétendu essai d'union ouvrière est un complot contre la société. En voulant accabler Jeanne Deroin, on lui rend un involontaire hommage : « N'admettant pas le droit de posséder, ennemie de ce qu'elle appelle l'individualité, elle considère le socialisme comme une religion et a mis au service de ses principes politiques et sociaux une intelligence fatalement organisatrice. C'est en elle qu'a germé l'idée de l'union. Elle en assume toute la responsabilité ; elle ne méconnaît pas que cette association devait pacifiquement et par l'organisation du travail faciliter l'accomplissement d'une œuvre de laquelle, s'il faut l'en croire, dépend le bonheur à venir du genre humain. » Parmi les inculpés, nous retrouvons aussi Pauline Roland. L'acte d'accusation la stigmatise : « Depuis de longues années elle professe des opinions communistes-socialistes. Mère sans être mariée, elle est ennemie du mariage qui, soumettant l'obéissance de la femme à l'autorité du mari, consacre une inégalité... » On sent que, pour le rédacteur, ces femmes sont littéralement au ban de l'humanité.

Elles comparaîtront, le 14 novembre 1850, devant le tribunal. *La Gazette des tribunaux* constate que Jeanne Deroin répond aux questions du président avec beaucoup de calme et d'« érudition sociale ». Elle expose sa conception du crédit gratuit et de la mutualité du travail. Elle s'explique également sur cette anomalie : elle ne porte pas le nom de son mari, Desroches, employé de ministère.

— Si je ne porte pas ce nom c'est d'abord que je ne veux pas rendre mon mari solidaire de mes actes. Ensuite, je le déclare, c'est que je proteste contre le mariage. C'est un état de servage pour la femme. Quant à moi, je veux l'égalité absolue entre les deux sexes. On a prétendu que je rêvais la promiscuité ! Jamais rien n'a été plus loin de ma pensée. Je rêve au contraire, je désire la réalisation d'un état social dans lequel le mariage sera apuré, moralisé, égalisé sur l'inspiration des préceptes posés

par Dieu lui-même. Ce que je veux, c'est transformer l'institution du mariage si pleine d'imperfections...

Le président ne laisse pas le temps à la « prévenue Desroches » de développer ses théories sur le mariage. Il l'interrompt :

— Vous attaquez l'une des institutions les plus respectables ;
vous attaquez un titre du Code civil !

Pauline Roland, dès qu'elle aura la parole, protestera, elle
aussi, contre le mariage tel qu'il est imposé aux femmes, contre
l'infériorité qu'il proclame et qu'il consacre.

Pauline Roland restera trois mois à Saint-Lazare. On la dépor-
tera en Algérie. Ses lettres, s'échelonnant de la prison jusqu'à
Sétif, la définissent admirablement. A Anne Greppo et à Barbès,
elle écrit : « Plus que jamais je pense que ce sont des petits
groupes convertis çà et là qui convertissent le monde. » Et
encore : « Jamais ma foi en l'avenir n'a été plus grande. » Et
toujours : « Comme vous le dites, ma foi s'augmente de jour en
jour ; j'acquiers la patience qui, jusqu'ici, m'a fait défaut. Dieu
soit loué car le progrès est au prix de cette douleur que nous
subissons dans toute son étendue. »

Quand on lui accordera de regagner la France elle n'ira que
jusqu'à Lyon. Là, épuisée, elle meurt.

Victor Hugo écrira de Jersey :

> *Ces femmes qu'on envoie aux lointaines bastilles,*
> *Peuple, ce sont tes sœurs, tes mères et tes filles !*
> *O peuple, leur forfait, c'est de t'avoir aimé !*
> *Paris sanglant, courbé, sinistre, inanimé,*
> *Voit ces horreurs et garde un silence farouche.*

Le silence, oui. S'il a pu être de mode, dans les salons aristocratiques, de s'associer, de loin, à la revendication féminine, on
n'en est plus là. Retour aux convenances. Quant aux boutiquières, elles s'effarent. Si l'on songe que George Sand a craint,
un instant, le ridicule, imagine-t-on quel peut être le réflexe
d'une bourgeoise de la rue Saint-Denis ou d'une douairière du
faubourg Saint-Germain ? Plus que les hommes peut-être, après
avoir elles aussi fait des gorges chaudes, les dames « bien » s'indignent. Ces femmes qui ont des bâtards et qui osent parler au
nom du peuple ! Pendant de longues années encore ce sera le
lot des féministes : elles ne récolteront que l'incompréhension
des ouvriers pour qui elles veulent combattre et des femmes

qu'elles veulent défendre. Elles ne se décourageront pas. Elles auront raison.

La société française a repris son cours majestueux, un instant secoué par des trublions. Après son coup d'Etat, Louis-Napoléon s'est fait empereur. Une énorme majorité de votants a proclamé sa satisfaction. De votants hommes, bien sûr.

Si les femmes avaient eu le droit de vote, le résultat n'eût pas été différent. Tous les témoins le reconnaissent : la popularité de Napoléon III auprès des femmes fut immense. Aux yeux de la majorité des Françaises, il représente ce à quoi elles aspirent le plus : la stabilité. Quand habilement — mais en se reniant — l'empereur apportera son appui militaire au Saint-Père pour chasser de Rome les révolutionnaires italiens, les femmes applaudiront, toutes celles au moins qui se veulent ferventes catholiques : une masse imposante. Dans les chaumières françaises, on découvre désormais, en bonne place, le portrait de celui qu'on appelle, en s'attendrissant, notre « bon empereur ».

Lui-même, cet empereur, que pense-t-il des femmes ? Si le sentiment féministe se marque à la prédilection qu'un homme peut afficher à l'égard des femmes, assurément Napoléon III est féministe. Il est de ces hommes qui goûtent la compagnie des femmes, sollicitent leur avis et — même — en tiennent compte. Grandi en exil, il a subi l'influence de l'éducation donnée à Arenenberg, en Suisse, par la douce et intelligente reine Hortense, sa mère. Elle l'a élevé dans le culte de l'Oncle, créant dans son esprit la réalité d'une légitimité napoléonienne. A la mort de son cousin germain, le duc de Reichstadt, s'il s'est, sans la moindre hésitation, présenté comme l'héritier du nom et des droits de Napoléon, c'est à sa mère qu'il le doit. Plus tard, sa longue amitié avec Mme Cornu, farouche tenante des idées libérales, ne saurait être mésestimée. Non plus que ses relations avec George Sand.

Rarement homme a su se faire aimer de tant de femmes. Bien sûr, il s'appelle Napoléon, ce qui permet de gagner du temps. Mais sa personnalité, beaucoup plus attachante que ne l'ont montré les historiens qui écrivaient sous la IIIᵉ République, a joué un rôle non négligeable. Ce qui séduit les femmes, c'est son regard. Pour la princesse Caroline Murat ce regard « se perdait dans l'inconnu voilé d'ombre ». Pour Stéphanie de Tascher : « les yeux bleus, un peu effacés de couleur, me semblaient d'un charme inexprimable. Ordinairement voilés comme s'ils regardaient en dedans... ils devaient être éloquents à parler d'amour ». Cela va loin.

Il a seize ans quand il noue sa première aventure. Il s'agit d'une petite bourgeoise d'Augsburg, Mlle Kümmich. Dès lors, il égrène un chapelet de liaisons sans conséquences. A son ancien précepteur il écrit à dix-neuf ans : « Quant à l'amour, je ne le regarde que comme un goût et, si vous trouvez que c'est encore trop, je dirai un passe-temps. » En 1831, il se bat en Romagne pour la liberté, voit mourir auprès de lui son frère aîné. Au retour, le voilà atteint du mal du siècle. Il écrit à son père le roi Louis : « J'ai tellement besoin d'affection que si je trouvais une femme qui me plût et qui convienne à ma famille, je ne balancerais pas à me marier. Ainsi, mon cher père, voulez-vous me conseiller. » Louis répond sentencieusement que « l'essentiel, pour éviter les malheurs trop connus dans cet état, est de ne pas être amoureux ». Il parle par expérience. Louis-Napoléon croit aimer follement sa cousine Marie de Bade. La grande-duchesse Stéphanie repousse sa demande. Un Bonaparte n'est pas un bon parti. Alors il passe à une Mme Saunier, plus très jeune, mère de famille et, qui plus est, ruinée. La reine Hortense s'y oppose. Même échec auprès de la fille du duc de Padoue. Entre alors dans sa vie — nous sommes en 1836 — sa cousine Mathilde, fille du roi Jérôme.

Elle a quinze ans. Elle est venue séjourner, en avril, à Arenenberg. Devant son sourire éclatant, sa taille souple, fine, élancée, ses épaules romantiques, ses yeux noirs pleins de rêve et de rire, ses cheveux blond cendré ramassés sur le dessus de la tête, Louis s'émerveille. Elle-même se sait jolie. Elle écrira sans fausse modestie : « La fraîcheur de mon teint était extraordinaire ; en m'appliquant étroitement une feuille de rose sur la joue, il fallait, pour la découvrir, chercher attentivement. » A la fin du séjour, c'est fait, Louis est amoureux. Il demande Mathilde en mariage. Hortense n'est pas contre, Jérôme non plus. Le 25 mai 1836, ce sont des cousins éplorés qui se séparent. On doit se retrouver dans quelques semaines. On ne se reverra que douze ans plus tard.

A Strasbourg, Louis-Napoléon a voulu rééditer l'aventure du retour de l'île d'Elbe. Il tente de soulever la garnison, échoue, est arrêté, expédié en Amérique par un Louis-Philippe indulgent. Voilà la famille impériale scandalisée. Cet imbécile veut-il nous brouiller de nouveau avec l'Europe ? Solennel, Jérôme va refuser Mathilde à Louis : « Je préférerais donner ma fille à un paysan qu'à un homme assez ambitieux et assez égoïste pour aller jouer la destinée d'une pauvre enfant qu'on allait lui confier. » Mathilde elle-même fait chorus. A sa tante Julie, elle écrit : « Avec une réelle amitié pour Louis, je ne l'ai pourtant jamais aimé d'amour. »

D'Amérique, Louis a gagné Londres. Il songe à épouser la fille d'un banquier, Emily Rowles. Echec. A Boulogne, en 1840, il tente un autre coup d'Etat. Condamné cette fois à la prison perpétuelle, il se retrouve au fort de Ham. Celle qui va adoucir sa détention s'appelle Eléonore Vergeot. Elle a vingt ans, elle est jolie fille, « saine et vigoureuse, grande et sans maigreur, fraîche, cheveux châtains et yeux bleus ». Elle repassait son linge, elle s'est retrouvée dans son lit. La captivité de Ham sera pour Louis-Napoléon à l'origine de deux fils naturels : Alexandre-Louis-Eugène, futur comte de Labenne, né en 1843, et Alexandre-Louis-Ernest, futur comte d'Orx, né en 1845.

La perpétuité, pour Louis-Napoléon, n'a duré que six ans. Las de sa captivité il s'évade, regagne Londres où la *gentry* l'accueille comme un héros. On vend son portrait avec cette légende : *Prince Louis-Napoléon, a victim of Louis-Philippe.* Derechef, sur son passage, les femmes rêvent. Le comte d'Orsay lui présente une magnifique jeune femme aux yeux sombres : Miss Howard. Elle a vingt-trois ans. Il en a trente-sept. Elle est entretenue richement par un major britannique. Sans un regret, elle quitte la fortune de son major pour la pauvreté de Louis-Napoléon. Il faut dire que, grâce à son précédent amant, elle possède des millions chez un *trustee*. Ce qui facilite le désintéressement. En 1848, quand Louis-Napoléon regagne la France, elle contribue de ses deniers à la campagne présidentielle. Quand il entre à l'Elysée, elle s'installe, tout à côté, rue du Cirque. Le soir, chez elle, le prince reçoit ses amis.

Peu à peu, on a appris l'existence de miss Howard. On la voit à l'Opéra, elle accompagne Louis-Napoléon lors d'un voyage officiel à Tours. Le prince loge à la préfecture. On a réquisitionné la maison de M. André, receveur général des finances, pour le comte Baciochi « et deux dames ». L'une des dames est miss Howard.

Il n'est pas chez lui, M. André. Il est aux eaux. Quand il revient, on le met au courant. Il réagit comme si l'on était toujours sous Louis-Philippe. Courroucé, il écrit une lettre furieuse au ministre de l'Intérieur, Odilon Barrot : « Serions-nous donc revenus à cette époque où les maîtresses de roi promenaient leurs scandales à travers les villes de France ? » Odilon Barrot est lui-même le type d'un bourgeois philippard : « toujours en noir, bien brossé et bien boutonné », l'a dépeint Victor Hugo. Quand il reçoit la lettre de M. André, il ressent un malin plaisir. Il n'est « pas fâché — il l'avouera — que le président sente que, dans la position à laquelle il a été élevé, il ne lui est plus permis de vivre de cette vie libre dont il a vécu ». S'étant arrangé pour que la lettre tombe sous les yeux du chef de l'Etat, il attend sa réaction. Elle vient. Et Odilon Barrot n'en croit pas ses yeux. « Le propriétaire, écrit le prince, dont le premier soin est de scruter la vie passée de celui qu'il reçoit pour la décrier, fait-il un noble usage de l'hospitalité ?... Combien de femmes, cent fois moins pures, cent fois moins dévouées, cent fois moins excusables que celle qui a logé chez M. André, eussent été accueillies par tous les honneurs possibles par ce M. André, parce qu'elles auraient eu le nom de leur mari pour cacher leurs liaisons coupables ? Je déteste ce rigorisme pédant qui déguise toujours une âme sèche, indulgente pour soi, inexorable pour les autres. La vraie religion n'est pas intolérante ; elle ne va pas chercher à soulever des tempêtes dans un verre d'eau, à faire du scandale pour rien et à changer en crime un simple accident ou une méprise excusable... » Sévère, la leçon. Elle n'est pas terminée : « Jusqu'à présent, ma position m'a empêché de me marier ; comme au milieu des soucis du gouvernement je n'ai, hélas, dans mon pays, dont j'ai été si longtemps absent, ni amis intimes, ni liaisons d'enfance, ni parents qui me donnent la douceur de la famille, on peut bien me pardonner, je crois, une affection qui ne fait de mal à personne et que je ne cherche pas à afficher. Pour en revenir à M. André, s'il croit, comme il le déclare, sa maison souillée par la présence d'une femme qui n'est pas mariée, je vous prie de lui faire savoir que, de mon côté, je regrette vivement qu'une personne d'un dévouement si pur et d'un caractère élevé soit tombée, par hasard, dans une maison où, sous le masque de la religion, ne règne que l'ostentation d'une vertu guindée, sans charité chrétienne. Faites de ma lettre l'usage que vous voudrez. »

Il faut méditer un tel texte. Quoique concernant une Anglaise, il montre à l'évidence que, pour les Françaises, les temps ont changé. Rien de plus sûr : l'ordre moral ne sera pas le même sous Napoléon III que sous Louis-Philippe.

Avant le coup d'Etat du 2 décembre, miss Howard remet à son amant deux cent mille francs. Il faut dire qu'elle sera remboursée au centuple. D'avoir aidé Louis-Napoléon à franchir le pas décisif la rassure quant à son propre sort. Après la proclamation de l'Empire, seulement, elle sentira le péril.

Tout l'entourage impérial souhaite que le nouveau souverain se marie. On entame des négociations avec la princesse Caroline Wasa. Echec. On pressent la reine Victoria d'Angleterre d'accorder la main de sa nièce Adélaïde de Hohenlohe. L'accueil est favorable. Quand le comte Walewski, tout heureux, accourt à Paris annoncer la mirifique nouvelle, l'ambassadeur de Grande-Bretagne, lord Cowley, lui répond :

— Vos efforts ne sont plus de saison ; l'empereur est follement épris de Mlle de Montijo. Or, comme elle ne veut pas se donner à lui hors mariage, il l'épousera, assurent ses intimes.

Qu'elle soit très belle, Eugénie de Montijo, personne n'en disconvient. Comment nier l'ovale pur du visage, la magnificence de cheveux un peu roux, l'azur des yeux, le modelé exquis du nez, le cou long et gracieux, la taille élégante et souple ? Née à Grenade le 5 mai 1826, elle appartient à l'une des plus nobles familles d'Espagne : trois grandesses dans son ascendance. Deux particularités : son père, le comte de Montijo, a été l'un des rares Espagnols à se rallier au régime napoléonien et s'est même battu à la barrière de Clichy en 1814. La comtesse, elle, est fille d'un marchand de primeurs d'origine irlandaise. Ce qui compense la grandesse. Toute petite, amenée à Paris par sa mère, Eugénie y a rencontré deux hommes auxquels elle a voué une profonde amitié : Prosper Mérimée et Henri Beyle. De ce dernier, dont elle ignorait qu'il signait Stendhal, elle gardera toujours une miniature : « le premier homme qui ait fait battre mon cœur ». M. Mérimée menait la petite Eugénie et sa sœur Paca manger des gâteaux rue de la Paix. M. Beyle leur racontait Napoléon. Les petites filles, assises sur ses genoux, ne le laissaient pas souffler.

Voyages. Découverte de l'Europe. Partout on fête cette

famille cosmopolite, riche et bien née. Eugénie est une jeune personne originale, très libre d'allures. Maxime Du Camp la voit entrer dans une salle de billard où fument les hommes. Elle s'écrie en riant : « Pouah ! Quelle tabagie ! » Elle saute sur le billard. La main sur la hanche elle esquisse un pas de danse espagnole. Un Anglais lui prend le mollet ; elle lui donne une tape sur la tête. Et puis, toujours riant aux éclats, elle saute à terre et s'enfuit. Avec cela, une moralité stricte. Elle a été amoureuse du duc d'Albe. S'apercevant que Paca se desséchait pour le jeune homme, elle l'a laissé à sa sœur. En 1849, en septembre, Eugénie et sa mère louent un appartement à Versailles, dans la rue de l'Orangerie. On annonce que le prince-président va passer une revue au camp de Satory. Eugénie décide, avec quelques amies, d'y assister et, à cheval, de suivre le cortège de loin. Les voici sur le terrain. Elles se groupent de façon à bien voir et à bien être vues. Le calcul est bon. Louis-Napoléon les aperçoit. On assure que, ce jour-là, pour la première fois, il a été frappé par la beauté d'Eugénie. Ce qui est probablement trop beau pour être vrai. Il la revoit bientôt à un dîner chez la princesse Mathilde et cause avec elle avec « beaucoup de liberté et d'entrain ». Les amis du prince observent la scène et ne s'y trompent pas. La vivacité soudaine de Louis-Napoléon, ses yeux redevenus vivants, les égards qu'il prodigue à sa voisine, tout cela veut dire que Mlle de Montijo intéresse fort le neveu de l'empereur.

Désormais, Eugénie sera conviée régulièrement aux fêtes de l'Elysée. Celles-là mêmes qui ont inspiré le mot : « Le prince-président fait danser la République en attendant de la faire sauter. » En novembre 1852, elle est conviée à Fontainebleau. On est à quelques semaines de l'Empire et déjà les fastes qui entourent le chef de l'Etat n'ont plus rien de républicain. Après Fontainebleau, c'est Compiègne. Entre-temps, l'Empire est proclamé. Le comte de Viel-Castel note : « La Cour est toujours à Compiègne. On y chasse, on y danse, on s'y amuse. L'empereur est fort épris de Mlle de Montijo, belle et gracieuse Espagnole dont la sœur a épousé le duc d'Albe. Mlle de Montijo est de toutes les parties. Elle jouit d'une faveur marquée, mais je ne crois pas qu'elle ait subi la loi du vainqueur... » Le 24 décembre : « La Cour prolonge son séjour à Compiègne. Mlle de Montijo y est fort recherchée et adulée. »

C'est le moins qu'on puisse dire. Amoureux d'Eugénie, Napoléon l'est autant qu'il est possible. Chaque jour en apporte une preuve nouvelle. Si, dans la forêt, Eugénie admire une feuille de trèfle « étincelante de gouttes d'eau », aussitôt l'empereur expédie Baciochi à Paris avec mission d'en rapporter un trèfle d'émeraudes et de diamants. Il fait asseoir Eugénie à sa droite, lui donnant le pas sur les femmes de ministres. Cowley, ambassadeur d'Angleterre, observe : « L'empereur s'en donne à cœur joie avec la petite Montijo. » En fait, elle se refuse toujours. Maxime Du Camp affirme qu'avec la complicité de l'architecte Lefuel, Napoléon se serait introduit, une nuit, par effraction, dans la chambre de la jeune fille, en faisant percer le mur de la chambre. Eugénie serait demeurée fort calme et aurait dit seulement :

— J'avais cru venir dans la maison d'un gentilhomme.

Mortifié, l'empereur des Français aurait repris sa route mystérieuse, « emportant sa courte honte et mordu par un amour qui ne lui laissait plus son libre arbitre ».

Pas de doute, elle sait ce qu'elle veut. La Cour aussi. Avidement, on observe ce jeu étrange. Napoléon passe sous la fenêtre d'Eugénie et la voit accoudée au balcon de sa chambre. Pour plaisanter, il lui demande le chemin de son appartement.

— Par la chapelle !

Elle se promène dans la forêt avec l'empereur. Elle a l'air triste. Il s'inquiète. Elle confie qu'elle a entendu des dames parler d'elle sévèrement. On la calomnie, elle en souffre. Il rêve, effile sa moustache. Puis il arrache d'un arbuste quelques branches qu'il joint en forme de couronne. Il la pose sur la tête d'Eugénie et dit de sa voix sourde :

— En attendant l'autre.

La Cour a regagné Paris. Autour de l'empereur, on attend. Il ne prend aucune décision. Hésite-t-il ? Sûrement. Lui qui a tant lutté pour restaurer le trône de son oncle, lui qui a vaincu, va-t-il tout à coup rejeter les chances nouvelles que pourrait lui apporter un mariage politique ? Va-t-il, empereur des Français, se marier par amour, choix que se refuse, à la même époque, n'importe quel Français moyen ? Eugénie et sa mère ont réintégré leur appartement de la place Vendôme. Indignée, Mme de Montijo s'écrie devant Mérimée :

— Cet homme nous trompe comme il a trompé tout le monde !

La raison d'Etat va-t-elle triompher ? Un incident aux Tuileries, le 31 décembre, semble l'indiquer. La femme du ministre Fortoul prend d'autorité le pas sur Eugénie, la bouscule, en laissant échapper des paroles confuses sur l'insolence des aventurières. L'empereur perçoit le trouble d'Eugénie. Il la presse de questions. Elle répond :

— Je viens d'être insultée chez vous, on ne m'insultera pas deux fois.

— Demain, personne ne vous insultera plus.

Le lendemain, Eugénie ne reçoit aucun signe de l'empereur. Ni le surlendemain. Ni les jours suivants. Mérimée presse Eugénie de quitter Paris. Ferdinand de Lesseps — un cousin qui songe, déjà, à percer l'isthme de Suez — se montre du même avis. Et la duchesse d'Albe, survenue à Paris. Enfin, avec une immense lassitude, Eugénie acquiesce. Oui, elle partira, tout de suite, sans un mot !

Or elle ne part pas. Elle dira qu'elle n'a pas voulu avoir l'air de fuir. Peut-être se laisse-t-elle plutôt guider par une intuition qui lui dit que la partie n'est pas définitivement perdue. Elle paraîtra donc au bal des Tuileries, le 12 janvier. Elle ignore que Napoléon III, lui, est décidé. Lord Cowley l'a signifié à son ministre : « Cet homme extraordinaire est capable de tout braver pour peu qu'il en ait envie... » Braver, c'est bien cela. La princesse Mathilde s'est fait annoncer aux Tuileries. Elle parle au nom de la légitimité napoléonienne. Pour elle, Eugénie est une intrigante. Choisir un tel mariage, c'est risquer l'impopularité. Napoléon a répondu simplement :

— Je l'aime, Mathilde.

Le cousin germain la suit de près : celui qu'on appelle Plonplon. Le plus violent des Bonaparte se met bien entendu en colère. Il crie qu'un tel mariage serait « une folie ». Le vieux roi Jérôme paraît à son tour. Le dernier survivant des frères de l'empereur fait figure de monument historique. Lui aussi, il est contre mais, après deux jours, il capitulera :

— Fais-en à ta tête. Puisque tu l'aimes, prends-la pour femme : tu auras au moins une belle créature dans ton lit.

Enfin, c'est Persigny, le fidèle de toujours. De lui l'empereur dit : « Il n'y a qu'un seul bonapartiste dans l'Empire, c'est Persigny. Mais il est fou. » Il agrippe Napoléon par un bouton de son habit, le secoue presque, crie : « Ce n'est pas la peine d'avoir risqué le coup d'Etat avec nous tous pour épouser une lorette ! »

Il n'est point que les difficultés familiales. L'Europe ne se décide pas à reconnaître le nouvel Empire. Le ministre des Affaires étrangères Drouyn de Lhuys souligne l'effet désastreux d'un mariage avec Mlle de Montijo.

12 janvier 1853. Bal aux Tuileries. L'empereur, en uniforme de général, vient de s'asseoir sur le trône qui, naguère, fut celui du sacre de Napoléon Ier. Dans la foule, Eugénie s'avance au bras du baron James de Rothschild. Elle est vêtue d'une longue robe de brocart d'ivoire, avec des nœuds d'argent. Conformément au protocole, elle vient faire sa révérence à l'empereur, puis elle cherche un siège. En voici un, sur une banquette où a pris place déjà Mme Drouyn de Lhuys, épouse du ministre. Eugénie s'approche. La dame glapit que ces places sont gardées pour les femmes de ministres.

L'empereur n'a rien perdu de la scène. Il se lève, vient offrir son bras à Eugénie et la conduit jusqu'aux tabourets réservés aux membres de la famille impériale. Stupeur de Mme Drouyn de Lhuys. L'empereur danse le premier quadrille avec lady Cowley. Il invite Eugénie pour le second. On les regarde beaucoup. Il s'inquiète : elle paraît fatiguée. Elle reconnaît qu'elle l'est. Et, tout à coup, elle lui dit : « Je m'en vais. Vous ne me reverrez plus. » Emotion de l'empereur, silence. Enfin, il murmure*.

— Vous ne partirez pas.

Il l'entraîne vers le salon Louis XIV. Il s'explique, jure qu'il l'aime. Elle secoue la tête. Alors il s'assied à une table et écrit à la comtesse de Montijo :

« Madame la comtesse,

« Il y a longtemps que j'aime mademoiselle votre fille et que je désire en faire ma femme. Je viens donc aujourd'hui vous demander sa main, car personne n'est plus qu'elle capable de faire mon bonheur ni plus digne de porter une couronne. Je vous prierai, si vous y consentez, de ne pas ébruiter ce projet avant que nous ayons pris nos arrangements. Recevez, Madame la comtesse, l'assurance de ma sincère amitié. Napoléon. »

Après avoir accepté — imagine-t-on le contraire ? — la comtesse, femme prévoyante, s'empressera d'expédier la lettre en Espagne. En lieu sûr.

Au Conseil des ministres, l'opposition sera vive. A toutes les

objections, l'empereur, « la paupière baissée, le visage immobile »,
s'est contenté de répondre :

— Je suis décidé à épouser Mlle de Montijo et je l'épouserai.

Le 22 janvier à midi, devant le bureau du Sénat, celui du
Corps législatif et les conseillers d'Etat, Napoléon III annonce
son mariage au monde. Orgueilleusement, il se proclame un *parvenu* : « titre glorieux lorsqu'on parvient par le libre suffrage
d'un grand peuple ». Il loue les qualités d'Eugénie qui sera
« l'ornement du trône » et aussi, s'il en est besoin, « un de ses
courageux appuis ». « Catholique et pieuse, elle adressera au ciel
les mêmes prières que moi pour le bonheur de la France ; gracieuse et bonne, elle fera revivre, dans la même position, j'en ai
le ferme espoir, les vertus de l'impératrice Joséphine. » Parallèle
discutable. Les vertus de Joséphine ne sont demeurées qu'à l'état
d'hypothèse, tous les Français le savent.

Lord Cowley écrira à son ministre : « Nous vivons dans une
société d'aventuriers. Le plus grand d'entre eux a été capturé
par une aventurière. La manière dont hommes et femmes parlent
de leur future impératrice est effarante ! On m'a répété des
choses que l'empereur aurait dites d'elle et d'autres qui lui ont
été dites sur elle, qu'il me serait impossible de mettre par écrit...
Il ne peut l'avoir qu'en mariage et c'est pour satisfaire ses passions qu'il l'épouse... »

Rien de plus évident : l'aristocratie et la bourgeoisie font des
gorges chaudes de l'union avec Eugénie. Ces classes n'admettent que des mariages de convenances, d'intérêt. Elles se scandalisent, tout comme Cowley, que Napoléon ose épouser Eugénie
« pour satisfaire ses passions ». En revanche, il semble bien que
le peuple ait approuvé. Maxime Du Camp, qui assiste aux
pompes nuptiales, entend une acclamation telle que « les ramiers
branchés sur les arbres s'envolèrent à tire d'aile ». Ce que le
peuple salue, c'est un mariage pur de toutes combinaisons d'intérêts, un de ces romans d'amour qu'en 1853 on ne découvre
que dans le prolétariat.

Après le mariage à Notre-Dame, le cortège regagne les Tuileries. Deux heures plus tard, un attelage à la daumont quittera le
palais et se dirigera vers Saint-Cloud. Il emmènera Napoléon et
sa jeune femme au château de Villeneuve-l'Etang, récemment
acquis par l'empereur, entre La Celle-Saint-Cloud et Ville-
d'Avray. Le lendemain matin, sous le tiède soleil d'hiver, on
verra un phaéton traverser le bois de Saint-Cloud. A côté du

propriétaire qui conduit lui-même, se serre une jeune femme enveloppée de fourrures. Napoléon III et Eugénie partent visiter Trianon. Le premier acte d'impératrice qu'a voulu accomplir Eugénie est de chercher le souvenir de Marie-Antoinette. Geste, encore, de parvenue ? Prescience de l'avenir ? Eugénie, elle aussi, se verra précipitée du trône par le même peuple qui l'avait acclamée. Si elle échappera à la fin ignominieuse de la femme de Louis XVI, elle connaîtra l'accablant destin de survivre à tous ceux qu'elle aura aimés.

La journée de l'impératrice. Elle se lève vers 8 heures. Elle prend son déjeuner, fait sa toilette, puis s'habille avec l'aide de sa femme de chambre. Elle choisit un vêtement simple, par exemple un jupon en flanelle rouge, une jupe de soie noire, un corsage de flanelle rouge identique au jupon de dessous. Dès qu'elle est prête, sa porte s'ouvre à des fournisseurs tels que — dans les dernières années du règne — le couturier Worth qui aura sa prédilection. Couturiers et modistes sont suivis du secrétaire des commandements, M. Damas-Hinard, vieux monsieur cérémonieux qui soumet à l'impératrice les requêtes et pétitions. Après étude de chaque cas, Eugénie dicte les éléments de réponse. Après quoi, elle rédige elle-même son propre courrier. Chaque jour, elle écrit à sa mère. Il lui arrive ensuite de sortir avec une de ses dames de compagnie. Elle a ses œuvres et en a même fondé plusieurs. Très souvent elle s'en va visiter un hôpital, une crèche, un asile, voire une prison. Il lui arrive aussi de se rendre anonymement dans les quartiers populaires, chez de pauvres gens qui lui ont été désignés. Elle ne dit pas qui elle est mais laisse toujours un don substantiel. Dans de tels cas, elle emprunte un coupé extrêmement simple ou un fiacre.

Quand elle ne sort pas, elle passe la matinée dans son grand cabinet de travail, à peindre une aquarelle, à dessiner ou à lire. Ce qu'elle lit ? Les nouveautés dont elle aimera parler mais aussi des livres d'histoire et parfois des ouvrages scientifiques. Au plus haut point, elle sent les responsabilités de sa charge. Elle n'y a pas été préparée et tient à combler des lacunes dont elle souffre.

Ce cabinet de travail de l'impératrice reflète idéalement le style Second Empire. Dominent le rouge, le vert et l'or des bronzes. Eugénie a fait tendre les murs d'une soie des Indes verte. Les rideaux et les sièges sont de soie rouge. Non loin du bureau, un canapé fait face à la cheminée, entouré de nombreux sièges et petites tables sur lesquelles se dressent des vases chinois et d'innombrables bibelots et photographies. Des statues de femmes en bronze brandissent des torchères. Une horloge d'acajou se dresse devant un paravent en bambou doré placé près de la fenêtre et dissimulant une petite table avec « tout ce qu'il faut pour dessiner ». Près de la cheminée, un autre paravent, de soie verte celui-là, protège une petite table en bois noir avec, cette fois, « tout ce qu'il faut pour écrire ». Ces deux paravents évoquent assez bien une double tentative d'évasion vers une impossible vie privée. Ce qui frappe le plus, ce sont les plantes vertes. Une véritable profusion de plantes vertes. Octave Feuillet, écrivant à sa femme, s'exclamera : « Cela est un pur rêve, un nid de fée, de reine, d'oiseau bleu ! »

L'empereur rejoint Eugénie chez elle peu avant l'heure du déjeuner. Ensemble, ils passent dans le salon Louis XIV contigu, converti pour l'occasion en salle à manger. Ils déjeunent en tête à tête. Le service se fait, sous l'autorité du maître d'hôtel de l'impératrice, par les deux valets de chambre particuliers de Napoléon et d'Eugénie et par deux valets de pied. Le couple impérial a bon appétit, sans être gourmand ni gourmet. Ce qu'il apprécie avant tout, ce sont les primeurs qui viennent directement des potagers de Versailles. On ne s'éternise pas à table. L'empereur offre son bras à l'impératrice pour passer dans le cabinet de travail de celle-ci où l'on sert le café. L'empereur fume quelques cigarettes. Plus tard, le prince impérial, après avoir partagé le repas de ses parents, les suivra chez sa mère. A une heure, Napoléon III s'en va rejoindre ses secrétaires ou ses ministres. A la même heure commence la journée officielle de l'impératrice.

Certains jours, Eugénie donne audience. Chaque visiteuse doit d'abord franchir le salon des dames — le salon vert — puis le salon rose, pour parvenir dans le saint des saints où attend Sa Majesté : le salon bleu. Dès qu'entre la visiteuse, la grande maîtresse de la Maison l'annonce. Une première révérence, à peine franchie la porte. Une seconde au milieu de la pièce. Une troisième près de l'impératrice. Le secrétariat a préparé, au sujet de chaque visiteuse, un petit dossier résumé par une fiche. Eugénie, souveraine consciencieuse, apprend cette fiche par cœur. Ainsi peut-elle questionner à bon escient la dame qu'elle reçoit.

Parfois, elle se trompe de fiche, d'où des erreurs dont elle se montre furieuse.

Après l'audience, la promenade. L'impératrice rejoint, avec une de ses femmes et un chambellan, la daumont verte. Enveloppé par un peloton de lanciers, le cortège ne manque pas d'allure. Rituellement, par les Champs-Elysées et l'avenue de l'Impératrice — actuelle avenue Foch — il s'achemine vers le bois de Boulogne où l'on fera le tour du lac. Un témoin se souviendra : « C'était une fête des yeux que son passage aux Champs-Elysées dans sa daumont saluant à droite et à gauche avec une inclinaison de tête qui n'était qu'à elle[1]. »

On rentre aux Tuileries peu avant le dîner. Il faut à l'impératrice le temps de s'habiller ; aux dames de service celui de courir chez elles se changer. C'est encore dans le salon Louis XIV que le dîner est servi. Adieu à l'intimité impériale ! Se réunissent dans la galerie d'Apollon pour dîner avec les souverains : les deux dames du palais, l'aide de camp de l'empereur, son chambellan et son écuyer, le chambellan et l'écuyer de l'impératrice, le préfet du palais, deux officiers d'ordonnance et l'officier qui commande le service de garde. Dès que l'empereur et l'impératrice pénètrent dans la galerie d'Apollon, le préfet du palais conduit jusqu'au salon Louis XIV ce cortège solennel un peu guindé. On s'assoit autour de la table dressée magnifiquement : « fleurs dans un surtout et des vases d'argent, candélabres d'argent répandant une éclatante lumière[2] ». Quatre services, mais doubles : on propose aux convives deux potages, deux relevés, etc. En général, le dîner dure trois quarts d'heure. C'est dans le salon d'Apollon que l'on prend le café. L'impératrice s'assoit, les dames l'imitent. L'empereur, pour fumer son paquitos, reste debout et les messieurs, bien sûr, font de même. La conversation s'engage, en général sur des sujets futiles.

Après le thé et des gâteaux secs servis à 10 heures. Napoléon III prend congé. L'impératrice se fait conter des histoires, voire des potins. Elle en raffole. Cela dure jusqu'à minuit. Après quoi, l'impératrice se lève et, dans une révérence souriante, prend congé à son tour.

L'empereur ? Tantôt il est allé travailler, tantôt il a quitté

---

1. Guston Jollivet.
2. Maurice Allem.

discrètement le palais : une dame l'attend. Car le mariage ne l'a pas assagi. Il dira plus tard à la princesse Mathilde : « L'impératrice, je lui ai été fidèle pendant les six premiers mois de notre union, mais j'ai besoin de petites distractions et je reviens toujours à elle avec plaisir. » Ces revenez-y, disons-le, sont accueillis sans empressement. L'amour physique, Eugénie ne le comprend pas. Un jour, à ce propos, elle lancera : « Cette saleté. » Voilà qui n'est pas pour retenir un mari volage. Elle apprendra vite qu'elle est trompée, elle en souffrira :

— Ne croyez pas, dira-t-elle, que je n'ai pas toujours connu les infidélités de cet homme.

Et encore :

— J'ai tout essayé, même de le rendre jaloux !

Pauvres ruses inutiles. Napoléon connaît trop le sens du devoir de celle dont il a fait sa femme. Un officier de marine manifestera à l'égard d'Eugénie un sentiment proche de l'adoration. Peut-être sera-t-elle attendrie, mais elle le fera envoyer au loin.

Une des premières maîtresses attribuées par la Cour à Napoléon III a été la comtesse de Labédoyère. Il y en aura bien d'autres. Au premier rang, la fameuse comtesse de Castiglione, bellissime Florentine, délibérément expédiée à Paris par Cavour pour soutenir l'unité italienne dans le lit de l'empereur. Et aussi l'épouse du comte Walewski, fils naturel de Napoléon Ier. Miss Howard, répudiée depuis le mariage, récompensée par des dons qui se monteront à 5 449 000 francs, baptisée comtesse de Beauregard et dotée d'un magnifique domaine entre Versailles et La Celle-Saint-Cloud, observe de loin tout cela : « Tout Bonaparte régnant doit dormir avec une Walewska... » Pour comble la comtesse se prénomme Marie. Plus tard c'est Marguerite Bellanger, une ancienne lorette, de son vrai nom Julie Lebœuf, dite « Margot la rigoleuse ». Elle y gagne un hôtel à Passy, rue des Vignes, et un papier à lettres blasonné avec la devise : « Tout vient à point à qui sait attendre. » Un jour d'août 1864, revenant de chez elle à Saint-Cloud, Napoléon III sera pris d'une syncope. Le lendemain matin, l'impératrice fera appeler Mocquard, secrétaire de l'empereur :

— Je sors ce matin, vous m'accompagnerez.

Dès que le secrétaire est assis dans la voiture, face à l'impératrice, il entend indiquer une adresse qu'il connaît bien : celle de Marguerite. On roule en silence. Mocquard songe à la fin du monde. On arrive. Eugénie descend, sonne. Dès qu'une domestique ouvre la porte, l'impératrice la bouscule, entre, court auprès de la courtisane qu'elle trouve étendue sur un divan. Ecarlate, Margot bondit. Alors, d'une voix où se mêlent le mépris et la colère Eugénie lance :

— Mademoiselle, vous tuez l'empereur.

Aux larmes, aux protestations de Margot, Eugénie répond par une fin de non-recevoir. Elle coupe court. S'en va.

La liaison continuera. Napoléon nouera avec la comtesse de Mercy-Argenteau l'une des dernières aventures de son règne. Elle le rejoindra après Sedan en Allemagne.

Quand nous attachons notre pensée aux femmes du Second Empire c'est — force des clichés — au célèbre tableau de Winterhalter, *L'Impératrice et ses dames d'honneur*, que nous songeons presque fatalement. Autour de l'impératrice, vêtue de blanc et portant sur la poitrine un grand nœud bleu, on découvre, dans un cadre de verdure, les ravissantes personnes qui forment sa Maison : coiffures en bandeau, cous ployés, épaules nues, crinolines où se mêlent l'ivoire, le vert, le bleu, le rose. On sent que Winterhalter, peintre des élégances et des têtes couronnées, a voulu suggérer ici *la féminité*, telle qu'on la voyait de son temps. Ce tableau, un journaliste de l'opposition l'a appelé *Au rendez-vous des grisettes*. Nous voici dans le vif du sujet.

Traditionnellement, on nous peint les femmes du Second Empire comme un condensé d'amoralité. Les études abondent sur la « vie de plaisir » au temps de Napoléon III. On évoque les « orgies » de Compiègne ou de Saint-Cloud. Il suffit de lire Pierre Vésinier, ou Stelli, ou Victor Vindex, tous écrivant dans les premières années de la IIIe République, pour être édifié sur les vices et les tares de ces dangereuses personnes. On peut lire aussi les « informations » fournies par le vicomte de Beaumont-Vassy, lequel dépeint la Cour impériale comme une Babylone. Outré, il nous révèle que Napoléon III, couramment, faisait jeter sur un tapis « des bijoux, des diamants, des perles, que les femmes, à genoux, se disputaient avidement ». « L'illustre amphitryon » se repaissait d'un abominable spectacle : des chevilles aperçues sous la dentelle de deux ou trois jupons. Au vrai, ces gens de plume n'ont jamais franchi la porte des Tuileries ni d'aucun château impérial. La princesse de Metternich, femme de l'ambassadeur d'Autriche, l'a fait, elle. Elle nous a dépeint une soirée de Compiègne, pendant une de ces fameuses « séries » que l'Europe nous enviait. A 11 heures du soir, on danse dans la galerie des Gardes. Le chambellan de l'impératrice, M. de Lezay-Marnésia, tourne la manivelle d'un piano mécanique. En crinoline et habit noir, deux ou trois couples tournent au rythme d'une polka. L'empereur, dans son fauteuil, caresse son épagneul Néro en pensant à autre chose. L'impératrice se fait verser du thé par une de ses demoiselles d'honneur. D'autres invités, « échoués sur des banquettes », bâillent. La princesse de Metternich se penche alors vers le prince de Reuss, elle grimace plutôt qu'elle ne sourit — elle est aussi laide qu'intelligente — et murmure : « Sodome et Gomorrhe. »

Avec le recul du temps il n'est guère d'opposition qui n'apparaisse naïve. Pour attaquer, il faut outrer mais l'outrance vieillit mal. L'opposition républicaine, sous le Second Empire, n'a cessé d'enfoncer un certain nombre de clous dans l'opinion : Bonaparte est un assassin, Eugénie une femme perdue, toutes les femmes de la Cour des prostituées de haut vol. Si l'on scrute la réalité quotidienne de la vie de la Cour, à Compiègne, Saint-Cloud ou Biarritz, on découvre surtout une accablante monotonie. Qu'il y ait eu des femmes légères sous le Second Empire, il serait vain de le nier. Que toutes l'aient été, ressuscitant la Régence sous Napoléon III, voilà une contre-vérité.

Octave Feuillet — auteur du *Roman d'un jeune homme pauvre* —, qui était bibliothécaire du château de Fontainebleau, raconte que l'impératrice, voulant consoler la charmante Marie de Larminat, demoiselle d'honneur, d'être séparée de sa famille, lui a donné un soir cette instruction :

— Il faudra envoyer des livres à ces demoiselles. Pas de romans, pas les vôtres, bien entendu. Vous me direz ce que vous aurez choisi.

Pas les vôtres. Aujourd'hui, une fille de douze ans trouverait anodins les romans de Feuillet. L'impératrice Eugénie, elle, les jugeait dangereux pour une jeune fille de vingt ans qui vivait à la Cour. Le vrai, c'est que cette Cour, comme tous les groupes sociaux, apparaît double. Les contraires s'y côtoient. On rencontre là des femmes très sages et des femmes très légères. La marquise de La Tour-Maubourg, dame du palais de l'impératrice, vit depuis des années avec son mari une lune de miel sans faille. On lui dit :

— Que feriez-vous si vous appreniez que Maubourg vous trompe ?

— J'en serais si étonnée que j'en mourrais de surprise.

Même attachement pour son mari de la part de la comtesse de Montebello, autre dame de l'impératrice. Or la comtesse de Montebello, aussi bien que la marquise de La Tour-Maubourg, figurent sur le tableau de Winterhalter cité plus haut. Des grisettes ? La duchesse de Bassano, dame d'honneur, et son mari, grand chambellan, donnent l'exemple d'un ménage uni. Tout comme la baronne de Viry-Cohendier, dame du palais, et son époux. La princesse d'Essling, grande-maîtresse, régit la Cour avec une dignité pleine de raideur : « Femme irréprochable, dit une contemporaine, ne se mêlant à aucune intrigue, tenant tout le monde à distance et entourée du respect universel ; certes, personne ne se fût permis devant elle une parole un peu leste ou une conversation risquée. » Et que dire des grandes bourgeoises femmes de ministres ou de hauts fonctionnaires ? L'excellente Mme Baroche, épouse du garde des Sceaux, femme intelligente et lucide, refuse d'admettre que l'empereur soit un mari infidèle. Si on ose devant elle quelque allusion à des frasques de Napoléon, elle répond avec une parfaite conviction :

— Je crois l'empereur trop sous le charme de l'impératrice pour se permettre la plus légère infidélité, même de pensée.

A la même époque, quand Mérimée est sur le point de raconter une histoire un peu légère, il demande qu'on « fasse sortir la jeunesse ». Pourtant, à la même Cour, sévit la comtesse Walewska dont Mme de La Pagerie peut dire : « Elle est assurément la meilleure page du portefeuille de son mari. » De fait, Walewski sera ambassadeur, ministre, président du corps législatif.

La princesse Mathilde a cru que Walewski ignorait les frasques de sa femme. Chaumont-Quitry, chambellan de l'empereur, l'a détrompée :

— Votre Altesse Impériale est, je crois, dans l'erreur la plus complète ; l'ignorance de Walewski est une comédie. Je l'ai vu, de mes deux yeux, dans le parc de Villeneuve, tourner la tête et rebrousser chemin lorsqu'il entrevoyait dans une allée l'empereur et sa femme. Mais j'ai vu mieux que cela cette année à Cherbourg. Un matin, Walewski et moi, nous nous trouvions dans une pièce qui précédait la chambre de l'empereur. Mocquard arrive pour parler à son souverain, il ouvre la porte sans frapper, puis recule stupéfait et tombe dans mes bras ; par la porte ouverte j'avais pu voir Mme Walewska dans les bras de l'empereur et Walewski, placé à côté de moi, a dû voir ce que j'ai vu.

C'est Horace de Viel-Castel qui rapporte ces propos, notés sur le vif. Malgré ses détracteurs — qui le critiquent en se servant de lui —, Viel-Castel reste un témoin la plupart du temps exact. En 1858, Walewski reçoit de l'empereur un vaste domaine dans les Landes, rapportant cent mille francs par an. Quand il quittera les Affaires étrangères en 1860, cent mille francs de pension annuelle s'ajouteront à ses trente mille francs d'indemnité de sénateur. Le maréchal Vaillant affirme que la liaison Walewska a coûté à l'empereur — donc à la France — quatre millions de francs.

Voilà bien une marque du temps : l'amour et l'argent indissolublement liés.

On peut penser que cet empereur sensuel, entouré d'hommes aux appétits avoués et brutaux — Morny, Persigny, Walewski, tant d'autres —, fait figure de chef d'orchestre. Le règne a inauguré de nouvelles façons de penser, de vivre, de jouir. Avant le 2 décembre 1851, le ministère interdisait *La Dame aux camélias*. Léon Faucher, « homme austère et pompeux », survivant de l'orléanisme, est remplacé après le coup d'Etat par Morny. Trois jours après, celui-ci autorise la pièce. Nouveau style.

Le vrai sens de cette *fête impériale* dont les survivants ont ressenti si longtemps le regret et le spleen, c'est, chez les Françaises de haute volée qui y ont participé, une ostentation de luxe, tout à fait neuve pour le siècle. Pour être à la mode, il faut jeter des millions par les fenêtres. On les jette. Une élégante, invitée à Compiègne, se fait suivre par plusieurs caisses contenant de nouvelles robes. Négligemment, elle lance : « J'ai vendu un moulin ! » Le train spécial pour Compiègne se compose de six voitures-salons pour les invités, six voitures de première classe pour les domestiques — et six fourgons pour les bagages de ces dames : « des malles grandes comme l'arche de Noé, des boîtes, des cartons de toute forme et de toute sorte ». Quand Mme de Metternich ou Mme de Pourtalès sont invitées, il faut un fourgon rien que pour leurs caisses. Elles font partie de la série dite *élégante*, celle-là même qui a inspiré à Mme de Beyens une question un peu sotte. A une invitée, elle a demandé :

— Etes-vous de la série élégante ?

La dame de répondre non sans aigreur :

— Non. Je suis de la vôtre !

Plusieurs fois par an, on donne aux Tuileries des bals magnifiques. Au sortir de l'un d'eux, Flaubert dira : « Sans blague, c'était splendide ! » Chaque fois, quatre ou cinq mille invitations. Tout ce que Paris compte de remarquable par le rang, la fortune ou le talent. Les femmes qui ne sont pas conviées en font une maladie. Choisissons de suivre une de celles qui ont reçu le carton tant convoité.

Dès 8 heures du soir sa voiture patiente au milieu d'une interminable file d'attelages qui s'allonge de la Concorde au pavillon de l'Horloge. Couple après couple, les invités — femmes largement décolletées et robe à crinoline, hommes en habit noir et culotte de soie avec toutes leurs décorations — pénètrent dans une antichambre où les guette un peuple de valets poudrés, vêtus de la livrée impériale : vert et or. Le long du grand escalier, étincellent les cuirasses des Cent-Gardes, sabre au clair. Leur immobilité est légendaire. De toute la soirée, ils ne bougent pas d'un pouce. Avant d'entrer dans la salle des Maréchaux, les dames invitées font au miroir de leurs cuirasses un dernier inventaire de leur beauté. On raconte que, pour éprouver cette impassibilité, l'impératrice, au début du règne, a donné à l'un de ces géants « vêtus d'azur, cuirassés d'argent » un très léger coup d'éventail. L'homme n'a point cillé sous l'affront, il a rougi. Moins cependant qu'Eugénie qui fera porter le lendemain au garde un portefeuille garni, un galon de laine « à coudre sur sa manche » et un mot d'excuses.

A l'entrée de la salle des Maréchaux, notre privilégiée est accueillie par des huissiers en habit bleu, épée au côté. Les chambellans, vêtus d'écarlate, lancent à travers la foule le nom des nouveaux arrivants. Inoubliable vision : la lumière blonde des lustres, reflétée par les innombrables miroirs, les sons ouatés de musiques discrètes, les plus somptueuses toilettes que l'on ait peut-être jamais vues. Lent défilé des invités devant l'estrade où l'on a placé les trônes des souverains. L'empereur a revêtu un uniforme de général de division, culottes et bas de soie. Près de l'impératrice, voici le prince Napoléon, debout, l'air maussade ; sa sœur Mathilde, massive et belle ; sa femme Clotilde, fille du roi d'Italie, timide et effacée. A 9 heures, Leurs Majestés ouvrent le bal. C'est le quadrille d'honneur, aux « évolutions sages et pompeuses ». Toute la nuit, on dansera. Et l'on causera.

La Cour est cosmopolite. Cela s'explique. L'empereur n'a vécu en France que les six années de la captivité à Ham. L'impératrice est Espagnole. Le docteur Evans assure qu'à cette Cour les Américains furent en majorité. « Le Second Empire, a dit Sacha Guitry, est une valse. » Il a raison. Terpsichore symbolise la soif de plaisir d'une génération qui, à l'exemple du baron de Gondremark, veut « s'en fourrer jusque-là ». Les Françaises valsent aux Tuileries sous la baguette de Strauss ou de Musard. Elles valsent au Quai d'Orsay, au ministère de la Marine, au ministère de l'Intérieur. Elles valsent à l'Opéra, rue Le Peletier.

Le bal de l'Opéra ? Les Parisiennes ne parlent que de cela, les provinciales n'en dorment plus, les étrangères en font une maladie. Au parterre où l'on accède par le fameux grand escalier tapissé de rouge, se démène une inextricable cohue entraînée, bousculée, secouée par la musique d'Offenbach ou d'Olivier Métra. Cependant tous ne dansent pas. Les « jeunes gens à la mode » ont décrété que danser était de mauvais ton. Les *gandins* se sont mués en simples spectateurs. Après une heure passée à regarder les jambes et les bras s'agiter en cadence, les *petits crevés* — nom péjoratif des gandins — tournent le dos aux danseurs. Ils préfèrent, dit un contemporain, « s'occuper des visiteuses qui entrent sans frapper dans les loges comme dans un moulin ». L'irruption de ces jolies personnes porte d'ailleurs un nom : l'*intrigue* — célèbre autant que le bal de l'Opéra lui-même. Qui sont ces visiteuses ? D'évidence, point des femmes de la meilleure société : grisettes voulant « rire un peu » ; courtisanes à la recherche d'une « affaire » ; exceptionnellement, certaines femmes du monde ayant voulu « voir ». Le chroniqueur du *Pays* dépeint en 1854 ces dernières comme « se glissant timidement dans la foule, s'enfermant dans une loge et jetant sur le spectacle des regards étonnés et se retirant assourdies et désillusionnées ». On danse aussi à Mabille, avenue Montaigne : un grand hall aux glaces soulignées d'or, au milieu d'un vaste jardin. Mabille a ses vedettes : Rose Pompon, Céleste Mogador, la reine Pomaré, ou la fameuse Rigolboche. On valse au bal Bullier, peuplé en majorité d'étudiants et de grisettes, à la Grande Chaumière, au Casino Cadet, à la salle Valentino, rue Saint-Honoré.

Quand ces dames sont fatiguées de danser — mais elles le sont rarement — elles vont au théâtre. Elles feront un triomphe au *Faust* de Gounod et siffleront *Tannhaüser* imposé par Mme de Metternich. A l'entracte, les petites danseuses rejoignent au foyer les abonnés, œillet à la boutonnière et monocle vissé à l'œil. En tutu, ces jeunes personnes viennent se mettre à la disposition de ces messieurs. C'est leur rôle dans la société. Sur les banquettes veillent les mères. Il ne faut pas qu'une fille pour qui elles ont fait des sacrifices se trompe : que par exemple elle choisisse un monsieur sans fortune. Non loin de là, Ludovic Halévy prend des notes pour ses *Petites Cardinal*. Aux Italiens, les dames vont écouter les prouesses vocales des chanteuses à la mode : l'Alboni, la Frezzolini, la Patti qui épousera le marquis de Caux et libellera ainsi ses invitations : « La marquise de Caux sera chez elle le samedi soir. La Patti chantera. » Au Français, on acclame Rachel. Elle a reconquis aux classiques une clientèle que les romantiques croyaient lui avoir ravie pour toujours. On applaudit aussi Mmes Baretta, Reichenberg, Madeleine Brohan, Judith, Favart. On a vu paraître à la Comédie une jeune personne très agitée qui, au bout de quelques représentations, a giflé une camarade et s'en est allée : elle s'appelle Sarah Bernhardt. La Porte-Saint-Martin se spécialise dans les mélodrames, le Gymnase dans la comédie de mœurs. Partout, dans Paris, des petites troupes — avec une nuée de comédiennes — occupent les théâtres de quartier. On y change de programme chaque semaine. A n'en pas douter, le théâtre le plus spécifiquement « Second Empire » demeure les Variétés. A son fronton, un nom brille comme une étoile de première grandeur : Hortense Schneider.

M. Offenbach entre comme un fou dans la loge d'Hortense Schneider. Hors de lui. Le souffle coupé. Il agite une dépêche. Ce télégramme est une apothéose. Le tsar Alexandre II l'a expédié de Strasbourg. Le premier acte du souverain russe accouru en France pour l'Exposition de 1867 a été de retenir aux Variétés une loge pour *La Grande-Duchesse de Gerolstein* !

Mil huit cent soixante-sept : l'année de l'Exposition !

Mil huit cent soixante-sept : l'année Hortense Schneider !

La musique de *La Grande-Duchesse*, œuvre d'Offenbach, Meilhac et Halévy, vole sur toutes les lèvres. La femme de l'ambassadeur aussi bien que la petite couturière fredonnent avec la même ardeur le couplet fameux :

Voici le sabre de mon père !
Tu vas le mettre à ton côté ;
Ton bras est fort, ton âme est fière !
Ce sabre sera bien porté.

Tout Paris est amoureux d'Hortense Schneider. Tout Paris sourit à sa blondeur, à sa fraîcheur, à ses mines « à la fois prodigieusement canailles et éminemment distinguées », à sa drôlerie, à la joie qui émane d'elle. Cette Bordelaise incarne la Parisienne : grassouillette, avec les plus belles épaules et la plus jolie jambe du monde, un petit nez effronté et des yeux moqueurs.

Elle est fille d'un tailleur, née à Bordeaux le 30 avril 1833. A douze ans, la petite avouait à ses parents :

— Je veux devenir une actrice célèbre. Si vous vous opposez à mon projet, je me tue.

Les parents ont capitulé. Hortense a pris des leçons de chant avec un vieux professeur nommé Schaffner. Puis elle a quitté Bordeaux : un engagement l'attendait à Agen. Elle a joué tout ce qui se jouait, chanté tout ce qui se chantait, dansé tout ce qui se dansait. A vingt-deux ans, elle s'est résolue à « monter à Paris ». Comme d'Artagnan l'avait fait pour M. de Tréville, elle emportait une lettre destinée à un comédien nommé Berthelier.

Par chance, ce Berthelier vient d'être engagé par un compositeur inconnu, lequel tente un coup d'audace en ouvrant, dans une baraque des Champs-Elysées, un théâtre. Le musicien, arrivé d'Allemagne à treize ans, s'appelle Offenbach ; le théâtre, les Bouffes-Parisiens. Berthelier conduit Hortense chez Offenbach. Le compositeur-directeur considère, en clignant ses yeux de presbyte derrière son lorgnon, cette jeune personne aux yeux moqueurs. Cinq minutes d'audition — dans le boléro du *Domino noir* — suffisent à Offenbach.

— Che t'encache, tu entends, che t'encache pour teux cents francs par mois !

Ainsi se forme une association qui restera la plus éclatante sans doute du Second Empire. Offenbach fera d'Hortense une grande vedette — on disait alors une étoile. Composant pour elle, il écrira des chefs-d'œuvre. Meilhac — collaborateur d'Halévy et d'Offenbach — dira que les deux armes dont Hortense s'est servie pour triompher sont « son sourire et sa voix : ce sourire même s'il disait oui n'empêchait pas de craindre et, lorsqu'il disait non, n'empêchait pas d'espérer... ». Quant au « monsieur de l'orchestre » du *Figaro*, il assure qu'elle faisait rêver les collégiens et lançait les mots comme on donne un baiser.

Schneider-Offenbach, merveilleux attelage. Schneider sans Offenbach n'est rien. Offenbach doit beaucoup à Schneider.

En 1864, Offenbach a déjà triomphé avec *Orphée aux enfers*. Il vient d'achever *La Belle Hélène* et se demande avec angoisse à qui il donnera le rôle principal. Il se souvient tout à coup de la petite Hortense qui, pour l'heure, végète au Palais-Royal.

Flanqué de son collaborateur Ludovic Halévy, Offenbach se rue chez elle. Il la découvre au milieu de dix malles qu'elle achève de remplir.

— C'est moi, Offenbach, je t'apporte un rôle, un rôle étonnant.

Une réponse qui est un cri du cœur.

— Trop tard ! Je renonce au théâtre.

Elle vient de se brouiller avec son directeur. Elle en a assez de ces exploiteurs, elle part pour Bordeaux !

Offenbach insiste. Ludovic Halévy supplie. Toujours la même réponse :

— Je renonce au théâtre !

Offenbach se met au piano. Il fredonne :

> *Un mari sage*
> *Est en voyage*
> *Et se prépare à revenir,*
> *La prévoyance,*
> *La bienséance*
> *Lui font un devoir d'avertir.*

Puis, c'est *L'Invocation à Vénus*. Hortense, assise sur une malle, écoute, ravie, l'adorable musique. Elle bat des mains à *Amours divines*. Cédera-t-elle ? Non ! Quelques heures plus tard, elle roule vers Bordeaux. Une dépêche la rejoint :

« Affaire ratée au Palais-Royal, mais possible aux Variétés. Répondez. » Elle répond — en demandant deux mille francs par mois, chiffre énorme pour l'époque, cachet jamais atteint par aucun acteur. Une nouvelle dépêche du directeur des Variétés : « Affaire entendue. Venez vite. »

Un triomphe. Paris fredonne le *Pars pour la Crète* ou le fameux *Bu qui s'avance*. Les voltigeurs défilent au son de la musique d'Offenbach. Les orchestres de restaurant, de café ou de « bastringue » ne jouent plus que cela.

L'apogée de l'histoire du tandem Schneider-Offenbach sera, le 12 avril 1867, la première de *La Grande-Duchesse de Gerolstein*. Jamais les Variétés n'en ont vécu de pareille. Un ouragan de rire, un délire d'acclamations. Tous les airs sont bissés. Le lendemain, quand Hortense Schneider se montre au bois, on crie : « Vive la grande-duchesse ! »

Douze jours plus tard, Napoléon III assiste à cette *Grande-Duchesse* dont on parle tant. Il s'amuse au point d'y retourner avec l'impératrice. Exemple que les souverains invités pour l'exposition vont s'empresser d'imiter. Le tsar, le premier, puis le roi de Prusse, le roi de Grèce, le roi des Belges Léopold II, le roi d'Espagne, les deux Louis de Bavière, le roi de Wurtemberg, le sultan de Turquie, le vice-roi d'Egypte, le roi de Portugal, le roi de Suède, la reine de Hollande. Tous courent, le soir ou le lendemain de leur arrivée, applaudir *La Grande-Duchesse de Gerolstein*. Ces rois sont alliés aux souverains d'Allemagne, grands fournisseurs de princesses à marier. Ils ne voient dans cette fantaisie qu'une satire des petites cours allemandes, ils rient à en perdre haleine. Bismarck s'étrangle en répétant, secoué d'un rire énorme :

— C'est ça ! C'est tout à fait ça !

Ils ne comprennent pas que la satire va beaucoup plus loin. Offenbach et ses librettistes ressentent une terreur instinctive de la guerre et — par voie de conséquence — de l'esprit belliqueux. Aux souverains de l'Europe, les trois compères ont décidé de faire entendre une satire non seulement de la guerre, mais du pouvoir absolu. Ils ont réussi.

Le prince de Galles, le soir même de son arrivée, veut lui aussi voir *La Grande-Duchesse*. Il ne reste plus au théâtre le moindre strapontin à louer. Le fils de la reine Victoria s'adresse à Schneider. Hortense visite toutes les agences et déniche enfin une loge pour Son Altesse Royale !

A l'entracte, le prince vient remercier Schneider ; il passe avec elle un quart d'heure, en compagnie de l'habilleuse, du marquis de Galliffet, du régisseur, du duc de Manchester, d'Albert Wolf et de Ludovic Halévy.

Certains demandent plus qu'une loge ou qu'un sourire. Les bonnes camarades lancent d'une voix pointue :

— Mais c'est le passage des princes, cette femme-là !

On raconte aussi que Napoléon III s'est mis sur les rangs. Il aurait dit à M. Mocquart :

— Faites donc venir Schneider, ce soir.

Le secrétariat a aussitôt convoqué le grave M. Schneider, propriétaire du Creusot, tout surpris d'une invitation aussi soudaine. L'empereur n'a pu s'en tirer qu'en lui passant une commande importante.

A quelque temps de là, une calèche tirée par les plus beaux chevaux de Paris s'arrête devant l'entrée principale de l'Exposition : celle d'Hortense. Cette grille monumentale de l'avenue de La Bourdonnais — fonte et bronze doré — est réservée exclusivement aux membres des familles souveraines. Majestueusement étendue, Hortense ordonne :

— Ouvrez !

Les gardiens ébahis viennent dire que c'est impossible, qu'ils n'ont le droit de faire tourner cette grille privilégiée que pour un empereur, une impératrice, un roi, une reine, à la rigueur un prince, une princesse. Alors Hortense, d'un ton inimitable :

— Grande-duchesse de Gerolstein !

Et l'on ouvre !

Hortense Schneider incarne assez bien les appétits de jouissance d'une société qui n'est pas toute la société, mais sa partie la plus voyante. Avides de plaisirs, raffolant de toutes les occasions de paraître, guidées par la vanité, ces femmes dont le souvenir tirait des larmes à Arsène Houssaye, Taine les a vues tout autrement. Peignant la femme du monde de son temps, il évoque une « volière à la campagne » et « un chardonneret qui saute, qui gazouille, qui mange, qui n'est jamais las, qui vit en l'air, qui a cent vingt envies et fait soixante actions par minute ». Assez accablante, la peinture de Taine : « La cervelle darde incessamment des volontés dans tous les nerfs, petites volontés courtes, qui passent au moment même à l'exécution et sont aussitôt relancées ou traversées par d'autres. Les yeux brillent, les fleurs de la coiffure dansent, le corsage palpite, les mains ont cent petits mouvements, la voix vibre ; jamais d'arrêt. Elle va dans quatres soirées le même soir et, quand elle rentre, les bals du lendemain bourdonnent comme un essaim lâché dans sa tête. Toujours des sourires et point artificiels ; elle est heureuse ; elle le sera toujours, à condition qu'on fera voltiger devant elle cinq cents colifichets par heure, des salons parés, des lustres, des robes de soie, des hommes à plaques, des chanteurs, des ritournelles, des équipages de chasse, tout ce qu'il vous plaira, pourvu que tout brille et soit nouveau. Elle est née dans un état *d'excitation* et mourrait si elle était tranquille. »

Voilà sans doute le trait essentiel. La frivolité de ces femmes naît de leur condition même. La société tout entière les prend au berceau et les élève pour en faire des femmes-objets. Ce qui nous étonne chez les femmes du XIXe siècle, tout au moins dans la classe que nous observons, c'est qu'elles se soient intégrées si étroitement, bien plus qu'à d'autres époques, à ce mouvement de régression. La femme du XVIIIe siècle régnait par l'intelligence et l'esprit. Elle courbait les hommes sous son autorité souriante. On dirait que celles-ci ont retrouvé la soumission d'antan.

L'Ancien Régime avait toujours connu les mariages arrangés. Nous avons eu maintes occasions de le constater. Mais on associait surtout des conditions, des noms, des titres. Le XIXe siècle en viendra à unir presque exclusivement des fortunes. A moins qu'il ne s'agisse d'un échange : un nom contre une fortune.

En 1861, le prince de Chimay reçoit à son château des Ardennes une dépêche de l'impératrice Eugénie. Grande est son émotion : Eugénie demande s'il n'existe, dans la famille de Chimay, aucun projet de mariage pour Mlle Valentine. Or le prince a rejeté jusque-là toutes les demandes jugées indignes de son nom et de la fortune considérable dont jouira un jour Valentine. Il répond à Sa Majesté : Mlle Valentine n'est pas engagée. Aussitôt, en retour, une lettre de l'impératrice. Elle propose un mariage avec le prince de Bauffremont, chef d'escadron au sixième hussards. Ce cavalier n'a jamais vu Valentine, et Valentine ne l'a jamais vu. Quelle importance, puisque l'on a la caution de l'impératrice ! Donc le prince de Chimay acquiesce. Quelque temps plus tard, il conduira sa fille à Bruxelles. Le prince de Bauffremont, lui, vient de Paris. On se rencontre. On se fiance. Les impressions de Valentine sur son futur époux ? On n'a pas pensé à les lui demander. D'ailleurs, le prince de Bauffremont est parti enterrer sa vie de garçon en Italie. Il ne rentrera que seize jours avant le mariage. Valentine vient lui rendre une visite de cérémonie. On signe le contrat. Devant un public alléché — cela n'a pas changé — on lit un texte qui avoue les fortunes, étale les rentes, proclame les dots. Ici, constitution de dot est faite par le prince et la princesse de Chimay.

« En considération de mariage », cinq cent mille francs sont donnés à la future. L'intérêt sera servi par ses père et mère. Le régime adopté est le régime dotal : la « future » jouira en effet d'une grande fortune, très supérieure à celle du « futur ». L'apport de Paul à la société d'acquêts se compose de sa part, indivise avec son frère, dans les biens dépendant de la succession de leur père et représentant dix à douze mille livres de rentes. Il apporte, en outre, une rente de six mille francs que Mme de Bauffremont mère s'engage à lui servir.

Béats, les invités écoutent tout cela. Ils ne songent pas à être choqués. Les journaux eux-mêmes, annonçant les mariages, publient souvent le chiffre des dots. Quand Emile de Girardin épouse Mlle de Tiffenbach, *Le Figaro* révèle que la jeune fille aura une dot de huit cent mille francs. On précise même que la corbeille « était recouverte d'un cachemire de neuf mille francs ». Si le chambellan Walsch épouse Mlle Desmazières, « un des noms les plus considérés, une des fortunes les plus considérables de l'Anjou », les journaux énoncent tranquillement le chiffre de la dot : cinq cent mille francs [1].

Ainsi en est-il encore du mariage du comte de Ganay avec une Américaine, Mlle Ridgway. La dot ? Soixante mille francs de rente, il suffit de lire les journaux pour le savoir. Les mêmes feuilles nous apprennent qu'Emile Augier épouse « une jeune fille, très jolie, riche de plus de deux cent mille francs de rentes ». Voilà qui est logique pour un auteur dramatique qui lui-même présente rarement ses personnages sans annoncer le chiffre de leur fortune.

Voilà mariés Valentine de Chimay et Paul de Bauffremont. Le prince n'est pas particulièrement sentimental. Un contemporain le juge d'une nature peut-être « un peu vulgaire », affligé d'habitudes de vie facile, « avec beaucoup de sans-gêne, peu de profondeur, peu de sentiment, peu d'étendue dans l'esprit ». Avec cela, bon soldat. Il se battra bien au Mexique et en reviendra officier de la Légion d'honneur. Pour lui, une femme est faite pour obéir. Valentine n'y voit pas d'inconvénients. Elle est prête à aimer son mari, à se dévouer à lui mais celui-ci a d'autres plaisirs. Valentine le suit dans ses garnisons successives et va de déception en désillusion. Un jour, elle doit recevoir les parents d'une fille de quatorze ans qu'a séduite le prince de Bauffremont. Elle pleure, elle paie, les gens disparaissent. Cet

1. 6 décembre 1857.

« accident » lui a ouvert les yeux. Elle se renseigne et apprend trop facilement que « le prince s'affichait publiquement avec des femmes de mauvaise vie, connues pour telles ». Elle met au monde une petite fille. Son mari en profite pour voyager. Quand il revient, il conduit sa femme à la Cour. En la chapitrant : il faudra qu'elle sollicite l'impératrice en faveur de son avancement. Un soir, à la sortie de l'Opéra, il la fait monter en fiacre, ferme la portière et dit : « Moi je vais au cercle. »

Elle aura un autre enfant. Elle voit de moins en moins son mari. Elle n'espère plus rien de lui. Quand la guerre du Mexique éclate, il manifeste une fièvre joyeuse, répète à ses amis :

— Le ménage, la famille, tout ça, ce sont des embêtements. Il faut sortir de tout ça. Je m'en vais au Mexique. Il vaudrait mieux s'y faire casser la tête que de vivre à côté d'une femme et de deux enfants !

Quand il revient de la guerre, il manifeste sa présence par un télégramme conjugal ainsi conçu : « Princesse de Bauffremont, par exprès. N'ai pas trouvé mes chemises. Me faire savoir où elles sont immédiatement. Paul. » Et la vie recommence. Edifiant, ce rapport concernant Paul : « Il a notamment abusé d'une fille de quatorze ans, nommée J.L., dans un hôtel qu'il habitait et où il avait loué un appartement pour lui et sa femme. Il la ramenait lui-même le soir et la faisait repartir le matin par une porte donnant sur une ruelle. Il l'a gardée chez lui, pendant quatorze jours, après avoir éloigné un domestique dont il était jaloux. Pendant son séjour à Auch, le prince de Bauffremont faisait des expéditions en bourgeois, le soir, le long des rives du fleuve, dans les bouges et quartier de l'abattoir. Il avait des habitudes fâcheuses avec une femme appelée la femme à barbe, qui demeurait sur la route d'Agen et avec une autre appelée la Bertin. » Maintenant quand Paul rencontre sa femme, c'est pour lui faire des scènes. Quand des amis, tels que M. Moro de l'Isle ou le prince Georges Bibesco, un Roumain, veulent prendre la défense de Valentine, Paul les chasse. C'en est trop, Valentine demande la séparation. Elle ne peut penser au divorce que la loi interdit toujours. On plaide en première instance, puis en appel. L'arrêt sera rendu le 20 juillet 1870. Il déboute Valentine, affirmant que sa demande « n'est pas fondée sur des griefs sérieux, d'excès, sévices ou injures graves, imputables au mari ».

Après la guerre, on plaidera encore, on fera encore appel. Bibesco, mis en cause par les avocats de Paul, lui enverra ses témoins. Dans le bois de La Celle-Saint-Cloud, le prince de Bauffremont reçoit une blessure qui l'oblige à s'aliter pendant dix jours. Bibesco, lui, fera six jours de prison. Un matin, coup de théâtre : Bibesco a enlevé la princesse. Emmenant ses enfants, Valentine roule vers la Roumanie. Là-bas, devenue Roumaine et orthodoxe, elle épousera son « ravisseur ». Plus tard, quand le divorce sera rétabli, elle l'obtiendra. Alors, elle sera, même dans son pays, princesse Bibesco.

On dira : l'histoire de Valentine de Chimay représente un cas extrême. Dans son aboutissement, oui, mais nullement dans les relations d'épouse à mari. On voit se créer, dans l'aristocratie et la haute bourgeoisie, un *nouveau regard* de l'homme sur sa femme. Il ressemble singulièrement à du mépris. Ces maris matérialistes ont mis toute leur énergie à conquérir une dot. Maintenant, ils l'ont. Au mieux, ils considéreront leur femme comme un bibelot charmant, au pire comme une ennemie d'autant plus haïe que, logiquement, ils lui doivent de la reconnaissance. Alors, ces maris qui ont généralement de robustes appétits — à table et au lit — vont regarder ailleurs.

Dans cette société, les grandes dames de l'aristocratie non ralliée à l'Empire forment un monde à part. Taine ne les a pas vues, parce qu'elles n'auraient pas reçu Taine. Repliées dans leurs hôtels du faubourg Saint-Germain, elles renforcent l'opinion née sous Louis-Philippe. Jamais elles n'accepteront. Pour les souverains qui règnent aux Tuileries, elles n'ont que mépris. Une petite fille née sous l'Empire racontera plus tard qu'entendant une calvacade elle a couru à la fenêtre. Sa mère entre : « Que fais-tu ? — Je regarde l'empereur passer. » Une gifle, la petite fille happée à l'intérieur de la pièce : « Cela t'apprendra à aller voir M. Bonaparte ! »

L'été, elles partent pour leurs terres. Songez à ces châteaux si bien dépeints par la comtesse de Ségur, témoin exemplaire. Il faut parier qu'à Fleurville la mère de Camille et de Madeleine est légitimiste. Bien sûr, on ne se rencontre qu'entre soi, l'été à la campagne, à Paris l'hiver. Ces grandes dames sont en général cultivées. Elles lisent beaucoup, écrivent fort bien. Paradoxalement ce sont ces cléricales qui se révèlent les plus authentiques héritières de la femme du XVIIIe siècle. Les vieilles sont autoritaires et souriantes. Elles mènent leur monde à la baguette, entretiennent un art qui agonise ailleurs, celui de la conversation. Les jeunes, timidement, empruntent quelques éléments à la mode nouvelle, jettent parfois un regard de convoitise vers le Paris tourbillonnant qui est né à côté d'elles. Vite, elles rentrent dans la voie de la raison. Les nouveaux riches sont ridicules, comment les envier ? Elles apprennent à les mépriser. Dans la comtesse de Ségur, les Tourneboule viennent rendre visite à la comtesse de Fleurville. Tourneboule est un ancien marmiton qui a reçu un titre d'Empire. Il se *croit* noble. Mme de Fleurville et ses petites filles modèles ne sont pas dupes : ce n'est pas un vrai noble. Tourneboule a eu le tort de laisser sa petite fille avec les enfants du château. La malheureuse sera traitée avec une insolence telle qu'elle souhaitera rentrer sous terre. La bonne comtesse de Ségur montre cela comme un trait admirable. Dans *Diloy le chemineau*, Félicie se lie avec les Castelsot parce qu'ils sont barons. Sa famille la met en garde : d'où viennent ces Castelsot ? Personne ne les connaît. Sûrement ils doivent être d'Empire. A la même époque, l'aristocratie non ralliée dit que les nobles d'Empire n'ont « d'autre titre que leurs titres de rente ». La famille de Félicie triomphe quand il se révèle que ces Castelsot sont d'anciens domestiques enrichis en pigeonnant leurs maîtres. On les « exécutera » avec une férocité qui n'appartient qu'à la comtesse, née Rostopchine. Pour faire bonne mesure, elle montrera les Castelsot fuyant l'Europe et « massacrés par les Indiens ». A Félicie, sentencieusement, son oncle affirme qu'on eût volontiers « reçu » un Castelsot, même ancien domestique, s'il avait été honnête. Convenons, avec M. Jacques Chenevière, que nous n'en sommes pas sûrs. Quand Mme de Ségur nous montre des industriels, comme le terrible M. Féréor dans *La Fortune de Gaspard*, elle peint une manière de monstre sans cœur ni entrailles. Ce qui n'est d'ailleurs pas trop mal vu, la génération industrielle du Second Empire n'ayant pas l'habitude de se distinguer par son humanité.

La grande dame de l'aristocratie ancienne fait du bien, beaucoup de bien. La mode est à la charité. On conduit les petites filles chez les pauvres. Avant de partir en promenade, Camille et Madeleine emportent des sous pour « les pauvres femmes et les pauvres enfants qu'on croisera peut-être en route ». Elles les font sonner avec une gaieté magnifique. La charité devient un plaisir sain. Quand la bonne de Camille, Elisa, risque sa vie pour la soigner, elle reçoit « une belle robe en taffetas marron, un col, des manchettes en dentelle, un bonnet de dentelle garni de rubans et un mantelet de taffetas noir ». Heureuse Elisa ! Les bonnes elles-mêmes entendent rester à leur place. Camille et Madeleine veulent emmener pique-niquer Elisa. Celle-ci répond : « une bonne est une bonne, elle n'est pas une dame qui vit de ses rentes » Mme de Fleurville, informée, approuve : « Elisa fait preuve de tact. »

Si vous relisez bien la comtesse de Ségur, vous ne trouvez pas souvent les maris au château. Quand ils surgissent, c'est une fête parmi les enfants. Ils repartent bientôt. Ils ont leur vie. Sait-on que le comte de Ségur, mari de notre romancière, ne manquait pas à la règle ? La fille de l'ancien gouverneur de Moscou a connu, nous dit-on, « de cruels chagrins intimes ». Il existe au moins un point commun entre les maris de l'ancienne aristocratie et ceux de la nouvelle : beaucoup aiment les filles.

Tous les témoins, tous les analystes en sont d'accord : jamais on n'a vu tant de courtisanes, qu'elles fussent de haute volée ou proches du trottoir. Littéralement, elles envahissent Paris. Quand Rigolboche dira : « Les étrangers ont l'air de se rendre chez nous comme dans un mauvais lieu », c'est vrai. Cet attrait que manifestent pour Paris tant d'Américains, de Turcs, de maharadjahs, de Suédois, de Russes ou d'Anglais se fonde avant tout sur le prestige de l'amour tarifé. Une certaine conception de la femme française — elle sévit toujours à l'étranger — est probablement née sous le Second Empire. Mais les Français ne sont pas en reste.

Les chroniques du temps sont pleines de soupers au *Café anglais* ou à la *Maison dorée*, en compagnie de filles « aussi vulgaires que stupides » au dire de l'un de ceux qui les connurent le mieux. Si le prince Napoléon cherche une maîtresse nouvelle, ce n'est pas une femme du monde que lui propose Emile de Girardin, mais une prostituée de haut vol, Anna Deslions. Les Goncourt l'ont vue avec « des cheveux noirs opulents, magnifiques, des yeux de velours avec un regard qui est comme une chaude caresse, le nez un peu en chair, la bouche aux lèvres un rien entrouvertes, une superbe tête d'adolescent italien... » Son Altesse Impériale rencontrera donc Anna Deslions chez une autre « lionne » fameuse, Esther Guimond. Ainsi s'engagera une liaison qui assurera définitivement la gloire d'Anna. Qu'on ne croie pas découvrir ici une rareté. Léonide Leblanc fait la fierté d'Eugène de Talleyrand avant de se consacrer au duc d'Aumale. Edmond de Castries se ruine pour Adèle Courtois. Le prince Joachim Murat fait ses délices d'Adèle Rémy.

Extraordinaires soupers que ceux qui réunissent une tablée de professionnelles telles que Cora Pearl, Anna Deslions, Esther Guimond, Blanche d'Antigny, Rose Léon, Caroline Letessier d'une part et de l'autre, le duc de Gramont-Caderousse, roi de la haute noce parisienne, le prince d'Orange — baptisé prince Citron — le prince Paul Demidoff, neveu de la princesse Mathilde, le marquis de Modène, lord Hamilton mort après un souper à la *Maison dorée*, le prince Narichkine, le comte d'Hérisson et tant d'autres.

A la fin du Second Empire, Maxime Du Camp ne redoute pas d'avancer le chiffre énorme de cent vingt mille prostituées pour Paris seulement. Mercier, en 1780, en estimait le nombre à trente mille. Il faut dire que Maxime Du Camp englobe dans son estimation « toutes les femmes qui ne vivent que de galanterie, depuis la grisette qui est mise dans ses meubles jusqu'à la grande dame qui, avant de se vendre, exige et reçoit un million en pièces d'or nouvellement frappées ».

Au bas de l'échelle, comme toujours, il y a les filles soumises, celles qui doivent pouvoir présenter une carte qu'en leur argot elles appellent *brème*, car la carte est blanche et plate comme le poisson du même nom. La plupart du temps nées à la campagne, elles sont arrivées à Paris comme filles de cuisine ou bonnes à tout faire. Au bal du dimanche, elles ont rencontré une « connaissance ». Quand ils l'ont su, les maîtres l'ont chassée. Elle a cherché une place, n'en a pas trouvé, faute de certificat. Alors elle a mis « les pieds sur la pente que l'on ne remonte pas ». Le métier n'est pas facile : la police défend de stationner sur la voie publique avant 7 heures et après 11 heures du soir. Interdit de porter des étoffes éclatantes ni de sortir « en cheveux ». Interdit de se montrer à une fenêtre qui doit toujours porter des rideaux. Interdit de déambuler aux abords des églises, des palais, des jardins publics, des boulevards, des Champs-Elysées. Les inspecteurs du service ont le droit d'entrer chez les filles « à toute heure du jour et de la nuit ».

Si l'on monte d'un degré, on rencontre la lorette. C'est Nestor

Roqueplan qui a trouvé cette appellation destinée à faire fortune. Quand on a percé, sous Louis-Philippe, les nouvelles rues du quartier Notre-Dame-de-Lorette, on a construit des immeubles dont les appartements, faute de locataires, ont été loués à bas prix. Bonne occasion pour certaines jeunes personnes. Bientôt, on leur a donné le nom du quartier qu'elles habitaient. Balzac a commenté : « *lorette* est un mot décent, inventé pour exprimer l'état d'une fille ou la fille d'un état difficile à nommer... Quand un nom nouveau répond à un cas social qu'on ne pouvait pas dire sans périphrases, la fortune de ce mot est faite ».

Très précise, la hiérarchie. Une biche aspire à devenir lorette. Une lorette rêve de devenir lionne. La lorette ne fait en général qu'un repas par jour qui est naturellement le souper. Elle se lève à midi, se prépare tout l'après-midi. Le soir, elle part pour son terrain de chasse. Comment, ici, ne pas relire Zola : « A cent mètres du *Café Riche*, comme elles arrivaient sur le champ de manœuvres, elles rabattaient la queue de leur robe, relevée jusque-là d'une main soigneuse ; et, dès lors, risquant la poussière, balayant les trottoirs et roulant la taille, elles s'en allaient à petits pas ; elles ralentissaient encore leur marche, lorsqu'elles traversaient le coup de lumière crue d'un grand café. Rengorgées, le rire haut, avec des regards en arrière sur les hommes qui se retournaient, elles étaient chez elles... Mais à mesure que la nuit s'avançait, si elles n'avaient pas fait un ou deux voyages rue La Rochefoucauld, elles tournaient à la sale garce, leur chasse devenait plus âpre. Il y avait, au pied des arbres, le long des boulevards assombris qui se vidaient, des marchandages féroces, des gros mots et des coups... »

De ce sombre troupeau, quelques dizaines sont sorties pour devenir à la mode. On se ruine pour elles et même on les aime. Le Muffat de *Nana* a eu des modèles. Parfois on les épouse : c'est le cas du comte de Donnersmarck — futur prince — et de la Païva. Les chambres de ces étoiles de la haute noce ressemblent à celle de Nana : « Dans son luxe royal, la nouvelle chambre resplendissait. Des capitons d'argent semaient d'étoiles vives le velours rose thé de la tenture, de ce rose de chair que le ciel prend par les beaux soirs, lorsque Vénus s'allume à l'horizon, sur le fond clair du jour qui se meurt ; tandis que les cordelières d'or tombant des angles, les dentelles d'or encadrant les panneaux étaient comme des flammes légères, des chevelures rousses dénouées, couvrant à demi la grande nudité de la pièce, dont elles rehaussaient la pâleur voluptueuse. Puis, en face, c'était le lit d'or et d'argent qui rayonnait avec l'éclat neuf de ses ciselures, un trône assez large pour que Nana pût y étendre la royauté de ses membres nus, un autel d'une richesse byzantine, digne de la toute-puissance de son sexe et où elle l'étalait à cette heure même, découvert, dans une religieuse impudeur d'idole redoutée... »

Anna Deslions a-t-elle fourni à Zola le modèle de Nana ? Comme Nana, elle a ruiné plusieurs de ses clients. Elle a son hôtel rue Lord-Byron. Quand, à bout de ressources, ses amants la quittent, elle ne comprend pas. Avec l'âge sa vogue finira. Elle serait morte à l'hôpital si l'un de ceux qu'elle avait à peu près ruinés n'était venu lui assurer, pauvrement, le pain de ses vieux jours.

Aux Champs-Elysées, l'architecte Lefuel a élevé à grands frais l'hôtel de Mme de Païva, la plus lancée des lionnes de l'Empire. Ses charmes ont rempli son coffre-fort. Aurélien Scholl est allé voir les travaux. On l'a interrogé :

— Alors ? Où en est-ce ?

— Ça va, a-t-il répondu, ça va, on a déjà posé le trottoir.

La Païva accueille aux Champs-Elysées la fleur des intellectuels de son époque. Dans son lit, certes, mais aussi à sa table. Sortant de chez elle, ils se rendent chez une autre péripatéticienne célèbre, Jeanne de Tourbey. Elle tient salon, cette ancienne rinceuse de vaisselle. Elle correspond avec Taine qui lui écrit : « Aux pieds de Votre Altesse, sans espoir de monter plus haut. » Avec Renan qui exulte parce qu'elle l'a félicité pour sa *Vie de Jésus* : « Quand vous me dites que vous êtes touchée, je suis ému ; car je me dis alors : je n'ai pas trop mal réussi. »

Les frères Goncourt observent que la fréquentation des courtisanes se fait « plus scandaleusement qu'on ne l'a vu en aucun temps ». Ils s'affligent, mais eux-mêmes ne se privent pas de courir les filles. C'est l'époque qui le veut.

Entre les dames de l'aristocratie, les grandes bourgeoises et les courtisanes, un point commun : une égale préoccupation de la mode. Le Second Empire se confirme comme une soif frénétique d'élégances.

Rarement les femmes ont autant dépensé chez leurs couturières ou chez leurs modistes. « Elles se surchargeaient de dentelles, dit Henri d'Alméras, de tulles, de rubans flottants, de fleurs naturelles ou artificielles. Et au-dessus de ces énormes paquets d'étoffes, de ces robes qui ressemblaient à des ballons captifs, au-dessus de ces tours et de ces pyramides ambulantes, se balançait mollement une ombrelle de poupée, une minuscule ombrelle à manche d'ivoire. »

Pour nous, pas de doute, le Second Empire féminin, c'est la crinoline. Souvenons-nous, elle est antérieure : l'originalité de la crinoline du Second Empire vient de la substitution de cercles en acier au crin d'origine. Ils sont de différentes circonférences, de plus en plus larges à mesure que l'on approche du bas. La robe qui vient se poser sur cette armature prend ainsi l'aspect d'une cloche : comparaison que l'on découvre sous la plume de tous les contemporains. La crinoline a pris son fabuleux essor. Et elle va grandir, grandir ! Elle sera la providence des caricaturistes et des chansonniers. On dit qu'elle est idéale pour le nettoyage des rues, qu'une dame peut aisément y cacher son amant, qu'il suffit d'un peu d'air insufflé par-dessous pour la changer en ballon. La vérité est que la crinoline donne à la femme une fort jolie silhouette, mais qu'il faut souffrir pour la porter. Mme Carette parle de l'opération difficile que représente le simple fait de s'asseoir. C'est « un miracle de précision » ; une erreur et on n'évite pas « l'envolement de ressorts rebelles ». Monter en voiture devient une aventure. En outre les femmes en crinoline prennent une place incroyable. Avant la mode de la crinoline, le petit théâtre du château de Compiègne pouvait recevoir huit cents spectateurs. L'avènement de la crinoline oblige à supprimer trois cents places.

C'est en 1867 que l'impératrice fait connaître qu'elle n'aime plus la crinoline. La princesse de Metternich l'a encouragée à déserter cette noble cause. A l'origine, il y a ce couturier anglais de la rue de la Paix, Worth, dont Eugénie s'est entichée. Bientôt il fera travailler huit cents ouvrières, gagnera des millions et ira vivre aux Champs-Elysées dans un hôtel magnifique : la haute couture est née.

Avec la crinoline, les dessous se sont modifiés. Le corset, plus flexible, libère davantage le buste, la lingerie devient surabondante. De la passion de l'impératrice pour Marie-Antoinette est née aussi la mode des fichus noués en pointe à la taille, comme en portait la reine.

Les chapeaux ? Au début du règne, ils sont fermés ; un peu

plus tard, ils deviennent ronds. Après 1865, on les voit très petits, ils se posent sur le haut du front. On porte aussi des capotes, « à ruches et bavolets », que remplacent bientôt des toquets, « placés jusque sur les yeux et garnis de profusion de petits rubans envolés sous lesquels s'allongent des boucles à l'anglaise ».

Cette primauté de la mode sous le Second Empire n'est pas seulement la conséquence d'une volonté venue d'en haut, d'un désir d'éblouir ses contemporains éclos dans toutes les classes possédantes. Elle s'est développée en parallèle avec un certain nombre d'éléments économiques fort importants. L'industrie textile adopte de plus en plus les métiers à moteurs mécaniques. On produit davantage et à meilleur marché. Les techniques se diversifient, on découvre de nouveaux colorants. Autre incidence importante : cette machine à coudre que convoitent tant de Françaises. Toutes les couturières en ont acquis. De cet ensemble de conjonctures, va naître la confection que populariseront les grands magasins. On voit même apparaître, avec Révillon, la confection en fourrure.

Je feuillette les journaux féminins du temps. Je m'attarde sur ces gravures aux couleurs tendres et douces. Je regarde le portrait de Mme Moitessier par Ingres, les aquarelles par lesquelles Worth a popularisé ses modèles, le portrait de l'impératrice par Winterhalter. Et je rêve. Il me semble, au loin, entendre une valse d'Offenbach, brillante à la fois et mélancolique : *Mon cher amant, je te jure...* Entre les poufs de satin glissent les crinolines. Bien sûr nous savons ce que tout cela représente de légèreté, de caprices, de « poudre aux yeux », comme l'a vu Labiche. Pourtant je n'ai pas envie de me muer en censeur. La mode du Second Empire fut folle, soit, mais jamais peut-être la Française ne fut aussi belle. Le rythme de la valse s'étend, se déploie et s'éteint. Tournent, tournent les crinolines, mais ce n'est plus le même tempo. Ce que j'entends, maintenant, c'est la *Valse des adieux*.

La « fête impériale » et le triomphe des courtisanes ne doivent pas nous faire oublier cette France qui, à Paris et en province, est au travail. Assurément ses mœurs sont plus austères. Le prodigieux essor du commerce a enrichi les boutiquiers. Il faut songer à ces centaines de milliers de femmes de commerçants, qui ressemblent à celles qu'a vues Taine, rue des Lombards, et dont il admire « la netteté et la décision d'esprit, le talent d'administrer, au besoin la persévérance et le courage ». Et il explique : « Jusqu'à minuit la jeune femme demeure assise dans la cage de verre, tenant les écritures ; elle a une chaufferette et, cinq heures durant, elle ne bouge pas. La mélasse, les cuivres, les porcelaines, les vendeurs, les chalands, les commis, la servante, les enfants, du lundi matin au dimanche soir elle a l'œil sur tout ; ses ordres sont nets, ses livres exacts ; on lui obéit ; c'est un bon lieutenant, souvent meilleur que son capitaine. » Quand il y a discussion, le mari est souvent prêt à céder. Elle intervient : « Mais, mon ami, tu sais bien que... » En un tour de main elle reconquiert le terrain perdu. Il s'agit d'intérêts, les phrases n'ont pas de prise sur elle. Taine connaît de ces femmes de boutique « qui ont fait de leur mari un commis, le tout au grand profit de la maison ; lui, en manches de chemise, cloue les caisses, fait les courses et boit le petit verre avec les grosses pratiques ; elle, sèche, noire, commandante, donne les instructions, fait fabriquer, prend les grands partis, décide que tel modèle est hors de cours et qu'on vendra à perte ». Taine songe encore à ces innombrables dames de café qui, à travers toute la France, trônent au *Grand Café* au *Café du Commerce*, au *Café de l'Avenir*.

La bourgeoise qui ne travaille pas veille sur sa maison. Sévèrement, elle réglemente et économise. Un sou est un sou. Au moment du mariage de ses filles, elle se change en guerrière pour que les situations soient « assorties ». Jamais la dot de la jeune fille n'a joué un rôle aussi capital. Songeons aux pièces de Labiche, miroir fidèle de la bourgeoisie du Second Empire. Toutes ou presque tournent autour d'une dot. M. Philippe Soupault, commentateur exemplaire de Labiche, le souligne : « Dès qu'on aborde cette question les bourgeois ne se connaissent plus, ils oublient toute pudeur. » La dot, pour Labiche, c'est le « point de mire ». Colombot avoue à Célimare, son futur gendre, qu'au premier abord il ne lui plaisait pas du tout.

— Alors, demande Célimare, qu'est-ce qui vous a décidé ?
— Le notaire, quand il nous a dit que vous aviez quarante mille francs de rente.

Le vieux Duplan vient demander aux époux Carbonel leur fille pour son fils. On n'en veut pas. Pour obliger Duplan à partir, Carbonel laisse éteindre le feu. Duplan révèle que son fils a un million de dot. Stupeur de Carbonel. Duplan confirme :

— Mon Dieu, oui, mon fils Maurice a un million de dot.

— Un million !... Asseyez-vous donc... je vais rallumer le feu.

La jeune fille bourgeoise elle-même s'intègre parfaitement dans ce contexte social. Son rêve de toujours est le mariage. Rester vieille fille ? Depuis l'âge de dix ans, on lui a appris que c'était le plus redoutable des dangers. On l'a élevée pour le mariage. Sévèrement. Point de spectacles ni de lectures qui ne soient « convenables ». Jamais une jeune personne ne sort seule. La préparation au mariage comporte des exigences : même la fille d'un employé du ministère doit savoir peindre, chanter, écrire, jouer du piano. Elle est « à domicile une sorte d'artiste, un semblant d'actrice, une chanteuse, un peintre ». A la maison, on se prive sur tout pendant des années pour constituer l'indispensable dot.

La voici enfin mariée. Elle gouvernera le ménage du mari méfiant qui tient solidement les cordons de la bourse. Si elle a une fille, à son tour elle l'élèvera pour le mariage, économisera elle aussi pour la dot. Eternel recommencement. Vie étroite, sans horizon. Le soir, mari et femme jouent au loto — décidément le jeu du siècle. Parfois, cependant, la bourgeoise lit Octave Feuillet. Elle rêve. C'est le temps « des vapeurs ». S'il faut en croire Labiche ou Zola, le jeune homme qui habite sous les combles peut en profiter. Il faut aussi parler du meilleur ami du mari, en général célibataire et rentier. Célimare juge que les femmes mariées font les meilleures maîtresses : « Une femme qui a un mari, un ménage, cela vous fait un intérieur et puis c'est rangé, et c'est honnête... et il est si difficile aujourd'hui d'avoir pour maîtresse une femme complètement honnête. Quant à la dépense... des bouquets... quelques sacs de bonbons... rien du tout. » Chez la plupart des bourgeoises, des réflexes de pensée acquis dès l'enfance interdisent de telles aventures : le mot doit être pris dans son plein sens.

Telle quelle, la bourgeoise se sent sûre d'elle. On lui voit une sorte de fierté qui ressemble à un orgueil de classe. La province française n'a pas changé. On y trouve toujours un petit monde solide, attaché aux valeurs sûres, qu'elles soient morales ou financières. On vit petitement, mais sans souci à part celui de la hiérarchie sociale. La femme du propriétaire se sent supérieure à la femme d'un membre des professions libérales, la femme d'un fonctionnaire jalouse la femme du magistrat. On vit dans des maisons de famille où les plus pauvres ont des domestiques : ils coûtent toujours à peu près rien. Pendant que le mari est au café ou à son cercle — la France du Second Empire fourmille de cercles où s'isole le sexe mâle — les dames, vêtues de noir, se rendent visite. Le dimanche, elles vont à la grand-messe, puis aux vêpres. Elles ne manquent pas certains offices de la semaine et sont empressées aux œuvres charitables.

Ne tombons pas dans un piège facile. Ces bourgeoises, souvent, le roman les a peintes pour les caricaturer. Volontiers, nous ne leur voyons que des idées étroites qui correspondent à leur vie étriquée. Ce sont là idées toutes faites, vite devenues idées reçues. Souvent, les qualités profondes de ces femmes l'emportent sur leurs défauts.

Une Mme Boucicaut par exemple. Avec son mari Aristide, elle a débuté dans une toute petite boutique de *nouveautés*. Quelques mètres carrés, dans le quartier de la rue de Sèvres. Une porte que l'on pousse en faisant tinter le grelot. Un long comptoir de bois, des pièces de tissu, des chemises, du linge. Mme Boucicaut, comme tant de ses pareilles, aurait pu vivre là de longues années et y mourir. Mais elle et son mari sont ambitieux. Ils s'associeront avec un certain Vidan. Ils achèteront l'une après l'autre les boutiques voisines, feront tomber les murs. En 1852, le Bon Marché fait un million d'affaires par an. Il en fait sept en 1863 et les Boucicaut en sont seuls propriétaires. En 1869, on en est à vingt-sept millions. Quand Mme Boucicaut mourra, le Bon Marché sera devenu un empire, un colosse s'étalant entre quatre rues. Le grand magasin est né. Bien sûr, tout cela ne s'est pas fait sans larmes. Zola a raconté dans *Au bonheur des dames* l'impossible lutte entre le petit boutiquier et son gigantesque rival. Sous la houlette de Mme Boucicaut on a enrégimenté quelques milliers de jeunes filles. C'est une race nouvelle qui naît : la vendeuse de grand magasin. Une discipline de fer, d'interminables journées, toujours debout. Jamais de vacances. Le lot commun de celles qui travaillent.

La fondatrice du Bon Marché en est au soir de sa vie. La femme de chambre lui annonce qu'il y a là un M. Pasteur qui vient quêter. Elle s'étonne : « Allez lui demander si c'est celui de la rage. » La femme de chambre revient, c'est bien cela. On fait entrer Pasteur. Ils sont aussi intimidés l'un que l'autre. Compliments. Pasteur explique qu'il va construire un institut de recherche et qu'il a besoin de fonds. Il a entendu parler de la bonté de Mme Boucicaut, alors... Elle acquiesce et, tout de suite, va à son secrétaire. Elle rédige un chèque qu'elle tend, plié en deux, à Pasteur. Celui-ci remercie beaucoup, s'incline, prend congé. Avant de sortir du salon, il jette un coup d'œil sur le libellé du chèque. Un million, un million-or. Alors il se retourne, la regarde, se met à pleurer. Elle pleure avec lui.

Quand nous songeons à cette femme du Second Empire, il est bien rare que nous la voyions s'appliquer aux choses de l'esprit. Ludovic Halévy parle de cette petite femme que son amant trouve plongée dans une lecture passionnée.

— Qu'est-ce que tu lis ?

— *La Vie de Jésus* de M. Renan.

— Très bien, tu liras à un autre moment.

— Ah ! non ! je veux savoir comment ça finit.

Cas extrême, évidemment.

Quand, un jour de 1861, M. Roulland, ministre de l'Instruction publique, reçoit une lettre d'une demoiselle Julie-Victoire Daubié, certainement il se montre bien étonné. Cette institutrice demande à être autorisée à passer son baccalauréat. Le bon M. Roulland, scandalisé par une telle outrecuidance, dicte aussitôt une réponse qui est un refus. Il n'est pas question de mettre en cause les bases mêmes de la vie sociale. Qu'une femme devienne institutrice, apprenne à lire, à écrire, à compter aux enfants, on le veut bien mais on ne tient pas aux femmes instruites. Les femmes, jusque-là, semblent d'ailleurs l'avoir admis puisque la demande de Julie Daubié est sans précédent.

Une femme obstinée, Julie Daubié. L'année suivante, elle renouvelle sa demande. Cette fois, voici M. Roulland perplexe. Il demande une enquête. On lui apprend que Julie Daubié a trente-sept ans, qu'elle est née en 1824 à Fontenoy-le-Château, dans la famille pauvre d'un comptable. Elle s'est instruite seule auprès de son frère Joseph, un curé de campagne. Dévorée d'une véritable soif de savoir, elle a appris le latin, puis l'allemand. Logiquement, elle est devenue institutrice. Pédagogue-née, elle a réfléchi sur son métier. Elle juge que les institutrices sont en général inférieures à leur tâche, parce qu'elles sont « dépourvues de diplômes et plus encore de méthode ». Elle trouve fort exagéré qu'une religieuse, uniquement parce qu'elle est religieuse, puisse enseigner avec la seule autorisation de sa supérieure. Elle n'est nullement anticléricale, mais elle est armée de lucidité. En 1859, elle a présenté à l'académie de Lyon un ouvrage : *La Femme pauvre au XIXe siècle, par une femme pauvre*. Sévère, ce beau travail. Sur l'effroyable condition de l'ouvrière, sur les enfants exploités dès l'âge de huit ans, sur les femmes que l'on laisse croupir dans l'ignorance et sur les institutrices « moitié moins payées que les hommes » elle dit tout. Malgré tant d'audace, l'Académie de Lyon a couronné l'ouvrage de Julie Daubié.

Décidément, une femme intéressante. M. Roulland s'en convainc peu à peu. Tout de même, le baccalauréat... pour une femme ! On commence à parler de la candidature de Julie. L'impératrice Eugénie est informée. Aussitôt elle s'enflamme. Cette Julie Daubié lui plaît. Si l'institutrice est digne du diplôme de bachelière, de quel droit le lui refuserait-on. L'impératrice intervient auprès de M. Roulland. Celui-ci, empressé à plaire à la souveraine, objecte que la décision ne dépend pas de lui. Il faut un arrêté du Conseil des ministres. Qu'à cela ne tienne ! On saisit le Conseil qui autorise Julie-Victoire Daubié à se présenter aux épreuves du baccalauréat. Au milieu des potaches de dix-sept ans, moqueurs ou méprisants, on voit une femme de trente-sept ans se présenter à la faculté de Lyon devant les examinateurs. A cette époque, on ne donne pas de notes. On obtient, si l'on est refusé, une boule noire et une boule blanche si l'on est accepté. Julie Daubié se voit attribuer quatre boules blanches. La première Française bachelière vient d'être proclamée.

Quelques années plus tard, elle obtiendra sa licence ès lettres. Elle est morte en 1874, alors qu'elle travaillait à une thèse de doctorat sur la condition de la femme dans la société romaine. Que reste-t-il de Julie Daubié ? « En 1898, la ville de Fontenoy-le-Château fit apposer une plaque de bronze à son effigie sur une fontaine en fonte dorée qui ornait un coin de rue. Puis, les besoins de la circulation nécessitèrent l'enlèvement de cette fontaine qui fut jetée à la ferraille. Quant à la plaque, elle fut tout simplement reléguée à l'Ecole des garçons, au fond d'un placard[1]. »

Au temps de Julie Daubié, l'enseignement féminin est régi par une loi votée, à l'instigation de Barthélemy Saint-Hilaire, le 15 mars 1850. Pour la première fois depuis la Révolution, cette

---

1. Claude Pasteur.

loi a décidé que toute commune de huit cents âmes au moins devait ouvrir une école de filles. Hélas, elle a aussi prévu des dispenses dont un inspecteur de l'Académie, M. Paul Rousselot, écrit qu'elles ont été « trop facilement admises dans la pratique ». Sous l'impulsion du grand ministre Victor Duruy, la loi du 10 avril 1857 est venue modifier celle de 1850. Elle n'a pas mis fin à l'abus consacré en faveur des religieuses mais elle a abaissé à cinq cents habitants le chiffre de la population qui entraîne obligatoirement l'ouverture d'une école de filles. Victor Duruy a créé des classes de persévérance, dont il a précisé par circulaire que, dans sa pensée, elles devaient être très largement ouvertes aux jeunes filles. Il a fait ouvrir à Paris et dans une soixantaine de villes de province des cours qui deviendront, un jour, des collèges de filles. Initiative jugée par certains critiquable, voire révolutionnaire. Dans maint diocèse, les évêques ont fulminé contre les dangers auxquels les familles s'exposeraient en plaçant les malheureuses jeunes filles sans défense entre les mains d'éducateurs laïques. En 1869, le célèbre Mgr Dupanloup demandera au contraire qu'on élargisse encore l'éducation féminine, souhaitant « dans l'éducation des femmes une réforme qui certainement importe à la dignité de la France ». Cette réforme, c'est celle qui ouvrira aux femmes les portes de l'enseignement supérieur. Il faudra pour cela attendre la troisième République.

On doit constater néanmoins que, si les femmes ne reçoivent guère d'instruction, elles écrivent beaucoup. L'historien de la littérature féminine en France, Jean Larnac, constate à propos du XIXᵉ siècle qu'« aucune époque, pas même la nôtre, ne présenta autant d'*auteures* selon l'expression encore en usage ». Ces écrivains femmes viennent de toutes les classes de la société. Au sommet, on trouve la duchesse d'Abrantès et la princesse de Salm ; à la base, l'ouvrière Antoinette Quarré.

Avec Louise Colet (1810-1876), on change de genre. Sa liaison, de 1846 à 1855, avec Flaubert a plus fait pour sa gloire peut-être que ses vers. Il reste d'elle quelques anecdotes réjouissantes.

— Vous savez, déclare-t-elle, que l'on a retrouvé les bras de la Vénus de Milo ?

— Où ça ?

— Dans les manches de ma robe.

Après avoir, selon les dires d'Emile Henriot, « prodigieusement embêté Flaubert et ridiculisé de nombreux autres », elle devient la maîtresse du philosophe Cousin. Quand elle annonce qu'elle est enceinte, Alphonse Karr écrit dans *Les Guêpes* qu'il s'agit « d'une piqûre de cousin ». La poétesse, outrée, court chez Karr et lui plante un couteau de cuisine entre les omoplates. Le couteau glisse. Louise Colet s'évanouit après s'être écriée : « Oh ! le lâche... il portait une cuirasse ! » Quant à Karr il gardera le couteau, le placera sur sa cheminée avec cette inscription laconique : « donné par Mme Louise Colet, dans le dos ». On doit à Louise Colet des ouvrages dont les héros étaient trop souvent ses anciens amants. Par la prose et les vers, elle se venge. Elle a commencé par Musset, malgré le conseil de Flaubert : « Tu as fait de l'art un déversoir à passions... cela ne sent pas bon. » Louise Colet a été comblée d'honneurs et de pensions. Il faut dire qu'elle était belle et se présentait toujours en personne chez les ministres et les académiciens. Au premier concours de poésie qu'elle a remporté à l'Académie, il a suffi que Népomucène Lemercier la reçoive pour que, sur-le-champ, il fasse doubler le prix en sa faveur. Comme écrivain, elle a été prise au sérieux, non seulement par Musset, Flaubert et Cousin, ce qui s'expliquerait, mais par Béranger, Vigny et Hugo. Seul Sainte-Beuve lui a refusé son admiration. Aussitôt elle a fait paraître sur lui un article où, avec une férocité sans mélange, elle dénonçait « ses amours vénales et ses Manon de carrefour ».

Un nom, un seul, déborde ce cadre purement anecdotique. Une œuvre vaste, une inspiration vraie, une âme poétique authentique : tout cela doit être accordé à Marceline Desbordes-Valmore. On doit toujours revenir au jugement de Baudelaire, selon lequel elle « fut femme, fut toujours femme et ne fut absolument que femme ; mais elle fut à un degré extraordinaire l'expression poétique de toutes les beautés naturelles de la femme ». A vrai dire, si Marceline Valmore, née en 1786, meurt en 1860, son œuvre s'est surtout épanouie sous la Restauration et la monarchie de Juillet.

Sa vie est une longue souffrance. Toute jeune, elle doit, pour gagner sa vie, jouer la comédie et chanter. Elle est séduite par Hyacinthe de Latouche, misanthrope grinçant. Elle n'a pas vingt ans qu'elle est abandonnée avec un enfant. Elle-même raconte : « A vingt ans, des peines profondes m'obligèrent à renoncer au chant, parce que ma tête me faisait pleurer. Mais la musique roulait dans ma tête malade et une mesure toujours égale arrangeait mes idées à l'insu de mes réflexions. Je fus forcée de l'écrire pour me délivrer de ce frappement fiévreux. Et l'on me dit que c'était une élégie. »

En 1817, un acteur, Prosper Valmore, s'éprend de sa camarade Marceline Desbordes. Elle se dérobe, effrayée : « J'ai tant souffert !... » Valmore insiste. Il l'aime sincèrement. Elle se rend. Elle l'idolâtrera sans que ce Valmore se montre vraiment digne de cet amour. C'est en elle-même qu'elle trouvera l'inspiration. Point de culture poétique. Une ignorance naturelle de ce qui *doit* se faire. Une admirable modestie : « Tout ce que j'ai écrit doit être monstrueux d'incohérence, de mots impropres et mal placés. » Si elle ignore l'orthographe — ses éditeurs doivent corriger ses vers — elle sait avec force exprimer ce qu'elle sent. André Beaunier affirmait que les *Roses de Saadi* contenaient les plus beaux vers d'amour qui aient jamais été écrits :

> *J'ai voulu ce matin te rapporter des roses*
> *Mais j'en avais tant pris dans mes ceintures closes*
> *Que les nœuds trop serrés n'ont pu les contenir...*
> *Les nœuds ont éclaté ; les roses envolées*
> *Dans le vent, à la mer, s'en sont toutes allées.*
> *Respires-en sur moi l'odorant souvenir...*

Sainte-Beuve a dit de Marceline Desbordes-Valmore qu'elle était « la poésie même ».

Officiellement, la France est catholique depuis le Concordat de 1801. L'empereur et l'impératrice assistent aux offices. Eugénie tient à ce qu'on soit dévot autour d'elle. Elle élève son fils, le prince impérial, dans la pratique de la religion. Les femmes de l'aristocratie et de la haute bourgeoisie, elles aussi, assistent aux offices. Une nouveauté : la bourgeoisie moyenne et petite se rapproche de l'Eglise. Les rites catholiques font partie intégrante de la vie de chaque jour. L'anticlérical Victor Hugo participera toujours avec joie aux cérémonies qui émaillent les âges de ses petits-enfants. Les enterrements civils, exceptionnels, sont très mal vus. On appelle cela « se faire enterrer comme un chien ».

Par contre, la déchristianisation du monde ouvrier est désormais un fait accompli. Les ouvriers forment un monde à part dont s'occupe peu la hiérarchie catholique, malgré des initiatives remarquables comme celles de Mgr Sibour. On vit sur la tranquille certitude d'une France presque universellement chrétienne. Dans une semblable conviction, on discerne des failles. Mgr Dupanloup se réjouit d'avoir fait monter le nombre de communions pascales de trente mille à quarante mille, dans un diocèse qui compte 350 000 catholiques. La religion est-elle réduite à une pratique extérieure ? La société que dépeint Zola est étrangère à Dieu, même si elle va à la messe. Mais Zola a-t-il vu toute la société ? On constate dans cette France du Second Empire la permanence d'un sentiment religieux très profond. Ce XIXe siècle, en apparence matérialiste, voit aussi se développer une telle infinité de congrégations de femmes que l'on finira par dire que le Bon Dieu, qui sait tout, ignore pourtant quelque chose : le nombre exact des congrégations féminines.

Le siècle du matérialisme est aussi celui où, dans la nuit du 18 au 19 juillet 1830, une petite novice, fille de la Charité, considérée par ses supérieures comme « d'esprit peu saillant », voit apparaître la Vierge dans la chapelle de son couvent de la rue du Bac. Trois fois. Sœur Catherine Labouré ne le dira qu'à son confesseur. La Dame du Ciel lui a confié la prophétie « d'événements dramatiques que l'Histoire quarante ans plus tard devait confirmer jusque dans les détails ». La Vierge a demandé aussi à Catherine que l'on priât. Et partout s'est élevée une immense vague de prières.

En 1849, le 19 septembre à midi, une petite fille, Mélanie, garde les troupeaux dans la montagne du Dauphiné. Près de La Salette. Elle a quinze ans. Avec elle, un petit garçon de douze ans. Le Dauphiné ne passe pas pour être un modèle de piété. Ni la petite Mélanie ni le petit Maximin ne sont des habitués de l'église. Tout à coup ils aperçoivent au-dessus de La Salette, entre deux monts, une prodigieuse lumière, une sorte de globe de feu. Assise sur ce globe, une femme, la « Dame », diront-ils. Elle est assise, elle pleure. Eperdus, ils s'approchent, elle se lève. Autour de sa tête, un diadème de lumière. Elle dit que, si elle pleure, c'est parce que les hommes oublient Dieu, qu'ils ne vont plus à la messe, qu'ils n'observent plus les lois du jeûne et que leur conduite est mauvaise. Si les hommes ne s'améliorent point, ils paieront le prix de cette erreur : de mauvaises récoltes s'abattront sur le pays. Les raisins et les noix pourriront. Des épidémies feront mourir bêtes et enfants.

Onze années qui passent encore. Le jeudi 11 février 1858, une petite paysanne, Bernadette Soubirous, chemine dans la campagne de Lourdes avec sa sœur Toinette et son amie Jeannette. Elles s'en vont ramasser du bois mort. Les voici au-dessus du gave qui frémit et écume sur ses galets. Il y a là un petit canal, des arbres et un rocher. Bernadette hésite si elle doit se mouiller les pieds. Soudain, dans un creux du rocher, elle aperçoit une femme ou plutôt, dira-t-elle, « une demoiselle », vêtue de blanc, qui lui sourit. Quand Bernadette racontera cela chez elle, on se moquera. Elle a quatorze ans et vit dans une étroite piété. Elle reverra la demoiselle. Dix-huit fois. Bientôt, Lourdes ne parle plus que de cela. Les autorités s'en mêlent, la hiérarchie catholique, le préfet, la magistrature. Quand Bernadette s'en retourne dans sa grotte, elle est accompagnée de centaines d'hommes et de femmes qui espèrent partager la vision ou démasquer l'imposture. Des gendarmes canalisent cette foule. La petite Bernadette apparaît d'abord comme seule au monde. Tout à coup, c'est l'extase. Elle récite son chapelet ; sur son visage irradient la joie et la lumière. La demoiselle lui parle mais elle seule entend. A la grotte de Massabielle, des miracles s'accomplissent. Quand, sur l'ordre du curé, incrédule comme tant d'autres, Bernadette a interrogé la demoiselle, celle-ci a dit : « Je suis l'Immaculée Conception. » Or, Bernadette ignore tout de la théologie, elle ne sait même pas ce que c'est. La hiérarchie catholique, longtemps hostile, finira par reconnaître le fait de Lourdes. L'historien doit admettre que ce qui s'est passé à Lourdes, en 1858, reste « l'une des plus extraordinaires manifestations du surnaturel de tous les temps ».

Mélanie à La Salette, Bernadette à Lourdes font, sous le règne de Napoléon III, souffler à travers la France un immense élan de foi. En 1855, on estimera qu'en six ans cinq cent mille pèlerins sont montés à La Salette. Or pour gagner cette région isolée, il faut plus que de l'entêtement. A Lourdes, ce sont d'immenses foules qui affluent bien avant 1862, date de la reconnaissance officielle par l'évêque de Tarbes. Si l'on s'interroge sur les croyances de la femme française, on peut regretter le formalisme évident qui l'accompagne, la puérilité de certaines pratiques, la niaiserie des cantiques à la mode. On ne peut pas nier le fait de cette foi qui déroutera l'opposition des libéraux. L'un d'eux écrit en 1863 : « Jamais peut-être on n'a vu tant de confréries religieuses, d'ordres religieux, de pratiques particulières, de récits d'apparitions et de miracles. Quand on remarque cette série de faits se succédant tous dans le même sens, il est difficile de ne pas y voir l'effet d'un besoin, non si l'on veut de l'esprit humain ou chrétien mais au moins de ceux qui restent fidèles à l'Eglise. »

« Je vois deux peuples dans nos villes : l'un vêtu de drap, c'est l'homme. L'autre, de misérable indienne et cela même l'hiver ! L'un, je parle du dernier ouvrier, du moins payé, du gâcheux, du serviteur des ouvriers ; il arrive pourtant, cet homme, à manger de la viande le matin, un cervelas sur le pain ou quelque autre chose. Le soir, il entre dans une gargote et mange un plat de viande, et même boit du mauvais vin. La femme du même étage prend un sou de lait le matin, du pain à midi et du pain le soir, à peine un sou de fromage. Sa journée est de dix sous et elle ne peut être de onze. » Ce parallèle entre l'ouvrier et l'ouvrière du Second Empire, c'est sous la plume du grand Michelet qu'on le découvre. L'essor industriel accroît, sous Napoléon III, son élan fructueux pour notre économie mais aussi sa tyrannie implacable pour le monde ouvrier. La victime la plus évidente, plus encore que sous Louis-Philippe, c'est la femme.

L'écart des salaires entre ouvriers et ouvrières augmente. Les conditions de travail s'aggravent. Des centaines de milliers de femmes — à l'époque de la crinoline, de la Païva et des élégances de Compiègne — traversent une existence qui nous apparaît comme un long calvaire. Vivent-elles ? Non. A peine elles subsistent. La naissance des beaux quartiers, le bouleversement de Paris par Haussmann ont définitivement rejeté le monde ouvrier dans des zones d'habitation qui lui sont propres. Le taudis devient la règle. Des enquêteurs dépeignent une femme qui, étouffant littéralement dans sa mansarde, doit casser le carreau de sa lucarne, une autre « ensevelie plutôt que logée dans un trou de cinq pieds de profondeur sur trois de largeur ». Lille a toujours ses *caves* et ses *courettes*. Jules Simon les a visitées : « Un soupirail sur la rue, fermé le soir par une trappe (une "planque"), quinze ou vingt marches en pierre en mauvais état et, au fond..., une cage de pierre voûtée n'ayant pour sol qu'un "terri", éclairée seulement par le soupirail et mesurant ordinairement quatre mètres sur cinq. » Les courettes, ce « sont les labyrinthes formés de longues ruelles qui débouchent les unes dans les autres et sont toutes bordées de vieilles et chétives maisons mal bâties, mal éclairées, mal fermées où les familles d'ouvriers s'entassent ». La région parisienne n'a pas grand-chose à envier au Nord. En revanche, certains patrons alsaciens cherchent à améliorer l'habitat ouvrier, de même que Schneider au Creusot.

A de très rares exceptions près, le salaire de l'ouvrière est inférieur de moitié à celui de l'homme, même quand elle fournit un travail identique. A Paris, la moyenne du salaire journalier de l'ouvrier est de 3,81 F en 1853 et de 4,98 F en 1871. En 1860, on constate que les femmes perçoivent 2,50 F par jour.

Misérable budget d'une ouvrière. Il lui faut dépenser 115,50 F pour l'habillement. L'hiver, elle ira chez le charbonnier faire garnir de cendres incandescentes une chaufferette, pour cinq centimes. L'éclairage ? Elle compte 36 F pour le chauffage et l'éclairage et 36 F pour le blanchissage. Nous voici à 187,50 F. Il reste 115,50 F pour la nourriture. Donc, 59 centimes par jour. Avec cela, on ne meurt pas tout à fait de faim. A condition, toutefois, de préférer le pain à la viande. Le très bourgeois *Journal des demoiselles*, qui n'aime guère alarmer son public, consacrera exceptionnellement, en février 1865, un article à la condition de l'ouvrière : « Parmi les pauvres filles qui manient l'aiguille, il y a une échelle de gain qui, de cinq francs, décroît jusqu'à quinze centimes par jour. Il faut prendre une moyenne qui est de deux francs, gagnés en un jour de treize heures... et encore faut-il défalquer sur cette somme le fil ou la soie que l'ouvrière emploie. »

Paris compte, en 1860, soixante mille ouvrières environ. Parmi elles, on en trouve sept cents dont les salaires sont supérieurs à quatre francs : par exemple les couturières pour tailleurs. Viennent ensuite celles qui gagnent plus de 2,50 F sans dépasser quatre francs : les ouvrières travaillant dans les grandes maisons de confection ou celles qui fabriquent ces admirables fleurs artificielles dont s'ornaient les toilettes des élégantes, de « véritables artistes », selon Jules Simon. On en vient à la grande masse, plus de quarante mille ouvrières qui gagnent de 2 F à 2,50 F, salaire considéré comme normal. Au bas de l'échelle, nous rencontrons dix-sept mille femmes qui gagnent *par jour* de 1,25 F à cinquante centimes. Imaginons ce que peut être la vie d'une de ces dix-sept mille. Une souffrance continue, une insurmontable angoisse, un problème de tous les instants. Encore sommes-nous à Paris. En province les salaires se révèlent encore plus bas. A Mirecourt, au début du Second Empire, les dentellières déclarent ne gagner que trente-cinq à quarante centimes pour le paiement d'une journée de travail qui peut aller jusqu'à vingt heures. Elles signalent que, sous Louis-Philippe, elles gagnaient de soixante-quinze centimes à un franc soixante. A Mazamet, les femmes gagnent soixante-cinq centimes ; en Lorraine, les brodeuses, pour quatorze à quinze heures de travail, ne dépassent pas vingt sous. Dans les ateliers du Nord-Est, autour de Charleville, à Mulhouse dans l'impression sur étoffes, le salaire *normal* est de un franc. En revanche, certaines ouvrières privilégiées parviennent, comme à Roubaix, à trois et cinq francs.

Une ouvrière peut-elle vivre seule avec son salaire ? A part la poignée des privilégiées — sept cents pour Paris ! — impossible. Elles ne pourront survivre qu'en se mettant en ménage. Après l'association de deux salaires, quelle va être leur vie ? Celle d'une *morte vivante*, selon la forte expression de Victorine Brochon qui a partagé leur sort : « J'ai vu de pauvres femmes travaillant de douze à quatorze heures par jour, pour un salaire dérisoire, ayant vieux parents et enfants qu'elles étaient obligées de laisser, s'enfermer de longues heures dans des ateliers malsains où ni l'air, ni la lumière, ni le soleil ne pénètrent jamais, car ils sont éclairés au gaz, dans des fabriques où elles sont entassées par troupeaux, pour gagner la modique somme de deux francs par jour et moins encore, ne gagnant rien les dimanches et fêtes. Le samedi soir, après leur journée accomplie, souvent elles passent la moitié des nuits pour réparer les vêtements de la famille ; elles vont aussi porter au lavoir leur linge à couler, pour aller le laver le dimanche matin. » Le mari ressemble trop souvent à celui qu'a dépeint Zola. Le taudis familial l'écœure, les criailleries des enfants lui cassent les oreilles, il se fâche, bat sa femme puis s'en va au cabaret pour « tuer le ver » autour de l'alambic. A chaque paye c'est un combat. La femme exige la remise totale du salaire. L'ouvrier ne veut pas. On voit des femmes relancer les hommes à la porte de l'usine ou au cabaret, pleurer, crier, se jeter sur eux. Jamais l'expression de lutte pour la vie ne fut plus juste. L'argent est une hantise, il manque toujours. On vit sur un crédit qui est un engrenage, on doit à l'épicier, au charbonnier, au boulanger. Le chemin du mont-de-piété devient une habitude. On y engage les vêtements, les matelas.

Relisons l'enquête de Villermé, celle d'Audiganne, *Le Peuple* de Michelet. Nous la voyons, cette femme qui n'arrête jamais, qui dort trois ou quatre heures la nuit, qui n'a pas de dimanches, passant de la fabrique à l'entretien de la maison. Comment ne pas comprendre Victorine Brochon qui s'écrie : « Les mots honneur, vertu, foi sonnent mal aux oreilles de ces déshéritées. Pour elles ce sont des phrases creuses et vides de sens. »

Une contemporaine, Julie Daubié — mais oui, la première bachelière — constate que, plus encore que sous Louis-Philippe, l'insuffisance du salaire de l'ouvrière urbaine « la pousse parfois, même en temps de prospérité industrielle, à compléter son budget par la vente de son corps : cela s'appelle le cinquième quart de la journée. Pendant le chômage, cette espèce de droit au travail remplit la journée entière. Dans différentes villes, selon le témoignage des inspecteurs du bureau des mœurs, des femmes qui n'ont point perdu tout sentiment d'honnêteté sont poussées à l'ignominie par manque de moyens de subsistance... On peut en citer une qui lutta trois jours contre les tortures de la faim avant de succomber ».

Cette vie au jour le jour comporte une autre conséquence, fort explicable. On ne se marie plus guère : « Le mariage légal et religieux n'est pas la règle de la famille ouvrière [1]. » Jules Simon témoigne que ce concubinage, devenu presque la règle, se poursuit en général longtemps. Les ouvriers font preuve d'une fidélité « beaucoup plus grande que bien des mariages légitimes ». L'union libre pratiquée à Paris est devenue célèbre jusqu'à l'étranger. Quand les ouvriers du pays de Bade vivent en concubinage, ils déclarent qu'ils font les Parisiens, ils inventent le verbe *parisieren*. Certains en font une sorte de philosophie provocatrice ; le cordonnier Napoléon Gaillard, par exemple : « le concubinage selon moi, c'est le seul mariage de l'homme d'honneur ! ». En général on s'est mis en ménage sans faire de manières, parce que cela se trouvait. A-t-on le temps de penser à autre chose ? Très jeunes, les filles ont perdu l'habitude de la réflexion. Le dimanche, « elles s'en donnent ». Que pourraient-elles faire d'autre ? C'est, à travers la France, sous les murs des fabriques, dans les terrains vagues, une immense bacchanale sans joie. Zola, mieux que personne, l'a montré dans *Germinal*.

Cela se passe à l'ombre des « terrils » : « Quand le père Mouque se rendait au Voreux ou qu'il en revenait, chaque fois

---

1. Edith Thomas.

qu'il sortait de son trou, il ne pouvait risquer un pied sans le mettre sur un couple, dans l'herbe ; et c'était pis s'il voulait ramasser du bois pour sa soupe, ou chercher des glaiterons pour son lapin, à l'autre bout du clos : alors il voyait se lever, un à un, les nez gourmands de toutes les filles de Montsou, tandis qu'il devait se méfier de ne pas buter contre les jambes tendues au ras des sentiers. D'ailleurs, peu à peu, ces rencontres-là n'avaient plus dérangé personne, ni lui qui veillait simplement à ne pas tomber, ni les filles qu'il laissait achever leur affaire, s'éloignant à petits pas discrets, en brave homme paisible devant les choses de la nature... Ah ! cette jeunesse, comme elle en prenait, comme elle se bourrait ! Parfois il haussait le menton avec des regrets silencieux en se détournant des gaillardes bruyantes, soufflant trop haut au fond des ténèbres... » Sous le Second Empire, le nombre des enfants naturels est de 7 % du chiffre de l'ensemble des naissances. Il est de 18 % à Mulhouse, de 27 % à Saint-Quentin, de 32 % à Troyes. A Châlons-sur-Marne, en 1865, sur les 352 enfants qui voient le jour, 98 sont illégitimes [1].

Le principal ennemi des ouvrières, sous le Second Empire, est bien sûr la classe qui les opprime. Mais, tout autant, c'est Proudhon. Son influence sur le monde ouvrier reste considérable. Quand se crée à Londres, en 1863, l'Association internationale dont Marx a rédigé l'adresse inaugurale, la section française, aussitôt organisée et imprégnée de proudhonisme, va rédiger un mémoire contre la participation des femmes à la production. Les ouvrières françaises vont donc avoir à se battre sur deux fronts : contre les patrons et contre les ouvriers. L'intelligence de certaines d'entre elles les conduira à faire passer le second combat après le premier. Malgré l'ostracisme officiel de l'Internationale, des femmes y adhèrent, telles que Victorine Brochon et Nathalie Lemel. Des rapports signalent l'influence de cette dernière sur ses camarades d'atelier. Ceux qui l'ont connue soulignent « la lumineuse netteté de son esprit ». Marguerite Tinayre, institutrice imprégnée de saint-simonisme, adhère elle aussi à l'Internationale. Après 1868, elle participe à des réunions publiques pour défendre, signale la police, « les idées socialistes et antireligieuses ». Dans des romans qu'elle signe Jules Paty, Margue-

---

1. Chiffres de Georges Duveau.

rite Tinayre dépeint le sort malheureux de la classe ouvrière. Elle crée des sociétés de secours mutuel, des coopératives de consommation qui doivent soulager le sort des femmes, mais aussi assurer leur éducation politique.

Après 1868, quand l'Empire libéral accorde le droit de réunion, les conférences se multiplient où l'on traite du travail des femmes. Au Vaux-Hall, Maria Deraismes défend avec énergie le principe de l'égalité de salaire. Féministe passionnée, cette jeune fille « bien élevée » fait l'étonnement des journalistes. Ils attendent une mégère et ils voient monter à la tribune une « jeune fille de vingt-quatre à vingt-cinq ans au visage un peu pâle, d'une grande distinction de forme et d'allure, d'une élégance simple, sans timidité ridicule et sans aplomb insolent ». Pour elle, la libre pensée et l'émancipation des femmes doivent être toujours associées. Inlassablement, elle affirme : « l'infériorité des femmes n'est pas un fait de la nature, c'est une invention sociale ». Aux réunions du Vaux-Hall, ouvrières et ouvriers s'affrontent parfois. Les premières signalent que le salaire des femmes diminue avec une « effrayante » rapidité. Si l'on n'y prend garde, on ne laissera pas « d'autre alternative que la prostitution ou le suicide aux femmes qui n'ont que le travail pour vivre ». Parfois, des ouvriers proudhoniens se dressent et crient que les femmes ne doivent pas enlever leur travail aux hommes, qu'elles sont faites pour rester à la maison, que la vraie solution est d'augmenter le salaire de l'homme afin qu'il puisse faire vivre sa femme au foyer. Maria Deraismes et Paule Minck expliquent qu'il s'agit là d'un faux point de vue.

Maria Deraismes, Paule Minck, André Léo défendent aussi les droits politiques des femmes. Paule Minck a fondé la Société fraternelle de l'ouvrière, elle rédige un petit journal *Les Mouches et les Araignées*. C'est « une petite femme très brune, un peu sarcastique, d'une grande énergie de parole ». Fille d'un émigré polonais, elle donne des leçons de langues, elle écrit des articles mais, lingère, elle est « aussi habile à manier l'aiguille qu'à donner des leçons ». André Léo est le pseudonyme masculin de Léonide Béra qui, veuve d'un disciple de Pierre Leroux, gagne avec sa plume son pain et celui de ses enfants. Dans des romans oubliés, elle met en évidence les injustices de la société. Surtout, elle lutte pour le droit des femmes, publiant notamment *Les Femmes et les Mœurs*. Reprenant les arguments d'une autre féministe, Jenny d'Héricourt, elle nie l'infériorité de la femme et s'écrie qu'on ne saurait faire dépendre un bulletin de vote d'une différence de capacité musculaire. D'autres discussions s'engagent dans la salle du Pré-aux-Clercs. Olympe Douard réclame le rétablissement du divorce, elle affirme que celui-ci garantit « la moralité des familles ». Au commissaire de police venu l'arrêter, elle révèle qu'elle n'a fait que citer Louis-Napoléon écrivant au fort de Ham *Les Idées napoléoniennes* !

Ces femmes d'origines diverses se retrouveront, peu avant la guerre de 1870, dans la Société de revendication du droit des femmes. A ses réunions participent André Léo, Maria Deraismes, Mme Jules Simon, Noémie Reclus. Et une institutrice nommée Louise Michel. Cette société publiera *Le Droit des femmes*.

Ce lent travail, cette action patiente atteindront finalement leur but. En janvier 1870, quand le prince Pierre Bonaparte tue le journaliste Victor Noir, c'est l'émeute. « Des femmes partout, note Jules Vallès. Grand signe. Quand les femmes s'en mêlent, quand la ménagère pousse son homme, quand elle arrache le drapeau noir qui flotte sur la marmite pour le planter entre deux pavés, c'est que le soleil se lèvera sur une ville en révolte. »

C'est demain qu'il se lèvera, le soleil. Un soleil rouge.

CHAPITRE X

VIVE LA RÉPUBLIQUE !

Les cheveux dénoués dans le vent, hagarde, furieuse, hors d'elle, elle court et elle crie :
— Le feu devant eux ! Le feu !
L'étonnement sur les visages. Les gens qui regardent. L'effroi. Et la femme qui continue à courir en hurlant :
— Le feu ! Le feu !
Elle s'appelle Louise Michel. Sa fiche signalétique : *taille un mètre six cent quarante millimètres, cheveux et sourcils bruns, front haut, yeux bruns, nez gros, bouche moyenne, menton rond, visage ovale, teint ordinaire.* Rien de plus froid qu'un signalement de police. Si nous voulons imaginer Louise Michel, nous devons la voir telle que ses portraits la révèlent : sans beauté, les traits trop accentués, le front trop haut, une sorte d'énergie farouche dans le regard. En même temps, une immense bonté, une lumière, cette foi qui, dit-on, soulève des montagnes. Bonne, Louise Michel ? Et elle crie qu'il faut brûler Paris ? Elle le crie.
Depuis le dimanche 21 mai 1871, la Commune de Paris agonise. Le grand élan du 18 mars, le sursaut à la fois patriotique et social débouche sur une certitude tragique : vingt-cinq mille soldats versaillais, entrés par surprise dans la capitale, envahissent Paris. A ces soldats — des provinciaux pour la plupart — on a fait longuement la leçon : les Parisiens révoltés sont des monstres recrutés dans les prisons ; les femmes sont des prostituées et les enfants sortent des maisons de correction. On n'épargne pas la vermine, on l'écrase. Les braves soldats ne se le sont pas fait dire deux fois. Dès l'entrée dans Paris, le massacre organisé a commencé. Une tuerie comme on n'en avait pas vu

depuis des siècles dans la ville millénaire. L'écrasante disproportion des forces se traduit sur le terrain : les barricades sont
prises l'une après l'autre. Les « fédérés » — ainsi appelle-t-on
les soldats de la Commune — se replient pour continuer à se
battre. Très vite, la terrible certitude a été connue : prisonnier
des Versaillais, c'est être sûr de périr sur l'instant. Le fédéré est
empoigné, collé à un mur. Quelques coups de feu — souvent
pas même une salve. Il n'y a plus qu'un cadavre sur le pavé, au
milieu d'une flaque de sang qui s'élargit.

Comme les autres, Louise Michel a su comment mouraient
ses amis. Elle a vu tomber à ses côtés, sur les barricades, ceux
qui partageaient ses certitudes. Au début, on s'est battu en
croyant encore possible une victoire. Maintenant, on se bat
désespéré. On se bat parce qu'on veut mourir et parce qu'un
combattant pénétré de son bon droit ne consent jamais à se rendre. On se bat pour faire payer cher leur succès aux soldats de
M. Thiers. Quand Louise Michel a vu tomber la barricade qui
barrait l'entrée de la chaussée Clignancourt, devant le Delta,
quand elle a vu surgir les Versaillais la fureur au visage et l'injure à la bouche, elle a pu s'enfuir. Alors : « Comprenant que
tout était perdu, je ne voyais plus qu'une barrière possible, et je
criais : — Le feu devant eux ! Le feu ! Le feu ! »

Elle sera satisfaite. Bientôt, Paris brûlera.

On l'appelait « la vierge rouge ». Dans la légende révolutionnaire, elle se dessine toujours sur un fond de barricade. On ne
l'imagine qu'un fusil à la main. Si, évoquant la Commune, on
parle des « pétroleuses », un exemple vient aussitôt à l'esprit, le
sien. Elle est tout à la fois le symbole d'une certaine révolution
et l'épouvantail traditionnel des bourgeois. J'ai entendu en 1936,
sur le passage d'un cortège de grévistes où dominaient les
femmes, cette réflexion d'une spectatrice : « Rien que des
Louise Michel ! »

Or cette insurgée type est née, en 1830, dans un château. Dès
son berceau, son histoire fuit la banalité. La fille d'une veuve
chargée de six enfants a été recueillie par les propriétaires du
château de Vroncourt, dans le département de la Haute-Marne.
Cette Marianne a grandi aux côtés des enfants de la maison,
Laurent et Agathe Demahis. Jadis les Demahis étaient nobles.
Etienne-Charles de Mahis a été conquis par les idées de Voltaire,

de Rousseau, des encyclopédistes. Il a accueilli la Révolution avec joie, l'a prouvé en abandonnant sa particule. Il est devenu Demahis et, depuis, est resté farouchement républicain.

Il faut imaginer ce château de Vroncourt où la jeune Marianne Michel a grandi. Barrès a pu le visiter. Il dit que le château « glaçait les facultés de l'âme ». Délabré, on l'appelait dans le pays la Maison Forte ou le Tombeau — ce qui est tout dire. « Une vaste ruine où le vent soufflait comme dans un navire. »

Marianne Michel va sur ses vingt-deux ans quand, la gorge serrée, elle vient annoncer à Mme Demahis qu'elle attend un enfant. Le père ? Aujourd'hui encore, les historiens sont en désaccord. Certains penchent pour le propriétaire du château, le vieillissant Etienne-Charles. D'autres, pour son fils Laurent. Edith Thomas a tranché le problème en montrant que le fils quitta le château au moment de la naissance de l'enfant de Marianne. Voilà encore un épisode peu banal. Dans ce siècle de fer, où les mœurs sont gouvernées par la plus éclatante des hypocrisies, les Demahis, loin de jeter dehors cette femme de chambre qui va accoucher, l'entourent de leur affection. Quand naît, le 29 mai 1830, la petite Louise Michel, elle est accueillie au château comme l'enfant de la maison. D'ailleurs, ne porte-t-elle pas une membrane entre deux orteils, signe héréditaire des Demahis ? « Je suis ce qu'on appelle une bâtarde, dira Louise Michel, mais ceux qui m'ont fait le mauvais présent de la vie étaient libres, ils s'aimaient et aucun des misérables contes faits sur ma naissance n'effraie et ne peut atteindre ma mère. Jamais je n'ai vu de femme plus honnête. »

Elle grandit dans le vieux château où souffle le vent. L'hiver, quand la neige recouvre la terre, des loups viennent du bois de Suzerin jusque dans la cour. Elle est heureuse, Louise. Ses grands-parents la choient. Le soir, près du feu qui dort dans la cheminée, le grand-père Demahis raconte la Révolution où « les blancs et les bleus montraient comment meurent les héros ». D'autres soirs, il prend un livre, lit une comédie de Molière ou un conte de Voltaire. Ou encore Mme Demahis, se mettant au piano, chante des chansons d'autrefois.

En fait d'instruction, Louise recevra celle qu'on réserve aux jeunes filles de bonne famille qui ne vont pas au couvent. L'école du village et, surtout, d'immenses lectures. Le piano, avec sa grand-mère. Déjà, un regard attentif vers la pauvreté, vers ceux qui ont faim. Elle va jusqu'à dérober de l'argent à ses grands-parents pour le donner à des miséreux. Barrès était allé sur place, envisageant d'écrire la vie de Louise Michel. Il avait retrouvé des gens qui témoignaient : « Dès son enfance, elle ne gardait rien pour elle, elle avait donné ses souliers à un pauvre. »

Très tôt, Louise aime les poètes. Fatalement elle devient elle-même poète. Elle a quinze ans quand son grand-père meurt. Que deviendra Louise quand sa grand-mère l'aura quittée, elle aussi ?

> *Hélas, pourquoi ces jours ont-ils passé si vite ?*
> *Déjà tu restes seule et sur ton front serein*
> *J'ai peur de voir une ombre et que tu ne me quittes*
> *Comme au jour où l'aïeul mourut, tenant ma main...*

La vieille dame s'inquiète, elle aussi. Il faudrait marier la chère Louise.

Mme Demahis trouve un premier prétendant. Il a un œil de verre et exige une épouse qui, en tout, se modèlera à ses propres opinions. Louise pousse des cris. *Exit* le premier prétendant. Le second, elle le compare à une oie ou à un spectre. Elle les trouve tous les deux aussi ridicules. *Exit* le second prétendant. Quand Mme Demahis meurt, Laurent et Agathe vendent le château. Louise et sa mère — elles ne se sont jamais séparées — vont partir vers l'inconnu.

Louise a vingt ans. Elle est bien loin de songer à la révolution. En 1850, elle entend dire que les Bourbons vont être rappelés d'exil. Elle écrit à Hugo — elle lui écrit souvent : « C'est à toi, poète, d'élever la voix le premier pour cette belle et grande inspiration. » Etranges opinions que les siennes, quand on songe à l'avenir. Une générosité fougueuse, un amour débordant pour le genre humain. Elle voudrait que tous les Français soient unis dans le même culte patriotique avec, comme seule règle, le pardon réciproque :

> *Qu'il soit notre arche d'alliance*
> *Et Dieu protégera la France...*

La liberté, la liberté pour tous :

> *Grâce pour les descendants,*
> *O grâce au nom de Louis Seize*
> *Pour les fils de la royauté*

Et pour les hordes populaires
Miséricorde, car leurs pères
Sont tous morts pour la liberté.

Tout cela est bel et bon, mais il faut vivre. Comment ? On passe quelques mois chez une tante, dans les environs de Lagny. L'oncle encourage Louise à se faire institutrice. Les diplômes ? Elle n'en a pas mais, en ce temps-là, une institutrice prépare son examen en quelques mois. Ce qui nous en dit long sur l'importance attachée à l'instruction — surtout celle des filles. Avant de se rendre à Chaumont pour étudier, elle passe par Paris. Evénement pour elle capital, elle rencontre Victor Hugo. Que se passe-t-il entre eux ? Depuis longtemps, elle lui adresse lettres et poèmes. Son admiration pour lui ressemble à de la passion. Quant à Hugo, on sait que son enthousiasme érotique le rendait empressé auprès de tous les jupons qui passaient. Il n'y a qu'une mention de Louise Michel dans les carnets intimes de Victor Hugo, c'est en 1870. Son nom est suivi de la mention *n.* M. Henri Guillemin, qui a déchiffré ces carnets, affirme que cela veut dire *nue.* Si, en 1870, alors qu'elle a quarante ans, Louise Michel se jette nue dans les bras du faune bientôt septuagénaire, c'est sans doute que les relations ont été ébauchées bien plus tôt. Est-ce en 1851 ? Peut-être mais Mme Edith Thomas remet tout en question en se demandant si la lettre *n*, dans les carnets, ne veut pas dire *non.* Ce qui restreindrait tout à coup le champ des prouesses amoureuses de l'auteur des *Châtiments* et nous permettrait aussi de conserver à Louise Michel son auréole de vierge rouge.

Elle a son diplôme. Le 27 septembre 1852, elle ouvre une école libre à Audeloncourt. Chaque élève paye un franc par mois.

La réussite ? Elle ne vient guère. L'institutrice Louise Michel est l'une des plus pauvres habitantes des communes où elle enseigne. Vers la fin de l'Empire, en 1868, Louise ouvrira un cours, 24, rue Oudot, en association avec une demoiselle Poulin. Clemenceau, qui la découvre avec stupeur, nous montre les enfants « piaillant, criant, se pendant à sa vieille robe trouée, l'adorant, en étant adorés ». Cette école détonne avec son temps. Louise passionne les enfants en élevant pour eux des souris blanches, une tortue, une couleuvre. On cultive un jardin de mousse. « Je ne puis pas dire que cette école était absolument correcte, au sens où on l'entend à la Sorbonne, dit Clemenceau. Cela tenait un peu de l'école du roi Pétaud. On y enseignait à tort et à travers des méthodes inconnues, mais en somme on enseignait. » Ces années parisiennes se révèlent essentielles. Sans Paris, aurait-elle trouvé un aliment pour le feu qui la brûle ? Elle veut travailler au bonheur du genre humain, de tous les hommes. Elle ne sait encore comment, mais elle le veut. Elle réunit des institutrices pour se charger de l'éducation d'enfants arriérés. Elle fait des lectures aux aveugles. Toujours, elle écrit, envoie partout ses vers, défend Alexandre Dumas contre ses détracteurs, supplie Napoléon III de gracier Orsini, se prend de passion pour Saint-Just, vibre avec Garibaldi qui libère l'Italie. Surtout, elle observe son temps.

Les souffrances de la classe ouvrière, Louise Michel les voit — non seulement avec ses yeux, mais avec son cœur. Elle souffre, quasi physiquement, au spectacle de ces vieillards « qui n'ont ni rêves ni demeure », de ces femmes en haillons cherchant une pitance parmi les tas de détritus. Cet immense élan vers ceux qui souffrent, elle le partage avec Hugo — son dieu, toujours. *Les Misérables* deviennent pour elle un évangile. Puisque Hugo hait Napoléon le petit, Louise détestera le « tyran ». Ainsi se dessine une évolution politique. Louise suit les cours d'instruction populaire de la rue Hautefeuille, dirigés par des républicains tels que Jules Favre ou Eugène Pelletan. « Une rage de savoir nous tenait », dira-t-elle. On aborde aussi bien la physique que la chimie, le droit que la sténographie ou les mathématiques. Elle apprend, mais elle enseigne aussi aux jeunes ouvrières, à l'école professionnelle de la rue Thévenot. Là, elle se lie avec ces militantes du *Droit des femmes*, Mme Jules Simon, Maria Deraismes, André Léo, que nous avons déjà rencontrées. Avec elles, Louise réclame l'égalité de l'instruction pour la femme, et aussi des salaires féminins décents. Ainsi évitera-t-on la *nécessité* de la prostitution. Louise milite. En 1869, elle est devenue secrétaire de la *Société démocratique de moralisation* qui veut aider les ouvrières à vivre de leur travail : « Nous comptons sur vous, qui ne voulez pas que la fille de l'ouvrier subisse la honte... Que le triomphe te soit offert, ô Peuple ! » Pour elle, Napoléon III et son régime s'identifient à la classe qui opprime. Même si Napoléon III a manifesté des sympathies pour la classe ouvrière, Louise Michel ne veut voir que ces riches financiers, ces « promoteurs » avant la lettre, ces brasseurs d'affaires qui forment l'entourage impérial. Louise Michel sera proche des blanquistes, puis de l'Internationale. Elle pense maintenant que la justice sociale ne peut naître que du combat politique. Il faut jeter à bas le régime « abject ». Il faut conquérir la république et obtenir ensuite que celle-ci soit *sociale*. Quand elle se rend au bureau de l'Internationale, à la Corderie du Temple, quand elle monte l'escalier poussiéreux, il lui semble gravir les degrés d'un temple, « celui de la paix du monde dans la liberté ».

Un jour, à une réunion politique, on parle de la révolution nécessaire. Une femme se lève :

— Quand l'heure sera venue, si les hommes sont timides, les citoyennes marcheront au premier rang. Moi, j'y serai.

Cette femme, c'est Louise Michel.

Elle assiste à l'enterrement du journaliste Victor Noir. Elle jure, avec d'autres femmes, sur sa tombe, « de porter le deuil de la victime jusqu'à ce que justice soit faite. » Donc, elle ne portera plus que du noir.

Après la chute de Napoléon III, le peuple — le vrai — voudrait qu'on la fasse, cette guerre déclarée follement. Le gouvernement ne songe qu'à négocier. Plusieurs fois, les Parisiens exigent des armes. Louise Michel est parmi eux. Elle est même arrêtée, mais libérée au bout de quelques heures. Pendant le siège, quand Paris meurt de faim, elle se multiplie pour assurer la subsistance des enfants de Montmartre. Le maire Georges Clemenceau la seconde. Elle-même ne possède rien, n'ayant sur son lit qu'une mince couverture de cheval. Hugo lui donne de l'argent pour qu'elle se procure une couverture plus chaude. Elle distribue cet argent. Hugo la tance, veut lui remettre la même somme à condition que ce soit réellement pour l'achat d'une couverture. Elle répond :

— Alors, ne me donnez rien, car je ne tiendrai pas ma promesse.

Le siège s'éternise. Les femmes souffrent plus que les autres. Un œuf coûte un franc, un lapin quarante-cinq francs. La livre de beurre passera de six à vingt-six francs. On finira par vendre un chat vingt francs, un gigot de chien six francs la livre. Ce sont les queues interminables, des heures, des jours. Et le chômage. On songe, comme en 1848, à fournir du travail aux femmes ; elles équiperont les militaires.

Chaque mairie aura désormais son atelier de femmes. Celles-ci, comme les hommes, veulent une sortie torrentielle, la levée en masse. Le gouvernement s'y refuse. On se réunit. Des oratrices s'écrient que, si les hommes ne font pas marcher la Commune, ce seront les femmes qui leur montreront la route de l'Hôtel de Ville.

Le 22 janvier, une foule énorme envahit la place de l'Hôtel de Ville. Beaucoup de femmes : André Léo, Sophie Poirier, Béatrix Excoffon. Le gouvernement répond en faisant tirer sur la foule. Louise Michel entend siffler les balles : « La première fois qu'on défend sa cause par les armes on vit la lutte si complètement qu'on n'est plus soi-même qu'un projectile. » Elle regarde ces soldats qui, froidement, à l'abri des fenêtres, tirent sur une foule désarmée. « Devant les fenêtres maudites, je ne pouvais détacher mes yeux de ces pâles faces de sauvages qui, sans émotion, d'une action machinale, tiraient sur nous comme ils eussent fait sur des bandes de loups. »

Les électeurs envoient à Bordeaux une Assemblée nationale à majorité royaliste. Une sainte fureur soulève Louise. Ces gens-là vont-ils faire un roi ? Au comité de vigilance du dix-huitième arrondissement, elle rencontre le blanquiste Théophile Ferré, déjà aperçu sous l'Empire. Un comptable dévoré de passion révolutionnaire, condamné quatre fois. Il n'est pas beau, très petit avec une barbe noire qui lui dévore le visage et un grand nez busqué. Tel quel, il plaît à Louise. Elle croit revoir le Saint-Just dont sa jeunesse avait rêvé. Voilà probablement le seul amour de la vie de Louise Michel. Elle a quarante ans, il en a vingt-cinq. Ferré estime Louise, il l'admire. Pas davantage, semble-t-il. Pour Louise, même platonique, il s'agit d'un amour vrai.

Le 18 mars 1871, au petit matin, l'armée régulière envahit Montmartre. Il s'agit de reprendre les canons que le peuple a payés pendant le siège et qui ont été hissés à Montmartre lorsque les Prussiens ont fait leur entrée dans Paris. Car tout est consommé. On a traité avec Bismarck. Quelle frustration pour Louise Michel, pour Ferré, pour des centaines de milliers d'autres Parisiens ! Ainsi, on les a trompés, on les a trahis. Jamais ils ne comprendront comment deux cent mille Prussiens, assiégeant Paris, sont venus à bout de quatre cent mille Parisiens en armes. L'affaire du 18 mars est bien connue. C'est le général Lecomte qui, au nom de M. Thiers, commande l'opération. On désarme les gardes nationaux qui veillent sur les canons. On n'attend plus que les attelages et les prolonges d'artillerie. Les heures passent et rien ne vient. Peu à peu, la foule de Montmartre s'éveille. On vient regarder les soldats sous le nez, on leur parle, on les questionne. Eux, ils ne savent pas. Ils doivent emmener les canons. C'est tout.

Louise se trouvait au poste du 61e bataillon, rue des Rosiers. Un coup de feu l'a alertée. Elle s'est précipitée, cachant une carabine sous son manteau. Elle crie : « Trahison ! » Au comité de vigilance, elle retrouve Ferré. Avec d'autres, ils partent en courant : « Dans l'aube qui se levait, on entendait le tocsin ; nous montions au pas de charge, sachant qu'au sommet il y avait une armée rangée en bataille. Nous pensions mourir pour la liberté. On était comme soulevés de terre... »

Celles qui ont déjà gagné ce sont toutes ces femmes qui ont parlementé avec les soldats, qui leur ont apporté du café, qui ont plaisanté avec eux. La foule est devenue si dense que le général Lecomte a voulu dégager ses positions. Il a ordonné aux badauds de « circuler ». Personne n'a bougé. Il a commandé à ses hommes d'épauler. Affolé, il a crié : « Feu ! » Pas un soldat n'a tiré. Le cri d'un sous-officier lui a répondu : « Crosse en l'air ! » C'est la fraternisation. Bouleversée, Louise Michel découvre ce mouvement irrésistible. Le jour même, M. Thiers, terrorisé, s'enfuit à Versailles avec le gouvernement. Il abandonne Paris à lui-même. Ainsi naîtra, malgré elle, la Commune.

Les femmes, on les découvre à chaque page de l'histoire de la Commune. Elles sont en grand nombre, le 26 mars, place de l'Hôtel de Ville, quand la Commune s'installe. On les voit manifester contre Versailles, tenter même à deux reprises au moins de marcher sur la ville où s'est réfugié M. Thiers. Des « citoyennes » lancent des appels : « Paris est bloqué, Paris est bombardé. Citoyennes, où sont-ils nos enfants et nos frères, et nos maris ?... Entendez-vous le canon qui gronde et le tocsin qui sonne l'appel sacré ! Aux armes ! la patrie est en danger ! » Ce texte émane de l'Union des femmes pour la défense de Paris mais en fait il s'agit de la section féminine française de l'Internationale. C'est une amie de Karl Marx, Elisabeth Dmitriev, qui l'a organisée. Une jeune Russe de vingt ans, généralement vêtue en amazone, avec un chapeau de feutre surmonté de plumes rouges, une écharpe de soie rouge frangée d'or. L'Union des femmes a recruté, surtout parmi les ouvrières. L'état-major comprendra quatre ouvrières, Nathalie Lemel, relieuse, Aline Jacquier, brodeuse, Blanche Lefebvre, modiste, Marie Leloup, couturière, ainsi que trois membres sans profession, Aglaé Jarry, Elisabeth Dmitriev et une dame Collin.

Avec l'accord de la Commune l'Union va se charger d'organiser le travail des femmes. Elisabeth Dmitriev a proposé une organisation précise, efficace, cohérente, manifestement de tendance socialiste. On constatera seulement un embryon de réalisation. Le 18 mai, la commission exécutive de l'Union des femmes convoquera les ouvrières à la Bourse « pour nommer les déléguées de chaque corporation et constituer les Chambres syndicales ». Le dimanche 21 mai, nouvelle convocation des ouvrières, cette fois à l'Hôtel de Ville. Le 21 mai, les Versaillais entreront dans Paris.

La Commune, pour Louise Michel, c'est le triomphe de Ferré. C'est la réforme de l'enseignement pour laquelle elle se passionne. C'est sa décision grandiose et folle : aller à Versailles assassiner M. Thiers. Ferré a beaucoup de mal à la convaincre que ce geste se retournerait contre le peuple. Quand les combats commencent, au début d'avril, Louise s'engage dans le 61e bataillon de marche de Montmartre. Elle reçoit une carabine Remington, marche sur les Moulineaux, veille sur les tranchées de Clamart, fait le coup de feu comme un homme. Clemenceau la voit à Issy : « Pour empêcher qu'on tuât, elle tuait... jamais je ne la vis plus calme. Comment elle ne fut pas tuée cent fois sous mes yeux, c'est ce que je ne puis comprendre. »

Quand les Versaillais entrent dans Paris, Louise Michel continue à se battre, les femmes au coude à coude avec les hommes. Le comité de l'Union des femmes se porte, le 21 mai, drapeau rouge en tête, aux Batignolles. Place Blanche, cent vingt femmes tiennent la barricade, face aux troupes du général Clinchant. Après des heures de lutte, à bout de munitions, elles doivent céder le terrain. Celles dont les troupes de Clinchant s'emparent sont massacrées sur place. Celles qui ont pu se replier s'arrêtent place Pigalle, où s'élève une autre barricade. Elles tiennent trois heures. Les survivantes se replient sur la barricade du boulevard Magenta. Lissagaray témoigne : « Pas une ne survécut. »

Place Pigalle, Nathalie Lemel soigne les blessés, Elisabeth Dmitriev sera successivement à Montmartre et au faubourg Saint-Antoine. Au cimetière Montmartre, Louise Michel fait le coup de feu avec une cinquantaine d'hommes. Ils tombent autour d'elle. Elle est presque seule au milieu de cadavres. Elle voit survenir des gardes nationaux : « Venez, nous ne sommes plus que trois ! » hurle-t-elle. Ce sont des Versaillais ! Ils la saisissent, la brutalisent, la jettent dans la tranchée de la barricade. Elle s'évanouit. Quand elle se réveille, elle est seule. Sans doute a-t-elle échappé à la mort parce qu'on l'a crue morte. Elle aperçoit les Versaillais qui fouillent les maisons : « Je ne voyais plus qu'une barrière possible et je criai "Le feu devant eux ! Le feu ! Le feu !" »

Est-ce donc le début de l'incendie de Paris par ces « pétroleuses » dont il sera tant question plus tard ? S'il faut en croire une abondante littérature versaillaise, la Commune aurait organisé de véritables réseaux de femmes chargées d'aller jeter du pétrole dans les caves de certains édifices et, ensuite, d'y mettre le feu. Au cours de la répression, cela deviendra une hantise. Toute femme trouvée porteuse d'une bouteille ou d'un pot à lait sera immédiatement arrêtée, le plus souvent fusillée sans jugement contre un mur. Les conseils de guerre feront le procès de pétroleuses et en condamneront à mort. Or leur existence même n'a jamais été réellement démontrée. Louise Michel, par son aveu, accrédite-t-elle le fait ? Non, car elle ajoute : « Il n'y eut pas de pétroleuses. Les femmes se battirent comme des lionnes, mais je ne vis que moi criant : le feu ! le feu ! devant ces monstres. » Tous les survivants de la Commune nieront avec indignation qu'il y ait eu des pétroleuses.

On doit, semble-t-il, se rallier à la sage conclusion proposée par Edith Thomas : « Des femmes, coude à coude avec les Fédérés, ont lutté pour la défense des barricades, ont relevé les blessés. Parmi celles dont les procès nous ont gardé les noms, seules Florence Wandeval et Anne-Marie Menand ont, peut-être, participé aux incendies. Mais certainement pas Elisabeth Rétiffe, Léonie Suétens, Joséphine Marchais, Eulalie Papavoine, Aurore

Machu, qui furent cependant condamnées comme "pétroleuses", parce qu'il fallait bien des coupables et qu'on n'en trouvait pas. Mais ni Florence Wandeval, ni Anne-Marie Menand n'apparaissent comme des militantes de la Commune. On ne les rencontre ni dans les clubs ni à l'Union des femmes. Ce sont des isolées, mêlées par hasard au combat. »

D'ailleurs, les incendies ne seront qu'un palliatif. Ils retarderont de quelques heures la victoire définitive des Versaillais. Ils accroîtront leur fureur. La Commune n'en finit pas de mourir. La foule, le désespoir au cœur, exige que l'on fusille des otages : en tout quatre-vingt-cinq, si l'on y comprend quinze espions versaillais et le banquier Jecker. Les Versaillais, eux, massacreront vingt-cinq mille Parisiens.

Depuis le début de la Commune, Louise n'a dormi qu'une nuit chez elle. Soudain, elle pense à sa mère. Elle court à son domicile : sa mère a été arrêtée. Elle s'élance vers le bastion où les Versaillais entassent leurs prisonniers : sa mère est bien là. N'ayant pas trouvé chez elle Louise, c'est elle qu'on a arrêtée. Elle se présente, supplie qu'on libère sa mère puisqu'elle s'est livrée. Elle l'obtient. La voilà donc prisonnière.

Avec des milliers et des milliers d'autres, elle marche sur Versailles. Une interminable cohue s'étire sur la route. De temps à autre, des prisonniers à bout de force s'arrêtent. On les emmène derrière quelque bosquet. Une courte salve. Rien de plus. Le cortège s'arrête à la Muette. « C'est là que nous allons mourir », dit Louise. Beaucoup ont été abattus, désignés au hasard par le général Galliffet. Par chance, Louise parvient saine et sauve à Versailles où la foule odieuse attend les prisonniers. Injures, crachats, gifles. Des petits jeunes gens bien élevés entourent les prisonniers en hurlant « comme une bande de loups ». Certains tirent leur revolver. Les cavaliers de l'escorte les repoussent.

On la juge — avec des milliers d'autres. Alors que certains ne songeront qu'à se défendre et se renieront — c'est humain — elle manifestera un courage presque trop grand. Devant le tribunal, elle déclare :

— Ce que je réclame de vous, qui vous affirmez conseil de guerre, qui vous donnez comme mes juges, qui ne vous cachez pas comme la commission des grâces, de vous qui êtes des militaires et qui jugez à la face de tous, c'est le camp de Satory, où sont déjà tombés nos frères. Il faut me retrancher de la société ; on vous dit de le faire ; eh bien, le commissaire de la République a raison. Puisqu'il semble que tout cœur qui bat pour la liberté n'a droit qu'à un peu de plomb, j'en réclame ma part, moi ! Si vous me laissez vivre, je ne cesserai de crier vengeance, et je dénoncerai à la vengeance de mes frères les assassins de la commission des grâces...

Le président : Je ne puis vous laisser la parole si vous continuez sur ce ton.

— J'ai fini... Si vous n'êtes pas des lâches, tuez-moi.

Louise sera condamnée à la déportation dans une enceinte fortifiée. Bien d'autres femmes de la Commune seront condamnées. Sophie Poirier : déportation dans une enceinte fortifiée. Béatrix Excoffon : déportation dans une enceinte fortifiée. Nathalie Lemel : déportation dans une enceinte fortifiée. La couturière Marie Ségaud : la déportation. Anne Collot : la déportation. Jeanne Petit : cinq ans de prison. Agathe Andrée : cinq ans de prison. La blanchisseuse Marie Mortier : la déportation. La tailleuse Rosalie Kosakowska : deux ans de prison. Et combien d'autres femmes condamnées à des peines qui vont des travaux forcés à un an de prison[1] !

Louise Michel sera embarquée, le 24 août 1873, à destination de la Nouvelle-Calédonie. Verlaine commentera :

> *Madame et Pauline Roland*
> *Charlotte, Théroigne, Lucile,*
> *Presque Jeanne d'Arc étoilant*
> *Le front de la foule imbécile*
> *Nom des cieux, cœur divin qu'exile*
> *Cette espèce de moins que rien*
> *France bourgeoise au dos facile*
> *Louise Michel est très bien.*

Fidèle à elle-même, elle voudra, pendant son exil, éduquer les Canaques. Ils se révolteront, elle applaudira. Quand elle rentrera à Paris, le 9 novembre 1880, une foule énorme l'attendra à la gare Saint-Lazare. Vingt mille personnes, selon *Le Figaro*. Le soleil l'a brunie. Elle a l'air d'une « vieille paysanne usée aux

---

1. Elisabeth Dmitriev, Paule Minck, André Léo ont pu fuir à l'étranger.

travaux de la terre ». Toujours, elle est vêtue de noir. Maintenant, c'est le deuil des morts de la Commune qu'elle porte.

Pendant vingt-cinq années, elle va continuer à se battre. Elle ne sait guère de quel parti elle est. Dès qu'un mouvement de gauche est persécuté plus qu'un autre, elle s'y rallie. Au fond, elle est anarchiste. Elle parcourt la France, prononce des milliers de conférences. Quand le chômage sévit à Paris, quand ceux qui ont faim se rassemblent sur l'esplanade des Invalides, elle se met à leur tête. On l'arrête. On la condamne. On la gracie. Elle recommencera. Trois fois, elle ira en prison. Elle écrit toujours : des poèmes, des romans, ses mémoires, l'histoire de la Commune. De toute son âme, elle croit que la révolution est pour demain. Elle croit que « la vieille société ogresse » va mourir. Elle croit que l'heure est venue « de l'humanité juste et libre ». Elle ne ressent aucun doute. Quand cette vieille femme arrive dans une ville, la police se mobilise, les gendarmes montent à cheval. On établit des cordons de troupes. Pourtant, elle est seule, de plus en plus maigre dans sa mince robe noire. Elle monte à la tribune. Elle parle et le miracle s'accomplit. Ce monde meilleur qu'elle dépeint, les spectateurs le voient. Les morts de la Commune qu'elle vénère, l'assistance les pleure. Quand elle a fini, la « vierge rouge », de noir vêtue, s'en va. Même ses adversaires la respectent. Inlassablement, elle parle contre la guerre, contre « les boucheries humaines ». Elle annonce que la révolution viendra de Russie. Etrange prescience.

Ce qui la navre, ce sont les dissensions de l'opposition révolutionnaire. Elle s'acharne à réconcilier les inconciliables : « Allons, camarades, ne nous disputons pas... Vous ne vous êtes pas compris, voilà tout. » Son ami Girault a rapporté que, souvent, « la pauvre vieille femme pleurait ».

Elle est épuisée, malade. Le 5 janvier 1905, elle arrive à Marseille. Elle s'alite à l'hôtel de l'*Oasis*, boulevard Dugommier : congestion pulmonaire double. Elle meurt, le 9 janvier 1905, à 10 heures. Elle a soixante-quinze ans.

On ramène son cercueil à Paris. Cent mille personnes suivent le cortège. La police doit mobiliser à la seule gare de Lyon deux cents fantassins et soixante-quinze cavaliers. Le long du parcours veillent la première compagnie de réserve, cent vingt-cinq cavaliers, cent fantassins et toute la police sur le pied de guerre. On l'inhume au cimetière de Levallois-Perret dans le caveau où l'attend sa mère, la pauvre Marianne.

Voir dans l'histoire de ces femmes de la Commune un reflet exact de la majorité des Françaises en 1870 et 1871 serait à coup sûr commettre un contresens historique. Si aujourd'hui nous comprenons une Louise Michel, si nous donnons notre estime à ces femmes qui ont risqué leur vie pour un idéal, cette attitude n'a pas été, il s'en faut, celle de la France de l'époque. Le prouve la haine implacable dont presque tout ce qui pense en France va accabler les vaincus — et les vaincues. Alexandre Dumas fils est dans le ton qui écrit : « Nous ne dirons rien de leurs femelles par respect pour les femmes à qui elles ressemblent quand elles sont mortes. » On s'attriste à lire la condamnation sans appel portée contre les Communards par un Flaubert. Et plus encore de constater que George Sand semble avoir oublié Quarante-huit pour crier avec les loups. L'immense majorité des Françaises de 1871 ressemble à George Sand. Pas à Louise Michel.

En réaction contre la Commune, une république nouvelle s'instaure qui sera conservatrice. M. Thiers l'a dit : « La république est le régime qui divise le moins les Français. » Celle-ci, troisième du nom, va durer soixante-dix ans. Politiquement, elle se voudra entièrement aux mains des hommes. Pendant soixante-dix ans, des femmes ne vont cesser de réclamer une égalité politique et civile à ceux qui gouvernent. En vain.

La défaite de 1870 a marqué profondément les esprits. On en a cherché les raisons. Gravement, les stratèges se sont penchés sur les cartes et les effectifs. Les politiques ont exploré les archives des chancelleries. Les penseurs ont scruté les âmes. Tout ce monde s'est retrouvé d'accord pour stigmatiser les mœurs du Second Empire.

Quand il a été admis que les femmes françaises avaient, sous Napoléon III, subi la contagion des grandes courtisanes, il a paru urgent de forger de la femme française une image modifiée en profondeur. La société que nous découvrons se présente sous nos yeux comme plus sévère, plus grave. Un nouveau monde politique est arrivé au pouvoir. Il est bourgeois. Messieurs vêtus de noir, à gilet et chaîne de montre, posant ventre en avant, barbe en éventail, face aux photographes qui les immortalisent. Les épouses de ces politiques ne sont plus jeunes, ni belles, ni minces. On les voit dignes, dans des robes montantes, naturellement à longues manches. Elles aussi affectionnent le noir et ne passent au violet que dans les grandes occasions. Leurs cheveux coiffés en bandeaux ignorent les afféteries du grand coiffeur. Comme leurs époux elles sont pénétrées du sens de leurs devoirs. Ceci avec une sincérité qui doit nous ôter tout désir de moquerie. La volonté de redressement du pays est un fait. Un autre, la collaboration à cette restauration d'un grand nombre de dames de la République. Exemple : un groupe de dames républicaines suscite la publication de ce petit livre qui a enchanté des générations d'écoliers et d'écolières, *Le Tour de France de deux enfants*. Ce qui vient de naître, c'est cette aristocratie républicaine dans les salons de laquelle les jeunes gens viendront prendre des leçons de politique.

L'opposition de droite elle-même est toute à la rigueur. Les grandes dames légitimistes prient chaque jour pour Monsieur le comte de Chambord — on dit Monsieur et non pas Monseigneur — afin qu'il sauve la France au nom du Sacré-Cœur. Les dames bonapartistes — elles sont encore nombreuses et groupées à travers les provinces dans d'innombrables sociétés telles que « Les Abeilles » — songent avec tendresse à leur prétendant : le prince impérial. Bien oubliées, de ce côté-là aussi, les frasques du dernier empereur. Elevé sévèrement par l'impératrice, *Loulou*, que certaines appellent déjà Napoléon IV, est un prince dévot. Il composera une prière, d'ailleurs fort belle, que l'on trouvera sur son cadavre quand les Zoulous l'auront tué à coups de lance. Les princes d'Orléans, eux, ne détestent pas les dames. Le duc de Chartres succède à Napoléon III dans les bras de la Castiglione. Après leur première nuit, il lui écrit qu'il a « connu une ivresse qui m'a presque fait peur ». Mais ces idylles, aujourd'hui, on les cache.

Le sociologue se penche avec étonnement sur cette société qui délibérément se veut rétrécie. André Siegfried signalait en souriant à ses étudiants qu'en ces débuts de la troisième République tout en France était petit. Les journaux en vogue, ce sont *Le Petit Parisien, Le Petit Journal*. En 1871, naît un journal féminin dont l'essor sera fabuleux : naturellement, c'est *Le Petit Echo de la mode*. Les magasins s'appellent *Au gagne-petit*. Et même — cela André Siegfried ne le disait pas — les dames légères vont devenir les *petites* femmes. Cette société étriquée, comment ne pas la voir une fois de plus avec les yeux du théâtre ? Labiche nous avait montré la femme du Second Empire.

La femme de la Belle Epoque, c'est dans Feydeau ou Courteline qu'il faut la chercher.

Le combat féminin est-il devenu, lui aussi, *petit* ? Non. Par une évolution qui ne nous étonne guère, il s'est assagi. Pour l'opinion, les féministes qui s'étaient agitées sous Louis-Philippe ou Napoléon III n'étaient que des déclassées. On s'épouvantait à lire leurs revendications sur l'émancipation sociale de la femme, souvent assimilée à une propagande pour l'union libre. Joignant les mains, fermant les yeux, les mères françaises murmuraient que ces rebelles voulaient détruire la famille : « Une Lysistrata, une Sapho ou, du moins, une Louise Michel, sanglante vierge rouge, telle apparaît au Français moyen la féministe[1]. »

Entre 1870 et 1890 le féminisme français change de visage. Pendant que Louise Michel explique son combat à ses compagnes de la Nouvelle-Calédonie, une Maria Deraismes a pris sa relève mais ne lui ressemble guère. Née au sein d'une grande famille bourgeoise, elle ne l'a jamais reniée. Toujours elle restera mondaine et grande dame, mais championne déterminée des droits de la femme. Comme beaucoup de féministes de son temps, délibérément elle se bat sur le terrain politique. Elle a choisi la République. Elle pense que celle-ci, en implantant solidement ses racines, finira par rendre justice au sexe sacrifié par tous les autres régimes. Quand Mac-Mahon veut faire basculer la République vers un conservatisme définitif, Maria Deraismes fait campagne contre le maréchal et l'ordre moral. La Seine-et-Oise est son fief. Elle y possède des propriétés considérables qui lui assurent une influence réelle sur l'électorat. Elle court le département, tient des réunions, parle et écrit inlassablement. L'argent, elle ne le ménage point. Elle triomphe. Maria Deraismes, comme le nouveau haut personnel républicain, est anticléricale. Pour elle, l'Eglise fait corps avec la conservation sociale. Ce qui, jusqu'à Léon XIII, n'est pas faux. Avec le sénateur Victor Schoelcher elle organise le premier congrès anticlérical. Elle sera la première Française à être accueillie dans une loge maçonnique masculine[2]. Pas plus que ses amis du sexe mâle, Maria Deraismes ne préconise nullement un bouleversement de la société. Elle répète qu'elle veut préparer pour le monde entier un avenir meilleur et que, sans l'affran-

---

1. Léon Abensour.
2. Il existera de nombreux rites féminins comme l'a très bien montré Marianne Monestier : *Les Sociétés secrètes féminines* (1964).

chissement de la femme, cet avenir ne serait point. Elle fonde la *Société pour l'amélioration du sort de la femme* (1876). Elle accumule livres, conférences, débats contradictoires, tout cela avec une telle « largeur de vues, une telle éloquence » que ses adversaires eux-mêmes ne lui ménagent pas leur estime.

Le féminisme d'après 1870, c'est encore Clémence Royer, « génie scientifique », Jeanne Schmalh, Jeanne Chauvin, Mme de Morsier, surtout Mme Jules Siegfried, mère d'André. Cette dernière répète : « Plus on est féministe, plus on doit être féminine. » Si une partie de ces femmes réclament le droit de vote — avec modération — ce n'est pas le cas de toutes. Ces nouvelles militantes sont des femmes mariées et sérieuses. Elles appartiennent à la moyenne, voire à la haute bourgeoisie. Elles militent — on ne peut que les en louer — contre la misère, les taudis, la prostitution, pour l'enfance. « Formées à l'école rigoriste ou rationaliste de leur temps, elles sont, dans leurs ambitions, comme dans leurs mœurs, beaucoup plus modestes et réservées que le laisse supposer leur réputation [1]. »

Changer quelques pierres de place, les féministes de l'époque n'en demandent pas plus. En 1889, Jeanne Alesson publie un panégyrique qui remporte un vif succès : *Le monde est aux femmes*. Elle y énumère quinze femmes médecins, deux nageuses, une femme chasseresse (la duchesse d'Uzès) et quatorze cents femmes de lettres, parmi lesquelles Zénaïde Fleuriot, auteur de *Câline* et de *La Petite Duchesse*. Qui nierait que la femme triomphe ? Jeanne Alesson se montre formelle : « Le degré atteint aujourd'hui par la femme est suffisamment élevé ; à un degré de plus, elle tomberait dans le ridicule. Se figure-t-on, ailleurs qu'au théâtre, la femme avocate, la femme sénateur ? Nous comprenons qu'elle soit électrice, puisque, souvent, elle est contribuable, mais éligible, non. Il est fort heureux pour la femme, pour sa dignité, pour son auréole sublime de mère de famille et d'institutrice, il est fort heureux que l'homme se charge de l'arrêter sur le seuil du grotesque, de la mascarade. »

La plupart des Françaises sont d'accord : ce seuil-là, elles ne veulent pas le franchir.

Est-il alors paradoxal que cette année 1889 se révèle comme une grande année du féminisme ? Pour le centième anniversaire

---

1. Geneviève Gennari.

de la prise de la Bastille, la troisième République, imitant les
fastes de Napoléon III, propose au monde une Exposition universelle. Grand succès. Comme il se doit, quantité de congrès
de toutes sortes vont se tenir à Paris. On y verra donc un Congrès
des droits de la femme, présidé par Maria Deraismes et Léon
Richer. Les participants y réclament à l'unanimité la révision du
Code, le salaire égal pour les instituteurs et les institutrices, et
la suppression de la prison de femmes de Saint-Lazare.

Le Congrès international des œuvres et institutions féminines,
présidé, lui, par Jules Simon, se penche sur le sort des employées
de maison, pour lesquelles on préconise la création d'un foyer
catholique ; sur celui des demoiselles de magasin, des femmes
qui sortent de prison et des sourdes-muettes de Rueil.

Que lisent les femmes ? *Le Journal des demoiselles*, le *Petit
Courrier des femmes* ou le *Moniteur de la mode* qui compte
deux cent mille abonnées. Dès 1893, le *Petit Echo de la mode*
tire à 210 000 exemplaires. Il se veut familial, s'adressant aussi
bien à la châtelaine qu'à la bourgeoise citadine ou même à l'employée de bureau. Un journal sérieux mais qui reflète bien son
époque. On propose des modèles, des patrons. Madame, soyez
moderne ! Confectionnez des « paniers à papier ornés de peluche
et de soie » ou encore des « garnitures travaillées pour balais et
soufflet de cheminée ». Voici déjà la correspondance pratique,
le courrier du cœur. On répond à « Existence languissante » ou
à « Louise aimant les gendarmes ». Geneviève Gennari signale
qu'au milieu de la publicité pour les *pilules persanes* ou la ceinture *électro-plastique amaigrissante*, éclosent des « causeries »
qui, s'adressant aux femmes, ne sont que le reflet d'un antiféminisme décidément militant. Celle-ci, par exemple, publiée
pendant les vacances, le 1er septembre 1895 : « Il s'agit donc,
Mesdames, d'empêcher vos maris et vos fils de s'ennuyer. Je
fais appel, dans ce but, à tout votre dévouement. Dressez vos
filles à s'oublier, à se prodiguer, à sacrifier leurs occupations
préférées, s'il le faut, pour se tenir à la disposition de leurs
frères, et cela sans montrer bien entendu qu'elles aimeraient
mieux faire autre chose. Ayez un piano, de la musique, rassem-
blez les jeux qui trompent les heures, les jours de pluie... Organi-
sez des amusements, réunissez vos voisins, composez des
charades. Procurez-vous des livres, la lecture en commun
apporte beaucoup de charme. Enfin, ingéniez-vous, mais trouvez
le moyen de garder vos fils au logis, dussiez-vous renoncer à

votre propre agrément, et sacrifier des occupations qui vous plaisent. »

Voilà le ton. C'est contre cela que veut réagir, en 1897, Marguerite Durand, en publiant *La Fronde* dont le premier numéro est tiré à deux cent mille exemplaires. Une jolie femme, Marguerite Durand, mariée, actrice, journaliste. Depuis longtemps, la condition de la femme lui semble injuste. Elle se lance dans le féminisme et s'aperçoit qu'il n'existe plus pratiquement de presse qui défende cette cause. *Le Droit des femmes* de Léon Richer et *La Citoyenne* d'Hubertine Auclert ont cessé leur publication en 1890-1891.

Pendant six ans, *La Fronde* va livrer le combat, obtenir des succès : des femmes seront admises dans les commissions administratives, dans les hôpitaux, les bureaux de bienfaisance. On découvre bien des outrances inutiles dans *La Fronde*, quelquefois de l'absurde mais le résultat est là : on reparle de la question des femmes.

En 1900, vont se tenir trois congrès consacrés à la femme. Au Congrès de la condition et des droits de la femme, le rapporteur, René Viviani, s'engage à soutenir devant la Chambre le droit des Françaises à voter. Il tiendra sa promesse avec une persévérance louable. Sa proposition, repoussée en 1901, le sera encore en 1906 et en 1911.

A la veille de la Grande Guerre, les sociétés féministes françaises sont « aussi actives, aussi nombreuses que jamais ». On peut citer l'Union fraternelle des femmes, le Suffrage des femmes, la Solidarité des femmes. La plus importante : l'Union nationale des femmes, fondée par Cécile Brunschvicg, femme du philosophe. Et, bientôt, l'Union féminine civique et sociale.

L'égalité devant les emplois est encore du féminisme. En 1887, une femme, Jeanne Chauvin, docteur en droit, ose solliciter de la Cour d'appel de Paris son inscription au barreau. Aussitôt, c'est un tollé. On se récrie, on se gendarme. Les chansonniers interviennent. Des avocats donnent des interviews, affirment que la justice pâtira de la présence d'avocates dans le prétoire. « Elles joueront auprès des juges de tous les artifices séducteurs ! La justice est forte, mais la chair est faible ! » Jeanne Chauvin, elle, rappelle simplement que ses études lui ont pris dix ans de sa jeunesse et lui ont coûté des sommes importantes, encaissées par l'Etat. Elle veut simplement utiliser ses connaissances et se servir de ses diplômes en exerçant le métier

de son choix. L'affaire se plaide devant la Cour de Paris. Naturellement, on déboute Jeanne Chauvin de ses incroyables prétentions. Il faudra trois années d'efforts pour que l'intervention de
Poincaré et de Viviani au Parlement emporte la décision. La loi
du 1er décembre 1900, signée Emile Loubet, ouvre aux femmes
licenciées en droit la profession d'avocat « sous les conditions
de stage et de discipline et sous les obligations réglées par les
textes en vigueur ». La presse parlera souvent de la première
avocate française. On évoquera « sa taille moyenne, sa physionomie intelligente et fine ». On lui verra « le regard modeste et
droit des travailleurs, avec les nuances de douceur que son sexe
comporte ». On admirera ses beaux cheveux et on reconnaîtra
que « cela ne va pas si mal avec une connaissance approfondie
du code de Justinien ». En 1925, Jeanne Chauvin sera décorée
de la Légion d'honneur.

Point de progrès quant au sort de la femme ? Si mais il ressemble au climat de l'époque et celle-ci entend que l'on pro-
gresse lentement. Une des décisions les moins bruyantes n'en
a pas moins été une des plus lourdes de conséquences. Sous
l'inspiration de Camille Sée, la loi du 21 décembre 1880
consacre l'existence d'une instruction secondaire pour les filles.
Jusque-là, une jeune fille ne pouvait passer du primaire au
secondaire qu'en fréquentant des institutions privées ou les maisons de la Légion d'honneur. L'instruction secondaire n'était
donc dispensée que par l'enseignement libre. La loi de 1880 crée
des lycées de filles.

J'aime l'enfance républicaine de Louise Weiss. Elle a grandi
dans une de ces familles qui avaient choisi la République. Elle
a été l'une des pionnières des nouveaux lycées. Y envoyer ses
filles était un geste politique, dont il fallait attendre qu'il fût
longuement — parfois sévèrement — commenté. Mme Weiss
mère, quand elle a décidé d'envoyer Louise au lycée Molière, à
Auteuil, s'est entendu affirmer catégoriquement qu'en confiant
sa fille à l'Etat « elle se démettait de son rôle au profit des
voyous ». La petite Louise sait tout cela, elle sent son cœur
« battre d'appréhension » à l'idée que peut-être elle ne « ressemblera pas aux autres petites filles ». Sa mère est « elle-même
envahie d'une sorte de tourment ». Mais on ne peut éluder le
jour de la rentrée. « Je me joignis à la nichée geignarde d'un
haut personnage consulaire. La bande alerte des petites filles

d'un académicien nous dépassa. Nous rencontrâmes aussi, n'avançant qu'avec des lunettes, la progéniture myope d'un rabbin et une troupe de sœurs protestantes qui me confièrent tout de go que leurs parents les avaient retirées d'un pensionnat voisin parce qu'on leur y enseignait qu'à la Saint-Barthélemy c'étaient les méchants huguenots qui avaient massacré les pauvres papistes, lâchement. » Comme on voit, les petites filles concernées sont ou filles de dignitaires du régime — noblesse oblige — ou juives, ou protestantes. « Quelques retardataires flânaient derrière leur bonne mal réveillée. L'habitude n'était pas de laisser les élèves aller et venir seules dans le quartier. » Quelques instants plus tard, Louise rencontrera la fille de Paul Doumer, futur président de la République, et celle d'un avocat général. Tout ce petit monde, cela va de soi, se déclare dreyfusard.

Voici qu'entrent en scène les « éducatrices républicaines » de Louise Weiss. C'est d'abord mademoiselle Marie Dugard, agrégée de lettres, « cartésienne dans ses propos mais éloignée autant de Pascal que de Voltaire » et qui, pour ses élèves qui l'aiment, incarne la « raison morale ». Voici mademoiselle Marguerite Scott, agrégée d'anglais qui personnifie « aux yeux de sa classe, de ses collègues et de toute la population d'Auteuil, la miséricorde agissante, la piété, l'inépuisable clémence, en un mot : la charité ».

J'aime les conversations surprises par la petite Louise entre mademoiselle Marguerite Scott et mademoiselle Marie Dugard.

Mademoiselle Scott sort de sa classe, elle se dirige vers mademoiselle Dugard qui part pour les galeries « solitaire et toujours chargée de livres ». Cachée derrière un pilier, Louise tend l'oreille :

— Le peuple prend conscience de ses responsabilités, dit mademoiselle Marie Dugard. J'estime qu'il s'assagit. Sans doute comprend-il le drame qui se joue ici-bas entre les forces matérielles et les forces spirituelles et veut-il s'élever.

— Vous le croyez ? répond mademoiselle Marguerite Scott. Vous le croyez vraiment ?

Admirable de conviction, la réponse de mademoiselle Marie Dugard :

— Oui, il suffit de jeter un coup d'œil autour de soi.

Ces professeurs de l'enseignement secondaire féminin ont toutes traversé de cruelles difficultés. Mademoiselle Dugard a débuté au lycée de Reims aussitôt après la promulgation de la loi de 1880. Scandale parmi les négociants de Champagne. Mademoiselle Dugard fait la classe devant des bancs vides. On ne la salue plus dans la rue. L'ostracisme. Mademoiselle Scott, orpheline de père à onze ans, n'a pu préparer les concours pédagogiques qu'en donnant des leçons. Elle s'est aussitôt jetée dans les grandes causes de l'époque : « la paix par l'arbitrage, le féminisme, la formation d'une internationale ouvrière ». De tout cela, avec flamme, elle entretient ses élèves. Plus tard Louise se demandera « comment elle réussissait à nous instruire sans négliger de nous apprendre l'anglais ». Au reste, on n'est guère contraint par l'emploi du temps, au lycée Molière. A cette époque, on ne prépare pas le baccalauréat dans les lycées de filles : il eût ouvert l'enseignement supérieur aux filles, « danger qu'il fallait éviter à tout prix ».

Avec une inlassable persévérance, ces éducatrices *républicaines* distribueront un enseignement *républicain* qui formera de petites *républicaines*. Elles sont les sœurs aînées des 33 663 institutrices qui, d'un bout à l'autre de la carte où manque l'Alsace-Lorraine, donnent elles aussi, à des centaines de milliers de petites filles, une certaine idée de la France [1]. Souvent, celles-ci ont épousé un instituteur. Dans les villages, on les respecte. Elles voient grandir des générations de garnements qui, devenus grands, les appelleront toujours *M'dame* et viendront les consulter en cas d'ennuis de famille. Du côté de Carcassonne, la mère de Gaston Bonheur fut une de ces institutrices-là. Et moi, tendrement, je songe à ma grand-mère, Angèle, institutrice à Lille, femme de l'instituteur Henri Decaux. J'ai sous les yeux leur photo. Lui a les cheveux en brosse, une large moustache et ce bout de barbe qui, sous la troisième République, restaient comme une survivance de l'*impériale* de Napoléon III. A la boutonnière, la rosette d'officier de l'Instruction publique dont il était fier. Des lorgnons. Elle, elle porte une robe noire avec un petit col de dentelle. Naturellement, bordant le doux visage, des cheveux en bandeau. Si elle n'a pas usé de lorgnons pour le photographe, je sais qu'elle les a dans son sac. Ce qu'ils sont tous les deux ? *Respectables*. Ils croient en leur métier. Ils croient en la République. Pour eux, le mot a gardé tout son sens, toujours. Un matin de vote, j'ai demandé à mon grand-père, l'instituteur, pour qui il allait voter. Simplement, il m'a répondu :

— Sache que je vais voter *républicain*.

---

1. Chiffres de 1878.

La seule différence, c'est qu'Angèle Decaux ne pouvait élire de candidat républicain. Parce qu'elle ne pouvait pas voter.

A la fin du septennat du président Fallières, on commencera à voir des jeunes filles — relativement nombreuses — se présenter au baccalauréat. Et réussir. Quelques-unes « se haussent à la licence et l'agrégation ; mais cela n'est pas sans effrayer[1] ». Quelques-unes peut-être, mais qui font naître une image inédite : sur les bancs de facultés, voici des robes qui ne sont pas professorales. Pour l'agrégation, les jeunes filles peuvent s'inscrire au collège Sévigné où, au milieu d'un désordre sympathique, elles reçoivent les cours des maîtres de la pensée : Albert Thomas, Victor Delbos, Emile Chartier — le fameux Alain. Le collège Sévigné ne se cache pas d'être le bastion d'un certain socialisme. Rose, rose pâle mais qui, tel quel, fait peur aux bourgeois.

D'autres, abdiquant tout préjugé, s'en vont — les audacieuses ! — s'asseoir sur les bancs de la Sorbonne. Celles-là sont françaises, bien sûr, mais se rencontrent avec des étrangères, parfois venues de très loin chercher à Paris la science en même temps que la liberté.

Peut-on vivre à Paris, en 1892, avec trois francs par jour ? Trois francs qui ne doivent pas payer seulement la nourriture, mais le loyer d'une chambre, les vêtements, les chaussures, les transports ? Le sociologue qui en douterait n'aurait qu'à consulter le budget de Marie Sklodowska — laquelle, en outre, parvient à faire entrer au chapitre de ses quatre-vingt-dix francs de dépenses mensuelles le prix de ses cahiers, de ses livres, de ses inscriptions à l'université. Car Marie Sklodowska est étudiante. Elle est venue de Pologne pour s'inscrire à la Faculté des sciences. Une aventure prodigieuse, tissée de volonté sans faille, d'héroïque patience, d'enthousiasme raisonné, et de cette foi qui — elle le prouve — peut véritablement soulever les montagnes.

Elle est arrivée à l'automne de 1891, elle a couru boulevard Saint-Michel, s'est engagée vers ces bâtiments composites de la Sorbonne où les salles Napoléon III écrasent les ailes datant de Richelieu. Elle a franchi le porche, comme dans un rêve, le cœur battant, la vue brouillée par tant de bonheur. Et là, près de la loge du portier, sur une feuille blanche collée au mur, elle a lu ces trois lignes :

---

1. Jacques Chastenet.

REPUBLIQUE FRANÇAISE
Faculté des sciences — Premier semestre
Les cours s'ouvriront à la Sorbonne le
3 novembre 1891

Pour la jeune Marie, il s'agit de ces moments si rares où l'on a vraiment l'impression d'être seul possesseur du monde. Elle reste figée devant l'affiche blanche. Plus rien d'autre n'existe. Pas même les étudiants qui la frôlent, ou se retournent pour la regarder. Elle est bien jolie, Marie Sklodowska. Tout est clair en elle : les cheveux d'un blond si léger que, dans le soleil, il paraît blanc ; les yeux gris de cendre ; la peau de lait des Polonaises.

Elle a vingt-quatre ans. Ce n'est pas l'âge où généralement on entreprend une licence ; au contraire, on l'a achevée. Il n'a pas dépendu de Marie de commencer plus tôt. Elle est née à Varsovie, rue Freta, tout près du Vieux Marché. La Pologne vivait sous le joug de l'occupant russe. Une extraordinaire entreprise d'assimilation par la force. On voulait que ces Polonais parlent russe, on exigeait que les enfants à l'école disent le *Pater* en russe. Surtout, délibérément, on rendait presque inaccessibles les études supérieures. Point d'école primaire pour les classes pauvres : ignares, ces paysans et ces ouvriers seront moins dangereux. Manya — ainsi appelait-on à la maison la future Marie — a donc grandi dans la tranquille conviction que le savoir et le patriotisme ne faisaient qu'un. Un père professeur de mathématiques et de physique, une mère qui tient une pension pour jeunes filles, trois sœurs et un frère ; cela signifie une vie matérielle difficile, des fins de mois menaçantes, compensées en l'occurrence par une merveilleuse tendresse, un amour quotidien fait de fantaisie, de douceur, de compréhension réciproque et de respect d'autrui qui baigneront la petite enfance de Manya. L'heure du malheur sonne : le père révoqué pour son indépendance à l'égard de ses supérieurs russes ; une sœur tant aimée qui meurt du typhus ; la douce Mme Sklodowska, idolâtrée de son mari et de ses enfants, tuberculeuse, prend congé des siens après un signe de croix esquissé à leur intention d'une main lasse et ces mots, murmurés dans un souffle :

— Je vous aime.

Manya, à bout de sanglots, a douté de tout. Et d'abord de Dieu. Puis, plus grave, la bouche sévère, un regard dur dans les

beaux yeux que surmonte le grand front — un peu trop grand —,
à onze ans elle est retournée à l'école. Il faut apprendre. Il faut
savoir. C'est le devoir d'une petite Polonaise.

A seize ans, elle a terminé ses études secondaires. Une pensée
l'obsède : sa sœur aînée Bronia rêve de faire sa médecine à Paris
— la ville vers laquelle soupirent les opprimés de tous les pays.
Impossible. M. Sklodowski, réduit à des besognes misérable-
ment payées, ne peut avancer à Bronia l'argent nécessaire. De
l'argent ? Manya donne quelques leçons. Le résultat se révèle
dérisoire. Alors, cette jeune fille qui, dans toutes ses classes, a
toujours remporté tous les prix, dont ses professeurs écrivent :
« intelligence hors ligne », qui lit avec une égale facilité les
ouvrages des philosophes et les manuels des physiciens, cette
Manya qui pourrait elle-même entreprendre sur-le-champ des
études supérieures, prend une décision parfaitement incroyable :
pour payer les études de Bronia, elle se fera engager comme
gouvernante dans une famille. Posément, avec son petit sourire
tranquille, elle explique :
— Logée, nourrie, blanchie, j'aurai quatre cents roubles de
gages par an, peut-être plus...
Bronia, bouleversée, proteste. Elle refuse. Pourquoi ne serait-
ce pas elle qui travaillerait pour payer les études de Manya ?
Manya, logicienne, observe qu'elle n'a que dix-sept ans et Bronia vingt. D'ailleurs, inutile de discuter, sa résolution est prise.
Et Bronia cède. Elle part pour Paris. Voilà Manya gouvernante.
Elle le restera cinq ans. Vie sans joie, sans élan, parmi des gens à
l'esprit étroit. Dans la seconde de ses places, le fils de la maison,
Casimir, s'éprend d'elle. Elle le trouve charmant, elle ne lui
refuse pas sa main. Veto des parents : « *On n'épouse pas une
gouvernante.* » Cette fois, Manya doute de la vie. Elle voit
devant elle l'horizon fermé. Elle ne croit plus à l'amour. « Mes
plans pour l'avenir ? Je n'en ai pas, ou plutôt ils sont si ordinaires et si simples que ce n'est pas la peine d'en parler. Me
débrouiller tant que je le pourrai et, quand je ne le pourrai plus,
dire adieu à ce bas monde : le dommage sera petit, les regrets
que je laisserai seront courts — aussi courts que pour tant
d'autres. »
Et c'est la lettre qu'on n'attend pas, l'impossible, le miracle :
Bronia, qui achèvera bientôt ses études de médecine, écrit de

Paris qu'elle va se marier : « Et maintenant, toi, ma petite Manya, il faut pourtant qu'un jour tu fasses quelque chose de ta vie... » Donc « tu pourras, l'an prochain, venir à Paris et habiter chez nous où tu trouveras le gîte et la nourriture. Vite, vite, Manya, prépare ton voyage ! Je te garantis qu'en deux ans tu seras licenciée. »

Manya a bien failli ne pas accepter. Elle pense à son père qui vieillit et sera bientôt seul. A-t-elle le droit de laisser, livré à lui-même, le plus distrait, le plus vulnérable des vieux messieurs ? Il faut que toute la famille se ligue pour venir à bout de cet excès de scrupules. On doit presque la pousser jusqu'au chemin de fer ! Elle voyagera en *quatrième* classe, dans des wagons où, pour être assis, il faut apporter un pliant. Afin de n'avoir rien à acheter à Paris, elle a expédié sa literie en petite vitesse.

Maintenant, à la petite Manya de jouer son destin. Nous qui la connaissons, nous sommes tranquilles. Pour commencer, elle modifie son nom. Elle n'est plus Manya. A la Sorbonne, sur la feuille d'inscriptions, elle a écrit : *Marie Sklodowska*.

Elle n'habite pas longtemps chez Bronia et chez son beau-frère, le docteur Dluski, un jeune médecin proscrit. Elle n'y trouve pas le calme indispensable. On y reçoit trop d'amis — des Polonais, naturellement, et des révolutionnaires. On discute trop avant dans la nuit. On rit, on fume, on boit, on fait de la musique. Marie, elle, doit économiser le plus précieux des capitaux : le temps. Elle a cherché et trouvé une mansarde au quartier Latin. C'est là qu'elle vivra désormais, avec trois francs par jour. C'est là qu'un soir Casimir Dluski, averti par une camarade de cours que Marie s'est évanouie, la trouvera, à peine remise, en train d'étudier la leçon du lendemain. Casimir, implacable, l'interroge : qu'a-t-elle mangé aujourd'hui ? Au vrai, depuis la veille, elle n'a grignoté qu'une botte de radis et une demi-livre de cerises. « Elle a travaillé jusqu'à 3 heures du matin, dormi pendant quatre heures, raconte sa fille Eve Curie, dans l'admirable biographie qu'elle lui a consacrée. Elle est allée à la Sorbonne. Revenue chez elle, elle a achevé les radis. Et elle a perdu connaissance. »

Casimir se change en Jupiter tonnant. Il n'accepte aucune objection. Il traîne Marie chez lui, à la Villette, l'oblige, en guise de médication, à absorber un énorme bifteck saignant confectionné sur-le-champ par Bronia, et un plein saladier de frites. Quelques jours de ce régime, ses joues rosissent — et elle repart pour sa mansarde.

Cela dure quatre ans. L'hiver, elle n'a même pas de quoi acheter du charbon. Chaque matin, elle casse la glace de son pot à eau mais elle avance d'un pas assuré sur le chemin de la connaissance. Plus tard elle composera en polonais un poème sur ce temps si dur et si heureux :

Ah ! Comme la jeunesse de l'étudiante s'écoule âprement
Tandis qu'autour d'elle, avec une passion toujours fraîche
D'autres jeunes gens cherchent avidement des plaisirs faciles
Et pourtant dans la solitude
Elle vit, obscure et bienheureuse,
Car dans sa cellule elle retrouve l'ardeur
Qui rend le cœur immense...

A la même époque, elle écrit à son frère Joseph, à Varsovie : « Il faut croire que l'on est doué pour quelque chose et que cette chose il faut l'atteindre coûte que coûte. »

Sa vie, elle ne l'envisage plus que consacrée à la physique. Depuis l'expérience malheureuse de Pologne — « on n'épouse pas une gouvernante » — elle a rayé l'amour de ses projets d'avenir. Elle a vingt-sept ans. Soudain tout se modifie. Marie — que l'on commence à estimer singulièrement dans les milieux savants de Paris — vient de se voir confier par la Société pour l'encouragement de l'industrie nationale une étude sur les propriétés magnétiques de divers aciers. Un laboratoire est indispensable. Lequel l'accueillera ? Un compatriote, Joseph Kowalski, professeur de physique à l'Université de Fribourg, vient à son secours :

— Je connais un savant de grande valeur qui travaille à l'Ecole de physique et chimie, rue Lhomond. Peut-être aurait-il un local disponible.

Le savant s'appelle Pierre Curie. Il a trente-cinq ans, il est grand, mince, grave, avec un visage précis, allongé par une courte barbe. Il parle peu, lentement ; les yeux reflètent une immense sérénité. « De grande valeur », a déclaré Kowalski. C'est trop peu dire. Pierre Curie est un scientifique éminent. A seize ans, il était bachelier ès sciences, à dix-huit, il était licencié. Avec son frère Jacques, il a découvert un phénomène important, la « piézoélectricité », et inventé un appareil nouveau : le *quartz piézoélectrique*, qui sert à mesurer de façon précise de faibles quantités d'électricité.

Devenu chef de travaux à l'Ecole de physique et de chimie de la Ville de Paris, il a poursuivi des expériences sur la physique des cristaux qui ont abouti à l'énoncé du principe de symétrie : « une des bases de la science moderne ». Comme Marie, il a résolu de vouer son existence entière à la science. Il est entré dans la recherche comme on entre en religion. Moine laïque, il a même fait vœu de célibat, en expliquant : « Lorsque nous donnons toutes nos pensées à quelque œuvre qui nous éloigne de l'humanité qui nous touche, nous avons à lutter avec les femmes. La mère veut avant tout l'amour de son enfant, dût-il en rester imbécile. La maîtresse veut aussi posséder son amant et trouverait tout naturel que l'on sacrifiât le plus beau génie du monde pour une heure d'amour. La lutte, presque toujours, est inégale, car les femmes ont pour elles la bonne cause : c'est au nom de la vie et de la nature qu'elles essayent de nous ramener. » Il a écrit aussi, dans son journal intime : « *les femmes de génie sont rares* ».

Et puis Marie a paru.

Récit de Marie : « Quand j'entrai, Pierre Curie se tenait dans l'embrasure d'une porte-fenêtre donnant sur un balcon. Il me parut très jeune, bien qu'il fût âgé alors de trente-cinq ans. J'ai été frappée par l'expression de son regard clair et par une légère apparence d'abandon dans sa haute stature. Sa parole un peu lente et réfléchie, sa simplicité, son sourire à la fois grave et jeune, inspiraient confiance. Une conversation s'engagea entre nous, bientôt amicale : elle avait pour objet des questions de sciences sur lesquelles j'étais heureuse de demander son avis. »

Bientôt, en Pierre Curie, se produit un phénomène que ce physicien se voit bien forcé d'analyser : il est amoureux. Une année et demie s'écoulera après sa demande en mariage, sans que Marie se décide à accepter de devenir sa femme. Etre Mme Curie, cela veut dire renoncer à la Pologne, ne plus voir son père que de loin en loin, admettre avec sa famille une séparation quasi définitive. C'est se résigner à ne plus mettre sa science au service de la libération de son pays. Il faut que Pierre Curie déclare un beau jour qu'il se fera Polonais, qu'il accompagnera sa chère Marie en Pologne, qu'il y acceptera n'importe quel poste pour que, brisée, elle refuse le sacrifice et consente au mariage. Il aura lieu, le 26 juillet 1895, à la seule mairie de Sceaux : Curie est libre penseur. Pas d'invitations, la stricte intimité, pas de réception ni de repas de noce. Marie porte une robe bleue neuve qui lui servira pour le laboratoire. Le professeur Sklodowski a fait le voyage. Il murmure au docteur Curie, père de Pierre :

— Vous aurez en Marie une fille digne d'affection. Depuis qu'elle est au monde, elle ne m'a jamais causé une peine.

Pas de notaire non plus. Les deux jeunes époux ne possèdent que deux bicyclettes, avec lesquelles ils vont parcourir l'Ile-de-France : un voyage de noces qui leur restera inoubliable.

Reçue première à l'agrégation, Marie cherche un sujet de doctorat. Henri Becquerel vient de découvrir les sels d'urane. N'y a-t-il pas là une piste à suivre ? Marie s'y engage cependant que survient une petite Curie, Irène — la future Irène Joliot-Curie, prix Nobel. En fait de laboratoire, Marie ne dispose que d'un appentis — le Sahara en été, le pôle Nord en hiver — à l'Ecole de physique, rue Lhomond. Elle y passe jusqu'à douze heures par jour. Ce qu'elle trouve est si étonnant, si extraordinaire que son mari abandonne ses propres recherches pour collaborer à celles de sa femme. Tout simplement, Marie vient de découvrir la *radioactivité*.

De plusieurs tonnes de résidus de pechblende, un minerai trié par eux-mêmes, kilo par kilo, les Curie extraient un corps inconnu : le *polonium*. La première découverte de Marie Curie est un hommage à sa première patrie. Quatre ans après — en 1902 — les Curie isolent un nouveau corps : le *radium*. Un gramme, en tout. Un gramme que l'on estimera 750 000 francs-or mais qui vaudra en réalité plus que tous les trésors de la terre : car l'existence du radium remet en cause les lois admises de l'univers. On affirmait jusque-là que la matière était inerte. Marie Curie démontre que c'est faux. Le radium dégage sans interruption une petite quantité de gaz, l'*hélium*. Il produit spontanément de la chaleur. Il fond en une heure son propre poids de glace. Il est lumineux : « La lumière émise peut être assez forte, écrit Marie, pour que l'on puisse lire en s'éclairant avec un peu de produit dans l'obscurité. » Il impressionne les plaques photographiques à travers du papier noir, il rend l'atmosphère conductrice d'électricité, il ronge le papier ou l'ouate dont on l'entoure. Le rêve des alchimistes du Moyen Age est réalisé : « c'est là, écrit Pierre Curie, une véritable théorie de la transmutation des corps simples ».

Les Curie veulent connaître tous les effets du nouveau corps. Pierre, stoïque, expose son bras à l'action du radium. « La peau, écrit-il, est devenue rouge sur une surface de six centimètres carrés ; l'apparence est celle d'une brûlure, mais la peau n'est pas, ou est à peine douloureuse... » Ajoutons que Marie Curie, en transportant dans un petit tube scellé quelques centigrammes de matière très active, a eu « des brûlures analogues, bien que le petit tube fût enfermé dans une boîte métallique mince ». Aussitôt, on étudie l'effet du radium sur des animaux. On l'expérimente sur des lupus — puis sur des cancers. Les résultats sont inespérés : le radium guérit !

Le radium est né des mains des Curie, de celles surtout de Marie. Né dans le hangar de la rue Lhomond, sans aide de personne, en utilisant jusqu'au dernier sou le traitement de professeur de Pierre, 500 francs par mois. Même le minerai a dû être acquis sur les économies du ménage !

L'invention des Curie peut les faire riches ; ils n'ont qu'à déposer un brevet et ils garderont la main sur l'énorme industrie qui va naître. Ils se concertent. Cela n'est pas digne d'eux et serait « contraire à l'esprit scientifique ». Renonçant à la fortune, les Curie publient le compte rendu de toutes leurs expériences et décrivent, sans réticence aucune, leurs procédés de fabrication.

Seul le prix Nobel qui leur est décerné, en 1903, leur permettra de sortir de la gêne. La découverte du radium a fait d'eux des « vedettes de l'actualité ». Ils en souffrent. *Marie à son frère :* « Nous sommes inondés de lettres, de visites, de photographes, de journalistes. On voudrait pouvoir se cacher sous terre pour avoir la paix. » La photographie de Marie a paru partout. On l'aborde dans la rue :

— Etes-vous Mme Curie ?

Elle se replie sur elle-même, balbutie :

— Non... non, c'est une erreur.

Elle ne peut refuser une invitation du président de la République Emile Loubet. Au cours de la réception à l'Elysée, une dame s'approche d'elle, souriante :

— Voulez-vous que je vous présente au roi de Grèce ?

Elle murmure :

— Je n'en vois pas l'utilité.

Devant l'effarement de la dame, Marie s'aperçoit que son interlocutrice n'est autre que Mme Emile Loubet.

Le 19 avril 1906 va marquer la fin du bonheur de Marie Curie. Elle a formé avec Pierre Curie un couple unique, irremplaçable. Le savant traverse une rue, un lourd camion hippomobile survient, Pierre Curie est renversé par un des chevaux, une des roues lui broie le crâne. Le cerveau de l'inventeur du radium se répand sur la chaussée.

Journal de Marie Curie : « Dans la rue, je marche comme hypnotisée, sans souci de rien. Je ne me tuerai pas, je n'ai même pas le désir du suicide. Mais parmi toutes ces voitures, n'y en aura-t-il pas une pour me faire partager le sort de mon aimé ? »

Un mois plus tard : « Mon Pierre, je pense à toi sans fin, sans fin, ma tête en éclate et ma raison se trouble. Je ne comprends pas que j'aie à vivre désormais sans te voir, sans sourire au doux compagnon de ma vie. » Ces lignes, encore : « Mon Pierre, je me lève après avoir assez bien dormi, relativement calme. Il y a à peine un quart d'heure de cela et voici que j'ai de nouveau envie de hurler comme une bête sauvage. » Et cette phrase bouleversante : « Je n'aime plus le soleil, ni les fleurs, leur vue me fait souffrir, je me sens mieux par les temps sombres, comme le jour de ta mort, et si je n'ai pas pris le beau temps en haine, c'est parce que mes enfants en ont besoin. »

Ses enfants. Sans doute leur doit-elle d'avoir survécu. Elle a deux filles, dont la seconde, Eve, n'est qu'un bébé. Elle les élèvera et poursuivra seule l'œuvre entreprise avec Pierre. A sa place, elle a été nommée professeur à la Sorbonne, première femme à recevoir un tel honneur. Un nouveau prix Nobel — fait sans précédent — consacre les succès remportés. Elle est devenue une gloire mondiale. Toutes les académies du monde l'élisent. Toutes, sauf l'Académie des sciences de Paris. Elle crée et dirige l'Institut du radium, rédige 492 communications scientifiques. Pendant la Grande Guerre, elle assume personnellement l'équipement radiologique des postes chirurgicaux avancés. De son vivant, on la traite comme une héroïne. Mais elle ne rira plus jamais.

Une maladie étrange la mine. La fièvre ne la quitte pas. Les plus grands médecins français avouent leur impuissance. Ils croient au réveil d'une ancienne lésion tuberculeuse, l'envoient au sanatorium de Sancellemoz, en Haute-Savoie. Là, on s'aperçoit vite que le diagnostic est faux : l'organisme de Marie Curie a été littéralement imprégné par les émanations du radium. « Sa » radioactivité la tue.

Elle s'éteint doucement. Le docteur Tobé — grand praticien, homme de cœur — rédige ce bulletin dont Eve Curie n'a pas eu tort d'écrire qu'il est une *citation à l'ordre du jour :* « Mme Pierre Curie est décédée à Sancellemoz le 4 juillet 1934. La maladie est une anémie pernicieuse aplastique à marche rapide, fébrile. La moelle osseuse n'a pas réagi, probablement parce qu'elle était altérée par une longue accumulation de rayonnements. »

Certes, de la découverte qu'elle a annoncée aux hommes, ceux-ci tireront les plus effroyables engins de mort que l'imagination ait pu concevoir. Marie Curie l'a redouté. Cela ne l'a pas arrêtée dans sa tâche. En exergue du livre qu'elle a consacré à Pierre Curie, elle a choisi d'inscrire cette phrase : « Je suis de ceux qui pensent avec Nobel que l'humanité tirera plus de bien que de mal des découvertes nouvelles. »

Aux antiféministes de tous les temps, Mme Curie vient d'apporter, par le fait même qu'elle a existé, la plus éclatante des réponses. Les femmes seraient incapables de rien créer ? Voilà une affirmation, éternellement ressassée, que nul n'osera plus mettre en avant. Décidément, il y a quelque chose de changé pour les femmes, en France. Ces salons où, du XVIᵉ au XVIIIᵉ siècle, elles avaient joué un rôle si nécessaire et que l'on croyait morts, les voici qui revivent avec celui de Juliette Adam, première grande dame de la République. A ses débuts dans la littérature, elle a éprouvé personnellement l'injustice de la condition féminine. Elle était mariée à un M. La Messine. Elle a composé un essai : *Idées anti-proudhoniennes* que le mari a tout à coup décidé de signer de son nom. Chaque fois qu'elle a voulu livrer au public d'autres brochures, c'étaient de longs débats qui s'achevaient par des « conventions » dont les articles étaient discutés ligne à ligne. Lassée, blessée, indignée, Juliette est allée se confier à l'éditeur Hetzel.

— Il n'a pas le droit de faire cela, n'est-ce pas, mon cher ?

— C'est son droit absolu s'il est marié sous le régime de la communauté. Le fruit du travail de la femme appartient au mari, le salaire même de l'ouvrière que l'ouvrier abandonne avec des enfants peut être touché par le misérable et mangé avec une gourgandine.

— C'est abominable.

— Oui, abominable. Il faut que vous changiez de nom, madame.

— Quel nom prendre ?

— Quel est votre nom de jeune fille ?

— Juliette Lambert.

— Comme il faut y changer quelque chose, nous ôterons le t et nous aurons un nom sur lequel la communauté conjugale n'aura pas de prise.

Veuve, Juliette Lamber épousera Edmond Adam. En 1879, elle fonde *La Nouvelle Revue*. Elle publie de très nombreux romans, que personne ne lit plus aujourd'hui. Son action politique ne peut être niée. Dans son salon, elle réunit tout le personnel républicain et patriote. L'alliance franco-russe sera en partie son œuvre.

Autre grande dame de la République : Mme Ménard-Dorian. Dans son splendide hôtel particulier de la rue de la Faisanderie, cette femme richissime, propriétaire de forges, se donne tout entière à la cause de la révolution internationale. Dans son bureau, on découvre des casiers, chacun orné d'une étiquette : révolution russe, révolution allemande, révolution chinoise, révolution hollandaise, révolution espagnole, révolution suisse. Naturellement, ces révolutions n'ont pas encore eu lieu mais, dans l'esprit de Mme Ménard-Dorian, elles se préparent.

A sa table, on rencontre les membres de la deuxième Internationale. Elle reçoit le grand monde républicain pour lui faire entendre Cortot, Thibaud, Casals. Par passion politique, elle a donné sa fille en mariage au petit-fils de Victor Hugo. Ils divorceront. C'est chez Mme Ménard-Dorian que feront leurs débuts deux jeunes gens qui s'appellent Léon Blum et Marcel Cachin. L'anticléricalisme de Mme Ménard-Dorian est lui-même un dogme. Jamais elle n'a franchi le seuil d'une église. Son matérialisme se veut militant. Lorsque son mari meurt et que l'on emporte son cercueil, elle se poste, vêtue de bleu pâle, en haut de l'escalier de fer forgé de son hôtel et lance seulement : « Adieu, vieux camarade, adieu ! »

Comme Marcel Sembat et Jean Jaurès, Mme Ménard-Dorian croit la guerre impossible. Le jour venu — comment en douter ? — les forces socialistes refuseront de lever des fusils contre leurs frères.

Le salon de Mme de Loynes donne plutôt dans le nationalisme. Nous avons déjà rencontré Mme de Loynes — sous un autre nom. Jadis, elle était Jeanne de Tourbey, et précédemment Detourbey, rinceuse de vaisselle. Après son passage dans la haute noce parisienne, elle s'est rangée. Riche, elle a cherché l'honorabilité. Se mariant, elle est devenue Mme de Loynes et de ce fait mécène à la fois politique et littéraire. Elle est encore belle, avec de grands yeux violets. Chez elle fréquente la droite nationaliste, Brunetière, Barrès, Déroulède mais la vedette incontestée du salon de Mme de Loynes est Jules Lemaitre. Il brille de toutes les facettes d'un esprit subtil. Mme de Loynes le dévore des yeux. Chacun sait qu'il règne non seulement sur son salon, mais sur son cœur. Quelqu'un a dit : « Pour lui, elle aura toujours soixante ans ! » C'est l'esprit du temps. Cette égérie inattendue conduira Jules Lemaitre à l'Académie française. C'est chez Mme de Loynes qu'a été fondée la *Ligue de la patrie française*. Quand elle mourra en 1908, Adrien Hébrard dira :

— Elle s'en est allée dans un demi-monde meilleur.

Autre salon, de gauche celui-là : celui de Mme Arman de Caillavet. Epouse d'un grand bourgeois qui tient avec compétence la rubrique du *yachting* au *Figaro*, elle reçoit dans son hôtel de l'avenue Hoche des hommes politiques, des journalistes, des dignitaires du régime, des artistes et des gens de lettres. Au centre du salon, sur un fauteuil qui ressemble à un trône, Anatole France. C'est le dieu de la maison. Mme de Caillavet — plantureuse et romanesque — voue au grand homme une admiration qu'elle ne songe même pas à dissimuler. M. France, avec un doux sourire, se laisse encenser. Cette liaison dure depuis des années. On dit de M. de Caillavet qu'il est l'administrateur du collage de France. L'auteur des *Dieux ont soif* doit beaucoup à Mme de Caillavet. Volontiers il céderait à sa nonchalance naturelle. La terrible Mme de Caillavet veille. Pour un peu elle l'attacherait à sa table de travail. Dans le salon de l'avenue Hoche, se forment des combinaisons ministérielles, se préparent des mouvements préfectoraux et des promotions de la Légion d'honneur. Le grand moment vient quand « Madame » se tourne vers Anatole France :

— Allez, monsieur France, racontez-nous une histoire.

Le silence se fait, « l'auteur du *Lys rouge*, les dix doigts joints, l'air d'un vieux faune narquois, entame un monologue dans lequel les grâces d'une aérienne ironie s'allient à celles, plus pesantes, d'une inépuisable érudition [1]... ».

La Belle Epoque. Elle s'achève en 1914, mais nul ne sait quand elle commence. Sans doute faut-il, avec Armand Lanoux, admettre qu'elle prend son élan après l'ascension et la chute du général Boulanger. Un temps, la France a hésité : se donnerait-elle à ce beau général à la barbe soyeuse ? Mais Boulanger aime Marguerite de Bonnemains, belle et épanouie comme il sied en 1886. Quand on envoie Boulanger commander le 13e corps à Clermont-Ferrand, quand on le met aux arrêts pour propos séditieux, il quitte son hôtel par une échelle de corde pour aller retrouver sa chère Marguerite à Royat. Un trublion ? Non, un Roméo. Bientôt, Paris se soulèvera, voudra porter de force Boulanger à l'Elysée. Lui sable le champagne au restaurant Durand. Autour de la place de la Madeleine une marée humaine, un cri immense : *« A l'Elysée ! à l'Elysée ! »* Va-t-il marcher ? Il refuse. Quelqu'un tire sa montre :

— Minuit cinq. Messieurs, depuis cinq minutes le boulangisme est en baisse.

Boulanger donne l'ordre de faire avancer son coupé. Ce n'est pas pour marcher sur l'Elysée mais pour aller retrouver Marguerite.

Deux mois plus tard, menacé d'être arrêté, Boulanger s'enfuira en Belgique avec elle. Deux années d'exil. La tuberculose mine Marguerite. Elle meurt. Quand on l'enterre, le 19 juillet 1891, Boulanger dit à Déroulède : « Je me dois à sa tombe. »

Le 30 septembre, à 11 heures, il pénètre dans le cimetière, les bras chargés de roses et se brûle la cervelle, là, sur la pierre tombale. Il laisse un testament : « Je demande que l'on place dans mon cercueil son portrait et la mèche de ses cheveux que j'aurai sur moi au moment de ma mort. Sur la pierre tombale, au-dessous de l'inscription de ma chère Marguerite, avec les mêmes caractères et la même disposition d'écriture, on devra écrire ces mots : "Georges 29 avril 1837-30 septembre 1891 ; ai-je bien pu vivre deux mois et demi sans toi ?" »

---

1. Jacques Chastenet.

Georges Clemenceau proposera une autre épitaphe : « Ci-gît le général Boulanger qui mourut comme il a vécu : en sous-lieutenant. »

La Française de la Belle Epoque, il faut aller à sa rencontre à la manière du géologue qui explore plusieurs couches de terrain. Rien, ou à peu près, n'est aplani des anciennes barrières sociales. Le monde que Jacques Chastenet a connu et décrit se compose toujours de plusieurs mondes dont les façons de vivre et de penser parfois ne se rencontrent jamais.

Au sommet de la pyramide, les femmes du monde telles que Marcel Proust les a vues et immortalisées. Mille ou mille deux cents familles de plus en plus souvent alliées avec des financiers, des industriels, des étrangers, souvent américains. L'hiver dans leur hôtel de Paris, l'été dans leur château, les gens du monde déploient un faste de bon goût, sans vaine ostentation. Il faut lire, peinte par Elisabeth de Gramont, ou mieux encore par la comtesse Jean de Pange, ce qu'a pu être jusqu'à la guerre de 1914 la vie d'une certaine société. Petite fille, Mme de Pange, née Broglie, a grandi dans la maison de son grand-père au 48, rue La Boétie. Pouvons-nous imaginer aujourd'hui qu'au début du siècle s'élevait là un hôtel particulier entouré d'un immense jardin qui s'étendait jusqu'à la rue de la Baume ? Au milieu des frondaisons, c'était comme un petit château avec deux pavillons. Et partout des domestiques : « En 1910, l'année de mon mariage, il y en avait encore quatorze et certainement dans mon enfance, avant 1900, il y en avait davantage. » Au pied de l'escalier, dans les vestibules, un laquais en livrée bleu et jaune. Les jours de réception il porte culotte et bas de soie, souliers à boucles et gants blancs. Il reste là de 1 heure de l'après-midi à 8 heures du soir. « Il n'avait pratiquement rien à faire, car il venait peu de visiteurs. Comme il y avait deux perrons et deux vestibules... il y avait ainsi deux hommes immobilisés chaque jour. Personne ne songeait à s'en étonner. »

A midi moins cinq, la famille se réunit dans le grand salon en rotonde du rez-de-chaussée. Au douzième coup de midi, le maître d'hôtel ouvre la porte à deux battants, on passe en cortège dans la salle à manger : « Ma grand-mère marchait en tête tout enveloppée dans ses châles et ses dentelles noires. Puis ma mère, mon père, et moi suivions en bon ordre. Plus tard, il y eut aussi mon petit frère Louis et l'abbé, son précepteur. Mon frère aîné, le marin, apparaissait rarement, ainsi que ma sœur mariée qui logeait bien loin, au fond du faubourg Saint-Germain. Il y avait souvent un ou deux invités. Ma grand-mère présidait la table avec le privilège exclusif d'écrire le menu. » Des repas qui nous laissent étonnés : matin et soir, sept ou huit plats. Presque toujours du gibier, envoyé par les gardes-chasse de Normandie ou d'Anjou. Toujours un plat de viande et un autre de volaille. Une infinité d'entremets. « Je pouvais manger de tout sans aucune surveillance. Pourvu que je me taise et que je me tienne droite on ne me faisait aucune observation. Je buvais de grands verres de vin rouge et reprenais de tous les plats. » En tout cas, elle sait écouter. Elle se souviendra que la conversation était toujours très animée. Que l'on parlait de politique, d'art, de littérature. Surtout de politique. Tout y passait. La fusion monarchique, le drapeau blanc, le boulangisme et, bien sûr, l'affaire Dreyfus. Suivons toujours la petite Broglie. Le matin, vers 11 heures, elle se promène avec sa nurse dans la rue La Boétie. Quelquefois on va jusqu'aux Champs-Elysées. Après le déjeuner, son Anglaise les conduit, son frère Louis et elle, dans un landau à deux chevaux, jusqu'à Bagatelle. Elle y retrouve des petits enfants de son monde, avec qui elle joue. C'est là qu'elle a vu en 1894 — elle a six ans — la première voiture à pétrole du marquis de Dion. Bientôt, les gens du monde ne redouteront plus d'acheter des automobiles. Le cocher apprendra à les conduire et deviendra le « mécanicien ».

Chaque fin de journée, on mène la petite fille chez sa grand-mère, la comtesse d'Armaillé, née Ségur, qui habite dans l'hôtel un appartement séparé. Vers 5 heures, après la promenade et le goûter, la nurse lui fait revêtir en hiver « une robe de velours rouge-cerise ou bleu-de-roi », et, en été, une robe de broderie anglaise blanche, « tout empesée et roide comme du carton ». Ces robes viennent de chez Marindas, la couturière pour enfants à la mode. « Puis on me passait autour de la taille une ceinture en ruban écossais aux couleurs les plus vives. Cette ceinture, large de quarante centimètres, artistement drapée, formait dans mon dos un immense nœud qui dépassait mes épaules et dont les pans traînaient presque jusqu'à terre. » Ensuite, on la coiffe. « Je portais une frange sur le front mais, en arrière, des cheveux très longs et fins. Les démêler était une opération pénible qui ne se passait pas sans larmes. » Cela s'achève par la pose dans les cheveux, cette fois, d'un autre nœud de ruban écossais qui doit tomber jusqu'aux genoux. L'expédition commence. « Pour aller de ma chambre chez ma grand-mère, il fallait traverser toute la maison. On passait par le salon qui servait d'atelier, où ma mère avait ses métiers à tapisserie et tout un attirail de peinture à l'eau et à l'huile... Il fallait traverser ensuite d'autres pièces avant de gagner l'escalier... Après avoir pénétré dans un couloir étroit et sombre, on montait trois marches éclairées seulement par un petit bec de gaz dit "papillon". J'aurais volontiers mis un doigt au centre de cette petite flamme bleuâtre pour voir si cela brûlait ! A gauche enfin, une porte fermée à laquelle on frappait discrètement. Ma grand-mère répondait en anglais *come in*. »

Un petit sourire d'accueil. L'enfant n'embrasse pas la vieille dame. Ce n'est pas l'usage. La nurse se retire. La petite fille s'assoit sur une petite chaise basse Louis XV. Après quoi, elle a droit de choisir dans l'armoire aux joujoux celui du jour. C'est une extraordinaire collection où s'accumulent les jouets de plusieurs générations. Certains jours, bonne-maman accepte d'aller jouer au piano quelques airs en chantant une romance ancienne. Parfois, dans l'un des grands salons, on se poursuit entre les meubles.

Avant le dîner, la petite ira saluer sa mère, quelques instants. « Quand elle n'avait pas la migraine », elle la trouve en général sur sa chaise longue, entourée de châles et de coussins. La princesse de Broglie rentre toujours avant le crépuscule, c'est-à-dire en hiver avant 4 heures. Ce n'est pas l'habitude de sortir tard, les dames ne courent pas les rues après la tombée de la nuit. « Ma mère tenait beaucoup au protocole et à la bienséance. Elle ne sortait jamais l'après-midi sans être accompagnée d'un grand valet de pied en livrée affublé d'un haut-de-forme et d'une longue redingote qui lui tombait jusqu'aux talons. » Si sa maîtresse veut faire quelques pas au bois de Boulogne ou aux Champs-Elysées, il doit la suivre, respectueusement, mais de loin. « Elle entrait rarement dans un magasin. Cela n'était pas bien vu et tous les fournisseurs venaient à domicile. »

Après le Grand Prix, vers la fin de juin, la famille tout entière émigrait à Dieppe « où il était séant d'avoir une villa ». Pour le voyage, on emporte plusieurs paniers de provisions et « des couverts pliants d'étain, des timbales qui s'aplatissaient comme des chapeaux claque, des flacons de sels, d'eau de Cologne, d'alcool de menthe, des éventails, des châles, des petits coussins en caoutchouc dont la vue seule me rendait malade ». Plus tard, quand la famille aura hérité du château de Saint-Amadour, en Anjou, c'est là qu'on ira. On ne revient de ses terres que vers la fin de l'année.

Le premier mois de l'année c'est « la petite saison », c'est-à-dire peuplée de dîners intimes. Après Pâques, commence la « grande saison ». Il faut de la santé pour y faire face. La femme du monde est sur pied à 10 heures du matin. Elle va chez ses fournisseurs à moins qu'elle chevauche au Bois ou marche dans la contre-allée des Acacias. Pour les jeunes femmes, le tailleur est de rigueur, et une voilette à pois. On rentre chez soi changer de toilette. Les dames doivent revêtir leur robe d'après-midi. Déjà, la mode change deux fois par an. En tout cas, « toujours beaucoup de rubans, beaucoup de tulle, beaucoup de mousseline, beaucoup de ruchers ». Peu à peu les chapeaux sont devenus immenses, ils s'étagent « en une curieuse architecture d'oiseaux empaillés, de fleurs et de fruits ». Après 1911, on verra renaître les turbans et les cloches.

Le déjeuner se prend chez des amis, car on se rend visite avec une sorte de frénésie à moins, naturellement que l'on reçoive ce jour-là. L'après-midi ? Essayages, expositions, ventes de charité. Comme la princesse de Broglie, une dame du monde doit rentrer tôt chez elle. Bien sûr, il y a celles qui préfèrent le fameux « cinq à sept » de la Belle Epoque mais, rappelle Jacques Chastenet, « surveillées comme elles le sont, il leur faut pour y réussir une ingéniosité et une intrépidité assez peu communes ». Dans certains hôtels, des dames du monde tiennent salon. Ils ne ressemblent guère à ceux où nous sommes entrés tout à l'heure. On ne s'y mêle ni de politique ni de littérature. On est entre soi. Là, véritablement, on respire l'esprit du « monde ». Si d'aventure le petit Marcel Proust, entre deux crises d'asthme, se trouve là, il regarde de tous ses yeux. Ce sont par exemple les « mardi » de la duchesse de Rohan, les « dimanche » de la duchesse de Camastra et de la comtesse de Martel qui signe Gyp de charmants petits romans : *Douce, Le Mariage de Chiffon*. Autres salons, ceux de la comtesse Anna de Noailles, de la princesse Edmond de Polignac qui est américaine. Les salons de la comtesse d'Haussonville, de la comtesse Gabriel de La Rochefoucauld, de la duchesse de Clermont-Tonnerre. Tous sont éclipsés par celui de la comtesse Greffulhe, née Caraman-Chimay.

Les lecteurs de Proust connaissent la comtesse Greffulhe. Personne n'ignore qu'elle servit de modèle à la princesse de Guermantes. Impressionnante, sa beauté. Sa démarche, la façon dont elle renverse son « col de cygne », dont elle regarde, dont elle sourit, tout évoque ce que nul n'apprendra jamais et qu'elle a trouvé au berceau : la race. Les fées l'ont comblée : son intelligence égale sa beauté et son esprit. En art, son opinion est un verdict. Elle a imposé Debussy à Paris, et Richard Strauss, et Stravinski. Elle a lancé les frères Perret qui, grâce à elle, sont devenus les grands architectes du siècle commençant. C'est chez elle qu'on a entendu Caruso et Chaliapine.

Finie la « grande saison ». Ces dames respirent. Elles s'en vont à Dinard, à Deauville, à Trouville, à Cabourg. Certaines se baignent. Des cabines tirées par des chevaux les conduisent jusque dans la mer. Là, par une petite échelle, elles descendent dans l'eau avec leur culotte bouffante sur laquelle retombe une petite jupe. Elles cachent leurs cheveux sous des foulards. Elles ne nagent pas et se bornent à faire trempette. En 1912, on verra paraître, même dans la bonne société, le maillot ajusté. La majorité s'offusquera.

En septembre, on quitte les plages et l'on part pour son château. Beaucoup de ces dames n'imaginent pas qu'il puisse y avoir d'autre vie. Beaucoup de Françaises imaginent encore moins qu'une telle vie puisse exister.

Qu'elles soient de moyenne ou petite bourgeoisie, les Françaises ont des réflexes communs. Ce qui compte pour elles, c'est la famille et la maison. Le mari gagne l'argent, la femme en dépense le moins possible et veille à ce que ce soit à bon escient. Elle est en général mariée sous le régime de la communauté réduite aux acquêts. A part les femmes de la toute petite bourgeoisie et les boutiquières, elle ne travaille pas. L'éducation des enfants est son domaine. Elle en a rarement plus de trois. Parfois, elle est secondée par une bonne, venue de la campagne, car on laisse les nurses anglaises à l'aristocratie. Sa tâche impérative : faire des visites. Une bourgeoise ne peut y manquer sans être quasiment mise au ban de la société. Dès 3 heures de l'après-midi la bourgeoise se prépare. Elle connaît les jours de ses amies. Et elle dresse sa liste en conséquence. Le plus souvent elle n'a pas de voiture. Elle fera donc ses visites à pied, en omnibus, en tramway, voire en métro dont les premières lignes viennent de s'ouvrir. Regardons-la, avec « ses bottines boutonnées, plumes et fleurs au chapeau, la jupe balayant le sol, le réticule à la main, le parapluie ou l'en-cas sous le bras ». Une bourgeoise est fière quand elle a rendu plusieurs visites dans l'après-midi et échangé des propos définitifs avec d'autres dames. La bourgeoise doit également donner des dîners : trois ou quatre « grands » par an. On y mange copieusement. Et la bourgeoise s'est occupée de tout plusieurs jours à l'avance. Les dames invitées devront venir quelques jours plus tard à domicile remercier leur hôtesse.

Les femmes qui travaillent ? Là aussi l'image se transforme. Une progression spectaculaire : celle du nombre des femmes actives. Comment l'expliquer ? En ce qui concerne le commerce ou les bureaux, elle est due à l'expansion commerciale et au développement de l'instruction des femmes. Mais l'industrie, pendant la même période, fait appel à un nombre de femmes qui augmente de près d'un million d'unités. En 1891, une statistique publiée par le journal conservateur *Le Soleil* donne les chiffres que voici concernant les femmes au travail :
— Mines, grande industrie, manufacture : 468 773
— Petite industrie : 881 662
— Travaux agricoles : 1 244 965.
Pour le premier poste, les femmes représentent 36 % du total, pour le deuxième 44 %, pour le troisième 29 %.
La féminisation du travail s'étend également au commerce et à l'administration. En 1891, sur 22 700 employés des postes et télégraphes, on dénombre 9 000 receveuses et à peu près autant de demoiselles *hors cadre* qui gagnent 800 à 1 800 francs par an. Il faut savoir qu'un homme occupant le même poste est payé de 1 200 à 4 000 francs. Fernand Pelloutier, enquêteur à l'Office du travail, a publié le résultat de ses observations pour les dix dernières années du XIXe siècle. A propos des demoiselles des Postes, le rapport Pelloutier observe : « Ce système résout d'ailleurs si heureusement le problème budgétaire qu'au commencement de 1894 l'administration décidait de féminiser la moitié des bureaux de Paris. »
Voilà une fois de plus la grande question posée : celle des salaires. Dans l'industrie, la moyenne du salaire journalier, pour

le département de la Seine, entre 1891 et 1893, est de 6,15 F pour les hommes et de 3 F pour les femmes. Pour les autres départements, elle est de 3,90 F pour les hommes et de 2,10 F pour les femmes. Ces chiffres font apparaître une augmentation du salaire féminin, par rapport au Second Empire, légèrement supérieure à celle des salaires masculins. Il faut tenir compte du fait que la dernière enquête ne porte pas sur les travailleurs à domicile — parmi eux nombreuses sont les femmes — pour lesquels le salaire n'a nullement augmenté. Au reste, les enquêteurs de l'Office du travail font état d'une notable augmentation du coût de la nourriture et des loisirs.

Il serait lassant de multiplier les exemples. Dans une fabrique d'agrafes métalliques, les hommes perçoivent 5,70 F par jour, les femmes 1,50 F. En revanche — seule exception — pour la taille des pierres précieuses, les femmes sont payées en moyenne 5,15 F par jour tandis que les hommes ne touchent que 4,65 F. Quant aux conditions de travail, elles restent impitoyables. Les demoiselles téléphonistes travaillent, pour huit cents francs par an, dans des salles hermétiquement closes où, pendant l'été, la température dépasse 30 degrés. Le rapport Pelloutier signale : « Elles restent debout pendant dix heures, exposées ainsi aux désordres génitaux les plus graves, ont presque constamment le transmetteur à la bouche, le récepteur à l'oreille, et n'interrompent cette occupation que pour manœuvrer les *jack-knives* (conjoncteurs) ou relever les annonciateurs. D'une pareille tâche, que retirent-elles ? Des affections nerveuses, des troubles circulatoires et de l'appareil respiratoire. » On constate en moyenne 10 % de malades.

Et les demoiselles de magasin ! Parfois de 8 heures du matin jusqu'à 10 heures du soir, elles restent debout, sans avoir droit au siège si longtemps réclamé et qu'elles n'obtiendront que par une loi appliquée en 1901. A la moindre peccadille elles sont punies de lourdes amendes. Non seulement elles doivent déployer des trésors de patience pour satisfaire une clientèle exigeante, parfois insolente, mais elles sont exposées à des vexations et à des humiliations de leurs chefs quand ce n'est pas — dit toujours le rapport Pelloutier — à leurs « assiduités » et à leurs « propos flétrissants ». Avec la guelte, elles ne gagnent guère que 150 à 200 francs par mois. Naturellement, elles peuvent être renvoyées séance tenante sans garantie ni indemnité.

Des privilégiées, pourtant, les demoiselles des P.T.T. ou les demoiselles de magasin, en comparaison du sort réservé aux cas-seuses de sucre, par exemple. Elles travaillent pendant dix heures, sans relâche, pour 2,50 F et 2,70 F. Pendant dix heures, courbées sous le cassoir métallique, elles poussent les lingots de sucre sur la scie. « Priez l'une d'elles de vous montrer sa main. Les ongles sont à demi rongés. L'extrémité du doigt présente un méplat produit par l'usure de la chair... quelquefois ce ne sera plus un doigt que vous verrez, mais un moignon sanglant que l'ouvrière recouvre d'un linge, non pas tant pour moins souffrir que pour ne pas tacher le sucre qu'elle manipule. La malheu-reuse n'a même pas la ressource d'une callosité protectrice : le sucre gratte tout. »

L'humanisation des conditions de travail, la Belle Epoque n'y songe pas. Les ouvrières sont exposées à des intoxications par le nitrate d'argent dans les miroiteries, par la nicotine dans les manufactures de tabac, par la litharge chez les typographes, par les sels de plomb chez les poudreuses-céramistes. *Le Figaro* s'indigne : « Nous pourrions citer une maison où, journellement, quarante-huit ouvrières brossent des chapeaux de soie avec des sels de plomb. En trois ans, leur compte est réglé. Le patron éviterait quarante-huit assassinats en remplaçant le sel de plomb par le sel de zinc, mais il perdrait 8 1/2 % de ses bénéfices. Il n'hésite pas. »

Ces femmes scandaleusement mal payées et traitées, les employeurs reconnaissent qu'elles font du meilleur travail que les hommes. Pour charger les betteraves, « elles sont plus habiles, plus souples que les hommes, résistent mieux à la boue et à la pluie » ; dans les filatures, on s'inquiète de l'interdiction du travail de nuit pour les ouvrières (loi qui sera votée le 2 novembre 1899 mais très mal appliquée) : « Si les femmes ne travaillent plus la nuit, elles ne pourront être remplacées par les hommes, ces derniers n'ayant pas les doigts assez souples », déclare un filateur de Tourcoing.

Ces femmes, souvent, la tuberculose les guette. La mortalité ouvrière féminine dépasse de beaucoup celle des ouvriers : 156 femmes pour 100 hommes dans les filatures de coton, 174 femmes pour 100 hommes dans la totalité des fabriques. Quand ces ouvrières mettent des enfants au monde, ce sont en général de petits êtres débiles. Un grand nombre meurent avant l'âge d'un an.

Comment peut subsister une ouvrière, si elle est seule ? *Le*

Petit Parisien publie les dépenses quotidiennes d'une chemisière qui gagne deux francs par jour. 1 livre de pain : 0,20 F. Le matin, lait : 0,10 F. A midi, une côtelette : 0,25 F, vin : 0,10 F, charbon : 0,05 F, légumes : 0,10 F, beurre : 0,10 F. On aboutit à un total de 90 centimes. Le reste, 1,10 F, sera pour le loyer, l'habillement, les transports.

Certaines usines mettent des locaux d'habitation à la disposition des ouvrières. Un rapport, adressé en 1891 au ministre du Commerce, décrit ainsi les dortoirs affectés aux ouvrières des fabriques de la société de Saint-Chamond : « Les dortoirs sont des combles où les ouvrières gèlent en hiver et étouffent l'été. Mal aérés et trop petits, ils sont dans un état de malpropreté déplorable. Les enfants et les femmes sont couchés à deux dans le même lit, et on ne renouvelle les draps que tous les deux mois. Ces jeunes ouvrières sont usées ; à dix-huit ans, elles en paraissent trente. Certains établissements sont surnommés les tombeaux des enfants de la Haute-Loire. »

Le logement ? Il ne s'est pas amélioré depuis cinquante ans. De grandes artères ont été ouvertes, des îlots insalubres détruits et remplacés par des immeubles confortables, notamment à Charonne, à Ménilmontant, à Belleville mais, de ces améliorations effectuées en principe à son profit, l'ouvrier ne peut profiter car les loyers des beaux immeubles sont trop chers. Il se voit donc une fois de plus relégué dans ces cités ouvrières dont la seule description nous atterre. Jean Richepin a exploré l'une d'elles, rue Jeanne-d'Arc, aux Gobelins. Il y a là près de quinze cents logements « et celui qui les a fait construire est, paraît-il, un philanthrope. Eh bien, c'est du propre la philanthropie ! ». Entrons dans les maisons. « Sombres, gluants d'humidité et de crasse qui se mêlent et font pâte, les corridors semblent des entrées de souterrains ou plutôt de fosses d'aisances. L'ammoniaque, le gaz sulfhydrique, la vidange s'y épanouissent comme au-dessus d'un dépotoir. Les caves, en effet, sont inondées de débordements, grâce aux mauvais état des tuyaux crevés et des réservoirs bondés. Le courage manque pour monter les escaliers et on se hâte pour sortir du corridor, et l'on emporte dans ses habits cette nauséabonde parfumerie qui s'agrippe à l'étoffe, l'imprègne et vous pique les yeux et le nez... Dire que c'est cela que respirent les habitants de la cité ! Et ils sont une charibotée, les malheureux ! Pêle-mêle, d'ailleurs, dans ces prétendus logements philanthropiques, des familles entières dans une même chambre avec une seule fenêtre prenant jour sur un plomb. Aussi faut-il voir les mines blêmes des gosses. Ils grouillent là-dedans comme des asticots, nus et blancs, d'un blanc sale. Les adultes semblent des vieux. Le rachitisme, la scrofule poussent à gogo sur ces chairs quasi putrides en naissant. On dirait que tout ce monde a dans les veines, au lieu de sang, du pus... »

Dans ce monde du travail féminin, voici tout à coup une cohorte énorme : les domestiques. En 1906, elles sont 760 000. En fait, au point de vue des salaires, on atteint des records. En 1896, une femme de chambre gagne 40 à 70 F par mois, une cuisinière de 50 à 75 F, une bonne d'enfants de 35 à 50 F, une bonne à tout faire — les plus nombreuses — de 20 à 40 F.

Naturellement, pour toutes ces « employées de maison » avant la lettre, il n'est pas question de vacances — pas plus que pour l'ensemble du monde du travail — ni de congé hebdomadaire.

Acceptent-elles leur sort, ces femmes ? La plupart oui. *La Bataille syndicaliste* du 20 avril 1914 souligne, à propos des cinquante mille ouvrières du textile à Lille, une passivité condamnable. « Elles ne se croient dignes que du labeur forcené qu'on veut bien leur donner. Elles ne voient rien d'autre. Leurs pauvres imaginations ne conçoivent pas de situations moins mauvaises que la leur. Filles d'esclaves, elles croient naturel de continuer la tradition. Toutes petites elles ont pris l'habitude du joug. Elles sont incultes et il est triste de constater que bien des fileuses, jeunes, savent à peine signer. Elles ne lisent pas, elles ne fréquentent que l'église obligatoire et l'estaminet. L'un et l'autre leur font prendre ces maux en patience. »

Il faudra beaucoup de temps et le long effort d'une poignée de militantes pour que, peu à peu, elles s'éveillent à leurs droits. A partir de 1900, l'annuaire des syndicats professionnels fait état de 30 975 femmes syndiquées, soit 5,26 % du total des effectifs. En 1911, on passe à 101 000 femmes, 9,81 %. En 1914 on assiste à une régression : 89 364 femmes, 8,70 %.

Résurgence d'un vieil esprit proudhonien ? Ou simplement marque d'un antiféminisme français décidément ancré dans les mœurs ? En 1913, certains syndicats refusent encore d'admettre des femmes dans leurs rangs. C'est le cas du syndicat du livre. Une femme typographe, Emma Couriau, après le refus de son adhésion, déclenche une campagne qui fait grand bruit. *La Bataille syndicaliste* ouvre ses colonnes aux partisans des deux thèses. A lire les réponses, on perçoit l'existence d'une tendance toujours forte en milieu ouvrier favorable à la femme au foyer. Resmer, l'enquêteur de *La Bataille syndicaliste*, marquera en conclusion son étonnement « de trouver tant de défenseurs de la famille parmi les militants ouvriers ». Sévèrement il écrira : « Quand Paul Bourget ne trouvera plus de disciples chez les bourgeois, il pourra venir les chercher dans les syndicats. » Il ajoutera qu'il serait grand temps que les camarades abandonnent leur « mentalité antédiluvienne » sur les rapports qui doivent exister entre l'homme et la femme.

Beaucoup d'ouvrières se montrent déçues par les réticences de la presse syndicale dans l'affaire Couriau. La C.G.T. est mise en cause. Au printemps 1914, le comité confédéral de la C.G.T. préparera une action sur l'organisation syndicale des femmes. La déclaration de guerre mettra fin à une tentative à peine esquissée.

Cependant on signale des grèves de femmes souvent plus violentes que celles des hommes. Mme Madeleine Guilbert en cite de nombreuses : la première semble avoir été celle des casseuses de sucre, en 1892, qui ont cessé le travail pendant trois semaines à la suite de l'annonce d'une diminution de salaire. A Limoges, en 1895, cent cinq corsetières font grève, pendant huit jours, pour obtenir une augmentation. En 1899, les cigarières font grève à Bordeaux. En 1901, à Paris, grève d'un mois des couturières. En 1905, ce sont les sardinières de Douarnenez. Et bien d'autres.

Le douzième Congrès de la C.G.T., en 1912, salue comme étant « la première grande grève de femmes » celle des confectionneuses de la maison Esders en 1911.

Ces grèves féminines comportent des aspects singuliers ou révélateurs. On menace les grévistes de les remplacer par des machines, de donner le travail aux prisons, aux couvents et aux ouvrières à domicile. Parfois ce sont les maris qui se muent en briseurs de grève. Aux sucreries Lebaudy on voit un mari, fouet en main, tenter de faire rentrer de force sa femme qui participe à la grève. Il faut que les autres ouvrières grévistes livrent une véritable bataille pour arracher leur camarade au forcené. On voit à Douarnenez, en 1905, le clergé refuser les sacrements à celles qui se syndiquent et font grève, tenant apparemment pour rien que les ouvrières du port soient allées faire brûler un cierge

de seize francs à l'autel de la Vierge de Lourdes. Car toutes les
grévistes sont loin d'être des « rouges ». A Mazamet, en 1909,
un cortège de femmes grévistes défile en chantant alternative-
ment *L'Internationale* et le *Magnificat*. Après avoir obtenu gain
de cause, les « cabanières » de Roquefort font célébrer une
messe d'action de grâces.

Le dynamisme des femmes est souligné par la presse ouvrière
et syndicale. En 1910, à propos d'une grève des confectionneuses, *L'Humanité* écrit : « Ces femmes que l'on méprise pour
leur incompétence n'ont rien à envier aux hommes pour la
vigueur dans l'action et pour la logique et l'esprit de suite dans
les décisions. »

Elles le prouvent. Beaucoup de femmes sont condamnées
pour fait de grève, certaines récoltent jusqu'à deux mois de prison. A Cluze, en 1904, une femme est tuée et trois autres blessées par les fils du patron qui tirent sur les manifestants.

Les paysannes représentent toujours une majorité imposante :
58 % habitent la campagne et vivent de la terre. Mais des changements profonds sont déjà amorcés. Pendant des siècles, la paysanne a vécu dans la solitude, repliée sur sa province ou sur son
village. Désormais le chemin de fer traverse son coin de terre,
les garçons sont revenus du service militaire obligatoire avec
des histoires qui, inlassablement, évoquent ce monde nouveau.
Alors, à la campagne, on change. Que reste-t-il de la veillée
d'autrefois où les vieilles répétaient ce qu'elles avaient entendu
de leurs anciennes ? Les patois même s'oublient. Les filles
rêvent de vélos. L'école obligatoire a porté ses fruits : elles
savent lire et écrire, maintenant, et en profitent pour se faire
expédier le catalogue des grands magasins. Elles remettent en
question l'autorité du père. Il y a de moins en moins de curés,
et on les écoute de moins en moins. Avec un appétit accru, la
fille lorgne vers la ville. C'est si dur, la terre. Pas de dimanches,
jamais une heure pour souffler. A la ville, on peut se placer
dans une boutique, comme « commise ». Celles qui sont allées
jusqu'au certificat peuvent rêver à l'ambition suprême : devenir
« demoiselle des postes ». Cet exode — c'en est un, car les fils,
eux, vont courir à l'usine — a pour conséquence une baisse de
la natalité qui alarme déjà les pouvoirs publics. René Bazin
consacre à *La terre qui meurt* un roman célèbre.

Ceux qui choisissent de rester, en revanche, vivent encore comme avant. La paysanne ressemble toujours à celle que dépeignait Zola dans *La Terre*. Elle est vieille à trente-cinq ans, comme Palmyre, et toujours exploitée.

L'amour ? A la campagne, il reste le plus souvent rude, brutal. On dénombre un trop grand nombre d'incestes. L'éveil sexuel est pratiqué très tôt, garçons et filles, à l'imitation des animaux qu'on a sous les yeux. « Les gazettes témoignent d'un syndrome d'érotisme sans frein et d'instincts primaires qui constitue le meilleur plaidoyer pour le naturalisme finissant [1]. »

En matière de religion, l'évolution de la bourgeoisie peut surprendre. Une part achève le processus de réconciliation avec l'Eglise amorcé au début du XIXᵉ siècle, cependant qu'une autre accroît son anticléricalisme. Si, dans les ménages, le mari de la Belle Epoque « bouffe du curé », la femme manque rarement la messe et veille à l'éducation chrétienne des enfants. Quantité de petits romans de l'époque nous montrent les dilemmes, voire les drames de ménages déchirés par la question religieuse, notamment lors de l'abrogation du Concordat. C'est au sein de cette bourgeoisie que la plupart des prêtres et des religieuses se recrutent. On assiste même à un essor du clergé régulier qui pourrait confirmer un renversement de tendance. En 1907, une femme qui souffre de la déchristianisation du monde rural, Mme Amiot, fonde les *Dominicaines des campagnes*. En 1911, Pie X approuve les constitutions de l'association qu'a fondée trente ans auparavant Caroline Carré de Malberg : les *Filles de Saint-François-de-Sales*. Parallèlement à la création de notre empire colonial, on voit partout dans le monde se développer des missions dont les « bonnes sœurs » seront la cheville ouvrière. Elles se révéleront des milliers à tout quitter, tout sacrifier, et finir souvent leur vie loin de leur pays natal — pour la plus grande gloire et l'amour de Dieu.

C'est au sein de la bourgeoisie que naît sainte Thérèse de Lisieux. Celle qui s'écrie un jour : « Ma vocation, enfin, je l'ai trouvée, c'est l'amour. » Thérèse Martin est la cinquième fille vivante d'un marchand de dentelle d'Alençon. Elle grandit dans la propriété des Buissonnets, à Lisieux, chez des parents très pratiquants. Elle voit ses trois sœurs aînées se faire religieuses.

---

1. Armand Lanoux.

A quinze ans, elle lutte opiniâtrement, victorieusement pour entrer au Carmel avant l'âge. Elle y vit pendant neuf ans : « oraison, silence, ascèse ». Atteinte de phtisie galopante, elle meurt. Un cercueil de bois blanc, la terre du cimetière. L'oubli. « Aime à être inconnu et compté pour rien », dit l'*Imitation de Jésus-Christ*. Qui parlera désormais de Thérèse Martin ?

Voilà le surprenant, l'incroyable. C'est d'abord un murmure, un bruit qui se chuchote, puis une certitude qui s'enfle. Le bruit se répand à travers la France : une sainte a vécu à Lisieux. Elle vient de mourir au Carmel. Chef-d'œuvre de propagande, comme prétendront les esprits forts ? Explication bien simpliste. L'opinion, c'est sûr, *croit* à la sainteté de l'obscure Thérèse. Quand on publie les notes qu'elle a laissées, *L'Histoire d'une âme* — version tronquée, avec photo retouchée, sur lesquelles il y aurait beaucoup à dire — le public achète le livre par centaines de milliers d'exemplaires.

On découvre, au plein de cette Belle Epoque si bornée dans sa vie spirituelle, la pureté absolue d'un mysticisme. Thérèse, certes, n'échappe pas à son temps. Il y a de la mièvrerie dans son style. Quand elle demande à être appelée la *petite* Thérèse, elle ne se doute pas qu'elle s'inscrit dans le cadre de l'analyse d'André Siegfried, selon qui, en ce temps, tout doit être *petit*. Son image souffrira bien plus encore de ces statues sulpiciennes qui répandront jusqu'à l'écœurement un sourire de plâtre peint. Il faut, comme a dit Gilbert Cesbron, « briser la statue ». Le message essentiel de Thérèse au milieu d'une génération qui vit comme si Dieu était mort, c'est de proclamer, fût-ce en donnant sa vie, le règne de la charité et de l'amour. Elle est plus faible que la faiblesse, mais cela même, elle l'offre. Elle ne demande rien à Dieu — rien que des âmes. « Il n'y a pas de plus grand amour que de mourir pour ceux qu'on aime. » Ceux qu'elle aime sont les enfants de Dieu, ses frères, l'humanité entière.

Thérèse sera canonisée bien avant les délais habituellement fixés par l'Eglise. Elle l'est parce que la volonté populaire l'a exigé. Au Vatican, le cardinal Vico dira : « Il faut nous hâter de glorifier la petite sainte si nous ne voulons pas que la voix du peuple nous devance. » A la Belle Epoque, un peuple demande une sainte ? Mais oui.

Comment s'étonner de l'accélération de la déchristianisation en milieu ouvrier ? « Accablé par des conditions de travail inhumaines, comment le prolétaire des ateliers géants pourrait-il conserver une vie religieuse[1] ? » On a vu, sous le Second Empire, la pratique religieuse ouvrière cesser chez les hommes, mais se poursuivre chez un certain nombre de femmes. Dans les années 1900, les ouvrières ne pratiquent plus. En 1902, un jésuite, le P. Forbes, estime qu'à Paris un quart de la population vit *totalement* en dehors de l'Eglise, sans baptême ni sacrements. Ce quart-là, c'est la population ouvrière.

La petite minorité ouvrière chrétienne n'entend pas, d'ailleurs, fuir ses responsabilités. C'est à cette époque que se fonde le syndicalisme chrétien auquel se mêlent beaucoup de femmes. En 1899, une Lyonnaise, Mlle Rochebillard, fonde les syndicats des ouvrières de la soie. A Paris, sœur Milcent unit en syndicats des institutrices, des employées de commerce, des ouvrières de l'aiguille et de l'habillement, des gardes-malades. Mlle Butillard fonde le syndicat des ouvrières à domicile et celui des employées de banque, d'où naîtra l'Union féminine civique et sociale, appelée à un essor considérable. Dans l'Isère, Mlle Poncelet incite les gantières, ces parias, à s'unir en syndicats et obtient d'incontestables succès.

Au milieu du XIXe siècle, les campagnes demeuraient en général pratiquantes. Elles se sont éloignées progressivement du christianisme. « Les paysans de Zola, dit Daniel-Rops, sont déjà, pratiquement, détachés de la religion ; ceux de Giono seront purement et simplement des païens. » La foi paysanne à la Belle Epoque dépend de la géographie. « La Bretagne demeure fidèle, alors que dans la Haute-Marne ou la Corrèze les églises sont vides. » Pourquoi ? Cette déchristianisation des campagnes tient à la fois à la contagion du monde ouvrier auquel, de plus en plus, se mêlent les paysans, et à la prolétarisation paysanne, plus perméable de ce fait à la politique de gauche et, donc, à l'anticléricalisme. Contre cet éloignement va réagir le catholicisme social. Ses efforts ne porteront leurs fruits qu'entre les deux guerres lorsque, parallèlement à la J.O.C., Jeunesse ouvrière chrétienne, se créera la J.A.C., Jeunesse agricole chrétienne.

Le survol de cette société nous a montré une aristocratie plus patriarcale que tapageuse ; une bourgeoisie plus familiale que

---

1. Daniel-Rops.

jouisseuse ; un monde ouvrier qui ne s'abandonne à ses instincts que pour oublier les réalités qui l'accablent ; une paysannerie inchangée quant aux rapports entre les deux sexes. L'amour, les hommes et les femmes de la Belle Epoque n'y pensent pas. En cela, ils se montrent les héritiers des régimes précédents, les dignes fils et filles du XIXe siècle. Plus encore que le Second Empire, la Belle Epoque est un monde immobile dominé par l'argent. Le Second Empire, avide de biens matériels, ne fuyait point l'audace : l'aventure industrielle en est une. En 1900, une France repliée sur elle-même borne ses ambitions à la conservation d'un patrimoine. Cette préoccupation constante, qui dégénère souvent en obsession, aboutit à ces concepts petits-bourgeois qui, soigneusement, étouffent les mouvements du cœur.

La virginité garde toujours sa valeur de capital. Les romans de l'époque parlent à chaque page de la pure jeune fille. Les familles veillent sur leur virginité comme Monte-Cristo sur son trésor. Avec vigilance, on leur cache la vie dans tout ce qu'elle peut comporter d'authentique. Et même, on les enlaidit pour qu'elles ne tentent pas quelque glouton de passage. C'est ce que rappelle fort bien Elisabeth de Gramont : « Tout ce qu'il y avait de bête, de factice, de conventionnel nous était réservé. Les mélodies niaises, les pièces stupides, les conversations plates, les vêtements écœurants. Les jeunes filles bien élevées étaient vêtues de couleurs fades et claires, des tissus les plus pauvres, et tout le rehaut qui donne le ton — les diamants, les poudres, les fards et les parfums — leur était rigoureusement interdit. C'est tout juste si elles ne sentaient pas mauvais... » Dès que l'âge vient, c'est la chasse au mari. Coiffer sainte Catherine paraît un péril effrayant.

Enfin, d'une manière ou d'une autre, on a trouvé l'oiseau rare. Attiré par la dot, le jeune homme se présente. Naturellement, depuis son adolescence, il a *vécu*. La jeune fille ne sait pas très bien ce que cela veut dire, elle imagine un bataillon de créatures violemment fardées et au regard de braise. Elle n'a pas tort, la fréquentation des cocottes fait partie de l'éducation d'un jeune homme.

Le mariage. La mariée vêtue de blanc, la tête couronnée de fleurs d'oranger. Le marié en habit. La jaquette grise ne sera lancée qu'en 1899, par Le Bargy, un acteur, et, en 1901, par Paul Deschanel, futur président de la République. La mairie. La messe. La réception. Et puis, les derniers invités partis, la mariée se retire dans la chambre nuptiale « accompagnée de sa mère et d'une ou plusieurs proches parentes ». Les recommandations de maman se réduisent en général à quelques paroles émues et succinctes.

La nuit de noces a été si souvent dépeinte, et de la même façon, par la littérature de l'époque, que cette vision doit bien évoquer une réalité. Colette, bien sûr : « L'époux rude et sans grâce procède à l'assaut de la couche nuptiale. Les appétits excessifs enluminent sa face, il pue le cigare et la chartreuse, et pour réclamer son dû il a des galanteries de matelot en bordée. Des vieux lui ont affirmé que l'amour à la hussarde, il n'y a que ça de vrai ! » Donc, qu'il soit prince ou expéditionnaire dans un ministère, il ne s'en prive pas. La fille de Léopold II, Stéphanie, qui a épousé Rodolphe de Habsbourg, osera dépeindre sa nuit de noces : « Quelle torture, quelle horreur ! J'ignorais tout. On m'avait conduite à l'autel comme une innocente. J'ai cru que je mourrais de désillusion. »

Le corollaire de tels mariages, on pressent que ce sera l'adultère. Là aussi, on peut considérer la littérature comme un révélateur. Innombrables les romans qui nous dépeignent de petites et grandes bourgeoises retrouvant dans sa garçonnière, entre 5 et 7 heures du soir, un amant expert et empressé. Comme toujours, on doit voir ici un miroir déformant, l'écrivain s'inspirant le plus souvent de ce qui sort de l'ordinaire, mais un détail cocasse pourrait servir de preuve statistique. Ce qui règne toujours en 1900, c'est le corset. Le premier geste de l'entretien amoureux, dans la pièce ouatée où fume le brûle-parfum, est son délaçage par l'amant. Après quoi commence l'entretien proprement dit. C'est un genre d'exercice pendant lequel on ne voit pas passer le temps. Un cri de la dame : ciel, 7 heures et demie ! Elle saute sur ses pieds, pas question de remettre le corset. Pour le lacer il faudrait vingt minutes. Alors elle l'emporte roulé dans un journal. Or — et voici la statistique — au bureau des objets perdus, il se trouve un nombre grandissant de corsets, généralement oubliés dans des fiacres.

En 1900, un mari trompé le prend fort mal. Parfois, il tue. Deux armes favorites, à la Belle Epoque : le revolver et le vitriol. Armes qu'utilise aussi bien d'ailleurs la femme trompée. On remarque que ce sont surtout les maîtresses qui vitriolent leur amant. Mais la Belle Epoque dispose, en fait d'adultère, d'un nouveau « débouché » : le divorce.

La loi du 27 juillet 1884 l'a rétabli. Une femme — ou un mari — peut demander le divorce pour plusieurs causes : adultère, condamnation de l'un des époux à une peine afflictive ou infamante et encore excès ou sévices, injures graves, coups et blessures, séquestration, condamnation correctionnelle pour outrages à la pudeur, etc. En 1900, le divorce n'est pas encore entré dans les mœurs. Une femme divorcée est montrée du doigt. Les moralistes condamnent le divorce mais se gardent de stigmatiser sa cause essentielle : le mariage d'intérêt.

Le mari de 1900, semblable à ceux du Second Empire, s'en va toujours chercher ailleurs que dans le lit conjugal la satisfaction de ses besoins sexuels. Il a le choix. Aussi nombreux, aussi entreprenant que sous le Second Empire, le bataillon des cocottes ou des *horizontales* — mot nouveau. Peut-être avec moins d'éclat mais, comme sous Napoléon III, elles sont partout. Albert Flamant voit au Grand Prix des « escadrons de filles publiques ». L'après-midi, au Palais de glace, on peut faire son choix parmi les célébrités de la galanterie. On voit patiner Liane de Pougy, la belle Otéro ou Polaire. Dans une société hiérarchisée, il y a — comme d'habitude — une échelle de la prostitution. En haut, les demi-castors, au milieu les cocottes, en bas les demoiselles. « La grande cocotte suit les mêmes modes que la femme du monde, mais sur un ton tapageur : parfums plus capiteux, jupes plus froufroutantes, une taille plus fine, une poitrine plus jaillissante, des aigrettes plus fournies, des paradis plus catapulteux. » Les terrains de rencontre entre demi-mondaines et mondaines sont le Bois, l'hippodrome, le Ritz, les générales ou les premières. *Maxim's* est le « donjon central[1] ».

Le duel Caroline Otéro-Liane de Pougy ! Ce soir-là elles doivent dîner toutes les deux chez Maxim's. Otéro veut écraser sa rivale. Alors, elle arrive, confie le maître d'hôtel Hugo, « toute couverte de gemmes, de colliers, de bracelets, de bagues aux pouces, et autres doigts, d'une tiare et d'aigrettes ». Drôlement, Hugo commente : « Elle ressemble à une châsse qui aurait fait fortune. » La salle entière attend Liane de Pougy. Et la voici. Elle paraît dans une robe de velours noir admirablement coupée. Pas un bijou, pas un. La salle atterrée ne comprend pas. Alors Liane s'efface et démasque sa femme de chambre en bonnet :

---

1. Jacques Chastenet.

« elle avait fait coudre sur cette fille tous ses diamants. Pas un centimètre carré de la cameriste qui ne fût un éblouissement. Le grand-duc Vladimir en restait la bouche ouverte... Liane, que M. le comte de T... accompagnait, s'assit au milieu des bravos frénétiques ». La belle Otéro ? « Elle se leva pour partir et passant devant la table de Mme de Pougy ne put se retenir de jurer terriblement en espagnol. Elle se vit tirer la langue d'un petit air angélique. »

Continuons avec Cléo de Mérode, danseuse qui connut de nombreux admirateurs. Finissons avec Emilienne André, fille de concierges de la rue des Martyrs. Elle paraît un soir chez Laure de Chiffreville, courtisane arrivée. Orgueilleusement elle montre qu'elle porte une chemise en point d'Alençon. Une de ses amies, blanchisseuse de fin, la lui a prêtée. Laure l'inonde de champagne : « Toi, tu nous dépasseras toutes, je te baptise Emilienne d'Alençon. » Elle est lancée. Elle *aura* le duc d'Uzès et Léopold II. Une consécration.

Si l'on descend d'un degré, on peut se rendre au *Moulin Rouge* où Jane Avril règne sur le quadrille, et lorgner vers celles qui tournent, sautent, font le grand écart et montrent, dans un cri suraigu, leur arrière-train enjuponné de dentelles : Grille d'Egout, La Goulue, Camélia dite Trompe la mort, Rayon d'or, Demi-siphon, Muguet la Limonière, la Mélinite, Sauterelle, Cléopâtre, Torpille, Gavrochinette et d'autres. La plus célèbre est cette Goulue qu'a vue Yvette Guilbert : « Jolie et élégante, d'une manière populaire, blonde, avec une frange coupée sur la ligne des sourcils, les cheveux blonds étaient en chignon pour qu'ils ne la gênent pas en dansant. » Indulgente peut-être, Yvette. Gustave Coquiot voit, lui, une Goulue « à la face d'empeigne, au profil de rapace, à la bouche torve, aux yeux durs, une magnifique poissarde ». Elle-même a tout dit sur ses débuts à treize ans : « C'était un soir d'été, j'étais toute drôle et j'ai rencontré un p'tit artilleur. Je m'dis : "un militaire, ça porte bonheur". Il faisait chaud, mais il y avait un peu de vent et les feuilles des peupliers tremblotaient presque autant que moi. C'était dans l'île Saint-Ouen. Après, ben, j'ai vendu des fleurs dans les passages. On sait ce que ça veut dire. J'ai eu d'autres amants, j'ai couru les bals, la danse à m'en faire sauter le cœur. Un jour ma veine m'a conduite au Moulin de la Galette[1]. »

La Galette est le tremplin pour le Moulin Rouge. Et l'on

---

1. Recueilli par Michel-Georges Michel.

songe à Toulouse-Lautrec, nabot de génie, regardant là, sous un lorgnon embué, les filles tourner et venir, d'un trait, vider la flûte de champagne que leur tend un homme en habit noir et à moustaches vernies.

La Belle Epoque, c'est encore la maison close, avec son gros numéro qui attire le badaud. Il y a une mythologie des maisons closes dont le demi-dieu est Maupassant. Des spécialistes comme Romi les ont dénombrées. Tous les quartiers de Paris en ont, les grandes villes comme les chefs-lieux de canton. On nous peint les filles menant, dans la quiète douceur de la maison, une vie familiale sous la houlette de « Madame ». Mais il y a aussi le mari de Madame. Et puis ces messieurs les souteneurs. Pas un sou ne reste à la fille.

Rite immuable : on introduit le client dans un salon où l'attendent des dames plus ou moins déshabillées. Sourire de commande. « Yeux de chèvre mourante », langue à demi tendue, frétillante entre les dents. Le monsieur choisit, aussitôt la fille vient lui prendre la main, le pousse dans l'escalier et crie : « On monte ! » Un couloir, une porte que la fille pousse. En général, la chambre a un décor qui va du gothique au champêtre.

La Belle Epoque tient beaucoup à ses maisons. On y voit des ministres, des sénateurs, des dignitaires de la franc-maçonnerie. Les journalistes y traitent leurs amis. Si quelqu'un — fait bien rare — souligne que la société, en couvrant les maisons, protège un état de choses qui ressemble à de l'esclavage, on traite le gêneur de naïf. Ou bien on le soupçonne de servir des forces occultes. Ne s'en prend-il pas à la société ?

Un ennui pourtant : un grand nombre de ces filles sont malades. Ce n'est pas l'examen superficiel d'un médecin — il visite les maisons une fois par semaine — qui y change quelque chose. Quant aux autres qui hantent les trottoirs, les bals publics ou les promenoirs des Folies-Bergère, elles ne voient guère le médecin que si une rafle les a conduites à Saint-Lazare. Alors, le mal du siècle se propage. Guy de Maupassant, qui raffole de toutes les maisons Tellier et de toutes les filles que l'on ramasse dans la rue ou sur les berges, a confié à l'un de ses camarades « comment, à vingt ans, il avait attrapé la vérole avec une ravissante grenouille, compagne de canotage... ». Maupassant ne consentira jamais à se faire soigner. On sait qu'il mourra fou. L'amour tel que le comprend la société de la Belle Epoque débouche souvent sur les « avariés » tels que les peindra Brieux dans une pièce oubliée, mais qui fut célèbre.

En 1894, Marcel Prévost publie un roman, *Les Demi-Vierges*, qui fait scandale. Jusque-là les héroïnes ne faisaient que rêver. Jacqueline, celle de Prévost, ose discuter avec Hector de ses libertés :

— Quelles libertés ? Liberté de sortir et de voyager seule, d'abord. Liberté de rentrer chez nous à l'heure qu'il nous plaît, de ne rentrer que le matin, par exemple. Vous ne vous imaginez pas ce que cela m'amuserait de noctambuler. Liberté de dépenser de l'argent à notre fantaisie. Liberté d'avoir des amants... Oui, des amants... vous avez bien des maîtresses !

— Elles seront difficiles à marier vos jeunes filles d'après quatre-vingt-neuf.

— Pourquoi ? Vous vous mariez bien, vous, quand vous vous êtes affichés pendant dix ans avec des cocottes. Ce serait un usage à établir, voilà tout. On dirait : Mademoiselle Unetelle a eu une jeunesse orageuse, mais ce sont les jeunes filles comme celles-là qui font les meilleures femmes. Mieux vaut courir avant le mariage qu'après, etc., tout ce qu'on dit pour vous.

— Nous verrons peut-être ces mœurs-là, fait Hector. Moi je ne m'en plaindrai pas !

— Oh ! vous serez trop vieux pour en profiter... Moi aussi, d'ailleurs. C'est pour cela que je suis une jeune fille parfaitement sage qui ne laissera pas toucher le moindre petit acompte avant le mariage.

En 1894, un tel dialogue reste une vue de l'esprit. En 1910, la jeune fille peut non seulement tenir semblable langage, mais se targuer d'avoir conquis au moins les premières des libertés revendiquées par l'héroïne de Marcel Prévost. La jeune personne sous globe, plante rare sur quoi l'on veille jalousement, est sur le point de disparaître. Une jeune fille qui travaille échappe au contrôle de la cellule familiale. Souvenons-nous que plus d'un million de femmes exercent une profession. Une jeune fille qui se consacre à des études et se soumet à des examens subit fatalement une évolution identique. Louise Weiss n'allait au lycée que conduite par une bonne. Au collège Sévigné, elle se rend toute seule : agonie et mort du chaperon.

Même l'allure de la jeune fille a changé. S'il faut en croire l'éditorialiste du *Gaulois* tout occupé, le 1ᵉʳ janvier 1900, à tracer le difficile bilan d'un siècle, « sa tête un peu courbée, même sous les couronnes, s'est redressée. Et la femme actuelle, habituée à penser librement, munie de faits, apte à en dégager la philosophie, experte aux arts, consciente des énergies, s'est affirmée rivale et antagoniste de l'homme. Lisez leurs livres, écoutez l'appel à la liberté qui y sonne son âpre fanfare, regardez-les, masculinisées par le costume tailleur, décidées d'allure, nettes et volontaires jusque dans le geste... Que seras-tu, émancipée du XXᵉ siècle ? »

Lisez leurs livres. En 1908, Jean de Bonnefon relève, dans les catalogues de librairie, les noms de sept cent trente-huit femmes de lettres. L'aspect neuf, ici, c'est l'affirmation par les écrivains féminins de leur nature de femme. Tout à coup, elles se veulent elles-mêmes. Charles Maurras voit à cette époque l'explosion d'un véritable romantisme féminin. Il voit juste.

Au milieu de ces écrivains femmes qui, soyons francs, ne font pas le poids à côté de Proust ou de Maupassant, Anna de Noailles surgit comme une éblouissante exception. Le génie, le vrai. Roumaine par son père, Grecque par sa mère, mais née à Paris en 1876, il va lui revenir de se voir consacrée premier poète français de son temps, avec *Le Cœur innombrable* (1901), *L'Ombre des jours* (1902), *Les Eblouissements* (1907), *Les Vivants et les Morts* (1913), etc. Dans ses vers se mêlent l'héritage classique et le lyrisme du romantisme. Elle confie : « Les poètes ne sont pas libres de faire des vers, leurs plus beaux vers leur sont dictés. Un beau vers est antérieur à lui-même, il représente un apport divin. » Elle le prouve.

C'est en peinture que la femme va le plus loin. Au sein de la révolution impressionniste, Berthe Morisot paraît « la plus grande, sans doute, de toutes les artistes femmes qui s'étaient manifestées jusqu'alors[1]. » Sa vie même s'inscrit comme un symbole de l'évolution des rapports de la jeune fille avec son temps : Berthe est fille de préfet. Quand son professeur de dessin, un peintre nommé Guichard, s'aperçoit de ses dons, il ressent un véritable effroi. Il écrit à la préfète, mère de Berthe, pour lui dépeindre ce que serait, pour sa fille, l'état de peintre : « Vous rendez-vous compte de ce que cela veut dire ? Dans le milieu de grande bourgeoisie qui est le vôtre, ce sera une révolution, je dirai presque une catastrophe. Etes-vous bien sûre de ne

---

1. Henri Perruchot.

jamais maudire l'art une fois qu'il sera entré dans cette maison si respectablement paisible ? » On passe outre. Manet représente Berthe, sur sa toile *Le Balcon*, « dans toute son étrange et attirante beauté, avec ses grands yeux noirs, sa physionomie ardente ». Il influencera Berthe Morisot, mais — voilà l'important — Berthe Morisot influencera Manet. La critique académique réservera de prévisibles sarcasmes à l'œuvre de Berthe Morisot, mais les « grands » de son temps la reconnaîtront comme leur égale, voire leur maître. Degas, misogyne exemplaire, conviendra en maugréant : « Elle peint des tableaux comme on fait des chapeaux. »

« Regardez-les », disait l'éditorialiste du *Gaulois*.

La vraie révolution de la mode féminine, c'est entre 1885 et 1900 qu'il faut la chercher. Le tailleur anglais Redfern invente à Londres le costume tailleur, vite appelé tailleur. Sa simplicité, ses lignes strictes, son aspect pratique séduisent les Françaises. Sa vogue sera immense. Contagieuse, cette rigueur : « Bientôt la silhouette se transforme totalement. Si l'habitude demeure de soutenir la jupe à la taille par un petit coussinet appelé strapontin, les robes se simplifient nettement et l'ampleur abandonne décidément la jupe pour les manches [1]. » Vers 1898, c'est l'apparition de la jupe *cloche* qui a pour conséquence l'obligation de la *taille de guêpe*, donc d'un corset plus rigide que jamais. On n'a pas fini de parler du corset de la Belle Epoque.

Vers 1900, pourtant, cette taille commence à être moins marquée. On va vers une silhouette plus allégée encore. En 1902, on en vient à une audace significative : « la jupe rase terre ou s'en écarte même à *cinq à six centimètres* ». Attention ! un mouvement vient de commencer qui ne s'arrêtera plus. La femme, pour la première fois, montre ses chevilles. Bientôt, elle dévoilera ses jambes, plus tard ses genoux, un jour ses cuisses. Donc, retenons cette date. La ligne est verticale devant, cintrée derrière. Les cheveux, maintenant, sont relevés et surmontés de grands chapeaux. Vers 1910, adieu à la ligne cintrée. Les couturiers voudraient que l'on renonce au corset.

Madeleine Vionnet, installée à son compte, va créer pour

---

1. François Boucher.

Cécile Sorel, Lantelme, Lavallière, ses fameux modèles en biais, aboutissant au *tombé* : le mouvement ne vient plus modifier la ligne du corps. Autre grand nom de la couture, Paul Poiret qui, s'inspirant de l'Orient — c'est le temps des ballets de Serge de Diaghilev — lance des couleurs crues, violentes : violet foncé, rouge vif, bleu et vert accusés. Sa jupe-sultane fait rêver toutes les femmes. Et comment oublier les succès et l'influence de Mme Paquin, de Jeanne Lanvin, des sœurs Callot ?

A la veille de la guerre, on en est aux robes presque droites, dont le bas se resserre, ne permettant plus à la femme que des pas étriqués. Cette contrainte disparaîtra : on pratiquera des fentes dans la jupe et madame pourra courir derrière l'omnibus. Pas de doute : la mode s'est adaptée à une femme dont les instincts, les aspirations, le mode de vie se sont modifiés. Profondément.

Proust les a vues, les nouvelles filles en fleur de l'avant-guerre. Il constate une évolution dont il se demande s'il faut l'attribuer « à l'enrichissement et au loisir », ou « aux habitudes nouvelles du sport, répandues même dans certains milieux populaires ». Il ne se prononce pas, mais admire autour de lui « de beaux corps aux belles jambes, aux belles hanches, aux visages sains et reposés, avec un air d'agilité et de ruse ».

Le sport. Voilà le grand mot prononcé. De plus en plus, les femmes s'y adonnent. La grande conquête, pour les Françaises, c'est le vélo. On voit les routes de France se couvrir de « petites reines ». On revêt la tenue *ad hoc* : culottes bouffantes qui montrent — quelle audace ! — les mollets. Et on pédale, on pédale. Souvenons-nous de la jeune Mme Curie. Les jeunes femmes grimpent derrière leur mari, leur frère, leur fiancé, sur un tandem. Quittant le vélo, les mêmes jeunes filles font maintenant du tennis. Sur les courts se nouent de nouveaux rapports entre les deux sexes. On a désormais des « camarades » : en quelques années, le saut est immense.

On voit même, mais on les prend pour des originales, des femmes conduire des automobiles. Celle qui donne l'exemple n'est d'ailleurs pas de la première jeunesse mais il s'agit d'une grande dame : la duchesse d'Uzès. Conquise par cette nouveauté elle a commandé une des premières automobiles : « J'ai eu mon permis dès ma première sortie, en mai 1897. »

Des femmes deviennent même aviatrices. La première est Thérèse Peltier. Un jour qu'elle est venue assister à l'un de ses vols, Delagrange l'invite à monter avec lui. Un peu plus tard, il lui confie la conduite de l'avion. Thérèse Peltier devient non seulement la première Française aviatrice, mais la première aviatrice du monde. Le pemier brevet de pilote accordé à une femme est obtenu par la baronne de Laroche, de son vrai nom Elise Delaroche et fille d'un plombier. Le 22 octobre 1909, elle vole trois cents mètres au camp de Salon sur un avion Voisin. Le lendemain, six kilomètres. Désormais elle ne cessera de voler, accumulant les records. Elle est en tout une pionnière : elle se tuera en avion, le 18 juillet 1919.

La baronne de Laroche n'est pas la première femme qui ait donné sa vie à l'aviation. Avant elle, Suzanne Bernard s'est tuée en 1912 en passant son brevet de pilote. On lit dans *L'Intransigeant :* « Le moteur ronflait superbement, lorsque tout à coup, au-dessus des hangars, Mlle Bernard vira à droite, si court que l'oiseau mécanique, perdant de sa vitesse, piqua du nez... Ce fut effroyable. L'appareil vint avec fracas s'écraser sur le sol, tandis que l'aviatrice était projetée de son siège. On s'empressa auprès de la petite chose inerte... »

Elles ne font pas toutes de l'aviation, il s'en faut, les jeunes filles de l'avant-guerre. Mais la bicyclette, le tennis ont suffi pour faire d'elles ces créatures *différentes* qui étonnaient Proust.

Abattues, ces barrières qui semblaient venir du fond des générations. On voit les jeunes filles faire bande à part, parler haut, rire jusque dans les salons des douairières. Un jeune étudiant, futur ambassadeur, témoigne : « Il faut songer à la place de plus en plus grande que prend la jeune fille dans notre vie. A mesure qu'elle s'émancipe, qu'elle se modernise, elle se rapproche de nous davantage [1]. » Parlons net : les jeunes filles en fleur flirtent. Cela ne va pas très loin. Les libertés toutes neuves le sont trop pour effacer si vite le dogme de la virginité, appris presque avec les premiers pas. Léon Blum qui, dans son livre *Le Mariage*, voudrait tant que la jeune fille multiplie les expériences avant de convoler, prêche à l'intention de mères délicieusement émues par tant d'audace, mais n'est guère entendu par les jeunes filles. Gare à celle qui « faute » ! Une jeune fille enceinte sera généra-

---

1. Henri Hoppenot.

lement chassée par sa famille. Pas morts, les réflexes d'airain de l'impitoyable Epoque.

Autre conséquence : l'apparition, dans l'aristocratie et la bourgeoisie, de mariages d'inclination. Il arrive — « chose presque inouïe à la fin du siècle précédent, au moins dans la bourgeoisie » — que des jeunes gens et des jeunes filles se fiancent à dix-huit ans. On se mariera quatre ou cinq ans plus tard. De telles initiatives répondent chez les jeunes gens — ils le confient à des enquêteurs — à une soif de pureté qui se manifeste de plus en plus à la veille de la guerre. *Pureté*, oui, le mot est prononcé.

Regardons-la une dernière fois, la jeune fille en fleur, « lucide, volontiers sportive, quelquefois tapageuse, souvent instruite, aspirant à l'action ». L'oie blanche, c'était sa mère. Pas elle. « Le seul défaut de la jeune fille moderne (si c'est un défaut), écrit l'enquêteuse Amélie Gayraud, est d'avoir un courage qui ne connaît plus ses limites. » Comment imagincrait-elle, dans la quiétude d'un monde en paix depuis plus de quarante ans, que la catastrophe est pour demain ?

Le 15 mars 1914, à 5 heures du soir, une dame se présente dans les bureaux du *Figaro*, rue Drouot. Elle demande à être reçue par M. Calmette. On la prie d'attendre, Calmette n'est pas là. Vers 6 heures, le voici, en compagnie de Paul Bourget. La dame se présente : « Madame Joseph Caillaux. » Calmette la reçoit aussitôt.

— Vous vous doutez sans doute de l'objet de ma visite ?

— Mais non, madame, veuillez vous asseoir.

Elle brandit un revolver. Elle vide tout le chargeur. Calmette s'écroule. Il mourra dans la nuit. Le soir même, Mme Caillaux couche à Saint-Lazare.

Caillaux a été président du Conseil. Il prône l'impôt sur le revenu, élément d'une répartition plus juste des charges sociales. Il souhaite que la France et l'Allemagne se rapprochent. Deux positions qui font horreur à Calmette. Caillaux est remarié. Sa seconde femme, Henriette, était sa maîtresse avant qu'il divorce pour l'épouser. Avec épouvante, celle-ci a lu dans *Le Figaro* une lettre intime de Caillaux à sa première femme. Henriette sait que l'ex-Mme Caillaux, devenue Mme Gueydan — son nom de jeune fille —, possède d'autres lettres, plus intimes encore, que

Caillaux lui adressait du temps de leur liaison clandestine. Alors, elle tremble. Si Mme Gueydan a cédé à Calmette une première lettre, sûrement elle lui en livrera d'autres. D'ailleurs Calmette laisse entendre qu'il y aura d'autres publications. Son *honneur* sera compromis. Joseph Caillaux a prévenu le président de la République qu'il tuerait Calmette si celui-ci poursuivait ses publications ignobles. Henriette ne veut pas que la carrière politique de son mari soit compromise. Non seulement elle l'aime, mais elle l'admire. Elle décide que si Calmette doit mourir, c'est de sa main. Elle achète un revolver et se présente au *Figaro*, le 15 mars.

Le 14 juillet 1914, le procès de Mme Caillaux commence. Un sordide lavage de linge souillé. On révèle que Calmette vivait des femmes. La première Mme Caillaux piétine la seconde, sa *rivale*. Caillaux, crâne rubicond, monocle vissé à l'œil, hurle à l'adresse de l'ancienne :

— Quand je vous ai connue, vous n'aviez pas un centime !

Il révèle qu'il verse 1 500 francs par mois à celle qui a vendu ses lettres à Calmette. C'est un déballage, un étalage affreux. Le public hue Caillaux et glisse lentement hors de la salle, vaguement angoissé, franchement écœuré. La Belle Epoque ? Nous l'avons crue morte. Elle ne l'était pas. C'est dans ce débat sordide et face à ces robes rouges qu'elle achève son agonie.

Le 28 juillet 1914, la Cour d'assises acquitte Mme Caillaux. Le même jour, l'Autriche déclare la guerre à la Serbie.

CHAPITRE XI

LE GRAND TOURNANT

Autour de la gare de Pantin, ce 3 septembre 1914, pourquoi cette cohue, cette foule de femmes tendues, angoissées, obstinées ? Des milliers. Des vieilles, de toutes jeunes. Affreuses parfois, usées par le travail — et d'autres, beaucoup d'autres, jolies, pimpantes. Elles attendent. Soudain un bruit a couru Paris : la 7ᵉ division, venant de Lorraine, puis de Sainte-Menehould, doit arriver à Pantin, par le chemin de fer, pour défendre la capitale. On attend le 103ᵉ R.I., le 104ᵉ. Les mères, les épouses, les maîtresses, les sœurs se sont mises en route pour Pantin. Plus d'un mois qu'elles ont vu partir leurs hommes et qu'elles sont sans nouvelles. Et cette guerre que l'on est en train de perdre, comme en 70. Et ces défaites que le communiqué quotidien ne parvient plus à cacher. Et le gouvernement qui s'est rué à Bordeaux, « pour donner une impulsion nouvelle à la défense nationale », c'est écrit sur les affiches mais ça fait rire. Et la peur qui envahit tout.

Ces femmes assiégeront la gare de Pantin pendant trois jours. Le 5 septembre au soir — enfin —, essieux grinçants, vapeur crachée, les premiers trains entrent en gare : *Chevaux 8, hommes 40.* Ahuris, endoloris, pliant sous le sac, la musette et le fusil, yeux bouffis de sommeil, joues noires de barbe, les soldats du 103ᵉ R.I. débarquent sur les quais. Aussitôt, les femmes se ruent sur eux, pâles, haletantes, suant d'angoisse : est-il là ?

Des ordres dans la nuit : déjà les soldats sont en route pour leur cantonnement de Gagny. Mais les femmes ne l'entendent pas ainsi. Elles veulent, ces hommes-là, les avoir dévisagés tous. L'un après l'autre. Elles se mettent en marche, elles aussi.

Etrange régiment parallèle, elles escortent — à pied — le 103ᵉ R.I. jusqu'à Gagny. Le lendemain, les arrivées à Pantin se poursuivront toute la journée. Toujours là, les femmes. A bout de forces, mais toujours là. Presque toutes, elles rentreront à Paris atrocement déçues. Peuvent-elles deviner que les soldats qu'elles viennent d'entrevoir vont être expédiés en taxis sur la Marne et qu'ils sauveront la France ?

La guerre. Jamais tant de femmes n'ont, dans notre histoire, vu — en même temps, et si vite — leur vie aussi totalement bouleversée. Nulle transition. Tout s'est fait en quelques heures. Une affiche blanche sur les murs. L'homme est parti. Voilà, seules face à la vie, quelques millions de femmes que le Code civil et la tradition ont habituées à tout attendre du « sexe fort ».

Pour l'immense majorité des femmes d'avant 14, le travail, c'est l'homme. L'administration du patrimoine, c'est l'homme. Les impôts, le budget, le loyer, c'est l'homme. Le mouvement féministe n'a touché qu'une très petite minorité de femmes. Certes, au moment où éclate la guerre, celles qui travaillent représentent le tiers de la population active, soit 7 millions sur 21. Chiffre qui étonne par son importance. Mais la plupart n'ont point découvert dans le travail les raisons d'une émancipation. Et maintenant, l'homme n'est plus à la maison. On a tout dit, tout écrit sur le déchirement de la séparation et l'intolérable attente. On a moins commenté l'épouvante qui a dû saisir tant de femmes devant tant de tâches, inconnues, neuves, insoupçonnées, qui leur incombent tout à coup. Pourront-elles ? Sauront-elles ?

La population féminine d'un pays qui, en quelques jours, se met au travail, assumant les responsabilités réservées jusque-là aux hommes : voilà un spectacle jamais vu, et que l'on voit. Jamais tant d'hommes, dans aucune guerre, n'ont en même temps quitté leur foyer. Les trois millions des premiers jours seront dix quelques mois plus tard et, en quatre ans, vingt millions. Logiquement, cela fait vingt millions de femmes soudain confrontées à des problèmes pour elles terrifiants.

Ce sont les paysannes que l'on a appelées les premières. L'appel que Viviani, président du Conseil, lance le 6 août 1914 sonne comme un ordre de mobilisation. Il faut que les femmes — et aussi les vieillards, les enfants — achèvent la moisson, battent, engrangent le blé. Il faut que les femmes gagnent la bataille des vendanges : que deviendraient sans vin nos « petits soldats » ?

Presque toutes ont obéi. L'appel présidentiel n'a fait chez elles que confirmer l'instinct de la terre, de la besogne bien faite, si fort chez les paysannes françaises. N'importe, ce que l'on a vu était bien étonnant. Dans les Deux-Sèvres, au village d'Exoudun, le boulanger est parti, ne laissant à la maison que sa fille de quinze ans, Madeleine Daniau, et le frère de dix ans. Madeleine a rallumé le feu et, aidée par le petit frère, cuit le pain. Ceci pendant des mois. Une cultivatrice de la Beauce sera citée à l'ordre de la nation parce qu'elle aura exploité seule 130 hectares, un cheptel de 400 moutons et 15 vaches. Une autre se met à la tête d'une exploitation de 60 hectares, secondée par sa fille aînée, laquelle, « non contente de s'occuper de l'intérieur de la ferme, a l'œil partout, remplace un charretier, mène les voitures et va jusqu'à conduire la moissonneuse à tracteur automobile ».

Dès le début de la guerre, on a institué, pour toutes les familles dont le chef est mobilisé, une allocation de 1,25 F par jour, plus 50 centimes par enfant. Certes, ce n'est pas tout à fait une aumône, surtout si l'on songe qu'il n'y a plus de loyer à payer, un moratoire ayant été décidé jusqu'à la fin des hostilités, mais il ne s'agit que d'une base, parfaitement insuffisante pour vivre. Il a donc fallu que la femme seule cherche du travail. Aisément, elle en a trouvé. A sa grande surprise, elle s'est aperçue que, désormais, elle pouvait *seule* « se débrouiller ». La grande nouveauté, note Gabriel Perreux, nouveauté qui « les étonne parfois elles-mêmes, c'est qu'elles n'aient plus besoin de personne pour gagner leur vie, et la gagner honnêtement ».

De 1914 à 1918, on verra donc des femmes se muer en « chefs d'entreprise, allumeuses de réverbères, receveuses de tramway ou d'autobus, poinçonneuses de métro, ouvrières d'usine[1] ». Ceci dans des proportions que révèlent éloquemment les chiffres. En août 1914, 41 475 entreprises industrielles employaient 80 000 femmes. Les mêmes entreprises occuperont :

En juillet 1915 .... 352 000 femmes
En juillet 1916 .... 489 000 femmes
En juillet 1917 .... 543 000 femmes
En juillet 1918 .... 549 000 femmes

Ces chiffres ne tiennent pas compte des ouvrières des mines, des carrières, des transports en commun ni de celles qui travail-

---

1. André Ducasse, Jacques Meyer, Gabriel Perreux.

lent pour l'armement. Dans l'industrie de la conserve, le pourcentage des femmes employées augmente de 125 à 150 %.

En ce qui concerne l'instruction publique, 30 000 instituteurs sont aux armées. Conséquence : 12 000 écoles de garçons sont confiées à des femmes. Dans les postes, dès août 1914, 20 270 employés sont mobilisés. Des femmes les remplacent. En 1916, dans le secteur commercial, 27 400 femmes assument la tâche de 48 570 mobilisés.

Le métro et le Nord-Sud — ligne alors autonome du métro de Paris — employaient avant la guerre 124 femmes sur 4 000 employés. En 1918, 3 037 femmes y travaillent. Dans les chemins de fer, 6 700 femmes remplacent 11 000 mobilisés. La Défense nationale emploiera, en 1918, 600 000 femmes.

Ce qui apparaît remarquable — et que prouvent les chiffres — c'est que toutes ne travaillent pas seulement pour gagner leur vie. Beaucoup le font pour conserver l'emploi de celui qui se bat. Pour d'autres, il s'agit de « participer » : c'est le cas notamment des aristocrates et des bourgeoises fortunées qui deviennent infirmières.

Il est parfois cocasse, plus souvent touchant, de relire les appels « patriotiques » qui ont été adressés aux femmes pendant la guerre. Le premier a dû émaner de la « Société d'encouragement de l'Automobile Club de France » qui a créé un *Comité pour l'enrôlement de dames automobilistes*. Par voie d'affiches, ce comité a fait appel « à toutes les dames désirant conduire des voitures automobiles dans des formations militaires ». Les candidates sont dûment informées : « En venant s'engager munies de toutes références au siège du Comité, place de la Concorde, où toutes indications de détail leur seront fournies, elles sont assurées de rendre service à la Défense nationale. » On avance un argument propre à stimuler l'orgueil des Françaises : « Les armées britanniques emploient déjà un très grand nombre de dames dans leurs services automobiles. Pourquoi les Françaises ne feraient-elles pas le même effort ? »

A partir de 1917, le service volontaire féminin sera coordonné surtout par l'« Association pour l'enrôlement volontaire des Françaises au service de la patrie ».

Même le spectacle de la rue se trouve changé profondément. Comment, par exemple, les *factrices* des postes passeraient-elles inaperçues ? Salaire : 5,50 francs par jour. On se retourne, on sourit à la « longue blouse bleu sombre ou noire, serrée à la taille par une ceinture d'étoffe ou de cuir, un brassard portant le sigle des P.T.T., le canotier de toile cirée rehaussé de la cocarde tricolore, la boîte rectangulaire en bandoulière ».

Dans les chemins de fer, les femmes gardes-voies portent la jupe-culotte et une corne en bandoulière. On rencontre même des « chauffeuses » de locomotive : deux à la gare de Fécamp, dont les maris sont morts à l'ennemi. Salaire : 5 francs par jour. Horaire : de 6 heures du matin à 6 heures du soir, avec une pause de 2 heures pour le déjeuner et un repos de 36 heures tous les dix jours. Et que dire des femmes agents de police, tambours de ville, gardes champêtres, colleuses d'affiches, « fortes » des Halles, dockers, livreuses, forgerons, crieuses de journaux ? Les plus inattendues : ces « tueuses » qui, à la Villette et aux autres abattoirs de Paris, « dépècent les veaux, les moutons aussi adroitement que ceux qu'elles remplacent ».

Dans l'industrie de l'armement, les femmes fabriquent des masques à gaz, des équipements, des vêtements, des selleries et, à partir de 1915, des casques. Celles qui fabriquent les obus sont dénommées drôlement *obusettes*. On en voit qui manipulent 2 000 obus par jour — une bagatelle de quatorze tonnes. D'autres, à doser l'acide picrique, gagnent un teint jaune citron : c'est « l'équipe des canaris ». M. Poincaré, président de la République, dans son journal de guerre, s'émeut patriotiquement : « Parmi ces femmes, il y en a des jeunes, des vieilles, de jolies et d'autres ; la plupart sont plus ou moins défigurées par le mouchoir dont elles s'encapuchonnent au petit bonheur pour abriter leur chevelure. Toutes travaillent avec ardeur, beaucoup en conservant une douce sérénité ; quelques-unes, à l'air farouche, songent, peut-être, qu'elles contribuent de loin à venger une victime qui les touche de près. »

Aux usines Schneider, au Creusot, les femmes sont maintenant en majorité. Les pouvoirs publics eux-mêmes l'ont prescrit. Le ministre de l'Armement : « Dans le but de réaliser une meilleure utilisation de la main-d'œuvre militaire, j'ai décidé d'interdire désormais l'emploi d'ouvriers mobilisés dans l'exécution des travaux qui, dans toutes les circonstances de fabrication, peuvent être exclusivement confiés à des femmes » (circulaire du 20 juillet 1916).

Les journées sont de douze, treize, quatorze heures. On travaille de nuit, souvent le dimanche. « Et pourtant, note un témoin, Marcel Frois, pas une plainte ne s'élève parmi les travailleuses. J'ai vu des femmes rentrant de l'usine à 9 et 10 heures du soir, s'effondrer sur une chaise, et à qui la souffrance, faite de fatigue et de lassitude, aurait pu arracher des larmes. Elles ne pleuraient pas. Elles avaient le sentiment du devoir. Et puis, elles gagnaient largement leur vie. La femme est économe. C'est une fourmi. Avec une prime à la production, on la fait travailler jusqu'à l'épuisement ; elle a besoin d'être protégée contre son gré. »

Pas une plainte ? C'est vite dit. Quand, en 1917, des mutineries éclatent au front, elles sont accompagnées, à l'arrière, par un redoutable mouvement de grèves. Les femmes ne restent pas au dernier rang, loin de là. Les couturières, les modistes, quantité d'autres ouvrières, réclament le repos du samedi après-midi — ce qu'on appelle *la semaine anglaise* — ainsi qu'une indemnité de vie chère. Ici, l'action paye. La semaine anglaise est accordée à six cent mille femmes travaillant dans l'industrie du vêtement. Les employées de guerre s'engagent dans d'autres grèves. « Les femmes prolétaires, commente Geneviève Gennari, ne perdront plus, après la guerre, le souvenir de ces premiers combats. »

Pas une plainte ? Des femmes, pendant ces quatre années, refusent la guerre. Elles s'engagent à fond dans une propagande antimilitariste militante. C'est, délibérément, courir de grands risques. Ce mouvement — d'ailleurs très limité — affecte surtout le corps des institutrices. Dès 1914, Julia Bertrand, institutrice dans les Vosges, femme ardente que ses longs cheveux font comparer à une druidesse, est arrêtée et révoquée. En 1915, Marie Mayoux, institutrice dans les Charentes, organise avec son mari un mini-congrès contre la guerre. En 1917 — l'année trouble — le couple Mayoux publie *Les Institutrices syndicalistes et la guerre*. Hélène Brion, secrétaire adjointe de la Fédération de l'enseignement primaire, est arrêtée en 1917. Elle a diffusé des *Lettres aux armées* jugées défaitistes. Trois ans de prison avec sursis — et révocation.

L'hécatombe creuse partout d'horribles vides. Qui pourrait les combler, sinon les femmes ? L'historien du féminisme, Léon Abensour, constate que la femme française est maintenant, de fait, maîtresse des villes et des villages. « Le gouvernement l'appelle dans les lycées de garçons, lui accorde, à la sortie de l'Ecole centrale ou de l'Ecole de chimie, le titre d'ingénieur, lui confie, avec le titre de médecin-major, la direction d'hôpitaux militaires, la fait siéger dans les conseils de guerre. » Et ces femmes-là ne sont *ni électrices, ni éligibles !*

Ce que les Françaises ont accompli peut se résumer en une seule et courte phrase, que l'on doit au maréchal Joffre : « Si les femmes qui travaillent dans les usines s'arrêtaient vingt minutes, les Alliés perdraient la guerre. »

Pour maint ancien combattant de la Grande Guerre, la femme de 14-18, c'est la « Dame blanche », l'infirmière qui l'a soigné après une blessure. Le jour de la mobilisation a marqué un immense élan. Celles qui étaient « prêtes », ayant reçu une formation paramédicale au sein d'une des sociétés créées dans le sillage de la Croix-Rouge de Genève, se sont présentées — logiquement — à leur poste. A côté d'elles, par milliers, sont accourues s'inscrire les volontaires. Snobisme, comme on l'a dit ? Désir de se montrer dans le monde, avec ce costume si seyant : blouse et tablier de toile blanche, grande cape bleue pour les sorties ; voile blanc pour l'hôpital, voile bleu au-dehors ? Pour certaines, sûrement. La duchesse d'Uzès, qui a recruté nombre de ses bonnes amies pour l'hôpital qu'elle finance, s'est très vite rendu compte que leur enthousiasme n'avait guère duré. Au début, avec le feu des néophytes, elles avaient passé les bassins et changé les linges souillés. Fougue très passagère. Bientôt, elles enverront pour assurer le service de l'hôpital... leurs femmes de chambre !

Peut-on accuser de snobisme celles qu'a vues Gabriel Perreux blessé : « Les unes, à genoux, retiraient à l'arrivée les vêtements maculés de sang, de pus, de terre et de vermine, arrachaient le plus doucement possible la carapace de boue durcie qui collait aux jambes et aux poils jusqu'à mi-corps, taillaient les cheveux, savonnaient et rasaient les barbes. Les autres assistaient sans défaillir aux amputations, aux désarticulations, aux éventrations et guettaient, prêtes à toutes les rebuffades, le difficile réveil des chloroformés. Chaque matin, de leurs doigts délicats et habiles, elles nettoyaient les plaies et changeaient les pansements. Il y avait aussi celles qui faisaient boire et manger le blessé immobilisé, le débarbouillaient comme un enfant, celles qui, pourvues à la maison de femmes de chambre et de valets de pied, jouaient du balai et du torchon comme des ménagères, celles qui lavaient et essuyaient la vaisselle, celles qui

triaient les linges souillés pour les désinfecter... celles qui adou-
cissaient les agonies et fermaient les yeux des morts. »

La seule Croix-Rouge française utilisera les services de
71 193 infirmières. D'autres chiffres, aussi révélateurs : 105 sont
tuées sous les bombardements, 246 meurent de maladies conta-
gieuses contractées en service, 24 sont faites prisonnières, 373
seront décorées de la Légion d'honneur, 950 de la croix de
guerre, 4 616 de la médaille des épidémies, 4 071 de la médaille
de la reconnaissance française, 214 de décorations étrangères.
On a vu des infirmières volontaires pour l'Orient, pour la Russie,
pour la Serbie, pour l'Italie.

Les *Dames blanches* ont délibérément choisi d'être
compagnes de cette mort quotidienne qui plane pendant quatre
ans sur tant de femmes françaises. Certaines ont confié qu'elles
avaient tant, et si longtemps, appréhendé la mort de l'être cher
que, la catastrophe survenue, elles n'ont ressenti « d'abord qu'un
affreux soulagement ». On a dû constituer, à Paris notamment,
des « commissions du devoir » chargées de se rendre auprès des
familles concernées. Dans un arrondissement, quatre hommes et
quatre femmes ont été nommés en même temps. Les quatre
hommes se sont dérobés au bout de quelques jours, n'ayant plus
le courage de poursuivre cette tâche affreuse. Une des femmes
les a imités. Les trois autres ont tenu bon. Vêtues de noir, elles
accomplissent leur mission comme des oiseaux de malheur. On
les connaît dans le quartier. Les enfants les repèrent. Des
fenêtres, on les guette. Elles auront même des surnoms qui font
frémir : points noirs, dames en noir, croix noires, porteuses de
mort. Chaque jour, elles ont le courage d'affronter la douleur
des épouses et des mères. Imagine-t-on ce qu'ont pu supporter
des femmes comme celle qui insère un avis dans *Le Journal* du
8 septembre 1916 : « Mme Veuve P. a la douleur de vous faire
part de la mort glorieuse de ses trois fils, le premier en 1914, le
second en 1915, le troisième en 1916. » Et cette mère de Clermont-Ferrand qui a perdu, en moins de deux ans, ses sept fils :
six tués au front, le dernier demeuré aveugle et devenu fou.

A côté de la tragédie, la comédie. On ne peut parler des
femmes pendant la Grande Guerre sans évoquer les *marraines*.
On a voulu que les soldats sans famille, seuls dans la vie, reçoivent du courrier comme leurs camarades. Des œuvres se sont
créées dans le but de leur susciter des correspondantes. Ainsi
sont nées les *marraines de guerre*. Certaines marraines auront

plusieurs filleuls mais des filleuls ne dédaigneront pas d'avoir plusieurs marraines. Le record féminin : cette Parisienne qui, aidée par ses filles, correspond avec mille filleuls. Le record masculin : cet Ardennais dorloté par quarante marraines et qui, pour les rejoindre, finira d'ailleurs par déserter. L'institution des marraines dégénérera au fil des quatre années de guerre. On verra même, dans les petits journaux polissons, des pages entières d'annonces où des marraines se cherchaient des filleuls et réciproquement. Tout ceci n'est pas grave. Assurément, les marraines de guerre ont aidé des malheureux à mieux supporter leurs souffrances. Au bilan, plusieurs dizaines de milliers de mariages.

Tous les couples séparés par la guerre ne vivaient pas toujours le grand amour. Pour des épouses, le départ du mari s'est révélé une délivrance. D'autres ont oublié un peu vite. Trop parfois.

Alice, une institutrice, est fiancée à Gaston S..., instituteur. Gaston est mobilisé au 151e R.I. Ils se sont mariés au cours d'une permission. Pour son plaisir, Alice décore des poteries. Elle voudrait bien les exposer. Son médecin la met en rapport avec un dessinateur de *L'Intransigeant*, Maurice Radiguet, son voisin du Parc-Saint-Maur, non loin de la Marne. Or Maurice Radiguet a un jeune fils, Raymond. Il a quinze ans et porte encore des culottes courtes. Il est mince, pâle, avec des yeux noirs au regard de myope. Alice trouve *intéressant* ce jeune homme qui parle si bien des poètes — et qui la regarde si bien. Elle le recevra chez elle pour parler littérature et peinture. Dans la chambre d'Alice, sur la table de nuit, trône la photo de Gaston, en uniforme.

Bientôt, ce n'est plus seulement l'après-midi que Raymond Radiguet rend visite à Alice. La nuit venue, il quitte la maison paternelle endormie pour rejoindre l'institutrice de vingt-trois ans. C'est le grand amour. « Mords-moi, marque-moi, dira l'héroïne du *Diable au corps*. Je voudrais que tout le monde sache ! » Au Parc-Saint-Maur, on sait. La main dans la main, Alice et Raymond se promènent. On les rencontre à la gare de la Bastille aussi bien que sur les bords de la Marne. Le scandale. Dans le roman qui rendra immortelle l'aventure banale, Marthe donne un fils à Jacques — et elle meurt. Raymond rendra également mère Alice, mais elle ne mourra pas. Gaston est revenu de la guerre. Pour Raymond, la page est tournée.

Alice souffre. Elle vient relancer Raymond dans les salles de rédaction, dans les cafés qu'il fréquente. Il la repousse. Gaston, lui, comprend peu à peu. Au Parc-Saint-Maur, les langues vont leur train. Ce fils, atteint de poliomyélite à l'âge d'un an et demi, est-il bien le sien ? La publication du *Diable au corps* en 1923 viendra ôter au malheureux tous ses doutes, s'il en éprouve encore. Alice nie farouchement. Elle niera toujours. Gaston va de la fureur — au cours d'une dispute il casse le bras de sa femme — à l'abattement. Malgré tout, le ménage survit. Est-ce l'apaisement enfin ?

Vient une autre après-guerre. Sur les écrans apparaît un film : *Le Diable au corps*. Pour des millions de spectateurs, Gérard Philipe et Micheline Presle revivent l'aventure passionnée de Raymond et d'Alice. Le *vrai* couple vit un nouveau calvaire. Alice meurt en 1952, d'un cancer, à l'âge de cinquante-neuf ans. En 1953, Gaston se présente chez Roland Dorgelès :

— Je suis le mari de l'héroïne du *Diable au corps*, le soldat à qui Raymond Radiguet a volé le bonheur.

Contre toute évidence, Gaston nie toujours la réalité de l'idylle entre Raymond et Alice. Un matin de novembre 1953, Dorgelès recevra une enveloppe bordée de noir. Elle contient une lettre qui commence ainsi : « Monsieur et cher camarade, lorsque vous recevrez cette lettre, j'aurai rejoint celle que j'aimais et qui m'a toujours aimé. Le cycle de nos tristesses est donc terminé et j'espère que l'oubli rejettera dans le néant ce roman qui nous a fait tant de mal. » Le signataire : *Gaston S...*

Il faut parler aussi de ces femmes qui, entre 1914 et 1918, ont rejoint à la prison Saint-Lazare la fameuse cellule 12 qui avait été celle de Mme Steinheil, de Mme Caillaux et de Mata-Hari. Deux fenêtres, trois lits, quelques étagères, des murs badigeonnés à la chaux. Là ont vécu, à quelques mois de distance, Marguerite Francillard et la femme Tichelly.

Marguerite Francillard, couturière à Grenoble, n'a que dix-huit ans quand elle fait la connaissance de Ludwig Rehm, un Suisse, voyageur en soierie : cela se passe plusieurs années avant la guerre. Ce prétendu Suisse est en réalité un espion allemand. Marguerite en est folle. La guerre n'interrompt pas leurs relations. On voit souvent Marguerite traverser la frontière entre Savoie et Suisse, un cabas au bras. Qui supposerait que cette jolie fille aux épais cheveux blonds transporte des documents interdits ? A Genève, Ludwig tire du cabas des informations précieuses.

La fréquence des allées et venues de Marguerite va la perdre. Elle quitte Grenoble. On la file, on la retrouve à Paris. Elle continue à recevoir de nombreuses correspondances et, régulièrement, à se rendre en Suisse. Un matin, on l'arrête. Le conseil de guerre la condamne à mort. En prison, elle reste calme. Elle assiste aux offices, prie beaucoup. Le matin du 10 janvier 1917, la porte de sa cellule s'ouvre. C'en est fait. Elle se dresse, livide, elle hurle : « Ce n'est pas possible... Ce n'est pas possible ! » Ceux qui sont là n'en mènent pas large ; parmi eux, le docteur Léon Bizard, médecin des prisons. C'est la première fois qu'à Paris on va fusiller une femme.

Pendant tout le trajet de Paris à Vincennes, elle sanglote. Elle va attendre vingt minutes le peloton d'exécution. Elle murmure :

— Personne ne s'est jamais intéressé à moi. Personne, sauf un homme, et celui-là m'a amenée ici.

Elle refuse qu'on lui bande les yeux. Elle crie : « Vive la France... Je demande pardon à Dieu. » Elle tombe, foudroyée.

Marguerite était jolie. La femme Tichelly, fille Dufays, est une personne épaisse, l'air peu intelligent. De mère allemande, elle affiche ses sympathies progermaniques. A la déclaration de guerre, elle a quarante ans. Depuis 1896, elle est femme de chambre en France, en Belgique, en Hollande. En 1910, elle fait partie du personnel de l'hôtel Meurice à Paris. On la retrouve en 1914 à Francfort, en 1915 dans un grand hôtel de Mannheim. Elle entre en relation avec le centre d'espionnage de Lorrach et reçoit le numéro matricule ZUD 160. Elle rentre en France par la Suisse.

Tichelly est devenue une espionne professionnelle. Dans des hôtels garnis, elle se lie avec des mécaniciens d'aviation et d'industrie lourde, ou des employés de télégraphe. Elle écoute beaucoup, rédige des rapports très nombreux. Elle s'engage dans des usines de guerre, y reste suffisamment de temps pour obtenir ce qu'elle souhaite. Ces renseignements, elle les envoie en Suisse, dans des lettres en apparence fort innocentes. Les timbres-poste cachent de petits carrés de papier couverts d'inscriptions microscopiques à l'encre sympathique. A la longue, l'abondance des lettres intrigue la censure postale de Pontarlier. Signalée à la police parisienne Tichelly est arrêté à l'hôtel de la Marine,

59, boulevard du Montparnasse. On découvre chez elle une quantité de documents relatifs aussi bien à la production industrielle qu'aux mouvements de troupes. D'ailleurs, elle ne songe pas à nier. Elle aussi sera condamnée à mort. Le commandant Massard, témoin de son exécution, raconte : « Au moment où, dans la cour de la prison, elle monte dans la voiture, elle me dit :

« — Monsieur l'officier, je n'ai pas tué : on ne doit pas me tuer ! Ce n'est pas juste. Je n'ai pas versé de sang, on ne doit pas verser mon sang !

« La Tichelly, devant le poteau, se redressa et refusa le bandeau. »

Oublions ces tristes émules de Mata-Hari. Pensons plutôt à Mme Benoit, la femme du maire de Badonviller, fusillée par les Allemands le 12 août 1914 et, avec elle, une dizaine de femmes et de jeunes filles, quelques-unes achevées à coups de baïonnette. Pensons à Mme Lamaxe, prise comme otage, fusillée à Réméréville, le 7 septembre 1914 ; à Mlle Gervaise, fusillée le 11 septembre 1914 à Gondrecourt (Meuse) ; à Mme Amaury, accusée d'avoir renseigné les Français, fusillée par les Allemands le 20 septembre 1914 à Vingré (Aisne) ; à Maria Camezat-Masson, fusillée le 4 novembre 1914 pour n'avoir pas signalé aux Allemands la présence des Français à Amberménil, près de Nancy. Le service de renseignements français doit beaucoup aux femmes. Les compagnes de miss Cavell, agent de renseignements anglais fusillée, sont pour la plupart des Françaises qui ne conserveront la vie que par l'intervention du roi d'Espagne Alphonse XIII et du pape Benoît XV.

Quand la guerre éclate, Louise de Bettignies est une toute jeune fille. Charmante, petite, rieuse, volubile, elle habite Lille : « La surprise, dit l'un de ses amis, venait du flot des mots légers qu'elle jetait en cascade, avec une gaieté de petite fille... Des sots, parce qu'elle était étourdissante, l'ont prise pour une étourdie. C'était un cerveau très sûr, au service d'une âme dominatrice [1]. »

En octobre 1914, les Allemands prennent Lille. Louise de Bettignies s'enquiert d'un passage pour la Hollande et parvient à s'évader. De Flessingue, elle gagne l'Angleterre. On l'interroge :

— Vous venez de France occupée ? Que s'y passe-t-il ?

1. Antoine Rédier.

Elle répond abondamment, donne beaucoup de détails. Un officier britannique s'étonne : comment connaît-elle des informations aussi précises ? Seuls des soldats ennemis ont pu les lui révéler ! Elle s'est donc entretenue avec eux ?

— Je parle leur langue, monsieur.

— Alors, vous connaissez aussi l'allemand ?

Un officier général lui met en main un terrible marché :

— Nous voudrions que vous fissiez désormais la navette entre Lille et nous afin que vous nous rapportiez régulièrement des renseignements comme ceux que vous venez de nous donner.

Elle est parvenue, au prix de bien des périls, à quitter la France occupée. Et maintenant, on l'invite à retourner dans sa prison. On lui demande de se faire espionne. Elle l'avouera, devant cette proposition, elle se sent saisie d'angoisse. Elle ne veut, ne peut répondre. Elle réfléchira.

Arrivée en France non occupée, elle rencontre à Amiens un directeur de conscience, le Père Boulanger. En sortant de l'entrevue, elle se rend auprès du chef de l'armée britannique en France et lui donne son accord. La mission, telle que la définit son ami et collaborateur Antoine Rédier, va bien au-delà de l'espionnage individuel : « Il ne s'agissait pas qu'elle apportât ses propres renseignements, mais qu'elle montât toute une machine dont on lui expliqua les rouages ; elle étendrait sur toute la région de Lille un vaste réseau d'observateurs, concentrerait les renseignements qui lui viendraient ainsi et les ferait parvenir en Angleterre. »

En février 1915, elle rejoint la frontière entre la Hollande et la Belgique occupée. Celle-ci est barrée par des fils de fer électrifiés à haute tension. Des passeurs l'aident à se glisser sous le dangereux obstacle. De retour chez elle, à Lille, rue d'Isly, elle sera désormais connue sous le nom d'Alice Dubois. Patiemment, elle met sur pied son réseau. Marie-Léonie Vanhoutte, surnommée Charlotte, sera son lieutenant. Louise recrute des hommes sûrs, habitant près des ponts de chemin de fer, des passages à niveau, des carrefours importants. Ils notent le nombre des trains ou des convois et, si possible, la nature du chargement transporté. Un exemple, fourni par Antoine Rédier : « En avril et mai 1918, nous avons connu exactement le nombre et la contenance des trains de blessés que l'ennemi ramenait du mont Kemmell. Déjà nous savions combien de divisions avaient été successivement engagées sur ce charnier ; les chiffres qui nous furent donnés par d'humbles agents comme ceux de Louise de Bettignies nous révélèrent qu'il ne restait à peu près aucun homme valide dans les unités remplacées. Alors nous comprîmes que cette affaire, dure pour nous, équivalait pour l'Allemagne à un désastre. La nouvelle, portée à nos troupes, souleva leur moral et Foch fit sauter avec plaisir de son échiquier quelques pions qui le gênaient. »

Alice Dubois est entrée en contact avec des personnalités habitant près du front qui vont la renseigner sur les mouvements de l'ennemi et ses projets. Parmi ceux-ci : à Santes, Mme Paul Bernard ; à Hanbourdin, Mlle Marie-Thérèse L'Hermite et son père ; à Frélinghien, Mme Destombes-Lutin et son mari. Bien d'autres. Ses informateurs viennent à Lille deux fois par semaine, singulièrement le mercredi, jour de bourse et de marché. Louise de Bettignies « demandait à de tels informateurs les renseignements les plus variés, les plus abondants. Dans une maison amie, ou rue d'Isly, elle recevait des rapports écrits ou verbaux : emplacements de batteries d'artillerie, importance et nature des approvisionnements en munitions, travaux de mines ou autres, relèves de troupes, propos de soldats ou d'officiers au salon ou à l'office ; déductions de toutes sortes, faites sur place, d'après les observations quotidiennes ; tout était pris, recueilli et s'en allait en Angleterre. »

Ces rapports sont écrits sur des feuilles de papier Japon extrêmement minces. Calligraphiés avec une plume très fine et de l'encre de Chine, on ne peut les lire qu'à la loupe. On fera mieux. A la fin de la guerre, on parvient à inscrire trois mille mots sur une pellicule transparente de la dimension d'un verre de lunette. On la colle sur des lorgnons, et on passe à la barbe des Allemands.

Immense, pendant des mois, la besogne accomplie. Louise de Bettignies est partout, sait tout, voit tout. Avec son tailleur gris ou noir, son chapeau de crin noir, « elle restait coquette, même sous les vêtements de fille du peuple, car elle tenait à plaire ».

La première, Léonie Vanhoutte sera prise. Le mois suivant, Louise n'en décide pas moins d'accomplir un voyage à Folkestone. A la frontière belge, une sentinelle barre la rue :

— Aujourd'hui, on ne passe pas. Toutes les femmes sont fouillées. Il faut entrer là.

On la pousse, avec les autres, dans une pièce où une policière allemande leur ordonne de se dévêtir. Louise comprend que, cette fois, elle ne pourra rien dissimuler. Or elle porte un pli capital dans une bague. Se détournant, elle le porte à la bouche pour l'avaler. Un soldat l'aperçoit. Il crie :

— Cette femme est une espionne, elle avale quelque chose !

La fouilleuse en habit verdâtre — on l'appelle la *Grenouille* — se jette sur elle, la serre à la gorge.

— Qu'est-ce que vous avalez ? Crachez-le !

— Je n'ai rien avalé !

On l'entraîne, on la jette sur un lit, on tente de lui faire boire de force un vomitif. Elle le crache à la figure des Allemands. Un soldat lui envoie un coup de crosse dans la poitrine :

— Celle-là peut partir en Allemagne ; elle n'en reviendra pas !

Pendant l'instruction, on mettra Louise et Léonie face à face. Malgré leurs dénégations, on parviendra à prouver qu'elles sont complices. Le 16 mars 1916, à Bruxelles, elles sont jugées par un conseil de guerre allemand. Après une demi-heure de délibérations, la cour revient avec la sentence : Louise et Léonie sont condamnées à mort. Un complice, Saever, est également condamné à la peine capitale. La peine de Léonie et de Saever sera commuée en quinze ans de travaux forcés ; celle de Louise en détention perpétuelle.

Elle part pour l'Allemagne où elle est jetée au fond de la prison allemande de Sieburg, non loin de Cologne. On veut la faire travailler, lui faire fabriquer des munitions. Elle s'y refuse. Bien mieux, elle conseille aux autres prisonnières de l'imiter. On la jette au cachot. Elle écrira à la Mère prieure d'Anderlecht : « Figurez-vous, ma Mère, une cage du Jardin des Plantes, 1,40 m sur 1,30 m de large. Comme mobilier, une planche sur la pierre et un tabouret, ni air, ni lumière. On me parlait à travers des barreaux. Après quarante-huit heures dans ce trou, le directeur me fit appeler, me jugea en présence de Fraülein Lewenkart et Frau Hausmenter. Pour avoir empêché les prisonniers de faire leur travail, je devais avoir dix ans de travaux forcés, mais étant déjà condamnée à perpétuité il me supprimait toute correspondance, livres, ouvrages, journaux, les trois jours de travail libre...

« On me retira mes vêtements pour me vêtir du costume des prisonnières, une robe de coton brun clair et un fichu. On me jeta dans une cellule glacée, où je ne pus me réchauffer pendant deux jours. Le 8, à 5 heures du matin, j'eus une crise de nerfs, la première de ma vie, j'ai râlé pendant une heure.

« Le docteur dit que le froid m'avait donné un choc nerveux, mais il ne fit rien ; la fièvre monta, je ne pouvais plus rien avaler, et, le 13, le cœur faiblissait ; avant de recevoir les derniers sacrements, j'ai voulu dicter et signer une lettre à l'ambassadeur d'Espagne et au ministre de l'Intérieur. Les syncopes continuèrent, puis cela alla mieux. De Cologne, on reçut des ordres pour arrêter le travail qui pouvait être demandé, non exigé.

« Aussitôt, il cessa ici et à la prison des hommes, 125 obus par jour pour chacun de nos mille prisonniers. Cette victoire a été payée bien cher, mais je ne m'en plains pas.

« L'aumônier et le Père Philips me soutenaient. On me confisqua les colis, à cause de mes lettres, et on m'enleva du lazaret pour me mettre en cellule au nord. Je dus travailler avec 39 et 40° de fièvre.

« Comme vous le voyez, ma Mère, je suis en mauvais état. La France demande beaucoup de ses enfants ; malgré tout, je remercie Dieu de m'avoir aidée à empêcher ce travail contre nos troupes. »

Le typhus fait des ravages parmi les prisonnières. Louise soigne ses compagnes. Un jour, on décèle entre deux côtes l'existence d'une tumeur : probablement la suite du coup reçu à la frontière belge. On l'opère dans l'infirmerie de la prison, « sans lumière, sans feu, avec deux cruchons d'eau pour la réchauffer ». Les instruments sont mal stérilisés. La plaie s'enflamme. Le Saint-Père, le roi d'Espagne, la Croix-Rouge demandent le transfert de Louise en Suisse. Le gouvernement allemand refuse. Tout au plus accepte-t-on de la transférer à Cologne, au *Marienhospital*. Le 17 septembre 1918 — la victoire des Alliés est en vue — elle reçoit la visite d'un jésuite : « Mon père, je sens que c'est la fin. » Le Père Cadow pleure, Louise sourit. Elle mourra dans la soirée. Son corps sera transféré à Lille, dans la tombe familiale, le 10 mars 1920. Le 11 novembre 1927, le maréchal Foch et le général Weygand assisteront à l'inauguration du monument érigé à sa mémoire, face aux remparts de Lille.

La guerre achevée, malgré tant de morts français, on assistera à un curieux phénomène. Un grand nombre de ces femmes dont on pouvait supposer qu'elles avaient acquis des habitudes irréversibles vont tout simplement regagner leur foyer. C'est que les démobilisés ont exigé qu'on leur « rende leur place ». S'y opposer ? C'était trop demander à leurs épouses. Elles s'effacent. En 1921, on compte 8 393 000 femmes ayant un emploi. En 1931, elles ne seront plus que 7 756 000. Cependant — qu'elles l'avouent ou non — elles n'auront plus le même comportement. Avec la Grande Guerre, en matière de féminisme, tout s'est précipité.

Au printemps de 1917, Jeanne Tardy, licenciée en droit, entre au cabinet du ministre du Travail Mélin : la première femme attachée ministérielle. Elle annonce que bientôt les femmes accéderont à certaines fonctions administratives telles que l'inspection du travail et le Conseil d'Etat. A la fin de la guerre, on voit des femmes — ce qui ne s'est jamais fait — élire les juges des tribunaux de commerce et des conseils de prud'hommes, les membres des conseils départementaux et des conseils supérieurs de l'enseignement ; on les voit figurer « dans les commissions scolaires, dans les commissions administratives des hospices, dans les commissions arbitrales en matière de loyer, dans les comices agricoles, les caisses des écoles, les bureaux de bienfaisance, les comités de protection des enfants, les comités de surveillance de presse, de patronage des prisonniers libérés, des enfants traduits en justice ». On crée des écoles hôtelières pour femmes. En décembre 1919, la préfecture de la Seine met au concours quarante emplois de rédacteur. Huit sont obtenus par des femmes.

Est-ce enfin, pour la Française, l'égalité souvent entrevue, à peine espérée ?

Impossible de me détacher de ces photographies de 1925. A Deauville, épaules nues, bras nus, cuisses nues, ces « baigneuses » au large sourire sous le bonnet de bain qui enveloppe les oreilles — à croire que le chapeau cloche les poursuit jusque sur la plage. A Paris, ces mannequins minces, avec leur chemisier blanc, leur cravate d'homme, leur jupe plissée arrêtée au-dessous du genou, leurs cheveux courts. Et, pour le défilé, la robe du soir en tulle blanc, fine et légère, qui s'arrête à mi-mollet : elle est courte !

La Française, depuis des siècles, s'enveloppait, se cachait — souvent pour mieux se montrer. Ses formes, elle les mettait en scène, accentuant la taille, les seins, voire l'arrière-train. Elle avait réussi ce prodige de sexualiser la simple exhibition d'une cheville. La tradition vestimentaire féminine, c'était l'anti-nature.

Sur un gramophone, le disque 78 tours fait grincer un air de charleston. Défilez, mannequins de 1925. Ces filles décidées passent, sans taille, sans poitrine. Un corset ? Elles l'ont remplacé par un porte-jarretelles. Tiens ! celle-ci porte un pantalon. Vous n'y êtes pas : c'est un pyjama de nuit. La mode de 1925 est un retour à la nature.

Il est là, Van Dongen, qui rit dans sa barbe et croque, pour l'éternité, ces dames à cheveux courts. Et Paul Morand, pressé — bien sûr —, qui fixe ses souvenirs pour nous les restituer : « Elles n'avaient plus le même corps... Désormais les hanches, vrillées par le crawl, étaient étroites, les jambes allongées par le stade et les christianias ; la peau brunie par le sel avait la couleur du pain bis des premiers jerseys d'une petite couturière de Deau-ville, nommée Chanel ; les épaules étaient carrées, l'ossature perçait l'antique rembourrage et devenait un cadre ; le regard, plus rapide, avait un éclat policier ; la parole, brève comme une signature au bas d'un contrat. Et elles fumaient, n'éteignant la cigarette à peine commencée que pour aller danser. » Magistral. Qui s'en étonnerait ?

Imaginez quelque hiberné de science-fiction. On l'a endormi en 1905, il s'éveille en 1925. Sûrement, il croit avoir dormi cinq siècles. Or, depuis la « fâme » de 1905, ses jupons, ses corsets, ses tournures, ses ombrelles, ses grands chapeaux, ses manchons, ses aigrettes, il ne s'est écoulé que vingt ans. Un tel saut s'explique, ou plutôt Paul Morand l'explique : « Elles n'avaient plus le même cœur. Elles n'avaient pas été heureuses. Elles ne pleuraient pas. Elles ne boudaient plus. Elles n'avaient connu, au-dehors, que les cafés et les hôpitaux, des endroits où on ne boude pas, où on ne pleure pas. Elles n'avaient pas eu de père, pas d'hommes. Elles n'avaient pas eu de bals, de voyages, ayant vécu derrière des fron-tières fermées, et sans autre argent que des fonds russes. Les unes avaient perdu leur maison, les autres leur fortune, souvent leur pays ; beaucoup, tout cela à la fois. Elles s'étaient mises à travail-ler, publicité, courtage, couture, usine. Elles appelaient cela *mar-ner* ou *bosser*, courageusement. Elles ressemblaient à Alexandra Kollontaï, la première Soviétique diplomate. Elles présidaient des conseils d'administration, signaient des paquets d'actions, s'étaient trouvées à la tête de grosses affaires, après le massacre des mâles ; elles avaient porté le bleu de chauffe, qui libère les jambes. »

Voilà de sérieuses raisons. Et qui justifient une métamorphose. Les dames aux cheveux courts de Paul Morand ne s'en tiendront pas là : « C'est maintenant le droit à la paix, au soleil, aux spectacles du monde, pour elles qui n'avaient rien eu, que souffrance et ennui. Elles avaient le voyage en tête, *le diable au corps*, la vitesse dans le sang ; envie de tout et besoin de tout ce dont elles avaient envie. Des insurgées permanentes, prêtes à jouer leur rôle dans l'immense soulèvement planétaire qui, depuis 1917, dressait les riches contre les pauvres, les gras contre les maigres, le front contre l'arrière, les fils contre les pères, les races de couleur contre les Blancs... Et les femmes contre les hommes. »

Dès la fin de la guerre, on l'a vue surgir, cette Française nouvelle. Elle s'insère dans une société qui veut, à tout prix, prendre sa revanche sur la vie. Soif qui n'est pas seulement féminine. A Paris, on veut rire, on veut danser. C'est, identiquement, le Directoire après la Terreur. Des rythmes nouveaux, des sons jamais entendus, et même des instruments neufs : banjos, trompettes bouchées, trombones, batteries. Et des *one-step*, des *blues*, des *ragtimes*. Le jazz conquiert la jeunesse. A Paris, on compte deux cents instituts de danse. On n'a pendant quatre ans parlé que de drapeau et d'héroïsme. « Les ouvriers, les midinettes préfèrent à *La Madelon* les premiers tangos[1]. »

De la guerre, est née une condition dont il faut tenir compte : celle de femme seule. L'hécatombe, l'effroyable hémorragie de jeunes hommes, laisse derrière elle des veuves, certes, mais aussi quelques centaines de milliers de jeunes filles qui ne trouveront pas de mari. Celles-ci seront-elles toujours bridées par la loi ? Dès la fin de 1918, elles posent la question. A ces femmes-là, ne doit-on pas « rendre accessibles tous les métiers qui leur permettront de vivre, ces métiers fussent-ils masculins, puisque leur lot aura été de n'être point de vraies femmes ? Et une fois ces métiers en main ne devront-elles pas être armées comme des hommes pour défendre leur place et leur droit ? » C'est une romancière, Colette Yver, qui écrit cela dans *Le Gaulois*.

Les femmes, enfin, vont-elles voter ? Cette fois, elles ont confiance. La vague de fond de la guerre aura balayé les préjugés, elles le croient, elles en sont sûres. En Europe, maintenant, beaucoup de femmes votent : les Danoises, les Islandaises,

---

1. Olga Wormser.

les Norvégiennes, les Allemandes, les Suédoises, les Polonaises. Pourquoi pas les Françaises ? M. Flandin dépose un projet de loi pour que les femmes soient électrices. C'est fait ! La Chambre accorde aux femmes les mêmes droits politiques qu'aux hommes. Le 20 mai 1919, le résultat est acquis par 329 voix contre 95. Les féministes pavoisent, et d'abord l'avocate Maria Vérone, présidente de la Ligue pour le droit des femmes. Las ! on a oublié le Sénat. Le 21 novembre 1922, il refuse de passer à la discussion de la loi adoptée par la Chambre. Il fera obstruction au vote des femmes en 1929, en 1932 et en 1935. M. Thiers avait voulu que le Sénat fût *conservateur*. Il l'est.

C'est le temps des *garçonnes* dont les cheveux enveloppent la tête seulement jusqu'à la nuque et se ramènent en frange sur le front. Faut-il les imiter ? Grave question. Le coiffeur Antoine prêche partout la bonne cause. Il déclare à *Femina :* « La question des cheveux courts divise en ce moment les familles. » Lui, naturellement, il est pour. Et cela se chante : *Ell' s'était fait couper les ch'veux.*

Garçonne. Le mot vient d'un roman de Victor Margueritte, *La Garçonne*, paru en 1922. Roman à thèse, bien sûr. L'histoire d'une jeune bourgeoise de dix-neuf ans, Monique Lerbier, qui se donne à son fiancé : « Etreinte hâtive, douloureuse, mais dont elle garde une douloureuse joie... Attendre ? Se refuser jusqu'au soir calculé des consécrations ? Pourquoi ?... Ce qui fait la valeur des unions, ce n'est pas la sanction légale, c'est la volonté du choix. Quant aux *convenances*... Huit jours plus tôt, huit jours plus tard... » Voilà le ton. L'auteur, dans la préface, s'est expliqué. Volontairement, il a situé sa garçonne « dans le milieu de débauche et d'affaires qu'on voit à Paris, parce que ce microcosme est le plus représentatif de l'amoralité ou, si vous préférez, de la pourriture contemporaine ». D'ailleurs Victor Margueritte entend dénoncer un péril : « J'ai fait entrevoir, pardelà le fossé, la grande route de l'égalité, de l'équivalence (si le terme vous semble plus adéquat), où les deux sexes finiront bien un jour par avancer côte à côte, harmonieusement. » Il lui a fallu user du scalpel. Naturalisme pas mort. C'est ainsi que nous voyons dans *La Garçonne* la charmante Michelle, fiancée à un autre, laisser Max, dans l'ombre d'une loge de théâtre, se mon-

trer si audacieux qu'elle en éprouve une « complète sensation »
— c'est écrit, noir sur blanc.

Monique, déçue par son fiancé, décide de « vivre sa vie ».
Elle veut être — c'est elle qui le dit — « un honnête homme ».
Donc, pour s'affirmer, elle travaillera. Elle devient décoratrice,
et réussit. Elle multiplie les rencontres sans amour et n'y récol-
tera que déception et amertume. Avec ses cheveux courts acajou
teints par le henné, elle *est* la garçonne. Des nuits entières, elle
danse au rythme du shimmy ou du fox-trot. A la fin, elle rencontrera l'homme de sa vie, un blessé de guerre — comment pourrait-il en être autrement ? — qui l'épousera après avoir prononcé
de fortes paroles : « La verdure ne repousse que mieux où l'incendie a passé. Monique, je vous demande d'être ma femme. »

Coupable d'avoir écrit *La Garçonne*, Margueritte, comman-
deur, sera radié de la Légion d'honneur. Parfaitement. Est-ce en
raison de la précision de quelques peintures — mais Zola ou
Maupassant avaient été aussi loin — ou plutôt parce que l'affirmation d'un féminisme déclaré allait trop loin aux yeux de
certains ?

Seules ou non, celles qui travaillent et qui ont les préoccupa-
tions, les soucis des hommes, retrouvent, rentrant chez elles, les
charges des femmes. Les bonnes aussi ont évolué ; finis, les
salaires de famine. Alors, on s'en passe. Une société de consommation qui esquisse ses ambitions propose déjà des palliatifs :
la machine à laver Sanitor qui « lave, rince, passe au bleu,
égoutte toute seule », ou le balai O'Cédar, ou la baignoire Crys-
tal, avec chauffe-eau qui prépare un bain en trente minutes.
Voici venir « la femme désenchantée et romanesque de 1930,
déçue physiquement par l'homme, et qui, ayant épuisé tous les
plaisirs d'une fausse supériorité, se retrouve plus seule que
jamais [1] ». Malgré la nudité flexible de Joséphine Baker, et sa
ceinture de bananes de la *Revue nègre*, malgré la « manie des
cigarettes et des premiers cocktails », la passion de conduire à
cent à l'heure, « la rage des dancings », surgit l'image d'un
« certain désespoir ».

Geneviève Gennari, dont le *Dossier de la femme* est si important, si précieux, pense que c'est entre 1929 et 1932 qu'il faut

---

1. Geneviève Gennari.

« situer le début de la fatale régression féminine — ce retour de balancier qui suit les années folles ».

Elle a raison. La force de certains systèmes conservateurs est, en cas de crise trop violente, de plier comme le roseau pour laisser passer l'orage. On voit, après 1930, les vieux dogmes renaître de leurs cendres. De leur assoupissement provisoire, ils ressortent plus pimpants que jamais, n'ayant rien perdu de leur solidité ni de leur force de frappe. Rachilde écrit *Pourquoi je ne suis pas féministe*, et ce retour aux sources fait figure d'entreprise courageuse. Montherlant dépeint ces *Jeunes filles* dont l'éternel souci est de trouver un mari et qui, pour y parvenir, sont prêtes à toutes les abdications, jusques et y compris la perte de leur dignité.

En fait, la femme est lasse d'avoir dû jouer un rôle qui, peut-être, excédait — pour le moment — ses forces. On danse moins. On sort moins. *Le Bœuf sur le toit* où triomphaient Wiener et Doucet, où Cocteau tirait chaque soir le feu d'artifice du paradoxe, est devenu une boîte de nuit comme toutes les autres. « Les filles ont cessé de vouloir ressembler à des garçons et les matrones à des jouvencelles[1]. »

Reféminisation ? C'est en 1932 que l'on crée *Votre beauté*. Premier pas d'une presse qui n'a pas fini de faire parler d'elle. Jusqu'en 1939, les jupes ne cesseront de s'allonger, de se parer de volants ou de drapés. Adieu les cheveux courts. Les formes s'arrondissent. « Plus de silhouettes plates, proclame une publicité de *Votre beauté*, plus de poitrines abîmées. La mode se réconcilie avec la nature. »

Pourquoi tout cela ? Pour l'homme. La « presse du bonheur » le proclame à chacune de ses pages. Conquérir un homme est presque toujours la solution. Ceci pour une simple évidence statistique : en 1931, il y a en France 21 231 800 femmes et 19 910 000 hommes. Le nombre des femmes qui travaillent diminue encore : 7 081 000 en 1936. Alors, se marier.

Si Louise Weiss, la duchesse de La Rochefoucauld, Mme Brunswicg, bien d'autres, multiplient les manifestations en faveur du vote des femmes, elles ne sont guère suivies et s'en attristent. Pendant l'hiver 1934-1935, l'inlassable Louise Weiss ouvre aux Champs-Elysées une « boutique » où elle dresse une mappemonde sur laquelle on peut trouver les pays acquis au vote. Et les passantes de s'écrier : « Les Chinoises votent. Nous

---

1. Jacques Chastenet.

pas ! » Cela ne va guère plus loin. Pourtant, en 1936, dans le gouvernement du Front populaire, Mme Brunswicg, présidente de l'*Union pour le suffrage des femmes*, et d'opinion radical-socialiste, devient sous-secrétaire d'Etat à l'Education nationale, chargée de l'hygiène scolaire et de la protection de la jeune fille ; Mme Lacore, institutrice socialiste, est chargée de l'Enfance, cependant qu'Irène Joliot-Curie, sympathisante communiste, est sous-secrétaire à la Recherche scientifique. Trois femmes au gouvernement. On mesurera mieux l'importance de l'événement si l'on se souvient que ces femmes-ministres ne sont pas électrices.

Il est à croire que moins les femmes revendiquent et plus leurs droits se renforcent : la loi de février 1938 atténue considérablement l'autorité absolue du chef de famille. S'il abuse de celle-ci — si par exemple il refuse à sa femme de pratiquer le métier de son choix, ou lui impose une résidence qui ne lui convient pas — elle peut plaider et faire valoir son point de vue devant les magistrats. Le mari reste chef de la communauté, mais, *en cas d'empêchement* de sa part, l'épouse peut se substituer à lui. « La femme mariée peut encore obtenir une carte d'identité, un passeport sans autorisation maritale, ouvrir librement un compte bancaire, passer contrat pour ses biens propres[1]. » Ces avantages, elle en aura bien besoin un an plus tard. En 1939.

Un personnage de Jean Sarment s'écriait dans une pièce périodiquement reprise : « Tout ça, ce sont des histoires d'entre-deux-guerres. » La paix n'a duré que vingt ans. A peine les journalistes se demandaient-ils si l'on était sorti de l'après-guerre, et l'on est entré dans l'avant-guerre. Une France inquiète n'a pu aller jusqu'au bout d'aucun de ses problèmes. Pas plus celui de la femme que les autres.

Les Françaises de l'entre-deux-guerres, pour moi, ce sont, dans la génération qui m'a précédé, les « grandes filles » que l'on voyait parfois à la maison, racées, fines et rieuses. Je les ai retrouvées dans Brasillach, passionnées de ce Pirandello que Pitoëff imposait à Paris, parlant un peu de Freud sans s'y attarder, raffolant de cinéma muet. Les salles spécialisées d'avant-garde — Ursulines, Ciné-Latin, Vieux-Colombier — accueillent l'enthousiasme des filles et des garçons de vingt ans. *Le*

1. Jacqueline Thome-Patenotre.

Cuirassé Potemkine, interdit, est projeté à huis clos devant des publics délirants.

Les Françaises cherchent, au cinéma, d'autres sensations. C'est le temps des *stars* dont on imite les robes, la coiffure, le maquillage. Hollywood fait rêver et la vie des vedettes prend l'aspect de mythes quasi fabuleux. Quelques millions de femmes rêvent d'être des Greta Garbo, des Marlène Dietrich. Surtout le samedi soir.

Celles qu'elles admirent aussi sont des aviatrices. Adrienne Bolland a traversé les Andes en 1921, sur un minuscule biplan tiré par un moteur de 80 CV. La gloire est immense de Maryse Bastié, qui traverse l'Atlantique, et d'Hélène Boucher qui va se tuer en avion en 1934.

Celle qu'elles lisent, c'est Colette, grande dame des lettres françaises, merveilleux écrivain, qui parle si bien des femmes et de leur difficulté d'être, des filles et de leur si difficile devenir : le cycle des *Claudine, Chéri, Le Blé en herbe, La Vagabonde*. Et tant d'autres chefs-d'œuvre. Bientôt elles liront *Marie-Claire*, hebdomadaire féminin dont, d'emblée, le succès tourne au triomphe.

Elles chantent, ces jeunes filles et ces femmes, des chansons inattendues, très différentes des imbécillités à la mode jusque-là. Des refrains ironiques, légers, à la musique pimpante. Mireille et Jean Nohain les composent, Pils et Tabet les enregistrent : *Couchés dans le foin, Le Vieux château, La Fille de Lévy*. Charles Trenet met de la poésie sur les lèvres des midinettes. Les dessins animés de Walt Disney émerveillent.

Combien elles me touchent, ces ouvrières que je vois, vieillies, dans un film de Charles Brabant, *Les Vieux* ! Du fond de leur hospice, elles disent à la caméra : « On s'est battues, on a fait des grèves pour que nos enfants aient ce qu'on n'avait pas. Ils l'ont. » Pour elles, l'entre-deux-guerres s'inscrit dans une date, une seule : 1936. Pour la première fois, on leur annonçait qu'elles auraient des vacances. Comme les riches. Les premiers *congés payés* restaient, dans le souvenir de quelques vieilles dames, comme le plus fabuleux conte de fées dont on ait bercé leur bel âge. Partir. Prendre les trains d'assaut ou enfourcher un tandem, avec leur homme. Découvrir, au-delà des banlieues, la campagne oubliée, l'eau, les arbres, le ciel.

Vingt années qui, à l'historien, apparaissent sans cohérence. Vingt années qui, pour toute une génération de femmes, resteront peuplées de fantômes lancinants, de tendres rêves. Et d'angoisses.

CHAPITRE XII

LE CHAGRIN ET L'ESPÉRANCE

Sur la route nationale, l'inconcevable cohue s'enchevêtre. Des « tractions » Citroën, 11 et 15, des Renault Juva 4, des cabriolets Rosengart, des Simca 5, écrasées par leur surcharge en passagers et en bagages. Des camionnettes dont les pneus agonisent. De grandes charrettes tirées par des chevaux épuisés ou par des bœufs à bout de force, sur lesquelles s'entassent des familles autour de lits, d'armoires et de batteries de cuisine, grand-mères effarées, mères furieuses, enfants qui pleurent ou rient. Des piétons, devenus en quelques heures clochards, poussent, hagards, une voiture d'enfant chargée de valises ou de baluchons. Des voitures à bras, des vélos tenus à la main. Des brouettes. Des autocars, des corbillards. Tout cela s'étire du nord au sud, sur les pavés, l'asphalte, la terre. Tout cela roule, marche ou piétine. « Il faut remonter bien loin dans l'histoire pour trouver des exemples de retraite de cette ampleur », témoigne le général Frère, commandant la VIIᵉ armée. Il veut parler des militaires mais, en ce printemps tragique de 1940, militaires et civils fuient ensemble sur les mêmes routes.

Dès l'entrée des Allemands dans les départements du Nord et de l'Est, la grande migration a commencé. Les réfugiés venus de Belgique ont poussé devant eux les réfugiés du Nord. Ceux-ci, traversant Paris, ont entraîné un nouveau troupeau, celui de l'épouvante. On dirait que la France entière s'est ébranlée. Une seule idée, un seul cri : il faut fuir. Où ? On ne sait pas. Comment ? On ne sait pas. Fuir. Rarement déplacement humain a posé tant de problèmes aux sociologues. Pourquoi les grandes routes furent-elles seules utilisées par cette foule hagarde ? Pourquoi assista-t-on à des piétinements de plusieurs heures, à des encombrements inextricables, figeant sur place cent mille personnes ? Une historienne, Nicole Ollier, auteur d'une étude exhaustive sur l'exode, répond : à cause des femmes. Sur les routes de l'exode, elles sont presque seules à avoir l'initiative. Leur obéissent les enfants comme les vieillards. Cette responsabilité les accable. « Devenues chefs de famille, les décisions leur sont difficiles. Elles se croient plus fortes de n'être pas isolées. L'instinct grégaire joue puissamment son rôle et la foule rassure. Les femmes, comme les hommes, partagent obscurément cette opinion que plus on est nombreux, moins on risque de se tromper. » Dans le paroxysme, les caractères s'affirment. En bien comme en mal. Parmi ces femmes, des chefs se révèlent qui, par leur énergie, leurs initiatives, leur audace, sauvent parfois des groupes entiers. Par contre, un officier français a la stupeur de voir sur le bord d'une route une femme qui a dénudé ses seins et relève sa jupe en criant :

— Emmenez-moi ! Je ferai tout ce que vous voudrez !

S'approchant, l'officier reconnaît une amie de sa femme, personne discrète et effacée, mère de deux enfants.

A Argenton-sur-Creuse, une femme héberge quarante réfugiés mais, à Paris, rue Lafayette, une autre femme regarde avec enthousiasme les Allemands entrer dans Paris. Elle clame :

— Oh ! Qu'ils sont beaux ! Et ces chevaux ! Ah ! Ils avaient pas mangé depuis dix ans, voyez-moi ça, ces beaux hommes ! Et ces canons ! Et ces motos ! Ah ! Ils n'avaient pas d'essence ? Et pas de matériel ? On s'est foutu de nous !

Voyant qu'elle allait applaudir, l'ouvrier André Pellier doit lui dire :

— Dites donc, la petite mère, tenez-vous un peu. Il y a des gars qui sont morts...

A Neuville-aux-Bois, la directrice de l'école libre ouvre un centre d'accueil. La générale Ecot, Mmes Berr et Velle y font office d'infirmières. Chaque matin, la générale quête parmi les réfugiés de la nuit, afin de nourrir les réfugiés de la journée. Mme Brault, chef de cabinet du ministre de la Santé publique, assure la retraite des « allongés » de Berck, oubliés par l'administration. Après l'évacuation de Paris, elle découvre que l'on a également « oublié » les jeunes aveugles et les sourds-muets. Elle refuse de partir, réquisitionne des autobus, assure leur départ, désobéissant sciemment aux ordres de son ministre qui veut la destituer.

Sur ce fleuve douloureux, la mort plonge. Les chasseurs allemands mitraillent. Parmi les tués, une majorité de femmes. Souvent, on ne connaît même pas leur nom. On les enterre à la hâte, comme on peut et, sur la tombe, on laisse un signalement. A Gien, par exemple, tombe 19 : « une femme inconnue, quarante ans environ, taille 1,65 m, assez forte corpulence, dont le corps flottait dans la Loire au lieu-dit *Les Cassons*. Etait vêtue d'une combinaison rose, d'une ceinture noire avec boucle noire, un ciré noir, jarretelles bleues, d'un gilet bleu avec manches, souliers de daim noir avec talons en caoutchouc... »

Il y a aussi celles qui sont parvenues à monter dans un train. Parmi elles, la future romancière Violette Leduc : « Le train roulait avec lourdeur, à croire que nous avions une tonne d'angoisse dans notre tête. Il s'arrêtait cinq cents mètres plus loin... Nous repartîmes. La femme ivre réclama de l'alcool à son compagnon. Il lui donna le flacon, elle but, elle s'endormit dans un désordre de cheveux gras, de joues croûteuses et violacées. Un bébé commença de pleurer. La mère manquait de lait... Nous roulions à 10, à 20, à 5 à l'heure. Le bébé pleurait de plus en plus fort. La femme ivre réclamait de l'alcool, les voix s'élevaient, la tension montait... Hommes et femmes se révoltaient, sans griefs précis, dépassés par l'actualité... Des gens dormaient, discutaient, s'emportaient, se lamentaient. »

De ces trains, il est interdit de descendre. Dans les gares, si l'on s'arrête, on trouve des soldats, baïonnette au poing, colère à la bouche.

— Défense de quitter les wagons !

Cette interdiction produit parfois de terribles effets. A Rennes, on laisse, par bêtise et pagaille, stationner des trains de réfugiés à côté de douze wagons de mélinite. Les avions de la Luftwaffe piquent sur les wagons d'explosifs qui sautent — en même temps que les trains de réfugiés. On trouvera des membres humains à plusieurs centaines de mètres de là. Quand le train arrive sans encombre, c'est un spectacle désespéré. Violette Leduc : « Le Mans. Notre première vision : une montagne de trois à cinq mille bicyclettes abandonnées devant la gare. Nous enjambions la fatigue, l'anéantissement, la soif, la faim, l'agonie, la maladie : des loques humaines par milliers. Les trottoirs, le macadam : de la chair humaine. »

Certaines évacuations ont fait naître des tragédies dont l'horreur est hélas bien concrète. Le 13 juin, on commence à envisager celle de l'hôpital d'Orsay, privé de médecin depuis plusieurs jours. Pour soigner quatre-vingts malades et vieillards, l'hôpital ne dispose que de sept infirmières, « mangeant à peine, dit Henri Amouroux, ne dormant que deux ou trois heures par nuit ». Elles s'occupent aussi des blessés de guerre que de pleins camions leur apportent. Des médecins majors inconnus apparaissent, font les pansements, disparaissent. C'est à l'un d'eux que la surveillante, Yvonne T., pose une question élémentaire :

— Si nous évacuons l'hôpital, que ferons-nous des intransportables ?

— Ils sont nombreux ?

— Sept. Il s'agit de vieillards de 94, 93 et 84 ans. Aussi de cardiaques proches de l'agonie.

Réponse du médecin major :

— Faites de la morphine à haute dose !

L'aube. Les taxis réquisitionnés apparaissent. Yvonne s'affole :

— Pour les incurables ?

Le même major, contrarié, lance :

— Je vous l'ai déjà dit : sédol, morphine ou strychnine... 20, 30 cm cubes jusqu'à ce que vous obteniez la dose toxique.

Yvonne et trois de ses collègues obéiront.

A midi, quelqu'un survient, bousculant la porte :

— Nom de Dieu, ils sont à Palaiseau !

Blessés, malades, infirmières s'entassent dans les taxis et les voitures réquisitionnés. On fuit vers Orléans. Les sept incurables, eux, reposent dans leurs lits d'Orsay — en une paix suprême.

Les quatre infirmières d'Orsay seront jugées en 1942 et condamnées à des peines variant entre un et cinq ans de prison. Avec sursis.

Dans le même temps, Claire Roman, la seule femme pilote de l'armée française, atterrit sur l'aérodrome de Rennes pour tenter de sauver des avions abandonnés. Elle est capturée par les Allemands. On l'enferme dans une caserne d'où elle s'évade. Elle s'empare d'un vélo, fuit vers Saint-Nazaire, tempête pour qu'on lui livre un appareil américain en cachant soigneusement qu'elle en ignore le pilotage. On obtempère, elle fait décoller l'appareil, atterrit sur le terrain des Landes-de-Bussac.

Bien sûr, le comique sans cesse se mêle au tragique. A Bar-le-Duc, une vieille femme de quatre-vingt-six ans a été « oubliée » dans la ville déserte. Elle est impotente. Entendant du bruit dans la rue, elle se penche, aperçoit des soldats qu'elle prend pour des Anglais. Ce sont les Allemands. Elle appelle, ils viennent à son secours, la conduisent à leur cantonnement, lui font manger des crêpes et boire du café. Elle ne cesse de remercier « ces messieurs les Anglais ». Un officier allemand qui parle français s'amuse beaucoup :

— Dites-nous, grand-mère, à quoi avez-vous reconnu que nous étions des Anglais ? Vous n'aviez pas peur, des fois, que nous puissions être des Allemands ?

— Mais non, voyons, je sais bien comment ils sont, les Allemands, je les ai vus en 1870, ils avaient de tout autres uniformes...

D'autres femmes sont restées volontairement à leur poste. A l'hôpital d'Orléans, Marie Sabletoux accouche des femmes venues de Mont-Saint-Martin (Meurthe-et-Moselle), de Sotteville-lès-Rouen, de Guillerval en Seine-et-Oise et de Paris. Comme les registres de l'état civil ont été emportés par les employés de la mairie, on transcrit les naissances — et les morts — sur l'almanach d'un grand magasin. Dans la même ville d'Orléans, on découvre une femme entièrement nue se promenant parmi les ruines calcinées ; on la reconduit dans l'asile d'où elle s'était évadée.

N'est-elle pas l'image de la France, cette malheureuse ? D'une France qui, tout entière, semble devenue folle ?

Au cours de ces « soixante jours qui ébranlèrent l'Occident » — selon l'expression de M. Benoist-Méchin — d'autres Françaises vont s'attribuer un rôle bien singulier. Comme la monarchie, la république a ses favorites. De notoriété publique, on associe le nom de la marquise de Crussol à celui de l'ancien président du Conseil Edouard Daladier, le nom de la comtesse Hélène de Portes à celui de Paul Reynaud. Pendant l'exode, Daladier n'est plus au pouvoir ; la présidence du gouvernement appartient à Paul Reynaud. Cependant qu'il se replie lui-même de Paris vers la Loire, puis à Bordeaux, Hélène de Portes le suit pas à pas. Elle veut être mêlée à tout, consultée sur tout. On la redoute ; n'a-t-elle pas en un instant obtenu le limogeage d'Alexis Léger, secrétaire général du Quai d'Orsay, en poésie Saint-John Perse ? C'est à cette présence insupportable que fait allusion Charles de Gaulle dans ses *Mémoires* lorsqu'il parle, accompagnant l'exode du gouvernement, d'intrigues « lassantes et incessantes ». Nicole Ollier, qui connaît mieux que personne cette époque, témoigne que ces ministres — ceux de la débâcle — Paul Reynaud les a choisis de concert avec Hélène de Portes. Comme on disait, « elle aide le choix ».

Naturellement, Mme de Portes accompagne Paul Reynaud à Candé, en Anjou, où se tiennent les derniers conseils qui décideront du sort de la France. Elle arbore un pantalon rouge dont tous les témoins ont gardé une forte impression. Dans cette tenue, elle dirige elle-même la circulation à un carrefour important. Quand on envisage l'éventualité d'un « réduit breton », elle tranche : il n'en est pas question. Donc, Reynaud n'insistera pas. Elle se fait remettre les notes confidentielles, sait tout, décide de tout.

A Bordeaux, elle lit sur l'épaule du général Spears, représentant de Churchill, le projet secret d'union franco-britannique. Spears contient mal sa colère. Qu'importe à Mme de Portes ! Pendant que Paul Reynaud expose au gouvernement ce projet qui, selon lui, doit tout sauver, un huissier entre dans la salle des séances et remet gravement au président un billet griffonné par la belle Hélène : « J'espère, écrit-elle, que vous n'allez pas jouer les Isabeau de Bavière [1] ! » Du coup, Reynaud ne saura pas résister aux ministres qui feront en un instant sombrer le projet dans l'oubli. Inconséquence que les misogynes trouveront très féminine : elle qui avait tant poussé Reynaud à la guerre l'accule maintenant à la paix. Elle ne jure plus que par le maréchal Pétain. Henri Amouroux la montre à Bordeaux cherchant ouvertement des hommes de main pour abattre Georges Mandel : celui-ci ne veut-il pas poursuivre la guerre ?

Ce sera le dernier « acte politique » de l'égérie. Mme de Portes meurt le 28 juin dans un accident d'automobile.

L'occupation pèse sur la France. Une France séparée en deux par la ligne de démarcation. Pour la franchir, il faut un *ausweis* distribué par les Allemands avec parcimonie. Bientôt se révéleront des passeurs. Aussi des passeuses dont le colonel Rémy a si bien évoqué l'exaltante histoire. Ces trois religieuses de Delle, près de Belfort, par exemple. Au début de 1941, elles conduisent en Suisse un jeune Hollandais : « un grand brun, à peu près

---

1. Rappel du rôle de la reine Isabeau de Bavière, épouse de Charles VI, que les contemporains accusèrent d'avoir vendu la France aux Anglais.

vingt-cinq ans », se souvient Sœur Odile. Sœur Nelly l'a guidé cependant que Sœur Odile restait en prière. D'autres fois, c'est Sœur Denise qui accompagne les fugitifs. Sous l'œil de la Gestapo, la besogne est devenue presque quotidienne. De 1941 à la fin de l'occupation, les trois religieuses de Delle ont effectué — chiffre fantastique — au moins vingt mille passages en Suisse : Français, Belges, Hollandais. Elles « passent » aussi bien un curé qu'un instituteur, des catholiques, des protestants, de nombreux Juifs.

En Moselle, Marie Mémétov fait évader et passer en France libre 221 prisonniers de guerre. Les demoiselles Bonnet de Biriatou, près du poste-frontière de Béhobie, font passer en Espagne des Français et des Anglais par dizaines. Lucienne Welschinger, Lucie Welker, Alice Dawl, Marcelle et Marie Gross, Anne-Marie Müller font évader des prisonniers de guerre français ou des Alsaciens et des Lorrains réfractaires. Lucienne Welschinger et quatre de ses amis, arrêtés, seront condamnés à mort. Comme tant d'autres.

Certains ignorent l'existence des filières de passage. L'exode a conduit Mlle Khartal à Annecy ; son fiancé est resté en zone occupée. Ils s'aiment et voudraient se marier. Les Allemands refusent l'*ausweis* libérateur. Le mariage sera pourtant célébré, le 27 décembre 1941, très précisément sur la ligne de démarcation. Le fiancé Charles Taze se trouve en zone occupée, Mlle Khartal en zone libre. Le docteur Lefol, maire d'Arbois, préside à la célébration du mariage en présence des douaniers allemands. Il pose le registre sur la barrière-frontière. Ce registre où les mots « ont été mariés à la mairie d'Arbois » sont remplacés par « ont été mariés sur la ligne de démarcation ». Le maire prononce un discours de circonstance :

« Qu'aucune ligne de démarcation ne s'introduise dans votre foyer. Conservez seulement de cette cérémonie singulière, imposée par l'histoire, le souvenir que l'amour triomphe de tous les obstacles. »

L'héroïsme ne frappe pas à toutes les portes. Pour la majeure partie des femmes qui ont vécu l'occupation, ces quatre années demeurent illustrées par l'obsédant souvenir des tickets d'alimentation. Il faut un énorme portefeuille à la mère de famille pour y ranger les cartes de vêtements et d'articles textiles, les cartes d'alimentation, les cartes de tabac, les cartes de jardinage, les cartes de vin, les bons d'achat pour des vêtements de travail, les tickets pour articles de ménage. Manger est devenu la pensée unique de quelques millions de mères de famille. Par voie de conséquence, les reines du jour trônent derrière le comptoir des épiceries, des boulangeries, des boucheries, des crémeries. Le marché noir est né. Ne peuvent s'y approvisionner que les Françaises aisées. Les autres ? Elles ont faim. Leurs enfants aussi. La ration officielle, en 1942, n'apporte à l'organisme que 1 200 calories. Or 2 400 au moins sont indispensables. En 1943, une dactylo gagne 2 200 francs ; le kilo de beurre au marché noir vaut 350 francs, les pommes de terre de 7 à 10 francs, les haricots de 20 à 35 francs. Dans le midi de la France, l'huile d'olive coûte 1 000 à 1 500 francs le litre : le salaire mensuel d'un manœuvre.

Dans ce climat morne, accablant, parfois un sourire de l'administration ; on interdit la confiserie, mais on attribue à une mère de famille qui met au monde des jumeaux deux kilos de dragées.

On a froid. Plus de combustible. On confectionne partout des marmites norvégiennes — une caisse et de la sciure — où l'on fait mijoter les rutabagas. On a créé des catégories de rationnaires. Enfants âgés de moins de 3 ans : E. Enfants de moins de 6 ans : J 1. Enfants âgés de 6 à 13 ans : J 2. Adolescents de 13 à 21 ans : J 3. Consommateurs de 21 à 70 ans : A. Travailleurs de force : T. Consommateurs de plus de 21 ans qui se livrent à des travaux agricoles : C. Consommateurs de plus de 70 ans : V.

Malgré les cartes, les queues subsistent, avant tout composées de femmes. On y a froid, on y a chaud, on s'y ennuie, on s'y exaspère. Parfois des femmes se battent, la police intervient. Des émeutes éclatent : la plus célèbre, rue de Buci, causera la mort de plusieurs agents et de très nombreuses arrestations de femmes. La presse de l'occupation verra dans ce « grave incident » une évidente manœuvre gaulliste et juive.

Des lois ont été promulguées pour réprimer le marché noir. De temps à autre, elles s'abattent sur quelques trafiquants ; elles sanctionnent aussi des délits dérisoires, des détresses que l'on devrait épargner. Pourquoi la gendarmerie de Bolbec arrête-t-elle en 1943 une femme de vingt-trois ans, Renée J., qui a utilisé les tickets d'alimentation de son bébé mort un mois plus tôt ? Pourquoi traîne-t-on devant les tribunaux, à Saint-Jean-

Lespinasse, Henriette B. qui, avec le lait de son unique chèvre, confectionne des petits fromages qu'elle vend vingt sous pièce à Saint-Céré ? Crime évident : elle n'a pas la carte du comité interprofessionnel du lait. Elle sera condamnée à deux cents francs d'amende.

L'été 1944 verra s'accroître la pénurie dans d'incalculables proportions. Bombardés par les Alliés, sabotés par la résistance, les trains ne circulent plus. Les chauffeurs de camions, mitraillés sur les routes, refusent de partir. Le 25 août 1944, soixante-dix camions seulement rejoindront Paris. Soixante-dix camions pour cinq millions d'habitants ! La viande a presque totalement disparu, et aussi le lait, ce qui est tragique pour les enfants en bas âge. Une source inattendue de ravitaillement : les Allemands qui refluent de Normandie. Dans leurs parcs automobiles — notamment place de la Madeleine — ils vendent ouvertement du beurre. Des femmes s'agglutinent autour des camions. Les prix sont ceux du marché noir. On ne donne plus l'électricité que quelques heures par nuit. Le gaz disparaît, pour ne reparaître, vacillant, qu'aux heures des repas. Sur le réchaud, la mère de famille dispose un tire-gaz fabriqué avec un tube d'aspirine et fait cuire l'unique mets de quelques millions de citoyens : les légumes déshydratés.

On attend de la Libération l'abondance. Illusion. Des années s'écouleront avant que le ravitaillement redevienne normal.

Au milieu du malheur de toutes, plus lourd, plus sinistre, plus accablant apparaît celui des femmes de prisonniers.

Combien sont-elles ? Le 26 novembre 1942, Hitler, écrivant au maréchal Pétain, parlait de 1 960 000 prisonniers. Assurément — en tenant compte des nombreuses libérations intervenues : près de 500 000 — il a existé pour le moins 1 000 000 de femmes de prisonniers. Une longue, si longue attente. Insupportable, pour beaucoup, moralement et matériellement : elles ont droit, en 1942, à une allocation quotidienne de 10,50 F à 20 F — et autant pour chaque enfant à charge. Une aumône. La plupart ont dû travailler, même celles qui ignoraient tout d'un métier. Il a fallu songer aux colis, sans quoi le prisonnier ne pouvait guère subsister. Le plus grand drame est celui de la solitude. Pour certaines, l'amour compense la séparation. Mais quatre ans, c'est long, si long ! Quatre années, cela suffit pour oublier un mort. Parfois, pour sa femme, l'homme des barbelés a ressemblé à un mort.

Elles sont montrées du doigt, censurées, vilipendées, ces femmes de prisonniers que l'on rencontre au bras d'un autre. Facile d'accuser quand soi-même on retrouve chaque soir un mari à la maison. Il en est qui se défendent, parmi ces accusées, et, dans un texte publié, s'expliquent : « Il est facile de jeter la pierre à celles qui, paraissant oublier l'absent, cherchent dans un autre le secours ou la tendresse qui leur manque. Il faudrait avoir compris jusqu'où leur détresse les accablait. L'égoïsme de ceux qui vivaient à côté d'elles les a peu à peu conduites à ces chutes. » Le gouvernement est intervenu, se mêlant de ce qui ne le regardait guère. Il a menacé de frapper de lourdes peines « tout individu qui, profitant de la moindre résistance morale d'une épouse restée seule, vivrait avec celle-ci dans un état de concubinage prolongé et notoire ». Il n'existe naturellement pas de statistiques de l'adultère — pas plus à cette époque qu'à d'autres. On peut noter seulement que le nombre des naissances illégitimes, pour 86 départements, passe de 38 000 en 1938 à 57 000 en 1944. Le chiffre est d'autant plus remarquable que, pour la même période, la natalité, du fait de l'absence des prisonniers, est fortement en baisse. On peut également tirer un enseignement du nombre des divorces : 27 000 en 1938, 42 000 en 1945, plus de 70 000 en 1946. Avant la guerre, la plupart des divorces étaient prononcés aux torts de l'époux. En 1946, sur 1 000 divorces, 298 sont prononcés aux torts de la femme, 538 aux torts de l'homme, 174 aux torts réciproques.

L'occupation multiplie les exceptions. Voici la plus abominable. Une ordonnance en date du 29 mai 1942 définit l'étoile juive : « C'est une étoile à six pointes ayant les dimensions de la paume d'une main et les contours noirs. Elle est en tissu jaune et porte en caractères noirs l'inscription "Juif". Elle devra être portée — dès l'âge de six ans — bien visiblement sur le côté gauche de la poitrine, solidement cousue sur le vêtement. »

400 000 étoiles sont distribuées à la population juive, à raison de trois par personne. Encore a-t-il fallu que chaque Juif ou Juive découpe un point sur sa carte de textile.

Sur la population française, l'effet produit sera bien différent de ce qu'attendent les Allemands. Deux jeunes filles portant l'étoile voient, dès le premier jour, un prêtre les saluer d'un grand coup de chapeau. Un jeune homme traverse la rue pour leur dire :

— Permettez-moi, mesdemoiselles, de vous serrer la main.

Un agent allemand constate que les femmes juives, « surtout dans les quartiers de la Goutte-d'Or, Barbès, la Chapelle, parlent haut et font entendre qu'elles sont fières de porter l'insigne de leur race ». Une solidarité imprévue se manifeste par un humour bien français. La police arrête trois jeunes femmes, Jennie, Paulette et Françoise, non juives, qui portent l'étoile avec l'inscription *papou*. Une autre, Mme L..., a brodé sur la sienne la croix de Jésus. Marie Lang, marchande de journaux boulevard des Italiens, fait porter l'étoile à son chien.

Les arrestations commencent. D'abord, on arrête les Juifs et Juives étrangers. C'est ce qu'on appellera, à Paris, le 16 juillet 1942, la « grande rafle du Vel'd'Hiv' ». Ce jour-là et le lendemain, 12 884 Juifs et Juives d'origine étrangère sont arrêtés. Après une halte à Drancy, les célibataires et les couples sans enfant sont expédiés directement en Allemagne ou en Pologne. Les familles avec enfants — et parmi elles combien de femmes ! — sont parquées au Vel'd'Hiv'. Dans l'ex-paradis des Six-Jours cyclistes, voici plus de 7 000 personnes — dont 4 051 enfants — sous l'écrasante chaleur diffusée par les verrières. De l'eau ? A peine. Des lieux d'aisances ? Six en tout. Le désespoir. La folie. Un médecin raconte : « Je me souviendrai toujours, entre autres, de cette vieille grand'mère, immobile sur son strapontin, les mains appuyées sur ses genoux recouverts d'un tablier artistiquement brodé, et dont on ne put tirer aucune parole, en quelque langue que ce soit. Image hallucinante et personnification vivante de la douleur muette et de l'écrasante fatalité. » Hallucinants, les témoignages cités par Claude Lévy et Paul Tillard. Cette Polonaise qui se tord les bras en gémissant et que sa petite fille de huit ans essaie de réconforter en s'agrippant à elle et en l'embrassant. Cette jeune femme qui hurle sans arrêt. Cette autre qui, devenue folle, assomme son petit garçon à coups de bouteille sur le crâne. Cette autre qui se frappe la tête sur le ciment pour se donner la mort. Cette autre qui s'ouvre les veines du poignet avec une glace brisée. Cette autre qui enjambe le parapet des tribunes et se jette dans le vide. Le troisième jour, une délégation de femmes, entourées par leurs enfants — la plupart en bas âge — se présente, très digne, très grave, à un piquet de gardes mobiles :

— Messieurs, nous venons vous demander de nous tuer tout de suite, ainsi que nos enfants.

Pour toute réponse, des gardes ricanent.

Une petite fille parviendra à s'évader. Sa mère, Mme Lichtein, l'y a incitée. Elle s'est faufilée entre les gardes mobiles. A l'un d'eux qui l'interpellait, elle a répondu « qu'elle n'était pas dans le Vel'd'Hiv', qu'elle est seulement venue prendre des nouvelles de sa famille... ».

Ces gardes, un témoin juge leur attitude glaciale et indiffé-rente. D'autres rapportent que certains agents pleuraient.

Cette opération, les Allemands l'ont appelée *vent printanier*. Une note officielle en livre le bilan :

« Les rafles des Juifs apatrides des 16 et 17 ont donné les résultats définitifs suivants :

Hommes 3 031
Femmes 5 802
Enfants 4 051
Total : 12 884 »

Ces hommes, ces femmes, ces enfants, c'est la déportation qui les attend, à Auschwitz — la mort pour la plupart.

La déportation et la mort attendent aussi les Juifs de la seconde vague, ceux qui peuvent revendiquer la nationalité fran-çaise. A partir de 1943, les occupants ne font plus aucune diffé-rence. Le commissariat aux Questions juives précise même qu'un prêtre catholique ou un pasteur protestant, dont trois grands-parents sont juifs, ne doit pas échapper au sort commun. Partout, à travers toute la France, les scènes déchirantes se multiplient. Une femme, rue de Poitou, voyant arriver ceux qui doivent l'ar-rêter, jette ses deux enfants dans la rue par la fenêtre — et les suit. Les enfants que l'on sépare de leurs parents, le désespoir, l'horreur. Les wagons plombés où l'on s'entasse pendant des jours et des nuits, pour aller vers une nuit plus longue encore.

Il y a aussi d'admirables dévouements. Des non-Juifs risquent leur vie à cacher des amis juifs. Des couvents catholiques, les organisations protestantes se distinguent. Ainsi la Maison de l'Union chrétienne des jeunes filles, de La Tronche, près de Gre-noble, héberge et cache 93 jeunes filles juives. Les prêtres de Sion hébergent 443 enfants juifs. L'évêque de Nice reçoit plu-sieurs centaines d'enfants dans des orphelinats, des couvents ou des familles, chez des curés — et jusque dans son propre évêché. Au sein de cet enfer, un havre : la zone d'occupation italienne où ne sévit aucun antisémitisme, où même les militaires italiens protègent les Juifs de la férocité de la milice française.

110 000 Juifs sont déportés en Allemagne au cours de l'occupation, 3 000 seulement rentreront. Dont un seul enfant.

Un jour d'abandon, le maître de la propagande du IIIᵉ Reich, Goebbels, avouera à des familiers que le national-socialisme ne comportait « ni philosophie, ni conception particulière du monde, ni programme clair, vraiment définissable ». Qui pourra expliquer les raisons de l'anéantissement de millions de Juifs en Europe ?

Oui, pourquoi ? C'est une femme, l'une des plus simples, qui a su le mieux formuler, en quelques mots bouleversants, cette interrogation. Il s'agit de Mme Wolff, 15, rue Keller, à Paris. On est venu arrêter son mari aveugle. Elle écrit au chef de l'Etat français :

« Monsieur le Maréchal,

« Excuser moi de la liberté que je prend de vous écrire, car on nais venu me prendre mon mari qui est aveugle le 12 vendredi. Esse notre faute si nous sommes juifs. Notre pay ces la France. Nous na vont pas dautre pay et prendre un homme inoffensif comme ils le font ces un crime. Ils nom qua se prendre à se qu'ils font du mal, mais se prendre à un aveugle sont des lâches. Car nous sommes venu comme sa au monde et pour nous il y a que selle Dieu. Mais enfants sont mariés avec des crétiens et ils sont pas pour se la plus que nous, car le Dieu des crétiens est selui des juifs ces le même. Mais notre pay ces la France. »

Par une exception insigne, M. Wolff sera libéré. A la suite d'une intervention exceptionnelle du Maréchal.

Le mot *attentiste* fut à la mode, toutes ces années-là. Soyons francs : beaucoup de Françaises se sont contentées d'attendre. Une minorité s'est lancée dans le combat. Après tout, au long de l'histoire, n'est-ce pas la minorité qui se bat pour les autres ? En son temps, Jeanne d'Arc fut seule.

Quelques Françaises, en 1940, quittent la France pour rejoindre les Forces françaises libres. Elles sont rares, très rares. Le 7 novembre 1940, le général de Gaulle a chargé Mme Simone Mathieu, ex-championne de tennis, de former un corps féminin

des Forces françaises libres. Leur nombre est limité à cent. Par la
suite, on en comptera plus de deux cents, dont cinquante venues
de France. Il faut qu'elles soient âgées de dix-huit ans au moins et
de quarante-cinq ans au plus. Elles s'engagent pour la durée de la
guerre, plus trois mois. Elles sont soumises à la même discipline
que le corps féminin britannique. Elles subissent chaque jour le
même entraînement et touchent un shilling huit pence par jour.

Dans la France occupée, on ne sait rien du corps féminin des
F.F.L., mais déjà des femmes prennent l'écoute des discours du
général de Gaulle. Elles les copient, les diffusent, ou bien encore
— rappelle Elisabeth Terrenoire — font circuler sous le manteau
les jugements portés contre Pétain par Clemenceau, Poincaré,
Joffre et Foch.

Peut-être tout cela ne cause-t-il aucun mal aux Allemands.
Mais cela réconforte celles qui le font. Souvent, c'est une première étape. On commence par tracer à la craie un « V » dans
l'autobus, et l'on se retrouve membre d'un réseau de résistance.

L'action engendre l'action. Dès les premiers temps, il faut
cacher des prisonniers évadés, aider des jeunes gens qui veulent
rejoindre de Gaulle. En Alsace, le long des côtes de l'Ouest,
près des Pyrénées, des femmes offrent leur dévouement. Comme
M. Jourdain faisait de la prose, elles se découvrent résistantes
sans l'avoir voulu. Les mois passent. Des réseaux se créent. Des
femmes y pénètrent et souvent travaillent à l'écart des hommes.
Lors de l'entrée en guerre de l'U.R.S.S., les communistes se
jettent dans la lutte. Des résistantes témoignent : « Chacune
d'entre nous est ainsi amenée à poursuivre la tâche qui lui est
attribuée par les circonstances ou par son groupe reconstitué.
Dans ces conditions s'engagent, parfois se rencontrent la militante catholique, la militante communiste, celle qui n'appartient
à aucun mouvement, mais qui a été révoltée ou qui simplement
a réfléchi. Certaines, éducatrices, enseignantes, mères de famille,
veulent combattre l'influence pernicieuse de la propagande nazie
sur la jeunesse. »

En manière de compensation pour l'absence de l'être aimé,
des femmes de prisonniers deviennent résistantes. D'autres, dont
le mari est entré dans l'action, ont voulu le suivre. Elles viennent
de tous les horizons géographiques ou sociaux. L'une d'elles,
qui fut arrêtée et déportée, raconte : « Je suis partie de
Compiègne fin janvier 1944 dans un convoi comprenant mille
Françaises. Les femmes venaient du Cher, du Loiret, du Loir-

et-Cher, de la Côte-d'Or, de l'Indre-et-Loire, de la région parisienne, des prisons de Bourges, Tours, Orléans, Blois, Dijon, Paris. Elles étaient de tous les milieux sociaux et avaient été arrêtées pour leurs actions dans la Résistance. »

L'Amicale du camp de Ravensbrück a publié des listes. Elles sont révélatrices. Quelques noms parmi des centaines : Suzanne Buisson, socialiste, née en 1883, morte en déportation ; Madeleine Michelis, sévrienne, née en 1913, catholique ardente, morte sous les tortures de la Gestapo en février 1944 ; Suzanne Masson, dessinatrice industrielle, syndicaliste, militante communiste, née en 1901, décapitée à la hache à Hambourg le 1er novembre 1943 ; Germaine Bousquet, mère de famille de l'Hérault, étranglée par un milicien, le 5 août 1944, à l'âge de cinquante-deux ans ; Francine Fromont, opérateur radio, fusillée à vingt-six ans après avoir assisté à la torture et à la mort de sa mère.

Au début, l'action est surtout de propagande. Des femmes tapent des tracts à la machine, à la ronéo. On diffuse la presse clandestine. « Les premiers comités, raconte Lise R..., se sont formés autour des familles des prisonniers de guerre et des emprisonnés politiques. Puis ils se multiplient. Dès octobre 1940, nous publiions des journaux et des tracts ronéotypés spécialement destinés aux femmes. Nous faisions signer des pétitions et allions en délégation pour réclamer l'amélioration du ravitaillement et des distributions de charbon. Nous organisions aussi des manifestations sur les marchés et dans les rues. Nous y distribuions des tracts et appelions des femmes à ne pas laisser partir leurs maris pour l'Allemagne et à les aider à gagner la campagne. Le 6 janvier 1943, une manifestation de femmes envahissant la gare de Montluçon réussissait à empêcher le départ d'un train de travailleurs requis. Les hommes se sauvèrent et beaucoup réussirent à rejoindre le maquis. Parmi les animatrices des comités féminins, beaucoup ont mené par la suite d'autres types d'action. Nombreuses sont celles qui ont été déportées : ainsi, Germaine Lelièvre, de Dourdan, arrêtée fin 1941 et morte à Ravensbrück. Georgette W..., engagée dans les F.T.P., est arrêtée en août 1943. Elle apprend pendant sa détention à Fresnes la condamnation à mort de son mari. Il lui criera un dernier adieu avant de partir, avec ses camarades, pour le mont Valérien[1]. » De la propagande, de la distribution de tracts

1. Cité par l'Amicale de Ravensbrück. Ce recueil de témoignages ne donne les noms que des Françaises mortes fusillées ou déportées. Les survivantes ne sont désignées que par une initiale.

et de journaux, on passe aux renseignements. Tel est le cas de Marcelle Parde, directrice du lycée de Dijon, et celui de Simone Plessis, secrétaire de direction au même lycée. Elles seront arrêtées par la Gestapo, le 3 août 1944. Déportées, elles mourront à Ravensbrück. Plusieurs postières jouent un rôle singulièrement efficace, transmettant des messages importants. On peut citer Marie-Louise Laguerre, morte à Ravensbrück, Antoinette W..., née à Colmar qui, parlant l'allemand, intercepte les messages ennemis, Simone Michel-Lévy, fusillée en Allemagne pour sabotage.

Souvent, il faut adopter un pseudonyme. La plupart du temps, c'est un prénom. Certaines, dans ce choix, mettent un sens précis. La jolie comédienne Jeanne Boitel se fait appeler Mozart en souvenir de la pièce de Sacha Guitry qu'elle a interprétée en Amérique du Sud. La même transporte chaque jour une serviette bourrée de documents. Elle raconte : « C'était une volupté de me trouver dans le métro avec cette serviette, serrée contre les Allemands ! »

D'autres se battent les armes à la main. A vingt ans, Léa Blain, militante catholique, entre dans l'action résistante. En juillet 1944, elle rejoint le maquis. Elle tombe dans un combat. D'autres prennent part aux parachutages ou sabotages. Marguerite Morizot détruit des pylônes, des écluses, des voies ferrées, un barrage. Elle meurt à Ravensbrück en janvier 1945. Quatre jeunes parachutistes sont fusillées au camp à la même époque : Marie-Louise Cloarec, Pierrette Louin, Suzanne Mertsizen, Jenny Silvani.

Jeanine Léjard s'engage à quinze ans. A Dijon, sur le mur de la caserne qui porte son nom, une plaque retrace sa belle aventure : « Née le 31 août 1927 à Dijon. Résistante qui donna sa vie pour la libération du sol national. Intégrée à l'âge de quinze ans dans les Forces Unies de la jeunesse patriotique, elle devint bientôt responsable départementale. Douée d'une intelligence, d'un cran et d'un courage remarquables, elle fut appelée à la direction nationale au poste important d'inter-régional au service de la propagande. Au mois de novembre 1943, elle est nommée agent de liaison inter-régional, à l'organisation des francs-tireurs et partisans français où elle fait l'admiration de ses chefs en passant les barrages allemands. Prend une part active à l'action des partisans. Arrêtée en juin 1944, au cours d'une mission à Paris, elle résiste héroïquement à la torture nazie. Déportée à

Ravensbrück, elle y est lâchement assassinée au mois d'avril 1945. Pur exemple de la jeune fille française qui donna tout d'elle-même pour la patrie. »

Comment choisir entre tant de cas qui serrent le cœur ou qui exaltent ? Lucie Aubrac est l'épouse du chef de l'armée secrète pour la zone Sud. Il est arrêté, condamné à mort. Lucie apprend qu'une voiture doit aller le chercher au fort de Montluc pour le conduire au lieu des exécutions. Elle est enceinte de sept mois. Elle prévient la résistance, prend elle-même la tête d'un corps franc, attaque la voiture, délivre son mari. Ils parviendront à gagner Alger. Le lendemain de son arrivée, elle mettra au monde une petite fille.

Mme Lefaucheux réussit un exploit unique. Son mari, chef des F.F.I. pour la région parisienne, est arrêté le 3 juin 1944 avec tout son état-major. On le déporte en Allemagne. Marie-Hélène Lefaucheux ne vit que d'espoir — un espoir fou. Elle suit le train de loin, rêvant à une occasion propice. Quand le train entre en Allemagne, Mme Lefaucheux renonce. Elle revient à Paris pour participer à l'insurrection, repart pour Nancy, passe les lignes allemandes, se rend à la Kommandantur de Metz, s'adresse à un Allemand, le convainc en racontant :

— Mon mari a été arrêté dans une rafle comme officier de réserve.

Un « cadeau » aide l'Allemand à la croire.

La femme de l'Allemand est enceinte. Mme Lefaucheux se procure une automobile, offre de l'emmener en Allemagne. L'Allemand accepte. Dans la même voiture, elle ramènera son mari, sorti par miracle du camp de Buchenwald.

Des ouvrières sabotent le matériel de guerre. Des employées de mairie fournissent des cartes d'alimentation aux jeunes réfractaires. Beaucoup sont arrêtées, déportées.

Certaines sont secrétaires de responsables. Dans la chambre de celle de François de Menthon, défile une nuée d'hommes de tous âges. Ainsi, cette catholique fervente acquiert-elle auprès de la concierge et des voisins une réputation de fille légère.

D'autres encore tiennent ce qu'on appelle les « boîtes aux lettres » où les résistants reçoivent et échangent du courrier, tâche ingrate mais extrêmement périlleuse.

Ce sont souvent des femmes qui assurent la diffusion des journaux clandestins. Une professeur de philosophie — elle sera déportée à Ravensbrück — distribue dans sa classe les numéros de *Défense de la France*. Une élève de première au lycée de Vincennes distribue *Résistance*. Mme Wagner, dite Lola, a fait de sa librairie de la rue Bonaparte un véritable centre de diffusion. Elle mourra à Ravensbrück.

D'autres femmes fabriquent de fausses cartes d'alimentation à l'usage des réfractaires dont d'autres — telle Solange Lamblin, future députée — assurent le ravitaillement. Certaines militent dans le C.A.D. (Comité d'action contre la déportation) ou recueillent des informations pour les services secrets, soit l'Intelligence Service, soit le B.C.R.A. (Bureau central de renseignements et d'action) de la France libre. A Ouistreham Riva-Bella, plage du Calvados, la directrice du syndicat d'initiative se mue en espionne. Ses contacts personnels avec la municipalité lui permettent de connaître les déplacements des troupes allemandes, les modifications dans le commandement supérieur. Elle a chargé une de ses amies de suivre, dans le port d'Ouistreham, le mouvement des vedettes. Elle place dans une ferme qui ravitaille les divisions allemandes une jeune sténo-dactylo qui procure des informations précieuses. Rien ne lui échappe de l'activité de la Luftwaffe sur un terrain d'aviation voisin. Ce travail se poursuit de 1942 jusqu'au 6 juin 1944, jour de la libération du port.

Ces renseignements, il faut les transmettre. En Normandie et en Bretagne, nombreuses apparaissent les femmes agents de liaison. Presque toujours, elles sont très jeunes. Elles parcourent des distances énormes à bicyclette. Christiane, une Parisienne de dix-neuf ans, fille d'une épicière, est devenue agent de liaison d'un maquis de Seine-et-Oise. Elle transporte des documents et parfois de la dynamite, accomplissant cent soixante kilomètres par jour. Quand elle rencontre des Allemands, elle leur adresse de grands sourires. Mme Chambard est agent de liaison de Bourg, Mme Contaz agent du maquis du Vercors. Aude Richard travaille en Bretagne avec l'abbé Fleury, de Saint-Brieuc. Un jour, à l'église Saint-Michel, les vieilles dévotes qui attendent de se confesser voient une jeune personne leur passer sous le nez, en s'excusant à peine, et s'engouffrer la première dans le confessionnal. Elle apporte à l'abbé un message urgent. Mireille Chrysostome, dite Jacotte, travaille aussi en Bretagne. Les deux jeunes filles paieront de leur vie leur mission. Une jeune Comtoise, agent de liaison du maquis de Vieilley, voit les Allemands miner le pont par lequel on gagne le village de Moncey.

Aussitôt les Allemands partis, elle n'attend pas l'autorisation de ses chefs. Elle sait que, si le pont saute, le village sautera aussi. Elle s'élance, enlève la mèche. Les habitants de Moncey sont sauvés.

Certaines femmes dirigent des maquis : le lieutenant Allain organise deux maquis dans la Loire avant d'être arrêtée et déportée. C'est probablement la première fois dans l'histoire de la France que des femmes se voient décerner des grades militaires. Le capitaine Claude, chef de réseau dans la Haute-Marne, le sous-lieutenant Suzie Layet, héroïne de la bataille d'Egleton, le lieutenant Simone Demangel, fille de l'académicien Louis Gillet, le lieutenant Madeleine Dermez, le lieutenant Gibberte, le capitaine Annick.

Certains noms deviendront vite légendaires. Ainsi celui de Danielle Casanova. Fille de parents instituteurs, elle est née à Ajaccio. En 1936 — elle a vingt-sept ans — elle a fondé l'Union des jeunes filles de France, d'obédience communiste. Au début de l'occupation, elle fonde l'Union des femmes françaises et fait paraître un journal clandestin, *La Voix des femmes*. Elle est secondée par Claudine Michaut et par Josette Cothias, bientôt arrêtée et remplacée par Maria Rabaté. Le 14 juillet 1941, elle est de ceux qui suscitent, à Paris, sur les grands boulevards, une manifestation de masse : dix mille personnes défilent en chantant *La Marseillaise*. La police française ne peut arrêter leur marche. La foule se heurte, carrefour Richelieu-Drouot, à des soldats de la Wehrmacht. Les Allemands, bien sûr, restent les maîtres de la situation mais les patriotes ont tenu les boulevards pendant deux heures.

Danielle voit mourir les meilleurs de ses compagnons de lutte, Gabriel Péri, puis Sampaix. « Elle qui ne savait qu'aimer, notera Edith Thomas, les Allemands lui ont appris la haine. »

Elle exaspère son action clandestine. Elle ne vit que pour la lutte. Elle finit par être découverte et arrêtée, le 15 janvier 1942. On l'incarcère à la Santé, puis au fort de Romainville. Elle vit dans un isolement presque total, privée de lettres et de colis. Elle parvient à griffonner quelques lettres au crayon sur des morceaux de papier obtenus par ruse : « L'autre jour, Marie-Claude Vaillant-Couturier s'est évanouie de faim. Pour moi, j'ai maigri à tel point que j'ai fait la stupéfaction de toutes les détenues le jour de notre transfert au fort de Romainville, où nous nous trouvons... Depuis que nous sommes ici, nous continuons à souffrir terriblement de la faim et nous en sommes réduites à manger des trognons de choux jetés à la poubelle et des épluchures de pommes de terre... » Une autre lettre : « Je ne vous ai rien dit sur notre moral. De ce côté, ça va admirablement bien. Dites bien à tout le monde que les amies dont les maris ont été fusillés ont supporté avec un grand courage cette terrible épreuve, et qu'elles sont en tous points dignes de ceux qui ne sont plus. Les souffrances vécues ne nous ont en rien abattues. Notre foi et notre confiance sont très grandes. En elles, dans l'amour pour notre pays et notre patrie, nous puisons la force de résister aux dures épreuves de l'emprisonnement et nous sommes prêtes à tout. »

Dès son arrivée au fort de Romainville, elle a su qu'elle était menacée d'un départ pour l'Allemagne. Le 23 janvier 1943, elle écrit une lettre qui sera la dernière :

« La victoire est en marche. Nous sommes fières d'être Françaises et communistes. Nous ne baisserons jamais la tête ; nous ne vivons que pour la lutte. Les temps que nous vivons sont grandioses.

« Je vous dis au revoir, j'embrasse tous ceux que j'aime. N'ayez jamais le cœur serré en pensant à moi ! Je suis heureuse de cette joie que donne la haute conscience de n'avoir jamais failli et de sentir dans mes veines un sang impétueux et jeune. Notre belle France sera libre, et notre idéal triomphera. »

Danielle est emmenée à Auschwitz. Elle s'y montrera ce qu'elle a toujours été : rayonnante de charité. En soignant des compagnes atteintes du typhus, elle contracte la maladie. Quand elle meurt, ses gardiens eux-mêmes ne cachent pas leur admiration. Ils incinèrent ses restes puis couvrent les cendres de fleurs.

Autre nom de légende : celui de Bertie Albrecht. Avant la guerre, elle appartient à la classe des privilégiés : luxueux appartement dans le quartier des Champs-Elysées, magnifique propriété à Beauvallon, dans le Var. Passionnée de justice sociale, elle rêve d'humaniser la condition prolétarienne. Elle devient surintendante d'usine aux établissements Fulmen, afin de défendre les intérêts des ouvriers. Dès 1940, évacuée à Vierzon, elle fonde un petit groupe de résistants. Elle rencontre Henri Frenay qui deviendra un des principaux chefs de la Résistance française. Elle ne le quittera plus et luttera à ses côtés jusqu'au bout. Elle dactylographie des tracts, recueille des fonds, édite en 1941 le journal clandestin *Combat*, accomplit d'incessantes missions de liaison entre les résistants des deux zones. En mai 1942, on l'arrête. Elle fait la grève de la faim pour obtenir l'amélioration du régime de la détention des prisonniers politiques : nous sommes en zone dite libre. Au treizième jour, Laval accepte les conditions fixées par Bertie Albrecht. On la transfère à la prison Saint-Joseph de Lyon. Pour éviter le camp de concentration, elle simule la folie. On l'interne dans un asile. Le soir de Noël 1942, huit hommes des groupes francs envoyés par Henri Frenay la délivrent. Pour elle, le combat recommence. De février à mai 1943, elle assume — tâche écrasante — le secrétariat d'Henri Frenay. En même temps, elle écrit des articles pour le *Journal du maquis*. Le 28 mai, la Gestapo la découvre et l'arrête. Elle est torturée. Le 3 juin 1943, la dame qui l'avait hébergée tous les mois précédents, Mme Renal, reçoit un bulletin d'un laconisme sinistre : « Mme Albrecht est morte le 1er juin en présence de Mlle Angèle Janvier. » On ne saura jamais qui était cette demoiselle Janvier. La déclaration de décès ne contiendra que cette phrase : « Cause du décès : inconnue. » Il semble que Bertie soit morte sous la torture, ou décapitée à la hache.

Elles sont partout : dans les villes, dans les montagnes, dans les forêts, nulle part en sécurité. L'ennemi rôde, guette. D'autres Français, hélas, veillent : les brigades spéciales à Paris, les miliciens en province. Beaucoup d'arrestations de Françaises ont été le fait de Françaises. Ce sont cinq membres de la brigade spéciale n° 2 (B.S. 2) qui capturent la jeune Line H..., dix-huit ans, agent de liaison des F.T.P. Ils lui écrasent le visage à coups de nerf de bœuf. Il faudra l'hospitaliser à l'hôpital Rothschild avant de la conduire à la prison de Fresnes. Une fermière de Normandie qui cache des armes, et dont le mari est prisonnier, est dénoncée par le valet de ferme qui lui faisait en vain la cour. Elle mourra à Ravensbrück. Les agents doubles s'infiltrent dans les réseaux, captent la confiance de leurs membres et livrent leurs compatriotes aux Allemands. Alors, souvent en pleine nuit, c'est l'irruption de la Gestapo, la mitraillette braquée, des agents nazis en civil renforcés par les soldats casqués dont le long manteau bat les bottes. Les mêmes cris, les mêmes ordres, le même déroulement implacable.

Denise V... raconte son arrestation : « On m'embarque en camion découvert, entourée d'hommes armés... Je pense à mes camarades. Sauront-ils jamais ce qu'il m'est advenu, ce qu'il m'adviendra ? Ils ignorent même mon identité d'aujourd'hui... Je m'imaginais volontiers victorieuse, leur racontant ma mission : j'avais quand même bien travaillé. Liberté infinie. »

La peur au ventre. L'interrogatoire. La torture de la baignoire.
— Déshabillez-vous !
« Me voici nue et dans un détachement d'esprit tel que j'arrive à m'abstraire de l'horreur de leur premier contact... Couchée au fond, les pieds en l'air reposant sur le rebord, liés entre eux par une courroie, j'attends, l'esprit vide, la torture que mon imagination ne peut se représenter. J'ai conscience qu'il ne faut pas parler trop vite et que chacune de mes réponses devra être soit mensongère, soit imprécise. L'eau coule sur moi ; elle s'élève au fond de ma baignoire où ma tête est maintenue... J'étouffe. Je n'en peux plus...
« — Parlez ! Que savez-vous ? Adresse de votre secrétariat ? Noms de vos complices... »
Combien sont passées par là ? Combien ont connu le supplice des électrodes, celui des pieds passés à la flamme, des ongles arrachés ? Et puis, c'est la cellule, le secret, l'attente, la faim. Un matin, au petit jour, le grand départ. Pour quelle destination ? Les femmes ne le savent pas. On leur a dit qu'elles allaient en Allemagne. Les camps de concentration et leurs horreurs ? Elles n'en soupçonnent même pas l'existence.
De 1941 à 1944, dix mille déportées politiques ont quitté la France pour l'Allemagne, en wagons cellulaires ou wagons plombés. Les remarquables travaux de l'Amicale de Ravensbrück et de l'Association des déportés et internés de la Résistance ont permis de suivre pas à pas ces destins sans exemple. Une trentaine de femmes sont déportées en 1941, un peu plus de deux cents en 1942. Le 23 janvier 1943, un convoi de deux cent trente femmes « politiques » quitte Romainville pour le camp d'Auschwitz. Tout au long de l'année 1943, on enregistre le départ de petits groupes. Le 23 avril, deux cent treize femmes quittent Romainville pour Ravensbrück. Si l'on note une vingtaine de départs en 1943, on en découvre quatre-vingts en 1944, groupant sept mille femmes au cours de l'année. La quasi-totalité de ces déportées est dirigée vers le camp principal de Ravensbrück.

La vérité oblige à préciser que ce mot *politiques* n'a été attribué à l'ensemble des déportées que par extension. Sur les Françaises enregistrées à Ravensbrück, un bon tiers était composé de prisonnières de droit commun : « Prostituées ayant contaminé des soldats allemands, femmes de ménage travaillant pour eux et arrêtées pour vol, indicatrices de police ayant trafiqué un peu trop, ouvrières venues volontairement en Allemagne travailler dans des usines et ayant enfreint un règlement, etc. » Parmi les autres détenues pouvant être mentionnées comme déportées politiques — et se considérant d'ailleurs comme telles — seule la moitié ont réellement fait acte de résistance. Les autres ? « Celles-ci, explique Germaine Tillion, étaient sœur, mère, ou femme d'un maquisard, celles-là concierge ou domestique chez des gens arrêtés, d'autres avaient un bel appartement que convoitait la Gestapo, ou avaient été dénoncées par un héritier. » Quoi qu'elles aient fait, elles deviennent semblables. Elles sont promises au même enfer.

Le wagon de marchandises, hermétiquement clos, roule dans la nuit. Par terre un peu de paille. Dans un coin, la tinette. Et serrées, agglutinées, écrasées, quarante à soixante femmes. Epouvantable, l'odeur. On se hisse vers la fenêtre grillagée pour happer un peu d'air frais. On manque d'eau, certaines s'évanouissent. D'autres meurent. Les bombardements retardent les trains. Interminable, ce supplice.

Le train s'arrête dans la nuit. Des aboiements de chien. Des cris furieux en allemand : « *Raus ! Raus !... Zu fünf !* » (Sortez ! Sortez ! Par cinq !)

Il faut sauter à terre, de très haut. Certaines se foulent la cheville. Impossible de se relever. Les femmes sont bousculées, frappées. Elles crient, elles appellent : « C'est un brouhaha indescriptible. Et la colonne s'ébranle dans une pagaille sensationnelle, en direction du camp. Nous avançons sous les hurlements. »

L'épouvante qui déferle devant le spectacle des barbelés, des miradors, de l'entrée béante : « Je crains qu'aucun récit ne puisse jamais exprimer le choc que la mise en scène de cette arrivée produisit sur nous, se souvient Denise Dufournier. D'énormes projecteurs nous firent passer sans transition de la nuit la plus complète à une lumière aveuglante : et cette lumière était sans doute savamment combinée, afin de désorienter le plus possible nos esprits. » De cette arrivée, toutes les survivantes se souviennent : « Une première mise en scène tragique et ridicule est offerte à nos yeux : de chaque côté de cette énorme porte se tiennent debout des femmes SS avec leurs chiens en laisse, et derrière elles, des soldats avec la mitraillette braquée sur nous. Les chiens-loups aboient sans arrêt. Nous entrons, la porte se referme sur nous, nous avons l'impression que notre vie est finie. »

Des files de baraques en bois, bien entretenues. Chaque baraque a son petit jardin, entouré d'une palissade blanche. Des pelouses avec des fleurs. Il ne faut pas se laisser prendre à ce décor. Les nouvelles arrivées voient très vite arriver les « anciennes » qui partent ou reviennent du travail : « Des êtres en qui pourtant nous devons reconnaître des femmes : figures atones, sans regard, yeux vides, teint terreux, traits tirés, presque toutes rasées, ou la tête couverte de crins de quelques centimètres, ou cheveux ramenés en arrière et serrés dans un cordon, presque toutes pieds nus ou traînant des sortes d'énormes babouches à semelle de bois (les "pantines"), robes bleues garnies d'un triangle de différentes couleurs et d'un numéro. Maigres, épuisées, elles marchent en colonnes, par rangs de cinq. Un peu plus loin, un SS frappe à grands coups une femme qui cherche en vain à se protéger. D... de Paris, traduisant notre étonnement, s'écrie : "On bat ici !..." et la terreur naît en nous, terreur qui ne devait plus nous quitter pendant des mois. »

En quelques heures, les nouvelles n'ignorent plus rien de ce qu'est le camp de Ravensbrück. Elles connaissent les expériences de vivisection sur des jeunes filles, rencontrent les victimes elles-mêmes, voient leurs « pauvres jambes martyrisées ». Elles n'ignorent plus rien des exécutions en série, des massacres, des malades achevées, de la discipline infernale, des coups, des chambres à gaz. Les nouvelles ont apporté chacune un petit colis, précieusement conservé. Elles y gardent un peu de savon, de dentifrice, de menus objets utiles : ciseaux, limes à ongles, aiguille et fil. Beaucoup ont pu épargner un peu de nourriture : boîte de conserve, tablette de chocolat, paquet de biscuits. Une heure après l'arrivée au camp, elles n'ont plus rien : « Pas un objet, pas un droit, pas un espoir. Un numéro, quelques loques sordides qui ne nous appartenaient pas, et c'est tout. »

Dans les baraques de si trompeuse apparence, on s'entasse :

« Nous nous tenons à deux cents dans une pièce faite pour une soixantaine de personnes. » L'entassement humain y est tel que « lorsque nous sommes assises à trois par tabouret, autour des tables et par terre, il est impossible d'en sortir individuellement. Nous devons y rester toute la journée, astreintes au silence, si serrées que nous ne pouvons bouger pendant des heures, tandis que la *stubowa* polonaise qui nous garde court sur les tables en frappant les femmes en pleine tête, à coups de poing et de pied. »

Dès l'abord, on touche à l'un des « principes » les plus révoltants de l'univers concentrationnaire : ce sont des prisonnières qui font la police du camp et qui administrent le *block*. A Ravensbrück, les prisonnières polonaises sont quasi-maîtresses du camp : « Presque tous les postes importants ou agréables du camp étaient dans leurs mains et défendus avec énergie. Elles étaient les plus anciennes, le camp avait été créé pour elles et construit par elles, en grande partie. » Les *stubowas* (chefs de chambre), les *blockowas* (chefs de *block*), les *lagerpolizei* (policières), les *bandes rouges* (chefs de travaux) sont toutes recrutées dans les milieux intellectuels ou aristocratiques polonais. « La différence qui existait entre les conditions de vie d'une *blockowa* ou d'une *lagerpolizei* polonaise — témoigne Germaine Tillion — et celle d'une misérable *verfügbar* (disponible) française ou russe était plus grande que celle qu'il peut y avoir entre la reine d'Angleterre et une habituée des asiles de nuit. Une *blockowa* grasse, bien vêtue, servie avec servilité, jouissant d'une puissance effective, ne pouvait-elle pas faire donner vingt-cinq coups de bâton ou six mois de *strafblock* (colonne disciplinaire, enfer dans l'enfer) à une détenue qui n'avait rien fait d'autre que de lui déplaire ? »

Véritablement, les Françaises sont les têtes de Turc des gardiens hitlériens. Comme elles manifestent un véritable génie du sabotage, on les accuse d'avoir le rendement le plus bas et on leur réserve les pires brimades. Les Hollandaises et les Norvégiennes reçoivent des colis, pas les Françaises. Les Polonaises et les Tchèques se voient décerner des places de responsabilité, avec les avantages qui en découlent : lit individuel ou pour deux, possibilité de se laver, de se reposer, de « toucher » des suppléments de nourriture. Pas les Françaises. « Pas une seule Française n'a été *blockowa, stubowa, lagerpolizei*, ni cuisinière, ni chef de colonne, à l'exception d'une ou deux Alsaciennes et d'une Française mariée à un Polonais, qui ont d'ailleurs toutes utilisé leur poste pour rendre les plus grands services à leurs camarades. »

Chose étrange, le sabotage conscient et organisé des résistantes trouve un écho immédiat chez les prisonnières de droit commun. Les prostituées, par exemple, seront, par leur indiscipline chronique, la bête noire des autorités. De plus, si les droits communs des autres nations collaborent volontiers avec les gardiens, ce n'est pas le cas des Françaises. Intrinsèquement, elles répugnent au mouchardage et à la servilité. Le sabotage dans le travail est admirablement organisé par les ouvrières d'usine communistes. Il y a aussi celles qui sabotent parce qu'elles ne savent rien faire d'autre : « Les institutrices, avocates, professeurs, femmes d'officiers étaient, en tout état de cause, "bonnes à rien" et n'ont pas eu grand mérite à le rester. »

Le seul *block* français du camp est celui des N.N., c'est-à-dire *Nacht und Nebel*, Nuit et brouillard. La proportion des femmes de la Résistance y atteint 80 %. Citons encore Germaine Tillion : « Notre *block* était de ceux où il n'entrait jamais un colis, donc où l'on avait le plus faim, et c'était le seul *block* du camp où l'on pouvait laisser son morceau de pain sur son lit sans qu'il disparaisse ; c'était un *block* propre et sans poux ; un *block* où la non-soumission aux Allemands était toujours approuvée, où les femmes qui se cachaient trouvaient toujours des complices ; le seul *block* où le troc, cet infâme marché noir des camps, a été interdit et remplacé par le don fraternel. Le seul *block* où il y avait une organisation pour soigner les malades, où des femmes affamées se sont privées régulièrement d'une pomme de terre ou de la cuillerée de confiture *ersatz* qu'elles recevaient chaque semaine, pour aider un peu à vivre nos convalescentes ou nos petites tuberculeuses. »

Ravensbrück est, avant tout, un énorme réservoir de main-d'œuvre. Total illogisme, d'ailleurs. Puisqu'on demande à cette main-d'œuvre un fort rendement, on devrait lui créer des conditions de vie au moins suffisantes. Or, on les épuise par le manque de sommeil, les traitements insupportables, la famine, la peur. Le résultat ? Une effroyable hécatombe. Les chiffres sont là. Pourquoi n'avoir pas veillé sur cette main-d'œuvre idéale, irremplaçable ? En fait, dès qu'une femme se révèle inefficace, elle est envoyée dans un camp d'extermination. Les « organisateurs » savent que les trous seront bouchés très vite par les nouvelles arrivées. Dans leur esprit, l'incohérence apparente recouvre donc une cohérence. Une règle : économiquement, le camp doit se suffire. Pour les prisonnières, le travail est double : les unes assurent l'entretien du camp et toutes les besognes qui s'y rapportent ; les autres sont louées, comme des esclaves, à des entreprises privées. « Le camp ne fournissait pas seulement la main-d'œuvre à bon marché aux chefs d'entreprises dont les ateliers étaient à proximité, témoigne Germaine Tillion, mais il en expédiait sur commande dans toute l'Allemagne. C'était ce qu'on appelait les transports. Pour le prix convenu, le commerçant ou l'industriel recevait les cinq cents ou mille femmes demandées, ainsi que les *Aufseherinnen* armées de gourdins et les chiens dressés, capables de faire travailler douze heures par jour des femmes épuisées et pas nourries, jusqu'à ce qu'elles en meurent. Elles étaient alors remplacées par d'autres, sans supplément de dépense pour l'employeur. »

Malgré ces incroyables conditions de vie, les statistiques apportent une singulière révélation : la mortalité a été beaucoup plus élevée dans les camps d'hommes que dans ceux de femmes. Assurément, les femmes se révèlent plus ingénieuses pour se protéger du froid. Par exemple, avec des débris de laine, de coton, elles tricotent des chaussettes. De plus, leur organisme réclame souvent moins de nourriture que celui des hommes. Enfin Ravensbrück, soucieux de productivité, a attendu l'extrême fin de la guerre pour « liquider » sa main-d'œuvre.

Une remarque, encore : les détenues françaises manifestent une homogénéité qui frappe tous les observateurs. Rien de commun entre une étudiante polonaise et une ouvrière polonaise. En revanche, impossible de distinguer une étudiante de Paris et une ouvrière de Paris. Le niveau intellectuel des ouvriers et des ouvrières français est probablement le plus élevé d'Europe. Dans les camps de déportation, cela se sent. Parmi les Françaises, celles qui résistent le mieux sont les communistes et les catholiques pratiquantes. Leur idéal les soutient. Les unes et les autres se dévouent pour leurs compagnes. Celles qui résistent le moins bien sont les employées apolitiques, les paysannes déchristianisées, les commerçantes, les artistes. « Nous avions avec nous quelques femmes très riches, du milieu dit "Tout-Paris", et arrêtées davantage par malchance. Elles étaient plus sales que les autres et plus difficiles à vivre. Ce qui après tout se comprend aussi. »

Pourtant, certaines survivent. Pourquoi ? Parce que toute leur volonté est tendue vers cette perspective : vivre. Elles supportent tout, s'évadent en pensée vers des rêves de bien-être, de bonheur. Au plus fort de la famine, certaines échangent des recettes culinaires. Vivre, vivre, vivre. Et elles vivent.

Celles-là rentreront en France. Elles auront gagné. Mais pourront-elles jamais oublier ? La vie pour elles n'aura plus jamais le même goût, la même couleur, le même sens. Elles savent, elles. Elles sont allées *au-delà*.

Toutes les Françaises, des héroïnes ? Ce serait trop beau. Il en est qui ont choisi la collaboration. Un mot qui recouvre des options très diverses. Quelques-unes adhèrent à l'un des nombreux « parti unique » qui se partagent une maigre clientèle : le Parti populaire français de Jacques Doriot, le Francisme de Marcel Bucard, le Rassemblement national populaire de Marcel Déat. Aux réunions que ces mouvements tiennent, au Vel' d'Hiv' ou ailleurs, on trouve des femmes parmi le service d'ordre : jupe bleu marine, chemise bleue, brassard. Ces adhésions ne dépassent guère le délit d'opinion. Elles prennent leur source, en général, dans une admiration fanatique des régimes « forts » et dans un mépris atavique de la démocratie. Malheureusement, le fanatisme entraînant toujours des surenchères, certaines entreront dans un combat ouvert. On verra des femmes collaborer avec la milice, pourchasser les résistants. Un journal clandestin de Lille, *La Voix du Nord*, livre un nom à la vindicte des patriotes : Mme D..., vingt-trois ans, « très élégante, genre masculin, portant des culottes l'hiver, elle voyage beaucoup. C'est dans le Nord, en particulier, qu'elle a opéré jusqu'ici. Son mari, capitaine, est prisonnier en Allemagne. Elle a un amant officier allemand. » D'autres femmes servent directement les occupants. Il y a celles — enfin — qui ont une liaison avec un allemand. Parfois, c'est l'amour véritable, né au hasard d'une rencontre, grandi dans des conditions qui s'apparentent à un véritable et paradoxal courage. Je me souviens, dans un village breton, de cette très jeune femme poussant fièrement la voiture d'enfant où se trouve son bébé, flanqué du père allemand en uniforme. Sous le mépris qui la cingle, elle tient la tête haute et répond par un sourire provocant. Plus nombreuses qu'on ne le pense, ces liaisons. A la Libération, on dénombrera, dans le seul département de l'Eure, mille femmes compromises avec les

Allemands. Certaines paieront cette audace de leur vie : pour certains pseudo-résistants, il était plus facile d'abattre une femme sans défense que de faire sauter un train.

Les professionnelles n'ont naturellement que l'intérêt pour prétexte. Après le départ de leurs clients, certaines paieront cher l'exercice de leur « métier ». On les verra défiler, entre des hommes hilares, tondues, parfois nues, les joues noircies d'un rimmel délayé de larmes. On en enverra au camp de Drancy et dans les prisons de province.

Quatre années de souffrances pour les Françaises ? Certes. L'historien découvre des notes riantes au milieu de ce deuil. Des printemps légers, des images charmantes, des nuées de jeunes personnes pédalant allègrement à bicyclette, le sac en bandoulière et les pieds chaussés de souliers à semelle de bois.

Malgré les restrictions, la mode survit. Etrange, paradoxale. Tantôt, tout est à l'écossais : vestes, chapeaux, jupes, voire chaussures. Henry à la Pensée a créé une jupe-culotte de même couleur : il préconise de la porter avec une jaquette unie. Le tailleur en vogue de Madeleine de Rauch est en lainage rouge, avec une « poche en bénitier ». Des burnous en lainage noir s'associent à un capuchon d'astrakan. On porte des capes en lainage gris fumé ornées de loutre noire. Et les chapeaux ! « Ils sont immenses, presque monstrueux, dit Henri Amouroux, défiant les lois de l'équilibre. » Qui croirait qu'on manque de tissu ? Les jupes sont très courtes, mais il faut autant de tissu pour faire un chapeau que pour en couper une. C'est aussi le temps des turbans ou des bérets immenses. Un moment, on a revu des feutres de mousquetaire. Que l'on imagine la Française ainsi coiffée se glissant sur la banquette d'un vélo-taxi ou se battant pour s'introduire dans un wagon de métro : à quelque heure que ce soit, ils sont bondés.

Oubliera-t-on les zazoues ? Elles préfigurent les hippies, car elles se veulent anticonformistes. Le journal *L'Illustration* les dépeint : « Elles cachent sous des peaux de bêtes un chandail à col roulé et une jupe plissée fort courte ; leurs épaules, exagérément carrées, contrastent avec celles des hommes qui les "portent" tombantes ; de longs cheveux descendent en volutes dans leur cou ; leurs bas sont rayés, leurs chaussures plates et lourdes ; elles sont armées d'un grand parapluie qui, quelque temps qu'il fasse, reste obstinément fermé. »

Zazoues et zazous ont un dieu : le swing. Comme la danse est officiellement interdite, on la pratique dans la clandestinité. Certaines ne sont pas loin d'y voir une manière de résistance. Cela permet d'oublier le malheur des temps que les femmes des trafiquants du marché noir n'ont pas de peine à adoucir. Les millions glissent entre leurs mains. Chez un grand couturier, un couple, arrivé à motocyclette, achète pour un million de fourrures. La femme revêt instantanément le tout. Le couple remonte sur la moto et démarre sans souci des zibelines qui traînent à terre. Le couturier ne reverra jamais ces singuliers clients.

Oublier ? Il le faut. Théâtre, cinéma, concerts y contribuent. Des souvenirs que rien n'effacera : la grande Arletty dans *Les Visiteurs du soir* et *Les Enfants du paradis*. Danièle Darrieux dans *Premier rendez-vous*. Odette Joyeux dans *Le Mariage de Chiffon*. Madeleine Sologne, dans *L'Eternel Retour*. Edwige Feuillère dans *La Duchesse de Langeais*. Au music-hall, la déchirante silhouette, de noir vêtue, d'Edith Piaf. Pendant les alertes, on interrompt les représentations. On descend dans les « abris désignés » ou dans le métro.

Surtout, l'espoir. L'annonce du débarquement. L'attente. Je vois, le 14 juillet 1944, sur le boulevard des Italiens, trois jeunes filles à bicyclette qui roulent de front. L'une a revêtu une robe bleue, l'autre une robe blanche, la troisième une robe rouge. La foule applaudit. Les nerfs qui se tendent. Paris qui, un matin, se retrouve sans police. L'insurrection qui éclate spontanément, dangereusement. Les combats de rues. Les filles — jupes courtes et longs cheveux — qui rient sur les barricades. Enfin, le bruit fraternel de toutes les cloches de Paris sonnant ensemble à toute volée. L'entrée des chars de Leclerc dans la capitale. Les femmes, les filles, hors d'elles, criant, pleurant, se jetant vers les Français libres puis sur les Américains, les étreignant, les embrassant.

Les Françaises vont apprendre à revivre.

L'après-guerre, la Française l'aborde munie d'un droit tout neuf qui lui vient d'Alger : avant même le débarquement des Alliés en Normandie, avant la Libération, le général de Gaulle a signé, le 21 avril 1944, une ordonnance qui attribue aux citoyennes françaises le droit de vote et d'éligibilité.

Il était temps. Les comités de libération, créés clandestinement dans la Résistance et mis en place au moment du départ des Allemands, ont donné naissance à des municipalités où figuraient des femmes : quelle surprise ! A la fin de septembre 1944, elles sont, dans la seule région parisienne, plus de cent conseillères municipales : ouvrières, vendeuses, employées, dactylos, infirmières, quelques rares bourgeoises. Bientôt, on en verra désignées comme maires-adjointes. Et se tirant fort bien, ma foi, de leurs fonctions en forme de découverte.

Qu'en pensent-ils, les Français — hommes et femmes — qui, si longtemps, s'étaient opposés à une telle situation ? Volant au secours de la victoire, ils trouvent cela très bien. L'Institut français d'opinion publique vient de naître. Il n'est que logique qu'il consacre, en octobre, un sondage à l'accueil réservé au droit de vote féminin. Réponse : 64 % de oui, *sans réserve*.

Le long hiver 1944-1945. C'est encore la guerre et ce n'est plus la guerre. Elles ont toujours froid, les Françaises, et faim. Et aussi leurs enfants. Toujours, aux portes des boutiques, les files d'attente. Aux rations plus étiques encore que du temps des Allemands vient tout juste s'ajouter un peu de *corned-beef*, dû aux libéralités américaines. Ma mère voit même un charcutier enthousiaste afficher du *cornet-de-porc*. Les prisonniers sont toujours en Allemagne. Un film venu d'Union soviétique et tourné à Maidanek vient apporter de terribles inquiétudes sur le sort des Juifs déportés — et des déportées. L'angoisse tend ses mailles qui se referment, coupent le souffle, tuent l'espoir.

Mais cet hiver-là, ce sont aussi des filles qui découvrent le bonheur. Et le droit de rire en renversant la tête, en montrant les dents. Le goût de la vie, pour beaucoup, a les cheveux en brosse, le béret kaki et les yeux innocents d'un Yankee. Il passe, il danse, il flirte, parfois il obtient davantage, il s'en va, il écrit, on se fait traduire la lettre, il n'écrit plus. Ou bien, cela arrive, il revient et on l'épouse.

D'autres filles se retrouvent, sans trop s'être concertées, autour d'un clocher et de deux cafés. Un pôle et une capitale : Saint-Germain-des-Prés. Elles s'enfoncent dans des caves et dansent, dansent. Claude Luther conduit, aux rythmes de La Nouvelle-Orléans, des rêves qui tournent autour du *Café de Flore* et du *Lorientais*, bientôt de la *Rose rouge*. Jean-Paul Sartre est le pape du quartier et d'une jeunesse qui, à travers lui, découvre l'existentialisme. Parfois, écrivant sur une table de marbre du *Flore* — au café, au moins, il fait chaud — on se montre Simone de Beauvoir, grande prêtresse du culte nouveau. Le ton est donné par deux filles aux longs cheveux qui, jour et nuit, arborent pantalon et pull-over noirs. Elles s'appellent Juliette Gréco et Anne-Marie Cazalis. Bientôt la première chantera : musique de Kosma, paroles de Sartre et de Queneau. La seconde révélera que, si Gréco et elle ont lancé le pantalon noir, c'est parce qu'elles n'avaient pas de quoi s'acheter autre chose.

Hitler se tue dans son *bunker*. La bombe A explose à Hiroshima. C'est fini. Les prisonniers rentrent, pas tous. Et bien peu de déportés. La France qui, grâce à de Gaulle, figure parmi les vainqueurs — sort prodigieux — est prête à revivre ses jeux d'antan. Le 21 octobre 1945, on élit une Assemblée constituante. Les Françaises, en masse, se rendent aux urnes. Dans l'hémicycle, parmi 546 représentants, se retrouvent 35 « députées ».

On vote beaucoup, en ce temps-là. Tant mieux, les femmes apprennent leur métier d'électrice. A la première Assemblée nationale, en 1946, viendront siéger 39 femmes députés. En 1947, s'assoit au banc du gouvernement la première femme ministre de notre histoire, Mme Poinso-Chapuis, chargée de la Santé publique. Irréversible, pense-t-on, le mouvement. Les revendications féminines ont acquis droit de cité. En 1946, on supprime l'abattement officiel de 10 % sur les salaires des femmes. Si seulement, dans la réalité, ces salaires n'avaient été que de 10 % inférieurs à ceux des hommes ! Beaucoup de « concernées » se moquent, elles applaudissent quand même. Dans leurs congrès, les dames féministes pavoisent et se congratulent.

Las ! Simone de Beauvoir, en publiant *Le Deuxième Sexe* (1949), va jeter un pavé dans la mare. En deux gros volumes, elle démontre, par l'histoire, la philosophie, la science, que la femme vit toujours dans la dépendance du mâle. C'est la « dialectique du maître et de l'esclave ». Avec une formule appelée à un immense retentissement : « On ne naît pas femme, on le devient. »

Les après-guerres se ressemblent, et se répètent. En 1946, la disproportion entre hommes et femmes est plus importante qu'après la Grande Guerre. En 1919, 1 103 femmes pour mille hommes. En 1946, 1 111 femmes pour mille hommes[1].

Et si la Française des années 1950 s'appelait Brigitte Bardot ? Cette petite personne aux longs cheveux blonds, à la moue bientôt célèbre, mise en scène par Vadim, exhibe sans complexe une

---

1. Chiffres de Geneviève Gennari.

nudité sensuelle, mince à la fois et potelée. Elle évoque l'image même de la fille libre de notre temps. Elle passe, attise les désirs, agace les mâles. Brigitte, héritière du *star system*, n'est pas une *vamp*. Elle est naturelle, ne calcule pas, se déshabille sans faire de manières et attache à l'acte sexuel beaucoup moins d'importance que le garçon qui se ronge à côté d'elle.

Les sociologues commencent à s'interroger sur l'un des phénomènes les plus originaux de l'après-guerre : l'accroissement de la natalité. Les démographes avaient prédit que ce *baby-boom*, selon la formule américaine, serait éphémère. On avait constaté cela après 1918. Une réaction de compensation : dès 1921, la courbe a recommencé à baisser. L'extraordinaire, cette fois, est que les démographes se sont trompés. Vingt ans après la fin de la guerre, les Françaises feront encore beaucoup d'enfants.

Jamais plus grand péril n'a pesé sur l'humanité. Depuis Hiroshima on sait que les hommes sont maîtres d'anéantir leur race. Est-ce cette menace, inconsciemment, qui a poussé les Françaises à procréer davantage ? Dans le passé, l'humanité n'a survécu qu'en opposant aux facteurs d'hostilité et de destruction le rempart de vies multipliées. Les Françaises de l'après-guerre ont-elles rejoint l'instinct de leurs ancêtres de la préhistoire ? Qui le dira ? Qui dira aussi pourquoi le mouvement s'est arrêté ?

Pour caractériser la Française, un mot surgit de toute notre enquête : diversité. Et une question s'impose : la *révolte*, que nous avons vue se préciser dans ce volume, a-t-elle atteint son but ?

Celles qui, en 1789, pour la première fois réunies, ont exprimé des revendications *en tant que femmes* et reviendraient aujourd'hui sur terre, seraient émerveillées. On leur montrerait que tout est accompli, et bien au-delà, de ce qu'elles avaient rêvé. La Française vote comme les hommes. Elle est éligible. Elle dispose de tous les droits civiques dont jouissent les citoyens des deux sexes. Elle accède aux mêmes emplois que les Français de sexe mâle. L'année même où les femmes ont eu, pour la première fois, le droit de se présenter à Polytechnique, une jeune fille a été reçue major de la promotion. Bref, victoire sur l'ensemble du front.

Les mœurs ? Cette fois, les féministes de 1848 s'enthousiasmeraient. Elles ouvriraient nos journaux, nos magazines, découvriraient que les jeunes Françaises sont parvenues à une entière liberté sexuelle, qu'elles multiplient les essais avant le mariage, auquel nombre d'entre elles préfèrent le concubinage, qu'elles vivent — enfin — comme des hommes, qui plus est sans risque à cause d'une merveilleuse invention : la pilule.

L'ennui, c'est que tout cela est vrai — sans l'être. Les droits politiques obtenus n'ont que de loin correspondu à leur libre exercice. Quant à l'égalité civile, elle s'est heurtée à un barrage prévisible : une mentalité aux racines séculaires. Les femmes qui travaillent n'obtiennent que rarement des salaires égaux à ceux des hommes. La proportion de celles qui parviennent à des postes de responsabilité reste fortement inférieure. Les problèmes que pose la maternité ne sont pas tous résolus.

Nos féministes de 1848 apprendraient avec consternation que nombre de Françaises n'utilisent pas la fameuse pilule. Et que la liberté sexuelle accueillie à grands cris s'est vite trouvée remise en question par le sida.

Alors ?

La longue confrontation que nous venons de vivre avec la Française nous a prouvé, chez elle, au-delà de contradictions multiples, une indiscutable aptitude à triompher des coutumes et des lois qui l'asservissaient. Elles ne sont pas si loin l'une de l'autre, la Gauloise qui, en dépit d'une misogynie qui accablait alors toutes les Européennes, a conquis le droit d'hériter le douaire constitué par son mari et cette femme du XVIIIᵉ siècle qui a obtenu une manière de primauté. Elles ne sont pas si loin, cette Parisienne des fabliaux, forte en gueule, qui menait son époux par le bout du nez, et la femme de boutique vue par Taine, qui régissait tout derrière son comptoir jusqu'à faire du mari une manière de commis. Pourtant, les unes et les autres, juridiquement, restaient des mineures.

Durant tous ces siècles la Française apparaît attachée à un certain nombre de vertus solides, au premier rang desquelles il faut placer la famille. De bonnes mères : ainsi les Romains voient-ils les Gauloises. De bonnes mères : ainsi les enquêteurs reconnaîtront-ils les demoiselles hippies. Si la Française ne déteste pas les biens de ce monde et si, plus que les hommes, elle manifeste le sens de l'économie, c'est parce qu'elle songe à ses enfants.

Un certain nombre d'entre elles ont beau s'être voulues révolutionnaires — et l'avoir été parfois plus que les hommes —

la majorité se découvre ennemie de changements trop brutaux. L'aventure ne lui dit rien qui vaille.

Un concours, dans un magazine féminin : il s'agissait de désigner le couple idéal. On proposait aux lectrices les plus fameuses idylles et passions de l'Histoire, de Roméo et Juliette à Rodolphe de Habsbourg et Marie Vetsera, en passant par Dante et Béatrice, Henri IV et la belle Gabrielle, Napoléon et Joséphine, Musset et George Sand. Un couple insolite, dans cette galerie : M. et Mme Pasteur. C'est celui-là qu'a choisi une majorité de lectrices.

Voilà une image différente du cliché admis par l'étranger d'une Française légère, et même — on le jure — comme du champagne. Cette réputation vient de loin. Souvenons-nous du Moyen Age, de la Renaissance, de la Fronde : tout en se montrant sincèrement attachées aux préceptes de la religion et au grand dépit de moralistes ou de prédicateurs qui ne cessent de tonner, les femmes, sur ce plan précis, ne font pas de manières. En Europe, ce comportement est-il particulier aux Françaises ? Peut-être, puisqu'il frappe les étrangers. Un Italien, Sébastien Locatelli, voyageant en France au XVIIe siècle, est surpris de la tenue des femmes en public qu'il compare à la réserve des Italiennes. Ce n'est qu'au XIXe siècle, avec l'avènement de la bourgeoisie absolue, que la Française s'enferme dans une cuirasse de rigorisme. Celles qui la brisent — et que remarquent les étrangers — en font d'autant plus de bruit.

Cette liberté que s'accordent aujourd'hui les Françaises n'est qu'un retour aux sources. Nos contemporaines, face à leurs aïeules du temps de Brantôme, pourraient, en fait d'audace, éprouver un sérieux complexe d'infériorité.

Si l'on oublie le XIXe siècle, on découvre des Françaises plus équilibrées, plus épanouies que dévergondées. Les sondages d'opinion de la fin du XXe siècle nous montrent qu'elles apprécient le droit de voter, mais placent la contraception au second rang de leurs nouveaux avantages ; qu'elles ne se sentent nullement opprimées par les hommes ; qu'elles sont très majoritairement satisfaites de leur vie professionnelle ; qu'elles donnent la priorité à la réussite de leur couple et se reconnaissent farouchement attachées à leurs enfants. Scandalisées par le déséquilibre des salaires, elles ont le sens de ce qui leur est dû. La longue mais victorieuse conquête de droits égaux leur apparaît comme la confirmation méritée d'une persévérance couronnée de succès.

Les Français, durant des siècles, ont tout refusé aux Françaises. Au bout de la route, elles ont tout obtenu.

La moindre des choses, ici, est de saluer.

ORIENTATION BIBLIOGRAPHIQUE

Dire que les deux tomes de cette *Histoire des Françaises* ont nécessité d'immenses lectures ne serait que signaler une évidence. Non seulement il fallait consulter les ouvrages concernant directement le sujet — histoire, ethnologie, sociologie — mais, surtout pour les périodes anciennes, rechercher les rares informations existantes au sein d'ouvrages traitant souvent de tout autres thèmes. Les citer tous serait impossible et la liste, comme disait un jour André Maurois, « plus vraie que vraisemblable ».

J'ai donc voulu donner ici seulement les titres dont la consultation fut pour moi essentielle, les ouvrages qui m'ont guidé pour de larges parts de mon travail.

Et d'abord, les livres d'histoire générale. Méconnaître que les Françaises ne se peuvent séparer des Français, oublier que leur histoire, indissolublement, s'associe à celle de la France, serait commettre une faute très grave. L'*Histoire des Français* de Pierre Gaxotte (1951) a constitué sans cesse pour moi un guide. Comment oublier également une fréquentation continue de la grande *Histoire de France* de Lavisse qui, pour être parue de 1911 à 1922, demeure un travail considérable et presque toujours actuel ?

L'*Histoire du peuple français*, sous la direction de Louis-Henri Parias (1951, quatre volumes), à laquelle ont collaboré Régine Pernoud, Edmond Pognon, Pierre Lafue, Georges Duveau, contient des aperçus très remarquables. L'*Histoire de France*, publiée en deux volumes sous la direction de Marcel Reinhard (1953), garde toute sa valeur. Il serait bien injuste d'omettre ici les noms d'Halphen et Sagnac, de Gabriel Hanotaux, d'Henri Pirenne. Un autre outil précieux : l'*Histoire générale de la population mondiale* de Marcel Reinhard, André Armengaud et Jacques Dupaquier (1968).

Sur des thèmes particuliers, je dois beaucoup à l'*Histoire de la bourgeoisie en France* (deux volumes, 1960), de Régine Pernoud, que j'aurai à citer plus loin pour nombre de ses livres ; à l'*Histoire des paysans de France* de Gérard Walter (1963) ; à l'*Histoire pittoresque de notre alimentation*, écrite avec tant de science et de talent par Georges et Germaine Blond (1960), à la monumentale *Histoire du costume* de François Boucher (1965).

J'en viens aux ouvrages généraux sur les femmes, me réservant de donner chapitre par chapitre les références des études consacrées à des époques particulières.

On sait que le premier volume du célèbre *Deuxième Sexe* de Simone de Beauvoir (1949) contient une partie historique intitulée « les faits ». Elle constitue un survol d'une rare lucidité. L'*Histoire illustrée de la femme* de Gonzague Truc (deux volumes, 1940-1941) se présente comme une visite aimable et intelligente aux femmes de quelques millénaires et de maint pays. Mon travail était fort avancé quand a paru l'*Histoire des femmes* de Maurice Bardèche (deux volumes, 1968). Ce grand ouvrage, traitant des femmes de tous les temps, de tous les continents, donne leur place aux Françaises. Il m'a conduit à une relecture de mon manuscrit et m'a été extrêmement utile par sa sûre documentation et son analyse subtile. *Les Femmes dans l'Histoire*, d'Olga Wormser (1952), se signale par ses vues d'une indiscutable originalité. Il faut citer aussi l'ouvrage plus ancien de Gaston Richard : *La Femme dans l'Histoire*, étude sur l'évolution sociale de la femme (1909). Il faut citer aussi les ouvrages d'Evelyne Sullerot dont la contribution à l'histoire et la sociologie féminine est si importante. Nous retrouverons son nom souvent. Je ne saurais trop insister sur la valeur extrême d'un travail déjà ancien, mais nullement vieilli : *Histoire de l'éducation des femmes en France*, par Paul Rousselot, deux volumes (1883).

Sous la direction de Marcelle Auclair et Ménie Grégoire ont paru deux volumes encyclopédiques intitulés *Femmes* (1967) ; le premier évoque « le corps et l'âme », le second « la condition féminine ». Egalement en deux volumes, sous la direction de Lucienne Mazenod, la riche galerie des *Femmes célèbres* (1960). Et Claude Pasteur a fort justement évoqué *Les Pionnières de l'Histoire* (1963).

Après cet aperçu nécessairement sommaire, qu'on veuille bien maintenant trouver, groupé chapitre par chapitre, l'essentiel de mes autres références.

SOURCES

TOME PREMIER

Chapitre premier

NOS ANCÊTRES LES GAULOISES

En ce qui concerne la Gaule, il me faut citer avant tout l'étude d'Andrée Lehmann : *Le Rôle de la femme dans l'histoire de la Gaule* (1944). Mme Lehmann a réuni l'ensemble des textes anciens existant sur les Gauloises. Son ouvrage a été pour moi capital. La grande œuvre de Camille Jullian : *Histoire de la Gaule* (1907-1927), reste un monument. En plus de sa contribution à l'*Histoire du peuple français*, Régine Pernoud a publié *Les Gaulois* (1961), dense et savoureux. Reste utile le livre d'Albert Grenier : *Les Gaulois* (1943). Fondamental, celui de Ferdinand Lot, *La Gaule* (1947), dont Paul-Marie Duval a publié une nouvelle édition en 1967. Du même Paul-Marie Duval, j'ai lu avec un considérable profit *La Vie quotidienne en Gaule pendant la paix romaine* (1952). Il faudrait citer aussi presque tous les livres d'Henri-Paul Eydoux, dont le plus célèbre est *Monuments et Trésors de la Gaule* (1958). Eydoux a lui-même conté la belle histoire de Vix. Mais il faut se reporter au livre du héros de la découverte, René Joffroy : *Le Trésor de Vix* (1962). Citons encore *Vingt-cinq siècles de mariages*, par Pierre Audiat (1961).

Chapitre II

FILLES DE LA BARBARIE

Pour ce chapitre comme pour les suivants, c'est encore le nom d'Andrée Lehmann que j'inscrirai en tête. Son livre rassemble un nombre considérable d'informations politiques, sociales et juridiques sur les femmes françaises depuis le haut Moyen Age. Sur l'époque mérovingienne, la source primordiale reste l'œuvre de Grégoire de Tours, si bien transposée par Augustin Thierry. Grégoire a été continué par le pseudo-Frédégaire. On consultera les *Gesta Dagoberti*, publiés par Bruno Krush dans les *Monumenta Germaniae Historica*. Dans la même édition, on trouve les œuvres de Fortunatus, si évocatrices. L'histoire générale de l'époque est lumineusement retracée dans le livre de Ferdinand Lot : *Naissance de la France* (1948). Irremplaçables, les travaux de Godefroy Kurth, et surtout son *Clovis* (3e édition, 1923), ainsi que son étude sur la reine Brunehaut dans *Etudes franques* (tome 1er — 1919). Une belle synthèse est celle de G. Tessier : *Le Baptême de Clovis* (1961). Henri Bidou a joliment conté l'histoire de Geneviève dans son *Paris* (1937). J'ai trouvé des précisions d'une infinie valeur dans le livre de Charles Lelong : *La Vie quotidienne en Gaule à l'époque mérovingienne* (1963).

CHAPITRE III

LA FRANCE NAQUIT D'UNE BAVAROISE

Qui veut approcher de près Charlemagne et sa famille — ses femmes, ses filles — doit fatalement lire Eginhard. J'ai utilisé la traduction de Louis Halphen (1923), la première qui soit parue en France depuis 1840. Du même Louis Halphen, il faut lire *Charlemagne et l'Empire carolingien* (1947). Plus récents, *Le Couronnement impérial de Charlemagne* de Robert Folz (1964), le *Charlemagne* de Georges Tessier (1967), le *Charlemagne et son temps* de Jacques Boussard (1968). La *Berthe au grand pied* de Maurice Bedel est un roman, mais qui serre de près les faits. Je tiens à signaler le livre de Gérard Caillet, plein de talent et d'alacrité : *Charlemagne* (1962). On trouve dans le *Guillaume le Conquérant* de Paul Zumthor (1964) une peinture très évocatrice de l'époque.

CHAPITRE IV

VIRAGOS ET COUR D'AMOUR

Pour la vie d'une Dame de ce temps, j'ai consulté essentiellement le grand livre de Léon Gautier (édition revue par Jacques Levron) : *La Chevalerie* (1959). De Jacques Levron, encore, la précieuse étude sur *Le Château fort et la Vie au Moyen Age* (1963). Naturellement, le grand travail d'Edmond Faral : *La Vie quotidienne sous Saint Louis* (1938). Et *La Vie quotidienne des Cathares du Languedoc au XIIIe s.*, de René Nelli (1969), pleine de détails passionnants sur les femmes. Daniel-Rops a étudié le problème de la liberté sexuelle et de la situation de la femme au Moyen Age, dans son *Histoire de l'Eglise, l'Eglise de la cathédrale et de la croisade* (1952). On doit à Achille Luchaire (*in Histoire de France* de Lavisse) une description magistrale de la condition de la femme noble, la « virago » du château fort, comme il l'appelle. Régine Pernoud a peint les femmes des croisades, si riches de couleur, dans *Les Croisés* (1959). Il faut citer encore les ouvrages de Joseph Calmette *(La Société féodale)*, d'A. Franklin *(La Vie privée des premiers Capétiens)*. Citer toujours Régine Pernoud pour son *Aliénor d'Aquitaine* (1965), son *Héloïse et Abélard* (1970). Emile Henriot a fort bien parlé d'Héloïse — et de bien d'autres dames — dans ses *Portraits de femmes* (1950). On doit à Maurice Bardèche *(op. cit.)* de pénétrants commentaires sur le sens et le prolongement des chansons de geste. Henri Davenson a fait utilement le point sur l'amour courtois, dans *Les Troubadours* (1961), ceci après A. Jeanroy (1934) et E. Hœppner (1955). N'omettons pas de citer, de Paul Zumthor : *Histoire littéraire de la France médiévale* (1954). Dans Lavisse, bonne étude du sujet. Comme dans René Nelli *(op. cit.)*. Autres commentaires sur les cours d'amour dans Marcelin Defourneaux : *La Vie quotidienne au temps de Jeanne d'Arc* (1952). Lire, de René Guerdan : *La Femme et l'Amour en France à travers les âges* (1965). Emile Henriot a commenté, après Ernest Hœppner, les lais de Marie de France.

CHAPITRE V

BLANCHES COMME FLEURS DES PRÉS

Je renvoie de nouveau à l'ouvrage de Léon Gautier et Jacques Levron sur *La Chevalerie*. Les auteurs ont retracé dans ses détails le mariage de cette Aélis qu'à leur suite j'ai voulu rencontrer. Les mariages de Philippe Auguste ont fait l'objet d'une étude définitive par un grand historien, le duc de Lévis-Mirepoix : *Philippe Auguste et ses trois femmes* (1957). Bons commentaires par Achille Luchaire, dans Lavisse *(op. cit.)*. Sur les femmes cathares, on se reportera essentiellement au précieux travail de René Nelli *(op. cit.)* et au grand livre de Zoé Oldenbourg : *Le Bûcher de Montségur* (1959). Sur Blanche de Castille et son fils, on lira, outre le livre ancien d'Henri Wallon, *Saint Louis et son temps* (1875), et l'étude de Ch.V. Langlois (*in* Lavisse, tome III, deuxième partie), l'excellent livre de Jacques Levron : *Saint Louis ou l'Apogée du Moyen Age* (1970).

CHAPITRE VI

JEANNETON LA PAYSANNE, ANIEUSE LA CITADINE

Sur la paysanne, on lira nécessairement le grand travail de Marc Bloch : *Les Caractères originaux de l'histoire rurale française* (1952) ; les *Vies quotidiennes* d'Edmond Faral et Marcelin Defourneaux *(op. cit.)*, les ouvrages de Gérard Walter *(op. cit.)*, et Georges et Germaine Blond *(op. cit.)*. Sur le droit du seigneur, utiles références dans Nina Epton : *Histoire de l'amour en France* (1963). Les paysannes et la foi, dans Daniel-Rops *(op. cit.)*, les bourgeoises dans Régine Pernoud : *Histoire de la bourgeoisie en France*, dans les *Vies quotidiennes* citées plus haut. Les femmes qui travaillent et les femmes du peuple dans Evelyne Sullerot : *Histoire et sociologie du travail féminin* (1968), dans Defourneaux et Faral *(op. cit.)*. Les fabliaux dans René Guerdan *(op. cit.)*. L'instruction des filles dans Paul Rousselot *(op. cit.)*. Les filles publiques dans Yves Guyot : *La Prostitution* (1882). L'histoire des princesses coupables, brus de Philippe le Bel, a été contée par le duc de Lévis-Mirepoix dans son *Siècle de Philippe le Bel* (1954) Voir aussi le beau travail de Micheline Dupuy : *Françaises, reines d'Angleterre* (1968). La loi salique a fait l'objet d'un pertinent commentaire par Andrée Lehmann *(op. cit.)*.

CHAPITRE VII

CENT ANS DE GUERRE PAR LES FEMMES

On consultera le bel ouvrage d'Edouard Perroy : *La Guerre de Cent Ans* (1945). Avec une certaine prudence, parce qu'il a vieilli sur quelques points : *La France pendant la guerre de Cent Ans*, par Siméon Luce (2 vol., 1890-1893). Toujours les livres de Marcelin Defourneaux et d'Andrée Lehmann *(op. cit.)*. Sur Isabeau de Bavière, on lira le *Charles VI le Fol* de Maurice Heim (1955). On se souviendra qu'un grand écrivain, Paul Morand, s'est penché — avec quel profit pour nous — sur le destin de cette femme d'exception, *Isabeau de Bavière*. On lira le travail capital de Philippe Erlanger : *Charles VII et son mystère* (1945). Son analyse du personnage de la reine obèse est définitive. C'est encore Philippe Erlanger qui a eu l'immense mérite de tirer toutes les conséquences du rôle de Yolande d'Aragon, qu'il a véritablement révélée au public. Sur Odinette de Champdivers, lire les bien jolies pages que lui consacre André Castelot dans ses *Battements de cœur de l'Histoire* (1960). Parler de Jeanne d'Arc nous ramène à Régine Pernoud. Il faut citer, entre autres études, son bref mais si dense essai : *Jeanne d'Arc* (1959), sa belle *Libération d'Orléans* (1969). On consultera l'édition des procès par Raymond Oursel

(1959), ainsi que le savoureux et émouvant ouvrage d'André-Marie Gérard : *Jehanne la mal jugée* (1964). Agnès Sorel a fait l'objet d'une étude par Régine Pernoud, dans l'ouvrage collectif : *Les Grandes Favorites* (1960).

CHAPITRE VIII

DEUX ANNE POUR UNE LOUISE

Le grand historien Ch. Petit-Dutaillis nous a laissé des pages remarquables sur la régence d'Anne de Beaujeu (*in* Lavisse, tome IV, deuxième partie). De même, pour la période suivante, H. Lemonnier (*in* Lavisse tome V, première partie). Sur Louis XI et son époque, on lira la considérable biographie du roi en deux volumes par Pierre Champion (1928-1929), mais aussi celle de Joseph Calmette : *Le Grand Règne de Louis XI* (1938). Sur Anne de Bretagne, on consultera : *L'Union de la Bretagne et de la France, Anne de Bretagne, duchesse et reine*, par Emile Gabory (1941) et *Anne de Bretagne, duchesse et reine*, par G. Toudouze (1959). *Louise de Savoie, régente et « roi » de France*, par Paule Henry-Bordeaux (1954), représente l'étude la plus complète, la plus accomplie sur la mère de François Ier. Un autre point de vue — très hostile à Louise — est donné par Georges Guette dans son livre si original et plein de talent : *La Tour octogonale* (1970).

CHAPITRE IX

LE SIÈCLE DE BRANTÔME

A tout seigneur, tout honneur : d'abord il faut lire Brantôme. J'ai consulté l'édition Garnier des *Dames galantes* établie par Maurice Rat (1960). Le climat de la Renaissance a été admirablement restitué par Anne Denieul-Cormier : *La France de la Renaissance* (1962). L'éducation des filles dans Rousselot *(op. cit.)*. Lire aussi *La Cour des Valois*, par Robert Burnand (1938). Sur les parfums, la toilette, la vie intime : *Histoire des soins de beauté*, par Jacques Pinset et Yvonne Deslandres (1960). Et aussi l'*Histoire imprévue des dessous féminins*, par Cecil Saint-Laurent (1966). L'histoire de Jeanne de Pienne, dans *Dames et bourgeoises amoureuses et galantes du XVIe siècle*, par Maurice Rat (1955). Sur le mariage, la superstition et certains usages, voir Philippe Erlanger : *Vie quotidienne sous Henri IV* (1958). Voir aussi Nina Epton *(op. cit.)*. Maurice Heim a procédé à un précieux inventaire dans son *François Ier et les femmes* (1956). Il faut lire, bien sûr, le *François Ier* du duc de Lévis-Mirepoix (1953) et sa *France de la*

Renaissance (1947). Voir encore, d'Abel Lefranc, *La Vie quotidienne au temps de la Renaissance* (1938). Sur les femmes de lettres ou « intellectuelles », on consultera l'analyse de Jean Larnac, dans sa précieuse *Histoire de la littérature féminine en France* (1924). Sur Marguerite de Navarre, lire les belles pages que lui a consacrées Emile Henriot *(op. cit.)*. Sur les Dames des Roches, l'ouvrage de George E. Diller, docteur of Princeton University (étude sur la vie littéraire à Poitiers dans la deuxième moitié du XVIᵉ siècle, 1936). Sur les Françaises au Canada, consulter R. Douville et J.-D. Casanova : *La Vie quotidienne en Nouvelle France, Le Canada de Champlain à Montcalm* (1964) et Robert Lacour-Gayet, *Histoire du Canada* (1966).

Sur Catherine de Médicis, on lira naturellement ce chef-d'œuvre de la littérature historique qu'est le *Catherine de Médicis* de Jean Héritier (1940). Mais aussi la *Catherine de Médicis* de Jacques Castelnau (1954). Sur Diane, tout est dit dans la belle *Diane de Poitiers* de Philippe Erlanger (1955). Et aussi les pages si pleines de sens consacrées à l'époque par J.-H. Mariéjol (*in* Lavisse, tome VI, première partie). Pierre Champion a fort bien parlé des protestantes et notamment de la demoiselle de Graveron dans *Paganisme et Réforme* (1936). Sur la sorcellerie, on lira les études du docteur Cabanès, de Ch. Pfister, de Philippe Erlanger *(op. cit.)*. Sur la Reine Margot, la bonne biographie de Jean Babelon (1965). Sur les femmes qui ont traversé la vie d'Henri IV, les biographies du roi : Pierre de Vaissière (1928), Marcel Reinhard (1943), Maurice Andrieux (1955), le duc de Lévis-Mirepoix (1971). Et aussi *L'Etrange Mort de Henri IV*, par Philippe Erlanger (1957). Sur Gabrielle d'Estrées la définitive étude de Raymond Ritter dans les *Grandes Favorites* (ouvrage collectif, 1960). Sur la seconde épouse d'Henri IV, le grand travail de Louis Batifol : *La Vie intime d'une reine de France au XVIIᵉ siècle, Marie de Médicis* (2 vol. 1931). Lire aussi *La Maréchale d'Ancre* par George Delamare (1961), et *Leonora Galigaï*, par Georges Mongrédien (1968).

CHAPITRE X

VENT DE FRONDE POUR LES DAMES

Sur Anne d'Autriche, la belle biographie de Jean de La Varende donne l'essentiel (1938). Il faudra compléter le portrait par le *Louis XIII* de Philippe Erlanger (1946), la *Vie de Louis XIII* par Louis Vaunois (1961). Le tableau de la vie féminine au début du XVIIᵉ siècle doit beaucoup à Claude Dulong, auteur d'un ouvrage remarquable, tissé d'intelligence et de vraie science : *L'Amour au XVIIᵉ siècle* (1969). Sur la vie intellectuelle, voir Jean Larnac *(op. cit.)*. Voir aussi les pages pertinentes, si évocatrices, que l'on doit à Emile Magne : *La*

Vie quotidienne au temps de Louis XIII (1942). Et aussi Gonzague Truc *(op. cit.)*. Sur la vie religieuse, voir notamment Daniel-Rops : *l'Eglise des temps classiques* (1958). Et Marc Escholier : *Port-Royal* (1965), Cécile Gazier : *Les Belles Amies de Port-Royal* (1954), Antoine Adam : *Du mysticisme à la révolte, les jansénistes du XVIIe siècle* (1968). Sur la sorcellerie, Philippe Erlanger : *La Vie quotidienne sous Henri IV* (1958). Sur la *Possession de Loudun*, le travail définitif de Michel de Certeau (1970). Sur Martine de Beausoleil, le joli récit de Claude Pasteur dans les *Pionnières de l'Histoire* (1963). Sur Mme de Longueville, les pages que lui consacre Claude Dulong *(op. cit.)* et l'excellente biographie de Jeanine Delpech : *L'Ame de la Fronde, Madame de Longueville* (1957). Livre qui se complète par celui de Louis Battifol : *La Duchesse de Chevreuse* (1945). Sur la société du temps : *Historiettes*, de Tallemant des Réaux, éd. Adam (1960). On lira aussi, de Mlle de Gournay : *Egalité des hommes et des femmes* (1626). Sur *Marion de Lorme*, l'ouvrage de Georges Mongrédien (1940). Sur Ninon de Lenclos, Jean Gondal : *Ninon de Lenclos, amoureuse et courtisane* (1967). Sans oublier les études d'Arnould Galopin (1910) et d'Emile Magne (1925).

Chapitres XI et XII

LOUIS XIV ET DIX MILLIONS DE FRANÇAISES L'ÉCLAT ET LE NÉANT

Toute la première partie du chapitre utilise essentiellement les informations données dans l'étude la plus complète qui soit, celle de Gustave Fagniez : *La Femme et la Société française dans la première moitié du XVIIe siècle* (1929). J'ai consulté aussi *La Vie quotidienne au temps de Louis XIII*, par Emile Magne (1942), *La Vie quotidienne sous Louis XIV* (1948), par Georges Mongrédien, *L'Amour au XVIIe siècle*, par Claude Dulong (1969), l'ouvrage devenu classique de Pierre Goubert : *Louis XIV et vingt millions de Français* (1966) ; *La France de Louis XIV*, de Pierre Gaxotte (1946). Suzanne Blum a fort bien raconté l'enlèvement de Charlotte de Calvierre dans *Quand le scandale éclate* (1971). Voir aussi Nina Epton *(op. cit.)*. L'incroyable histoire du « congrès » dans Claude Dulong *(op. cit.)*. Sur Mme de la Guette on pourra lire ses *Mémoires écrits par elle-même* (1856). Pour les soins de beauté, Pinset et Deslandres *(op. cit.)*.

Sur l'évolution de la fécondité, on lira utilement l'étude de Louis Henry, dans *Population*, juillet-août 1970, et l'ouvrage de Pierre Goubert : *Cent mille provinciaux au XVIIe siècle* (1968). Les femmes au travail, dans Fagniez *(op. cit.)* et Sullerot *(op. cit.)*. Les paysannes à travers les auteurs précédemment cités, mais aussi dans Gérard Walter *(op. cit.).* Le Canada dans Gustave Lanctôt : *Filles de joie ou filles du roi, étude sur l'émigration féminine en Nouvelle France* (1952), et dans Raymond Douville et Jacques Donat Casanova : *La Vie quotidienne en Nouvelle France* (1964).

Très nombreux sont les ouvrages sur la Cour de Louis XIV. On se bornera à citer ceux du duc de La Force : *Louis XIV et sa Cour* (1956), de Funck-Brentano : *La Cour du Roi-Soleil* (1937), de Jules Mazé : *La Cour de Louis XIV* (1945). Et aussi *La Vie privée de Louis XIV*, de Georges Mongrédien (1938), qui parachève le portrait des entours féminins du roi. Jacques Levron nous donne des informations très utiles dans sa *Vie quotidienne à la Cour de Versailles aux XVIIe et XVIIIe siècles* (1965).

Sur l'affaire des poisons, deux études importantes, celle de Funck-Brentano : *Le Drame des poisons* (1936), et celle de Georges Mongrédien : *Madame de Montespan et l'affaire des poisons* (1953).

Les amours de Louis XIV ont également provoqué une abondante littérature. On se reportera aux biographies du Roi-Soleil et aux études surtout de Claude Derblay : *Henriette d'Angleterre et sa légende* (1950) ; de J. Lair : *Louise de La Vallière et la jeunesse de Louis XIV* (1882), dont la remarquable information n'a nullement vieilli ; au ravissant livre de Françoise Mallet-Joris : *Marie Mancini, le premier amour de Louis XIV* (1964) ; aux études sur *Madame de Montespan*, de Gonzague Truc (1936) et de Pierre Audiat (1939) ; au beau travail de Jean Cordelier : *Madame de Maintenon* (1970) ; au livre de Louis Mermaz : *Mme de Maintenon ou l'amour dévot* (1965). Sur l'éducation et les fondations de Mme de Maintenon, Rousselot *(op. cit.).*

Sur Port-Royal, les ouvrages cités au chapitre précédent. Sur Mme Guyon : *Fénelon et les saintes folies de Madame Guyon*, par François Ribadeau-Dumas (1968).

Sur les protestantes, le grand et beau roman d'André Chamson, *La Tour de Constance*, évoque le cadre et le climat. On consultera *La Guerre des camisards*, par André Ducasse (1962).

Sur Mme de Sévigné, avec les travaux de Gérard-Gailly, indispensables, je ne saurais trop conseiller de se reporter au petit livre, pétri d'intelligence et de lucidité, de Jean Cordelier : *Mme de Sévigné par elle-même* (1967). Des informations dans Jacques Wilhelm : *La Vie quotidienne au Marais au XVIIe siècle* (1966) et dans Marcel Politzer : *Femmes d'esprit* (1963). Sur les femmes de lettres en général, Larnac *(op. cit.).* Les actrices, dans Claude Dulong *(op. cit.),* qui a eu le grand mérite d'éclaircir l'énigme de la mort de la Du Parc : *L'Assassinat de la Du Parc* (« Revue des Deux Mondes », 1er avril 1965). Voir aussi : *Histoire générale du théâtre*, par Lucien Dubech (1932). Sur Armande Béjart, voir toutes les biographies de Molière, notamment celles de Pierre Brisson, de Mme Dussane et le *Molière génial et familier* de Georges Bordonove (1967). Sur les filles légères, prostituées et entretenues, voir Claude Dulong, toujours, et Jacques Saint-Germain : *La Vie quotidienne en France à la fin du Grand Siècle* (1965). Jacques Saint-Germain, dans un chapitre de son livre intitulé *L'Emancipation de la femme*, nous fournit des exemples éloquents d'une évidente évolution. Les famines dans Pierre Goubert, Georges Mongrédien, Jacques Saint-Germain *(op. cit.)*.

TOME DEUX
LA RÉVOLTE

CHAPITRE I
ELLES RÉGNAIENT SOUS LA RÉGENCE

Sur la duchesse du Maine, voir *La Conspiration de Cellamare*, par Pierre Labracherie et François Millepierres (1963) et les merveilleux *Mémoires* de Mme de Staal-Delaunay, remarquablement présentés par Gérard Doscot (1970). Et aussi Piépape : *La Duchesse du Maine* (1910), ainsi que Jules Bertaut : *La Vie littéraire au XVIIIe siècle* (1954).

Sur la société du temps, on pourra lire : Charles Kunstler : *La Vie quotidienne sous la Régence* (1960), Philippe Erlanger : *Le Régent* (1938), Claire-Eliane Engel : *Le Régent* (1969), M. de Lescure : *Les Maîtresses du Régent* (1860), Jean Hervez : *La Régence galante*, d'après les Mémoires, les rapports de police, les libelles, les pamphlets, les satires, les chansons du temps (1909), Maurice Rat : *Les Femmes de la Régence* (1961), André Ransan : *La Vie privée du Régent* (1938).

Le pendant sage à une société dissolue nous est donné dans la solide étude d'Edmond Pilon : *La Vie de famille au XVIIIe siècle* (1928). Lire encore : *Mademoiselle Aïssé, par Maurice Andrieux (1952).*

CHAPITRE II

LE SIÈCLE DE Mme DE POMPADOUR

Quand on aborde le règne de Louis XV, on doit naturellement citer le grand ouvrage de Pierre Gaxotte, qui a su modifier une image trop rapidement admise : *Le Siècle de Louis XV* (1933). Très précieux, fourmillant de détails utiles, le livre de Pierre Richard : *La Vie privée de Louis XV* (1954). Sur Mme de Pompadour, de nombreuses biographies. On retiendra celle de Marcelle-Maurette, pleine de pénétration et d'intuition : *La Vie privée de Mme de Pompadour* (1951), et celle de Jacques Levron : *Secrète Madame de Pompadour* (1961). Intéressants jugements par Henri Carré dans *Le Règne de Louis XV* (*in* Lavisse, tome VIII, deuxième partie).

Sur Mme du Barry, voir l'ouvrage de Claude Saint-André : *Mme du Barry* (1909), *Le Destin de Madame du Barry*, par Jacques Levron (1961), et la très vivante biographie du duc de Castries, *Madame du Barry* (1967).

CHAPITRE III

L'ESPRIT ET LES LUMIÈRES

Sur les salons, on lira les pages très documentées de Jules Bertaut : *La Vie littéraire au XVIIIe siècle* (1954). On lira, de Pierre-Maurice Masson : *Madame de Tencin* (1909) ; de Victor du Bled : *La Société française*, 5e série (1905) ; de Jean Larnac l'ouvrage déjà souvent cité ; de Janine Bouissounouse : *Julie de Lespinasse, ses amitiés, sa passion* (1958). On relira la notice de Sainte-Beuve placée en tête de l'édition Garnier. Sur Mme du Châtelet, on consultera la grande biographie de *Voltaire* par Jean Orieux (1966). Sur Françoise Gonthier, la jolie étude de G. Lenotre dans *Femmes, amours évanouies* (1933). On consultera, par Claude Ferval : *Jean-Jacques Rousseau et les femmes* (1934). Thérèse de Beaumarchais est évoquée dans *La Vie privée de Beaumarchais*, par Pierre Richard (1951), dans *Figaro ou la vie de Beaumarchais*, par le duc de Castries (1972), et par G. Lenotre (*op. cit.*).

Sur le *Journal des Dames*, voir Evelyne Sullerot : *La Presse féminine* (1963). Sur les femmes peintres, voir l'article d'Henri Perruchot dans le *Jardin des arts* (n° 191, octobre 1970). Et le livre de Charles Oulmont : *Les Femmes peintres au XVIIIe siècle* (1928).

CHAPITRE IV

SOUS LE SIGNE DE ROUSSEAU

Il faudra lire avec attention le livre d'Edmond et Jules de Goncourt : *La Femme au XVIIIe siècle* (1862). Si les conclusions ont vieilli, les informations recueillies gardent souvent toute leur valeur. Lire aussi René Guerdan *(op. cit.)*. Sur l'éducation, Rousselot *(op. cit.)*, Edmond Pilon *(op. cit.)*, Geneviève de Malboissière : *Lettres à Adélaïde Méliard* (1761-1766), publiées par le comte de Luppé (1924-1925). Consulter *La Vie quotidienne sous Louis XV*, par Charles Kunstler (1953).

Sur les mœurs dissolues d'une certaine société, les rapports des inspecteurs de police au roi ont été publiés par Camille Piton sous le titre *Paris sous Louis XV* (5 vol. 1906-1914). Sur la toilette et les soins de beauté, Pinset et Deslandres *(op. cit.)* ; le costume, François Boucher *(op. cit.)* ; les sous-vêtements, Jacques Laurent *(op. cit.)*. Les textes sur les demoiselles de petite vertu dans Pierre Gaxotte : *Paris au XVIIIe siècle* (1968).

Sur le nombre des mariages, voir l'article de Louis Henry : *Population*, n° 4, juillet-août 1970. Sur les paysannes, précieuses informations dans Charles Kunstler : *La Vie quotidienne sous Louis XVI* (1950). Les ouvrières dans Ed. Dolléans et G. Dehove : *Histoire du travail en France* (t. 1, 1953). La vie à la Salpêtrière a été remarquablement dépeinte par Henry Légier-Desgranges : *Madame de Moysan et l'extravagante affaire de l'Hôpital Général* (1954).

La vie familiale dans Edmond Pilon *(op. cit.)* et dans Humbert de Gallier : *Mœurs de la vie privée d'autrefois* (1914). Sur Marie et Geneviève Rinteau lire Gaston Maugras : *Les Demoiselles de Verrières* (1890). L'histoire d'Aurore Dupin de Francueil dans l'*Histoire de ma vie* de George Sand (t. 1, 1854).

CHAPITRE V

RÉVOLUTION CONTRE LES FEMMES

Il faudrait citer d'abord toutes les grandes histoires révolutionnaires, que ce soit celles de Soboul, de Matthiez, d'Aulard, etc. Au fil des pages, on découvre parfois quelques détails sur les femmes. En ce qui concerne notre sujet, il a été traité pour la première fois par Michelet dans : *Les Femmes de la Révolution* (1854) dont Jean Dumont et Pierre Labracherie ont publié de nos jours une édition annotée avec une préface de Pierre Bessand-Massenet. Le sujet a fait l'objet d'une étude d'ensemble surtout sur le plan biographique : *Les Femmes de la Révolution française* par Maurice Dreyfous (1903). Dans la collection

Archives, Paule-Marie Duhet a publié : *Les Femmes et la Révolution — 1789-1794* (1971), intéressant recueil de textes, commentés avec lucidité. Le travail à mon sens le plus remarquable, parce qu'il traite quantité de thèmes passés jusqu'ici sous silence, est celui de Marie Cerati : *Le Club des citoyennes républicaines révolutionnaires* (1966). Toute la partie de mon chapitre relative aux clubs de femmes lui doit beaucoup. Marie Cerati a également retrouvé, sur les animatrices du féminisme, telles que Claire Lacombe et Pauline Léon, des détails extrêmement évocateurs pour l'histoire du mouvement féminin. On consultera Bernardine Melchior-Bonnet : *Les Girondins* (1969), la première étude d'envergure depuis Lamartine, et *Charlotte Corday* (1972), un très beau portrait. Lire aussi Georges Huisman : *La Vie privée de Mme Roland* (1955), utile analyse ; la *Marie-Antoinette* d'André Castelot, une très grande biographie (1953), dont on pourra compléter la lecture avec celle de Stefan Zweig (1933). Sur Olympe de Gouges, on lira *Trois femmes de la Révolution* par Léopold Lacour (1900). Sur Théroigne de Méricourt, le très bon article de Jacques Janssens dans la revue *Histoire pour tous* n° 69.

CHAPITRE VI

VIVRE SOUS LA TERREUR

On lira avec profit le travail de Sabine Flaissier : *Marie-Antoinette en accusation* (1967) et les biographies précédentes. L'étude de Gustave Gautherot : *Les Suppliciées de la Terreur* (1926) apporte sur notre thème de très précieux renseignements. Il s'agit du seul travail général sur les femmes condamnées par les tribunaux révolutionnaires. On pourra lire aussi l'ouvrage d'Hector Fleischmann : *Les Femmes et la Terreur* (1910). Sur l'insurrection de l'Ouest, nous avons la chance, outre les grands Mémoires — tels que ceux de Mme de Lescure — de posséder une étude générale, celle d'Emile Gabory : *Les Vendéennes* (1934). Sur les autres sujets évoqués dans ce chapitre, on pourra lire : *L'Amour sous les verrous* par Henri d'Almeras (1936) ; la *Vie quotidienne au temps de la Révolution* par Jean Robiquet (1938) ; *De Robespierre à Bonaparte, les Français de la Révolution*, par Pierre Bessand-Massenet (1970), remarquable comme tous les livres de ce grand historien, notamment pour les détails qu'il donne sur l'amour et la prostitution. On lira encore *Madame Tallien* par Jacques Castelnau (1937).

CHAPITRE VII

L'ARTICLE 213

Sur l'époque post-révolutionnaire, il faut consulter l'ouvrage essentiel de Pierre Bessand-Massenet : *La France après la Terreur* (1946). Et aussi, celui de Jean Robiquet : *La Vie quotidienne au temps de Napoléon* (1946). Sans omettre, bien sûr, le grand ouvrage, nullement vieilli, d'Albert Vandal : l'*Avènement de Bonaparte* (1907). Les « femmes impériales » dans *Les Amours de Napoléon* par Jean Savant (1956). Longtemps l'ouvrage de Frédéric Masson : *Napoléon et les femmes* (1908) demeura classique. Depuis sa publication au début du siècle, un grand nombre de découvertes ont été faites et de nombreux Mémoires publiés. Il faut évoquer les recherches du regretté André Gavoty. Jean Savant a fait le point de ces travaux, y ajoutant d'intéressantes trouvailles personnelles. On lira avec plaisir et profit la *Joséphine* d'André Castelot (1964) qui, dans son *Napoléon* (1969), publie d'importants documents inédits sur Marie Walewska. Sur la famille impériale, Jean-Paul Garnier : l'*Extraordinaire destin des Bonaparte* (1968), et le savoureux *Ménage Murat* de Jules Bertaut (1958). Sur la Cour impériale, on lira, du même Jules Bertaut : *Napoléon Ier aux Tuileries* (1949) et *La Duchesse d'Abrantès* (1949). Bien sûr, l'ouvrage définitif de Louis Madelin : *La Nation sous l'Empereur* (1948), récemment réédité par M. Jean Tulard, sous le titre : *La France à l'apogée de l'Empire* (1970). Les *Mémoires* de la duchesse d'Abrantès fourmillent d'indications précieuses. Sur la famille Moitte, lire le précieux *Journal intime de Madame Moitte* publié par Paul Cottin (1939). Sur l'éducation, Paul Rousselot *(op. cit.)*. Sur les femmes écrivains, Louis Madelin *(op. cit.)*. On lira sur les deux femmes qui illustrent le mieux ce temps — la beauté et l'intelligence — la jolie biographie du duc de Castries, *Madame Récamier* qui fait le point de toutes les recherches (1971) et *Germaine Necker de Staël* par J. Christopher Herold (1962), un travail définitif.

CHAPITRE VIII

LE SIÈCLE DE GEORGE SAND

Sur Madame Royale, sur la duchesse de Berry, je renvoie le lecteur aux deux belles biographies de mon ami André Castelot (1949 et 1951). Edouard Perret a conté la curieuse vie de *La Dernière Favorite des rois de France : la comtesse du Cayla*, d'après des documents inédits (1937). Robert Burnand a conté, avec son talent fait de charme et d'érudition souriante, *La Vie quotidienne en France en 1830* (1943). J. Lucas-Dubreton a évoqué les *Aspects de M. Thiers* (1948). L'éducation dans Rousselot *(op. cit.)*. Sur la femme du monde, lire *La Française du siècle* par Octave Uzanne (1886). Sur les journaux, *La Presse féminine* par Evelyne Sullerot (1966). J'ai consulté l'édition de *La Physiologie du Mariage* de Balzac préfacée par M. Regard (1968). Sur Marie Duplessis, le beau livre de Jean Prasteau : *C'était la Dame aux Camélias* (1963) et le chapitre de G. Lenotre : « Le secret de la dame aux Camélias », dans *Femmes* (1933). Sur Juliette Drouet, on lira bien sûr *Olympio ou la vie de Victor Hugo*, la grande biographie d'André Maurois (1954) et le travail très neuf de Jeanine Huas : *Juliette Drouet ou la passion romantique* (1970). Sur les paysans : *La vie quotidienne des paysans en Bretagne* par Yann Brékilien (1966), remarquable étude. Sur les ouvrières, Edouard Dolléans et Gérard Dehove : *Histoire du travail en France*, tome I (1953), Evelyne Sullerot : *Histoire et sociologie du travail féminin* (1968), Ernest Legouvé : *Histoire morale des femmes* (1849). Lire aussi : *L'Aventure saint-simonienne et les femmes*, par Jehan d'Ivray (1929). Sur le féminisme, Léon Abensour : *Le Féminisme sous le règne de Louis-Philippe et en 1848* (1913). Sur Flora Tristan, Edith Thomas : *Les Femmes de 1848* (1948) et Claude Pasteur : *Les Pionnières de l'Histoire* (1963). Sur George Sand : *Lelia ou la vie de George Sand*, par André Maurois (1952), *George Sand et les hommes de 1848*, par Marie-Louise Pailleron (1953), *Féminisme et mouvement ouvrier, George Sand* par Edouard Dolléans (1951).

Chapitre IX

LE TEMPS DES CRINOLINES

Sur les Françaises de la IIe République, le bel ouvrage d'Edith Thomas, déjà cité, *La Vie parisienne sous la République de 1848*, par Henri d'Alméras (s.d.). Sur Napoléon III et les femmes : *Amours Second Empire*, par Alain Decaux (1958). C'est dans ce livre que j'ai conté l'aventure de Valentine de Chimay. Sur Eugénie, lire la belle biographie de Suzanne Desternes et Henriette Chandet : *La Vie Privée de l'Impératrice Eugénie* (1955). Sur les femmes du Second Empire, le remarquable travail de Maurice Allem : *La Vie quotidienne sous le Second Empire* (1948), la fresque du comte Fleury et Louis Sonolet : *La Société du Second Empire* (4 volumes, s.d.). Voir aussi *Les Tuileries*, par G. Lenotre (1933), *Hortense Schneider*, par Marcel Rouff et Thérèse Casewitz (1931), *La Vie parisienne sous le Second Empire*, par Henri d'Alméras (s.d.). La prostitution, les mariages, les dots, dans *Amours Second Empire*. J'ai relu *Frédéric-Thomas Graindorge* de

Taine dans l'édition de 1959. Sur la comtesse de Ségur, le joli livre de Jacques Chenevière (1932). Très précieux, les Mémoires d'Elisabeth de Gramont : *Au temps des équipages* (1929). Sur la bourgeoisie, il faudrait citer tout Zola, tout Labiche, ce dernier admirablement commenté par Philippe Soupault. Julie Dambié dans Claude Pasteur *(op. cit.)*. L'histoire de la crinoline dans Allem et Boucher *(op. cit.)*. La littérature féminine dans Larnac et Henriot *(op. cit.)*, la peinture dans Henri Perruchot, *(op. cit.)*. La religion dans l'*Histoire de France* de Reinhard ct l'*Eglise des Révolutions*, de Daniel-Rops (1960). Le monde du travail dans la grande thèse — un monument — de George Duveau : *La Vie ouvrière sous le Second Empire* (1946), dans Edith Thomas : *Les Pétroleuses* (1963), dans Evelyne Sullerot *(op. cit.)*.

CHAPITRE X

VIVE LA RÉPUBLIQUE !

Edith Thomas nous a donné une très belle biographie de *Louise Michel* (1971). Lire aussi *La Commune*, par Louise Michel (1898). Les femmes de la Commune, dans *Les Pétroleuses* d'Edith Thomas, déjà cité. Lire la belle fresque d'Armand Lanoux : *La Polka des Canons, Le Coq Rouge (Une Histoire de la Commune de Paris*, 1971 et 1972). Sur la société de la Belle Epoque, Jacques Chastenet nous a donné une étude exhaustive, chef-d'œuvre de la littérature historique : *La France de M. Fallières* (1949). Sur cette même période, j'ai eu le plus grand profit à consulter *Le Dossier de la Femme* de Geneviève Gennari (1965). On aura beaucoup de plaisir à lire les souvenirs de la comtesse Jean de Pange : *Comment j'ai vu 1900* (1962). Sur les mœurs, le magistral *Amours 1900* d'Armand Lanoux (1961). Sur sainte Thérèse de Lisieux : *Combat pour Dieu* de Daniel-Rops (1961). Sur les nouveaux lycées, les salons, Louise Weiss : *Mémoires d'une Européenne* (1968 et 1969). Un autre chef-d'œuvre, le *1900* de Paul Morand (1931). On ne peut se passer de la précieuse série de Gilbert Guilleminault : *Le Roman vrai de la Troisième République*. Toujours le charme et une évocation vraie pour le *Paris 1900* de Robert Burnand (1901) et, du même, *La Vie quotidienne de 1870 à 1900* (1947).

Lire aussi : *Les Femmes chez Proust*, par Jeanine Huas (1971), *Histoire de la société française*, par Louis Halphen et Roger Doucet (1953), *Histoire de la Troisième République* par Jacques Chastenet (tome II, 1954), *Les Femmes et l'organisation syndicale avant 1914* par Madeleine Guibert (1966) — travail très neuf, très utile —, *La Vie ouvrière en France*, par Fernand et Maurice Pelloutier (1900), les ouvrages de Dolléans et Dehove *(op. cit.)* et de Léon Abensour *(op. cit.)*.

CHAPITRE XI

LE GRAND TOURNANT

On lira *La France de la Madelon* de Gilbert Guilleminault, coloré et évocateur (1965) ; le livre remarquable d'André Ducasse, Jacques Meyer et Gabriel Perreux : *Vie et mort des Français, 1914-1918* (1959) ; *La Vie quotidienne des civils en France pendant la Grande Guerre* par Gabriel Perreux (1966) ; *La Santé et le travail des femmes* par Marcel Frois (1926) ; *La Femme au service de la patrie*, par Charles Lavauzelle (1934) ; *Les instituteurs* par Georges Duveau (1957) ; *Les Espionnes à Paris* par le commandant Massard (1922) ; *La Guerre des femmes : Louise de Bettignies*, par Antoine Rédier (1924) ; *Louise de Bettignies*, par H. d'Argœuvres (1937). Et puis, bien sûr, pour l'après-guerre, *Le Dossier de la femme* de Geneviève Gennari, et l'*Histoire de la IIIe République* de Jacques Chastenet. Pour l'après-guerre, encore, il faut relire *Les Jeunes Filles* de Montherlant (1936), consulter le passionnant récit de Louise Weiss : *Années de lutte pour le droit de suffrage (ce que femme veut)* (1946). C'est dans *Marie-Claire* que Paul Morand a publié son article : *Nos grands-mères à cheveux courts* (décembre 1962). C'est en 1922 que Victor Margueritte a publié *La Garçonne* avec une instructive préface. Lire aussi *Notre avant-guerre* de Robert Brasillach (1967).

CHAPITRE XII

LE CHAGRIN ET L'ESPÉRANCE

Sur la « drôle de guerre » et l'exode, lire l'ouvrage essentiel de Nicole Ollier : *L'Exode sur les routes de l'an 40*. Et aussi, de Violette Leduc : *La Bâtarde* (1964). Sur toute la vie quotidienne, les femmes de prisonniers, les résistantes, etc., le grand ouvrage d'Henri Amouroux : *La Vie des Français pendant l'occupation* (1961). Sur les persécutions antisémites : *La Grande Rafle du Vel d'Hiv*, par Claude Lévy et Paul Tillard (1967). Sur la déportation : *Les Françaises à Ravensbrück* par l'Amicale de Ravensbrück et l'Association des déportées de la Résistance (1965), *Les Femmes héroïques de la Résistance : Bertie Albrecht-Danielle Casanova*, par Louis Saurel (1945), *Elles étaient cent et mille*, par Marianne Monestier (1972), *Les Femmes dans la Résistance*, par Nicole Chatel (1972).

INDEX

A

Aalès, enlumineuse (XIVe siècle) : I, 237.

Aaliz, moutardière (XIVe siècle) : I, 237.

Abrantès (Mme Junot, duchesse d'), née Laure Permon (1784 †1834), romancière et mémorialiste : II, 323 à 327, 329, 490.

Acarie (Mme), la bienheureuse Marie de l'Incarnation (1565 †1618) : I, 471 à 473, 477, 579.

Adam (Juliette Lambert, dame La Messine puis dame), écrivain (1836 †1936) : II, 534, 535.

Ade (XIVe siècle), maréchale-ferrante : I, 237.

Adélaïde (VIIIe siècle), la dernière concubine connue de Charlemagne : I, 104.

Adélaïde (fin du Xe siècle), fille de Guillaume III, dit Tête d'étoupe, duc d'Aquitaine, femme de Hugues Capet : I, 126.

Adélaïde, comtesse de Soissons : I, 144.

Adélaïde de France-Orléans (Mlle de Chartres) (1698 †1743), abbesse de Chelles (sœur Bathilde) : II, 29, 30.

Adélaïde de France, fille de Louis XV (1732 †1800) : II, 65.

Adélaïde d'Orléans (1777 †1847) : II, 373, 392.

Adèle (†1137), fille de Guillaume le Conquérant, femme d'Étienne comte de Blois : I, 145, 153.

Adèle de Champagne (1140 †1206), troisième femme de Louis VII : I, 186.

Adèle, courtisane (XVIIIe siècle) : II, 288.

Adèle, symbole de la Française au temps du Romantisme : II, 376 à 386.

Adolflède, sœur de Clovis, femme de Théodoric roi des Ostrogoths : I, 65.

Aélis, type de la femme du XIIe siècle : I, 179 à 183.

Agnès (sainte), abbesse de Sainte-Croix à Poitiers : I, 89.

Agnès (XIe siècle), régente de l'Aquitaine et du Poitou : I, 145.

Agnès, personnage de *L'École des femmes* : I, 612.

Agnès (†1201), fille de Berthold IV duc de Méranie, épouse de Philippe Auguste : I, 194 à 198, 211.

Agnès de France (1258 †1327), femme de Robert II duc de Bourgogne : I, 256.

Agnès (XIVe siècle), maçonne : I, 237.

B

TABLE

Cet ouvrage a été composé par
Nord Compo (Villeneuve-d'Ascq)
et imprimé sur presse Cameron
par **Bussière Camedan Imprimeries**
à Saint-Amand-Montrond (Cher)

Achevé d'imprimer en mars 1999.

N° d'édition : 1433. — N° d'impression : 991275/4.
Dépôt légal : avril 1999.
Imprimé en France